Der Sanierungsgewinn im Steuerrecht
Die Sanierungstauglichkeit der Steuerbefreiung nach § 3a EStG de lege lata unter Berücksichtigung verfassungsrechtlicher Implikationen

**Dissertation**



zur Erlangung des Doktorgrades

**des Fachbereichs Rechtswissenschaften**
**der Universität Osnabrück**

vorgelegt von

Katja – Elisa Koke

aus

Detmold (Geburtsort)

Osnabrück, 2026

(Erscheinungsjahr)

Berichterstatter:

Herr Univ.-Professor Dr. jur. Steffen Lampert

Mitberichterstatter:

Herr Prof. Dr. Jens Schönfeld

Tag der mündlichen Prüfung: 12.09.2025

# Der Sanierungsgewinn im Steuerrecht

Katja-E. Koke

# Der Sanierungsgewinn im Steuerrecht

## Die Sanierungstauglichkeit der Steuerbefreiung nach § 3a EStG de lege lata unter Berücksichtigung verfassungsrechtlicher Implikationen

Springer

Katja-E. Koke
Rechtswissenschaft
Universität Osnabrück
Osnabrück, Deutschland

Berichterstatter: Herr Univ.-Prof. Dr. Steffen Lampert
Mitberichterstatter: Herr Prof. Dr. Jens Schönfeld
Tag der mündlichen Prüfung: 12.09.2025

ISBN 978-3-658-53003-7 ISBN 978-3-658-53004-4 (eBook)
https://doi.org/10.1007/978-3-658-53004-4

Die Deutsche Nationalbibliothek verzeichnet diese Publikation in der Deutschen Nationalbibliografie; detaillierte bibliografische Daten sind im Internet über https://portal.dnb.de abrufbar.



Planung/Lektorat: Carina Reibold
Springer ist ein Imprint der eingetragenen Gesellschaft Springer Fachmedien Wiesbaden GmbH und ist ein Teil von Springer Nature.
Die Anschrift der Gesellschaft ist: Abraham-Lincoln-Str. 46, 65189 Wiesbaden, Germany

**Vorwort**

Die vorliegende Arbeit wurde im Sommersemester 2023 als Dissertation von der Juristischen Fakultät der Universität Osnabrück angenommen. Die verwendete Literatur befindet sich auf dem Rechtsstand der Abgabe im Sommersemester 2023.

Mein Dank gilt zunächst meinem Doktorvater, Herrn Univ.-Prof. Dr. Steffen Lampert, für die Übernahme der Betreuung der Arbeit, für seine Bereitschaft zum jederzeitigen fachlichen Austausch und für seine kompetenten Hinweise in ihrem Entstehungsprozess. Meinem Zweitgutachter, Herrn Prof. Dr. Jens Schönfeld, danke ich für die zügige Erstellung des Zweitgutachtens.

Weiterhin danke ich Herrn Univ.-Prof. Dr. Ulrich Wackerbarth für die lehrreiche Zeit an seinem Lehrstuhl, in der ich die Arbeit vollenden, u.a. das Kapitalmarktrecht wissenschaftlich entdecken und meine Kenntnisse im übrigen Unternehmensrecht fachlich fortentwickeln durfte. Sein großartiges Engagement als Hochschullehrer, sein aufrichtiges Interesse am Fortkommen seiner Mitarbeiter und am Gelingen ihrer Forschungsprojekte und seine außergewöhnliche Bereitschaft, seinen Mitarbeitern fachlich und persönlich mit Rat und Tat kompetent zur Seite zu stehen, sind beispiellos und waren mir stets eine große Unterstützung.

Aufrichtigen Dank möchte ich auch Frau Iris Elfes vom Dekanat der Juristischen Fakultät der Universität Osnabrück für ihre organisatorische Unterstützung und Frau Karina Kowatsch sowie Frau Jency Jebaraj vom Verlag „SpringerNature" für ihre hilfreiche Unterstützung im Veröffentlichungsprozess aussprechen.

Im Übrigen möchte ich mich herzlich bei meinen Kollegen und Freunden bedanken, die mir oft Gehör geschenkt und mich damit in unverzichtbarer Weise unterstützt haben. Besonders hervorheben möchte ich insoweit Herrn Dr. Gottlieb Wick und Herrn Dr. Eugen Mehlhaf. Beide haben mir regelmäßig mit wertvollen Hinweisen zur Seite gestanden. Aus meinem Freundeskreis möchte ich zudem Herrn Ralf Ruthe, Frau Verena Hanke, Frau Stefanie Bernhöft, Frau Paraskewi „Kappi" Geppert und Herrn Marco Schmitz besonders danken. Insbesondere bei meiner Freundin Kappi Geppert möchte ich mich für den fruchtbaren, allzeit gewinnbringenden Austausch in fachlicher und persönlicher Hinsicht bedanken. Ihre stets sachorientierte und zugleich humorvolle Herangehensweise und ihre zahlreichen klugen Ratschläge waren mir eine unverzichtbare Stütze bei der Erstellung der Arbeit. Bei meinem Freund Marco Schmitz möchte ich mich dafür bedanken, dass er mancher technischen Notfallsituation mit seiner kompetenten Hilfe, seiner unerschöpflichen Kreativität und humorvollen Art ihren Schrecken genommen hat.

Bei meinem Bruder, Dr. Alexander Koke, und seiner Familie bedanke ich mich für ihre liebenswürdige Willkommenskultur während der Erstellung der Arbeit und darüber hinaus. Zum Abschluss möchte ich mich ganz besonders bei meinen Eltern, Giesela und Rüdiger Koke, für ihre liebevolle Begleitung in allen Lebenslagen bedanken. Insbesondere die Unterstützung meiner Mutter ist ein unverzichtbarer Bestandteil in meinem Leben. Ihr und meiner Marla ist die Arbeit gewidmet.

Neuss, im Januar 2026

**Interessenkonflikt** Der/die Autor*in hat keine relevanten Interessenskonflikte im Zusammenhang mit dieser Publikation.

Inhaltsverzeichnis

## Abkürzungsverzeichnis

| | |
|---|---|
| a. A. | anderer Ansicht |
| a. a. O. | am angegebenen Ort |
| Abs. | Absatz |
| a. E. | am Ende |
| AEUV | Vertrag über die Arbeitsweise der Europäischen Union |
| a. F | alte(r) Fassung |
| AfA | Absetzung(en) für Abnutzung oder Substanzverringerung |
| AfaA | Absetzung(en) für außergewöhnliche technische oder wirtschaftliche Abnutzung |
| AK/HK | Anschaffungs-/Herstellungskosten |
| AktG | Aktiengesetz |
| allg. | allgemein |
| Alt. | Alternative |
| amtl. | amtlich |
| Anh. | Anhang |
| Anl. | Anlage |
| Anm. | Anmerkung |
| AO | Abgabenordnung |
| AöR | Archiv des Öffentlichen Rechts |
| Art. | Artikel |
| Aufl. | Auflage |
| Az. | Aktenzeichen |
| BB | Betriebs-Berater (Zeitschrift) |
| BeckRS | Rechtsprechung in beck-online |
| Begr./begr. | Begründung/begründet |
| Beih. | Beihefter |
| bej. | bejahend |
| Beschl. | Beschluss |
| best. | bestätigt, bestätigend |
| bestr. | bestritten |
| betr. | betreffend |
| BFH | Bundesfinanzhof |
| BFHE | Sammlung der Entscheidungen des Bundesfinanzhofs |
| BFH/NV | Sammlung der Entscheidungen des BFH (Zeitschrift) |
| BGB | Bürgerliches Gesetzbuch |
| BGBl | Bundesgesetzblatt |
| BGH | Bundesgerichtshof |
| BilMoG | Bilanzrechtsmodernisierungsgesetz |
| BilRuG | Bilanzrichtlinie-Umsetzungsgesetz |
| Bl | Blatt |
| BMF | Bundesminister(ium) der Finanzen |
| BR | Bundesrat |
| BR-Drs. | Bundesrats-Drucksache |
| BStBl | Bundessteuerblatt |
| BT | Bundestag |
| BT-Drs. | Bundestags-Drucksache |
| Buchst. | Buchstabe(n) |
| BVerfG | Bundesverfassungsgericht |
| BVerfGE | Entscheidungssammlung des Bundesverfassungsgerichts |
| bzw. | beziehungsweise |
| CovUR | Covid 19 und Recht (Zeitschrift) |
| DB | Der Betrieb (Zeitschrift) |
| ders./dies. | derselbe/dieselbe |
| diff. | differenzierend |
| Diss. | Dissertation |
| DöV | Die Öffentliche Verwaltung (Zeitschrift) |
| DStJG | Deutsche Steuerjuristische Gesellschaft |
| DStR | Deutsches Steuerrecht (Zeitschrift) |
| DStRE | DStR-Entscheidungsdienst (Zeitschrift) |
| DStRK | Steuerrechtliche Rechtsprechung kurzgefaßt (Zeitschrift) |

| | |
|---|---|
| DStZ | Deutsche Steuer-Zeitung |
| DZWIR | Deutsche Zeitschrift für Wirtschafts- und Insolvenzrecht |
| EBITDA | Gewinn vor Zinsen, Steuern und Abschreibungen (englisch: earnings before interest, taxes, depreciation and amortization) |
| Einf. (Einl.) | Einführung (Einleitung) |
| einschl. | einschließlich |
| einschr. | einschränkend |
| EL | Ergänzungslieferung |
| entspr. | entsprechend |
| Entw. | Entwurf |
| Erg. | Ergänzung; Ergebnis |
| ESt(G) | Einkommensteuer(gesetz) |
| FArch | Finanzarchiv |
| FG | Finanzgericht |
| Fn | Fußnote |
| FM | Finanzministerium |
| fortgef. | fortgeführt |
| FR | Finanz-Rundschau (Zeitschrift) |
| FS | Festschrift |
| gem. | gemäß |
| GewSt(G) | Gewerbesteuer(gesetz) |
| gg.(ü). | gegen(über) |
| GG | Grundgesetz |
| gl. A. | gleicher Ansicht |
| GmbH | Gesellschaft mit beschränkter Haftung |
| GmbHG | GmbH-Gesetz |
| GmbHR | GmbH-Rundschau (Zeitschrift) |
| GmbH-StB | Der GmbH-Steuerberater |
| GoB | Grundsätze ordnungsmäßiger Buchführung |
| grds. | grundsätzlich |
| GrS | Großer Senat |
| GS | Gedächtnisschrift |
| GWG | geringwertige Wirtschaftsgüter |
| GWR | Gesellschafts- und Wirtschaftsrecht (Zeitschrift) |
| h. A. | herrschende Auffassung (Ansicht) |
| Habil. | Habilitation |
| Halbs. | Halbsatz |
| HFR | Höchstrichterliche Finanzrechtsprechung (Zeitschrift) |
| HGB | Handelsgesetzbuch |
| h. M. (h. L.) | herrschende Meinung (herrschende Lehre) |
| Hrsg./hrsg. | Herausgeber/herausgegeben |
| i. d. F. (R.) | in der Fassung (Regel) |
| IDW | Institut der Wirtschaftsprüfer in Deutschland |
| insb. | insbesondere |
| InsO | Insolvenzordnung |
| InstFSt | Institut Finanzen und Steuern (Schriftenreihe des InstFSt) |
| i. S. d. (v.) | im Sinne des (von) |
| i. V. | im Verhältnis |
| i. V. m. | in Verbindung mit |
| JStG | Jahressteuergesetz |
| jur. | juristisch(e) |
| Kap. | Kapitel; Kapital |
| KapGes | Kapitalgesellschaft |
| KÖSDI | Kölner Steuerdialog (Zeitschrift) |
| krit. | kritisch |
| KSt(G) | Körperschaftsteuer(gesetz) |
| KTS | Zeitschrift für Insolvenzrecht |
| lfd. | laufend |
| Lfg. | Lieferung |
| MoPeG | Gesetz zur Modernisierung des Personengesellschaftsrechts |

| | |
|---|---|
| n. F. | neue(r) Fassung |
| NJW | Neue Juristische Wochenschrift |
| nv | nicht veröffentlicht |
| NVwZ | Neue Zeitschrift für Verwaltungsrecht |
| NWB | Neue Wirtschafts-Briefe (Loseblatt) |
| NZG | Neue Zeitschrift für Gesellschaftsrecht (Zeitschrift) |
| NZI | Neue Zeitschrift für Insolvenz- und Sanierungsrecht (Zeitschrift) |
| OFD | Oberfinanzdirektion |
| o. g. | oben genannt(en) |
| PersGes | Personengesellschaft |
| resp. | respektive |
| RFH | Reichsfinanzhof |
| RFHE | Entscheidungen des Reichsfinanzhofs (Sammlung) |
| Rspr. | Rechtsprechung |
| Rz./Rn. | Randziffer(n)/Randnummer(n) |
| s. | siehe |
| S. | Seite(n); Satz, Sätze |
| s. a. | siehe auch |
| SanInsFoG | Gesetz zur Fortentwicklung des Sanierungs- und Insolvenzrechts |
| Schr. | Schreiben |
| SEStEG | Gesetz über stl. Begleitmaßnahmen zur Einführung der Europ. Gesellschaft und zur Änderung weiterer stl. Vorschriften |
| [sic] | sic erat scriptum |
| Slg. | Sammlung |
| sog. | sogenannt |
| Sp. | Spalte |
| StaRUG | Unternehmensstabilisierungs- und -restrukturierungsgesetz |
| Stbg | Die Steuerberatung (Zeitschrift) |
| StbJb | Steuerberater-Jahrbuch |
| StEd | Steuer-Eildienst (Zeitschrift) |
| stl. | steuerlich |
| st. Rspr. | ständige Rechtsprechung |
| str. | streitig/strittig |
| StuB | Steuern und Bilanzen (Zeitschrift) |
| StuW | Steuer und Wirtschaft (Zeitschrift) |
| TW | Teilwert |
| Tz. | Textziffer(n) |
| u. a. | unter anderem, und andere |
| u. ä. | und ähnlich(e) |
| UbG | Die Unternehmensbesteuerung (Zeitschrift) |
| umstr. | umstritten |
| UmwStG | Umwandlungssteuergesetz |
| Urt. | Urteil |
| v. | von |
| Vfg. | Verfügung |
| vg. | vorgenannt/e |
| vgl. | vergleiche |
| VO | Verordnung |
| VwGO | Verwaltungsgerichtsordnung |
| VZ | Veranlagungszeitraum |
| WG | Wirtschaftsgut (-güter) |
| Wj. | Wirtschaftsjahr(e) |
| WPg | Die Wirtschaftsprüfung (Zeitschrift) |
| ZGR | Zeitschrift für Unternehmens- und Gesellschaftsrecht |
| ZHR | Zeitschrift für das gesamte Handels- und Wirtschaftsrecht |
| ZinsO | Zeitschrift für das gesamte Insolvenzrecht (Zeitschrift) |
| ZIP | Zeitschrift für Wirtschaftsrecht |
| zit. | zitiert |
| zust. | zustimmend, zuständig |
| zutr. | zutreffend |

**Die Tauglichkeit der Steuerbefreiung von Sanierungsgewinnen nach § 3a EStG als sanierungsprivilegierende steuerliche Maßnahme de lege lata unter Berücksichtigung verfassungsrechtlicher Implikationen**

# A. Ziel der Arbeit und Vorgehen

## I. Ziel der Arbeit

Unternehmensinsolvenzen verursachen volkswirtschaftliche Schäden in Milliardenhöhe. Im Jahr 2017 betrug der in Deutschland durch Unternehmensinsolvenzen verursachte geschätzte Schaden rund 27,1 Milliarden Euro, im Jahr 2020 rund 42,6 Milliarden Euro und im Jahr 2021 rund 51 Milliarden Euro.[1] Die Auswirkungen der Corona-Pandemie in den Jahren 2020 und 2021 haben die Befürchtungen einer erheblichen Anzahl neuer Insolvenzfälle bestätigt,[2] deren zeitliche Verzögerung zunächst an den staatlichen Maßnahmen zur Unterstützung angeschlagener Unternehmen und insbesondere auch an der befristeten Aussetzung der Insolvenzantragsfrist durch das COVID-19-Insolvenzaussetzungsgesetz [3] und dessen Verlängerung[4] zurückzuführen war. Der Sanierung erhaltenswürdiger Unternehmen wird gegenwärtig und daher auch in Zukunft eine wachsende Bedeutung zukommen, die in der Vergangenheit schon durch die Insolvenzrechtsreform von 1995/1999[5], durch die Regelungen des Gesetzes zur weiteren Erleichterung der Sanierung von Unternehmen (ESUG) im Jahr 2011[6] und die Erweiterungen des Insolvenzplanverfahrens[7] Eingang in die Insolvenzordnung gefunden hat.[8] Weitere Gesetze, etwa das jüngst erlassene Gesetz über den Stabilisierungs- und Restrukturierungsrahmen für Unternehmen (StaRUG)[9], sollen weitere Erleichterungen im Zusammenhang mit Insolvenz- und Sanierungsverfahren implementieren. Eine zentrale Komponente erfolgreicher Sanierung eines in die Krise geratenen Unternehmens ist der Erlass von infolge Kriseneintritts nahezu wertlos gewordenen Forderungen durch hauptsächliche Gläubiger. Der Erlass einer betrieblichen Schuld führt zu deren Erlöschen und löst nach

---

[1] https://de.statista.com/statistik/daten/studie/166636/umfrage/insolvenzschaeden-in-deutschland-nach-glaeubigern/ zuletzt abgerufen am: 15.8.2023.
[2] *Mick/Dyckmans/Klein*, COVuR 2020, 235, die einen „drohenden wirtschaftlichen Kollaps" infolge der Corona-Pandemie befürchten; *Loose*, DB 2021, 366 (366), der das Ausbleiben einer massiven Zunahme von Insolvenzen im Corna-Pandemie-Jahr 2020 auf die ergriffenen staatlichen Maßnahmen und die verlängerte Aussetzung der Insolvenzantragspflicht zurückführt.
[3] COVID-19-Insolvenzaussetzungsgesetz vom 27.03.2020, BGBl. I 2020 S. 569.
[4] Gesetz zur Änderung des COVID-19-Insolvenzaussetzungsgesetzes vom 25.09.2020, BGBl. I 2020 S. 2016.
[5] Vorschläge des Deutschen Anwaltvereins durch die Ausschüsse Insolvenzrecht und Steuerrecht zur steuerrechtlichen Verbesserung der Sanierungschancen von Unternehmen in der Krise, NZG 2009, 417.
[6] Gesetz zur weiteren Erleichterung der Sanierung von Unternehmen vom 7.12.2011, BGBl. I S. 2582, S. 2800.
[7] *Derksen*, Die Unternehmenssanierung innerhalb und außerhalb der Insolvenz, 2017, S. 49; *Häller*, Kapitalmarktrecht und Unternehmenssanierung in der Insolvenz, 2016, S. 59.
[8] *Tschersich*, Ertragsbesteuerung der Unternehmenssanierung, 2014, S. 4, 44 ff.; *Vallender*, NZI 2010, 838 (840); *Wahlers*, Ausgestaltung und Erforderlichkeit eines vorinsolvenzlichen Sanierungsverfahrens, 2016, S. 190.
[9] Unternehmensstabilisierungs- und -restrukturierungsgesetz vom 22.12.2020, BGBl. I S. 3256.


K.-E. Koke, *Der Sanierungsgewinn im Steuerrecht*,
https://doi.org/10.1007/978-3-658-53004-4_1

allgemeinen steuerrechtlichen Grundsätzen steuerpflichtigen Ertrag aus, der seinerseits eine (erneute) steuerliche Belastung entstehen lässt. Die Steuerpflicht eines derart erzeugten Sanierungsgewinns stellt mithin ein Sanierungshemmnis dar. Der Schuldenerlass bewirkt eine Kollision der auf Fortführung des unternehmerischen Engagements ausgerichteten Ziele der sanierungsbeteiligten Gläubiger mit den fiskalischen, einnahmeorientierten Zielen des Staates. Der Gesetzgeber hat dieses Dilemma erkannt und zu dessen Entschärfung mit § 3a EStG eine gesetzliche Regelung geschaffen, die einen durch Schuldenerlass ausgelösten Sanierungsgewinn von der (Ertrag-)Steuerpflicht befreit. Diese im Jahr 2017 eingeführte Steuerbefreiungsregelung für Sanierungsgewinne ist die zentrale Vorschrift an der Schnittstelle zwischen Steuerrecht und Sanierungsrecht.[10]

Ausweislich der Gesetzesbegründung soll die Steuerbefreiung gleichermaßen der Planungssicherheit des Unternehmens im Sanierungsverfahren und den wirtschaftlichen Interessen der Gläubiger am Fortbestand des zu sanierenden Unternehmens dienen.[11] Sie wird nach Auffassung des nationalen Gesetzgebers zudem dem Bestreben der Europäischen Kommission gerecht, die rechtlichen Rahmenbedingungen für eine Restrukturierung von Unternehmen in finanziellen Notlagen zu verbessern und unnötige Liquidationen zu verhindern.[12]

Aus beihilferechtlichen Gründen stand das Inkrafttreten der Neuregelung zunächst unter dem Vorbehalt des bereits bei Einführung erwarteten[13] Placets der Europäischen Kommission.[14] Dieses wurde durch einen sog. Comfort-Letter[15] wie erwartet erteilt. In diesem Comfort-Letter hat die Kommission die Regelung des § 3a EStG als eine Bestandsschutz genießende sog. Altbeihilfe qualifiziert.[16]

[10] Auch im Zusammenhang mit der Covid-19-Pandemie sollte der Vorschrift erhebliche Bedeutung zukommen, vgl. *Eilers/Walter-Yadegardjam*, FR 2020, 481 (483); *Buth/Hermanns*, in: Buth/Hermanns, Restrukturierung, Sanierung, Insolvenz, Restrukturierung, Sanierung, Insolvenz, 5. Aufl. 2022, § 46 Rn. 9.

[11] Bericht des FinA zu § 3a, *BT-Drs.* 18/12128, 30.

[12] Bericht des FinA zu § 3a *BT-Drs.* 18/12128, 31 mit Verweis auf vgl. Richtlinienvorschlag der EU-Kommission vom 22. November 2016 präventive Restrukturierungsrahmen, die zweite Chance und Maßnahmen zur Steigerung der Effizienz von Restrukturierungs-, Insolvenz- und Entschuldungsverfahren und zur Änderung der Richtlinie 2012/30/EU.

[13] *Desens*, FR 2017, 981 (982), der keine selektive Wirkung der Regelung feststellen kann, da keine bestimmten Unternehmen oder Produktionszweige i.S.d. Art. 107 Abs. 1 AEUV begünstigt werden; ebenso *Hey*, FR 2017, 455; *Uhländer*, DB 2017, 1224.

[14] BGBl. I 2017, 2074 (2079).

[15] *Crezelius*, NZI 2019, 270 (271).

[16] *Krumm*, in: Brandis/Heuermann, EStG, 167. EL Mai 2023, § 3a Rn. 10.

## II. Untersuchungsgegenstand

Untersuchungsgegenstand dieser Arbeit ist die Wirksamkeit der Steuerbefreiung von Sanierungsgewinnen zur Abstimmung [17] von Sanierungs- und Steuerrecht und zur Unterstützung betriebswirtschaftlich sinnvoller[18] Sanierungen.[19] Es soll die Frage beantwortet werden, ob die Steuerbefreiung als steuerrechtliches Instrument im Hinblick auf das Spannungsverhältnis der Bedürfnisse des Sanierungsrechts und des Steuerrechts ein zweckmäßiges und wirkungsvolles Mittel zur Erleichterung der steuerlichen Voraussetzungen von Sanierungsprozessen und zur Effektuierung eines insoweit wirkungsvollen Sanierungssteuerrechts darstellt. Der Interessenwiderstreit zwischen den auf Fortführung des unternehmerischen Engagements unter Beachtung der Gläubigerinteressen ausgerichteten Bedürfnissen des Sanierungsrechts einerseits und den fiskalisch geprägten Bedürfnissen des Steuerrechts andererseits wurde von der Rechtsprechung schon früh erkannt[20] und ist noch heute Kristallisationspunkt problematischer Ausgangsfragen.[21]

Eine umfassende gesetzliche Regelung im Zusammenhang mit dem Schuldenerlass als Sanierungsmaßnahme ließ jedoch lange Zeit auf sich warten. Die erste gesetzliche Regelung zur Entschärfung des Konflikts zugunsten des Sanierungszwecks wurde mit § 3 Nr. 66 EStG a.F.[22] geschaffen, der die Steuerbefreiung von Sanierungsgewinnen ohne eine vorherige Verrechnung bzw. durch Verrechnung ausgelöste Aufzehrung von Verlusten vorsah. Die Regelung wurde jedoch wegen der von ihr ausgelösten ungerechtfertigten Doppelbegünstigung, die sich aus der Kumulation der Steuerbefreiung des Sanierungsertrags und dem gleichzeitigen unbegrenzten Verlustabzug ergab, mit Wirkung für vor dem 1.1.1997 endende [23] Wirtschaftsjahre

[17] Eine Harmonisierung von Insolvenz- und Steuerrecht wird seit Langem angestrebt, vgl. etwa *Seer*, Abschlussbericht der Kommission zur Harmonisierung von Insolvenz- und Steuerrecht, DStR-Beih 2014, 117; so auch *Schulz*, Der Debt Equity Swap in der Insolvenz, 2015, S. 374, der das Sanierungssteuerrecht noch als Sanierungshemmnis identifiziert; in diesem Sinne auch *Buth/Hermanns*, in: Buth/Hermanns, Restrukturierung, Sanierung, Insolvenz, 5. Aufl. 2022, § 46 Rn. 8 und 35 „unzureichend erfolgte Abstimmung"; *Frey/Mückl*, GmbHR 2010, 1193 (1200) mit dem Wunsch nach „krisenfestem Sanierungssteuerrecht"; *Frotscher/Schulze*, in: Gottwald/Haas, Insolvenzrechts-Handbuch, 6. Aufl. 2020, Kapitel XI, § 118 Rn. 1; *Jachmann-Michel/Vogel*, in: von Mangoldt/Klein/Starck, 7. Aufl. 2018, Band III, GG Art. 105 Rn. 24d benennen dies als „rudimentäre Ausgestaltung des Verhältnisses zwischen Steuerrecht und Insolvenzrecht" und identifizieren eine „Vielzahl offener und strittiger Fragestellungen, die mit einer umfassenden gesetzlichen Regelung des Insolvenz- und Sanierungssteuerrechts zielgerichteter, oftmals interessengerechter und stets mit größerer Rechtssicherheit adressiert werden könnten"; auch *Kanzler*, FR 2003, 480 (481) mit dem Wunsch nach einem „umfassenden Sanierungssteuerrecht" unter Einbeziehung „verschiedener Sanierungsmaßnahmen mit unterschiedlichen Gewinnauswirkungen"; nach *Skauradszun/Kwauka* sei „§ 3c Abs. 4 EStG ein Paradebeispiel für die Zielkonflikte zwischen Sanierungs- und Sanierungssteuerrecht", *Skauradszun/Kwauka*, DStR 2020, 953.

[18] *Kredig*, Das System der Besteuerung stiller Reserven bei Unternehmensumstrukturierungen, 2013, S. 29: „Hemmnis für betriebswirtschaftlich sinnvolle..." sei „Programmsatz des Gesetzgebers".

[19] Bericht des FinA zu § 3a, *BT-Drs.* 18/12128, 30.

[20] So schon der RFH, Urt. v. 12.12.1928 VI A 1499/28, RStBl. 1929 86 f.; RFH vom 30.06.1929 – VI A 297/27, RFHE 21, 263 (265) mit dem Wortlaut: Schließt ein Kaufmann mit seinen Geschäftsgläubigern einen Akkord (= damalige Bezeichnung für Vergleich), so ist die durch den Erlass der Schulden eintretende Vermehrung seines Geschäftsvermögens nicht einkommensteuerpflichtig.

[21] Statt vieler *Buth/Hermanns*, in: Buth/Hermanns, Restrukturierung, Sanierung, Insolvenz, Restrukturierung, Sanierung, Insolvenz, 5. Aufl. 2022, § 46 Rn. 108; *Roth*, NZI-Beilage 2019, 51 (52): „Hin und Her"; deutlich auch *Skauradszun*, ZIP 2018, 1901 (1902 f.).

[22] Körperschaftsteuerreformgesetz v. 31.8.1976, BGBl. I 1976, 2597 (2617), BStBl. I 1976, 445.

[23] § 52 Abs. 2h EStG a.F.

aufgehoben.[24] Nach der Aufhebung des § 3 Nr. 66 EStG a.F. lebte das Sanierungshemmnis wieder auf. Um die dadurch geschaffene steuerliche Blockade betriebswirtschaftlich erwünschter Sanierungen aufzulösen, erließ das Bundesministerium der Finanzen im Jahr 2003 ein BMF-Schreiben[25], das als sog. Sanierungserlass bekannt wurde. Darin bejahte die Verwaltung das Vorliegen sachlicher Unbilligkeit[26] und die Notwendigkeit eines Handelns im Billigkeitswege bei durch Schuldenerlass entstandenen Gewinnen sanierungsbedürftiger und -fähiger Unternehmen, deren Gläubiger mit dem als geeignete Sanierungsmaßnahme erklärten Schuldenerlass einen Sanierungszweck verfolgten. In einer dem Richtliniencharakter wesenstypischen Weise konkretisierte der Sanierungserlass die Voraussetzungen des durch Schuldenerlass erzeugten begünstigungsfähigen Sanierungsgewinns und dessen Rechtsfolgen und schuf dadurch - zumindest vorläufig - Rechtssicherheit. Im Gegensatz zu § 3 Nr. 66 EStG a.F. sah der Sanierungserlass keine umfassende Steuerbefreiung von Sanierungserträgen vor, sondern erlaubte die Steuerstundung und den Steuererlass von Steuern, die auf die Residualbemessungsgrundlage zwischen Sanierungsertrag und vorrangig zu verrechnender Verluste entfielen. Dafür verlangte er zuerst die vollständige Verrechnung des durch den Schuldenerlass erzeugten Sanierungsgewinns mit bestehenden steuerlichen Verlustpositionen, wodurch eine unzulässige Doppelbegünstigung[27] verhindert werden sollte. Obwohl er Anwendungs- und Rechtssicherheit schuf, stand der Sanierungserlass viele Jahre im Fokus massiver Kritik, deren wesentlichster Bezugspunkt seine präsumtive Verfassungswidrigkeit war.[28] Einige Literaturstimmen[29] vertraten früh die Auffassung, der Sanierungserlass verstoße gegen das Verfassungsprinzip der Bindung der vollziehenden Gewalt an Recht und Gesetz und gegen den Vorbehalt des Gesetzes und sei demnach verfassungswidrig (Art. 20 Abs. 3 GG). Ausgangspunkt eines über viele Jahre kontrovers geführten Diskurses war sodann eine Entscheidung des FG München vom 12.12.2007[30]. In dieser Entscheidung vertrat das Finanzgericht die Rechtsauffassung, nach Streichung des § 3 Nr. 66 EStG a. F. entfiele wegen des ausdrücklich abweichenden Willens des Gesetzgebers im Regelfall auch der von Verwaltung und Rechtsprechung praktizierte Einkommensteuererlass auf Sanierungsgewinne wegen sachlicher

[24] *Gesetz zur Fortsetzung der Unternehmenssteuerreform* v. 29.10.1997, BStBl I 1997, 2590.
[25] Sanierungserlass des BMF vom 27.03.2003, BStBl. I 2003, 240 - IV A 6 - S 2140 - 8/03, DStR 2003, 690; ergänzt durch das BMF-Schreiben vom 22.12.2009 – IV C 6-S 2140/07/10001-01, BStBl. I 2010, 18, DStR 2010, 52.
[26] Sanierungserlass des BMF vom 27.03.2003, BStBl. I 2003, 240 - IV A 6 - S 2140 - 8/03, DStR 2003, 690.
[27] wie noch unter Geltung des § 3 Nr. 66 EStG a.F. virulent.
[28] *Bareis/Kaiser*, DB 2004, 1841.
[29] Für die Verfassungswidrigkeit: *Bareis/Kaiser*, DB 2004, 1841; *Kanzler*, FR 2003, 480 (481); *Heinicke*, in: Schmidt, EStG, 36. Aufl., § 4 Rn. 460 „Sanierungsgewinne"; *von Groll* in: Hübschmann/Hepp/Spitaler, AO/FGO, 274. Lieferung 07.2023, § 227 AO Rn. 32, der in dem BMF-Schreiben v. 27.3.2003 eine gesetzesvertretende Verwaltungsvorschrift erblickt, was daraus folge, dass sie allgemein und abstrakt („wie ein Gesetz"), in ausdrücklicher Anknüpfung an die hierfür zuvor geltende gesetzliche Befreiungsvorschrift des § 3 Nr. 66 EStG a.F., wenngleich in anderer tatbestandsmäßiger Ausgestaltung, die Behandlung von Sanierungsgewinnen zum Gegenstand hat, also die entfallene Vergünstigungsregelung (teilweise) ersetzen will, worin ein Verstoß gegen den Grundsatz der Gesetzmäßigkeit liege.
[30] FG München, Urt. v. 12.12.2007 - 1 K 4487/06 - EFG 2008, 615 - DStR 2008, 1687, DStRE 2008, 1172.

Unbilligkeit. Dem BMF-Schreiben vom 27.3.2003[31] fehle eine Rechtsgrundlage. Die von der Finanzverwaltung durch den sog. Sanierungserlass auf der Grundlage des BMF-Schreibens angewandte Steuerbefreiung erfolge „contra legem". Nur unter außerordentlichen Umständen sei ein Sanierungsgewinn nach den im steuerlichen Verfahrensrecht vorgesehenen Billigkeitsmaßnahmen ermäßigt zu besteuern.[32] Andere Finanzgerichte schlossen sich dieser Meinung an.[33] Das Meinungsbild innerhalb der Finanzgerichte war jedoch nicht einheitlich.[34] In der Literatur wurde diese Argumentation mehrheitlich abgelehnt [35] und die Verwaltungsauffassung regelmäßig befürwortet. Eine Vielzahl von Argumenten[36] wurde gegen den Vorwurf eines Verstoßes gegen den Grundsatz der Gesetzmäßigkeit der Verwaltung durch

[31] BMF-Schr. v. 27.3.2003, IV A 6 - S 2140 - 8/03.

[32] FG München, Urt. v. 12.12.2007 - 1 K 4487/06 - EFG 2008, 615 - DStR 2008, 1687, DStRE 2008, 1172.

[33] BFH, Urt. v. 14.7.2010 - X R 34/08, BFHE 229, 502, BStBl. II 2010, 916, DStRE 2010, 1268; Sächsisches FG , Urt. v. 14.3.2013 - 5 K 1113/12 - DStR 2014, 190; Sächsisches FG, Urt. v. 24.4.2013 – 1 K 759/12, EFG 2013, 1898, DStRE 2013, 1517; Sächsisches FG Beschluss v. 20.1.2014 – 4 V 1794/12, im Verfahren der einstweiligen Anordnung hat Zweifel an der Gesetzmäßigkeit des sog. Sanierungserlass; Sächsisches Oberverwaltungsgericht im Beschluss v. 2.9.2010 – 5 B 555/09, BeckRS 2010, 54100 hat Zweifel, ob nach Streichung von § 3 Nr. 66 EStG aF der sog Sanierungserlass einen Rechtsanspruch auf Gewährung einer Billigkeitsmaßnahme begründen kann; FG Berlin-Brandenburg, Urt. v. 30.7.2014 – 3 K 3354/10 hat erhebliche Zweifel an der Gesetzmäßigkeit des Sanierungserlasses geäußert, diese Frage letztlich aber dahingestellt sein lassen, weil die Voraussetzungen für einen Erlass nach dem BMF-Schreiben in BStBl. I 2003, 240, DStR 2003, 690 nicht vorläge.

[34] FG Köln, Urt. v. 24.4.2008 – 6 K 2488/06, EFG 2008, 1555, DStRE 2008, 1445 kam zu dem Ergebnis, der sog. Sanierungserlass sei zu eng gefasst; FG Berlin-Brandenburg hat im Beschluss v. 20.9.2010 – 6 V 6140/10, EFG 2011, 453 thematisierte die Frage der Gesetzmäßigkeit des Sanierungserlasses nicht und war der Auffassung, ein Sanierungsgewinn werde von der Finanzverwaltung seit der Abschaffung des § 3 Nr. 66 EStG aF grundsätzlich nach den Vorgaben des sog Sanierungserlasses ermittelt; FG Düsseldorf hatte im Urt. v. 16.3.2011 – 7 K 3831/10 AO keinerlei Zweifel an der Gesetzmäßigkeit des Sanierungserlasses, da eine Notwendigkeit zur Steuerfreistellung von Sanierungsgewinnen im Sinne des erwünschten Sanierungserfolgs bestünde; FG Niedersachsen v. 31.1.2012 – 8 K 34/09 (EFG 2012, 1523) thematisierte die Frage der Gesetzmäßigkeit des Sanierungserlasses nicht; FG Hamburg hat in der Entscheidung v. 8.8.2012 – 2 K 104/11 die Frage, ob der sog Sanierungserlass eine hinreichende Rechtsgrundlage für einen Billigkeitserlass darstelle, dahingestellt sein lassen, weil nach Auffassung des Gerichts dessen Voraussetzungen nicht erfüllt waren; FG des Landes Sachsen-Anhalt hat im Urt. v. 14.11.2013 – 6 K 1267/11 (EFG 2014, 721) entschieden, der sog. Sanierungserlass räume mit der darin vorgesehenen Möglichkeit eines Erlasses der Einkommensteuer keine zu weit reichende Billigkeitsmaßnahme ein. Aufgrund hoher vorrangig zu verrechnender Verluste drohte im Berichtsfall keine Doppelbegünstigung, so dass ein Erlass der Intention des Gesetzgebers im Berichtsfall nicht zuwider lief.

[35] *Bauschatz*, GmbHR 2008, 1204; *Buschendorf/Vogel*, DB 2016, 676; *Frey/Mückl* GmbHR 2010, 1193; *Gondert/Büttner* DStR 2008, 1676; *Hageböke/Hasbach*, DStR 2015, 1713; *Kahlert*, FR 2014, 731; *Keuthen/Hübner*, FR 2015, 865; *Kroniger/Korb*, BB 2008, 2656; zur Gewerbesteuer: *Krumm*, DB 2015, 2714; *Seer*, FR 2010, 306, *ders.* FR 2014, 721; *Sonnleitner/Strotkemper*, BB 2015, 2395; *Wiese/Lukas*, DStR 2015, 1222.

[36] Beispielhaft und auszugsweise sei nur verwiesen auf: *Bauschatz*, GmbHR 2008, 1204, der an der Entscheidung des FG München kritisiert, dass die aufgeworfene Frage, ob die Besteuerung eines Sanierungsgewinns eine erhebliche Härte beinhaltet, wenn die vorhandenen Verlustvorträge eigentlich zur Verrechnung mit dem Sanierungsgewinn ausreichten und die Verrechnung lediglich durch § 10 d Abs. 2 EStG (bzw. durch § 10 a GewStG) begrenzt wird, habe nichts mit der Frage zu tun, ob die „faktischen Rechtsfolgen" des § 3 Nr. 66 EStG a.F. wieder in Kraft gesetzt würden; *Geist*, BB 2008, 2658 (2260), der meint, die Kritik an dem Urteil des FG München müsse bei dessen Herleitung des gesetzgeberischen Willens ansetzen, denn die mit der Abschaffung des § 3 Nr. 66 EStG a.F. vom Gesetzgeber aufgegriffene Gefahr einer steuerlichen Doppelbegünstigung bestünde so schon deshalb nicht mehr, weil die Möglichkeit von Verlustvorträgen mit der Einführung der Mindestbesteuerung in § 10 d Abs. 2 EStG deutlich eingeschränkt worden sei. Zudem ginge der Gesetzgeber in seiner Gesetzesbegründung zum UStRefG 2008 im Jahre 2007 selbst von einer Anwendbarkeit des BMF-Schreibens aus (BT-Drs. 16/4841, S. 76); *Gondert/Büttner* DStR 2008, 1676, meinen, die wirtschaftliche Brisanz der Entscheidung des FG München ergebe sich daraus, dass der Schuldenerlass keinen realen Gewinn für den in die wirtschaftliche Schieflage geratenen Schuldner zur Folge habe, da das Eigenkapital seines rechnerisch überschuldeten Unternehmens aufgezehrt sei und der Schuldenerlass die Unterkapitalisierung bzw. die aufgelaufenen Verluste beseitigen solle, um dem Schuldner die wirtschaftliche Handlungsfähigkeit zurückzugeben und um eine Insolvenz zu verhindern. Ein echter Vermögenszufluss finde nicht statt, da der Schuldner die Forderungen ohnehin nicht bezahlen könne.

den sog. Sanierungserlass in Stellung gebracht.[37] Mit Beschluss vom 25.3.2015[38] legte der X. Senat des BFH dem Großen Senat die Rechtsfrage zur Entscheidung vor, ob der Sanierungserlass gegen den Grundsatz der Gesetzmäßigkeit der Verwaltung verstoße. Der Große Senat bejahte die Vorlagefrage mit Beschluss vom 28.11.2016[39] und stellte fest, dass die im sog. Sanierungserlass konkretisierten Voraussetzungen für einen Steuererlass aus Billigkeitsgründen keinen Fall sachlicher Unbilligkeit iSd §§ 163, 227 AO darstellten.[40] Soweit der sog. Sanierungserlass gleichwohl den Erlass der auf einen Sanierungsgewinn entfallenden Steuer vorsehe, liege darin ein Verstoß gegen den Grundsatz der Gesetzmäßigkeit der Verwaltung.[41] Art. 20 Abs. 3 GG binde die vollziehende Gewalt an Gesetz und Recht. Daraus folge das Prinzip des Vorrangs des Gesetzes, demzufolge das Gesetzesrecht Vorrang gegenüber von der Exekutive gesetzten Normen und anderen Verwaltungsentscheidungen habe; untergesetzliche Normen und andere Maßnahmen der Verwaltung dürften nicht im Widerspruch zu gesetzlichen Rechtsnormen stehen. Die Finanzverwaltung habe mit dem sog. Sanierungserlass, der sowohl in inhaltlicher als auch zeitlicher Hinsicht ausdrücklich an die Aufhebung des § 3 Nr. 66 EStG a.F. anknüpfe, die vom Gesetzgeber aufgehobene Steuerbefreiung für Sanierungsgewinne durch Verwaltungsvorschrift wieder eingeführt. Darin liege ein Verstoß gegen den Grundsatz der Gesetzmäßigkeit der Verwaltung.[42] Die Entscheidung des Großen Senats wurde kritisch aufgenommen und deren Rechtsfolgen nach der Wahrnehmung der Mehrzahl der Sanierungsbeteiligten als „desaströs“[43] bzw. als „wirtschaftlich nicht begrüßenswert“[44] bezeichnet. Auf die durch den BFH festgestellte Unvereinbarkeit des sog. Sanierungserlasses mit dem Verfassungsrecht und die dadurch hervorgerufene Rechtsunsicherheit[45] hat der Gesetzgeber indes überaus kurzfristig mit den Neuregelungen der §§ 3a und 3c Abs. 4 EStG sowie mit den ergänzenden Regelungen für die Gewerbe- und Körperschaftsteuer[46] reagiert, die durch das sog. Anti-Lizenzbox-Gesetz zur Steuerbefreiung von Sanierungserträgen eingeführt

[37] Gegen die Verfassungswidrigkeit: *Bauschatz*, GmbHR 2008, 1204; *Braun/Geist* BB 2009, 2508; *Buschendorf/Vogel*, DB 2016, 676; *Frey/Mückl*, GmbHR 2010, 1193; *Geist*, BB 2008, 2658; *Gondert/Büttner*, DStR 2008, 1676; *Gragert*, NWB 2011, 1438 (1445); *Hageböke/Hasbach*, DStR 2015, 1713; *Kahlert*, DStR 2012, 944; *ders.*, FR 2014, 731; *Keuthen/Hübner*, FR 2015, 865; *Knebel*, DB 2009, 1094; *Kroniger/Korb*, BB 2008, 2656; *Krumm*, DB 2015, 2714; *Mitschke*, FR 2014, 661; *Sonnleitner/Strotkemper*, BB 2015, 2395; *Thouet*, ZInsO 2008, 664; *Töben*, FR 2010, 249; *Seer*, FR 2010, 306; *ders.*, FR 2014, 721, *Wagner*, BB 2008, 2671; *Wiese/Lukas*, DStR 2015, 1222.

[38] BFH, Beschl. v. 25.3.2015 - X R 23/13 (BFHE 249, 299, BStBl. II 2015, 696, DStR 2015, 1443.

[39] BFH, Beschl. v. 28.11.2016 – GrS 1/15, DStR 2017, 305.

[40] BFH, Beschl. v. 28.11.2016 – GrS 1/15 Rn. 88, DStR 2017, 305 (312).

[41] BFH, Beschl. v. 28.11.2016 – GrS 1/15 Rn. 88, 137, DStR 2017, 305 (312, 318).

[42] BFH, Beschl. v. 28.11.2016 – GrS 1/15 Rn. 90, 137, DStR 2017, 305 (312, 318).

[43] *Willemsen*, Anmerkung zu BFH GrS 1/15, NZI 2017, 167.

[44] *Swierczok*, Anmerkung zu BFH GrS 1/15, BB 2017, 488.

[45] Der Deutsche Anwaltverein durch die Ausschüsse Insolvenzrecht und Steuerrecht stellte fest, dass der BFH die an Sanierungsfällen Beteiligten vor einen steuerlichen und insolvenzrechtlichen Scherbenhaufen gestellt habe, vgl. NZG 2017, 336.

[46] §§ 7b GewStG, 8, 8c, 8d, 15 Abs. 1 Nr. 1a KStG.

wurden.[47] Gemäß der Anwendungsvorschrift des § 52 Abs. 4a S. 1 EStG ist § 3a EStG n. F. erstmals in den Fällen anzuwenden, in denen Schulden nach dem 8.2.2017 erlassen werden.[48] Das Inkrafttreten der neuen Regelungen stand jedoch unter dem Vorbehalt der Zustimmung durch die Europäische Kommission. Die Neuregelungen sollten daher erst dann rückwirkend in Kraft treten, wenn die Kommission feststellt, dass sie entweder keine oder eine mit dem EU-Binnenmarkt vereinbare staatliche Beihilfe darstellt.[49] Die Zustimmung wurde durch einen sog. Comfort Letter erteilt.[50] In diesem „Letter of comfort" vom 20.07.2018 wurde dem BMF in englischer Sprache mitgeteilt, dass die angezeigte Maßnahme („the non-taxation of reorganisation profits") ungeachtet bestimmter formaler und administrativer Veränderungen seit 1934 und damit vor und nach Abschluss der Römischen Verträge in gleicher Weise angewendet wurde. Aus diesem Grund konnte das Sanierungsprivileg ohne Verstoß gegen Art. 107 AEUV und ohne Durchführung eines Notifizierungsverfahrens nach Art. 108 Abs. 3 AEUV in Kraft treten.[51] Zwar sah Art. 6 Abs. 2 des Lizenzschrankengesetzes eine formelle Aufhebung des Inkrafttretensvorbehalts nur für den Fall eines (positiven) förmlichen Beschlusses der EU-Kommission vor, den der „Comfort Letter" mangels Bindungswirkung nicht ersetzen konnte. Die Steuerbefreiung für Sanierungserträge wurde aber durch Art. 19 UStAVermG[52] nochmals rückwirkend in Kraft gesetzt und der Inkrafttretensvorbehalt ausdrücklich aufgehoben.[53]

Im Zusammenhang mit der Anwendung der neuen Regelung sind jedoch zahlreiche Sachfragen streitig und bislang nicht abschließend geklärt. Diese sind Gegenstand der nachfolgenden Untersuchung, in deren Mittelpunkt die Forschungsfrage steht, inwieweit die Neuregelung eine funktionale, effiziente und zweckangemessene Maßnahme zur Effektuierung einer Abstimmung von Sanierungsrecht einer- und Steuerrecht andererseits darstellt und inwieweit die Steuerbefreiung einen tauglichen und zugleich sinnvoll gewählten, zielgenau ausgestalteten steuerrechtlichen Unterstützungsbeitrag darstellt, um das Ziel erfolgreicher Sanierungsverfahren zu erreichen.

## III. Gang der Untersuchung

Der Forderungsverzicht von Gläubigern gegenüber einem Schuldner, dem die zeitnahe Eröffnung des Insolvenzverfahrens droht, [54] führt zur bilanziellen Ausbuchung der schuldnerischen Verbindlichkeit und somit zur Entstehung eines Gewinns, der als

---

[47] BGBl. I 2017, 2074.
[48] § 52 Abs. 4a und Abs. 5 S. 3 EStG sowie § 36 Abs. 2c GewStG.
[49] BGBl. I 2017, 2074 (2079).
[50] *Krumm*, in: Brandis/Heuermann, EStG, 167. EL Mai 2023, § 3a Rn. 10.
[51] *Kanzler*, NWB 2019, 626 (627).
[52] Gesetz zur Vermeidung von Umsatzsteuerausfällen beim Handel mit Waren im Internet und zur Änderung weiterer steuerlicher Vorschriften, BGBl. I 2018, 2338 (2353).
[53] *Kanzler*, NWB 2019, 626 (627).
[54] Im Folgenden als Sanierungsunternehmen bezeichnet.

Sanierungsgewinn bezeichnet wird. Dieser infolge Forderungsverzichts entstehende gewerbliche Gewinn ist nach allgemeinen Grundsätzen in voller Höhe steuerbar, jedoch unter den Voraussetzungen des § 3a EStG[55] steuerfrei.

Die Regelung des § 3a EStG sieht eine Steuerbefreiung von Sanierungsgewinnen nach vollständiger Verrechnung mit im Verzichtszeitpunkt vorhandenen Verlusten vor und stellt demnach eine steuerliche Begünstigungs- bzw. Verschonungsregelung dar. Mit der Steuerbefreiung von Sanierungsgewinnen verfolgt der Gesetzgeber das Ziel, betriebswirtschaftlich sinnvolle, zugleich volkswirtschaftlich erwünschte Sanierungen nicht zu behindern.[56] Hintergrund ist, dass die Besteuerung des Sanierungsgewinns in der Krisensituation nach erfolgtem Schuldenerlass erneut finanzielle Belastungen in Höhe der darauf entfallenden Steuerschuld auslöse, wodurch die entlastende Wirkung des Schuldenerlasses verzichtender Gläubiger weitgehend verloren ginge. Diesem Umstand soll die Steuerbefreiung entgegenwirken. Sie soll der Planungssicherheit des Sanierungsunternehmens im Sanierungsverfahren dienen und den wirtschaftlichen Interessen der Gläubiger am Fortbestand des zu sanierenden Unternehmens Rechnung tragen. Der Fiskus soll sein Interesse an der Steuererhebung zurückstellen und den Sanierungsbestrebungen und ihren notwendigen Entschuldungsmaßnahmen nach dem erklärten Willen des Gesetzgebers nicht entgegenstehen.[57]

Mit der vorliegenden Arbeit soll die Steuerbefreiungsvorschrift in ihrer aktuellen gesetzlichen Fassung auf ihre Sanierungstauglichkeit als Maßnahme des Sanierungssteuerrechts untersucht werden. Dabei untergliedert sich die Untersuchung in vier Teile, die unterschiedliche Aspekte der übergeordneten Forschungsfrage analysieren. Nach einer Darstellung des tatsächlichen und rechtlichen Hintergrunds der Normentstehung im ersten Teil werden im zweiten Teil nach einer kurzen Darstellung der Inhalte des sog. „Sanierungssteuerrechts" und des sog. „Sanierungsrechts" die verfassungsrechtlichen Grundfragen untersucht, die im Zusammenhang mit der Besteuerung von Sanierungsgewinnen stehen. Als Steuerbefreiung erfordert die Regelung des § 3a EStG eine besondere Rechtfertigung, weil das Sanierungsunternehmen von einer Steuerbelastung in Bezug auf einen Gewinn befreit wird, den andere Unternehmen

[55] § 3a eingef. durch G v. 27.6.2017, BGBl. I S. 2074 (2076).

[56] vgl. Beschlussempfehlung und Bericht des Finanzausschusses in *BT-Drs.* 18/12128, 31: *„Die Besteuerung des Sanierungsgewinns würde das Unternehmen in der Krisensituation nach erfolgtem Schuldenerlass erneut in finanzielle Schwierigkeiten bringen. Die Wirkung des Schuldenerlasses würde weitgehend verloren gehen. Die Steuerbefreiung von Sanierungserträgen dient der Planungssicherheit des Unternehmens im Sanierungsverfahren und trägt nicht zuletzt auch den wirtschaftlichen Interessen der Gläubiger am Fortbestand des zu sanierenden Unternehmens Rechnung. Die Steuerbefreiung steht damit im Einklang mit den Bemühungen der EU-Kommission, die rechtlichen Rahmenbedingungen für eine frühzeitige Restrukturierung von Unternehmen, die sich in einer finanziellen Notlage befinden, zu verbessern und unnötige Liquidationen zu verhindern (vgl. Richtlinienvorschlag der EU-Kommission vom 22. November 2016 (COM(2016) 723 final über präventive Restrukturierungsrahmen, die zweite Chance und Maßnahmen zur Steigerung der Effizienz von Restrukturierungs-, Insolvenz- und Entschuldungsverfahren und zur Änderung der Richtlinie 2012/30/EU).".*

[57] Bericht des FinA zu § 3a, *BT-Drs.* 18/12128, 31.

außerhalb der Sanierungssituation in voller Höhe zu versteuern haben.[58] Die Steuerbefreiungsvorschrift ist daher wie jede andere Vergünstigungsnorm an dem im Steuerrecht bedeutsamen Rechtfertigungsmaßstab des allgemeinen Gleichheitssatzes des Art. 3 Abs. 1 GG zu messen.[59] Nur wenn die Regelung dem Gleichheitssatz standhält, ist sie verfassungsgemäß. Denn Art. 3 Abs. 1 GG gebietet, wesentlich Gleiches gleich und wesentlich Ungleiches ungleich zu behandeln, was für Vorschriften mit belastender Wirkung und Vorschriften mit begünstigender Wirkung in gleicher Weise und gleichem Maße zu gelten hat.[60] Der gleichheitswidrige Ausschluss eines Personenkreises von einer steuerlichen Begünstigung ist daher verfassungswidrig und im Ergebnis unzulässig.[61] Auch Vergünstigungstatbestände müssen gleichheitsgerecht ausgestaltet sein.[62] Im Rahmen der stets geforderten Übereinstimmung mit dem höherrangigen Recht sehen sich Vergünstigungstatbestände daher besonderer Rechtfertigungsbedürftigkeit ausgesetzt.[63] Aus verfassungsrechtlicher Perspektive sind daher drei Aspekte zu untersuchen. Zunächst ist zu eruieren, ob die Steuerbefreiungsnorm mit dem höherrangigen Recht und insoweit mit den Postulaten der ertragsteuerrechtlichen Grundprinzipien, dem Leistungsfähigkeitsprinzip und dem Folgerichtigkeitsgebot, in Einklang steht. Dafür ist zuvorderst zu klären, ob es sich bei dem durch Schuldenerlass erzeugten sog. Sanierungsgewinn für sich genommen um einen Ausdruck gesteigerter bzw. eines Zuwachses von Leistungsfähigkeit handelt. Denn nur unter der Prämisse zunehmender Leistungsfähigkeit ist die Steuerbarkeit nach allgemeinen Grundsätzen zwingend und eine Steuerbefreiung aus besonderen Rechtfertigungsgründen[64] zulässig und geboten. Führt der Sanierungsgewinn demgegenüber nicht zu einer Zunahme von Leistungsfähigkeit, würde sich eine Steuerbarkeit nach ertragsteuerlichen Grundsätzen nicht rechtfertigen lassen. Eine Steuerbefreiung wäre demnach systemwidrig. Weiterhin ist die Frage zu beantworten, ob die Steuerbefreiung von Sanierungsgewinnen auch dem Folgerichtigkeitsgebot standhält. Das Folgerichtigkeitsgebot verlangt die widerspruchsfreie und folgerichtige Umsetzung der einmal getroffenen

[58] *Krumm*, in: Brandis/Heuermann, EStG, 167. EL Mai 2023, § 3a Rn. 9.
[59] *Schaden*, Die Steuervergünstigung, 1998, S. 166.
[60] BVerfG, Beschl. v. 8.6.2004- 2 BvL 5/00, BVerfGE 110, 412, 431, NJW-RR 2004, 1657; BVerfG, Beschl. v. 21. 6. 2006 - 2 BvL 2/99, 116, 164, 180 - DStR 2006, 1316; BVerfG, Urt. v. 9.12.2008 - 2 BvL 1/07, 2 BvL 2/07, 2 BvL 1/08, 2 BvL 2/08, DStR 08, 2460; BFH, Beschl. v. 27.9.2012 - II R 9/11 - BStBl. 2012, II 899 - DStR 2012, 2063; BFH, Urt. v. 8.5.2019 - II R 18/16 - DStR 2019, 1573 - NZG 2019, 1078.
[61] BFH, Beschl. v. 27.09.2012 - II R 9/11 Rn. 52 - BStBl 2012 II, 899 - DStR 2012, 2063.
[62] BVerfG, Beschl. v. 7.11.2006 - 1 BvL 10/02 Rn. 100; BVerfG, Beschl. v. 11.11.1998 - 2 BvL 10-95 - BVerfGE 99, 280 - NJW 1999, 1457; BVerfG, Urt. v. 6.3.2002 - 2 BvL 17/99 - BVerfGE 105, 73, NJW 2002, 1103; BVerfG, Urt. v. 20.4 2004 - 1 BvR 1748/99, 905/00 - BVerfGE 110, 274 - NVwZ 2004, 846.
[63] für die Regelung des § 3a EStG: *Bodden*, in: Korn, EStG, 144. EL, Mai 2023, § 3a Rn. 32; *Krumm*, in: Brandis/Heuermann, EStG, 167. EL Mai 2023, § 3a Rn. 9; *Seer* in: Kirchhof/Seer EStG, 22. Aufl. 2023, § 3a Rn. 2.
[64] BVerfG, Beschl. v. 8.6.2004, 2 BvL 5/00 - BVerfGE 110, 412, 431 - NJW-RR 2004, 1657; BVerfG, Beschl. v. 21. 6. 2006, 2 BvL 2/99, 116, 164, 180 - DStR 2006, 1316; BVerfG, Urt. v. 9.12.2008 - 2 BvL 1/07, 2 BvL 2/07, 2 BvL 1/08, 2 BvL 2/08 - DStR 08, 2460; BFH, Beschl. v. 27.9.2012 - II R 9/11 - BStBl. 2012, II 899 - DStR 2012, 2063; BFH, Urt. v. 8.5.2019 – II R 18/16 - DStR 2019, 1573 - NZG 2019, 1078.

Belastungsgrundentscheidung.[65] Eine Verletzung des Folgerichtigkeitsgebots kann danach vorliegen, wenn der Gesetzgeber von einer einmal vorgenommenen Grundwertung ohne hinreichenden Rechtfertigungsgrund abweicht. Eine solche Abweichung kann allerdings ausnahmsweise gerechtfertigt sein, wenn ein hinreichend bestimmter, sachlicher sie erfordert.[66] Demnach ist vorliegend zu untersuchen, ob ein hinreichend bestimmter, sachlicher Grund für die Durchbrechung der Folgerichtigkeit bei der Steuerbarkeit von Sanierungsgewinnen der gesetzgeberischen Entscheidung zugrunde liegt. Relevant ist insoweit auch die Frage, welcher Steuernormkategorie die Steuerbefreiung zuzuordnen ist, ob es sich um eine Fiskal- oder Sozial- bzw. Lenkungszwecknorm handelt. Letztere muss auf einer eindeutigen Lenkungsentscheidung des Gesetzgebers basieren und nach dem Bundesverfassungsgericht besonders gerechtfertigt sein.[67]

An diese verfassungsrechtlichen Ausgangsfragen der Vereinbarkeit mit den obersten steuerlichen Grundprinzipien schließen sich im dritten Teil der Untersuchung normbezogene Fragen an. Dabei werden der Anwendungsbereich der Norm, die Geeignetheit und Tauglichkeit ihrer gesetzlichen Voraussetzungen und ihre Anwendbarkeit im Zusammenhang mit dem Verzicht durch Gesellschafter erörtert. Die Untersuchung dieser Aspekte soll vor dem Hintergrund und zur Klärung der Forschungsfrage erfolgen, ob die Steuerbefreiung nach ihrer normativen Struktur und Reichweite de lege lata zielgenau und hinreichend weit gefasst ist, um eine effiziente Abstimmung zwischen den Bedürfnissen der Sanierungspraxis, die auf erfolgreiche Abschlüsse von Sanierungsverfahren abzielt, einerseits und den überwiegend fiskalischen Bedürfnissen folgenden Steuerrecht andererseits zu gewährleisten. Hieran knüpfen sich konkrete Einzelfragen an, namentlich, ob der Anwendungsbereich der Norm im Sinne des vorgenannten Ziels hinreichend weit gefasst ist, oder ob nicht gebräuchliche Sanierungsmaßnahmen vom Anwendungsbereich aufgrund eines zu eng gefassten Wortlauts („Betriebsvermögensmehrungen oder Betriebseinnahmen aus einem Schuldenerlass...") ausgeschlossen werden. Dieser wortlautmäßige Ausschluss könnte zu einer zweckinadäquaten Einengung des Anwendungsbereichs der Norm sowie zu einer nicht erwünschten Rechtsunsicherheit in der Sanierungssituation und damit zu einem Konflikt mit dem

---

[65] Geprägt durch das BVerfG, Urt. v. 17.12.2014 – 1 BvL 21/12 - BVerfGE 138, 136 - DStR 2015, 31; *Gersch* in: Klein AO 16. Aufl. 2022, § 3 Rn. 17; *Leisner-Egensperger*, DöV 2013, 533, *Tipke*, StuW 2007, 201.

[66] St. Rspr.: BVerfG, Beschl. v. 22.06.1995 - 2 BvL 37/91 - BVerfGE 93, 121 (136) - NJW 1995, 2615 - DStR 1995, 1345; BVerfG, Beschl. v. 11.11.1998 - 2 BvL 10/95, BVerfGE 99, 280 - NJW 1999, 1457 - DStRE 1999, 2002; BVerfG, Beschl. v. 21.6.2006 - 2 BvL 2/99, DStR 2006, 1316; BVerfG, Urt. v. 6.3.2002 - 2 BvL 17/99 - BVerfGE 105, 73 - DStR 2002, 443; BVerfG, Beschl. v. 4.12.2002 - 2 BvR 400/98 - BStBl. II 2003, 534 - DStR 2003, 633; BVerfG, Beschl. v. 7.11.2006 - 1 BvL 10/02, BVerfGE 117, 1 - DStR 2007, 235: *„Bei der Ausgestaltung des steuerlichen Ausgangstatbestands muss die einmal getroffene Belastungsentscheidung folgerichtig im Sinne der Belastungsgleichheit umgesetzt werden. Ausnahmen von einer solchen folgerichtigen Umsetzung bedürfen eines besonderen sachlichen Grundes."*.

[67] BVerfG, Beschl. v. 9.12.2008 – 2 BvL 1/07, BVerfGE 122, 210, DStR 2008, 2460, unter C.I.2.b)aa); BVerfG, Beschl. v. 7.11.2006 – 1 BvL 10/02, BVerfGE 117, 1, DStR 2007, 235, unter C.I.2.b); BVerfG, Beschl. v. 21.6.2006 – 2 BvL 2/99, BVerfGE 116, 164, DStR 2006, 1316, unter C.I.; BVerfG, Beschl. v. 20.4.2004 – 1 BvR 905/00, BVerfGE 110, 274, JuS 2004, 813, unter C.II.1.; BVerfG, Beschl. v. 4.12.2002 – 2 BvR 400/98, BStBl. II 2003, 534, DStR 2003, 633, unter C.I.b); BVerfG, Beschl. v. 6.3.2002 – 2 BvL 17/99, BVerfGE 105, 73, DStRE 2002, 349, unter C.II.1.; BVerfG, Beschl. v. 22.6.1995 – 2 BvL 37/91, BStBl. II 1995, 655, DStR 1995, 1345, unter C.II.1.d) und C.III.2.c)aa).

grundsätzlich als erstrebenswert angesehenen Ziel einer effizienten Abstimmung der Rechtsgebiete führen. In diesem zweiten Teil wird darüber hinaus untersucht, ob die Voraussetzungen der unternehmensbezogenen Sanierung im Sinne des vorgenannten Ziels systemkonsequent gewählt und ausgestaltet sind. Darüber hinaus wird die regelmäßig kontrovers diskutierte Frage untersucht, inwieweit der Ausschluss von Gesellschafterforderungsverzichten sachangemessen ist. Dabei wird zwischen den Rechtsformen der Kapitalgesellschaft einer- und der Personengesellschaft andererseits vor dem Hintergrund der jeweils geltenden, unterschiedlichen Besteuerungsregimes unterschieden. Anschließend wird die ertragsteuerlich normative Besonderheit des sog. Wahlrechtsausübungszwangs untersucht. Dabei soll die Frage beantwortet werden, ob die Anordnung der vollumfänglichen Aufdeckung stiller Lasten dem Bestreben zur Förderung erfolgreicher Sanierungsverfahren entspricht oder zuwiderläuft. Darüber hinaus werden die Anordnung der umfassenden Verlustverrechnung zur Reduzierung des Sanierungsgewinns und das Abzugsverbot von Sanierungskosten aus verfassungsrechtlicher Perspektive untersucht. Unter Einbindung eines Vergleichs mit den Antragswahlrechten des UmwStG wird anschließend untersucht, ob die gesetzgeberische Entscheidung zu einer Antragsungebundenheit der Steuerbefreiung, mithin zu einer obligatorischen Anordnung ohne Einräumung eines Wahlrechts, die individuellen Rahmenbedingungen der Sanierungssituation und die Interessen der Sanierungsunternehmen und der übrigen Beteiligten hinreichend berücksichtigt. Hierbei soll auch die Frage beantwortet werden, ob eine optionale Gestaltung durch Einräumung eines Wahlrechts mit mindestens zwei Auswahloptionen, welche die nach der jeweiligen Situation des Sanierungsunternehmens individuell unterschiedlichen Bedürfnisse umfassender berücksichtigt, eine vorzugswürdigere gesetzgeberische Gestaltung darstellt. Im vierten und letzten Teil der Untersuchung werden die Ergebnisse zusammengefasst und ein Formulierungsvorschlag für eine Neuregelung gegeben.

# B. Verfassungsrechtliche Implikationen im Zusammenhang mit der Steuerbefreiung von Sanierungsgewinnen

## I. Sanierungssteuerrecht und Sanierungsrecht

Zur Klarstellung des rechtlichen Standorts, an den die Untersuchung anknüpft, sind zunächst die Begriffe „Sanierungssteuerrecht" und „Sanierungsrecht" zu erläutern und deren Inhalt für die weitere Untersuchung zu identifizieren. Inhaltlich nehmen beide Rechtsbereiche auf den Begriff der „Sanierung" Bezug. Nach einer allgemeinen Definition ist eine „Sanierung" in der Wiederherstellung der Leistungsfähigkeit insolventer Unternehmen durch Vornahme organisatorischer und finanztechnischer Maßnahmen.[68]

### 1. Das Sanierungssteuerrecht

Als in sich abgeschlossener, umfassend gesetzlich geregelter Rechtsbereich existiert das mit dem Begriff „Sanierungssteuerrecht" bezeichnete Rechtsgebiet (noch) nicht.[69] Gleichwohl wird der Begriff regelmäßig genutzt,[70] um für eine Vielzahl von gerade nicht miteinander abgestimmten Vorschriften, die zur Bewältigung von Unternehmenskrisen relevant sind bzw. relevant sein können, einen Oberbegriff zu finden. Diese Gesamtheit von systematisch nicht miteinander abgestimmten Vorschriften des Steuerrechts wird als „Sanierungssteuerrecht" bezeichnet.[71] Die dem „Sanierungssteuerrecht" zuzuordnenden Regelungen erfassen insoweit die steuerlichen Folgen von Sanierungsmaßnahmen, die entweder die Verhinderung der Insolvenz durch Bewältigung der Krise oder die Krisenherausführung im Rahmen eines Insolvenzverfahrens bezwecken, um als wieder gesundes, „saniertes" Unternehmen die Teilnahme am Marktgeschehen fortsetzen zu können.[72] Das sog. „Insolvenzsteuerrecht"[73] und das sog. „Sanierungssteuerrecht" sind ebenfalls nicht aufeinander abgestimmt.[74] Die allgemein gebräuchliche Bezeichnung als „Sanierungssteuerrecht", dessen Wesenskern in steuerlicher Hinsicht die Vorschrift des § 3a EStG darstellt, beruht jedoch nach wie vor nicht auf einer vom

---

[68] *Gabler*, Kompakt-Lexikon, Wirtschaft: Stichwort: „Sanierung", S. 383.

[69] Gleiches gilt für den Begriff „Insolvenzsteuerrecht". Nach *Sonnleitner/Witfeld*, in: Sonnleitner/Witfeld, Insolvenz- und Sanierungssteuerrecht, 2. Aufl. 2022, Kap. 1 Rn. 1 sie „unter Insolvenzsteuerrecht das Recht der Besteuerung von natürlichen und juristischen Personen im Insolvenzverfahren" zu verstehen.

[70] Statt vieler *Buth/Hermanns*, in: Buth/Hermanns, Restrukturierung, Sanierung, Insolvenz, 5. Aufl. 2022, § 46 Rn. 8; *Jachmann-Michel/Vogel*, in: von Mangoldt/Klein/Starck, Band III, 7. Aufl. 2018, GG Art. 105 Rn. 24d; *Sonnleitner*, in: Sonnleitner/Witfeld, 2. Aufl. 2022, Kap. 1 Rn. 1, 4.

[71] *Buth/Hermanns*, in: Buth/Hermanns, Restrukturierung, Sanierung, Insolvenz, Restrukturierung, Sanierung, Insolvenz, 5. Aufl. 202, § 46 Rn. 8; *Sonnleitner/Witfeld*, in: Sonnleitner/Witfeld, Insolvenz- und Sanierungssteuerrecht, 2. Aufl. 2022, Kap. 1 Rn. 1.

[72] *Sonnleitner/Witfeld*, in: Sonnleitner/Witfeld, Insolvenz- und Sanierungssteuerrecht, 2. Aufl. 2022, Kap. 1 Rn. 4.

[73] Die Existenz des Insolvenzsteuerrechts wird teilweise bestritten, etwa von *Hölzle*, BB 2012, 1571 (1574).

[74] *Buth/Hermanns*, in: Buth/Hermanns, Restrukturierung, Sanierung, Insolvenz, Restrukturierung, Sanierung, Insolvenz, 5. Aufl. 2022, § 46 Rn 108: „lückenhaft und unübersichtlich"; *Sonnleitner/Witfeld*, in: Sonnleitner/Witfeld, Insolvenz- und Sanierungssteuerrecht, 2. Aufl. 2022, Kap. 1 Rn. 4.


K.-E. Koke, *Der Sanierungsgewinn im Steuerrecht*,
https://doi.org/10.1007/978-3-658-53004-4_2

Gesetzgeber gewählten Terminologie.[75] Dieser Zustand der nur rudimentären Abgestimmtheit der Rechtsmaterien dauert bereits seit vielen Jahren an. Auch durch das jüngst in Kraft getretene, mit dem SanInsFoG eingeführte sog. StaRuG[76], das ein eigenständiges vorinsolvenzliches Restrukturierungsrecht und zusätzlich zu außergerichtlichen Sanierungsmaßnahmen, wie dem Forderungsverzicht oder Rangrücktritt, ein gerichtlich begleitetes Verfahren zur Unternehmenssanierung unter Einbeziehung verschiedener Gläubigergruppen vorsieht, ist ein speziell mit dem Insolvenz- und Restrukturierungsrecht abgestimmtes „Sanierungssteuerrecht" nicht geschaffen worden.[77] Durch das StaRUG wurde jedoch in Umsetzung der durch das Europäische Parlament und den Rat erlassenen Richtlinie (EU) 2019/1023 vom 20.6.2019 erstmalig ein eigenständiges vorinsolvenzliches Restrukturierungsrecht mit Wirkung zum 1.1.2021 normiert, dessen Zweck es ist, insolvenzabwendende Sanierungen zu ermöglichen und Unternehmen dadurch die Chance zu geben, sich unter Zugrundelegung eines von der Gläubigermehrheit angenommenen Restrukturierungsplans zu sanieren.[78] Dadurch sollte eine zwischen der freien vorinsolvenzlichen Sanierung und der Sanierung im Rahmen eines Insolvenzplans bestehende Lücke geschlossen werden. Die steuerlichen Folgen der Umsetzung eines Restrukturierungsplans (§§ 2 ff. StaRuG) oder eines Sanierungsvergleichs (§ 97 StaRuG) im Zusammenhang mit diesem neuen vorinsolvenzlichen Verfahren sind bislang ungeklärt.[79] Da jedoch Parallelen zum Insolvenzplan nach den Regelungen der §§ 270 ff. InsO bestehen, könnten die bisher für den Insolvenzplan gewonnenen steuerlichen Erkenntnisse auf den vorinsolvenzlichen Restrukturierungsplan oder den Sanierungsvergleich nach dem StaRUG übertragbar sein. Dies ist zurzeit jedoch ebenfalls in weiten Teilen noch ungeklärt.[80]

Bei den einzelnen, im „Sanierungssteuerrecht" virulenten Sanierungsmaßnahmen ist zwischen den zivilrechtlichen und den steuerlichen Auswirkungen auf Ebene der zu sanierenden Gesellschaft einerseits und den Gläubigern andererseits zu unterscheiden.[81] An dieser allgemein anerkannten Unterscheidung orientiert sich auch die nachfolgende Untersuchung. Gleichwohl wird im Rahmen der Untersuchung regelmäßig von dem „Sanierungssteuerrecht" die Rede sein, um dadurch unter Nutzung einer verständlichen und rechtsbereichsumfassenden Terminologie

---

[75] *Buth/Hermanns*, in: Buth/Hermanns, Restrukturierung, Sanierung, Insolvenz, Restrukturierung, Sanierung, Insolvenz, 5. Aufl. 2022, § 46 Rn. 8, 9.

[76] StaRUG: Gesetz über den Stabilisierungs- und Restrukturierungsrahmen für Unternehmen vom 22.12.2020, BGBl. I 2020, 3256.

[77] *Buth/Hermanns*, in: Buth/Hermanns, Restrukturierung, Sanierung, Insolvenz, 5. Aufl. 2022, § 46 Rn. 8; *Jachmann-Michel/Vogel*, in: von Mangoldt/Klein/Starck, Band III, 7. Aufl. 2018, GG Art. 105 Rn. 24d; *Sonnleitner/Witfeld*, in: Sonnleitner/Witfeld, Insolvenz- und Sanierungssteuerrecht, 2. Auflage 2022, Kap. 10 Rn. 1; Kapitel 1 Rn. 1.

[78] *Deppenkemper*, ZIP 2020, 2432 - 2442; *Sonnleitner/Witfeld*, in: Sonnleitner/Witfeld, Insolvenz- und Sanierungssteuerrecht, 2. Aufl. 2022, Kap. 1 Rn. 7.

[79] *Deppenkemper*, ZIP 2020, 2432 (2442); *Sonnleitner/Witfeld*, in: Sonnleitner/Witfeld, Insolvenz- und Sanierungssteuerrecht, 2. Aufl. 2022, Kap. 1 Rn. 17.

[80] *Sonnleitner/Witfeld*, in: Sonnleitner/Witfeld, Insolvenz- und Sanierungssteuerrecht, 2. Auf. 2022, Kap. 1 Rn. 7, Rn. 17.

[81] *Sonnleitner/Witfeld*, in: Sonnleitner/Witfeld, Insolvenz- und Sanierungssteuerrecht, 2. Aufl. 2022, Kap. 10 Rn. 2.

den Rechtsbereich zu kennzeichnen, der im Schnittstellenbereich dieser verschiedenen Rechtsbereiche liegt.

## 2. Das Sanierungsrecht

Für den Begriff des „Sanierungsrechts" gilt im Wesentlichen das Gleiche wie für den Begriff des „Sanierungssteuerrechts". Regelmäßig wird der Begriff „Sanierungsrecht" im rechtsterminologischen Sprachgebrauch verwendet, ohne dass es ein derartiges kodifiziertes materielles Gesetz gibt. Auch der Begriff der „Sanierung" selbst wird weder in der Insolvenzordnung noch im jüngst eingeführten StaRUG definiert.[82] Häufig findet der Begriff im Zusammenhang mit dem Insolvenzrecht Erwähnung. So wurde beispielsweise mit dem Gesetz zur weiteren Erleichterung der Sanierung von Unternehmen (ESUG)[83] schon im Titel die „Sanierung" aufgenommen, ohne ein neues Gesetz zu kodifizieren. Mit jenem Gesetz wurde indes das deutsche Sanierungs- und Insolvenzrecht entscheidend verändert. Denn die Sanierung sollte „nicht nur in der Theorie, sondern auch in der Praxis wesentlich erleichtert" werden.[84] Es zeigt sich also, dass auch der Gesetzgeber von einem „Rechtsgebiet" ausgeht, dessen materieller Bezugspunkt die erfolgreiche bzw. das Bemühen um erfolgreiche Sanierung von krisengeschwächten Unternehmen ist, ohne eine gesetzliche Kodifizierung im Sinne eines eigenständigen Gesetzes bislang vorgenommen zu haben. Im Zusammenhang mit dem Sanierungsrecht, das, wie soeben dargestellt, sämtliche Vorschriften zum Rechtsbereich der Sanierung von Unternehmen beinhaltet und somit die erfolgreiche Sanierung von Unternehmen unterstützen soll, darf die Einbeziehung eines Gedankens jedoch nicht fehlen und soll auch hier nicht unerwähnt bleiben. Dieser Gedanke entspringt dem grundsätzlichen Nutzen und eigenständigen gesamtvolkswirtschaftlichen Wert der Durchführung geordneter Insolvenzverfahren.[85] Denn geordnete Liquidationen in geregelten Insolvenzverfahren verfolgen das Ziel, nicht wettbewerbsfähige Unternehmen aus dem Markt zu nehmen, wodurch das darin gebundene Kapital in anderer Funktion „wohlfahrtsoptimierend" eingesetzt werden kann.[86] Insoweit hat das Insolvenzrecht als Komplementär zum Sanierungsrecht eine „Auslese- bzw. Filterfunktion".[87] Diese grundsätzlich wichtige Filterfunktion zur Auslese nicht wettbewerbsfähiger Unternehmen verfängt jedoch nicht bei allen „schwächelnden" Unternehmen. Vielmehr ist eine Sanierung aus Effizienz- und wirtschaftspolitischen Gründen zur Erhaltung von grundsätzlich wettbewerbsfähigen Unternehmen erstrebenswert und eine Liquidation in diesen Fällen gerade nicht sinnvoll, wenn die in den betroffenen Unternehmen

[82] *Schmittmann*, DZWIR 2021, 436 (437), der jedoch auf die Nennung des Begriffs in § 8c Abs. 1a KStG verweist.
[83] Gesetz vom 7.12.2011, BGBl. 2011 I, 2582 (in Kraft seit 1.3.2012).
[84] *Römermann*, NJW 2012, 645 (645).
[85] *A. Braun*, Die vorinsolvenzliche Sanierung von Unternehmen, 2015, S. 18; *Eidenmüller*, ZIP 2010, 649 (650).
[86] *A. Braun*, Die vorinsolvenzliche Sanierung von Unternehmen, 2015, S. 18; *Häller*, Kapitalmarktrecht und Unternehmenssanierung in der Insolvenz, 2016, S. 36 f.
[87] *Eidenmüller*, ZIP 2010, 649 (650).

verhafteten Ressourcen auf effiziente Weise weiterhin genutzt werden können.[88] Auch der Gesetzgeber hat diesen Zusammenhang erkannt und trägt dem Ziel der Erhaltung grundsätzlich wettbewerbsfähiger Unternehmen mit einer Vielzahl von Maßnahmen Rechnung. So stellt schon das Insolvenzrecht mit den unterschiedlichen Varianten des Insolvenzplanverfahrens[89] ein Instrumentarium zur Verfügung, um eine Sanierung aus der Insolvenz heraus zu ermöglichen.[90] Weiterhin belegt auch das mit dem StaRUG[91] jüngst neu installierte Restrukturierungsrecht, das Unternehmen bereits in einem frühen Krisenstadium die Möglichkeit zur Restrukturierung und Sanierung geben soll, die Bemühungen des Gesetzgebers, Sanierungen in allen Verfahrensstadien zu ermöglichen.[92] In diesem rechtlichen Kontext loziert auch die in dieser Untersuchung in den Fokus genommene Steuerbefreiung von Sanierungsgewinnen. Insoweit handelt es sich also um einen aus steuerrechtlicher Perspektive als notwendig identifizierten Baustein des Sanierungs- und Sanierungssteuerrechts.

## II. Vereinbarkeit der Steuerbefreiung nach § 3a EStG mit höherrangigem Recht

Bei der Steuerbefreiung nach § 3a EStG soll es sich nach überwiegender Auffassung um eine besonders rechtfertigungsbedürftige Sozial- bzw. Lenkungszwecknorm handeln,[93] die wie jede andere Vorschrift des nationalen Steuerrechts mit dem höherrangigen Recht im Einklang stehen muss. Aus verfassungsrechtlicher Sicht sind in diesem Zusammenhang zwei Fragen zu erörtern: Zum einen ist die Frage zu beantworten, ob der Sanierungsgewinn Ausdruck von Leistungsfähigkeit und seine Steuerbarkeit daher grundsätzlich geboten bzw. seine Steuerbefreiung gerechtfertigt ist. Zum anderen ist die Frage zu beantworten, ob der Steuerbefreiung als Sozial- bzw. Lenkungszwecknorm ein hinreichend konkretisierter Lenkungszweck zugrunde liegt und dieser dem Folgerichtigkeitsgebot entspricht. Das Leistungsfähigkeitsprinzip wird als „Primärprinzip einer steuerjuristischen Dogmatik“[94] und als „Fundamentalprinzip“ einer am Allgemeinen Gleichheitssatz orientierten gleichmäßigen und

---

88 *A. Braun*, Die vorinsolvenzliche Sanierung von Unternehmen, 2015, S. 18; *Eidenmüller*, ZIP 2010, 649 (650).
89 Insolvenzverfahren unter Einbindung eines sog. Insolvenzplans, § 217 InsO.
90 *Häller*, Kapitalmarktrecht und Unternehmenssanierung in der Insolvenz, 2016, S. 59.
91 Gesetz über den Stabilisierungs- und Restrukturierungsrahmen für Unternehmen (Unternehmensstabilisierungs- und -restrukturierungsgesetz - StaRUG) v. 22.12.2020, BGBl 2020 I, 3256.
92 Zu nennen etwa nur § 1 StaRUG. Die Regelung dient der Insolvenzvermeidung, indem die Unternehmen durch Krisenfrüherkennung ein entsprechendes Krisenmanagement installieren können, das im Idealfall den Weg zu einer Sanierung des Unternehmens bereiten kann, *Mock*, in: BeckOK StaRUG, 9. Ed. 1.7.2023, StaRUG § 1 Rn. 3.
93 *Kanzler*, in: Kanzler/Kraft/Bäuml/Marx/Hechtner/Geserich, § 3a EStG Rn. 2, 8. Aufl., Stand: 01.01.2023; Gegenauffassung vertreten von *Seer*, in: Kirchhof/Seer, EStG, 22. Aufl. 2023, § 3a Rn. 2, der § 3a EStG als Fiskalzwecknorm versteht, „die den in § 2 Abs. 1 EStG verankerten Steuertatbestand im Sinne einer das Übermaßverbot achtenden eigentumsschonenden Besteuerung teleologisch reduziere“.
94 *Beiser*, ÖStZ 2000, 413 (423); *Lang*, Konkretisierungen und Restriktionen des Leistungsfähigkeitsprinzips, in Festschrift für Heinrich Wilhelm Kruse, Köln 2001, S. 313 (320).

gerechten Besteuerung betrachtet.[95] Es wird aus dem allgemeinen Gleichheitssatz hergeleitet, konkretisiert diesen bereichsspezifisch und besagt, dass Steuerlasten gleichmäßig und gemessen an der individuellen Leistungsfähigkeit unter den Steuerpflichtigen verteilt werden müssen.[96]

Im nachfolgenden Abschnitt soll zunächst die noch immer umstrittene Frage beantwortetet werden, ob der durch Gläubigerforderungsverzicht ausgelöste Sanierungsgewinn Ausdruck von zunehmender Leistungsfähigkeit ist. Bedeutung und Inhalt des Leistungsfähigkeitsprinzips und seine Geltung in der konkreten Fallkonstellation des Forderungsverzichts sind dafür zu untersuchen. Weiterhin werden Kernbestand und Bedeutung des Prinzips, sein Bezug zum allgemeinen Gleichheitssatz, seine präsumtiv vorhandene, indes nicht unumstrittene verfassungsrechtliche Verankerung und seine Reichweite im Folgenden dargelegt. Zwei Gründe machen die Untersuchung der vorgenannten Aspekte für die Forschungsfrage der vorliegenden Gesamtuntersuchung notwendig, namentlich die nicht unumstrittene Bedeutung des Leistungsfähigkeitsprinzips für die Steuerrechtsdogmatik im Allgemeinen[97] und die Frage, ob die Einführung des § 3a EStG als Steuerbegünstigungsnorm für Sanierungsunternehmen der Steuerrechtssystematik einer gleichheitsgerechten Besteuerung nach der Leistungsfähigkeit[98] gerecht wird.

## 1. Gleichheit und Gleichheitssatz im Steuerrecht

Steuern sollen die Finanzierung staatlicher, zugleich gesellschaftlicher staatlicher Aufgaben gewährleisten und erfüllen damit eine originär fiskalische Funktion.[99] Auf Basis demokratischen Konsenses tragen die Staatsbürger die Lasten der Gesellschaft.[100] Die gerechte Verteilung der Gesamtsteuerlast wird als „Imperativ der Ethik" angesehen.[101] Allgemeine Akzeptanz erlangen materielles Steuerrecht und Besteuerungsverfahren durch die ihnen zugrundeliegenden Grundprinzipien, die ihrerseits dem Anspruch an eine gerechte Lastentragung genügen müssen. Denn für das Steuerrecht als originäres Eingriffsrecht ist es zur Gewährleistung dieser

[95] *Hey,* in Tipke/Lang, Steuerrecht, 24. Aufl. 2021, § 3 Rn. 40 ff.; *Lang,* Konkretisierungen und Restriktionen, in Festschrift für H.W. Kruse, 2001, S. 313 (317); *Tipke,* Die Steuerrechtsordnung, Bd. I, S. 322; *Tipke,* Tipke, Steuerrecht als Wissenschaft, in: Festschrift für Joachim Lang, 2011, S. 21, 32 ff.; *Reil,* Leistungs- und Verlustfähigkeit, 2003, S. 69 ff.; *Schaumburg/Schaumburg,* StuW 2013, 61 (62 f.); *A. Meyer,* Steuerliches Leistungsfähigkeitsprinzip und zivilrechtliches Ausgleichssystem, 2013, S. 105.

[96] *A. Meyer,* Steuerliches Leistungsfähigkeitsprinzip und zivilrechtliches Ausgleichssystem, 2013, S. 106 passim.

[97] Statt vieler nur *Birk,* Das Leistungsfähigkeitsprinzip als Maßstab der Steuernormen, 1983, S. 6; *Lang,* Konkretisierungen und Restriktionen, in Festschrift für H.W. Kruse, Köln 2001, S. 313 (317); *Tipke,* Die Steuerrechtsordnung, Bd. I, S. 480 ff.; kritisch dagegen *Gassner/Lang,* Das Leistungsfähigkeitsprinzip im Einkommen- und Körperschaftsteuerrecht, 2000, S. 10 ff., 119, 120; *Littmann,* Ein Valet dem Leistungsfähigkeitsprinzip, in Festschrift für Neumark, 1970, S. 113; *Leisner,* Der Gleichheitsstaat, 1980, S.190 ff.

[98] Die „entscheidende Weichenstellung" liege in der „materiellen Bedeutung des Sanierungsgwinns", *Schüppen,* ZIP 2017, 752 (756).

[99] *Birk,* Ad Legendum IV/2015, 269; *Weber-Grellet,* DStR 2018, 1398 (1399).

[100] *Birk,* Ad Legendum IV/2015, 269; *Weber-Grellet,* DStR 2018, 1398 (1399), der von einer Beteiligung an den Lasten der Gesellschaft spricht.

[101] *Tipke,* Steuerrechtsordnung Bd. I, S. 238.

allgemeinen Akzeptanz in besonderer Weise und besonderem Maße erforderlich, dass es von den Steuerpflichtigen als gerecht empfunden wird. Ohne Gleichbehandlung ist Gerechtigkeit nicht vorstellbar,[102] denn „Kern der Gerechtigkeit ist der Gedanke der Gleichheit"[103]. Gleichbehandlung wird demnach als charakteristisches Merkmal von Gerechtigkeit empfunden. Gerechtigkeit inkorporiert das Gebot der Gleichheit und fungiert zugleich als Maßstab für Gleichbehandlung und Ungleichbehandlung.[104] Dieser bildet zudem das Grundelement der Steuergerechtigkeit.[105] Das Bundesverfassungsgericht hat den Grundsatz der Steuergerechtigkeit aus dem Gleichheitssatz aus Art. 3 Abs. 1 GG abgeleitet.[106] Aus diesem Grund ist die Beachtung des allgemeinen Gleichheitssatzes im Steuerrecht existenziell.[107] Für den Bereich des Steuerrechts könne sich der Gesetzgeber im Rahmen seiner Gestaltungsfreiheit zwar an unterschiedlichen Erwägungen, etwa finanz- und sozialpolitischen, volkswirtschaftlichen oder steuertechnischen Aspekten, orientieren.[108] Seine Gestaltungsfreiheit ende jedoch regelmäßig an dem neuralgischen Punkt, an welchem die gleiche oder ungleiche Behandlung der geregelten Sachverhalte nicht mehr mit einer am Gerechtigkeitsgedanken orientierten Betrachtungsweise vereinbar ist, wenn also ein sachlicher Grund für die Gleich- oder Ungleichbehandlung fehlt.[109]

Die Steuergerechtigkeit erfasst horizontale[110] und vertikale[111] Steuergerechtigkeit im Verhältnis der Steuerpflichtigen untereinander. Horizontale Steuergerechtigkeit verlangt dabei eine gleich hohe Besteuerung bei gleicher Leistungsfähigkeit.[112] Steuerpflichtige, die sich in der gleichen wirtschaftlichen Lage befinden, sind demnach gleich zu besteuern.[113] Vertikale Steuergerechtigkeit verlangt die angemessen höhere Besteuerung höherer Einkommen im

---

102 *Tipke*, Steuergerechtigkeit in Theorie und Praxis, 1981, S. 24.

103 *Birk*, Das Leistungsfähigkeitsprinzip als Maßstab der Steuernormen, 1983, S. 138; *Radbruch*, Rechtsphilosophie, S. 125; Zitat nach *I. Kant*: *Wenn die Gerechtigkeit untergeht, so hat es keinen Wert mehr, dass Menschen auf Erden leben.*

104 *Robbers*, Gerechtigkeit als Rechtsprinzip, 1980, S. 42.

105 *Wernsmann*, in: Hübschmann/Hepp/Spitaler, AO/FGO, 264. Lieferung 08.2021, § 4 AO Rn. 411.

106 BVerfGE 50, 386 (391), NJW 1979, 1399.

107 Statt vieler nur *Arndt*, Gleichheit im Steuerrecht, NVwZ 1988, 787 (787); *Tipke*, Steuergerechtigkeit in Theorie und Praxis, 1981, S. 22, 23.

108 BVerfGE 50, 386 (391), NJW 1979, 1399.

109 BVerfG, Beschl. v. 13.3.1979 - 2 BvR 72/76, BVerfGE 50, 386 (391), NJW 1979, 1399.

110 Horizontale Steuergerechtigkeit verlangt eine gleich hohe Besteuerung bei gleicher Leistungsfähigkeit, *Gersch*, in: Klein, 16. Aufl. 2022, AO § 3 Rn. 14. Steuerpflichtige, die sich in der gleichen wirtschaftlichen Lage befinden, sind danach gleich zu besteuern, *Schneider*, Grundzüge der Unternehmensbesteuerung, 1996, S. 22; Horizontale Steuergerechtigkeit postuliere die „unterschiedslose Besteuerung gleich Leistungsfähiger", *Kempny*, StuW 2021, 85 (91).

111 Vertikale Steuergerechtigkeit verlangt die angemessen höhere Besteuerung höherer Einkommen im Vergleich zu niedrigeren Einkommen, BVerfGE 8, 51 (58 f.), BFH BStBl 12, 899, NJW 2008, 48, DStR 2008, 2460; *Kischel*, in: BeckOK-GG, 55. Ed. 15.5.2023, GG, Art. 3 Rn. 147; *Gersch*, in: Klein, 16. Aufl. 2022, AO § 3 Rn. 14. Steuerpflichtige, die sich nicht in der gleichen wirtschaftlichen Lage befinden, sind danach nicht gleich, sondern unterschiedlich hoch zu besteuern, *Schneider*, Grundzüge der Unternehmensbesteuerung, 1996, S. 22; Vertikale Steuergerechtigkeit postuliere die „im Verhältnis zueinander angemessene Besteuerung" mehr und minder leistungsfähiger Personen, *Kempny*, StuW 2021, 85 (91).

112 *Gersch*, in: Klein, 16. Aufl. 2022, AO § 3 Rn. 14; *Ulbrich*, Das Leistungsfähigkeitsprinzip der Besteuerung, 1975, S. 7.

113 *Schneider*, Grundzüge der Unternehmensbesteuerung, 1996, S. 22.

Vergleich zu niedrigeren Einkommen.[114] Steuerpflichtige, die sich nicht in der gleichen wirtschaftlichen Lage befinden, sind danach nicht gleich, sondern unterschiedlich hoch zu besteuern.[115] Gleichbehandlung im Sinne des Gleichheitssatzes fordert zudem Rechtsanwendungsgleichheit als Gleichheit vor dem Gesetz, also die gleichheitsgerechte Anwendung des Rechts durch Exekutive und Judikative, und sie erfordert Rechtssetzungsgleichheit, mithin die inhaltliche Kongruenz erlassener Gesetze mit dem Gleichheitssatz.[116] Die Rechtsanwendungsgleichheit erlangt im Steuerrecht insbesondere bei der Selbstbindung der Verwaltung und angesichts der unzulässigen „Gleichbehandlung im Unrecht" Bedeutung.[117] So erlaubt Art. 3 Abs. 1 GG die Anwendung einer gesetzwidrigen begünstigenden Maßnahme nicht etwa deshalb, weil die Finanzverwaltung in einem vergleichbaren anderen Fall ebenfalls gesetzwidrig gehandelt hat.[118]

Weiterhin ist zwischen formeller und materieller Gleichheit zu unterscheiden. Formelle Gleichheit verlangt nach Allgemeinheit der Rechtssätze, die in allgemeingültigen, konsequent anwendbaren Regeln umzusetzen sind, weil dem gesetzgeberischen Handeln des Gesetz- oder Verordnungsgebers ohne Anbindung an eine feste Regel der Vorwurf der „Beliebigkeit", „Regellosigkeit" oder „Willkür" entgegenzuhalten sei.[119] Dabei muss die Regel in ihrer Durchsetzung konsequent sein, denn Inkonsequenz in der Regel- bzw. Rechtsdurchsetzung verstößt gegen die Generalität des Gerechtigkeitsgedankens; welchem System die formale Regel indes unterworfen ist, ihre Gestaltung mithin zu beachten hat, hat demgegenüber eine materielle Dimension und betrifft somit die materielle Gleichheit.[120] Folglich rekurriert die materielle Gleichheit auf das Unterscheidungsmerkmal, an welches der Gesetzgeber als Bezugspunkt sachgerechter Differenzierung anknüpfen darf.[121] In der Vergangenheit zog das Bundesverfassungsgericht die Grenze des Zulässigen unter Gewährung eines weiten Gestaltungsspielraums erst bei der Feststellung von Willkür.[122] Willkür war nach der früheren (weiten) Formel zu bejahen, wenn sich „kein vernünftiger, aus der Natur der Sache folgender oder sonstwie einleuchtender Grund für die Differenzierung finden ließ"[123]. Dabei war nicht die subjektive Willkür des Gesetzgebers entscheidend, sondern allein die objektive, tatsächliche und

114 BVerfGE 8, 51 (58 f.), BFH BStBl 12, 899, NJW 2008, 48, DStR 2008, 2460; *Kischel*, in: BeckOK-GG, 55. Ed. 15.5.2023, GG, Art. 3 Rn. 147; *Gersch*, in: Klein, 16. Aufl. 2022, AO § 3 Rn. 14.

115 *Schneider*, Grundzüge der Unternehmensbesteuerung, 1996, S. 22.

116 *Arndt*, Gleichheit im Steuerrecht, NVwZ 1988, 787 (787).

117 *Arndt*, Gleichheit im Steuerrecht, NVwZ 1988, 787 (788) und unter Fußnote 12; kritisch *Kischel*, in: BeckOK-GG, 55. Ed. 15.5.2023, GG, Art. 3 Rz. 115.

118 *Arndt*, Gleichheit im Steuerrecht, NVwZ 1988, 787 (788).

119 *Tipke*, Steuergerechtigkeit in Theorie und Praxis, 1981, S. 24, 25.

120 *Tipke*, Steuergerechtigkeit in Theorie und Praxis, 1981, S. 26.

121 *Arndt*, Gleichheit im Steuerrecht, NVwZ 1988, 787 (788).

122 *Arndt*, Gleichheit im Steuerrecht, NVwZ 1988, 787 (788).

123 BVerfG, Urt. v. 23.10.1951 - 2 BVG 1/51 - BVerfGE 1, 14 (52) - NJW 1951, 877 (878, 879).

eindeutige Unangemessenheit der Norm.[124] Nach der späteren im Vergleich zu der früheren enger gefassten Formel des Bundesverfassungsgerichts ist eine Ungleichbehandlung zu bejahen, „wenn eine Gruppe von Normadressaten im Vergleich zu anderen Normadressaten anders behandelt wird, obwohl zwischen beiden Gruppen keine Unterschiede von solcher Art oder solchem Gewicht bestehen, dass sie die ungleiche Behandlung rechtfertigen können".[125] Aus dieser Formel leite sich die Kernthese ab, dass „wesentlich Gleiches gleich und wesentlich Ungleiches ungleich" zu behandeln sei.[126] Die Willkürformel dürfte ihren Ursprung wohl in der österreichischen Rechtsliteratur des vorletzten Jahrhunderts haben und wurde im Urteil des BVerfG vom 23.10.1951 erstmalig in der deutschen Rechtsprechung zugrunde gelegt.[127] Die Entwicklung der neuen Formel begann erst in den 1980er Jahren.[128] Sie ergänzt die Willkürformel. Die Grundrechtsüberprüfung anhand der neuen Formel beinhaltet danach eine differenzierte Verhältnismäßigkeitsformel. Willkür- und neue Formel sind nach der Abkehr von der binären Maßstabsbildung[129] als Bestandteile eines einheitlichen Rechtfertigungsmaßstabs anzusehen und stehen demnach nicht in einem Widerspruch zueinander.[130] Vielmehr stehen beide Formeln, Willkür- und neue Formel, bei der Grundrechtsprüfung als sich ergänzende Maßstabselemente des Art. 3 Abs. 1 GG einer einheitlich am Verhältnismäßigkeitsgrundsatz orientierten Maßstabsbildung nebeneinander.[131]

## 2. Das Leistungsfähigkeitsprinzip

Im Steuerrecht konkretisieren sich die vorstehend dargestellten Postulate des Gleichheitssatzes durch das Leistungsfähigkeitsprinzip. „Im Widerstand gegen die Steuerprivilegien des Feudalstaats" [132] erschaffen, hat das Leistungsfähigkeitsprinzip als steuerrechtliches

---

124 BVerfG, Beschl. v. 7.5.1953 - 1 BvL 104/52 - BVerfGE 2, 266 (281) - NJW 1953, 1057; BVerfG, Beschl. v. 24.3.1976 - 2 BvR 804/75 - BVerfGE 42, 64 (73) - NJW 1976, 1391; BVerfG, Beschl. v. 20.3.1979 - 1 BvR 111/74 - NJW 1979, 2295.

125 st. Rspr. BVerfG, Beschl. v. 07.10.1980 - 1 BvL 50, 89/79, 1 BvR 240/79 - BVerfGE 55, 72 (88) - NJW 1981, 271; BVerfG, Beschl. v. 28.11.1984 - 1 BvR 1157/82 - BVerfGE 68, 287 (301) - BStBl. II 1985, 181; BVerfG, Beschl. v. 11.06.1991 - 1 BvR 538/90 - BVerfGE 84, 197 (199) - NJW 1991, 2272; BVerfG, Urt. v. 12.2.2003 - 1 BvR 624/01 - BVerfGE 107, 205 (213) - NJW 2003, 1381; BVerfG, Beschl. v. 9.12.2003 - 1 BvR 558/99 - BVerfGE 109, 96 (123) - NVwZ 2004, 463 - NJW 2004, 2371; BVerfG, Urt. v. 20.4.2004 - 1 BvR 1748/99, 905/00 - BVerfGE 110, 274 (291) - NVwZ 2004, 846 - NJW 2004, 2297; BVerfG, Beschl. v. 7.7.2009 - 1 BvR 1164/07 - NJW 2010, 1439; BVerfG, Beschl. v. 19. 6. 2012 - 2 BvR 1397/09 - NJW 2012, 2790; BVerfG, Beschl. v. 18.7.2019 - 1 BvL 1/18, 1 BvL 4/18, 1 BvR 1595/18 - NJW 2019, 3054; BVerfG, Beschl. v. 19.11.2019 - 2 BvL 22/14 - NJW 2020, 451.

126 BVerfG, Urt. v. 23. 10. 1951 - 2 BVG 1/51 - BVerfGE 1, 14 (52) - NJW 1951, 877 (878); BVerfG, Beschl. v. 16.03.1982 - 1 BvR 938/81 - BVerfGE 60, 123 (133 f.) - NJW 1982, 2061; BVerfG, Beschl. v. 7.7.2009 - 1 BvR 1164/07 - NJW 2010, 1439; BVerfG, Beschl. v. 19. 6. 2012 - 2 BvR 1397/09 - NJW 2012, 2790; BVerfG, Beschl. v. 18.7.2019 - 1 BvL 1/18, 1 BvL 4/18, 1 BvR 1595/18 - NJW 2019, 3054; BVerfG, Beschl. v. 19.11.2019 – 2 BvL 22/14 - NJW 2020, 451.

127 BVerfG v. 23.10.1951 – 2 BvG 1/51 , BVerfGE 1, 14-66.

128 *Britz,* NJW 2014, 346.

129 *Britz,* NJW 2014, 346 (347).

130 *Döring/Garz,* FR 2021, 834 (836): „Willkür- und neue Formel" als „Teil eines einheitlichen Rechtfertigungsmaßstabs – also keine Gegensätze"; *Kischel,* in BeckOK-GG, 55. Ed. 15.5.2023, GG, Art. 3 Rz. 26.

131 *Britz,* NJW 2014, 346 (347, 351); *Döring/Garz,* FR 2021, 834 (836).

132 *Lang,* Konkretisierungen und Restriktionen des Leistungsfähigkeitsprinzips, in FS für H. W. Kruse, 2001, S. 313 (314); *Tipke,* Steuergerechtigkeit in Theorie und Praxis, 1981, S. 32.

Elementarprinzip eine lange Geschichte.[133] Es übte demnach schon früh maßgeblichen Einfluss auf das rechtsstaatliche Verständnis von Besteuerung aus. [134] Bezeichnet als „ideengeschichtliches Produkt naturrechtlicher Aufklärung im 18. Jahrhundert“[135] wurde es durch Art. 13 der französischen Erklärung der Menschen- und Bürgerrechte von 1789[136] erstmalig zur Geltung gebracht.[137] Art. 134 der Weimarer Reichsverfassung[138] vom 11.08.1919 statuierte das Leistungsfähigkeitsprinzip erstmals als „obersten Besteuerungsgrundsatz“[139] in Deutschland mit der inhaltlichen Forderung, dass „alle Staatsbürger ohne Unterschied im Verhältnis ihrer Mittel zu allen öffentlichen Lasten nach Maßgabe der Gesetze beitragen“ sollen[140].[141] Die Leistungsfähigkeit als Bezugspunkt und Indikator materieller Gleichheit bildet demnach die wesentliche steuerspezifische Vergleichskategorie. Sie fungiert als Differenzierungsmaßstab zur Abgrenzung von anderen Bemessungsparametern und wird von der Mehrheit der Betroffenen – den Steuerpflichtigen und Steuerschuldnern – „aus Intuition heraus“ als gerecht empfunden.[142] Bedeutung und Inhalt des Leistungsfähigkeitsprinzips und seine Anwendbarkeit im konkreten Fall sind im Folgenden zu untersuchen, um eine Antwort auf die Frage zu finden, ob der Sanierungsgewinn Ausdruck von Leistungsfähigkeit ist.

### a. Dogmatische Einordnung und Bedeutung des Leistungsfähigkeitsprinzips

Die dogmatische Einordnung des Leistungsfähigkeitsprinzips ebenso wie die Frage seiner verfassungsrechtlichen Verankerung und seine Bedeutung als oberster Steuerrechtsgrundsatz werden kontrovers beurteilt.[143] Inhaltlich bestimmt das Leistungsfähigkeitsprinzip, dass jeder Steuerpflichtige einen – gemessen am Verhältnis seiner individuellen Leistungsfähigkeit – gleichen Beitrag zur Finanzierung der staatlicherseits erforderlichen Steuerlasten leisten

---

[133] *Birk,* Das Leistungsfähigkeitsprinzip als Maßstab der Steuernormen, 1983, S. 6; *Wernsmann,* Verhaltenslenkung in einem rationalen Steuersystem, 2005, S. 263.

[134] *Lang,* Konkretisierungen und Restriktionen des Leistungsfähigkeitsprinzips, in FS für H. W. Kruse, 2001, S. 313 (314, 315).

[135] *Lang,* Konkretisierungen und Restriktionen des Leistungsfähigkeitsprinzips, in FS für H. W. Kruse, 2001, S. 313 (314).

[136] Nach Muster des Art. 13 ist es in vielen Verfassungen verankert, vgl. *Tipke,* Die Steuerrechtsordnung, Bd. I, 2. Auflage 2000, S. 488 ff.; *Tipke,* Europäisches Steuerverfassungsrecht – Eine rechtsvergleichende Übersicht, in: Festschrift für Klaus Vogel, 2000, S. 561, (567 f.).

[137] *Tipke,* Europäisches Steuerverfassungsrecht - Eine rechtsvergleichende Übersicht, in: Festschrift für Klaus Vogel, 2000, S. 561 (567).

[138] Wortlaut Art. 134 WRV: Alle Staatsbürger ohne Unterschied tragen im Verhältnis ihrer Mittel zu allen öffentlichen Lasten nach Maßgabe der Gesetze bei.

[139] *Bühler,* Die Reichsverfassung vom 11. August 1919, 2. Aufl. 1927, Anmerkung zu Art. 134, S. 131; *Wernsmann,* Verhaltenslenkung in einem rationalen Steuersystem, 2005, S. 263.

[140] Zuvor hatten schon die bayerische Verfassung von 1818, die badische Verfassung von 1818 und die preußische Verfassung von 1850 Steuerprivilegien für unzulässig erachtet und Steuergleichheit zur Direktive gemacht, *Wernsmann,* Verhaltenslenkung in einem rationalen Steuersystem, 2005, S. 263.

[141] *Wernsmann,* Verhaltenslenkung in einem rationalen Steuersystem, 2005, S. 263.

[142] BVerfG, Beschl. v. 23. 11. 1976 - 1 BvR 150/75 - NJW 1977, 241; BVerfG, Beschl. v. 4.12.2002 - 2 BvR 400/98, 2 BvR 1735/00 - DStR 2003, 633; *Riedmaier,* DStR 1976, 359 ff. (362); *Walzer,* Steuergerechtigkeit, 1987, S. 111.

[143] Zusammenfassung in jüngster Zeit bei *Waldhoff,* DStR 2023, 380 (383).

müsse.[144] Die für die Besteuerung zugrunde zu legende Bemessungsgrundlage soll die Leistungsfähigkeit des Steuerpflichtigen dabei zutreffend abbilden und das für die Steuerzahlung verfügbare, disponible Einkommen erfassen.[145]

In dogmatischer Hinsicht betrachtet der überwiegende Teil der Literatur[146], ebenso wie die Rechtsprechung [147], das Leistungsfähigkeitsprinzip als Vergleichsmaßstab [148] des Gleichheitssatzes.[149] Dementsprechend fungiere es als bereichsspezifische Konkretisierung des allgemeinen Gleichheitssatzes im Steuerrecht. [150] Andere heben insbesondere seine freiheitsrechtliche Bedeutung hervor.[151] Allgemeiner Konsens besteht indes darüber, dass das Leistungsfähigkeitsprinzip durch eine Mehrzahl verfassungsrechtlicher Grundwertungen konstituiert und konturiert werde.[152] Gleichwohl unterliege es einem Konkurrenz- und Spannungsverhältnis zu anderen Differenzierungsgründen,[153] wobei ihm haushaltsmäßige, finanzpolitische, volkswirtschaftliche und ähnliche Gründe in Abhängigkeit von der Entscheidung des Gesetzgebers vorgehen könnten.[154]

Das Leistungsfähigkeitsprinzip gilt für sämtliche nationale Steuerarten. [155] Das Bundesverfassungsgericht hat seine Geltung für die Besteuerung durch Einkommensteuer[156]

---

144 *Wernsmann*, Verhaltenslenkung in einem rationalen Steuersystem, 2005, S. 262.

145 *Müller-Franken*, StuW 1997, 3 (16).

146 Statt vieler nur: *Arndt*, Gleichheit im Steuerrecht, NVwZ 1988, 787 (791); *Droege*, StuW 2011, 105 (106); *Lang*, Konkretisierungen und Restriktionen des Leistungsfähigkeitsprinzips, in FS für H. W. Kruse, 2001, S. 313 (315); *Tipke*, Die Steuerrechtsordnung, Bd. I, S. 322 ff.; *Waldhoff*, in Handbuch des Staatsrechts, Band V, 8. Teil, 3. Aufl. 2007, Kapitel 3, § 116 Rn. 107; *Wernsmann*, Verhaltenslenkung in einem rationalen Steuersystem, 2005, S. 261 ff.

147 BVerfG, Beschl. v. 22.02.1984 - 1 BvL 10/80, NJW 1984, 2453; BVerfG, Beschl. v. 04.10.1984 - 1 BvR 789/79, NJW 1985, 845; BVerfG, Beschl. v. 17.10.1984 - 1 BvR 527/80, NJW 1985, 1073; BVerfG, Beschl. v. 29.05.1990 - 1 BvL 20/84, NJW 1990, 2869; BVerfG, Beschl. v. 15.1.2014 – 1 BvR 1656/09, DStR 2014, 420.

148 Tertium comparationis.

149 *Arndt*, Gleichheit im Steuerrecht, NVwZ 1988, 787 (791); *Droege*, StuW 2011, 105 (106); *Lang*, Konkretisierungen und Restriktionen des Leistungsfähigkeitsprinzips, in FS für H. W. Kruse, 2001, S. 313 (315); *Tipke*, Die Steuerrechtsordnung, Bd. I, S. 322 ff.; *Waldhoff*, in: Isensee/Kirchhof, Handbuch des Staatsrechts, Band V, 8. Teil, 3. Aufl. 2007, Kapitel 3, § 116 Rn. 107; *Wernsmann*, Verhaltenslenkung in einem rationalen Steuersystem, 2005, S. 261 ff.

150 *Wernsmann*, Verhaltenslenkung in einem rationalen Steuersystem, 2005, S. 262.

151 *Birk*, Das Leistungsfähigkeitsprinzip als Maßstab der Steuernormen, 1983, S. 123 ff., S. 179 ff., S. 202 ff.; *P. Kirchhof*, StuW 1985, 319 (323); *Waldhoff*, in Isensee/Kirchhof, Handbuch des Staatsrechts, Band V, 8. Teil, 3. Aufl. 2007, § 116 Rn. 104, 108.

152 *Birk*, Leistungsfähigkeitsprinzip als Maßstab der Steuernormen, 1983, S. 123 ff.; *Lang*, Konkretisierungen und Restriktionen, in FS für H.W. Kruse, 2001, S. 313 (315); *P. Kirchhof*, StuW 1985, 319 (323); *Tipke*, Die Steuerrechtsordnung, Bd. I, S. 115 ff., S. 471 ff.; *Ulbrich*, Das Leistungsfähigkeitsprinzip der Besteuerung, 1975, S 157; *Waldhoff*, in: Isensee/Kirchhof, Handbuch des Staatsrechts, Band V, 8. Teil, 3. Aufl. 2007, § 116 Rn. 110.

153 *Kruse*, StuW 1990, 322, (325, 326 ff.); *ders.*, Festschrift für Friauf, 1996, S. 793, 804 f.

154 *Kruse*, StuW 1990, 322 (325); *ders.*, Festschrift für Friauf, 1996, S. 793, 804 f.; *Arndt*, NVwZ 1988, 787, 787 ff. (791); ders., in: Festschrift für Mühl, 1981, S. 17, 27 ff.; *Droege*, StuW 2011, 105 (108 f.); *Lang*, Konkretisierungen und Restriktionen des Leistungsfähigkeitsprinzips, in FS für H. W. Kruse, 2001, S. 313 (316).

155 BVerfG, Beschl. v. 13.4.2017 – 2 BvL 6/13 Rn. 35 „Jede Steuer muss nicht nur den formalen Anforderungen des Grundgesetzes (Gesetzmäßigkeit und Bestimmtheit) genügen, sondern auch und gerade den materiellen Maßstäben der Grundrechte. Dazu gehören insbesondere die Prinzipien der Leistungsfähigkeit."; BVerfG, Beschl. v. 22.06.1995 - 2 BvL 37/91 - BVerfGE 93, 12 - BStBl II 95, 655, 660; *Gersch*, in: Klein, 16. Aufl. 2022, AO § 3 Rn. 14; *Hey/Hermenns*, Ad Legendum IV/2015, 278 (281); mit einem wortwörtlich genommenen personellen Bezug kritisch für die Verbrauchsteuern: *F. Kirchhof*, BB 2019, 662 (667).

156 BVerfG Beschl. v. 23.11.1976 - 1 BvR 150/75, BVerfGE 43, 108; BVerfG, Urt. v. 03.11.1982 -1 BvR 620/78 - 1 BvR 1335/78 - 1 BvR 1104/79 - 1BvR 363/80 - BVerfGE 61, 319.

und Körperschaftsteuer[157] klargestellt. Auch die Besteuerung von gewerblichen Erträgen durch die Gewerbesteuer, die historisch regel- und schwerpunktmäßig mit dem Äquivalenzprinzip[158] begründet wurde,[159] wird in der Zwischenzeit mit dem Leistungsfähigkeitsprinzip gerechtfertigt und als damit vereinbar angesehen.[160] Ob das Leistungsfähigkeitsprinzip die Besteuerung durch Gewerbesteuer wirklich rechtfertigt, wird indes nicht einheitlich beurteilt. Nach Auffassung des BVerfG[161] gilt es jedenfalls auch in diesem Einzelsteuerrechtsgebiet. Die üblichen Indikatoren zur Bestimmung der Leistungsfähigkeit sind das Einkommen, das Vermögen und der Konsum.[162] Dabei legt der Gesetzgeber für die Einkommensteuer das Erwerbseinkommen als Bemessungsgrundlage zur inhaltlichen Bestimmung von Leistungsfähigkeit zugrunde.[163] Danach sei für die Bemessungsgrundlage einer gleichheitsgerechten Einkommensteuer die wirtschaftliche Leistungsfähigkeit in den Fokus zu stellen, deren bestgeeigneter Indikator die Höhe des Erwerbseinkommens sei.[164] Die wirtschaftliche Leistungsfähigkeit reiche indes weiter als die Bemessungsgrundlage der steuerlichen Leistungsfähigkeit, die aus Sozialstaatsgründen den indisponiblen Teil des Einkommens, den der Steuerpflichtige für sich oder für seine Familie und sich als Existenzminimum aufwenden müsse[165], berücksichtige und diesen Teil von der Besteuerung ausnehme.[166] Als Steuerbemessungsgrundlage ist danach nur der disponible Teil des Einkommens für die Besteuerung zugrunde zu legen.[167]

---

157 BVerfG, Beschl. v. 12.10.2010 - 1 BvL 12/07 - BVerfGE 127, 224; BVerfG, Beschl. v. 29.03.2017 -2 BvL 6/11 Rn. 110 - BVerfGE 145, 106 - NZG 2017, 828.

158 Die Gewerbesteuer sei der wirtschaftliche Ausgleich (fiskalisches Äquivalent) für die besonderen Lasten, die den Gemeinden durch das Vorhandensein der Gewerbebetriebe entstünden. Zu diesen Lasten gehörten Aufwendungen für den (Aus-)Bau und Unterhalt des kommunalen Straßennetzes, die Bereitstellung und Unterhaltung kommunaler Einrichtungen wie Kindergärten, Schulen oder Krankenhäuser oder die Gewährleistung des Betriebs öffentlicher Verkehrsmittel, *Drüen*, in: Brandis/Heuermann, GewStG, 167. EL Mai 2023, § 1 Rn. 13.

159 *A. Conradi*, Die Legitimation der Gewerbesteuer, 2001, S. 364; *Brinkmann*, DStR 2021, 579 (582); *Drüen*, in: Brandis/Heuermann, GewStG, 167. EL Mai 2023, § 1 Rn. 13; *Kraft/Jochimsen*, IStR 2013, 334 (336, 337).

160 BVerfG, Beschl. v. 15.01.2008 - 1 BvL 2/04 Rz. 112 - BVerfGE 120, 1.

161 BVerfG, Beschl. v. 15.01.2008 - 1 BvL 2/04 Rz. 112 - BVerfGE 120, 1.

162 *Birk*, Das Leistungsfähigkeitsprinzip als Maßstab der Steuernormen, 1983, S. 167; *Grunow*, Die verfassungsrechtliche Rechtfertigung der Steuerlast und Steuererhebung, 2018, S. 218; *Hey/Hermenns*, Ad Legendum IV/2015, 278 (281); *Kempny*, StuW 2021, 85 (89); *Tschersich*, Ertragsbesteuerung der Unternehmenssanierung, 2014, S. 74.

163 *Birk*, Das Leistungsfähigkeitsprinzip als Maßstab der Steuernormen, 1983, S. 36; *Waldhoff*, in: Isensee/Kirchhof, Handbuch des Staatsrechts, Band V, 8. Teil, 3. Aufl. 2007, § 116 Rn. 102.

164 Statt vieler nur *Birk*, Das Leistungsfähigkeitsprinzip als Maßstab der Steuernormen, 1983, S. 36.

165 Mindestens das, was der Gesetzgeber dem Bedürftigen zur Befriedigung seines existenznotwendigen Bedarfs aus öffentlichen Mitteln zur Verfügung stellt, muß er auch dem Einkommensbezieher von dessen Erwerbsbezügen belassen. Dieser zu belassende Betrag wird durch die Sozialhilfeleistungen konkretisiert, die das im Sozialstaat anerkannte Existenzminimum gewährleisten sollen, verbrauchsbezogen ermittelt und den veränderten Lebensverhältnissen regelmäßig angepaßt werden, BVerfG, Beschl. v. 10. 11. 1998 - 2 BvL 42–93 - BVerfGE 99, 246 - NJW 1999, 561; BVerfG, Beschl. v. 14.6.1994 - 1 BvR 1022/88 - BStBl. II 1994, 909 - BVerfGE 91, 93 (111) - NJW 1994, 2817; BVerfG, Beschl. v. 10.11.1998 - 2 BvL 42–93 - BVerfGE Band 99, 246 - BStBl. II 1999, 174.

166 Die Differenzierung zwischen steuerlicher und wirtschaftlicher Leistungsfähigkeit wird vorgenommen von *Tipke*, Steuerrechtsordnung, Bd. I, S. 481, 496; a.A. und insoweit nicht zwischen steuerlicher und wirtschaftlicher Leistungsfähigkeit differenzierend etwa *A. Meyer*, Steuerliches Leistungsfähigkeitsprinzip und zivilrechtliches Ausgleichssystem, 2013, S. 106.

167 *Tipke*, Steuerrechtsordnung, Bd. I, S. 480.

Das Leistungsfähigkeitsprinzip stellt - anders als das Äquivalenzprinzip, das in der Steuer ein Äquivalent für die Leistung des Staates identifiziere[168] – zur Bemessung der Höhe der Steuerlast nicht darauf ab, was der Staat an den einzelnen Steuerpflichtigen leistet, sondern darauf, was der Steuerpflichtige aus seinem Einkommen an den Staat „abgeben" könne, damit dem Staat fiskalische Mittel in hinreichender Menge zur Erfüllung seiner öffentlich-rechtlichen Aufgaben zur Verfügung stehen.[169] Anknüpfungspunkt ist das existenznotwendige, zugleich existenzsichernde staatliche Bedürfnis zur Steuererhebung, dem die Fähigkeit des Steuerpflichtigen zur Leistung seines individuellen, die Solvenz und Handlungsfähigkeit des Staates gewährleistenden Beitrags gegenübersteht. Steuerschuldrechtliches Spezifikum, das im Vergleich zum Äquivalenzprinzip[170] zugleich die Typik des Leistungsfähigkeitsprinzips ausmacht, ist die fehlende kausale Verknüpfung der Leistung des Steuerpflichtigen und der (Gegen-)Leistung des Staates.[171] Die unbedingte Gegenleistungsfreiheit des im Sinne der Generaläquivalenz[172] lediglich abstrakt gegebenen Leistungsaustauschs zwischen den Beteiligten im Steuerschuldverhältnis ist wesensprägendes Merkmal des Leistungsfähigkeitsprinzips. Denn es handelt sich bei der auf dem Leistungsfähigkeitsprinzip beruhenden Verpflichtung zur anteiligen Lastentragung durch Steuerzahlung gerade nicht um irgendeine Form synallagmatisch verknüpften Zusammenwirkens, eines auf äquivalenten Austausch von Leistung und Gegenleistung angelegten Gegenseitigkeitsverhältnisses, sondern um den Gedanken unbedingter Solidarität.[173] Der einzelne Steuerpflichtige zahlt die Steuer nicht als Gegenleistung für eine empfangene Leistung, sondern infolge seiner „Zugehörigkeit zum Staate"; der Staat leistet nicht etwa gegen ein Entgelt des Steuerpflichtigen an diesen, sondern „leistet an alle" zur Erfüllung der ihm obliegenden öffentlich-rechtlichen Aufgaben,[174] welche ihre Wurzel nicht im Steuerrecht, sondern im übergeordneten Verfassungsrecht haben. Unter Zugrundelegung dieser Maßstäbe sind dem Leistungsfähigkeitsprinzip zwei elementare Funktionen zu entnehmen, die in ihrem Wechselbezug eine doppelfunktionale, zugleich sich gegenseitig verstärkende Wirkungsweise aufweisen: Einerseits hat es eine die potenzielle Steuerzahllast begrenzende Funktion, weil es den Steuerpflichtigen vor einem übermäßigen Zugriff durch den Fiskus schützt, was an den Grundsätzen der horizontalen und vertikalen Steuergerechtigkeit und an der Verschonung des Existenzminimums deutlich wird. Andererseits, gleichsam spiegelbildlich, hat es eine fordernde Funktion, indem es bei Vorliegen

[168] *Conradi*, Die Legitimation der Gewerbesteuer, 2001, S. 364; *Wernsmann*, in: Hübschmann/Hepp/Spitaler: AO/FGO, 274. Lieferung, 7/2023, § 3 Rn. 150.
[169] *Tipke*, Steuerrechtsordnung, Bd. I, S. 479.
[170] Es wurde auch als Nutzenprinzip, Vorteilsprinzip oder Interessenprinzip bezeichnet von *Andel*, Finanzwissenschaft, S. 295.
[171] *Andel*, Finanzwissenschaft, S. 296.
[172] *Valta*, Globaläquivalenz und Äquivalenzneutralität, 2016, S. 165 (166): „abstrakt staatliches Leistungspaket".
[173] *Tipke*, Steuerrechtsordnung, Bd. I, S. 479.
[174] *Tipke*, Steuerrechtsordnung, Bd. I, S. 479 mit Verweis auf *H. Lechtape*, Die Frage der Steuergerechtigkeit, 1920, S. 7.

der entsprechenden, die Steuerpflicht begründenden Leistungsfähigkeit die Besteuerung der Steuerquelle bei dem betroffenen Steuersubjekt gebietet.[175]

Insoweit wird für die Frage der Besteuerung von Sanierungsgewinnen zu erörtern sein, inwieweit durch die grundsätzlich gewollte Besteuerung von Sanierungsgewinnen ein Verstoß gegen den Schutz vor einem übermäßigen fiskalischen Zugriff vorliegt.[176] Neben diesem wichtigen Vorbefund hat für die vorliegende Untersuchung eine weitere Besonderheit Bedeutung: Das Leistungsfähigkeitsprinzip als überwiegend allgemein anerkannte Legitimation von Besteuerung im nationalen Steuerrecht gilt nicht nur für Bemessungsgrundlagen aus aktiven Erwerbsvorgängen im Sinne des Erwerbseinkommens, welche stets der Besteuerung durch Einkommensteuer unterliegen, sondern entfaltet darüber hinaus auch Legitimationswirkung im Bereich des unentgeltlichen Erwerbs; dies sogar ungeachtet des jeweiligen Entstehungsgrundes. Danach basiert etwa auch die Besteuerung durch Erbschaft- bzw. Schenkungsteuer auf dem Grundsatz der Leistungsfähigkeit, wird also mit dem Leistungsfähigkeitsprinzip begründet.[177] So ist nach dem BVerfG die Erbschaftsteuer eine Erbanfallsteuer, die nicht den Nachlass als solchen zum Bezugspunkt des Steuerzugriffs macht, sondern die beim jeweiligen Empfänger mit dem Erbfall eintretende Bereicherung.[178] Der Gesetzgeber verfolge mit der Erbschaft- bzw. Schenkungsteuer das Ziel, den durch Erbfall oder Schenkung ausgelösten Vermögenszuwachs jeweils gemäß seinem Wert zu erfassen und die daraus resultierende Steigerung der wirtschaftlichen Leistungsfähigkeit, zugleich die durch Erbfall oder Schenkung vermittelte Bereicherung des Erwerbers unter Zugrundelegung der unterschiedlichen Steuersätze nach dem Verwandtschaftsgrad und dem Wert des Erwerbs zu besteuern.[179] Somit verfolgen auch diese Steuerarten das Ziel, den durch Erbfall oder Schenkung anfallenden Vermögenszuwachs zu erfassen und die daraus resultierende Steigerung der Leistungsfähigkeit in Gestalt der durch Erbfall oder Schenkung vermittelten Bereicherung des Erwerbers durch den unentgeltlichen Erwerb zu besteuern.[180] Denn durch den Vermögenszuwachs beim Erwerber werde dessen Leistungsfähigkeit erhöht, da er infolge des Vermögenstransfers zu seinen Gunsten über Geld oder Wirtschaftsgüter mit einem Geldwert verfüge.[181] Dieser Geldwert könne etwa durch den Verkauf der erhaltenen Wirtschaftsgüter

---

[175] *Waldhoff*, in: Isensee/Kirchhof, Handbuch des Staatsrechts, Band V, 8. Teil, 3. Aufl. 2007, § 116 Rn. 103.

[176] So meinte *Schreiber*, Sanierungsgewinn, 1958, S. 15, der Sanierungsgewinn sei „überhaupt kein Gewinn" und dürfe demnach nicht besteuert werden.

[177] *Seer*, in: Tipke/Lang, 24. Auflage 2021, Teil 2 Kapitel 15 Rn. 15.1: Ankünpfung an die Vermögensmehrung beim Empfänger.

[178] BVerfG, Beschl. v. 22.06.1995 - 2 BvR 552/91, BVerfGE 93, 165, NJW 1995, 2624; BVerfG, Beschl. v. 7.11.2006 - 1 BvL 10/02 Rz. 101 - BVerfGE 117, 1 - BStBl. II 2007, 192 - DStR 2007, 235 - NJW 2007, 573.

[179] BVerfG, Beschl. v. 7.11.2006 - 1 BvL 10/02 Rz. 101 - BVerfGE 117, 1 - BStBl. II 2007, 192 - DStR 2007, 235 - NJW 2007, 573.

[180] BVerfG, Beschl. v. 7.11.2006 - 1 BvL 10/02 - BVerfGE 117, 1 - BStBl. II 2007, 192 - DStR 2007, 235 - NJW 2007, 573; zum Erbanfall als leistungsfähigkeitssteigerndes Moment auch BVerfG, Beschl. v. 22.6.1995 - 2 BvR 552/91 - BStBl. II 1995, 671 - BVerfGE 93, 165.

[181] BVerfG, Beschl. v. 7.11.2006 - 1 BvL 10/02, Rn. 104 - BVerfGE 117, 1 - BStBl. II 2007, 192 - DStR 2007, 235 - NJW 2007, 573.

realisiert werden.[182] Die Erhöhung der Leistungsfähigkeit werde mithin durch den infolge des Erbfalls eingetretenen Vermögenstransfer bewirkt.[183]

Dieser Befund über die Geltung des Leistungsfähigkeitsprinzips auch für unentgeltliche, gleichsam passive Erwerbsvorgänge ist für die vorliegende Untersuchung signifikant. Denn auch bei dem durch den Forderungsverzicht eines Gläubigers entstehenden Gewinn handelt es sich – wie beim Erwerb durch Erbanfall oder Schenkung – nicht um Erträge aus gleichsam aktivem Tätigwerden bzw. aktiven Erwerbsvorgängen des Steuerpflichtigen, sondern um gleichsam passive Bereicherungsvorgänge. Der einzige Unterschied ist allerdings darin zu erblicken, dass die erhöhte Leistungsfähigkeit des Erben oder Beschenkten nach dem Erbanfall oder der Schenkung darin besteht, dass er aufgrund des für ihn unentgeltlichen Vermögenstransfers anschließend Geld oder Wirtschaftsgüter und damit Liquidität oder liquidierbare Gegenstände besitzt und darüber verfügen kann. Beim Fortfall einer schuldnerischen Verbindlichkeit durch Gläubigerforderungsverzicht verfügt der Begünstigte, das Sanierungsunternehmen, indes nicht über ein Plus an aktiven Wirtschaftsgütern in Geld oder Geldeswert. Allerdings wird das Sanierungsunternehmen von einem passiven Wirtschaftsgut bzw. mehreren passiven Wirtschaftsgütern, insoweit nämlich von den erlassenen Verbindlichkeiten bzw. Schulden, befreit. Der Vergleich mit der Zunahme von Leistungsfähigkeit infolge Erbanfalls zeigt die Erhöhung selbiger durch Schuldenerlass gleich mehrfach auf. Zunächst findet infolge des Verzichts wie bei einem Erbfall streng genommen ebenfalls ein Vermögenstransfer statt. Denn die Befreiung von passiven Wirtschaftsgütern (Schulden und andere Positionen des Fremdkapitals) kann nicht nur bilanziell und damit gleichsam aus buchhalterisch-wirtschaftlicher Perspektive mit der Mehrung aktiver Wirtschaftsgüter gleichgesetzt werden. Vielmehr erlischt beim verzichtenden Unternehmen infolge des Schuldenerlasses eine Forderung, die als Vermögensgegenstand die Leistungsfähigkeit des nunmehr verzichtenden Gläubigers schon bei ihrer Begründung erhöht hat. Durch den Verzicht wird wiederum immaterielles Vermögen transferiert. In wirtschaftlicher Hinsicht wird die Forderung durch den Verzicht nämlich auf das verzichtsbegünstigte Sanierungsunternehmen transferiert. Gleichzeitig erlischt dessen Verbindlichkeit, wodurch es nach dem Maßstab der Leistungsfähigkeit abstrakt betrachtet sogar doppelt begünstigt wird: einmal durch die Übertragung der Forderung im Sinne eines abstrakten „Vermögenstransfers“, einmal durch das Erlöschen der eigenen Verbindlichkeit; wenn sich auch diese Doppelbegünstigung durch das obligatorische Zusammenhängen beider Vorgänge in ihrem wirtschaftlichen Gehalt vereinen und danach

[182] BVerfG, Beschl. v. 7.11.2006 - 1 BvL 10/02, Rn. 104 - BVerfGE 117, 1 - BStBl. II 2007, 192 - DStR 2007, 235 - NJW 2007, 573 mit dem Hinweis darauf, dass die durch den Erwerb eines nicht in Geld bestehenden Wirtschaftsguts vermittelte finanzielle Leistungsfähigkeit durch den bei einer Veräußerung unter objektivierten Bedingungen erzielbaren Preis zu bemessen sei, welcher seinerseits durch den gemeinen Wert, der zugleich durch den Substanzerwerb vermittelten Zuwachs an Leistungsfähigkeit zutreffend abbilde und eine gleichheitsgerechte Ausgestaltung der Belastungsentscheidung ermögliche.

[183] *Seer*, in: Tipke/Lang, 24. Auflage 2021, Teil 2 Kapitel 15 Rn. 15.1.

relativieren mag. Diesem Befund folgend und ungeachtet weiterer Wesensmerkmale der Leistungsfähigkeit wäre danach an dieser Stelle bereits festzustellen, dass auch der infolge Gläubigerforderungsverzichts entstehende Gewinn Merkmal und Ausdruck einer Zunahme von Leistungsfähigkeit ist.

### b. Zahlungsfähigkeit als Wesensmerkmal von Leistungsfähigkeit

Hinsichtlich der das Leistungsfähigkeitsprinzip wesensprägenden Merkmale wird zudem vertreten, die Steuerlast eines Steuerpflichtigen sei nach seiner Fähigkeit zu bemessen, steuerliche Leistungen aus seinem Einkommen bestreiten zu können.[184] Die Leistungsfähigkeit bestehe insoweit in der tatsächlichen, effektiv in Geldwert vorhandenen Ist-Zahlungsfähigkeit.[185] Reduziert auf seinen wesentlichen Kerngehalt beinhalte das Prinzip nach dieser Auffassung die Fähigkeit, Steuern zahlen zu können (Ability to pay).[186] Eine wortwörtliche Übersetzung der Formel „ability to pay" könnte für die Befugnis des Fiskus sprechen, „sich alles zu nehmen, was zu holen ist"[187]. Die Leistungsfähigkeit bemesse sich insoweit an der tatsächlichen Ist-Zahlungsfähigkeit des Steuerpflichtigen.[188] Unter dieser Prämisse dürfte auch der Erlass einer Verbindlichkeit beim Begünstigten indes nicht zu einer Zunahme von Leistungsfähigkeit führen. Denn durch den bloßen Erlass einer passivierten Schuld ändert sich an der Zahlungsfähigkeit (ability to pay) zunächst nichts. Lediglich der Schuldenbetrag wird reduziert. Diese Auffassung dürfte jedoch zu kurz springen und daher heute zu Recht abzulehnen sein.[189] Zwei Gründe widerlegen diese Auffassung in überzeugender Weise. Zunächst wird zutreffend argumentiert, dass der durch Schuldenerlass und infolge der Anwendung des Betriebsvermögensvergleichs systembedingt entstehende Gewinn Ausfluss von Leistungsfähigkeit sein muss, sofern die Grundprinzipien der insoweit obligatorisch anzuwendenden Gewinnermittlungsart anerkannt werden.[190] Denn für den Betriebsvermögensvergleich sei es unerheblich, ob der Forderungsverzicht oder eine andere Sanierungs- bzw. Restrukturierungsmaßnahme mit dem Ziel der Entschuldung die Liquidität

---

[184] *Birk*, Leistungsfähigkeitsprinzip als Maßstab der Steuernormen, 1983, S. 36; *Claußen*, Die Ertragsbesteuerung von Unternehmen, 2015, S. 34; *Grunow*, Die verfassungsrechtliche Rechtfertigung der Steuerlast und Steuererhebung, 2018, S. 223; *Jüptner*, Leistungsfähigkeit und Veranlassung, 1989, S. 77; *Marongiu*, StuW 1984, 96; *Waldhoff* in: Isensee/Kirchhof, Handbuch des Staatsrechts, Band V Achter Teil Kapitel 3, § 116 Rn. 102.

[185] *Buschendorf/Vogel*, DB 2016, 676, 679; *Jüptner*, Leistungsfähigkeit und Veranlassung, 1989, 77; *Marongiu*, StuW 1984, 96; *Waldhoff*, in: Isensee/Kirchhof, Handbuch des Staatsrechts, Band V Achter Teil Kapitel 3, § 116 Rn. 102; *Grunow*, Die verfassungsrechtliche Rechtfertigung der Steuerlast und Steuererhebung, 2018, S. 223.

[186] *P. Kirchhof*, StuW 1985, 319 (324, 325); *Kruse*, StuW 1990, 322 (326); *Tipke*, StuW 2007, 201 (205); *Schön*, StuW 2005, 247 (249, 251); in diesem Sinne auch *Claußen*, Die Ertragsbesteuerung von Unternehmen, 2015, S. 34; *Jachmann-Michel/Vogel*, in: Mangoldt/Klein/Starck, Band III, 7. Aufl. 2018, GG Art. 105 Rn. 28.

[187] Überspitzend *F. Kirchhof*, BB 2017, 662 (665).

[188] *Buschendorf/Vogel*, DB 2016, 676, 679 ff.; *Jüptner*, Leistungsfähigkeit und Veranlassung, 1989, S. 77; *Grunow*, Die verfassungsrechtliche Rechtfertigung der Steuerlast und Steuererhebung, 2018, S. 223.

[189] Ganz deutlich jüngst BFH, Beschl. v. 28.11.2016 – GrS 1/15 Rn. 115, DStR 2017, 305; *Schneider*, Unternehmensbesteuerung, 1996, S. 28; *Skauradszun*, ZIP 2018, 1901 (1903); jüngst auch *v. Cölln*, Ertragsteuerliche Implikationen der Unternehmenssanierung, 2021, S. 59; *Kempny*, StuW 2021, 85 (95).

[190] BFH, Beschl. v. 28.11.2016 – GrS 1/15 Rn. 115, DStR 2017, 305; dies aufgreifend *Skauradszun*, ZIP 2018, 1901 (1903).

beim Steuerschuldner erhöht oder nicht.[191] Die Entschuldungsmaßnahmen sind in bilanzieller Hinsicht gleich zu behandeln und bewirken keinen Liquiditätszufluss. Gleichwohl erhöhen sie durch den Vermögenstransfer infolge der Befreiung von bestehenden Verbindlichkeiten wie zuvor gezeigt die Leistungsfähigkeit. Die wortwörtlich genommene Zahlungsfähigkeit eignet sich daher nicht als wesensprägendes, gleichsam konstitutives Merkmal wirtschaftlicher Leistungsfähigkeit.[192]

Ein weiteres Argument, das gegen die Bedeutung von Liquidität als Merkmal einer Zunahme von wirtschaftlicher Leistungsfähigkeit spricht, lässt sich aus nachfolgender Umkehrthese ableiten. Sollte die Zahlungsfähigkeit als Wesensbestandteil von Leistungsfähigkeit angesehen werden, verfügte nur derjenige über Leistungsfähigkeit, der auch über die hinreichende Liquidität zur Zahlung der gegen ihn festgesetzten Steuern verfügt.[193] Da Zahlungsfähigkeit im Sinne einer monetären Liquidität jedoch das Resultat von Individualentscheidungen über Investitionen und Konsum ist, knüpfte die Besteuerungsfolge faktisch an den Umstand an, ob der Steuerpflichtige sein Geld verausgabt oder angelegt hat.[194] Die individuelle Entscheidung über die Verwendung von Zahlungsmitteln während des Wirtschafts-, zugleich Besteuerungszeitraums, kann und darf jedoch zur Bestimmung dessen, was den materiellen Gehalt und die Bemessungsgrundlage von Leistungsfähigkeit ausmacht, nicht herangezogen werden. Denn dies würde den als objektiven Vergleichsmaßstab angelegten Grundsatz von subjektiven Individualentscheidungen abhängig machen und ihm seine objektive Vergleichbarkeit und daraus erwachsende Kapazität und Autorität als gleichheitsgerechter Besteuerungsgrundsatz nehmen. Die Zahlungsfähigkeit erweist sich mithin als ungeeignetes Merkmal zur inhaltlichen Bestimmung des Gehalts wirtschaftlicher Leistungsfähigkeit. Auf die Zahlungsfähigkeit kann es danach zur Bestimmung des Inhalts von Leistungsfähigkeit richtigerweise nicht ankommen.[195] Auch dieser zweite Befund ist für die vorliegende Untersuchung signifikant. Denn durch den Gläubigerforderungsverzicht und die infolgedessen obligatorische Ausbuchung der erlassenen Verbindlichkeit wird das Sanierungsunternehmen idealiter entschuldet, jedoch nicht zahlungsfähiger im Sinne eines Zuwachses an monetärer Liquidität. Es ändert sich infolge der Ausbuchung der Verbindlichkeit lediglich der Überschuldungsstatus zum Positiven, weil Verbindlichkeiten als Schulden des Sanierungsunternehmens aufseiten der Passiva reduziert werden. Dieses erwünschte und gleichsam angestrebte Ziel hat indes keinen Einfluss auf die Liquidität des Sanierungsunternehmens, weil sich an dem Bestand der Zahlungsmittel durch den Schuldenerlass nichts ändert. Soweit also die Zahlungsfähigkeit als konstitutives Merkmal von

191 BFH, Beschl. v. 28.11.2016 – GrS 1/15 Rn. 115, DStR 2017, 305; *Skauradszun*, ZIP 2018, 1901 (1903).

192 BFH, Beschl. v. 28.11.2016 – GrS 1/15 Rn. 115, DStR 2017, 305; *Schneider*, Grundzüge der Unternehmensbesteuerung, 1996, S. 28.

193 *Schneider*, Grundzüge der Unternehmensbesteuerung, 1996, S. 28.

194 *Schneider*, Grundzüge der Unternehmensbesteuerung, 1996, S. 28, 29.

195 So auch deutlich jüngst: *Kempny*, StuW 2021, 85 (95, 109); a.A. wohl *Grunow*, Die verfassungsrechtliche Rechtfertigung der Steuerlast und Steuererhebung, 2018, S. 223.

Leistungsfähigkeit anzusehen wäre, würde sich der Erlass einer Forderung schon insoweit nicht als Zuwachs von Leistungsfähigkeit bei dem dadurch begünstigten Sanierungsunternehmen darstellen. Da aber die Zahlungsfähigkeit aus den dargelegten Gründen richtigerweise kein Merkmal zur Bestimmung von Leistungsfähigkeit ist, scheitert die Annahme eines Zuwachses von Leistungsfähigkeit beim Begünstigten eines Schuldenerlasses daran nicht.

Festzustellen sind nach dem zuvor Dargelegten zwei für diese Untersuchung wichtige Befunde. Dabei handelt es sich um den ersten Befund, dass das Leistungsfähigkeitsprinzip sowohl für passive Erwerbsvorgänge zu Recht Geltung beansprucht und um den zweiten Befund, dass die Zahlungsfähigkeit (ability to pay) selbst und ihre Zu- oder Abnahme weder konstitutives Merkmal noch tauglicher Indikator für die Leistungsfähigkeit und deren Zu- oder Abnahme sein kann.

### c. Verfassungsrechtliche Verankerung

Im nachfolgenden Abschnitt soll eine weitere, im Zusammenhang mit der Beurteilung von Sanierungsgewinnen wesentliche Frage geklärt werden, namentlich, inwieweit das Leistungsfähigkeitsprinzip eine verfassungsrechtliche Verankerung für sich beanspruchen kann. Eine Antwort auf diese Frage dürfte das im Grundgesetz verankerte Steuerverfassungsrecht vorhalten. Denn es beinhaltet die Anwendung des gesamten Verfassungsrechts auf die Ausgestaltung der Besteuerung in sämtlichen Besteuerungsstadien, mithin bei der Steuerrechtsetzung, bei der Steuererhebung und bei der gerichtlichen Kontrolle von Besteuerungsvorgängen. Danach sollen Besteuerungsmaßstäbe nicht abstrakte steuerpolitische Ideale, sondern im Grundgesetz normierte Grundsäulen der Gerechtigkeit sein.[196] Diese Maßstäbe werden durch die Grundrechte sowie durch rechts- und sozialstaatliche Postulate repräsentiert.[197] Zentraler Wesenskern der Steuerrechtfertigung sei demnach die verfassungsrechtliche Ausrichtung der Steuer.[198] Im Steuerrecht als Eingriffsrecht sollte jeder Eingriff in die Rechte der betroffenen Steuerpflichtigen grundrechtlich zu rechtfertigen sein. Insoweit ist der Rechtfertigungsanspruch resp. Gerechtigkeitsanspruch unerlässlich.[199] Um die Bedeutung des Leistungsfähigkeitsprinzips als in der Verfassung verankertes Besteuerungsprinzip oder als insoweit in seiner Wirkmacht schwächerer, bloßer Vergleichsmaßstab zur Bemessung der gleichheitsgerechten Steuerlastverteilung wird seit langer Zeit heftig gestritten. Für die vorliegende Untersuchung ist diese Frage insoweit

---

[196] *Waldhoff* in: Isensee/Kirchhof, Handbuch des Staatsrechts, Band V, 8. Teil, 3. Aufl. 2007, § 116 Rn. 98.

[197] *Waldhoff* in: Isensee/Kirchhof, Handbuch des Staatsrechts, Band V, 8. Teil, 3. Aufl. 2007, § 116 Rn. 98; *Klaus Vogel* geht insoweit von einem ungeschriebenen Finanzrecht des Grundgesetzes aus, *K. Vogel*, Das ungeschriebene Finanzrecht des Grundgesetzes, in: GS für Wolfgang Martens, 1987, S. 265.

[198] *Rodi*, Die Rechtfertigung von Steuern als Verfassungsproblem, 1994, S.64 ff.; *Grunow*, Die verfassungsrechtliche Rechtfertigung der Steuerlast, 2018, S. 61; *Waldhoff* in: Isensee/Kirchhof, Handbuch des Staatsrechts, Band V, 8. Teil, 3. Aufl. 2007, § 116 Rn. 98.

[199] *Grunow*, Die verfassungsrechtliche Rechtfertigung der Steuerlast und Steuererhebung, 2018, S. 20; *Weber-Grellet*, StuW 1993, 97 (98 f).

bedeutsam, als dass bei Bejahung seiner verfassungsrechtlichen Verankerung eine dem Leistungsfähigkeitsprinzip zuwiderlaufende, nicht von einer anderen, verfassungsrechtlich fundierten Rechtfertigung getragenen Besteuerung von vornherein verfassungswidrig wäre. Soweit das Leistungsfähigkeitsprinzip jedoch als Vergleichsgruppe des Gleichheitssatzes fungiert, dürfte seine Durchbrechung weniger schwer wiegen und letztlich leichter im Wege der Verhältnismäßigkeitsprüfung zu rechtfertigen sein. Im Folgenden wird daher der Frage nachgespürt, ob eine verfassungsrechtliche Verankerung des Leistungsfähigkeitsprinzips zu bejahen ist. Die Frage der verfassungsrechtlichen Verankerung des Leistungsfähigkeitsprinzips wird im Schrifttum seit jeher kontrovers beurteilt.[200] Dazu gehört der in diesem Zusammenhang erörterungsbedürftige Aspekt, ob die Verteilung steuerlicher Lasten grundgesetzlich geregelt ist, ob also dem Grundgesetz wortwörtliche Regelungen zu entnehmen sind, die eine Verteilung der Steuerlasten nach einem bestimmten Verteilungsschlüssel vorsehen bzw. ob diese grundgesetzlich vorgesehene Lastenverteilung zwar nicht wortwörtlich verankert ist, jedoch über das Leistungsfähigkeitsprinzip als grundgesetzlicher Verteilungsmaßstab vermittelt wird. Dabei kommt der Wirkmacht der Verfassung als materiale Grundordnung und elementare Basis des Subordinationsverhältnisses von Staat und Bürger signifikante Bedeutung zu.[201] Sie stellt ein Konzept valider Prinzipien auf, die weit überwiegend als „Wertsystem" anerkannt werden.[202] Diese Anschauung knüpft an ein Verständnis der Grundrechte und Verfassungswerte, welches über die Betrachtung dieser als bloße Bezugspunkte positiver Rechtsgeltung hinausgeht und diese insbesondere als Kristallisationspunkt eines Kultur- und Wertsystems ansieht, das die Leitlinien des auf der Verfassung fußenden Staatslebens darstellen soll.[203] Die Frage, ob das Leistungsfähigkeitsprinzip als grundgesetzlich verankerter Lastenverteilungsschlüssel verfassungsrechtlich fundiert ist, ist Ausgangspunkt einer seit langem währenden juristischen Kontroverse und wird noch immer unterschiedlich beantwortet.[204] Denn das Leistungsfähigkeitsprinzip wird von kritischen Stimmen nicht durchgängig als wesentlichster Steuerrechtsgrundsatz angesehen. Trotz eines weitreichenden Anerkenntnisses seiner Validität als notwendiger Lastenverteilungsmaßstab war es in der Vergangenheit und ist noch immer nicht unerheblicher Kritik ausgesetzt. Die Grundzüge dieser teils heftig vorgebrachten Kritik ebenso wie die Argumente seiner zahlreichen Befürworter

---

200 Jüngst *Waldhoff*, DStR 2023, 380 (383).

201 *Birk*, Das Leistungsfähigkeitsprinzip als Maßstab der Steuernormen, 1983, S. 123.

202 Für die oberste Verfassungsrechtsprechung, vgl. aus jüngerer Zeit etwa BVerfG, Nichtannahmebeschluss vom 31. März 2016 – 2 BvR 1576/13, Rn. 15; BVerfGE 5, 85 (204 ff.); 7, 198 (204 f.); 21, 362 (372); 27, 1 (6); 35, 79 (114); für die Literatur etwa: *Birk*, Das Leistungsfähigkeitsprinzip als Maßstab der Steuernormen, 1983, S. 123; *Böckenförde*, NJW 1974, S. 1529 (1534); *Grabitz*, Freiheit und Verfassungsrecht, 1976, S. 217; *Rensmann*, Wertordnung und Verfassung, 2007, S. 35 f. passim; *Robbers*, Gerechtigkeit als Rechtsprinzip, 1980, S. 40; *Hillgruber*, in: Dürig/Herzog/Scholz GG, 100. EL Januar 2023, Art. 92 Rn. 10, „Wertsystem des Grundgesetzes"; *Zippelius*, Wertungsprobleme im System der Grundrechte, 1962, S. 152.

203 *Birk*, Das Leistungsfähigkeitsprinzip als Maßstab der Steuernormen, 1983, S. 123; *Dreier*, NJW 1986, 890 (892) „notwendige Verbindung von Recht und Moral".

204 Jüngst *Waldhoff*, DStR 2023, 380 (383); *Kempny*, StuW 2021, 85 (88) Fn. 25: „schon die Suche nach einer normativen Herleitung „des Leistungsfähigkeitsprinzips" führe zu einer Art Wimmelbild."

werden im Folgenden im Überblick dargestellt. Notwendig ist dies für die vorliegende Untersuchung, um Bedeutung und Stellenwert des Leistungsfähigkeitsprinzips im nationalen Steuerrecht zu identifizieren und um eine Antwort auf die sich anschließende, ebenfalls kontrovers diskutierte Frage zu finden, ob der durch Forderungserlass entstehende sog. Sanierungsgewinn Ausdruck eines Zuwachses von Leistungsfähigkeit und seine Steuerbarkeit aufgrund einer präsumtiven grundgesetzlichen Anordnung der Besteuerung nach der Leistungsfähigkeit dementsprechend grundsätzlich prädestiniert ist.

### aa. Gegner einer verfassungsrechtlichen Verankerung

Kritiker lehnen die Annahme einer verfassungsrechtlichen Verankerung des Leistungsfähigkeitsprinzips ab. Bezugspunkt dieser Kritik ist zuvorderst seine fehlende wortwörtliche Verankerung in der Verfassung. Es sei als Legitimationsbegriff im Steuerrecht entwickelt worden,[205] enthalte jedoch keine materiellen Aussagen, sei demnach als bloße Leerformel[206] inhaltsleer[207] und unbestimmt[208] und damit nicht aussagekräftig.[209] Mit frappierender Deutlichkeit haben seine Kritiker ihm in der Vergangenheit regelmäßig jedweden Nutzen und jedwede Funktionstauglichkeit für die Steuerrechtsdogmatik abgesprochen und ihm Wertlosigkeit attestiert.[210] So gebe das Leistungsfähigkeitsprinzip keinen Aufschluss darüber, worin sich Leistungsfähigkeit äußere, wie sie zu messen sei und welche Rückschlüsse daraus für eine als gerecht empfundene Besteuerung zu ziehen seien.[211] Wegen dieser vorgeblich zu großen Unbestimmtheit eigne es sich nicht als objektives Prinzip.[212] Soweit es gleichwohl zur Begründung und Rechtfertigung steuererheblicher Lösungen angeführt werde, bestehe die Gefahr seines Missbrauchs als bloße „Floskel". Dadurch werde eine systematisch validierte, substantiierte und plausible Begründung der Verteilung von Steuerlasten preisgegeben und eine Kompatibilität mit dem Leistungsfähigkeitsprinzip zur bloßen Behauptung gemacht.[213] Infolge der fehlenden wörtlichen Verankerung in der Verfassung sei es letztlich nur ein „subjektives Glaubensbekenntnis", eine „subjektive Ideologie", „Spekulation" oder ein „subjektives Für-richtig-Halten"[214], werde willkürlich als Argument herangezogen und sei kein echtes Prinzip,

[205] *Leisner*, StuW 1983, 97 (97).
[206] *Arndt*, in: Festschrift für Mühl, 1981, S. 17 (36).
[207] *Littmann*, Ein Valet dem Leistungsfähigkeitsprinzip, in Festschrift für Neumark, 1970, S. 113.
[208] *Arndt*, in: Festschrift für Mühl, 1981, S. 17 (36); *Leisner*, StuW 1983, 97 (101), der „die Macht des Prinzips der Leistungsfähigkeit in seiner eingängigen Unbestimmtheit" erblickt.
[209] *Lang*, Konkretisierungen und Restriktionen, in FS für H.W. Kruse, 2001, S. 313 (316).
[210] *Arndt*, in: Festschrift für Mühl, 1981, S. 17 (30, 31, 36 f.); *Gassner/Lang*, Das Leistungsfähigkeitsprinzip im Einkommen- und Körperschaftsteuerrecht, 2000, S. 121; *Leisner*, StuW 1983, 97 (101); *Littmann*, Ein Valet dem Leistungsfähigkeitsprinzip, in Festschrift für Neumark, 1970, S. 113 ff.
[211] *Kruse*, Gleichmäßigkeit der Besteuerung, StuW 1990, 322 - 330 (328).
[212] *Arndt*, in: Festschrift für Mühl, 1981, S. 17 (36); *Leisner*, StuW 1983, 97 (101); *Littmann*, Ein Valet dem Leistungsfähigkeitsprinzip, in Festschrift für Neumark, 1970, S. 113 ff.
[213] *Gassner/Lang*, Das Leistungsfähigkeitsprinzip im Einkommen- und Körperschaftsteuerrecht, 2000, S. 72.
[214] Begrifflichkeiten zusammengetragen bei *Tipke*, Steuerrechtsordnung, Bd. I, S. 481.

sondern eine „Feststellung reiner Tatsächlichkeit".[215] Es könne sich zudem weder aus der allgemeinen Gerechtigkeitsidee, noch aus der konkreten Idee der Steuergerechtigkeit, noch aus dem Gleichheitssatz ergeben.[216] Vielmehr diene das Leistungsfähigkeitsprinzip lediglich und allenfalls als bereichsspezifische Konkretisierung des Gleichheitssatzes und könne dementsprechend in erster Linie konkretisierenden Aufschluss darüber geben, welche Vergleichsgruppen gleich bzw. ungleich seien und worin die Ungleichbehandlung bzw. Gleichbehandlung bestehe.[217] Daraus ergebe sich zugleich auch die Feststellung, dass der Grundsatz der Besteuerung nach der Leistungsfähigkeit zwar ein Maßstab für die Vergleichsgruppenbildung sein *könne*, dies aber *nicht sein müsse*, denn es bestehe kein naturgegebener, gleichsam zwingender Zusammenhang zwischen individueller Leistungsfähigkeit und individueller Steuerbelastung eines Besteuerungssubjekts.[218] Danach sei die Steuer weder dem Grunde noch der Höhe nach an die individuelle Leistungsfähigkeit des Steuerpflichtigen gebunden. Vielmehr sei ihre Rechtfertigung allen denkbaren Zielsetzungen zugänglich, denn auch steuerrechtliche Gerechtigkeitsformeln stünden in einem Spannungsverhältnis mit anderen Wertungen, woraus das Leistungsfähigkeitsprinzip als Argument für eine gleichmäßige Besteuerung folgen könne.[219] Normativ geltender Rechtssatz sei es indes nicht.[220]Auch das Argument seines ethischen Gehalts zur Bejahung einer verfassungsrechtlichen Begründung wird bezweifelt,[221] denn sein materieller Gehalt sei vielmehr lediglich auf die einfache Formel eines „Du sollst, weil Du kannst" zu verdichten.[222] Vorzugswürdig sei daher, den geschriebenen Verfassungstext als Legitimation für die Besteuerung heranzuziehen. So sei etwa aus dem Wortlaut des Art. 106 Abs. 3 Satz 4 Nr. 2 GG der „versteckte Grundsatz"[223] einer Vermeidung von Überbelastung des Steuerpflichtigen abzuleiten. Durch andere Verfassungsnormen werde dieser Grundsatz der Überbelastungsvermeidung weiter konturiert und konkretisiert, etwa durch Art. 6 Abs. 1 GG, Art. 12 Abs. 1 GG, Art. 14 GG, Art. 20 Abs. 1 und Abs. 3 GG und natürlich Art. 3 Abs. 1 GG.[224] Zudem gestatte die konventionelle Anwendung des allgemeinen Gleichheitssatzes mit seinen Prämissen des Willkürverbots und des Gebots sachgerechter Differenzierung verglichen mit den

---

215 *Leisner*, StuW 1983, 97 (98 f.).
216 *Kruse*, StuW 1990, 322 - 330 (327).
217 *Drüen*, in: Tipke/Kruse, AO/FGO, 176. Lieferung 07.2023, § 3 Rn. 50a: „Der Grundsatz der Besteuerung nach der Leistungsfähigkeit ergibt sich weder aus der Gerechtigkeitsidee, der Idee der Steuergerechtigkeit noch aus dem Gleichheitssatz. Er dient vielmehr dazu, den Gleichheitssatz zu konkretisieren."; *Neumark*, Grundsätze gerechter und ökonomisch rationaler Steuerpolitik, 1970, S. 126; *Kruse*, StuW 1990, 322 - 330 (327).
218 *Birk*, Das Leistungsfähigkeitsprinzip als Maßstab der Steuernormen, 1983, S. 6ff.; *Littmann*, Ein Valet dem Leistungsfähigkeitsprinzip, in Festschrift für Neumark, 1970, S. 126; *Kruse*, StuW 1990, 322 (327).
219 *Arndt*, in: Festschrift für Mühl, 1981, S. 29; *Herzog*, DStZ 1988, 287 (290); *Kruse*, StuW 1990, 322 (327).
220 *Arndt*, in: Festschrift für Mühl, 1981, S. 29; *Herzog*, DStZ 1988, 287 (290); *Kruse*, Gleichmäßigkeit der Besteuerung, StuW 1990, 322 (327).
221 *Leisner*, Der Gleichheitsstaat, 1980, S. 191.
222 *Tipke*, Steuerrechtsordnung, Bd. I, S. 485; *Leisner*, StuW 1983, 97 (97), der die Formel prägte: „wer kann, der muss".
223 *Arndt*, Gleichheit im Steuerrecht, NVwZ 1988, 787 (791); *ders.*, in: Festschrift für Mühl, 1981, S. 29 (32).
224 *Arndt*, Gleichheit im Steuerrecht, NVwZ 1988, 787 (791); *ders.*, in: Festschrift für Mühl, 1981, S. 29 (32).

unbestimmten Begriffen der Steuergerechtigkeit und Leistungsfähigkeit ein vorzugswürdigeres, verfassungslegitimiertes Argumentieren.[225] Darüber hinaus werde dem Risiko entgegengewirkt, dass die Steuergerechtigkeit im Sinne des Leistungsfähigkeitsprinzips den Einzelwertungen der Verfassung als zusätzlicher Wertmaßstab vorgeschaltet und dementsprechend der Schutzbereich der Grundrechte überlagert werde.[226] In der Verfassung seien nach alledem zwar einige in einem demokratischen Staat notwendige Hinweise auf das Lastentragungsverhältnis zwischen Staat und Bürger zu finden, es fehle jedoch an einem, dieses Verhältnis genau bestimmenden positiv-rechtlichen Rechtsgrundsatz.[227] Das Leistungsfähigkeitsprinzip vermöge diese Lücke nicht zu schließen. Es könne als steuerrechtliches Prinzip einfachgesetzliche Geltung beanspruchen, könne jedoch das gesamte Steuerrecht nicht „überpositiv" determinieren.[228] Es eigne sich mithin lediglich als Differenzierungsmerkmal im Sinne des Gleichheitssatzes nach Art. 3 Abs. 1 GG. Ein mit Verfassungsrang ausgestattetes, systemtragendes und systemprägendes Prinzip des Steuerrechts sei es indes nicht. Diese kritische Auffassung negiert die Bedeutung des Leistungsfähigkeitsprinzips. Für die vorliegende Untersuchung bedeutet diese Auffassung, dass die Frage der Besteuerung des Sanierungsgewinns nicht am Leistungsfähigkeitsprinzip, sondern an anderen Grundwertungen der Verfassung zu messen wäre.

### bb. Befürworter einer verfassungsrechtlichen Verankerung

Demgegenüber führen Befürworter einer verfassungsrechtlichen Verankerung des Leistungsfähigkeitsprinzips eine Vielzahl von Argumenten an und lassen sich in zwei Untergruppen[229] unterteilen; eine Gruppe, die den Grundsatz der Leistungsfähigkeit als eigenständiges Verfassungsprinzip eo ipso anerkennt[230] und eine zweite Gruppe, die den Grundsatz der Leistungsfähigkeit als ein konkretisierendes Unterprinzip zu Art. 3 Abs. 1 GG ansieht und ihm insoweit - vermittelt durch diese Ableitung - verfassungsrechtlichen Charakter zuordnet.[231]Alle in den Details voneinander abweichenden Auffassungen eint hierbei der Konsens darüber, dass das Leistungsfähigkeitsprinzip jedenfalls durch eine Mehrheit

[225] *Arndt*, Gleichheit im Steuerrecht, NVwZ 1988, 787 (791).
[226] *Arndt*, Festschrift für Mühl, 1981, S. 29 (32).
[227] *Birk*, Das Leistungsfähigkeitsprinzip als Maßstab der Steuernormen, 1983, S. 123.
[228] *Kruse*, Gleichmäßigkeit der Besteuerung, StuW 1990, 322 (330).
[229] Differenzierung auch bei *Steger*, Verfassungsrechtliche Grundlagen, 2008, S. 97.
[230] *Müller-Franken*, StuW 1997, 3 (16), nach dem das Prinzip der Besteuerung nach der Leistungsfähigkeit für den Gesetzgeber von Verfassungswegen verbindlich sei; *P. Kirchhof*, StuW 1985, 319 (323); *P. Kirchhof*, StuW 2000, 316 (326); *Seiler*, in: Dürig/Herzog/Scholz, GG, 100 EL 2023, Art. 105 Rn. 70; *Weber-Grellet*, Steuern im modernen Verfassungsstaat, 2001, S. 164, 167; *Wernsmann*, Verhaltenslenkung in einem rationalen Steuersystem, 2005, S. 289.
[231] *Jachmann*, Verfassungsrechtliche Grenzen der Besteuerung, 1996, S. 12; *Lang*, Die Bemessungsgrundlage der Einkommensteuer, S. 125 bis 127; *Lehner*, Einkommensteuerrecht und Sozialhilferecht, 1993, S. 327; *F. Kirchhof*, BB 2017, 662 (662): „keine verfassungsrechtlich eigenständige, subsumtionsfähige Regel mit strikten Rechtsfolgen, sondern ein Prinzip mit parlamentarischem Wertungsspielraum".

verfassungsrechtlicher Grundwertungen konstituiert werde.[232] Die Argumente beider Untergruppen werden im Folgenden in zusammengefasster Darstellungsform aufgeführt.

Nach Auffassung einer großen Befürwortergruppe finde sich eine verfassungsrechtliche Verankerung zunächst im Rechtsstaatsprinzip, das staatliche Willkür ausnahmslos verbiete.[233] Die enge Verzahnung des Leistungsfähigkeitsprinzips mit der Entstehung der Grundrechte statuiere und garantiere nicht nur die steuerrechtliche „Effektivierung der Grundrechte" durch das Leistungsfähigkeitsprinzip, sondern sei zugleich maßgeblicher Bezugspunkt seiner verfassungsrechtlichen Verankerung.[234] Schon historisch habe es von Beginn an das rechtsstaatliche Verständnis der Besteuerung geprägt.[235] Insofern könne aus dem Gefüge von Freiheitsgrundrechten und sozialen Grundrechten bereits ein generell gültiges Verteilungsleitbild abgeleitet werden, welches als „normatives Prinzip der Verteilung" für das fiskalische Subordinationsverhältnis fruchtbar gemacht werden könne. Dieses Verteilungsleitbild werde durch das Leistungsfähigkeitsprinzip repräsentiert.[236] Der Bezug zu den vorgenannten Verfassungsgrundrechten sei ursächlich und konstitutiv für seinen Rang als oberstes, verfassungsrechtlich statuiertes und fundiertes Steuerrechtsprinzip.[237] Zudem fänden seine Berechtigung und Existenznotwendigkeit ihren Ausgangspunkt in der Erkenntnis, dass der Steuergesetzgeber in einer „hochkomplexen Welt" mit der Schwierigkeit der Gewährleistung gerechter steuerlicher Lastenverteilung, gleichzeitiger Effizienz und Durchsetzbarkeit der Steuerrechtsordnung und Konkurrenzfähigkeit im internationalen Wettbewerb der Steuersysteme konfrontiert sei.[238] Ebenso wie jede andere Rechtsmaterie benötige das Steuerrecht ein oberstes Rechtsprinzip, das die Gerechtigkeitsidee internalisiere und den zentralen Bezugspunkt der Steuerrechtsdogmatik darzustellen imstande ist. Das Leistungsfähigkeitsprinzip könne diese Funktion erfüllen, habe „rechtsgebietsprägende Funktion" und fungiere damit nach *Lang* als steuerrechtliches Komplementärprinzip zum Grundsatz der Privatautonomie im Zivilrecht.[239] Es sei zugleich vereinigender Bezugspunkt und Bedingung für einen Verbund von Prinzipien, die seine wesenstypischen Merkmale konkretisieren, ausgestalten, klassifizieren und dadurch eine valide Steuerrechtsordnung installieren. Dieses dem Steuerrecht inhärente Geflecht von Rechtsprinzipien, das die Einheitlichkeit des Rechtssystems bewerkstelligen soll, beanspruche im Steuerrecht angesichts

232 *Lang*, Konkretisierungen und Restriktionen, in FS für H.W. Kruse, Köln 2001, S. 313 (315), der ein konstitutives Dreieck aus Gleichheit, Freiheit und Sozialstaatlichkeit ausmacht; *F. Kirchhof*, BB 2017, 662 (663).

233 *Müller-Franken*, StuW 1997, 3 (15).

234 *Lang*, Konkretisierungen und Restriktionen, in FS für H.W. Kruse, Köln 2001, S. 313 (314, 315); *Tipke*, Steuerrechtsordnung, Bd. I, S. 473 ff.

235 *Lang*, Konkretisierungen und Restriktionen, in FS für H.W. Kruse, Köln 2001, S. 313 (314, 315); *Tipke*, Steuerrechtsordnung, Bd. I, S. 473 ff.

236 *Birk*, Das Leistungsfähigkeitsprinzip als Maßstab der Steuernormen, S. 124.

237 *Lang*, Konkretisierungen und Restriktionen, in FS für H.W. Kruse, 2001, S. 313 (314, 315); *Tipke*, Steuerrechtsordnung, Bd. I, S. 473 ff.

238 *Birk*, Das Leistungsfähigkeitsprinzip in der Unternehmenssteuerreform, StuW 2000, 328 - 336 (330).

239 *Lang*, Konkretisierungen und Restriktionen, in FS für H.W. Kruse, 2001, S. 313 (317, 318).

des noch immer recht „jungen, wenig verfestigten Systems“ zu Recht Geltung, um nicht von der „Regelungswut“ der Gesetzesverfasser konterkariert zu werden. [240] Für den verfassungsrechtlichen Gehalt des Leistungsfähigkeitsprinzips in der nationalen Rechtsordnung spreche zudem seine ausdrückliche Verankerung in anderen Verfassungen, welche auf demselben geistigen Fundament wie das Grundgesetz stünden. Aus diesem Grund sei es geboten, diese zur Auslegung des „steuerrechtlichen Gleichheitssatzes“ als „tertium comparationis“ heranzuziehen. Zudem reiche die allgemeine Anerkennung des Leistungsfähigkeitsprinzips als sachgerechter Maßstab weit über wissenschaftliche Fachkreise hinaus, da das „allgemeine Rechtsbewusstsein der Gegenwart“ die Singularität des Leistungsfähigkeitsprinzips akzeptiere, das sich als Prämisse praktischer Vernunft eigne.[241] Seine insofern universelle Anerkennung begünstige einen weiteren, für ein funktionierendes Steuersystem notwendigen Umstand, nämlich die Bereitschaft zur Befolgung der Steuergesetze.[242] Seine praktische Bedeutung könne dabei nach *Tipke* möglicherweise erst durch seine Umkehrdefinition zur unmittelbaren Wahrnehmung gebracht werden: Denn an der absurden Umkehrdefinition, jeder Steuerpflichtige sei im umgekehrten Verhältnis zu seiner Leistungsfähigkeit zu besteuern, werde die Richtigkeit des Leistungsfähigkeitsprinzips deutlich.[243]

Einer Gefahr sei jedoch auch das Leistungsfähigkeitsprinzip ausgesetzt. Angesichts seiner ihm wesenseigenen multifunktionalen Wirkungsweise werde es durch den Steuergesetzgeber als Prinzip und Rechtfertigung divergenter politischer Ziele nutzbar gemacht und mitunter auch als Schlagwort zur Begründung von Steuergesetzen missbraucht.[244] Dieser aus der Natur der Sache folgende Umstand erwecke den Eindruck einer willkürlichen Manipulierbarkeit und damit einhergehenden Unzulänglichkeit bzw. mangelhaften Funktionalität als Rechtsprinzip. Dem sei nach *Lang* jedoch entgegenzuhalten, dass die zahlreichen, inhaltlichen Entfremdungen des Leistungsfähigkeitsprinzips, die der Eigenschaft des Steuerrechts als Politikum geschuldet seien, seine rechtliche Wirkkraft lediglich verschleiern. Denn sein Bedeutungsgehalt sei nicht statisch, sondern dynamisch und unterliege nicht zuletzt aus der ressortspezifischen Eigenart des Steuerrechts heraus einem „steten Wandel“, der fortwährend von „sozialen Anschauungen“ und „rechtlichen und ökonomischen Erkenntnissen“ beeinflusst werde, die einen auf gewisse Weise sich stetig wandelnden Wirkbereich mit sich brächten und eine argumentative Beliebigkeit suggerierten. Mit dieser Unbill sei aber nicht nur das Leistungsfähigkeitsprinzip, sondern jedes Rechtsprinzip konfrontiert,[245] was seine Bedeutung daher nicht zu entkräften vermöge. Zudem

---

240 *Lang*, Konkretisierungen und Restriktionen, in FS für H.W. Kruse, 2001, S. 313 (318).

241 *Tipke*, Steuerrechtsordnung, Bd. I, S. 482.

242 *Tipke*, Steuerrechtsordnung, Bd. I, S. 483.

243 *Tipke*, Steuerrechtsordnung, Bd. I, S. 482, 483.

244 *Lang*, Konkretisierungen und Restriktionen des Leistungsfähigkeitsprinzips, in FS für H.W. Kruse, 2001, S. 313 (319).

245 *Lang*, Konkretisierungen und Restriktionen des Leistungsfähigkeitsprinzips, a.a.O.

sei die Forderung einer wortwörtlichen Ableitung des Leistungsfähigkeitsprinzips aus der Verfassung nach *Tipke* zu „verfassungszentriert und verfassungslimitiert“[246]. Letztlich halte die Verfassung gerade nicht auf alles eine Antwort bereit und derjenige, der diesen Anspruch erhebt, laufe Gefahr, etwas aus ihr herauszulesen, was er zuvor in sie hinein gelesen habe.[247] Weiterhin seien zwar nicht seine wortwörtliche Benennung, jedoch seine verfassungsrechtlichen Wurzeln mehrfach in konkreter Weise zu finden; vor allem in der Steuerertragsverteilungsregelung des Art. 106 GG, im Gleichheitssatz, im rechtsstaatlichen Willkürverbot und im Sozialstaatsprinzip.[248] Danach sei das Leistungsfähigkeitsprinzip nicht nur aus dem allgemeinen Gleichheitssatz herzuleiten, sondern basiere auf weiteren Normen des Grundgesetzes.[249] Zudem rückten neben den allgemeinen Gleichheitssatz des Art. 3 Abs. 1 GG mitunter spezielle Gleichheitssätze mit strengeren Differenzierungskategorien, etwa der entsprechende Teilgehalt des Art. 6 Abs. 1 GG.[250] Weiterhin erhalte es Wesensprägung durch die Freiheitsgrundrechte, etwa die für das Steuerrecht relevante Eigentumsgarantie des Art. 14 GG und die Menschenwürdegarantie des Art. 1 Abs. 1 GG, sowie durch das Sozialstaatsprinzip (Art. 20 Abs. 1, Art. 28 Abs. 1 GG) und durch die Zentralnorm der bundesstaatlichen Finanzverfassung (Art. 106 GG).[251]

Wäre dem Steuergesetzgeber zudem das Erfinden haushaltsmäßiger Differenzierungsgründe gegenüber dem Leistungsfähigkeitsprinzip (beliebig) anheimgestellt, existierte der durch Gleichheitssatz und Freiheitsrechte in Gestalt des Leistungsfähigkeitsprinzips elaborierte, zugunsten des Steuerpflichtigen wirkende Schutzmechanismus nicht und der notwendige Schutz vor einem (übermäßigen) fiskalischen Zugriff wäre nicht hinreichend gewährleistet.[252] Das Leistungsfähigkeitsprinzip sei nach alledem normatives, verfassungsrechtlich verankertes Prinzip.[253] Zwar sei es – wie jedes Rechtsprinzip - konkretisierungsbedürftig[254] und unterliege

---

[246] *Tipke*, Steuerrechtsordnung, Bd. I, S. 485.
[247] *Tipke*, Steuerrechtsordnung, Bd. I, S. 485.
[248] *Tipke*, Steuerrechtsordnung, Bd. I, S. 483; *K. Vogel/Chr. Waldhoff*, Grundlagen des Finanzverfassungsrechts: Sonderausgabe des Bonner Kommentars zum Grundgesetz, 1999, Rn. 518, 519.
[249] *Waldhoff*, Handbuch des Staatsrechts, Band V, 8. Teil, 3. Aufl. 2007, Kapitel 3, § 116 Rn. 104.
[250] *Waldhoff*, Handbuch des Staatsrechts, Band V, 8. Teil, 3. Aufl. 2007, Kapitel 3, § 116 Rn. 104.
[251] *Waldhoff*, Handbuch des Staatsrechts, Band V, 8. Teil, 3. Aufl. 2007, Kapitel 3, § 116 Rn. 104; kritisch zum Einfluss der Freiheitsrechte *F. Kirchhof*, BB 2017, 662 (666), der Art. 1 und Art. 6 GG umfasst sieht, aber schon bei Art. 12 GG und Art. 14 GG Zweifel hat, Zitat: „Berufsfreiheit nach Art. 12 GG und die Eigentumsgewährleistung nach Art. 14 GG zielen weniger auf eine Ausrichtung steuerlicher Lasten nach der Leistungsfähigkeit des Einzelnen als auf en Schutz vor den Beruf erdrosselnder oder das Eigentum konfiszierender Abgaben ab, d. h. sie schützen nicht die finanzielle Leistungsfähigkeit, sondern die Möglichkeit, einen Beruf zu ergreifen und auszuüben sowie Eigentum zu nutzen.“; in diesem Sinne auch *Thiemann*, Verluste im Steuerrecht, 2020, S. 48 ff.
[252] *Lang*, Konkretisierungen und Restriktionen des Leistungsfähigkeitsprinzips, in FS für H.W. Kruse, 2001, S. 313 (317).
[253] *Birk*, StuW 1983, 293; *Birk*, Das Leistungsfähigkeitsprinzip als Maßstab der Steuernormen, S. 50 f.; *P. Kirchhof*, StuW 2000, 316 (326); *Müller-Franken*, StuW 1997, 3 (16).
[254] *Birk*, StuW 2000, 328 - 336 (329).

Restriktionen.[255] Dies könne aber seinen Wert als obersten steuerrechtlichen Rechtsgrundsatz nicht verdrängen.[256] Inzwischen wird es zudem bereits als „Verfassungsprinzip" bezeichnet.[257]

#### cc. Auffassung des BVerfG

Das BVerfG beruft sich seit Jahrzehnten auf das Leistungsfähigkeitsprinzip als notwendige Ableitung aus der Steuergerechtigkeit.[258] Danach binde Art. 3 Abs. 1 GG den Steuergesetzgeber an den Grundsatz der Steuergerechtigkeit[259], der seinerseits die Orientierung der Besteuerung durch Finanzzwecksteuern an der wirtschaftlichen Leistungsfähigkeit vorschreibe.[260] Diese Bindung entfalte sich in besonderer Weise im Einkommensteuerrecht, das die Leistungsfähigkeit des jeweiligen Steuerpflichtigen zum Bezugspunkt der Besteuerung mache.[261] In zahlreichen Entscheidungen stellte das BVerfG dar, welche Folgerungen sich aus dem Leistungsfähigkeitsprinzip für die Besteuerung ergäben, stellte aber zugleich fest, dass das Leistungsfähigkeit und seine Ableitungen „vieldeutig"[262] seien.

In seinem Beschluss vom 2.10.1969 erörterte das BVerfG zwar nicht die Frage der verfassungsrechtlichen Verankerung des Leistungsfähigkeitsprinzips, ging jedoch auf das Nettoprinzip[263] ein. So urteilte das BVerfG, die Einkommensteuer wolle „als Personensteuer die steuerliche Leistungsfähigkeit erfassen, woraus sich vor allem das Prinzip der Nettobesteuerung des Einkommens, wonach bei den (...) Einkünften der Einkommensteuer nur der Überschuß der Einnahmen über die Werbungskosten unterliegt(...)," ergebe.[264] In seinem Beschluss vom 23.11.1976 stellt das BVerfG erstmalig die „Vieldeutigkeit des Leistungsfähigkeitsprinzips" fest. So sei „das Wesen der Einkommensteuer" (...) auf die Leistungsfähigkeit angelegt.[265] Gleichwohl erweise sich das Prinzip der Besteuerung nach der Leistungsfähigkeit dann als „vieldeutig", wenn daraus konkrete Schlüsse gezogen werden sollen. Bei Regelungen, wie eine etwaige Minderung der steuerlichen Leistungsfähigkeit zu ermitteln und zu beurteilen und wie ihr

[255] *Tipke*, Steuerrechtsordnung, Bd. I, S. 492 ff.; *Lang*, Konkretisierungen und Restriktionen des Leistungsfähigkeitsprinzips, in FS für H. W. Kruse, 2001, S. 313 (317).

[256] *F. Kirchhof*, BB 2017, 662 (667); *Lang*, Konkretisierungen und Restriktionen, in FS für H.W. Kruse, 2001, S. 313 (317).

[257] *Neumann*, in: Gosch, AO/FGO, 176. EL, August 2023, § 3 AO Rn. 30; *Seiler*, in: Dürig/Herzog/Scholz, GG, 100 EL 2023, Art. 105 Rn. 70: „Verfassungsrang"; *Wernsmann* in: Hübschmann/Hepp/Spitaler: AO/FGO, 274. Lieferung, 7/2023, § 3 AO Rn. 88a: „Verfassungsprinzip".

[258] Jüngst etwa BVerfG, Beschl. v. 19.11.2019 – 2 BvL 22/14 Rn. 99; BverfGE 152, 274 (282).

[259] BVerfG, Beschl. v. 17.1.1957, BVerfGE 6, 55 (70), NJW 1957, 417.

[260] BVerfG, Urt. v. 5.11.2014, BVerfGE 137, 350 (367), NVwZ 2015, 288 Rn. 43; BVerfG, Beschl. v. 10.4.2018, BVerfGE 148, 217 (244), NJW 2018, 1379 Rn. 106.

[261] BVerfG, Beschl. v. 23.11.1976, BVerfGE 43, 108 (120), NJW 1977, 241; BVerfG, Urt. v. 3.11.1982, BVerfGE 61, 319 (343 f.), NJW 1983, 271; BVerfG, Beschl. v. 22.2.1984, BVerfGE 66, 214 (223), NJW 1984, 2453; BVerfG, Beschl. v. 29.5.1990, BVerfGE 82, 60 (86), NJW 1990, 2869; BVerfG, Beschl. v. 26.1.1994, BVerfGE 89, 346 (352), NJW 1994, 991; BVerfG, Beschl. v. 12.10.2010, BVerfGE 127, 224 (248), DStR 2010, 2393; BVerfG, Beschl. v. 29.3.2017, BVerfGE 145, 106 (142 f.), DStR 2017, 1094 Rn. 99.

[262] BVerfG, Beschl. v. 23.11.1976 - 1 BvR 150/75, BVerfGE 43, 108; BVerfG, Beschl. v. 11.10.1977 - 1 BvR 343/73, BVerfGE 47, 1.

[263] BVerfG, Beschl. v. 2.10.1969 - 1 BvL 12/68, BVerfGE 27, 58, DStR 1969 S. 678.

[264] BVerfG, Beschl. v. 2.10.1969 - 1 BvL 12/68, BVerfGE 27, 58, DStR 1969 S. 678.

[265] BVerfG, Beschl. v. 23.11.1976 - 1 BvR 150/75, BVerfGE 43, 108, NJW 1977, 241.

Rechnung zu tragen sei, lasse „das Gleichheitsgebot des Grundgesetzes und das ihm zu entnehmende Gebot der Steuergerechtigkeit dem Gesetzgeber Gestaltungsfreiheit". Insoweit urteilte das BVerfG, dass sich der Gesetzgeber weitgehend von sozialpolitischen und auch gesellschaftspolitischen Erwägungen und Absichten leiten lassen dürfe und eine Verpflichtung „zur reinen Verwirklichung des Prinzips der Besteuerung nach der Leistungsfähigkeit" (...) „auch bei der Einkommensteuer von Verfassungs wegen" nicht bestünde.[266] In einem Beschluss vom 11.10.1977 wurde das Oberste Verfassungsgericht bei der Beurteilung der Bedeutung des Leistungsfähigkeitsprinzips für die Besteuerung durch Einkommensteuer noch etwas deutlicher und stellte fest, die Bemessung der Einkommensteuer müsse sich „tunlichts an der individuellen Leistungsfähigkeit orientieren". [267] Auch in diesem Beschluss wurde jedoch seine „Vieldeutigkeit" betont. Denn dieses „einleuchtende Postulat" erweise sich als „vieldeutig" bei der Ableitung konkreter Folgerungen. Insbesondere fehle „eine zuverlässige Methode zur Feststellung des Ausmaßes der im Einzelfall notwendigen oder entbehrlichen Bedürfnisbefriedigung". Infolgedessen ließen das Gleichheitsgebot des Grundgesetzes und das ihm zu entnehmende Gebot der Steuergerechtigkeit dem Gesetzgeber daher Gestaltungsfreiheit „bei der Regelung, wie eine im Bereich der Einkommensverwendung liegende Minderung der steuerlichen Leistungsfähigkeit zu ermitteln, zu beurteilen" und zu berücksichtigen sei.[268] Das Bundesverfassungsgericht leitet das Gebot der Orientierung der Einkommensteuer an der individuellen Leistungsfähigkeit mithin aus dem Gebot der Steuergerechtigkeit ab. Der Grundsatz der Steuergerechtigkeit wird dabei mitunter als „verfassungskräftiger" Grundsatz qualifiziert.[269] Weitere Hinweise zur Bedeutung des Leistungsfähigkeitsprinzip gab das BVerfG in seinem Beschluss vom 17.10.1984.[270] Dort wurde der Grundsatz erstmalig als „Prinzip" bezeichnet.[271] Im Beschluss vom 29.5.1990 wurde diese Bezeichnung erneut aufgegriffen.[272] In seinem Urteil vom 6.3.2002 konkretisierte das BVerfG die Leitgrundsätze, an denen sich die Besteuerung auszurichten habe, namentlich am „Gebot der Ausrichtung der Steuerlast am Prinzip der finanziellen Leistungsfähigkeit" und am Gebot der Folgerichtigkeit.[273] In seinem Beschluss vom 15.1.2014 ging das BVerfG auf die Beurteilung von Steuertarifen ein und stellte fest, diese seien mitsamt ihren Auswirkungen auf die Steuerlast am allgemeinen Gleichheitssatz des Art. 3 Abs 1 GG zu messen und die unterschiedlich hohe Belastung der Steuerpflichtigen bei

266 BVerfG, Beschl. v. 23.11.1976 - 1 BvR 150/75, BVerfGE 43, 108, NJW 1977, 241.
267 BVerfG, Beschl. v. 11.10.1977 - 1 BvR 343/73, BVerfGE 47, 1.
268 BVerfG, Beschl. v. 11.10.1977 - 1 BvR 343/73, BVerfGE 47, 1.
269 So etwa bezeichnet und dargestellt im Sondervotum von Richter Simon zu BVerfG, Beschl. v. 11.10.1977 - 1 BvR 343/73, BVerfGE 47, 1.
270 BVerfG, Beschl. v. 17.10.1984 - 1 BvR 284/84.
271 BVerfG, Beschl. v. 17.10.1984 - 1 BvR 284/84: „Aus dem Prinzip der Besteuerung nach der Leistungsfähigkeit ergibt sich jedenfalls, dass (...)".
272 BVerfG, Beschl. v. 29.5.1990 - 1 BvL 20/84, BVerfGE Band 82, 60: Beim Kindesunterhalt folgt diese Konkretisierung des Leistungsfähigkeitsprinzips zusätzlich aus den grundlegenden Entscheidungen der Verfassung in Art. 1 I und Art. 6 I GG. (...) Andernfalls wäre, sofern nur das Einkommen hoch genug ist, jede steuerliche Ungleichbehandlung auf horizontaler Ebene hinzunehmen und das Gebot der Besteuerung nach der Leistungsfähigkeit außer Kraft gesetzt.
273 BVerfG, Urt. v. 06.03.2002 - 2 BvL 17/99, BVerfGE 105, 73.

Finanzzwecksteuern müsse dem aus Art. 3 Abs. 1 GG abgeleiteten Gebot der Besteuerung nach der finanziellen Leistungsfähigkeit genügen (Leistungsfähigkeitsprinzip; zum Einkommen- und Körperschaftsteuerrecht).[274] In seinem Beschluss vom 19.11.2019 stellt das BVerfG klar, „im Interesse verfassungsrechtlich gebotener steuerlicher Lastengleichheit" müsse „darauf abgezielt werden, Steuerpflichtige bei gleicher Leistungsfähigkeit auch gleich hoch zu besteuern (horizontale Steuergerechtigkeit), während (in vertikaler Richtung) die Besteuerung höherer Einkommen im Vergleich mit der Steuerbelastung niedriger Einkommen dem Gerechtigkeitsgebot genügen" müsse.[275] Dabei gebiete es der allgemeine Gleichheitssatz des Art. 3 Abs. 1 GG dem Gesetzgeber, wesentlich Gleiches gleich und wesentlich Ungleiches ungleich zu behandeln und binde den Steuergesetzgeber an den Grundsatz der Steuergerechtigkeit und das Gebot, die Besteuerung an der wirtschaftlichen Leistungsfähigkeit auszurichten.[276]

Das BVerfG geht also seit Jahrzehnten von der Existenz eines besonderen Maßstabs aus, dessen Einhaltung zu einer gerechten Besteuerung führt. Dieser Maßstab liege in der Leistungsfähigkeit des Steuerpflichtigen. Nur bei Berücksichtigung der individuellen Leistungsfähigkeit werde den Geboten der horizontalen und vertikalen Steuergerechtigkeit Rechnung getragen und die Besteuerung sei gleichheitsgerecht und halte den Postulaten des Art. 3 Abs. 1 GG stand. Eine verfassungsrechtliche Verankerung des Leistungsfähigkeitsprinzips hat auch das BVerfG jedoch bislang nie ausdrücklich festgestellt. Selbiges darf wohl auch nicht ohne weiteres aus der mitunter terminologisch gewählten Bezeichnung als „Prinzip" oder „Grundsatz" abgeleitet werden.[277] Eindeutig geht das BVerfG jedoch seit Jahrzehnten von der Ableitung des Leistungsfähigkeitsprinzips aus Art. 3 Abs. 1 GG aus und erblickt darin einen Besteuerungsmaßstab, der den Geboten der Steuergerechtigkeit zur Geltung verhilft. Gesichert scheint insoweit auch, dass es dem BVerfG seit jeher bei der verfassungsrechtlichen Überprüfung von Einzelsteuergesetzen und zur Feststellung von Gleich- oder Ungleichbehandlungen nach Art. 3 Abs. 1 GG als Differenzierungskriterium dient und seine „normative Grundlage"[278] nach Auffassung des Bundesverfassungsgerichts daher im Allgemeinen Gleichheitssatz verwurzelt ist.

#### dd. Auffassung des BFH

Auch die Rechtsprechung des BFH stützt sich regelmäßig auf die Leistungsfähigkeit als Maßstab der Steuergerechtigkeit. Im Urteil vom 19.5.2021 stellt der BFH etwa fest, dass dem

[274] BVerfG, Beschl. v. 15.1.2014 - 1 BvR 1656/09, BVerfGE 135, 126.
[275] BVerfG, Beschl. v. 19.11.2019 - 2 BvL 22/14 mit Verweis auf BVerfG, Beschl. v. 29.5.1990, BVerfGE 82, 60 (89); BVerfG, Beschl. v. 10.11.1998, BVerfGE 99, 246 (260); BVerfG, Beschl. v. 4.12.2002, BVerfGE 107, 27 (46 f.); BVerfG; Beschl. v. 21.6.2006, BVerfGE 116, 164 (180); BVerfG, Urt. v. 9.12.2008, BVerfGE 122, 210 (231); BVerfG, Beschl. v. 29.3.2017, BVerfGE 145, 106 (142 f.), DStR 2017, 1094 Rn. 99; BVerfG, Urt. v. 10.4.2018, BVerfGE 148, 217 (244).
[276] BVerfG, Beschl. v. 19.11.2019 – 2 BvL 22/14 ua Rn. 94, 95 ff.
[277] BVerfG, Beschl. v. 17.10.1984 - 1 BvR 284/84; BVerfG, Beschl. vom 15.1.2014 - 1 BvR 1656/09, BVerfGE 135, 126.
[278] *Lampert*, in: Gosch, KStG, 4. Aufl. 2020, § 1 Rn 10.

Steuerpflichtigen „aufgrund der besonderen Umstände seines konkreten Einzelfalls aus verfassungsrechtlichen Gründen (aus Art. 3 Abs. 1 GG abzuleitende Gebote der Besteuerung nach der wirtschaftlichen Leistungsfähigkeit und der folgerichtigen Ausgestaltung der Besteuerung, Verbot einer Übermaßbesteuerung) ein Anspruch" (...) zustehen könnte.[279] Das aus Art. 3 Abs. 1 GG abzuleitende Gebot der Besteuerung nach der wirtschaftlichen Leistungsfähigkeit stelle danach also einen verfassungsrechtlichen Grund dar, der dem Steuerpflichtigen einen Anspruch vermitteln könnte. Mit dieser Formulierung aus jüngster Zeit scheint der BFH eine verfassungsrechtliche Fundierung des Leistungsfähigkeitsprinzips vorsichtig zu bejahen. In einer immer noch jungen, etwas früheren Entscheidung vom 28.10.2020 scheint der BFH das Leistungsfähigkeitsprinzip ausweislich der gewählten Formulierung sogar mit dem allgemeinen Gleichheitssatz nahezu gleichsetzen zu wollen ((...) „rechtfertigten sowohl der allgemeine Gleichheitssatz als auch das Leistungsfähigkeitsprinzip das vom FA [sic] vertretene Auslegungsergebnis").[280] Ob sich daraus eine verfassungsrechtliche Fundierung ergibt, beantwortet der BFH nicht eindeutig. Die sprachliche Gleichsetzung könnte jedoch auf eine solche hindeuten.

#### ee. Stellungnahme zur verfassungsrechtlichen Verankerung

Eine eindeutige Antwort auf die Frage des Bestehens einer verfassungsrechtlichen Verankerung des Leistungsfähigkeitsprinzips in der Verfassung lässt sich nicht ohne intensive Analyse der vorhandenen, nahezu „unübersehbaren"[281] Quellen aus Rechtsprechung und Schrifttum finden und auch unter Heranziehung dieser nicht abschließend beantworten. Aus der Gesamtgemengelage und unter der gebotenen vorsichtigen Bewertung der aufgefundenen, sicherlich nicht abschließend zusammen getragenen zahlreichen Stimmen in Rechtsprechung und Schrifttum ergeben sich jedoch die für die vorliegende Untersuchung herausgearbeiteten, nachfolgend dargestellten Befunde.

Das Leistungsfähigkeitsprinzip findet vielleicht nicht „seine" wortwörtliche, aber eine Verankerung in der Verfassung. Zwar ist es nicht wortwörtlich,[282] aber jedenfalls aus der unmittelbaren bereichsnotwendigen Ableitung aus dem Gleichheitssatz verfassungsrechtlich verankert. Trotz seiner weitestgehend anerkannten Bedeutung für das nationale Steuerrecht ist es als primärer Steuergerechtigkeitsgrundsatz, insbesondere im Zusammenhang mit der Frage, ob es durch eine originäre Verankerung in der Verfassung als oberstes Steuerrechtsprinzip legitimiert ist, wie vorstehend dargelegt, keineswegs unumstritten. Wie gezeigt wird ihm mit nicht unerheblichen Bedenken begegnet und der Vorwurf fehlender Bestimmtheit und

279 BFH, Urt. v. 19.5.2021 – X R 33/19.
280 BFH, Urt. v. 28.10.2020 – X R 29/18.
281 *Wernsmann,* in: Hübschmann/Hepp/Spitaler: AO/FGO, § 4 Rn. 410.
282 *v. Cölln,* Ertragsteuerliche Implikationen der Unternehmenssanierung, 2021, S. 59: „nicht expressis verbis".

mangelnder Verfassungsbezüglichkeit gemacht. Insbesondere sei es als Gerechtigkeitsmaßstab [283] nicht uneingeschränkt geeignet. [284] Diese am Leistungsfähigkeitsprinzip geübte Kritik vermag Schwächen aufzudecken, bestätigt aber im Ergebnis seine Qualität als grundsätzliches Leitprinzip,[285] weil sie gerade nicht imstande ist, seine universelle Bedeutung und bereichsspezifische Notwendigkeit im Steuerrecht substantiiert zu entkräften. Dabei ist einzuräumen, dass die bloße Notwendigkeit eines obersten, die Gerechtigkeitsidee internalisierenden Rechtsprinzips[286], das den elementaren Bezugspunkt der Steuersystematik darzustellen imstande ist, ein für sich genommen zwar berechtigtes Postulat positiver Rechtsgeltung darstellt. Als Argument reicht sie jedoch über den Wert einer bloßen „petitio principii" nicht hinaus und vermag die verfassungsrechtliche Verankerung des Leistungsfähigkeitsprinzips eo ipso daher nicht zu begründen. In diesem Zusammenhang sollten jedoch Wert und Nutzen von Rechtsprinzipien für die gleichermaßen ordnende, zugleich durchgreifende Geltung der Verfassungswerte auf Primärebene und für die Einzelrechtsmaterien auf Sekundärebene nicht verkannt werden. Rechtliche Systeme brauchen Prinzipien, welche die Wertungen des Gesamtrechtssystems internalisieren und repräsentieren. In einer auf Verfassungswerten basierenden, konsensfähigen Gesamtrechtsordnung müssen diese Prinzipien der Wechselbezüglichkeit zueinander standhalten und den Kernbestand der Gesamtrechtsordnung verteidigen. Gleichzeitig sind rechtliche Systeme keine mathematischen Algorithmen, sondern offene Systeme[287], die sich dem Wandel von Werterkenntnissen stellen und zugleich Prinzipien oder Wesensmerkmale derer preisgeben müssen, sofern übergeordnete Wertungen dies erfordern.[288] Denn es handelt sich bei Rechtssystemen gerade nicht um monolithische Konzepte, die auf einer festgelegten Anzahl unumstößlicher und zeitlich unbegrenzt wirkender Prinzipien beruhen. Unter dieser Prämisse benötigen jedoch alle Teilrechtsgebiete einer übergeordneten Rechtsordnung Prinzipien und Leitmaximen, deren Präsenz und Ausstrahlungswirkung in den einzelnen Teilrechtsgebieten einen ordnenden Einfluss ausüben, zugleich einen Bezug zu den Wertungen der Verfassung darstellen und Rechtsverbindlichkeit für die Rechtsunterworfenen und Adressaten der Vorschriften herstellen.

Im Steuerrecht stellt die gleichmäßige Lastenverteilung am Maßstab der Leistungsfähigkeit eine derartige Leitmaxime dar, die ihre Wurzeln im Gleichheitssatz und damit insbesondere auch in der verfassungsrechtlich fundierten Leitidee der Gerechtigkeit hat. Nur eine gleichmäßige, als gerecht empfundene Lastenverteilung ist imstande, einen allgemeinen, breiten Konsens unter

[283] *Leisner*, Der Gleichheitsstaat, 1980, S. 191 f.
[284] in dieser Hinsicht auch kritisch: *Drüen*, in: Tipke/Kruse, AO/FGO, 176. Lieferung 07.2023, § 3 Rn. 50, 50a.
[285] so auch *F. Kirchhof*, BB 2017, 662 (667): „allgemeine Akeptanz wegen Offenheit"; jüngst *Kempny*, StuW 2021, 85 (109).
[286] *Lang*, Konkretisierungen und Restriktionen des Leistungsfähigkeitsprinzips, in FS für H.W. Kruse, 2001, S. 313 (317).
[287] *Canaris*, Systemdenken und Systembegriff in der Jurisprudenz, 1983, S. 61 ff.
[288] *Canaris*, Systemdenken und Systembegriff in der Jurisprudenz, 1983, S. 61 ff.; *Lang*, Konkretisierungen und Restriktionen, in FS für H.W. Kruse, 2001, S. 313 (319).

den Steuerpflichtigen über die Lastenteilung und Lastentragung zu erzeugen und auf diese Weise eine allgemeine Akzeptanz auf sich zu vereinen und dauerhaft zu perpetuieren. Gerade im Steuerrecht, das sich angesichts seiner Eingriffsintensität als einschneidendes Recht erheblich auf den Gedanken gegenseitiger Solidarität stützt und sich in einer demokratisch legitimierten Rechtsordnung unumstößlich, unzweifelhaft und gleichsam verbindlich auf diese gegenseitige Solidarität stützen muss, sind konsensfähige Prinzipien, die als Bezugspunkte breiter Akzeptanz fungieren, existenziell. Das Leistungsfähigkeitsprinzip ist ein derartiges Prinzip.

Das Bedürfnis nach einem steuerrechtlichen Leitprinzip, welches das verfassungsrechtlich garantierte Gerechtigkeitsgebot im Steuerrecht installiert, ergibt sich darüber hinaus aus der allgegenwärtigen Forderung nach „gerechter" Lastenverteilung, die gerade im strukturell hochkomplexen Regelungssystem des nationalen Steuerrechts berechtigt ist. Der materielle Gehalt des Leistungsfähigkeitsprinzip, nämlich, dass die Verteilung der Steuerlast nach der individuellen Leistungsfähigkeit zu bemessen sein muss, die sich für die direkten Ertragsteuern am Einkommen des Einzelnen orientiert, ist mithin mehr als die Verwirklichung des Wunsches nach einem Ordnungsprinzip. Vielmehr stellt das Prinzip einen allgemein konsensfähigen Leitsatz dar, der den Grundsätzen rationaler Vernunft in einem demokratisch legitimierten, sich auf die Grundsätze der Solidarität gründenden Rechtsstaat entspricht.[289] Das Leistungsfähigkeitsprinzip ist als oberster Steuerrechtsgrundsatz danach nicht nur notwendig, sondern unentbehrlich. Dabei kann es infolge der fehlenden wortwörtlichen Verankerung in der Verfassung möglicherweise keinen genuinen Verfassungsrang für sich beanspruchen. Es verfügt aber – vermittelt über den Gleichheitssatz und die übrigen, seine Wirksamkeit konturierenden Werte und Grundwertungen der Verfassung – über eine mittelbar verfassungsrechtlich fundierte Wirkmacht, woraus seine verfassungsrechtliche Legitimation abzuleiten ist. Diese in ihm verankerten Verfassungswerte flankieren und komplettieren[290] seinen materiellen Gehalt, verstärken seine Verbindlichkeit gegenüber dem Steuergesetzgeber[291] und verleihen ihm dadurch zusätzliche Autorität als steuerrechtliches Leitprinzip.

Seine Bedeutung leitet sich dabei gerade aus den in ihm und mit ihm verwirklichten Wertungen der Verfassung ab. Vorrangig vor allen übrigen Wertungen steht dabei der Bedeutungsgehalt des allgemeinen Gleichheitssatzes, der in singulärer Weise für die im Steuerrecht unentbehrlichen Leitmaximen der Gleichheit und Gerechtigkeit steht und die normative Grundlage des Leistungsfähigkeitsprinzips[292] bildet. Bei einem Prinzip, das im Interesse der von ihm zu gewährleistenden Gleichheit und in Ansehung seiner Eigenschaft als übergeordnetes Rechtsprinzip eine erhebliche Wirkmacht und Entfaltungsreichweite aufweisen muss, kann der

289 So schon in aller Deutlichkeit *Tipke*, Steuerrechtsordnung, Bd. I, S. 473 ff.
290 *Birk*, Das Leistungsfähigkeitsprinzip als Maßstab der Steuernormen, S. 50; *Steger*, Verfassungsrechtliche Grundlagen, 2008, S. 103; *Kube*, in: BeckOK-GG, 55. Ed. 15.5.2023, GG Art. 105 Rn. 7.
291 So auch *Steger*, Verfassungsrechtliche Grundlagen, 2008, S. 103.
292 *Lampert*, in: Gosch, KStG, 4. Aufl. 2020, § 1 Rn. 10.

Vorwurf fehlender Bestimmtheit nicht wirksam gegen seine rechtsprinzipielle Bedeutung in Stellung gebracht werden. Denn eine unangemessen eingeschränkte Reichweite würde seine Wirksamkeit zu Lasten seines übergeordneten Zwecks unsachgerecht einengen. Zudem kann und muss auch die wortwörtliche Verankerung des Leistungsfähigkeitsprinzips in anderen Verfassungen, die sich auf demselben geistigen Fundament wie das Grundgesetz begründen, als „tertium comparationis" herangezogen werden.[293] Dieser Vergleich, der Bedeutung und Sinn des Leistungsfähigkeitsprinzips für den nationalen Kontext herausstellt, stützt seine allgemeine Anerkennung und belegt seine Bedeutung im nationalen Kontext. Nur seine umfassende Geltung als systemtragendes Strukturprinzip, das den dogmatischen Kernbestand des nationalen Steuerrechts gewährleistet, trägt dem Postulat einer am Gleichheitssatz orientierten, gerechten und gleichmäßigen Besteuerung Rechnung. Das Leistungsfähigkeitsprinzip stellt vermittelt über die Freiheitsrechte und über Art. 3 Abs. 1 GG ein verfassungsrechtlich fundiertes Rechtsprinzip dar. Sein Prärogativ als oberster, verfassungsrechtlich legitimierter Steuerrechtsgrundsatz ist nach alledem nicht in Frage zu stellen. Schon die Stellen in der Verfassung, in denen die Existenz des Leistungsfähigkeitsprinzip aufscheint, bürgen für seine Verwurzelung in der Verfassung, selbst wenn es wortwörtlich nicht in der Verfassung enthalten ist. Diese Auffassung dürfte sich auch mit der Auffassung des Bundesverfassungsgerichts und des Bundesfinanzhofs decken. Denn, wie gezeigt wurde, bejahen beide Gerichte die Existenz des Leistungsfähigkeitsprinzips und beziehen sich in ihren Urteilen regelmäßig auf seine Rechtfertigungswirkung. Danach dürften sämtliche Steuergesetze des Ertragsteuerrechts am Maßstab des Leistungsfähigkeitsprinzips als eine der Leitmaximen des Finanzverfassungsrechts zu messen sein. Seine Verankerung im Allgemeinen Gleichheitssatz und in den Freiheitsgrundrechten der Verfassung begründet insoweit seinen Stellenwert für die steuergesetzliche Rechtmäßigkeitskontrolle. Diese steuerprinzipielle Bedeutung kommt ihm aufgrund seiner Verankerung in der Verfassung zu und wirkt damit umfassender als unter „bloßer" Heranziehung als Vergleichsgruppe im Sinne des Art. 3 Abs. 1 GG. Für die vorliegende Untersuchung ergibt sich der Befund, dass die Steuerbefreiung des § 3a EStG als Verschonungsregelung von Sanierungsgewinnen den Postulaten des verfassungsrechtlich-fundierten Leistungsfähigkeitsprinzips standhalten muss.

### 3. Sanierungsgewinn als Merkmal von Leistungsfähigkeit

Die vorstehende Analyse hat die Bedeutung des Leistungsfähigkeitsprinzips als für die Steuergerechtigkeit unentbehrlichen Maßstab mit mittelbarem Verfassungsrang aufgezeigt, an dem die Steuernormen des nationalen Ertragsteuerrechts zu messen sind. Denn Steuernormen

[293] *Tipke*, Steuerrechtsordnung, Bd. I, S. 482.

müssen der Legitimationskontrolle durch die Verfassung standhalten.[294] Steuernormen sind gerechtfertigt, wenn sie geeignet sind, die gleichmäßige, an der individuellen Leistungsfähigkeit messbare Besteuerung zu gewährleisten.[295] Dazu müssen die Steuergesetze in einer dem Leistungsfähigkeitsprinzip entsprechenden Weise ausgestaltet sein.[296] Zur Bejahung der Rechtmäßigkeit der Steuerbefreiung für Sanierungsgewinne nach § 3a EStG und zur Einordnung selbiger in das prinzipienbasierte Rahmengefüge des Ertragsteuerrechts ist nunmehr die sich anschließende Frage zu beantworten, ob und inwieweit die Regelung ihrem Sinn und Zweck nach einem am Leistungsfähigkeitsprinzip orientierten Besteuerungsmaßstab entspricht. Die Frage, ob ein durch einen Gläubigerforderungsverzicht entstehender Sanierungsgewinn Ausdruck von Leistungsfähigkeit ist und zu einer Erhöhung selbiger führt, wird kontrovers beurteilt und unterschiedlich beantwortet. Ausgangspunkt des juristischen Diskurses ist die von Stimmen in Rechtsprechung und Schrifttum vorgenommene Qualifikation des Sanierungsgewinns als bloßen Schein- bzw. Buchgewinns, der infolge der verzichtsbedingten Ausbuchung der Verbindlichkeit gegenüber dem verzichtenden Gläubiger zunächst zwingend buchhalterisch entsteht, aber materiell nicht zu einem Zuwachs von Leistungsfähigkeit führt.

### a. Beurteilung durch Rechtsprechung und Gesetzgebung

Die Qualifikation des Sanierungsgewinns als nicht steuerbarer und nicht steuerpflichtiger Gewinn wurde durch die Rechtsprechung bereits lange Zeit vor der Einführung des § 3 Nr. 66 EStG a.F.[297] von dem für das Einkommensteuerrecht zuständigen VI. Senat des RFH vertreten.[298] Dieser qualifizierte die Entstehung von Sanierungsgewinnen als betriebsfremde Vorgänge, die nicht Ausfluss gewerblicher bzw. erwerbender Gewinnerzielung seien, mithin die Voraussetzungen der Quellentheorie[299] nicht erfüllten und dementsprechend nicht zur

[294] *Hermenns/Hey*, Ad Legendum 4/2015, S. 280;

[295] *Tipke*, Die Steuerrechtsordnung, Band II, 576 ff. (598), der die Gleichheit als belastungsausgestaltender Maßstab und Belastungsgrund ansieht; a.A. wohl *Seiler*, in: Dürig/Herzog/Scholz, GG, 100 EL 2023, Art. 105 Rn. 70 (*„seinen Geltungsgrund und Verfassungsrang entnimmt es vor allem den Freiheitsrechten“*), der wohl die Freiheitsrechte als vorrangiges Verfassungsfundament des Leistungsfähigkeitsprinzips und den Gleichheitssatz als „systematisch sekundär“ hinzutretend ansieht, zum Streit unter B. II. 1.

[296] BVerfG, Beschl. v. 13.4.2017 – 2 BvL 6/13 Rn. 35 mit der Feststellung: „Jede Steuer muss nicht nur den formalen Anforderungen des Grundgesetzes (Gesetzmäßigkeit und Bestimmtheit) genügen, sondern auch und gerade den materiellen Maßstäben der Grundrechte. Dazu gehören insbesondere die Prinzipien der Leistungsfähigkeit.“ m.w.N.

[297] Gesetzliche Vorgängerregelung des § 3a EStG.

[298] RFH Urt. v. 12.12.1928 - VI A 1499/28, RStBl. 1929, 86 f.; zuvor schon RFH Urt. v. 30.6.1927 - VI A 297/27, RFHE 21, 263 265; *Richter*, Der Sanierungsgewinn im Steuerrecht, 1967, S. 4; *Seer*, FR 2014, 721, 725.

[299] Nach der Quellentheorie gehören nur die laufenden Einkünfte zu dem besteuerbaren Einkommen, demgegenüber nicht das Quellenvermögen (Stammvermögen), das der dauerhaften Einkunftserzielung dient und nicht zur Veräußerung bestimmt ist. Einkommen ist nach einem ihrer Hauptvertreter die „Gesamtheit der Sachgüter, welche in einer bestimmten Periode (Jahr) dem Einzelnen als Erträge dauernder Quellen der Gütererzeugung zur Bestreitung der persönlichen Bedürfnisse für sich und für die auf den Bezug ihres Lebensunterhalts von ihm gesetzlich angewiesenen Personen (Familie) zur Verfügung stehen“. Danach gehören Vermögensveränderungen „im Zustand einer Quelle, welche nicht in ihrer bestimmungsgemäßen Verwendung zur Ertragserzielung ihren Ursprung haben“, nicht zum Einkommen, *Elmar Krüger*, NJW 2015, 732 (734).

Besteuerung durch die Einkommensteuer herangezogen werden sollten.[300] Die Betriebsfremdheit wurde aus dem fehlenden unmittelbaren Zusammenhang mit der werbenden Tätigkeit des Unternehmens hergeleitet.[301] Eine Verbindung zur gewerblichen Tätigkeit bestehe nur in dem Falle, als der Unternehmer den durch den Erlass erlangten Vorteil in den Betrieb einbringe.[302]

In diesem Zusammenhang argumentierte der RFH, dass die durch den Erlass von Schulden eintretende Vermehrung des Geschäftsvermögens nicht einkommensteuerpflichtig sei, wenn der Kaufmann mit seinen Geschäftsgläubigern einen Vergleich[303] schlösse.[304] Der RFH erblickte in einem Sanierungsgewinn trotz des wirtschaftlichen Zusammenhangs zwischen Sanierung und der Tätigkeit aus Gewerbebetrieb keine Veränderung des gewerblichen Betriebsvermögens und schränkte den Gewinnbegriff insoweit in seiner Auslegungsreichweite ein. Danach sei der Sanierungsgewinn insbesondere nicht das Ergebnis der Erwerbstätigkeit, sondern bezwecke lediglich eine wirtschaftliche Erleichterung der Lage zur Fortführung des betrieblichen Engagements.[305] Der für die Besteuerung mit Körperschaftsteuer zuständige I. Senat des RFH folgte dieser Argumentation nicht und löste das Problem der gleichwohl als notwendig erkannten Steuerfreistellung auf eine andere Weise. Ausgehend von der Prämisse, dass eine Kapitalgesellschaft ausschließlich Betriebsvermögen habe, seien ihre sämtlichen Rechtsgeschäfte als Vorgänge des Geschäftsbetriebs anzusehen.[306] Als betriebsfremder Vorgang könne der kollektive Gläubigerforderungsverzicht mithin nicht angesehen werden. Dementsprechend sei der bilanzielle Vermögenszuwachs selbst im Falle eines nur zufälligen Eintritts grundsätzlich steuerpflichtig. Lediglich Einlagen von Gesellschaftern und vergleichbare Vermögensmehrungen seien von dieser steuerlichen Folge auszunehmen.[307] Die auch vom I. Senat als notwendig angesehene Steuerfreistellung von Sanierungsgewinnen im Körperschaftsteuerrecht wurde durch die Anwendung der funktional dem überperiodischen Verlustausgleich dienenden Vorschrift des § 15 Nr. 3 KStG 1925 erreicht, welche die zur Beseitigung einer Unterbilanz eines früheren Steuerabschnitts eingesetzten Beträge steuerfrei

[300] RFH Urt. v. 12.12.1928 - VI A 1499/28, RStBl. 1929, 86 f.; zuvor schon RFH Urt. v. 30.6.1927 - VI A 297/27, RFHE 21, 263 265; *Seer*, FR 2014, 721 (725); *Dziadkowski/Treisch*, FR 1995, 330 (333); *Kühneck*, Die steuerliche Behandlung der Sanierungsgewinne gemäß § 3 Nr. 66 EStG, 1998, S. 35.

[301] RFH Urt. v. 12.12.1928 - VI A 1499/28, RStBl. 1929, 86 f.; *Richter*, Der Sanierungsgewinn im Steuerrecht, 1967, S. 5; *Dziadkowski/Treisch*, FR 1995, 330 (333).

[302] *Richter*, Der Sanierungsgewinn im Steuerrecht, 1967, S. 5.

[303] Früher gebräuchliche Bezeichnung: Akkord, *Kühneck*, Die steuerliche Behandlung der Sanierungsgewinne gemäß § 3 Nr. 66 EStG, 1998, S. 35.

[304] RFH Urt. v. 12.12.1928 - VI A 1499/28 - RStBl. 1929, 86 f.; zuvor schon RFH Urt. v. 30.6.1927 - VI A 297/27 - RFHE 21, 263 265; *Seer*, FR 2014, 721 (725).

[305] RFH Urt. v. 12.12.1928 - VI A 1499/28 - RStBl. 1929, 86 f.; *Seer*, FR 2014, 721 (725).

[306] *Dziadkowski/Treisch*, FR 1995, 330 (333).

[307] RFH Urt. v. 5.2.1929 - I A 394/27, RStBl. 1929, 228 (229 f.); *Bachem*, Zur Steuerfreiheit von sog. Sanierungsgewinnen, 1998, S. 29; *Kühneck*, Die steuerliche Behandlung der Sanierungsgewinne gemäß § 3 Nr. 66 EStG, 1998, S. 38, 29; *Richter*, Der Sanierungsgewinn im Steuerrecht, 1967, S. 5.

stellte.[308] Darüber hinaus hielt der I. Senat einen Erlass aus Billigkeitsgründen nach § 108 RAO 1919 in Fallkonstellationen für geboten, in denen wegen der besonderen Verhältnisse des Einzelfalls die Steuerbefreiung des § 15 Nr. 3 KStG 1925 nicht eingreifen konnte[309] bzw. der Sanierungsgewinn über den bestehenden, verrechenbaren Verlust hinausreichte.[310] Dieser Rechtsauffassung folgte das Reichsfinanzministerium mit Verfügung vom 30.01.1930 und der darin enthaltenen Regelung, dass in Fallkonstellationen, in denen die sachliche Körperschaftsteuerpflicht nicht bereits aufgrund von § 15 Nr. 3 KStG 1925 entfallen sollte, Sanierungsgewinne nach § 108 Abs. 1 RAO 1919 ganz oder teilweise von der Besteuerung freizustellen seien.[311] Ungeachtet der rechtlichen Würdigung durch den I. Senat[312], gab der VI. Senat des RFH seine Rechtsprechung zur Behandlung des Sanierungsgewinns für Zwecke der Besteuerung durch Einkommensteuer nicht auf. Gleichwohl stellte er in der Folge fest, dass ein Verlustvortrag nach § 15 Abs. 1 Nr. 4 EStG 1929[313] insoweit unterzugehen hatte, als ihm in einem späteren Besteuerungsabschnitt ein steuerfreier Sanierungsgewinn gegenüberstand.[314] Infolge der einschränkenden Auslegung des Gewinnbegriffs sei zwar der Sanierungsgewinn nicht steuerbar, ein ohne die Sanierung zuvor entstandener Verlust gelte jedoch, soweit die Sanierung reiche, als beseitigt.[315]

Dementsprechend gab es zwei unterschiedliche, nebeneinander angewandte Konzepte zur Nichtbesteuerung von Sanierungsgewinnen: Im Zusammenhang mit der Einkommensteuer wurde der Sanierungsgewinn mittels teleologischer Einschränkung des Gewinnbegriffs mangels Erwirtschaftung als Markteinkommen von vornherein als nicht steuerbar angesehen, womit insoweit zugleich ein Ausschluss des Verlustvortrags verbunden war, was die vorherige Rechtsprechung, wie oben dargelegt, nicht vorsah.[316] Im Zusammenhang mit der Körperschaftsteuer wurde der Sanierungsgewinn tatbestandlich als steuerpflichtig angesehen, wurde aber zunächst mit bestehenden Verlustvorträgen verrechnet. Hintergrund dieser Verfahrensweise war, dass ein, wenn auch lediglich bilanziell entstandener, Vermögenszuwachs stets als steuerbar zu behandeln sein sollte. Zudem kam für über die Verlustvorträge hinausreichende Sanierungsgewinne ein Erlass aus sachlichen Billigkeitsgründen in Betracht.[317] Eine Harmonisierung dieser beiden unterschiedlichen Verfahrensweisen im Umgang mit durch Gläubigererlass entstandenen Sanierungsgewinnen brachte die Einführung der Vorschrift des

[308] RFH Urt. v. 5.2.1929 - I A 394/27, RStBl. 1929, 228 (229 f.); *Seer,* FR 2014, 721 (725).
[309] RFH Urt. v. 5.2.1929 - I A 394/27, RStBl. 1929, 228 (229 f.); *Seer,* FR 2014, 721 (725).
[310] *Richter,* Der Sanierungsgewinn im Steuerrecht, 1967, S. 6.
[311] *Seer,* FR 2014, 721, 725.
[312] RFH Urt. v. 5.2.1929 - I A 394/27, RStBl. 1929, 228 (229 f.).
[313] Das Gesetz zur Änderung des Einkommen- und Körperschaftsteuergesetzes v. 29.6.1929, RGBl. I 1929, 123, führte mit § 15 Abs. 1 Nr. 4 EStG einen zweijährigen Verlustvortrag ein.
[314] RFH Urt. v. 21.10.1931 - VI A 968/31, RFHE 29, 315-319.
[315] RFH Urt. v. 21.10.1931 - VI A 968/31, RFHE 29, 315-319.
[316] *Dziadkowski/Treisch,* FR 1995, 330 (331); *Seer,* FR 2014, 721 (725).
[317] *Dziadkowski/Treisch,* FR 1995, 330 (331); *Seer,* FR 2014, 721 (725).

§ 11 Nr. 4 KStG 1934[318], die einen Abzug des Sanierungsgewinns vom körperschaftsteuerlichen Einkommen installierte und damit faktisch eine Steuerbefreiung bewirkte.[319] Der VI. Senat des RFH erblickte in der Gesetzesänderung eine Bestätigung seiner einschränkenden Auslegung des Gewinnbegriffs und verwies in der Folgezeit ergänzend auf § 11 Nr. 4 KStG 1934 und die dazu veröffentlichte Gesetzesbegründung.[320] Darüber hinaus vertrat der RFH die Auffassung, für den gleichsam zwingenden Rechtssatz, Gewinne aus der Sanierung seien nicht zur Steuer heranzuziehen, sei eine Begründung entbehrlich.[321] Der Rechtsprechungshistorie des RFH zu der Frage der Behandlung von Sanierungsgewinnen lassen sich also zunächst drei, teilweise parallel entwickelte Argumentationslinien zuordnen, die durch die Typik der Besteuerung durch Einkommensteuer und Körperschaftsteuer geprägt sind. Der für die Rechtsprechung zur Einkommensteuer zuständige Senat erkannte den Sanierungsgewinn durch eine Einschränkung des Gewinnbegriffs für einen Zeitraum von rund sechs Jahren nicht als Ertrag an. In demselben Zeitraum löste der für die Rechtsprechung zur Körperschaftsteuer zuständige Senat die Nichtbesteuerung durch eine vorherige Verlustverrechnung und einen Billigkeitserlass, soweit der Verlust den „Sanierungsgewinn" nicht vollständig zum Ausgleich brachte. Diesem Gedanken einer vorherigen Verlustverrechnung schloss sich auch der für die Rechtsprechung zur Einkommensteuer zuständige Senat des RFH ab dem Jahr 1931 an. Ab dem Zeitpunkt der gesetzlichen Einführung des § 11 Nr. 4 KStG 1934 wurde der Abzug des Sanierungsgewinns vom körperschaftsteuerpflichtigen Einkommen gesetzlich vorgesehen, woran auch der für die Einkommensteuer zuständige Senat durch eine sinngemäße Anwendung dieser Vorschrift anknüpfte. Der Bundesfinanzhof führte diese Rechtsprechung fort.[322] Einzig von der Qualifikation des Sanierungsgewinns als betriebsfremder Vorgang wurde Abstand genommen.[323] Die Steuerfreiheit des Sanierungsgewinns wurde dabei als langjähriges Richterrecht bzw. durch die vorbehaltlose Übernahme durch Praxis und Schrifttum zugleich als Gewohnheitsrecht allgemein anerkannt.[324] Erst der Große Senat des BFH brachte mit seiner Entscheidung vom 15.07.1968 eine neue Rechtsauffassung hervor. Er negierte den wirtschaftlichen Zusammenhang zwischen dem Sanierungsgewinn und dem Verlustvortrag und postulierte die Gewährung der Steuerbefreiung nach § 11 Nr. 4 KStG 1934 unabhängig von dem Vorhandensein eines Verlustvortrags.[325] Dieser Rechtsauffassung schloss sich der VI. Senat des

318 RGBl. I 1934, 1031.

319 *Seer*, FR 2014, 721 (726).

320 *Seer*, FR 2014, 721 (726).

321 RFH Urt. v. 1.9.1937 - VI A 482; *Dziadkowski/Treisch*, FR 1995, 330 (333).

322 BFH, Urt. v. 4.8.1961 - VI 35/61 U, BFHE 73, 685, BStBl. III 1961, 516; BFH, Urt. v. 22.11.1963 - VI 117/62 U, BFHE 78, 325, BStBl. III 1964, 128.

323 BFH, Urt. v. 4.8.1961 - VI 35/61 U, BFHE 73, 685, BStBl. III 1961, 516; BFH, Urt. v. 25. 10. 1963 - I 359/60 S, BFHE 78, 308, BStBl. III 1964, 122; BFH, Urt. v. 22.11.1963 - VI 117/62 U, BFHE 78, 325, BStBl. III 1964, 128; *Seer*, FR 2014, 721 (726).

324 *Dziadkowski/Treisch*, FR 1995, 330 (333); *Knobbe-Keuk*, Bilanz und Unternehmenssteuerrecht, 9. Aufl., S. 234; *Seer*, FR 2014, 721 (726), mit Hinweis auf BFH Urt. v. 27.9.1968 - VI R 41/66, BFHE 94, 186, BStBl. II 1969, 102.

325 BFH, Urt. v. 15.7.1968 - GrS 2/67, BStBl. II 1968, 666 (667 ff.); *Seer*, FR 2014, 721 (726).

BFH aufgrund der von ihm erkannten Vergleichbarkeit der Körperschaft- und der Einkommensteuer auch für die Einkommensteuer an.[326]

Diese Rechtslage der Steuerfreiheit des Sanierungsgewinns unabhängig von dem Vorhandensein eines beschränkten Verlustvortrages setzte das Körperschaftsteuerreformgesetz vom 31.08.1976 durch Einführung des § 3 Nr. 66 EStG a.F. um. Die Aufhebung des § 3 Nr. 66 EStG a.F. war wiederum nicht durch die gesetzgeberische Annahme veranlasst, ein Sanierungsgewinn müsse besteuert werden, sondern sollte primär die erkannte, mit dem Leistungsfähigkeitsprinzip konfligierende Dopplung zweier Begünstigungen, zum einen die Gewährung der Steuerfreistellung des Sanierungsgewinns und zum anderen die Zulassung unbeschränkter Verlustvortragsmöglichkeit, beseitigen. Dieses gesetzgeberische Anliegen wurde in der Gesetzesbegründung mit dem folgenden Wortlaut klar zum Ausdruck gebracht: „Die Steuerfreiheit des Sanierungsgewinns ist nach den Grundprinzipien des Einkommensteuerrechts systemwidrig, da der durch den Erlass der Verbindlichkeiten entstehende Gewinn entgegen den allgemeinen ertragsteuerlichen Regeln nicht besteuert wird. Die Vorschrift stammt aus einer Zeit, in der das EStG einen unbegrenzten Verlustvortrag noch nicht vorsah. Sie sollte ursprünglich einen Ausgleich für nicht abzugsfähige Verluste darstellen und ist daher spätestens seit Einführung des unbegrenzten Verlustvortrags nicht mehr gerechtfertigt."[327] Einzelnen persönlichen und sachlichen Härtefällen sollte im Stundungs- und Erlasswege Rechnung getragen werden können.[328]

Insgesamt lässt sich an der zuvor dargelegten Rechtsprechungshistorie die Ambivalenz des RFH und des BFH im Zusammenhang mit der Behandlung von Sanierungsgewinnen erkennen. Zwar wurde die präsumtive Notwendigkeit einer erforderlichen Nichtbesteuerung von Sanierungsgewinnen früh erkannt. Allerdings war unklar, wie diese Nichtbesteuerung mit den geltenden Besteuerungsgrundsätzen vereinbart und begründet werden sollte. Die unterschiedlichen Argumente der einzelnen Senate ergaben sich insoweit aus den unterschiedlichen Besteuerungskonzepten der Einzelsteuergesetze. Die Notwendigkeit einer Regelung, die sowohl für die Einkommen- als auch für die Körperschaftsteuer gelten sollte, wurde früh identifiziert, ließ jedoch lange auf sich warten.

### b. Keine Zunahme von Leistungsfähigkeit durch Sanierungsgewinn

Parallel zu dieser wechselvollen Rechtsprechungs- und Gesetzgebungshistorie der steuerlichen Behandlung von Sanierungsgewinnen[329] wurde die Frage, ob der Sanierungsgewinn Ausdruck

326 BFH, Urt. v. 27.9.1968 - VI R 41/66, BStBl. II 1969, 102; BFH, Urt. v. 04.09.1969 – IV R 288/66, BStBl. II 1969, 726; *Seer*, FR 2014, 721 (726).

327 Gesetzesbegründung zum Entwurf eines Steuerreformgesetzes 1999, BT-Drucks. 13/7480, 192, zur vorgeschlagenen Aufhebung des § 3 Nr. 66 EStG. Der Vorschlag ging dann im Vermittlungsausschuss in das Gesetz zur Fortsetzung der Unternehmenssteuerreform v. 29.10.1997 ein, s. BT-Drucks. 13/8325, 2.

328 BT-Drucks. 13/7480, 192.

329 *Kroschel*, DStR 1999, 1383; *Tschersich*, Ertragsbesteuerung der Unternehmenssanierung, 2014, S. 121.

von Leistungsfähigkeit ist, unter Rekurs auf eine Vielzahl verschiedener Argumente geraume Zeit verneint.

### aa. Bloße formelle Vermögensmehrung

Dabei wurde bereits im Zusammenhang mit der Steuerbefreiung von Sanierungsgewinnen nach § 3 Nr. 66 EStG vertreten, bei einem Sanierungsgewinn handle es sich lediglich um eine nicht steuerbare, sog. formelle Vermögensmehrung.[330] Das Einkommen konstituiere sich faktisch aus dem Zusammentreffen wirtschaftlicher Güter bei einer Person innerhalb eines bestimmten Zeitraums. Steuerbar sei dementsprechend lediglich der sich aus dieser Kumulation ergebende Zuwachs an wirtschaftlicher Verfügungsmacht. Ausgenommen von der Steuerbarkeit seien danach rein formelle Vermögensmehrungen, die keinen wirtschaftlichen Zuwachs darstellten,[331] da diese die wirtschaftliche Leistungsfähigkeit nicht tangierten und demnach nicht steuerbar seien. Im Schuldenerlass eines Gläubigers gegenüber einem Schuldner sei lediglich die bürgerlich-rechtliche und buchmäßige Anerkennung eines bereits zuvor gegebenen wirtschaftlichen Zustands, namentlich der Zahlungsunfähigkeit des Schuldners, zu sehen.[332] Der Schuldner erlange durch den Gläubigererlass jedoch keinerlei Zuwachs an wirtschaftlicher Verfügungsmacht. Mangels Zuflusses eines werthaltigen Gutes und Zuwachses an wirtschaftlicher Verfügungsmacht sei der Erlass für ihn wertlos.[333] Dem Schuldner stünde der durch den Forderungsverzicht erzeugte Gewinn als nur formelle Vermögensmehrung nicht zur freien Verfügung und erhöhe demzufolge auch nicht die Möglichkeit, Steuerleistungen zu erbringen.[334]

### bb. Bloßer Buch- bzw. Scheingewinn

Gegen die Steigerung der Leistungsfähigkeit durch einen infolge Schuldenerlasses entstehenden Sanierungsgewinn spreche zudem seine Qualität als bloßer Schein- oder Buchgewinn.[335] Infolge des Verzichts auf eine Forderung gegenüber dem Sanierungsunternehmen ist die Verbindlichkeit aus der Bilanz gegen Ertrag (Gewinn) auszubuchen. Diese Ausbuchung der

---

330 *Knobbe-Keuk*, Bilanz und Unternehmenssteuerrecht, 9. Aufl., S. 234; *dies.*, Festschrift RFH BFH 1993, Rechtsfortbildung als Aufgabe des obersten Steuergerichts, S. 310 ff.; *Kühneck*, Die steuerliche Behandlung der Sanierungsgewinne gemäß § 3 Nr. 66 EStG, 1998, S. 18; *Nagel*, Die Sanierungsfeindlichkeit, 2015, S. 59, 60.
331 *Knobbe-Keuk*, in: Festschrift RFH BFH 1993, Rechtsfortbildung als Aufgabe des obersten Steuergerichts, S. 310; *Kühneck*, Die steuerliche Behandlung der Sanierungsgewinne gemäß § 3 Nr. 66 EStG, 1998, S. 18.
332 *Knobbe-Keuk*, a.a.O.; *Kühneck*, Die steuerliche Behandlung der Sanierungsgewinne gemäß § 3 Nr. 66 EStG, 1998, S. 19.
333 *Knobbe-Keuk*, a.a.O; *Kühneck*, Die steuerliche Behandlung der Sanierungsgewinne gemäß § 3 Nr. 66 EStG, 1998, S. 19, 59.
334 *Nagel*, Die Sanierungsfeindlichkeit, 2015, S. 59, 60.
335 *Beutel/Eilers*, FR 2017, 266 (267); *Blaas/Schwahn*, DB 2013, 2350 (2350); *Geist*, BB 2008, 2658; *Hiller/Baschnagel*, DStZ 2017, 353 (354); *Knobbe-Keuk*, Bilanz- und Unternehmenssteuerrecht, 9. Aufl., S. 235; so auch *Nagel*, Die Sanierungsfeindlichkeit, 2015, S. 219; *Seer*, FR 2014, 721 (727); *Sistermann*, DStR 2017, 689 (690); *Schreiber*, Sanierungsgewinn, 1958, S. 15: „Der Buchgewinn sei „überhaupt kein Gewinn“.“; a.A. BFH, Beschl. v. 28.11.2016 – GrS 1/15 Rn. 115; *Bachem*, Zur Steuerfreiheit von sogenannten Sanierungsgewinnen, 1998, S. 41; *Richter*, Der Sanierungsgewinn im Steuerrecht, 1967, S. 7; *Uhländer*, DB 2017, 1224 (1226).

Verbindlichkeit erzeuge einen Buchgewinn, welcher gerade nicht Merkmal einer gesteigerten wirtschaftlichen Leistungsfähigkeit des Sanierungsunternehmens sei.[336] Zwar geht auch diese Auffassung davon aus, eine Steigerung der Leistungsfähigkeit gehe nicht zwingend mit einer Zunahme von Geldmitteln einher,[337] Buchgewinne entstünden jedoch durch die obligatorische Anwendung buchhalterischer Regeln und stellten demzufolge gerade keinen Zuwachs von Leistungsfähigkeit, [338] sondern lediglich Scheingewinne, dar.[339] Sie seien konzeptionell gewollt bzw. sei ihre Entstehung infolge der Ausbuchung systembedingt unvermeidlich und resultiere aus der technischen Anwendung des Bestandsvergleichs,[340] was zugleich die Qualifikation eines Sanierungsgewinns als bloßer Scheingewinn begründe[341] und seine Steuerbarkeit ausschließe. Steuerliche Leistungsfähigkeit offenbare sich danach gerade nicht in dem durch einen Forderungsverzicht buchhalterisch entstehenden Buchgewinn und in der sanierungsbedingt angestrebten Vermeidung einer Insolvenz.[342] Da der Sanierungsgewinn zudem nur infolge der bilanziellen Ausbuchung auftrete, handle es sich um einen außerordentlichen Vorfall („atypischen Fall“[343]), der keinen „erwirtschafteten Mehrwert“ verkörpere, an dem der Staat einen Anteil durch Besteuerung haben sollte.[344] Die Steuerfreiheit des Sanierungsgewinns entspreche danach allgemeinen Grundsätzen und dem teleologischen Grundgedanken der Einkommensbesteuerung.[345]

### cc. Bloße Verhinderung endgültigen Zusammenbruchs

Ein weiteres Argument, das gegen die Annahme eines durch den Sanierungsgewinn erzeugten Zuwachses an Leistungsfähigkeit angeführt und in der Vergangenheit auch von der Rechtsprechung aufgegriffen wurde, bezieht sich darauf, dass der einem Sanierungsunternehmen in Sanierungsabsicht gewährte Schuldenerlass nur dessen endgültigen Zusammenbruch verhindern wolle und insoweit auch aus diesem Grund keinen Zuwachs an Leistungsfähigkeit bewirken könne.[346] Der Forderungsverzicht soll das wirtschaftlich labile Unternehmen des Schuldners entlasten und eine Möglichkeit der Fortsetzung der

[336] *Geist*, BB 2008, 2658; *Krumm*, DB 2015, 2714; *Sistermann*, DStR 2017, 689 (691); *Uhländer*, DB 2017, 1224 (1226).
[337] *Krumm*, DB 2015, 2714; a.A. *Buschendorf/Vogel*, DB 2016, 676, 679 ff.; insoweit a.A. wohl auch *Sistermann*, DStR 2017, 689 (691).
[338] *Buschendorf/Vogel*, DB 2016, 676, 679 ff.; *Krumm*, DB 2015, 2714 zurückgehend auf *Seer*, FR 2014, 721 (727); *Sistermann*, DStR 2017, 689 (691); a.A. *Uhländer*, DB 2017, 1224 (1226).
[339] *Krumm*, DB 2015, 2714 zurückgehend auf *Seer*, FR 2014, 721 (727); a.A. *Uhländer*, DB 2017, 1224 (1226).
[340] *Krumm*, DB 2015, 2714; *Sistermann*, DStR 2017, 689 (691).
[341] *Seer*, FR 2014, 721 (727).
[342] *Seer* in: Kirchhof/Seer, EStG 22. Aufl. 2023, § 3a Rn. 2.
[343] *Krumm*, DB 2015, 2714 (2715); *Sistermann*, DStR 2017, 689 (691).
[344] *Krumm*, DB 2015, 2714 (2715); *Seer*, FR 2014, 721 (727); *Sistermann*, DStR 2017, 689 (691).
[345] *Buschendorf/Vogel*, DB 2016, 676 (680); *Seer*, FR 2014, 721 (727) mit Verweis auf die früher geltende Rechtsprechung unter RFH Urt. v. 12.12.1928 - VI A 1499/28, RStBl. 1929 II, 86 f. und RFH Urt. v. 30.6.1927 - VI A 297/27, RFHE 21, 263 (265); *Sistermann*, DStR 2017, 689 (691).
[346] *Buschendorf/Vogel*, DB 2016, 676, 679 ff.; *Crezelius*, NZI 2007, 91 (92); *Gondert/Büttner*, DStR 2008, 1676; *Krumm*, DB 2015, 2714; *Seer*, FR 2014, 721 (727).

Geschäftsbeziehungen zwischen Gläubigern und Schuldner schaffen.[347] Durch den Gläubigerverzicht selbst nehme die wirtschaftliche Leistungsfähigkeit jedoch nicht zu, denn der Verzicht soll lediglich den Untergang des Unternehmens verhindern.[348] Die Entschuldung durch Schuldenerlass könne als Bestandteil eines Sanierungskonzepts lediglich die Grundlage für eine künftig zu verzeichnende Steigerung der Leistungsfähigkeit schaffen.[349] Denn der Forderungsverzicht durch Fremdgläubiger selbst erzeuge noch keine gesteigerte wirtschaftliche Leistungsfähigkeit des Sanierungsunternehmens, sondern sei lediglich ein möglicher Ausgangspunkt zur Erlangung zukünftiger Leistungsfähigkeit.[350] Der Gläubigerverzicht sei demnach lediglich ein Mittel zur Verhinderung des Zusammenbruchs des Unternehmens und schaffe den Boden für künftig zu erzielende Gewinne.[351] Er sei das Resultat der Einschätzung der verzichtenden Gläubiger über die wirtschaftliche Wertlosigkeit ihrer Forderungen, welche gerade im status quo ante auf der fehlenden Leistungsfähigkeit des Sanierungsunternehmens beruhten.[352] An diesem Zusammenhang werde die Wertung der eigentumsschonenden Besteuerung[353] offenbar,[354] da die drohende steuerliche Belastung des Sanierungsgewinns die noch bestehende Substanz des Unternehmens zur falschen Zeit antaste.[355] Aus diesem steuerlichen Zugriff zum „falschen" Zeitpunkt, namentlich in der Krisensituation, leite sich der präsumtive Verstoß gegen den Grundsatz der eigentumsschonenden Besteuerung und dessen Entschärfung durch die Steuerbefreiung ab. In einer solchen, durch einen Mangel an Unternehmensvermögen ausgelösten Situation, müsse ein verfassungsrechtlicher Ausgleich der Rechte von Fiskus und Gläubiger gefunden und die Konkurrenz zwischen den Freiheitsrechten des Gläubigers betreffend seine Forderung in Gestalt des Eigentumsrechts (Art. 14 GG) mit dem Prinzip der Gesetzmäßigkeit der Verwaltung (Art. 20 Abs. 3 GG , § 85 AO), das auf Durchsetzung der Ansprüche aus dem Steuerschuldverhältnis ausgerichtet ist, schonend ausgeglichen werden. Dieser Ausgleich sei unter Berücksichtigung der Rechte des Schuldners zu finden.[356] Der Fiskus würde in die Gläubigerforderung eingreifen, wenn die durch den Schuldenerlass ausgelöste Gewinnerhöhung der Ertragsbesteuerung unterworfen würde, weil die Belastung mit Ertragsteuer die Sanierung des Unternehmens verhindern und dem Gläubiger die Umschichtung seiner Forderung in eine Chance unmöglich machen könnte.[357] Denn das Vermögen des

---

347 *Seer*, FR 2014, 721 (727); *Beutel/Eilers*, FR 2017, 266 (267).
348 *Seer*, FR 2014, 721 (727); *Sistermann*, DStR 2017, 689 (690).
349 *Sistermann*, DStR 2017, 689 (691).
350 *Seer* in: Kirchhof/Seer, EStG, 22. Aufl. 2023, § 3a Rn. 2; *Sistermann*, DStR 2017, 689 (691).
351 *Krumm*, DB 2015, 2714; *Sistermann*, DStR 2017, 689 (691).
352 *Seer* in: Kirchhof/Seer, EStG, 22. Aufl. 2023, § 3a Rn. 2.
353 BVerfG, Beschl. v. 22.6.1995 - 2 BvL 37/91 Rn. 3a): Danach müsse die Zuordnung vermögenswerter Rechtsposition zum Eigentümer und die Substanz des Eigentums gewahrt bleiben.
354 *Lang*, Die Bemessungsgrundlage der Einkommensteuer, 1988, S. 161 ff.; *Englisch*, in: Festschrift für J. Lang, 2010, S. 167 (182); *Krumm*, DB 2015, 2714 (2715) spricht von „Unzeit".
355 *Krumm*, DB 2015, 2714 (2715 f.).
356 *Kahlert*, ZIP 2016, 2107 (2110); *Seer*, FR 2014, 721 (722).
357 *Kahlert*, ZIP 2016, 2107 (2110); *Seer*, FR 2014, 721 (722).

Unternehmens erhöhe sich durch den Schuldenerlass des Gläubigers nicht. Vielmehr sei die Gewinnerhöhung auf die Technik des Betriebsvermögensvergleichs zurückzuführen, die durch die Ausbuchung einer Verbindlichkeit ohne Hinzuerwerb von Vermögen automatisch eine Gewinnerhöhung auslöse.[358] Um den Verdienst des Staates am Sanierungsgewinn – bei Besteuerung desselben – durch Festsetzung und Erhebung der auf den Sanierungsgewinn entstehenden Steuer zu gewährleisten und um zugleich die Sanierung nicht zu gefährden, müssten die sanierungsbeteiligten Gläubiger gegebenenfalls auf weitere Forderungen verzichten oder sogar Finanzmittel zuführen.[359] Diese Einzelaspekte seien wesenstypisch für die besondere Situation der Entstehung eines Sanierungsgewinns und kennzeichneten zugleich deren „Atypik".[360]

#### dd. Bloße Erwerbspotenziale

Eine weiter differenzierende Meinung will zur Bestimmung von Leistungsfähigkeit nur an den Ist-Zustand der Leistungsfähigkeit anknüpfen und bloße Erwerbspotenziale außer Acht lassen und lehnt die Qualifikation des Sanierungsgewinns als Ausdruck von Leistungsfähigkeit dementsprechend ebenfalls ab.[361] Danach könne die Leistungsfähigkeit als Lastenverteilungsmaßstab zur Finanzierung des Staatshaushalts lediglich auf den Ist-Zustand der jeweils effektiv vorhandenen Geldzahlungsfähigkeit abstellen.[362] Eine nach vollständiger Verrechnung sämtlicher im Sanierungsunternehmen vorhandener Verluste durchgeführte Besteuerung von Sanierungsgewinnen sei unter Zugrundelegung dieses Verständnisses von Leistungsfähigkeit abzulehnen.[363] Der Schuldenerlass zum Zweck der Sanierung erzeuge durch die Anwendung der Grundsätze doppelter Buchführung einen Gewinn, der indes nicht auf einer echten Steigerung der wirtschaftlichen Leistungsfähigkeit im Sinne einer gesteigerten Zahlungsfähigkeit basiere.[364] In diesem Zusammenhang wird die insoweit ebenfalls als relevant angesehene Bedeutung der Differenzierung zwischen „lokaler Effizienz" als statisch bedingter Verwirklichung bestehender Steueransprüche und „globaler Effizienz" als dynamisch bedingter Verwirklichungs*möglichkeit zukünftiger Erträge* in Bezug auf den Steueranspruch hervorgehoben.[365] Eine Einbeziehung künftiger Erträge nach geglückter Sanierung sei als erwünschtes Ziel des Insolvenzverfahrens zwar nicht ausgeschlossen. „Vorsichtig zu begegnen" sei ihr für Steuerzwecke gleichwohl, denn das konkrete Steuerrechtsverhältnis sei ausgerichtet

---

358 *Kahlert*, ZIP 2016, 2107 (2110); *Seer*, FR 2014, 721 (722).
359 *Krumm*, DB 2015, 2714 (2715).
360 *Krumm*, DB 2015, 2714 (2715); *Sistermann*, DStR 2017, 689 (691).
361 *Buschendorf/Vogel*, DB 2016, 676, 679 ff.; *Sistermann*, DStR 2017, 689 (691).
362 *Buschendorf/Vogel*, DB 2016, 676 (680).
363 *Buschendorf/Vogel*, DB 2016, 676 (680).
364 BFH Beschl. v. 25.3.2015 – X R 23/13 (Rn. 62); *Buschendorf/Vogel*, DB 2016, 676, (680); *Ebbinghaus/Neu/Hinz*, FR 2015, 405 (405); *Krumm*, DB 2015, 2714 (2715); *Seer*, FR 2010, 306 (307, 309).
365 *Seer*, FR 2014, 721 (724).

auf die Konkretisierung bereits verwirklichter Steueransprüche (§ 38 AO) und nicht auf eine langfristige Bewahrung des Steueraufkommens als „abstrakte Größe".[366]

### c. Sanierungsgewinn als Ausdruck der Zunahme von Leistungsfähigkeit

Der Große Senat vertritt in seiner Entscheidung vom 28.11.2016 demgegenüber die Auffassung, der Sanierungsgewinn führe zu einem echten Zuwachs von Leistungsfähigkeit.[367] Zwar müsse der Sanierungsgewinn in Abhängigkeit von der Gewinnermittlungsart nicht zwingend zu einem Liquiditätszufluss führen.[368] Dies spreche jedoch im Ergebnis nicht gegen einen Zuwachs von Leistungsfähigkeit.[369] Gerade im Fall der Gewinnermittlung durch Betriebsvermögensvergleich nach § 4 Abs. 1 EStG zeige sich, dass die Besteuerung des durch einen solchen Forderungsverzicht entstandenen Gewinns die notwendige Folge der gesetzlich vorgegebenen Gewinnermittlungsart sei. Die Gewinnermittlung durch Betriebsvermögensvergleich erfasse Forderungen und Verbindlichkeiten als Komponenten des aktiven und passiven Betriebsvermögens. Dies habe zur Folge, dass der durch den Forderungsverzicht der Gläubiger hervorgerufene und betrieblich veranlasste Wegfall der einst wirksam begründeten Schulden das schuldnerische Nettovermögen des Sanierungsunternehmens mehre und seinen Gewinn erhöhe. Diese Gewinnerhöhung stärke zugleich die in ihm ausgedrückte wirtschaftliche Leistungsfähigkeit.[370] Der durch den Forderungsverzicht eines Gläubigers entstandene Gewinn sei dabei insbesondere nicht nur bilanzieller Natur, sondern habe einen erhöhenden Einfluss auf die wirtschaftliche Leistungsfähigkeit.[371] Irrelevant sei demgegenüber, dass der Forderungsverzicht selbst die Liquidität des Sanierungsunternehmens nicht (unmittelbar) erhöhe.[372] Vielmehr trete eine Erhöhung der wirtschaftlichen Leistungsfähigkeit des Sanierungsunternehmens bereits mit der ursprünglichen Leistung des Gläubigers ein. Diese bleibe jedoch wegen der bilanziell zwingenden Passivierung einer Verbindlichkeit zunächst gewinnneutral.[373] Durch den Verzicht des Gläubigers behalte das Sanierungsunternehmen die Leistung endgültig und gegenleistungsfrei. Dieser Umstand erfordere es, die durch die

---

[366] *Seer*, FR 2014, 721 (724).
[367] BFH, Beschl. v. 28.11.2016 – GrS 1/15 Rn. 114; *Kanzler*, NWB 2019, 626 (629, 630); *Kroschel*, DStR 1999, 1387 (1388); *Tschersich*, Ertragsbesteuerung der Unternehmenssanierung, 2014, S. 147; *Uhländer*, DB 2017, 923 (930); a.A. *Buschendorf/Vogel* DB 2016, 676, 679; *Gondert/Büttner*, DStR 2008, 1676; *Krumm*, DB 2015, 2714; *Seer* FR 2014, 721 (727).
[368] BFH, Beschl. v. 28.11.2016 – GrS 1/15 Rn. 115; so auch schon BFH Beschl. v. 25.3.2015 – X R 23/13 (Rn. 62).
[369] BFH, Beschl. v. 28.11.2016 – GrS 1/15 Rn. 115; *Tschersich*, Ertragsbesteuerung der Unternehmenssanierung, 2014, S. 147; *Uhländer*, DB 2017, 923 (930); a.A. *Seer* FR 2014, 721 (727), der in der Steuerbefreiung eine sog. Fiskalzweckbefreiung erblickt, die den Belastungsgrund der Einkommen-, Körperschaft- und Gewerbesteuer umsetze und auf verfassungskonforme Weise eine Übermaßbesteuerung vermeide. Insoweit liege kein gesetzeswidriger, sondern ein gesetzesverstehender Dispens in einer bestimmten Gruppe von Einzelfällen vor; a.A. auch *Buschendorf/Vogel* DB 2016, 676 (679), die in der Besteuerung des Sanierungsgewinns eine „Verletzung des Leistungsfähigkeitsprinzips" erblicken.
[370] BFH, Beschl. v. 28.11.2016 – GrS 1/15 Rn. 115.
[371] BFH, Beschl. v. 28.11.2016 – GrS 1/15 Rn. 116.
[372] BFH, Beschl. v. 28.11.2016 – GrS 1/15 Rn. 114, 115.
[373] BFH, Beschl. v. 28.11.2016 – GrS 1/15 Rn. 116.

ursprüngliche Gläubigerleistung erfolgte frühere Steigerung der Leistungsfähigkeit bei Gläubigerverzicht durch Gewinnerhöhung ertragsteuerlich zu berücksichtigen.[374] Dies sei auch dann nicht anders zu beurteilen, wenn der Forderungsverzicht auf einer bestehenden Sanierungsabsicht basiere.[375] Denn gerade der in Sanierungsabsicht gewährte Schuldenerlass verfolge den Zweck, dem finanziell und wirtschaftlich angeschlagenen Unternehmen durch Steigerung seiner Leistungsfähigkeit wieder aufzuhelfen, indem etwa erwirtschaftete Erträge nicht mehr für den Finanz- bzw. Schuldendienst verwendet werden müssten, sondern für notwendige Investitionen zur Verfügung stünden.[376] Könnte hingegen ein seitens der Gläubiger gewährter Schuldenerlass nichts an der mangelnden Leistungsfähigkeit und der prekären Liquidität des sich in wirtschaftlichen Schwierigkeiten befindenden Unternehmens ändern, fehlte es schon an der Sanierungseignung des Forderungsverzichts, die der sog. Sanierungserlass im Nachgang zur früheren BFH-Rechtsprechung zu § 3 Nr. 66 EStG a.F. forderte.[377] Die Steuerbefreiung von Sanierungsgewinnen entspreche demnach dem Grundsatz der Besteuerung nach der wirtschaftlichen Leistungsfähigkeit und beachte zudem das Übermaßverbot, gegen das eine Besteuerung von Sanierungserträgen verstieße.[378]

Eine im Gleichklang mit dem Großen Senat stehende Auffassung zerlegt die einzelnen Lebensvorgänge, die im Zusammenhang mit der Begründung einer Verbindlichkeit und dem späteren Erlass selbiger stehen. Abgestellt wird beispielhaft etwa auf die Anschaffung von Anlagevermögen auf Kredit. Die Anschaffung von Anlagevermögen gegen Aufnahme eines Kredits stellt sich zunächst als erfolgsneutraler Vorgang dar. Denn ein derartiger Vorgang bildet buchhalterisch eine sog. Aktivpassivmehrung[379] ab, die zunächst keine Gewinnauswirkung hat. Der anschließende Wegfall der im Rahmen der Anschaffung begründeten Verbindlichkeit durch Verzicht müsse sich im Betriebsvermögensvergleich isoliert als Gewinn auswirken, wenn es sich nicht ausnahmsweise um eine Einlage handele.[380] Hierin liege zugleich ein Zuwachs von Leistungsfähigkeit.[381] Es handle sich demnach nicht um einen bloßen Scheingewinn.[382]

### d. Stellungnahme

Die Entstehung eines Sanierungsgewinns durch einen gläubigerseits erklärten Forderungsverzicht zur Sanierung eines in wirtschaftliche Not geratenen Unternehmens ist

[374] BFH, Beschl. v. 28.11.2016 – GrS 1/15 Rn. 116.
[375] BFH, Beschl. v. 28.11.2016 – GrS 1/15 Rn. 117; a.A.: Seer, FR 2014, 721 (727); *Krumm*, DB 2015, 2714; *Buschendorf/Vogel*, DB 2016, 676 (679 ff.); *Gondert/Büttner*, DStR 2008, 1676.
[376] BFH, Beschl. v. 28.11.2016 – GrS 1/15 Rn. 117.
[377] BFH, Beschl. v. 28.11.2016 – GrS 1/15 Rn. 117.
[378] Die Auffassung des BFH bestätigend: *Kanzler*, NWB 2019, 626 (629, 630); ders., in: Kanzler/Kraft/Bäuml/Marx/Hechtner/Geserich, § 3a EStG Rn. 11, 8. Aufl., Stand: 01.01.2023.
[379] oder auch als Bilanzverlängerung bezeichnet.
[380] *Uhländer*, DB 2017, 923 (930).
[381] BFH, Beschl. v. 28.11.2016 – GrS 1/15 Rn. 116.
[382] *Uhländer*, DB 2017, 923 (930).

zugleich Ausdruck und Folge der Steigerung wirtschaftlicher Leistungsfähigkeit. Der in der Literatur vertretenen Auffassung, wonach ein in Sanierungsabsicht erklärter Forderungsverzicht lediglich den Zusammenbruch des Sanierungsunternehmens und daher den Zuwachs an Leistungsfähigkeit beim Sanierungsunternehmen zugleich verhindere,[383] kann vor diesem Hintergrund nicht gefolgt werden. Der Große Senat hält diesem Argument zu Recht entgegen, dass der in Sanierungsabsicht gewährte Schuldenerlass gerade den Zweck verfolge, dem Sanierungsunternehmen durch Steigerung seiner Leistungsfähigkeit wieder zu neuer Vitalität zu verhelfen, indem etwaig erwirtschaftete Erträge nicht mehr für den nach dem Schuldenerlass entbehrlichen Schuldendienst verwendet werden müssten, sondern für notwendige Investitionen zur Verfügung stünden.[384] Daraus wird der überzeugende Rückschluss gezogen, es fehle schon an der Sanierungseignung[385] des Forderungsverzichts als Sanierungsmaßnahme, wenn nicht der durch die Gläubiger erklärte Forderungsverzicht die Leistungsfähigkeit wieder steigere und die prekäre Liquiditätslage des Sanierungsunternehmens zum Positiven verändere.[386]

Die Schlussfolgerung hinsichtlich einer verzichtsbedingten Verbesserung der Liquidität erscheint jedoch nicht in jeder Hinsicht zwingend. Denn der durch die Gläubiger erklärte Forderungsverzicht wirkt sich nicht unmittelbar auf die Liquidität des Sanierungsunternehmens aus. Liquidität ist die Fähigkeit, bestehenden Zahlungsverpflichtungen bei Fälligkeit termingerecht und betragsgenau nachkommen zu können. Die Sicherstellung von Liquidität besteht darin, Geld und liquidierbare Vermögensgegenstände zum Zweck der zeitpunktgerechten Kapitalbeschaffung bereitzustellen. Durch einen gläubigerseits erklärten Forderungsverzicht könnten zwar die Zahlungspflichten aus Finanzdiensten bezüglich der verzichtsbezogenen Verbindlichkeit erlöschen. Dies führt allerdings nicht eo ipso dazu, dass das Sanierungsunternehmen anderen Zahlungspflichten nachkommen kann. Da es jedoch für die Bestimmung des Zuwachses an Leistungsfähigkeit, wie an anderer Stelle gezeigt wurde, nicht auf die Frage einer Steigerung der Ist-Zahlungsfähigkeit ankommt,[387] kann der vorgenannte Umstand keinen berechtigten Zweifel an der Zunahme der Leistungsfähigkeit durch den Gläubigerverzicht entstehen lassen.[388] Denn die Ist-Zahlungsfähigkeit ist als Merkmal und

383 *Buschendorf/Vogel*, DB 2016, 676 (679 ff.); *Ebbinghaus/Neu/Hinz*, FR 2015, 405 (405); *Gondert/Büttner*, DStR 2008, 1676 (1677); *Nagel*, Die Sanierungsfeindlichkeit, 2015, S. 219; *Krumm*, DB 2015, 2714 (2715); *Seer*, FR 2014, 721 (727); *Seer*, DB 2017, S. M5.

384 BFH, Beschl. v. 28.11.2016 – GrS 1/15 Rn. 117.

385 Die Sanierungseignung des Schuldenerlasses ist nach Auffassung des Bundesfinanzhofs zu bejahen, wenn der Schuldenerlass allein oder zusammen mit anderen Maßnahmen konkret dazu geeignet sei, das Überleben des Unternehmens zu sichern, vgl. BFH, Urt. v. 22.1.1985, VIII R 37/84, BStBl. II 1985, S. 501; BFH, Urt. v. 19.3.1993, III R 79/91, BFH/NV 1993, S. 536; BFH, Beschl. v. 30.5.1997, I B 139/96, BFH/NV 1997, S. 753; BFH, Urt. v. 17.11.2004, I R 11/04, BFH/NV 2005, S. 1027; eingehend zu den Merkmalen unter C. II.

386 BFH, Beschl. v. 28.11.2016 – GrS 1/15 Rn. 117.

387 s.o. unter: B. II. 2. b.

388 Im Ergebnis zutreffend BFH, Beschl. v. 28.11.2016 – GrS 1/15 Rn. 114, 115; in diesem Sinne auch *Skauradszun*, ZIP 2018, 1901 (1903 f.); *Kanzler*, NWB 2019, 626 (629, 630); *Kroschel*, DStR 1999, 1387 (1388); *Tschersich*,

Maßstab wirtschaftlicher Leistungsfähigkeit ungeeignet, weil sie zwar etwas über das Vorhandensein liquider oder liquidierbarer Wirtschaftsgüter beim Steuerpflichtigen aussagt, jedoch nichts über die finanzielle Stärke und Wirtschaftskraft im Sinne der Leistungsfähigkeit. Dies gilt insbesondere bei Gewinnermittlung durch Betriebsvermögensvergleich. Denn ein buchführungspflichtiges Unternehmen, das seine Gewinne durch Betriebsvermögensvergleich ermittelt und etwa Waren zunächst gegen Begründung von Forderungen verkauft, ist im Sinne der wirtschaftlichen Leistungsfähigkeit ebenso leistungsfähig wie ein Unternehmen, dessen Warenverkäufe umgehend bezahlt, dessen Forderungen mithin umgehend durch Zahlung erfüllt werden. Zwar erlaubt die Liquidität als betriebswirtschaftliche Kennzahl einen Rückschluss über die aktuelle Zahlungsfähigkeit des Unternehmens, mithin über das Vorhandensein von Zahlungsmitteln und liquidierbaren Vermögenswerten zur Begleichung von Forderungen Dritter, als Kriterium zur Bestimmung steuerlich relevanter wirtschaftlicher Leistungsfähigkeit ist sie indes nicht geeignet und kann zu deren Bestimmung im konkreten Fall daher nicht maßgebend sein.[389]

Gleichwohl scheint die Qualifikation eines durch Ausbuchung einer Verbindlichkeit infolge Forderungsverzichts entstehenden Sanierungsgewinns als reiner Buchgewinn[390] auf den ersten Blick nicht fernliegend, bei näherer Betrachtung der Merkmale der Leistungsfähigkeit greift diese Schlussfolgerung jedoch zu kurz. Zwar handelt es sich bei einem Sanierungsgewinn nicht um einen durch gewerbliche Tätigkeit aktiv erwirtschafteten Gewinn, sondern um einen Gewinn, der durch einen für das Sanierungsunternehmen passiven Vorgang, namentlich durch den (aktiv) erklärten Verzicht der Gläubiger, erzeugt wird. Folglich wird die Leistungsfähigkeit des Sanierungsunternehmens mit dem Sanierungsgewinn nicht durch aktive eigengewerbliche Tätigkeit, gleichsam aus einem eigenständig initiierten, proaktiven Prozess heraus, gesteigert. Auf das Vorhandensein resp. die Steigerung der eigenen aktiven Tätigkeit kommt es bei der Frage der Zunahme von Leistungsfähigkeit jedoch – ebenso wie auf die Frage der Liquidität im Sinne der Ist-Zahlungsfähigkeit – ebenfalls nicht an.[391] Vielmehr sind die durch die Befreiung von der Verbindlichkeit ausgelösten Folgen in den Blick zu nehmen. Denn mit dem durch die Gläubiger erklärten Verzicht auf ihre Forderungen werden die betroffenen Verbindlichkeiten beim Sanierungsunternehmen nicht nur ausgebucht und verschwinden dadurch faktisch aus den Bilanzen, sondern sie erlöschen zugleich rechtlich. Das Sanierungsunternehmen ist nach dem Verzicht mithin nicht mehr in gleicher Höhe mit Schulden belastet wie vor dem Verzicht. Dies bewirkt die rechtliche und tatsächliche Entschuldung sowie zugleich das tatsächliche bilanzielle Entfallen der Verbindlichkeit. Die Bilanz spiegelt diese wirtschaftlich verbesserte Situation

Ertragsbesteuerung der Unternehmenssanierung, 2014, S. 147; *Uhländer*, DB 2017, 923 (930); a.A. wohl bei *Nagel*, Die Sanierungsfeindlichkeit, 2015, S. 219.

389 So auch im Ergebnis *Krumm* in: Brandis/Heuermann, EStG, 167. EL Mai 2023, § 3a Rn. 9.

390 Synonym als Scheingewinn bezeichnet von *Seer*, FR 2014, 721 (727).

391 s.o. unter B. II. 2. b.

durch ein optisch „verbessertes“ und wirtschaftlich „gesünderes“ Bild wider, denn das Fremdkapital wird verringert und das Eigenkapital erhöht. Wirtschaftlich wird Fremd- gegen Eigenkapital ausgewechselt.[392] Bei Betrachtung der Leistungsfähigkeit als Maßstab für die Fähigkeit des Steuerpflichtigen, steuerliche Leistungen bestreiten zu können, wird das Sanierungsunternehmen durch die verzichtsbedingte Minderung von Schulden zudem faktisch leistungsfähiger. Denn die potenziell gegebene Fähigkeit zur Erfüllung des staatlichen Steueranspruchs ist nach dem Verzicht im Vergleich zum Status Quo ante jedenfalls ausgeprägter. Dass dieser Umstand gleichwohl gegen die mit dem Verzicht verfolgten Primärziele der Gläubiger verstößt, liegt in der Natur der Sache und ist auf die widerstreitenden Interessen der am Sanierungsprozess beteiligten unterschiedlichen Parteien zurückzuführen, spielt jedoch für die Feststellung einer Zunahme von Leistungsfähigkeit bei konsequenter Umsetzung der steuerrechtlichen Grundregeln keine Rolle.

Darüber hinaus greift die Auffassung, der durch den Forderungsverzicht eines Gläubigers entstandene Gewinn habe nur eine bilanzielle Auswirkung und keinen Einfluss auf die wirtschaftliche Leistungsfähigkeit, zu kurz. Denn sie lässt den vorherigen Erhalt der Leistung als initiale Stärkung der Leistungsfähigkeit unberücksichtigt. Die Leistungsfähigkeitszunahme ist bereits in dem Erhalt der Leistung angelegt, realisiert sich final gleichwohl erst bei Ausbuchung der der Leistung zugrundeliegenden Verbindlichkeit. Hat das Sanierungsunternehmen beispielweise „Grund und Boden“ des Anlagevermögens gegen Aufnahme eines Darlehens erworben[393], ist dieser Geschäftsvorfall nach den Grundsätzen der doppelten Buchführung zunächst buchhalterisch erfolgsneutral zu behandeln und hat dementsprechend keine erhöhende Gewinnauswirkung,[394] weil die Begründung der Verbindlichkeit zwar eine Vermögensminderung darstellt, dieser jedoch der Erwerb des aktiven Vermögensgegenstands „Grund und Boden“ als Vermögensmehrung gegenübersteht.[395] Das Entfallen der für den Erwerb des Wirtschaftsguts „Grund und Boden“ des Anlagevermögens begründeten und eingebuchten Verbindlichkeit durch Verzicht des Gläubigers wirkt sich im Rahmen des Betriebsvermögensvergleichs jedoch erst im Verzichtszeitpunkt als Vermögensmehrung aus. Die Zunahme der wirtschaftlichen Leistungsfähigkeit ergibt sich bilanziell daher erst in dem Moment, in dem die Verbindlichkeit infolge des gläubigerseits erklärten Verzichts erlischt. Faktisch wurde die Leistungsfähigkeit des Unternehmens jedoch schon bei Erhalt der Leistung, hier dem Erwerb des betrieblichen unbebauten Grundstücks gegen Begründung der Verbindlichkeit, gemehrt. Denn dieser Umstand erlaubt dem Unternehmen die Fortführung seiner operativen Tätigkeit, wenn sich auch im Betriebsvermögen eine Verbindlichkeit in

[392] So auch *Skauradszun*, ZIP 2018, 1901 (1903).
[393] Beispiel abgewandelt nach *Uhländer*, DB 2017, 923 (929).
[394] So auch *Uhländer*, DB 2017, 923 (929); auch BFH, Beschl. v. 28.11.2016 – GrS 1/15 Rn. 116.
[395] Buchhalterisch wird dieser Vorgang als Aktiv-Passiv-Mehrung oder Bilanzverlängerung bezeichnet, weil zugleich Positionen der Aktivseite und der Passivseite zunehmen. Die Bilanzsumme erhöht sich, Auswirkungen auf das Eigenkapital ergeben sich nicht; ähnliches Beispiel schon bei *Uhländer*, DB 2017, 923 (929).

gleichlautender Höhe befindet. Der Gläubigerverzicht auf die Forderung gegenüber dem Sanierungsunternehmen führt daher zu einer Entlastung desselben und dadurch zu einem Zuwachs von Leistungsfähigkeit.[396] Dabei wird durch die Primärleistung des Gläubigers die Zunahme von Leistungsfähigkeit ursächlich bedingt, welche sich durch die finale Unentgeltlichkeit des Leistungserhalts perpetuiert. Die Primärwirkung des Erhalts der Gläubigerleistung und die infolge des Gläubigerverzichts ausgelöste Unentgeltlichkeit der Leistung als Sekundärwirkung führen daher nicht nur jede für sich genommen, sondern in ihrem Zusammenwirken zur Stärkung der Leistungsfähigkeit des durch den Verzicht begünstigten Schuldners. Jede Leistungsbereitstellung bewirkt dementsprechend eine Zunahme von Leistungsfähigkeit beim Empfänger, wenn und soweit dieser die Leistung für das eigene Wirtschaften verwertet. Zudem führt gerade die Unentgeltlichkeit durch den späteren Verzicht zur Verstetigung des Zuwachses an Leistungsfähigkeit. Lediglich bilanziell löst erst die Ausbuchung der Verbindlichkeit infolge des Gläubigerverzichts den auf die Steigerung der Leistungsfähigkeit zurückgehenden gewinnerhöhenden buchhalterischen Reflex aus, der demnach als finaler, fortwirkender Zuwachs von Leistungsfähigkeit zu Recht Bezugspunkt der Besteuerung ist bzw. durch die „ausnahmsweise" Steuerbefreiung steuerlich verschont und damit privilegiert wird. An diesem Zusammenhang wird deutlich, dass die in der Literatur vertretene Auffassung, es handle sich bei dem Sanierungsgewinn lediglich um einen Buch- oder Scheingewinn, zu kurz greift. Ein weiterer Vergleich vermag aufzuzeigen, wie sehr diese Auffassung zu kurz springt. Dabei handelt es sich um den Vergleich mit einem außerhalb der Krisensituation ausgesprochenen Forderungsverzicht. Freilich ist ein solcher Schuldenerlass in der Lebenswirklichkeit zwischen fremden Dritten, mithin innerhalb üblicher wirtschaftlicher Geschäftsbeziehungen, nicht nur selten, sondern auch sehr unwahrscheinlich, gleichwohl soll zur Verdeutlichung der Ausgangslage von diesem Fall vergleichend ausgegangen werden. Wenn also ein Gläubiger auf eine Forderung verzichtet, die der Verzichtsbegünstigte im Zusammenhang mit seiner gewerblichen Tätigkeit als Verbindlichkeit eingegangen ist, ist die Verbindlichkeit handelsrechtlich bilanziell auszubuchen. Hintergrund ist, dass eine nicht mehr bestehende Verbindlichkeit, also eine Verbindlichkeit, deren Rechtsgrund infolge des Erlasses entfallen ist, nicht mehr in der Bilanz „stehen" bleiben darf. Dies ist Ausfluss der Bilanzwahrheit[397], die verlangt, dass die Bilanz ein wirklichkeitsidentisches, transparentes Bild von der Finanz- und Vermögenslage des Unternehmens vermittelt und darin keine Täuschung enthalten sein darf, wodurch bei Dritten Irrtümer verursacht werden könnten. Die Ausbuchung dieser Verbindlichkeit kann bei einem Gläubigerverzicht obligatorisch nur zu einem Passiv-Tausch führen. Das bedeutet, die Verbindlichkeit ist entweder über ein Ertragskonto oder über ein (anderes) Eigenkapitalkonto auszubuchen. Die Gegenbuchung muss jedoch ihrerseits die

396 So auch BFH, Beschl. v. 28.11.2016 – GrS 1/15 Rn. 116.
397 *Kleindiek*, in: BeckOGK HGB, 1.6.2022, HGB § 243 Rn. 7.

Wirklichkeit abbilden. Zur Auffindung des „materiell richtigen" Gegenkontos ist also die Frage zu beantworten, welcher Vorgang der Lebenswirklichkeit durch den Gläubigerverzicht außerhalb der Krisensituation berührt wird. Auch insoweit kommt es also auf die Verzichtsveranlassung und damit auf das Motiv des Verzichts an. Dies soll anhand eines weiteren Beispiels verdeutlicht werden. Ein Gläubiger hat eine Forderung gegen das Unternehmen begründet. Diese Forderung resultiert aus der Lieferung von Waren. Nach Begründung der Forderung durch den Gläubiger und der spiegelbildlichen Verbindlichkeitsbegründung beim Schuldner-Unternehmen zahlt das Schuldner-Unternehmen den Kaufpreis an den Gläubiger. Der Gläubiger schenkt dem Unternehmen daraufhin den Geldbetrag und überweist diesen mithin zurück. Handelt es sich um eine Schenkung an das Schuldner-Unternehmen, entsteht zwingend ein Gewinn. Handelt es sich um eine Schenkung an den Schuldner-Unternehmer aus privaten Gründen, führt dieser Vorgang nicht zu einem Gewinn, sondern zu einer Einlage des Unternehmers. Denn der Betrag hätte anstelle der Rücküberweisung auf das betriebliche Bankkonto zuerst auf das private Bankkonto des Unternehmers und anschließend auf das betriebliche Konto des Unternehmens überwiesen werden können. Verzichtet der Gläubiger nun auf die noch ausstehende Zahlung des Kaufpreises, gibt er mithin seine Forderung durch Verzicht preis, führt dies zu denselben bilanziellen Konsequenzen. Es entsteht ein Gewinn. Eine Einlage kann insoweit nicht entstehen, weil die Verbindlichkeit nicht vom Unternehmer selbst in das Schuldner-Unternehmen überführt wird. An diesen Fallvarianten wird deutlich, dass es sich bei dem gläubigerseits ausgesprochenen Verzicht nicht um einen bloßen Buchgewinn oder Scheingewinn handeln kann. Zwar berühren derartige Verzichtsvorgänge nicht die Liquidität, aber sie berühren und erhöhen den Gewinn infolge des Entfallens der zugrundeliegenden Verbindlichkeit und stärken damit die Leistungsfähigkeit. Folgte man dagegen der Auffassung des bloßen Buchgewinns, stünden nachgerade alle Vorgänge, die nicht die Liquidität berühren, für die Besteuerung infrage. So könnte sich der Gedanke erheben, dass auch Abschreibungen bloße Buchverluste sein könnten, die sich nicht gewinnwirksam auswirken dürften. Da sie aber den Wertverzehr aktiven Bestands- resp. Anlagevermögens und damit einen typischerweise gewinnwirksamen Vorgang buchhalterisch abbilden und gleichwohl natürlich nicht die Liquidität berühren, wäre eine Qualifikation als nicht gewinnwirksame Vorgänge systematisch nicht zu rechtfertigen. Anhand dieser Vergleiche wird deutlich, dass das Argument, der verzichtsbedingt entstehende Gewinn sei lediglich bilanzieller Natur und führe als Buchgewinn keine Leistungsfähigkeitszunahme herbei, in der Gesamtbetrachtung nicht zu überzeugen vermag. Das aus sanierungssteuerrechtlichen Gründen identifizierte Bedürfnis nach Steuerfreistellung des Sanierungsgewinns betrifft im Übrigen nicht ausschließlich die Frage der erhöhten Leistungsfähigkeit des Begünstigten infolge Forderungsverzichts des Gläubigers, sondern die Frage der sachgerechten Behandlung eines unter den besonderen Umständen der Sanierungssituation entstandenen Sanierungsgewinns und vermag daher an der primär virulenten Feststellung einer Zunahme von Leistungsfähigkeit freilich nichts zu ändern. Der durch Gläubigerforderungsverzicht entstehende Sanierungsgewinn führt daher unter sämtlichen Gesichtspunkten zu einer Zunahme von Leistungsfähigkeit und ist somit gleichermaßen Merkmal und Ausdruck einer gesteigerten Leistungsfähigkeit.

## 4. Die Steuerbefreiung als Sozial- und Lenkungszwecknorm

Steuern sind Geldleistungen, die von einem öffentlich-rechtlichen Gemeinwesen festgesetzt und nicht als Gegenleistung für eine besondere Leistung erhoben werden.[398] Sie bewirken im Zeitpunkt ihrer Zahlung einen Liquiditätsverlust[399] und dienen in erster Linie der Erzielung von öffentlichen Einnahmen zur Aufrechterhaltung der Funktionen des Staates.[400] Neben fiskalischen Zwecken kann die Steuer auch nichtfiskalische Zwecke verfolgen. In dieser Hinsicht stellt sie ein Werkzeug der Verhaltenslenkung und der Wirtschaftspolitik dar.[401] Drei Steuernormkategorien sind zu unterscheiden: Fiskalzwecknormen[402], die als originäre Steuergrundform die Finanzierung des Finanzmittelbedarfs des öffentlichen Haushalts bezwecken,[403] Sozialzwecknormen, die über die Einnahmeerzielung hinaus außerfiskalische Lenkungsziele verfolgen, etwa Sozial-[404], Förder- und Lenkungszwecke[405] und damit sozial- oder wirtschaftspolitische Ziele[406] und Vereinfachungszwecknormen, die eine Vereinfachung der Steuerrechtsanwendung durch Typisierung und Pauschalierung bewerkstelligen sollen.[407]

---

398 Vgl. § 3 Abs. 1 AO; *Neumann,* in: Gosch, AO/FGO, 176. EL, August 2023, § 3 AO Rn. 6; *Jachmann-Michel/Vogel,* in: von Mangoldt/Klein/Starck, Band III, 7. Aufl. 2018, GG Art. 105 Rn. 3: „voraussetzungslos".

399 *Andel,* Finanzwissenschaft, S. 171.

400 *Andel,* Finanzwissenschaft, S. 171; *Heintzen* in: v. Münch/Kunig GG, 7. Aufl. 2021, Art. 105 Rn. 35; *Weber-Grellet,* DStR 2018, 1398 (1399, 1400): Funktion der Steuer durch „Erhebung der notwendigen Mittel, um die im Wege demokratischer Abstimmung vereinbarten Aufgaben ausführen zu können".

401 *Heintzen* in: v. Münch/Kunig GG, 7. Aufl. 2021, Art. 105 Rn. 35: „Umverteilungsfunktion"; *Weber-Grellet,* DStR 2018, 1398 (1399, 1400) mit Hinweis auf die doppelfunktionale Wirkung des Steuerrechts und dessen Entfaltung als Fiskal- und Verwaltungsrecht.

402 Auch als Lastenausteilungsnorm oder Finanzzwecknorm bezeichnet, *Arndt,* NVwZ 1988, 787 (790).

403 *Birk/Desens/Tappe* in: Birk/Desens/Tappe, Steuerrecht, 25. Aufl. 2022, Rn. 192; *Jachmann-Michel/Vogel,* in: von Mangoldt/Klein/Starck, Band III, 7. Aufl. 2018, GG Art. 105 Rn. 3, 6.

404 *Koenig* in: Koenig AO, 4. Aufl. 2021, § 4 Rn. 98; *Siekmann* in: Sachs, GG, 9. Aufl. 2021, Vorbemerkungen zu Abschnitt X, Rn. 86; *Seer* in: Tipke/Lang, Steuerrecht, 24. Aufl. 2021, 2. Kapitel B. I. Rn. 2.11.

405 BVerfG, Beschl. v. 17.1.1957 - 1 BvL 4/54, NJW 1957, 417 (419); BVerfG, Beschl. v. 30.10.1961 - 1 BvR 833/59, BVerfGE 13, 181 (202 f.), NJW 1961, 2299 (2302); BVerfG, Beschl. v. 12.10.1978 - 2 BvR 154/74, BVerfGE 49, 343 (360), NJW 1979, 859; *Jachmann-Michel/Vogel,* in: von Mangoldt/Klein/Starck, Band III, 7. Aufl. 2018, GG Art. 105 Rn. 4: Erhebung der Lenkungsteuer als „Mittel staatlicher Intervention".

406 BVerfG, Beschl. v. 17.1.1957 - 1 BvL 4/54, NJW 1957, 417 (419) mit folgender Klarstellung: *„An sich bestehen keine verfassungsrechtlichen Bedenken, mit einer Steuer außer der Erzielung von Einkünften auch andere Zwecke mit zu verfolgen. Das gilt jedoch nur mit der Einschränkung, daß diese Nebenzwecke selbst verfassungsrechtlich neutral sind und mit verfassungsrechtlich unbedenklichen Steuern verfolgt werden.";* BVerfG, Beschl. v. 30.10.1961 - 1 BvR 833/59, BVerfGE 13, 181 (202 f.), NJW 1961, 2299 (2302); BVerfG, Beschl. v. 12.10.1978 - 2 BvR 154/74, BVerfGE 49, 343 (360), NJW 1979, 859; BVerfG Beschl. v. 6.12.1983 – 2 BvR 1275/79, BVerfGE 65, 325, NJW 1984, 785 (788): *„Bei der Erschließung von Steuerquellen hat er eine weitgehende Gestaltungsfreiheit. Entschließt sich der Gesetzgeber, eine bestimmte Steuerquelle zu erschließen, andere Steuerquellen dagegen nicht auszuschöpfen, so ist der allgemeine Gleichheitssatz nicht verletzt, wenn finanzpolitische, volkswirtschaftliche, sozialpolitische oder steuertechnische Erwägungen die verschiedene Behandlung motivieren";* insbesondere auch *Wernsmann,* Verhaltenslenkung in einem rationalen Steuersystem, 2005, S. 221 passim.

407 *Hey,* in: Tipke/Lang, Steuerrecht, 24. Aufl. 2021, Arten und Rechtfertigung von Steuervergünstigungen A. II. 2. C. Rn. 3.19; *Seer,* BB 2021, 1433 (1439); *Siekmann* in: Sachs, GG, 9. Aufl. 2021, Vorbemerkungen zu Abschnitt X, Rn. 86;

Die Steuerbefreiung nach § 3a EStG wird überwiegend als Sozial- und Lenkungszwecknorm qualifiziert.[408] Eine andere Auffassung erblickt in § 3a EStG indes eine Fiskalzwecknorm[409], die den Steuertatbestand aus § 2 Abs. 1 EStG in einer das Übermaßverbot beachtenden Weise teleologisch reduziere.[410] Mit Lenkungszwecknormen darf der Gesetzgeber das Prinzip der Besteuerung nach der Leistungsfähigkeit bei Vorliegen gewichtiger Gründe durchbrechen.[411] Im folgenden Abschnitt werden nach einem einführenden Überblick über die Steuernormkategorien zunächst Begriff und Inhalt der Lenkungswirkung bei Sozial- und Lenkungszwecknormen erörtert. Anschließend soll die Rechtfertigung von Lenkungszwecksteuern unter Beachtung des Gleichheitssatzes dargelegt und abschließend die Frage beantwortet werden, ob und inwieweit ein außerfiskalischer Lenkungszweck als tragfähiger Rechtfertigungsgrund für die Steuerbefreiung von Sanierungsgewinnen gemäß § 3a EStG besteht.

### a. Abgrenzung zwischen Lenkungszwecknorm und Fiskalzwecknorm

Zu den steuergesetzlichen Normgruppen gehören neben den Fiskalzwecknormen auch Sozial-, Lenkungszweck- und Vereinfachungszwecknormen. Ihnen liegen verschiedene Grundprinzipien und Zwecke, teilweise auch Doppel- oder Mehrfachzwecke, zugrunde; ebenso erfüllen sie verschiedene Funktionen. Die am Häufigsten vorkommende Normenart in der Steuergesetzgebung sind Fiskalzwecknormen (Finanz- oder Ertragszwecknormen). Sie sollen die Deckung des notwendigen Finanzbedarfs der öffentlichen Haushalte sicherstellen (Primärfunktion) und treffen konkrete Steuerwürdigkeitsentscheidungen nach Kriterien austeilender Gerechtigkeit. Daher werden sie auch als Lastenausteilungsnormen bezeichnet.[412] Die Fiskalzwecknormen sind weit überwiegend am Leistungsfähigkeitsprinzip, jedoch zugleich auch am Äquivalenzprinzip, etwa für die Grund und Gewerbsteuer,[413] orientiert. Auch Steuerbefreiungen können Fiskalzwecknormen sein, die die Steuerwürdigkeitsentscheidung im Steuertatbestand konkretisieren. Zu dieser Kategorie gehören beispielweise Fiskalzweckbefreiungen zur Vermeidung steuerlicher Mehrfachbelastungen, die sowohl

*Ulbrich,* Das Leistungsfähigkeitsprinzip der Besteuerung, 1975, S. 214, 215; *Weber-Grellet,* DStR 2018, 1398 (1400): „Instrument der Verhaltenslenkung und der Wirtschaftspolitik".

[408] *Hallerbach* in: Herrmann/Heuer/Raupach, EStG/KStG, 319. Lieferung, 7/2023, § 3a Rn. 4; *Kanzler,* NWB 2019, 626 (631); *ders.,* in: Kanzler/Kraft/Bäuml/Marx/Hechtner/Geserich, § 3a EStG Rn. 2, 8. Aufl., Stand: 01.01.2023; *Kobor* in: Kirchhof/Söhn/Mellinghoff, EStG, 315. AL 6/2021, § 3a A 131 und A 132.; a.A. *Seer* in: Kirchhof/Seer, EStG, 22. Auflage 2023, § 3a Rn. 2, der § 3a EStG als Fiskalzwecknorm versteht, „die den in § 2 Abs. 1 EStG verankerten Steuertatbestand im Sinne einer das Übermaßverbot achtenden eigentumsschonenden Besteuerung teleologisch reduziere", *Krumm,* in: Brandis/Heuermann, EStG, 167. EL Mai 2023, § 3a Rn. 9 „durchaus auch (freilich: nicht ausschließlich) als Fiskalzweck-Norm".

[409] *Krumm* in: Brandis/Heuermann, EStG, 167. EL Mai 2023, § 3a Rn. 9 („freilich nicht ausschließlich"); v.a. *Seer* in: Kirchhof/Seer, EStG, 22. Aufl. 2023 § 3a EStG Rn. 2.

[410] *Seer* in: Kirchhof/Seer, EStG, 22. Aufl. 2023 § 3a EStG Rn. 2: „gesetzesverstehender Dispens".

[411] Für die Rechtsprechung: BVerfG, Beschl. v. 9.12.2008, BVerfGE 122, 210 (234); *Glaser,* StuW 2012, 168 (171).

[412] *Birk/Desens/Tappe,* in: Birk/Desens/Tappe, Steuerrecht, 25. Aufl. 2022, Rn. 192, 193; *Hey,* in: Tipke/Lang, Steuerrecht, 24. Aufl. 2021, Arten und Rechtfertigung von Steuervergünstigungen A. II. 2. C. Rn. 3.20.

[413] s.o. unter B. II. 2. a.

international als auch national wirken (etwa im Verhältnis der Umsatzsteuer zu besonderen Verkehrssteuern nach § 4 Nr. 9 Buchstaben a und b UStG) oder Steuerermäßigungen zur Kompensation steuerlicher Zusatzbelastungen (z.B. etwa § 35 EStG). Gleichzeitig bedeutet die Eigenschaft einer Fiskalzwecksteuer nicht, dass sie nicht auch soziale Auswirkungen, mithin Gestaltungswirkungen haben können, wobei zu beachten ist, dass diese Wirkungen Folge, nicht Zweck der jeweiligen Normen sind.[414] Denn Fiskalzwecknormen haben nicht das Ziel und verfolgen gleichsam nicht den Zweck, wirtschaftliche Tätigkeit, Investition, Sparen oder Konsum zu fördern oder zu behindern, obwohl sie einen reflexartigen Einfluss auf die Entscheidung zwischen Arbeit versus Freizeit oder Sparen versus Konsum haben.[415]

Neben den Fiskalzwecknormen enthalten die Steuergesetze eine erhebliche Anzahl von Sozialzwecknormen.[416] Dabei handelt es sich um Normen, die einer sozialpolitischen, regelmäßig wohlstandskorrigierenden oder redistributiven, wirtschafts-, kultur-, gesundheits- und bzw. oder berufspolitischen, und somit nicht oder jedenfalls nicht überwiegend fiskalischen Motivation folgen.[417] Ihre Wirkung kann auf Steuerentlastungen durch Steuervergünstigungen, aber auch auf zusätzliche Steuerbelastungen (z.B. durch Steuerabzugsbeschränkungen) ausgerichtet sein. Bei den Sozialzwecksteuern sind die Untergruppen der Umverteilungs-, Vereinfachungs- und Lenkungszwecknormen zu unterscheiden. Umverteilungsnormen zielen auf Korrekturen des Wohlstands zugunsten eines sozialen Ausgleichs ab.[418] Vereinfachungszwecknormen sollen aus technisch-ökonomischen Gründen die Anwendung des Steuerrechts erleichtern, insgesamt vereinfachen, praktikabler oder ökonomischer gestalten; sie dienen der Verhinderung einer Überkompliziertheit und Undurchführbarkeit der Gesetze und stellen dies durch Typisierungen, Pauschalierungen und Vereinfachungsfreibeträge sicher.[419] Lenkungsnormen als dritte Untergruppe der Sozialzwecksteuern sollen durch gezielte Steuerent- oder -belastung eine Stimulanz zugunsten eines bestimmten Gemeinwohlverhaltens des Steuerpflichtigen darstellen.[420] Diese Normen müssen auf einer – entweder anhand des Gesetzestextes oder der Gesetzesmaterialien – erkennbaren gesetzgeberischen Entscheidung basieren. Wird ein Förder- oder Lenkungszweck im Gesetzgebungsverfahren nicht ausdrücklich zugrunde gelegt und bekannt gemacht, darf ein solcher zur Rechtfertigung nicht unterstellt

---

414 *Grunow*, Die verfassungsrechtliche Rechtfertigung der Steuerlast, 2018, S. 28; *Hey*, in: Tipke/Lang, Steuerrecht, 24. Aufl. 2021, Arten und Rechtfertigung von Steuervergünstigungen A. II. 2. C. Rn. 3.20.

415 *Grunow*, Die verfassungsrechtliche Rechtfertigung der Steuerlast, 2018, S. 31; *Hey*, in: Tipke/Lang, Steuerrecht, 24. Aufl. 2021, a.a.O.

416 *Siekmann* in: Sachs, GG, 9. Aufl. 2021, Vorbemerkungen zu Abschnitt X, Rn. 86: „Instrumentalisierung des Steuertatbestands“; *Hey*, in: Tipke/Lang, Steuerrecht, 24. Aufl. 2021, Arten und Rechtfertigung von Steuervergünstigungen A. II. 2. C. Rn. 3.21: „nicht unerheblich durchsetzt mit Sozialzwecknormen“.

417 *Hey*, in: Tipke/Lang, Steuerrecht, 24. Aufl. 2021, a.a.O.

418 *Hey*, in: Tipke/Lang, Steuerrecht, 24. Aufl. 2021, a.a.O.

419 *Hey*, in: Tipke/Lang, Steuerrecht, 24. Aufl. 2021, a.a.O.

420 *Koenig* in: Koenig, 4. Aufl. 2021, AO § 3 Rn. 25; *Hey*, in: Tipke/Lang, Steuerrecht, 24. Aufl. 2021, Arten und Rechtfertigung von Steuervergünstigungen A. II. 2. C. Rn. 3.21.

werden.[421] Hieraus resultiert für Sozial- und Lenkungszwecknormen ein Begründungszwang.[422] Zudem erwächst eine spezielle Rechtfertigungsbedürftigkeit.[423]

### b. Lenkungszwecke

Die von Lenkungszwecknormen zulässigerweise verfolgten Lenkungszwecke sind sämtliche, dem Gemeinwohl zuordenbare Zwecke. Regelmäßig handelt es sich dabei um sozialpolitische, wirtschafts-, kultur-, gesundheits- und berufspolitische Zwecke sowie neuerdings mit zunehmender Bedeutung auch um umweltpolitische Zwecke. Zu den Lenkungszwecknormen, die kultur- und gesundheitspolitische Zwecke verfolgen, gehören beispielsweise Steuerbefreiungen im Umsatzsteuerrecht, die ganz konkret kulturelle und medizinisch indizierte Tätigkeiten von der Besteuerung durch Umsatzsteuer gänzlich befreien oder – in abgeschwächter Form – lediglich dem ermäßigten Umsatzsteuersatz von 7% unterwerfen.[424] Neuerdings legt der Gesetzgeber auch einen verstärkten Fokus auf die Lenkungswirkung im Zusammenhang mit umwelt- und klimapolitischen Zielen.[425] Dies wird beispielsweise bei der Veränderung der pauschalen Sätze der Entfernungspauschale, der Besteuerung von CO2 und der Einführung der sog. Ökosteuern deutlich. Der damit verfolgte umweltpolitische Lenkungszweck ist angesichts des Staatsziels „Umweltschutz“ in Art. 20a GG zugrunde gelegt und wird von einer erkennbaren gesetzgeberischen Entscheidung getragen[426]. Der ökologisch motivierte Lenkungszweck ist den gesetzlichen Vorschriften zu entnehmen. Durch die Verteuerung des Energieverbrauchs etwa sollen Anreize zur Energieeinsparung geschaffen und dadurch günstige Auswirkungen auf die Umwelt erzielt werden.[427] Auch wirtschaftspolitische Zwecke stellen ein regelmäßiges Motiv des Gesetzgebers dar. Dabei kommt der Förderung wirtschaftspolitischer Zwecke gerade in Krisenzeiten eine besondere Bedeutung zu. So wurde im Zeitraum der Corona-Pandemie die Notwendigkeit eines nicht unerheblichen Lenkungsbedarfs aus wirtschaftspolitischen Gründen identifiziert. Dazu gehören etwa die quantitative Ausweitung der Verlustverrechnungsmöglichkeiten nach § 10d EStG oder die Wiedereinführung der degressiven Absetzung für Abnutzung nach § 7 Abs. 2 EStG oder der Abzug der sog. Homeoffice-

---

[421] *Hey*, in: Tipke/Lang, Steuerrecht, 24. Aufl. 2021, Arten und Rechtfertigung von Steuervergünstigungen A. II. 2. C. Rn. 3.21; *Seer*, BB 2021, 1433 (1437).

[422] *Breinersdorfer*, DStR 2010, 2492 (2495); *Hey*, in: Tipke/Lang, Steuerrecht, 24. Aufl. 2021, Arten und Rechtfertigung von Steuervergünstigungen A. II. 2. C. Rn. 3.21; *Seer*, BB 2021, 1433 (1437).

[423] BVerfG Urt. v. 9.12.2008 2 BvL 1/07, 2 BvL 2/07, 2 BvL 1/08, 2 BvL 2/08, BVerfGE 122, 210 (234). Teilweise wird auch ein „vernünftiger, einleuchtender Grund“ verlangt, so etwa BVerfG, Beschl. v. 4.2.2009, 1 BvL 8/05, BVerfGE 123, 1 (19); in Bezug auf die Steuerbefreiung nach § 3a EStG, etwa *Krumm*, in: Brandis/Heuermann, EStG, 167. EL Mai 2023, § 3a Rn. 9; *Seer* in: Kirchhof/Seer, 22. Aufl. 2023, EStG § 3a Rn. 2.

[424] *Lang*, Systematisierung der Steuervergünstigungen, 1974, S. 70.

[425] *Siekmann* in: Sachs, GG, 9. Aufl. 2021, Vorbemerkungen zu Abschnitt X, Rn. 89: „Öko-Steuern“.

[426] BVerfG, Urt. v. 20.4.2004 - 1 BvR 1748/99, 905/00, BVerfGE 110, 274 (296): „der ökologisch motivierte Lenkungszweck“, „Anreize zur Energieeinsparung“ zur Erzielung „günstiger Umwelteffekte“.

[427] *Glaser*, StuW 2012, 168 (173).

Pauschale nach § 4 Abs. 5 Nr. 6b EStG.[428] Auch die Investitions- und Liquiditätsförderung, beispielweise durch Schaffung umfangreicher Möglichkeiten zur Übertragung (aus der Veräußerung bestimmter Anlagegüter aufgedeckter) stiller Reserven auf die Anschaffungs- oder Herstellungskosten entsprechender Reinvestitionsgüter oder zur Rücklagenbildung, jeweils nach § 6b EStG, gehören zu den wirtschaftspolitisch motivierten Maßnahmen, die durch Steuergestaltung zugunsten eines bestimmten Lenkungszwecks ins Werk gesetzt werden.[429]

#### c. Begriff und Inhalt der Lenkungswirkung

Verhaltenslenkung übt der Steuergesetzgeber entweder durch die steuerliche Belastung eines staatlicherseits unerwünschten Verhaltens oder durch die steuerliche Entlastung eines staatlicherseits erwünschten Verhaltens aus.[430] Der jeweils von dem individuellen Sachverhalt betroffene Steuerpflichtige sieht sich mit einer Wahlschuld[431] konfrontiert; entweder wählt er den Verzicht auf ein zunächst geplantes Handeln oder den Verzicht auf einen bei Unterlassung angebotenen Steuervorteil.[432] Wie bei den Fiskalzwecksteuern hat der Gesetzgeber – wie vom BVerfG vielfach festgestellt – auch bei den Lenkungszwecknormen als Regelungen mit intendierter Lenkungswirkung einen weiten Gestaltungsspielraum.[433] Die angestrebte Lenkungswirkung muss jedoch durch den außerfiskalischen Lenkungszweck besonders gerechtfertigt sein.[434] Derartige außerfiskalische Förder- und Lenkungsziele können, wie vorstehend dargelegt, insbesondere Gründe des Gemeinwohls[435] sein. Dazu gehört beispielsweise auch die steuerliche Investitions- und Arbeitsplatzförderung, die vom BVerfG als Rechtfertigung für eine steuerliche Begünstigung angesehen wurde.[436] Das BVerfG hat die verfassungsrechtlichen Maßstäbe an die Lenkungsteuer in der Vergangenheit genauer

[428] Drittes und Viertes Gesetz zur Umsetzung steuerlicher Hilfsmaßnahmen zur Bewältigung der Corona-Krise (Drittes und Viertes Corona-Steuerhilfegesetz) v. 10.3.2021, BGBl I, S. 330 und v. 22.6.2022, BGBl I, S. 911.
[429] *Marchal* in: Herrmann/Heuer/Raupach, EStG/KStG, 319. Lieferung, 7/2023, § 6b EStG Rn. 3: „wirtschaftslenkende Norm".
[430] *Glaser*, StuW 2012, 168 (169); *Kirchhof*, in: Kirchhof/Seer, EStG, 22. Aufl. 2023, Einleitung Rn. 35.
[431] *Glaser*, StuW 2012, 168 (171); *Kirchhof*, in: Kirchhof/Seer EStG, 22. Aufl. 2023, Einleitung Rn. 35; als Wahlschuld bezeichnet auch von *Birk/Desens/Tappe* in: Birk/Desens/Tappe, Steuerrecht, 25. Aufl. 2022, Rn. 198.
[432] *Kirchhof*, in: Kirchhof/Seer EStG, 22. Aufl. 2023, Einleitung Rn. 35.
[433] BVerfG Urt. v. 9.12.2008 – 2 BvL 1/07, BVerfGE 122, 210, DStR 2008, 2460; BVerfG, Urt. v. 20.4.2004 - 1 BvR 1748/99, 905/00, BVerfGE 110, 274 (296); BVerfG Beschl. v. 4.12.2002 – 2 BvR 400/98, BStBl. II 2003, 534, DStR 2003, 633 (635), NJW 2003, 2079 (2080); BVerfG Beschl. v. 22.6.1995 – 2 BvL 37/91, BStBl. II 1995, 655, DStR 1995, 1345; BVerfG, Beschl. v 6.7.2010 - 2 BvL 13/09, BVerfGE 126, 268, DStR 2010, 1563; BVerfG Beschl. v. 6.12.1983 – 2 BvR 1275/79, BVerfGE 65, 325, NJW 1984, 785 (788).
[434] *Hey*, FR 2021, 293 (295) mit der Feststellung, dass sich die Steuervergünstigung bei einem Nichterreichen des Lenkungszwecks zu einem „Steuerprivileg, zum Steuergeschenk", wandle; *Wernsmann*, DStR 2023, 386 (387).
[435] BVerfG, Urt. v. 17.12.2014 – 1 BvL 21/12, BVerfGE 138, 136, DStR 2015, 31; st. Rspr.: BVerfG, Beschl. v. 17.1.1957 - 1 BvL 4/54, BVerfGE 6, 55, NJW 1957, 417 (419); BVerfG v. 22.6.1995, 2 BvL 37/91, BVerfGE 93, 121 (147), NJW 1995, 2615 (2619); BVerfG Beschl. v. 11.11.1998, 2 BvL 10/95, BVerfGE 99, 280, 296, DStRE 1999, 202; BVerfG Urt. v. 6.3.2002, 2 BvL 17/99, BVerfGE 105, 73, 12 f., DStR 2002, 443; BVerfG Urt. v. 20.4.2004, 1 BvR 1748/99, 905/00, BVerfGE 110, 274, 292; BVerfG Beschl. v. 21.6.2006, 2 BvL 2/99, BVerfGE 116, 164, 182, DStR 2006, 1316; BVerfG Beschl. v. 7.11.2006, 1 BvL 10/02, BVerfGE 117, 1, 31, DStR 2007, 235; für die Literatur statt vieler: *Hey*, in: Tipke/Lang, Steuerrecht, 24. Aufl. 2021, Arten und Rechtfertigung von Steuervergünstigungen A. II. 2. C. Rn. 3.21; *Koenig* in: Koenig, 4. Aufl. 2021, AO § 3 Rn. 26.
[436] BVerfG Beschl. v. 21.6.2006, 2 BvL 2/99, BVerfGE 116, 164, 182, DStR 2006, 1316.

konturiert und mit seiner jüngeren Rechtsprechung zudem (erneut) verschärft.[437] Als zentrale Voraussetzung hat es die erkennbare Entscheidung des Gesetzgebers für einen tatbestandlich erkennbaren Lenkungszweck herausgearbeitet.[438] Danach ist diese erkennbare Entscheidung des Gesetzgebers für einen tatbestandlich ersichtlichen Lenkungszweck die erste, zugleich elementare Voraussetzung einer zulässigen Lenkungsteuer.[439] Eine rein faktische, nicht durch explizite parlamentarische Entscheidung herbeigeführte Anreizwirkung könne demnach nicht als Lenkungsteuer gerechtfertigt werden, wenn eine Anreizwirkung nur dadurch entstehe, dass tatsächlich veränderte Umstände begünstigend wirken.[440] Zudem genügen lediglich vage Zielsetzungen, die in den Gesetzesmaterialien genannt werden, für sich genommen nicht, um Abweichungen von einer leistungsgerechten Besteuerung zu rechtfertigen.[441] Diese erkennbare gesetzgeberische Entscheidung, die entweder im Gesetzestext oder in den Gesetzesmaterialien deutlich werden muss und dabei nicht nur vage Ausführungen enthalten darf,[442] ist Ausgangs- und Bezugspunkt der Rechtmäßigkeit von Lenkungssteuern. Fehlt dem Gesetzgebungsverfahren die Benennung und Bekanntmachung des Förder- oder Lenkungszwecks, verbietet es sich, einen solchen zur Rechtfertigung zu unterstellen[443] oder als Begründung „nachzuschieben“.[444]

Der Gesetzgeber darf also auf Wirtschaft und Gesellschaft nicht nur durch Ge- und Verbote, sondern auch durch mittelbare Verhaltenssteuerung im Sinne einer zielgerichteten Lenkung gestaltend Einfluss nehmen.[445] Dem Lenkungsziel muss jedoch ein „bestimmter verfassungsrechtlich anerkannter Eigenwert in Gestalt eines verfassungsrechtlich legitimen Zwecks“ zukommen.[446] Lenkungsziele sind zudem nur dann geeignet, als rechtfertigende Gründe für steuerliche Be- oder Entlastungen zu wirken, wenn ihnen die erkennbare Entscheidung des Gesetzgebers zugrunde liegt, mit dem gesetzgeberischen Werkzeug der Steuer andere als schlichte Ertragswirkungen erzielen zu wollen.[447] Ungeachtet dieser weitreichenden

---

[437] Jüngst BVerfG, Beschl. v. 8.12.2021 - 2 BvL 1/13 - Rn. 63 f.; *Kirchhof*, in: Kirchhof/Seer EStG, 22. Aufl. 2023, Einl. Rn. 40; *Seer*, BB 2021, 1433 (1437).

[438] BVerfG, Beschl. v. 22.06.1995 - 2 BvL 37/91, BVerfGE 93, 121: *„Verfolgt ein Steuergesetz zulässigerweise auch Lenkungsziele, so muß der Lenkungszweck mit hinreichender Bestimmtheit tatbestandlich vorgezeichnet und gleichheitsgerecht ausgestaltet sein.“*; BVerfG, Urt. v. 17.12.2014 - 1 BvL 21/12 Rn. 170, BVerfGE 138, 136, BStBl. II 2015, 50; BVerfG, Beschl. v. 8.12.2021 - 2 BvL 1/13 - Rn. 63.

[439] *Glaser*, StuW 2012, 168 (169); *Kube*, in: BeckOK-GG, 55. Ed. 15.5.2023, GG Art. 105 Rn. 9; *Seer*, BB 2021, 1433 (1437).

[440] BVerfG, Beschl. v. 8.12.2021 - 2 BvL 1/13 - Rn. 63 f.; *Kirchhof*, in: Kirchhof/Seer EStG, 22. Aufl. 2023, Einl. Rn. 40.

[441] BverfG, Beschl. v. 8.12.2021 - 2 BvL 1/13 - Rn. 63, Rn. 65.

[442] *Thiemann*, Verluste im Steuerrecht, 2020, S. 164 ff.; *Wernsmann*, DStR 2023, 386 (387) und in Fußnote 15.

[443] Für die Rechtsprechung: BVerfG, Beschl. v. 9.12.2008 - 2 BvL 1/07, BVerfGE 122, 210 (238); *Hey*, in: Tipke/Lang, Steuerrecht, 24. Aufl. 2021, Arten und Rechtfertigung von Steuervergünstigungen A. II. 2. C. Rn. 3.21; *Wernsmann*, DStR 2023, 386 (387).

[444] *Seer*, BB 2021, 1433 (1437).

[445] Für die Rechtsprechung: BVerfG, 20.4.2004 - 1 BvR 1748/99 u. a., BVerfGE 110, 274, 292 f.; BVerfG, 7.11.2006 - 1 BvL 10/02, BVerfGE 117, 1, 31 ff.; für die Literatur statt vieler: *Glaser*, StuW 2012, 168 (171).

[446] *Glaser*, StuW 2012, 168 (171).

[447] *Glaser*, StuW 2012, 168 (171); *Weber-Grellet*, Steuern im modernen Verfassungsstaat, 2001, S. 174; *Wernsmann*, Verhaltenslenkung in einem rationalen Steuersystem, 2005, S. 120 ff.

Gestaltungsmöglichkeiten ist jedoch ein zentraler Aspekt nicht außer Acht zu lassen: Auch der zulässigerweise verfolgte Lenkungszweck muss gleichheitsgerecht ausgestaltet sein.[448]

### d. Rechtfertigung der Durchbrechung der Besteuerungsgleichheit bei begünstigenden Lenkungszwecknormen

Lenkungszwecknormen befinden sich in einem natürlichen Spannungsverhältnis zum Gleichheitssatz.[449] Wenn der Gesetzgeber einer Teilgruppe von Steuerpflichtigen Steuervergünstigungen für ein erwünschtes Verhalten anbietet, wird die Steuerlastverteilung nicht an der individuellen Leistungsfähigkeit orientiert, sondern an dem individuellen Verhalten, namentlich, ob die Betroffenen den gesetzgeberisch begünstigten Verhaltensvorschlag annehmen oder nicht.[450] Der Steuerpflichtige wird nicht rechtsverbindlich zu einem bestimmten Verhalten verpflichtet, ihm wird aber durch steuerliche Verschonung eines erwünschten Verhaltens eine finanzwirtschaftliche Option zur Wahl gestellt, sich für ein bestimmtes Tun oder Unterlassen zu entscheiden.[451] Damit behandelt die Lenkungszwecksteuer gleich Leistungsfähige gerade nicht gleich, sondern unterschiedlich und zwar in Abhängigkeit von ihrer individuellen Reaktion auf das Lenkungsangebot.[452] Beabsichtigte Förder- und Lenkungsziele können aber nur dann rechtfertigende Gründe für steuerliche Entlastungen darstellen, wenn sie von erkennbaren, gleichsam berechenbaren, gesetzgeberischen Entscheidungen getragen werden[453] und auch der Förder- und Lenkungszweck gleichheitsgerecht ausgestaltet ist.[454] Denn in dieser Hinsicht hat das BVerfG entschieden: Wenn der Gesetzgeber eine für mehrere Steuern verbindliche einheitliche Bewertung vorgesehen hat, um für alle von dieser Bewertung abhängigen Steuern einen gleichen Ausgangswert festzustellen, so könne und dürfe er eine

[448] *Birk/Desens/Tappe* in: Birk/Desens/Tappe, Steuerrecht, 25. Aufl. 2022, Rn. 205; *Glaser*, StuW 2012, 168 (171).

[449] *Siekmann* in: Sachs, GG, 9. Aufl. 2021, Vorbemerkungen zu Abschnitt X, Rn. 88; *Wernsmann*, DStR 2023, 386 (387); *ders.*, Verhaltenslenkung in einem rationalen Steuersystem, 2005, S. 221 ff.

[450] *Birk/Desens/Tappe*, in: Birk/Desens/Tappe, Steuerrecht, 25. Aufl. 2022, Rn. 196.

[451] BVerfG, Urt. v. 9.12.2008 - 2 BvL 1/07, 2 BvL 2/07, 2 BvL 1/08, 2 BvL 2/08; BVerfG Urt. v. 7.5.1998, 2 BvR 1991/95, BVerfGE 98, 106, 117, DStR 1998, 892; BVerfG Beschl. v. 7.11.2006, 1 BvL 10/02, BVerfGE 117, 1, 31, DStR 2007, 235; BVerfG, Urt. v. 20.4.2004 - 1 BvR 1748/99, 905/00, BVerfGE 110, 274: „Der Gesetzgeber verpflichtet dann den Bürger nicht rechtsverbindlich zu einem bestimmten Verhalten, gibt ihm aber durch Sonderbelastung eines unerwünschten oder durch steuerliche Verschonung eines erwünschten Verhaltens ein finanzwirtschaftliches Motiv, sich für ein bestimmtes Tun oder Unterlassen zu entscheiden.".

[452] *Birk/Desens/Tappe*, in: Birk/Desens/Tappe, Steuerrecht, 25. Aufl. 2022, Rn. 196.

[453] BVerfG, Urt. v. 9.12.2008 - 2 BvL 1/07, 2 BvL 2/07, 2 BvL 1/08, 2 BvL 2/08; BVerfG Urt. v. 6.3.2002, 2 BvL 17/99, BVerfGE 105, 73, 12 f., DStR 2002, 443; BVerfG Urt. v. 20.4.2004, 1 BvR 1748/99, 905/00, BVerfGE 110, 274, 292; BVerfG Beschl. v. 21. 6. 2006, 2 BvL 2/99, BVerfGE 116, 164, 182, DStR 2006, 1316; BVerfG Beschl. v. 7.11.2006, 1 BvL 10/02, BVerfGE 117, 1, 31, DStR 2007, 235; BVerfG v. 22.6.1995, 2 BvL 37/91, BVerfGE 93, 121 (147), NJW 1995, 2615 (2619); BVerfG Beschl. v. 11.11.1998, 2 BvL 10/95, BVerfGE 99, 280, 296, DStRE 1999, 202.

[454] BVerfG, Urt. v. 9.12.2008 - 2 BvL 1/07, 2 BvL 2/07, 2 BvL 1/08, 2 BvL 2/08; BVerfG Beschl. v. 22.6.1995, 2 BvL 37/91, BVerfGE 93, 121, 148, DStR 1995, 1345: „Hat der Gesetzgeber zudem eine für mehrere Steuern verbindliche einheitliche Bewertung vorgesehen, um für alle von dieser Bewertung abhängigen Steuern einen gleichen Ausgangswert festzustellen, so kann er eine Subvention innerhalb dieser Bewertung nur anbieten, wenn und soweit sie sich als Verschonung in jeder der einzelnen Steuerarten und ebenso in der dadurch bewirkten Gesamtentlastung gemeinwohlbezogen rechtfertigen läßt; andernfalls verstößt sie gegen den Gleichheitssatz des Art. 3 I GG." ; BVerfG Beschl. v. 11.11.1998, 2 BvL 10/95, BVerfGE 99, 280, 296, DStR 1999, 202; BVerfG Urt. v. 20.4.2004, 1 BvR 1748-99, 905/00, BVerfGE 110, 274, 293; BVerfG Beschl. v. 21.6.2006, 2 BvL 2/99, BVerfGE 116, 164, 182, DStR 2006, 1316; BVerfG Beschl. v. 7.11.2006, 1 BvL 10/02, BVerfGE 117, 1, 31, DStR 2007, 235.

Subvention innerhalb dieser Bewertung nur anbieten, wenn und soweit sie sich als Verschonung in jeder der einzelnen Steuerarten und ebenso in der dadurch bewirkten Gesamtentlastung gemeinwohlbezogen rechtfertigen lässt; andernfalls verstößt sie gegen den Gleichheitssatz des Art. 3 Abs. 1 GG.[455] Danach müssen auch Vergünstigungstatbestände ein Mindestmaß an zweckgerechter Ausgestaltung aufweisen.[456] Nach dem BVerfG kann also eine Steuerverschonung vor dem Gleichheitssatz gerechtfertigt sein, wenn der Gesetzgeber das Verhalten des Steuerpflichtigen aus Gründen des Gemeinwohls fördern oder lenken will. Wenn ausreichende Gemeinwohlgründe vorliegen, soll eine Entlastung im Ausnahmefall in verfassungsrechtlich zulässiger Weise sogar so weit gehen dürfen, dass Steuergegenstände sogar vollständig der Besteuerung entzogen werden können.[457] Lenkungszweck und Begünstigungstatbestand sind in einer Weise aufeinander abzustimmen, die es den Angehörigen der vom Anwendungsbereich der Lenkungssteuernorm betroffenen Gruppe von Steuerpflichtigen ausnahmslos ermöglicht, das Lenkungsangebot anzunehmen.[458] Auch Lenkungszwecknormen sind am Prinzip der Verhältnismäßigkeit zu messen. Eine auf den Gleichheitssatz gestützte Verhältnismäßigkeitsprüfung kann dabei sensibler ausfallen.[459] Denn Lenkungszwecknormen haben nicht die gleichheitsgerechte Verteilung der Belastungswirkungen zum Ziel, sondern das Erreichen der angestrebten Gestaltungs- bzw. Lenkungswirkung.[460] Um den angestrebten Lenkungszweck zu erreichen, nimmt der Gesetzgeber die Durchbrechung der Besteuerung nach der Leistungsfähigkeit regelmäßig in Kauf.[461] Lenkungszwecksteuern konfligieren daher mit dem kardinalen ertragsteuerrechtlichen Postulat der Belastungsgleichheit am Maßstab der Leistungsfähigkeit.[462] Nur durch einen hinreichenden, gesetzgeberisch klar formulierten Lenkungszweck kann diese Konfliktlage aufgelöst und die Ungleichbehandlung gerechtfertigt werden. Somit führen unklar definierte Lenkungszwecke zu problematischen verfassungsrechtlichen Konfliktsituationen.[463] Der

[455] BVerfG, Urt. v. 9.12.2008 - 2 BvL 1/07, 2 BvL 2/07, 2 BvL 1/08, 2 BvL 2/08; BVerfG Beschl. v. 22.6.1995, 2 BvL 37/91, BVerfGE 93, 121, 148, DStR 1995, 1345.
[456] *Kirchhof*, in: Kirchhof/Seer, EStG, 22. Aufl. 2023, Einleitung Rn. 40.
BVerfGE 105, 73, 113, DStR 2002, 443; BVerfG Beschl. v. 7. 11. 2006, 1 BvL 10/02, BVerfGE 117, 1, 33, DStR 2007, 235; NJW 2007, 573.
[457] *Seer*, BB 2021, 1433 (1437); *Wernsmann*, NJW 2000, 2878 (2079).
[458] *Kirchhof*, in: Kirchhof/Seer, EStG, 22. Aufl. 2023, Einleitung Rn. 40.
[459] *F. Kirchhof*, BB 2017, 662 (666) („sensibler anleiten"); ausführlich *Schaden*, Die Steuervergünstigung, 1998, S. 166 f.; *Seer*, BB 2021, 1433 (1438) mit der Feststellung, „je umfangreicher die Steuerverschonung und je größer deshalb andererseits das Maß der Ungleichbehandlung gegenüber den Erwerbern nicht begünstigten Vermögens ist, desto anspruchsvoller wird die Rechtfertigungslast".
[460] *Birk/Desens/Tappe*, in: Birk/Desens/Tappe, Steuerrecht, 25. Aufl. 2022, Rn. 201.
[461] *Birk/Desens/Tappe*, in: Birk/Desens/Tappe, Steuerrecht, 25. Aufl. 2022, Rn. 201; *Wernsmann*, NJW 2000, 2878 (2079).
[462] *Birk/Desens/Tappe*, in: Birk/Desens/Tappe, Steuerrecht, 25. Aufl. 2022, Rn. 196.
[463] *Hey*, FR 2021, 293 (295) spricht insoweit von „Problemen"; *Siekmann* in: Sachs, GG, 9. Aufl. 2021, Vorbemerkungen zu Abschnitt X, Rn. 88; *Wernsmann*, DStR 2023, 386 (387); *ders.*, Verhaltenslenkung in einem rationalen Steuersystem, 2005, S. 221 ff.

Lenkungszweck bildet danach den Grund der Ungleichbehandlung und zugleich deren Grenze und ist zielgenau und normenklar herauszuarbeiten.[464]

Nach dem BVerfG war dafür jenseits der Zwecktauglichkeit und Geeignetheit ein im Lenkungszweck angelegter tragfähiger Differenzierungsgrund für eine etwaige, virulent werdende Ungleichbehandlung erforderlich[465].[466] Dies würde für Lenkungszweckvorschriften eine ausdrückliche und genaue Zweckangabe durch den Gesetzgeber in Gestalt einer besonderen Begründungspflicht erforderlich machen.[467] In der Vergangenheit erlaubte die Rechtsprechung die Erfüllung des Erfordernisses einer ausdrücklich erkennbaren Entscheidung des Gesetzgebers durch einen Verweis auf die üblichen Begründungswege, sodass sowohl Hinweise in den Gesetzesmaterialien als auch die aus einer sachverständigen Gesamtschau aller einschlägigen Vorschriften ableitbaren Anhaltspunkte zur Begründung genügten.[468] Jüngst wurden die Voraussetzungen jedoch mit dem Postulat nach einer erkennbaren, parlamentarischen Entscheidung des Gesetzgebers verschärft. [469] Danach müsse der Gesetzgeber den Lenkungszweck deutlich erkennen lassen und den Kreis der begünstigten Steuerpflichtigen zur Wahrung der Außengerechtigkeit nach sachgerechten Gesichtspunkten abgrenzen, die zielgenaue und klare Lenkungsnorm nach innen gleichheitskonform ausgestalten, die Begünstigung den Begünstigungsadressaten zur Wahrung der Binnengerechtigkeit möglichst gleichmäßig zugutekommen lassen und sich auf einen der Verwirklichung des Lenkungszwecks und dem Ausmaß der Steuervergünstigung begründenden inneren Zusammenhang stützen können.[470]

---

464 BVerfG Beschl. v. 17.07.1974 - 1 BvR 51, 160, 285/69, 1 BvL 16, 18, 26/72 - BVerfGE 38, 61 (101) - NJW 1975, 31.

465 BVerfG, Urt. v. 17.12.2014 - 1 BvL 21/12 - BVerfGE 138, 136 - NJW 2015, 30 - NZG 2015, 103: „Die Verfassungsmäßigkeit der Ungleichbehandlung der verschiedenen Vermögensarten (...) setzt einen hinreichend tragfähigen Differenzierungsgrund voraus, der einer über eine bloße Willkürkontrolle hinausgehenden, strengeren Verhältnismäßigkeitsprüfung standhält."; a.A. *Birk/Desens/Tappe* in: Birk/Desens/Tappe, Steuerrecht, 25. Aufl. 2022, Rn. 196 ff, die einen im Lenkungsziel verankerten bestimmten verfassungsrechtlichen Stellenwert fordern und diesen etwa im gesamtwirtschaftlichen Gleichgewicht (Art. 109 Abs. 2 GG) oder bei der Förderung von Investitionen in den neuen Bundesländern die Herstellung gleichwertiger Lebensverhältnisse (Art. 72 Abs. 2 GG) erblicken.

466 Auch eine ausdrückliche Stellungnahme des Gesetzgebers zur Zeit des Gesetzeserlasses wurde vormals gefordert, BVerfG, Urt. v. 6.3.2002 - 2 BvL 17/99, BVerfGE 105, 73 (113), NJW 2002, 1103 (1105); eine auf irgendeine Weise bekannt gewordene Intention sollte nicht ausreichen. Vielmehr musste die Entscheidung im Gesetzeswortlaut selbst nicht nur angedeutet, sondern tatbestandlich vorgezeichnet sein, BVerfG, Beschl. v. 11.11.1998 - 2 BvL 10-95, BVerfGE 99, 280 (296 f.), NJW 1999, 1457 (1459); Ausweitung des Begründungserfordernisses auf die Gesetzgebungsmaterialien angedeutet in BVerfG, Urt. v. 9.12.2008 - 2 BvL 1/07 - BVerfGE 122, 210 (237 f.) - NJW 2009, 48 (52).

467 *Kischel*, in: BeckOK-GG, 55. Ed. 15.5.2023, GG, Art. 3 Rn. 162.

468 BVerfG, Urt. v. 20.4.2004 - 1 BvR 1748/99, 905/00 - BVerfGE 110, 274 (296 f.) - NVwZ 2004, 846 (848); BVerfG, Beschl. v. 15.1.2014 - 1 BvR 1656/09 - BVerfGE 135, 126 (151 f.) - NVwZ 2014, 1084 (1088); BVerfG, Beschl. v. 21.6.2006 - 2 BvL 2/99 - BVerfGE 116, 164 (191 ff.) - NJW 2006, 2757 (2761 ff.); BVerfG, Beschl. v. 14.10.2008 - 1 BvF 4/05, BVerfGE 122, 1 (36 f.) - NVwZ-RR 2009, 655 (660): „Es könne dahingestellt bleiben, inwieweit in einem Gesetz, das Lenkungsziele verfolgt, der Lenkungszweck mit hinreichender Bestimmtheit tatbestandlich vorgezeichnet sein müsse."

469 Jüngst BVerfG, Beschl. v. 8.12.2021 - 2 BvL 1/13 - Rn. 63; BVerfG, Urt. v. 17.12.2014 - 1 BvL 21/12 Rn. 170, BVerfGE 138, 136, BStBl. II 2015, 50: „Je umfangreicher die Steuerverschonung und je größer deshalb andererseits das Maß der Ungleichbehandlung gegenüber den Erwerbern nicht begünstigten Vermögens ist, desto anspruchsvoller wird die Rechtfertigungslast hierfür."

470 *Seer*, BB 2021, 1433 (1437, 1438).

### e. Lenkungszweck und erkennbare Entscheidung bei der Steuerbefreiung von Sanierungsgewinnen

Für die Regelung des § 3a EStG kommen wirtschafts- und arbeitsmarktpolitische Lenkungszwecke als taugliche Rechtfertigungsgründe der steuerlichen Privilegierung von Sanierungsgewinnen in Betracht. Diese steuerliche Privilegierung verfolgt mehrere Ziele und erfüllt zugleich mehrere Zwecke. Der Erhaltung von Arbeitsplätzen liegt eine beabsichtigte arbeitsmarktpolitische Lenkung zugrunde. Arbeitsplätze bleiben erhalten, wenn Unternehmen nicht liquidiert und aufgelöst werden. Auch gesamtwirtschaftlich erfüllt die Abwendung von Insolvenzverfahren einen gemeinwohlorientierten Nutzen. Es bleiben Steuerquellen, etwa aus Ertrag- und Unternehmenssteuern des Sanierungsunternehmens oder Lohnsteuern der Arbeitnehmer, erhalten und stellen damit zugleich die Mittel zur Finanzierung des Gemeinwohls sicher. Festzustellen ist also, dass durch die Steuerfreistellung von Sanierungsgewinnen, die als Ausdruck von Leistungsfähigkeit[471] eine Besteuerung im Interesse der Besteuerungsgleichheit und -gerechtigkeit grundsätzlich erfordern, Sanierungsunternehmen und andere Steuerpflichtige, bei denen ein Gläubigerforderungsverzicht einen steuerbaren und steuerpflichtigen Gewinn auslöst, unterschiedlich behandelt werden, was zugleich einen Verstoß gegen das Leistungsfähigkeitsprinzip vermuten lassen könnte. Der vom Gesetzgeber mit der Steuerbefreiung angestrebte Lenkungszweck liegt in der Vermeidung der steuerlichen Behinderung grundsätzlich erwünschter, betriebswirtschaftlich sinnvoller Sanierungen. Mit der Steuerfreistellung von Sanierungsgewinnen nimmt der Gesetzgeber die unterschiedliche Behandlung der verschiedenen Gruppen von Steuerpflichtigen zugunsten der Erreichung dieses Lenkungsziels in Kauf bzw. verweist auf diesen Lenkungszweck zugleich als Rechtfertigung der Ungleichbehandlung. Der angestrebte Lenkungszweck und die erforderte offenkundige parlamentarische Entscheidung wurden zudem in den Gesetzesmaterialien[472] deutlich zum Ausdruck gebracht. Zu klären ist nunmehr jedoch die Frage, ob dieser Lenkungszweck und seine Begründung durch den Gesetzgeber den Maßstäben des BVerfG an die Rechtfertigung der Lenkungssteuer gerecht werden. Festzuhalten ist dabei zunächst, dass der Lenkungszweck nach der Rechtsprechung des BVerfG zulässig ist und der am Gleichheitssatz gemessenen verfassungsrechtlichen Überprüfung standhalten dürfte. Denn wirtschafts- und arbeitsmarktpolitische Ziele berechtigen den Gesetzgeber zur Vornahme einer Lenkung, die darin besteht, Unternehmen, die sich in einer wirtschaftlichen Notsituation befinden, gegenüber anderen Unternehmen bevorzugt zu behandeln. Weiterhin wurde die gesetzgeberische Entscheidung auch hinreichend klar in den Gesetzesmaterialien benannt, der Lenkungszweck mithin erkennbar gemacht. Die Begründung der parlamentarischen Entscheidung ist danach nicht nur einem systematischen Sinnzusammenhang abzuleiten, sondern ergibt sich eindeutig

[471] s.o. unter B. II. 3. d.
[472] Etwa deutlich im Bericht des FinA zu § 3a, *BT-DrS* 18/12128, 31.

aus den Gesetzesmaterialien. Auch die Gesichtspunkte der Außengerechtigkeit und Binnengerechtigkeit werden von der Steuerbefreiungsnorm erfüllt. Denn die Begünstigungsadressaten („Sanierungsunternehmen") werden durch die Begünstigungsregelung klar von anderen Steuerpflichtigen abgegrenzt, wodurch dem Postulat der Außengerechtigkeit Rechnung getragen wird. Auch der Forderung nach Binnengerechtigkeit trägt die Begünstigungsregelung Rechnung. Denn sie erfasst sämtliche Sanierungsunternehmen, die eine unternehmensbezogene Sanierung anstreben, unabhängig von ihrer Rechtsform und anderen Unterscheidungsmerkmalen. Die Steuerbefreiung nach § 3a EStG ist danach eine Lenkungszwecknorm, die gleichheitsgerecht ausgestaltet ist und mit einem legitimen Lenkungszweck gerechtfertigt und von der erkennbaren parlamentarischen Entscheidung des Gesetzgebers getragen wird.

## 5. Einschränkungen durch das Folgerichtigkeitsgebot

Allerdings muss auch bei der Rechtfertigung von Ungleichbehandlungen zur Erreichung eines grundsätzlich legitimen Lenkungszwecks das Gebot der Folgerichtigkeit als weiteres Besteuerungsgrundprinzip, angemessen berücksichtigt werden. Denn die generell weitreichende Gestaltungsfreiheit des Gesetzgebers wird im Einkommensteuerrecht durch die beiden, sich gegenseitig ergänzenden, wesentlichen Besteuerungsgrundsätze konturiert und zugleich flankierend begrenzt; durch das gleichheitsrechtliche Gebot der Besteuerung nach der Leistungsfähigkeit und durch das von der Rechtsprechung entwickelte, nunmehr weithin anerkannte Gebot der Folgerichtigkeit[473]. Die Bedeutung des Leistungsfähigkeitsprinzips, sein Inhalt und seine Reichweite im nationalen Steuerrecht und im Zusammenhang mit der

[473] BVerfG Urt. v. 27.6.1991 BvR 1493/89, BStBl II 91, 654: „Aus dem Gebot der möglichst gleichmäßigen Belastung aller Steuerpflichtigen folgt: Der Gesetzgeber hat zwar bei der Auswahl des Steuergegenstandes und bei der Bestimmung des Steuersatzes einen weitreichenden Entscheidungsspielraum. Bei der Ausgestaltung dieses Ausgangstatbestandes hat er die einmal getroffene Belastungsentscheidung dann aber folgerichtig im Sinne der Belastungsgleichheit umzusetzen." ; BVerfG Beschl. v. 4.12.2002 - 2 BvR 400/98 - BStBl. II 2003, 534 - DStR 2003, 633 (635) - NJW 2003, 2079 (2080): „Die grundsätzliche Freiheit des Gesetzgebers, diejenigen Sachverhalte tatbestandlich zu bestimmen, an die das Gesetz dieselben Rechtsfolgen knüpft und die es so als rechtlich gleich qualifiziert, wird für den Bereich des Steuerrechts und insbesondere für den des Einkommensteuerrechts vor allem durch zwei eng miteinander verbundene Leitlinien begrenzt: durch das Gebot der Ausrichtung der Steuerlast am Prinzip der finanziellen Leistungsfähigkeit und durch das Gebot der Folgerichtigkeit. Danach muss im Interesse verfassungsrechtlich gebotener steuerlicher Lastengleichheit darauf abgezielt werden, Steuerpflichtige bei gleicher Leistungsfähigkeit auch gleich hoch zu besteuern (horizontale Steuergerechtigkeit), während (in vertikaler Richtung) die Besteuerung höherer Einkommen im Vergleich mit der Steuerbelastung niedriger Einkommen angemessen sein muss. Zwar hat der Gesetzgeber bei der Auswahl des Steuergegenstands und bei der Bestimmung des Steuersatzes einen weit reichenden Entscheidungsspielraum, jedoch muss er unter dem Gebot möglichst gleichmäßiger Belastung aller Steuerpflichtigen bei der Ausgestaltung des steuerrechtlichen Ausgangstatbestands die einmal getroffene Belastungsentscheidung folgerichtig im Sinne der Belastungsgleichheit umsetzen."; BVerfG, Beschl. v. 12.10 2010 - 1 BvL 12/07 – BVerfGE 127, 224; BVerfG, Beschl. v. 21.6.2006 - 2 BvL 2/99, BVerfGE 116, 164 (191 ff.), NJW 2006, 2757 (2761 ff.), DStR 2006, 1316; BVerfG, Beschl. v. 7.11.2006, 1 BvL 10/02, BVerfGE 117, 1, 30, DStR 2007, 235; BVerfG, Urt. v. 9. 12. 2008, 2 BvL 1/07, 2 BvL 2/07, 2 BvL 1/08, 2 BvL 2/08, BVerfGE 122, 210, 230 f., DStR 2008, 2460; *Hey,* DStR 2009, 2561; *Jahndorf,* StuW 2016, 256; *Ratschow,* in: Brandis/Heuermann, EStG, 167. EL Mai 2023, § 2 Rn. 15.

Steuerbarkeit von Sanierungsgewinnen wurden an anderer Stelle[474] dargelegt. Dadurch wurde der Befund herausgearbeitet, dass der Sanierungsgewinn ein Ausdruck von Leistungsfähigkeit ist und danach grundsätzlich der Besteuerung zu unterliegen hat.[475] Zu erörtern ist nunmehr, ob eine Steuerverschonung durch Steuerbefreiung, die zur Effektuierung einer Lenkungswirkung zulässig ist, auch folgerichtig im Sinne des Folgerichtigkeitsgebots ist.

### a. Inhalt des Folgerichtigkeitsgebots

Der Begriff der Folgerichtigkeit wurde anfangs vom BVerfG unscharf verwendet und nicht weiter konturiert.[476] Über einen längeren Zeitraum wurde in dieser Hinsicht auch mit dem Postulat nach Systemgerechtigkeit argumentiert, wobei diese mit der Folgerichtigkeit gleichgesetzt wurde und es dadurch zur synonymen Verwendung beider Begriffe kam.[477] In der Rechtsprechung der letzten Jahre wurde jedoch zuletzt nur noch der Begriff der Folgerichtigkeit regelmäßig verwendet. Er hat den Begriff der Systemgerechtigkeit abgelöst.[478] In der Literatur findet sich der Ausgangspunkt der Folgerichtigkeit als Rechtsgedanke in der Systemlehre von *Canaris*.[479] Nach *Canaris* erfordert die Folgerichtigkeit die konsequente Wiederaufnahme der einmal getroffenen Wertung und ihr „Zuendedenken bis in alle Einzelforderungen".[480] Im steuerlichen Kontext wurde das Folgerichtigkeitsgebot mit einer genaueren Konturierung erst im sog. Zinsurteil des BVerfG im Jahr 1991 formuliert und akzentuiert.[481] In diesem Urteil wurde ein strukturelles Vollzugsdefizit im Bereich der Steuerverwaltung identifiziert. Eine Ungleichbehandlung lag darin, dass die für Zinserträge festzusetzende Steuer nur diejenigen Steuerpflichtigen betraf, die ihre Zinserträge erklärt und damit offenbart hatten. Über die sich anschließenden drei Jahrzehnte wurde das Gebot der Folgerichtigkeit regelmäßig wieder aufgegriffen und in seinem Inhalt und seiner Bedeutung verfestigt. Dabei geht das BVerfG in seiner Rechtsprechung nunmehr davon aus, dass das Folgerichtigkeitsgebot in Art. 3 Abs. 1 GG wurzelt, jedoch nicht über dessen Anforderungen hinausreicht.[482] Sinn und Zweck des Gebots der Folgerichtigkeit ist die Vermeidung von Wertungswidersprüchen innerhalb der objektiven Rechtsordnung.[483] Der Gesetzgeber bindet sich selbst in Bezug auf die Maßstäbe der

---

[474] s.o. unter B. II. 2. und 3.
[475] s.o. unter B. II. 3. d.
[476] BVerfG v. 5.4.1952 – 2 BvH 1/52, BVerfGE 1, 208-261; v. 7.5.1968 – 1 BvR 420/64, BVerfGE 23, 242-258, BStBl. II 1968, 549.
[477] *Payandeh*, AöR, 2011, 579 (581 f.) m.w.N.
[478] *Drüen*, StuW 2019, 205 (207).
[479] *Canaris*, Systemdenken und Systembegriff in der Jurisprudenz, 1983, S. 16.
[480] *Canaris*, Systemdenken und Systembegriff in der Jurisprudenz, 1983, S. 16.
[481] BVerfG v. 27.6.1991 – 2 BvR 1493/89, BStBl. II 1991, 654, BVerfGE 84, 239: „Bei der Ausgestaltung dieses Ausgangstatbestandes hat er die einmal getroffene Belastungsentscheidung dann aber folgerichtig im Sinne der Belastungsgleichheit umzusetzen."
[482] *Döring/Garz*, FR 2021, 834 (835).
[483] *Payandeh*, AöR, 2011, 579 (583 f.) m.w.N.

folgerichtigen Ausgestaltung von Gesetzen.[484] Für das Steuerrecht verlangt das Folgerichtigkeitsgebot also die widerspruchsfreie und systemkonforme Umsetzung der einmal getroffenen Belastungsgrundentscheidung im Sinne der Belastungsgleichheit bei der Ausgestaltung des steuerrechtlichen Ausgangstatbestands.[485] Eine Verletzung des Folgerichtigkeitsgebots kann danach vorliegen, wenn der Gesetzgeber von einer einmal vorgenommenen Grundwertung ohne hinreichenden Rechtfertigungsgrund[486] abweichen will. Eine solche Abweichung kann jedoch ausnahmsweise gerechtfertigt sein, wobei diese einen sachlichen Grund erfordert.[487] Teilweise forderte das BVerfG insoweit einen Grund, der dem Verhältnismäßigkeitsmaßstab standhielt. Meist wurden jedoch auch lediglich plausible oder hinreichende Gründe für ausreichend gehalten.[488] Als sachliche Gründe zur ausnahmsweisen Rechtfertigung von der folgerichtigen Umsetzung wurden vom BVerfG auch insoweit insbesondere außerfiskalische Förder- und Lenkungszwecke und Typisierungs- und Vereinfachungserfordernisse[489] anerkannt.[490] Der mit der Lenkungsnorm verfolgte Lenkungszweck, der zugleich Bezugspunkt und Ziel der intendierten Lenkungswirkung ist, bildet also zugleich auch den Rechtfertigungsgrund für die Abweichung vom Folgerichtigkeitsgebot.

### b. Außerfiskalischer Lenkungszweck zur Rechtfertigung ausnahmsweiser Durchbrechung des Folgerichtigkeitsgebots

Es ist dem Steuergesetzgeber, wie soeben gezeigt, im Sinne einer gesetzgeberisch erwünschten Lenkungszielsetzung grundsätzlich erlaubt, außerfiskalische Förder- und Lenkungsziele aus Gründen des Gemeinwohls[491] zu verfolgen.[492] Zur Erreichung dieser Ziele darf er nicht nur

---

[484] *Döring/Garz*, FR 2021, 834 (835).
[485] Geprägt durch das BVerfG, Urt. v. 17.12.2014 – 1 BvL 21/12, BVerfGE 138, 136, DStR 2015, 31; *Gersch*, in: Klein, 16. Aufl. 2022, AO § 3 Rn. 17; *Droege*, StuW 2011, 105 (109); *Jahndorf*, StuW 2016, 256; *Tipke*, StuW 2007, 201.
[486] *Kube*, in: BeckOK-GG, 55. Ed. 15.5.2023, GG Art. 105 Rn. 8: „Ausnahmen von einer folgerichtigen Umsetzung bedürfen eines besonderen rechtfertigenden Grundes, (...)"; *Wernsmann*, Verhaltenslenkung in einem rationalen Steuersystem, 2005, S. 221 ff., 238 ff.
[487] St. Rspr.: BVerfG, Beschl. v. 22.06.1995 - 2 BvL 37/91, BVerfGE 93, 121 (136), NJW 1995, 2615, DStR 1995, 1345; BVerfG, Beschl. v. 30.9.1998, 2 BvR 1818-91, BVerfGE 99, 88, 95, DStR 1998, 1743; BVerfG, Urt. v. 6. 3. 2002, 2 BvL 17/99, 105, 73, 126, DStRE 2002, 349; BVerfG Beschl. v. 4.12.2002 – 2 BvR 400/98, BStBl. II 2003, 534, DStR 2003, 633; BVerfG, Beschl. v. 21.6.2006 - 2 BvL 2/99, 116, 164, 180 f., BVerfGE 116, 164, NJW 2006, 2757, DStR 2006, 1316; BVerfG, Beschl. v. 7.11.2006, 1 BvL 10/02 Rn 97b, BVerfGE 117, 1, 30, DStR 2007, 235: „Bei der Ausgestaltung des steuerlichen Ausgangstatbestands muss die einmal getroffene Belastungsentscheidung folgerichtig im Sinne der Belastungsgleichheit umgesetzt werden. Ausnahmen von einer solchen folgerichtigen Umsetzung bedürfen eines besonderen sachlichen Grundes."; BVerfG v. 12.5.2009 – 2 BvL 1/00 , BVerfGE 123, 111-131, BStBl. II 2009, 685, FR 2009, 873: „Eine steuergesetzliche Abweichung der vorliegenden Art von der Maßgeblichkeit des handelsrechtlichen Vorsichtsprinzips auch für die steuerrechtliche Gewinnermittlung verletzt nur dann das aus Art. 3 Abs. 1 GG folgende Gebot folgerichtiger Ausgestaltung steuergesetzlicher Belastungsentscheidungen, wenn sich kein sachlicher Grund für diese Abweichung finden lässt, die einfachgesetzliche "Ausnahmevorschrift" also als willkürlich zu bewerten ist."
[488] *Döring/Garz*, FR 2021, 834 (835).
[489] BVerfG, Beschl. v. 11.11.1998, 2 BvL 10/95, BVerfGE 99, 280 (296), DStRE 1999, 202; BVerfG, Urt. v. 20.4.2004, 1 BvR 1748/99, 905/00, BVerfGE 110, 274, 292, BeckRS 2004, 21962.
[490] BVerfG, Urt. v. 9.12.2008 - 2 BvL 1/07, 2 BvL 2/07, 2 BvL 1/08, 2 BvL 2/08; nicht hingegen den rein fiskalischen Zweck staatlicher Einnahmenmaximierung.
[491] BVerfG, Urt. v. 17.12.2014 – 1 BvL 21/12, BVerfGE 138, 136, DStR 2015, 31.

durch rechtsverbindliche Ge- und Verbote, sondern auch durch mittelbare Verhaltenssteuerung auf Wirtschaft und Gesellschaft gestaltend Einfluss nehmen.[493] Das BVerfG anerkennt die steuerliche Investitions- und Arbeitsplatzförderung als Rechtfertigung für steuerliche Begünstigungen[494], wirtschaftliches Wachstum und damit für die Schaffung wettbewerbsfähiger Arbeits- und Ausbildungsplätze.[495] Insoweit wird dem Gesetzgeber ein zugunsten wirtschaftspolitischer Förder- und Lenkungsziele erweiterter Typisierungsspielraum eingeräumt.[496] Gleichzeitig werden jedoch erhöhte Anforderungen an die Beachtung der Grundsätze der Folgerichtigkeit gestellt.[497] Ein Postulat des Folgerichtigkeitsgebots im konkreten Kontext wäre grundsätzlich die Besteuerung sämtlicher durch Forderungserlass erzeugter Gewinne ungeachtet ihrer situativen Entstehungsursache und ungeachtet der subjektiven Motivation der verzichtenden Gläubiger. Die Nichtbesteuerung von Sanierungsgewinnen könnte sich danach dem Vorwurf eines präsumtiven Verstoßes gegen das Folgerichtigkeitsgebot ausgesetzt sehen. Der Große Senat erblickt in der Steuerbefreiung von Sanierungsgewinnen jedoch eine Beteiligung des Fiskus an Sanierungen durch Steuersubvention[498] und identifiziert mithin keinen nicht zu rechtfertigenden Verstoß gegen das Folgerichtigkeitsgebot. Denn die steuerlich privilegierte Behandlung von Sanierungsgewinnen unterstütze die Restrukturierung notleidender Unternehmen und verfolge demnach wirtschafts- und arbeitsmarktpolitische Ziele.[499] Durch die erfolgreiche Verhinderung der Insolvenz oder Liquidation krisengefährdeter Sanierungsunternehmen können einerseits Arbeitsplätze erhalten und gesichert werden. Andererseits werden Unternehmen in ihrer Gesamtheit erhalten, wodurch sich ein gesamtwirtschaftlicher Nutzen für sämtliche Vertragspartner dieser Unternehmen ergibt. Zugleich bleiben genau dadurch Steuerquellen erhalten, was dem Gemeinwohl zugutekommt.[500] Insoweit liegt in der Steuerbefreiung des durch Gläubigerforderungsverzicht erzeugten Sanierungsgewinns, der, wie an anderer Stelle erörtert und festgestellt wurde, aus steuersystematischer Sicht Ausdruck einer Zunahme von Leistungsfähigkeit ist,[501] eine gerechtfertigte Beteiligung des Fiskus an der

[492] st. Rspr.: BVerfG, Beschl. v. 17.1.1957 - 1 BvL 4/54, BVerfGE 6, 55, NJW 1957, 417 (419); BVerfG v. 22.6.1995, 2 BvL 37/91, BVerfGE 93, 121 (147), NJW 1995, 2615 (2619); BVerfG Beschl. v. 11.11.1998, 2 BvL 10/95, BVerfGE 99, 280, 296, DStRE 1999, 202; BVerfG, Urt. v. 6.3.2002, 2 BvL 17/99, BVerfGE 105, 73, 12 f., DStR 2002, 443; BVerfG Urt. v. 20.4.2004, 1 BvR 1748/99, 905/00, BVerfGE 110, 274, 292; BVerfG, Beschl. v. 21.6.2006, 2 BvL 2/99, BVerfGE 116, 164, 182, DStR 2006, 1316; BVerfG, Beschl. v. 7.11.2006, 1 BvL 10/02, BVerfGE 117, 1, 31, DStR 2007, 235.

[493] BVerfG, Urt. v. 9.12.2008 - 2 BvL 1/07, 2 BvL 2/07, 2 BvL 1/08, 2 BvL 2/08; BVerfG, Urt. v. 20.4.2004 - 1 BvR 1748/99 u. a., BVerfGE 110, 274, 292 f.; BVerfG, Beschl. v. 7.11.2006 - 1 BvL 10/02, BVerfGE 117, 1, 31 ff.

[494] BVerfG, Beschl. v. 21.6.2006, 2 BvL 2/99, BVerfGE 116, 164, 182, DStR 2006, 1316.

[495] BVerfG, Urt. v. 17.12.2014 – 1 BvL 21/12, DStR 2015, 31.

[496] BVerfG, Beschl. v. 21.6.2006 - 2 BvL 2/99 Rz. 104, BVerfGE 116, 164, 182, DStR 2006, 1316.

[497] BVerfG, Urt. v. 09.12.2008 - 2 BvL 1/07, 2 BvL 2/07, 2 BvL 1/08, 2 BvL 2/08, BVerfGE 122, 210 (244); BVerfG, Beschl. v. 5.2.2002 - 2 BvR 305/93, 2 BvR 348/93, BVerfGE 105, 17; *Kirchhof* in: Kirchhof/Seer EStG, 22. Aufl. 2023, Einleitung Rn. 35.

[498] BFH, Beschl. v. 28.11.2016 - GrS 1/15, Rz. 139, BStBl 2017 II S. 393.

[499] BFH, Beschl. v. 28.11.2016 - GrS 1/15 Rz. 136, 146, BStBl 2017 II S. 393.

[500] Grundziele wirtschafts- und arbeitsmarktpolitischer Förderung, s.o.

[501] s.o. unter B. I. 3. d.

Unternehmenssanierung aus wirtschafts- und arbeitsmarktpolitischen Gründen. Diese stellen zugleich die Rechtfertigung für die steuerliche Privilegierung dar. Insoweit ist in der Steuerbefreiung des Sanierungsgewinns ein Lenkungszweck zur Förderung der Wirtschafts- und Arbeitsmarktpolitik zu erblicken, der angesichts der besonderen Situation von Sanierungsunternehmen auch nicht zu einem verfassungsrechtlichen Konflikt mit dem Folgerichtigkeitsgebot führt. Die überwiegende Auffassung in der Literatur versteht die Steuerbefreiung von Sanierungsgewinnen daher zu Recht als Lenkungszwecknorm[502] und identifiziert die sachliche Rechtfertigung der Steuerbefreiung in der besonderen Bedeutung des Forderungserlasses als typische und erfolgversprechende Sanierungsmaßnahme.[503] Diese auf sachlichen Gründen beruhende Differenzierung im Zusammenhang mit der Steuerbarkeit gewerblicher Vorgänge bzw. der Steuerfreistellung des Sanierungsgewinns stellt daher keinen Verstoß gegen den Gleichheitsgrundsatz dar. [504] Insoweit loziert der erforderliche Lenkungszweck in der Bedeutung des Forderungserlasses als sanierungsgeeignete, erfolgsaussichtsreiche Maßnahme zur Unternehmenssanierung. Zudem konturiert die Regelung zur Steuerbefreiung nach § 3a EStG das – unter europarechtlicher Perspektive auch mit der Restrukturierungsrichtlinie[505] – verfolgte Ziel einer durchgreifenden gesetzlichen Hilfestellung zugunsten krisengeschwächter Unternehmen, indem die Betriebsfortführung durch Suspendierung der Besteuerung jedenfalls aus steuerlicher Perspektive (mit)ermöglicht wird.[506]

### c. Stellungnahme zur Beachtung des Folgerichtigkeitsgebots

Die Steuerbefreiung von Sanierungsgewinnen ist, wie vorstehend ausgeführt, als Lenkungszwecknorm zu qualifizieren. Der für die Rechtfertigung der Steuervergünstigung geforderte rechtfertigende Zweck ist in der Notwendigkeit der Erleichterung der Sanierung notleidender Unternehmen aus wirtschafts- und arbeitsmarktpolitischen Gründen zu erblicken. Dieser Lenkungszweck dient als Rechtfertigungsgrund für die Ungleichbehandlung im Sinne der Lenkungswirkung und für die Durchbrechung des Folgerichtigkeitsgebots und wurde durch die

---

502 *Kanzler*, in: Kanzler/Kraft/Bäuml/Marx/Hechtner/Geserich, § 3a EStG Rn. 11, 8. Aufl., Stand: 01.01.2023; *Hallerbach*, in: Herrmann/Heuer/Raupach, EStG/KStG, 319. Lieferung, 7/2023, § 3a Rn. 4; *Kobor*, in: Kirchhof/Söhn/Mellinghoff, EStG, 315. AL 6/2021, § 3a A 131 und A 132.

503 Auch weil durch einen Forderungserlass, anders als beim Ertragszuschuss, liquide Mittel für eine Steuerzahlung nicht zur Verfügung gestellt würden, mit diesem Argument *Kanzler*, NWB 2019, 626 (630).

504 *Kanzler*, NWB 2019, 626 (630).

505 Richtlinie (EU) 2019/1023 v. 20.6.2019 über präventive Restrukturierungsrahmen, über Entschuldung und über Tätigkeitsverbote sowie über Maßnahmen zur Steigerung der Effizienz von Restrukturierungs-, Insolvenz- und Entschuldungsverfahren und zur Änderung der Richtlinie (EU) 2017/1132 (Richtlinie über Restrukturierung und Insolvenz), ABl. EU L 172, 18, umgesetzt durch SanInsFoG v. 22.12.2020 (BGBl 2020 I S. 3256), deren Umsetzung mit dem Gesetz zur Fortentwicklung des Sanierungs- und Insolvenzrechts (SanInsFoG) erfolgt, dessen Kern das StaRUG (Gesetz v. 22.12.2020, BGBl. I 2020, 3256) bildet. Die Verbesserungen der Sanierungsoptionen durch das SanInsFoG sollen insbesondere den Unternehmen zugutekommen, die durch die Folgen der COVID-19-Pandemie Umsatzeinbrüche erlitten haben, vgl. Entwurf eines Gesetzes zur Fortentwicklung des Sanierungs- und Insolvenzrechts (Sanierungs- und Insolvenzrechtsfortentwicklungsgesetz – SanInsFoG), BT-Drs. 19/24181 S. 2, 88.

506 *Seer* in: Kirchhof/Seer, EStG, 22. Aufl. 2023, § 3a EStG Rn. 2; *Eilers/Walter-Yadegardjam* stufen dieses Ziel nicht zuletzt auch vor dem Hintergrund der wirtschaftlichen Folgen der COVID-19-Pandemie als weiterhin höchst bedeutsam ein, *Eilers/Walter-Yadegardjam*, FR 2020, 481 (483).

Gesetzesmaterialien eindeutig als gesetzgeberische Entscheidung zum Ausdruck gebracht. Mit der Steuerbefreiung hat der Gesetzgeber die grundlegende Entscheidung zugunsten der steuerlichen Begünstigung von Sanierungsgewinnen unter ausnahmsweiser Abweichung von der grundsätzlichen Steuerbarkeit derartiger gewerblicher Gewinne getroffen. Die Rechtfertigung der Durchbrechung des Folgerichtigkeitsgebots ergibt sich aus dem klar formulierten Lenkungszweck. Gerade um Insolvenzen zu vermeiden und vorinsolvenzliche Sanierungen nicht zu behindern, ist die steuerliche Privilegierung durch Gläubigerforderungsverzicht entstandener Gewinne notwendig und rechtfertigt sowohl den Durchbruch des Leistungsfähigkeitsprinzips als auch des Folgerichtigkeitsgebots. Der Gesetzgeber weicht zugleich in hinreichend begründeter Weise von der Grundentscheidung der Besteuerung gewerblicher Gewinne zugunsten des durch Forderungserlass sanierungsbedingt erzeugten Gewinns ab und macht damit eine Ausnahme zugunsten der steuerlichen Verschonung und damit zugleich für die Privilegierung von Sanierungsgewinnen. Auf der Grundlage seiner Entscheidung, betriebswirtschaftlich sinnvolle Sanierungsvorgänge steuerlich nicht zu behindern, ist diese Entscheidung des Gesetzgebers auch folgerichtig. Denn darin liegt ein Rechtfertigungsgrund, der die Ungleichbehandlung und Durchbrechung des Folgerichtigkeitsgebots rechtfertigt. Zudem erfüllt der vom Gesetzgeber klar definierte Lenkungszweck die formalen Voraussetzungen zur Rechtfertigung der Lenkungszwecknorm. Die gesetzgeberische Entscheidung zugunsten der Privilegierung von Sanierungsgewinnen zur Förderung von Sanierungsbestrebungen aus gesamtwirtschaftlichen Gründen steht zudem auch im Einklang mit europarechtlichen Maßgaben. Dies wird nicht zuletzt an den von der Restrukturierungsrichtlinie getroffenen Grundwertungen[507] deutlich, die jüngst durch das Gesetz zur Fortentwicklung des Sanierungs- und Insolvenzrechts[508] und das Gesetz über den Stabilisierungs- und Restrukturierungsrahmen für Unternehmen[509] in das nationale Recht umgesetzt wurden.

## 6. Zwischenergebnis zu den verfassungsrechtlichen Implikationen

Im Hinblick auf die verfassungsrechtlichen Implikationen der Steuerbefreiung von Sanierungsgewinnen hat die vorliegende Untersuchung bis zu dieser Stelle vier wesentliche Befunde hervorgebracht. Zunächst ist festzustellen, dass die umstrittene Frage, ob

507 Grundwertungen nach Art. 1 der RestrukturierungsRL: „(1) Präventive Restrukturierungsrahmen, die Schuldnern in finanziellen Schwierigkeiten bei einer wahrscheinlichen Insolvenz zur Verfügung stehen, um die Insolvenz abzuwenden und die Bestandsfähigkeit des Schuldners sicherzustellen; (2) Verfahren, die zur Entschuldung insolventer Unternehmer führen, und (3) Maßnahmen zur Steigerung der Effizienz von Restrukturierungs-, Insolvenz- und Entschuldungsverfahren. Ziel dieser Richtlinie ist es, zum reibungslosen Funktionieren des Binnenmarkts beizutragen und Hindernisse für die Ausübung der Grundfreiheiten, etwa des freien Kapitalverkehrs oder der Niederlassungsfreiheit, zu beseitigen, die auf Unterschiede zwischen den nationalen Vorschriften und Verfahren für die präventive Restrukturierung, die Insolvenz, die Entschuldung und Tätigkeitsverbote zurückzuführen sind."

508 SanInsFoG als Abkürzung für Sanierungs- und Insolvenzrechtsfortentwicklungsgesetz v. 18.12.2020, BGBl I 2020, 3356 ff.; BR-Drucks. 619/20.

509 Unternehmensstabilisierungs- und -restrukturierungsgesetz v. 22.12.2020, BGBl. I 2020, 3256.

Sanierungsgewinne Ausdruck von Leistungsfähigkeit sind, zu bejahen ist. Der Sanierungsgewinn ist nicht lediglich als Buch- oder Scheingewinn anzusehen und stellt keine bloße formelle Vermögensmehrung dar. Auch die durch den Schuldenerlass ermöglichte Verhinderung des endgültigen Zusammenbruchs des Sanierungsunternehmens spricht nicht gegen die verzichtsbedingte Zunahme der Leistungsfähigkeit. Denn durch den Schuldenerlass verbessern sich Eigenkapitalquote und Verschuldungsgrad des Verzichtsbegünstigten. Der Gläubigerverzicht auf wirksam begründete Forderungen, zugleich Schulden bzw. Verbindlichkeiten des Sanierungsunternehmens, ermöglicht somit die wirtschaftliche, zugleich finanzielle Entschuldung und führt zu einer Zunahme von Leistungsfähigkeit des Sanierungsunternehmens. Dabei kommt es primär auf den in wirtschaftlicher Hinsicht herbeigeführten Effekt, namentlich auf die Verbesserung der wirtschaftlichen Situation des Sanierungsunternehmens, an. Demgegenüber kann auch die durch den Gläubigerforderungsverzicht ausbleibende Zunahme von Liquidität nicht wirksam gegen die Leistungsfähigkeitszunahme in Stellung gebracht werden. Denn die Zunahme von Liquidität ist kein Wesensmerkmal von Leistungsfähigkeit. Leistungsfähigkeit ist danach nicht nur „Ist-Zahlungsfähigkeit". Die Leistungsfähigkeitszunahme äußert sich vielmehr in den durch die Entschuldung ausgelösten Effekten.

Weiterhin ist festzustellen, dass das Leistungsfähigkeitsprinzip in der Verfassung verankert ist, es sich mithin als Verfassungsprinzip darstellt. Zwar ist es darin nicht wortwörtlich enthalten, es erlangt aber einen verfassungsrechtlichen Rang vermittelt über die Grundwertungen des Gleichheitssatzes und der sich in ihm widerspiegelnden Freiheitsgrundrechte. Wäre das Leistungsfähigkeitsprinzip nicht verfassungsrechtlich fundiert, würde es durch seine Funktion als Vergleichsmaßstab zur Maßstabsbildung für Zwecke des Art. 3 Abs. 1 GG ebenfalls maßgeblichen, im Vergleich zu seiner Wirkmacht als Verfassungsprinzip jedoch geringeren, Einfluss auf das Postulat rechtmäßiger Besteuerung im nationalen Ertragsteuerrecht nehmen. Für die vorliegende Untersuchung ist der Befund seiner verfassungsrechtlichen Verankerung insoweit signifikant, als dass eine gesetzgeberische Gestaltung, die das Leistungsfähigkeitsprinzip unberücksichtigt lässt oder seine Wertungen durch Außerachtlassung des Gewinnzuwachses im konkreten Fall des Sanierungsgewinns sogar missachtet, nicht nur verfassungsrechtlich bedenklich, sondern verfassungswidrig sein könnte.

Weiterhin ist die im vorstehenden Abschnitt der Untersuchung aufgeworfene Frage, ob die Steuerbefreiung als Lenkungszwecknorm einen Lenkungszweck und damit einen Rechtfertigungsgrund für die steuerliche Verschonung aufweist, der auch die präsumtive Kollision mit dem Folgerichtigkeitsgebot zu rechtfertigen imstande ist, ebenfalls zu bejahen. Mit der Steuerbefreiung von Sanierungsgewinnen nimmt der Gesetzgeber eine steuerliche Privilegierung vor, die aus wirtschafts- und arbeitsmarktpolitischen Gründen dem parlamentarisch geäußerten Desiderat der steuerlichen Erleichterung resp. Nichtbehinderung betriebswirtschaftlich sinnvoller Sanierungen gerecht wird. Der Gesetzgeber hat sich ausdrücklich und erkennbar für die steuerliche Privilegierung betriebswirtschaftlich erwünschter Sanierungen entschieden und den Adressatenkreis der Steuerbefreiung im Sinne der Außen- und Binnengerechtigkeit hinreichend klar im Verhältnis der Adressaten zu anderen Steuerpflichtigen und im Verhältnis der Adressaten im Verhältnis zueinander umgrenzt. Der Lenkungszweck selbst gehört in den Kreis der vom BVerfG als zulässig bezeichneten Lenkungszwecke, die steuerliche Privilegierungen grundsätzlich zu rechtfertigen imstande sind. Daher ist weiterhin festzustellen, dass der zulässige, parlamentarisch erkennbar gemachte Lenkungszweck einen Rechtfertigungsgrund zur Durchbrechung des Gebotes der Folgerichtigkeit zugunsten des Eintritts der angestrebten Lenkungswirkung – Förderung und Unterstützung der Sanierung von Unternehmen – darstellt.

## C. Zielgenauigkeit der Steuerbefreiungsvorschrift

Im Anschluss an die Erörterung der verfassungsrechtlichen Implikationen im Zusammenhang mit der Besteuerung von Sanierungsgewinnen soll die Steuerbefreiungsvorschrift des § 3a EStG nunmehr auf ihre Tauglichkeit zur Effektuierung eines wirkungsvollen Sanierungssteuerrechts und damit auch auf ihre Zielgenauigkeit hin untersucht werden. Dazu soll untersucht werden, ob die Neuregelung nach ihrer gesetzlichen Struktur und Reichweite ein erwünschtes,[510] bislang nicht existierendes [511] wirkungsvolles Sanierungssteuerrecht installiert. Die Steuerbefreiungsvorschrift begünstigt ihrem Wortlaut nach nur den durch Gläubigerforderungsverzicht (Schuldenerlass) erzeugten Sanierungsgewinn. Denn „Betriebsvermögensmehrungen oder Betriebseinnahmen aus einem Schuldenerlass" sind „zum Zwecke einer unternehmensbezogenen Sanierung im Sinne des Absatzes 2 (Sanierungsertrag)" nach § 3a Abs. 1 EStG steuerfrei. Im weiteren Verlauf der Untersuchung ist daher zunächst der Frage nachzugehen, welche anderen Maßnahmen, die zur Sanierung krisengefährdeter Unternehmen regelmäßig ergriffen werden, neben dem wortlautgemäß ausdrücklich und auf den ersten Blick scheinbar ausschließlich erfassten Schuldenerlass vom sachlichen Anwendungsbereich der Steuerbefreiungsvorschrift des § 3a EStG de lege lata erfasst sind bzw. de lege ferenda erfasst sein sollten. Zu eruieren ist insoweit, welche Sanierungsmaßnahmen in den sachlichen Anwendungsbereich einbezogen werden sollten, um dem gesetzgeberischen Anliegen eines effektiven Sanierungssteuerrechts[512] de lege ferenda zu entsprechen. An anderer Stelle wurde bereits festgestellt, dass verzichtsbedingt entstehende Sanierungsgewinne Ausdruck einer Zunahme von Leistungsfähigkeit sind und deren Steuerbefreiung durch Implementierung einer Lenkungszwecknorm verfassungsrechtlich gerechtfertigt ist. Nunmehr ist die Frage zu beantworten, ob die Regelung im Interesse eines wirkungsvollen Sanierungssteuerrechts de lege lata praxistauglich ist, und dabei zunächst insbesondere, ob die in § 3a Abs. 2 EStG normierten Voraussetzungen der Steuerbefreiung sinnhaft gewählt sind, um das gesetzgeberisch gewünschte Ziel zu erreichen, betriebswirtschaftlich sinnvolle Sanierungen nicht zu behindern und „unnötige Liquidationen" zu vermeiden.[513] In diesem Zusammenhang ist auch die umstrittene Frage zu beantworten, ob der Forderungsverzicht von Gesellschafter-Gläubigern dem Verzicht von Fremdgläubigern in ihren Rechtsfolgen und bilanziellen

---

[510] *Seer*, DStR-Beihefter 2014, 117 (129).

[511] *Blaas/Schwahn*, DB 2013, 2350 (2350); *Depré/Dobler* in: Beck/Depré/Ampferl, Praxis der Insolvenz, 4. Aufl. 2023, § 35 Rn. 155; *Frotscher/Schulze*, in: Gottwald/Haas, Insolvenzrechts-Handbuch, 6. Aufl. 2020, Kapitel XI, § 118 Rn. 1; *Jachmann-Michel/Vogel*, in: von Mangoldt/Klein/Starck, Band III, 7. Aufl. 2018, GG Art. 105 Rn. 24d.

[512] vgl. Bericht des FinA zu § 3a, *BT-DrS* 18/12128, 31.

[513] vgl. Bericht des FinA zu § 3a, *BT-DrS* 18/12128, 31, „Die Steuerbefreiung soll im Einklang mit den Bemühungen der EU-Kommission stehen, die rechtlichen Rahmenbedingungen für eine frühzeitige Restrukturierung von Unternehmen, die sich in einer finanziellen Notlage befinden, zu verbessern und unnötige Liquidationen zu verhindern (vgl. Richtlinienvorschlag der EU-Kommission vom 22. November 2016 (COM(2016) 723 final über präventive Restrukturierungsrahmen, die zweite Chance und Maßnahmen zur Steigerung der Effizienz von Restrukturierungs-, Insolvenz- und Entschuldungsverfahren und zur Änderung der Richtlinie 2012/30/EU)".


K.-E. Koke, *Der Sanierungsgewinn im Steuerrecht*,
https://doi.org/10.1007/978-3-658-53004-4_3

Auswirkungen gleichzustellen ist. Dies ist erforderlich, weil Gesellschafterforderungsverzichte einen regelmäßigen Anwendungsfall im Sanierungszusammenhang darstellen und aufgrund der problematischen Abgrenzung zwischen gesellschaftlicher und betrieblicher Verzichtsveranlassung eine Sonderrolle einnehmen. Diese Frage wird im Folgenden sowohl für Gesellschafter von Kapitalgesellschaften als Sanierungsunternehmen als auch für Gesellschafter von Personengesellschaften als Sanierungsunternehmen gesondert untersucht.

## I. Entstehung eines Sanierungsgewinns

Nach der Legaldefinition des § 3a Abs. 1 Satz 1 EStG ergibt sich ein Sanierungsgewinn[514] aus der betrieblich veranlassten Erhöhung des Betriebsvermögens[515], die dadurch entsteht, dass Schulden zum Zweck der Sanierung durch die vorhandenen Gläubiger ganz oder teilweise erlassen werden[516]. Für die Begriffe „Krise" und „Sanierung" bestehen bislang keine einheitlichen oder abschließenden Definitionen.[517] Einigkeit besteht darin, dass der Sanierung regelmäßig eine Krise vorausgeht. Dabei begreift die Betriebswirtschaftslehre die Krise als einen Zustand, in dem die Lebensfähigkeit des Schuldners in Frage gestellt wird und seine Existenz gefährdet oder bedroht ist.[518] Eine „Unternehmensbedrohung" ist jedoch nicht per se gleichzusetzen mit einer „Unternehmensvernichtung". Der betriebswirtschaftliche Krisenbegriff beinhaltet daher immer auch die Möglichkeit der Krisenabwendung.[519] Als Sanierung werden insoweit folgerichtig Maßnahmen verstanden, die geeignet sind, ein Unternehmen vor dem Zusammenbruch zu bewahren und wieder ertragsfähig zu machen,[520] damit gemeint sind also „finanzwirtschaftliche Maßnahmen", die zur „Behebung der Krise" geeignet sind. Der BFH definiert die Sanierung als „Bündel von Maßnahmen", die imstande sind, die Ertragsfähigkeit wieder herzustellen.[521] Eine andere Auffassung versteht unter der „Sanierung" eine Gesamtmaßnahme, die der Überwindung der Unternehmenskrise dient, was zugleich ebenfalls voraussetzt, dass die Sanierung die Ertragsfähigkeit wiederherstellen könne, ohne dass jedoch ein tatsächlicher Sanierungserfolg eintreten müsse.[522] Nach hier vertretener Auffassung bildet der Begriff „Sanierung" die terminologische Grundlage für die Gesamtheit aller finanzwirtschaftlichen Maßnahmen, die zur Revitalisierung des Unternehmens und damit gleichzeitig zur beabsichtigten Wiederherstellung der Ertragskraft geeignet sind und aktiv

---

[514] Im Wortlaut bezeichnet das Gesetz den Sanierungsgewinn als Sanierungsertrag.
[515] Wortlaut des § 3a Abs. 1 EStG: „Betriebsvermögensmehrungen oder Betriebseinnahmen".
[516] Wortlaut des § 3a Abs 1 EStG: „aus einem Schuldenerlass zum Zwecke einer unternehmensbezogenen Sanierung im Sinne des Absatzes 2".
[517] *Kautzmann*, Ertragsteueroptimale Sanierungsstrategien, 2015, S. 18.
[518] *Beutel/Sistermann*, in: Lüdicke/Sistermann, Unternehmensteuerrecht, 2. Aufl. 2018, § 18 Rn. 3.
[519] *Beutel/Sistermann*, in: Lüdicke/Sistermann, Unternehmensteuerrecht, a.a.O.
[520] *Beutel/Sistermann*, in: Lüdicke/Sistermann, Unternehmensteuerrecht, 2. Aufl. 2018, § 18 Rn. 5.
[521] BFH, Urt. v. 10.4.2003, IV R 63/01, BStBl. II 2004, 9.
[522] *Kautzmann*, Ertragsteueroptimale Sanierungsstrategien, 2015, S. 19.

ergriffen werden, um das Ziel der wirtschaftlichen Gesundung des Unternehmens zu erreichen. Dabei gehören Entschuldungsmaßnahmen regelmäßig zu dem Instrumentarium, das dem Sanierungsunternehmen den Schuldendruck nimmt, es also wirtschaftlich entlastet und auf den Weg des idealiter erfolgreichen Sanierungsverfahrensabschlusses bringt. Für die Beurteilung der Geeignetheit der ergriffenen Maßnahmen kommt es dabei nicht auf den objektiv messbaren Erfolg jeder einzelnen Maßnahme aus Ex-post-Sicht, sondern auf die verobjektivierte Ex-ante-Sicht an.

Der durch Gläubiger eines Sanierungsunternehmens erklärte Schuldenerlass[523] ist ein Entschuldungsinstrument und damit zugleich eine Sanierungsmaßnahme, die zur Bewältigung von Unternehmenskrisen im Rahmen sog. konsensualer Restrukturierungsprozesse[524] regelmäßig gewählt wird. Ziel ist die Umgestaltung bestehender Schuldverhältnisse[525] zum Zwecke der Reduzierung des Schuldenbetrags[526] zugunsten des Sanierungsunternehmens.[527] Der Sanierungsgewinn entsteht rechtlich durch den Schuldenerlass und bilanziell durch die Ausbuchung der erlassenen Verbindlichkeit. Auf diese Weise werden Schulden als originäre Bestandteile des Fremdkapitals reduziert. Die Ursache der Begründung der Verbindlichkeit ist dabei für die Entstehung des Sanierungsgewinns bei Erlass selbiger unerheblich. Schafft das spätere Sanierungsunternehmen beispielsweise Anlagevermögen[528] gegen Darlehensaufnahme an, hat dieser Geschäftsvorfall zunächst keine Auswirkung auf das Vermögen, ist bilanziell mithin erfolgsneutral[529]. Das spätere Entfallen der Verbindlichkeit infolge ihres Erlasses erzeugt im Anwendungsbereich des Betriebsvermögensvergleiches[530] einen Gewinn und damit eine Vermögensmehrung, die nur in Fällen der Einlage keine Gewinnerhöhung herbeiführt.[531] Finanziert das Sanierungsunternehmen laufende betriebliche Aufwendungen[532] auf Kredit, führt dieser Vorgang für sich genommen zu einer Vermögensminderung und damit isoliert betrachtet zu einem Verlust. Bei Erlass dieser erfolgswirksam begründeten Verbindlichkeiten entsteht wiederum ein Gewinn.[533] Bei zeitlichem Zusammentreffen der Eingehung der Verbindlichkeit und Erlass selbiger in demselben Wirtschaftsjahr (Veranlagungszeitraum) ergibt sich im Saldo

523 Die Begriffe „Schuldenerlass" und „Gläubigerforderungsverzicht" werden vorliegend synonym verwandt.
524 Damit gemeint sind Sanierungskonzepte, die im Einverständnis und unter Mithilfe externer Gläubiger vorgenommen werden, instruktive Erläuterung bei *Blaas/Schwahn*, DB 2013, 2350 (2350).
525 Etwa Kredit- und Darlehensverhältnisse.
526 Im Sanierungskontext aufgrund der anglo-amerikanischen Einflüsse regelmäßig als „De-Leverage" bezeichnet.
527 *Blaas/Schwahn*, DB 2013, 2350 (2355); *Töben/Lohbeck/Specker*, NWB 2009, 1484 (1484 ff.).
528 Etwa Grund und Boden, Gebäude, Maschinen.
529 Denn der Vermögensminderung in Gestalt der Verbindlichkeitsbegründung steht eine Vermögensmehrung in Gestalt des aktiven Wirtschaftsguts „Bauten" gegenüber. Ein Beispiel im gleichen Sinne mit dem Wirtschaftsgut „Grund und Boden" auch bei *Uhländer*, DB 2017, 923 (930).
530 Handelsrechtliche Grundlage ist die Bilanzierung durch doppelte Buchführung, zugleich Gewinnermittlungsart von Gewerbetreibenden.
531 *Uhländer*, DB 2017, 923 (930).
532 Etwa Lohn-, Miet- oder Werbeaufwendungen.
533 An dieser Stelle weist *Uhländer* zu Recht darauf hin, dass sich bei Eingehung der Verbindlichkeit und Erlass selbiger im gleichen Veranlagungszeitraum im Saldo keine Gewinnauswirkung ergibt, *Uhländer*, DB 2017, 923 (930).

zutreffenderweise keine Gewinnauswirkung.[534] Isoliert betrachtet löst der Erlass der Verbindlichkeit jedoch stets einen Gewinn aus. Bei dem gläubigerseits erklärten Schuldenerlass im Anwendungsbereich des Betriebsvermögensvergleichs entsteht somit eine Vermögensmehrung, jedenfalls außerhalb möglicher Einlagefälle. Diese Vermögensmehrung wird als Sanierungsgewinn bezeichnet. Die Regelung des § 3a Abs. 1 Satz 1 EStG erfasst ihrem expliziten Wortlaut nach insoweit lediglich die Steuerbefreiung für durch Schuldenerlass entstehende „Betriebsvermögensmehrungen und Betriebseinnahmen". Danach scheint sich der sachliche Anwendungsbereich der unter den Wortlaut zu subsumierenden Sanierungsmaßnahmen ausschließlich auf den Schuldenerlass[535] zu beziehen. Auch die Gesetzesbegründung weist in diesem Zusammenhang ebenfalls lediglich auf den Erlassvertrag nach § 397 Abs. 1 BGB und auf das negative Schuldanerkenntnis nach § 397 Abs. 2 BGB und damit auf die beiden zivilrechtlichen Erscheinungsformen des Schuldenerlasses hin.[536] Neben dem Schuldenerlass[537] als Entschuldungsmaßnahme gibt es indes eine Vielzahl weiterer Sanierungsmaßnahmen zur Behebung und Vermeidung drohender oder bereits eingetretener Zahlungsunfähigkeit oder Überschuldung[538]; an dieser Stelle beispielhaft zu nennen sind etwa der Schuldbeitritt[539], die befreiende Schuldübernahme, Rangrücktritts- oder Stundungsvereinbarungen von Zins- und Tilgungsforderungen oder auch der Austausch von Fremd- gegen Eigenkapital zur Reduzierung des Fremd- und zur Stärkung des Eigenkapitals im Wege eines sog. Debt-Equity-Swaps[540].[541] Die zahlreichen, gebräuchlichen Sanierungsmaßnahmen, die regelmäßig Bestandteile von Sanierungsverfahren sind, haben unterschiedliche zivil-, handels- und steuerrechtliche Voraussetzungen und Rechtsfolgen, verfolgen jedoch mit der Entschuldung des Sanierungsunternehmens wirtschaftlich dasselbe Ziel. Denn im Zentrum sämtlicher Maßnahmen steht regelmäßig die mindestens vorübergehende wirtschaftliche Entlastung des „strauchelnden" Unternehmens. Zu untersuchen ist nunmehr, welche der neben dem Schuldenerlass existierenden gebräuchlichen Sanierungsmaßnahmen vom Anwendungsbereich der Steuerbefreiung des § 3a EStG erfasst werden resp. im Sinne eines wirkungsvollen Sanierungssteuerrechts erfasst werden sollten. Dabei ist zu erörtern, ob nicht jedenfalls diejenigen Sanierungsmaßnahmen, die zu „Betriebsvermögensmehrungen und Betriebseinnahmen" führen, im Sinne eines effektiven Sanierungssteuerrechts in den sachlichen Anwendungsbereich einzubeziehen sein sollten. Dafür

[534] Darauf hinweisend schon *Uhländer*, DB 2017, 923 (930).
[535] Als Forderungsverzicht durch Erlassvertrag oder negatives Schuldanerkenntnis nach § 397 Abs. 1 und Abs. 2 BGB.
[536] Bericht des FinA zu § 3a, BT-Drs. 18/12128, 31.
[537] Als Erlass im Sinne des § 397 Abs. 1 BGB oder negatives Schuldanerkenntnis im Sinne des § 397 Abs. 2 BGB.
[538] Bei der Zahlungsunfähigkeit, drohender Zahlungsunfähigkeit und Überschuldung handelt es sich um die Insolvenzgründe, die zur Begründung der Insolvenzreife führen, vgl. *D'Avoine*, in: Buth/Hermanns, Restrukturierung, Sanierung, Insolvenz, 5. Aufl. 2022, § 33 Rn. 15.
[539] auch als Schuldmitübernahme bezeichnet.
[540] *J. Schmidt*, GWR 2010, 568 (569): Ein Debt Equity Swap ermögliche die Bereinigung der Passivseite eines Unternehmens, kombiniert mit der Aufnahme neuer Gesellschafter.
[541] *Blaas/Schwahn*, DB 2013, 2350 (2350); *Hiller/Baschnagel*, DStZ 2017, 353 (353); *J. Schmidt*, GWR 2010, 568 (569).

werden zunächst die zivil- und handelsrechtlichen Voraussetzungen und Rechtsfolgen des Schuldenerlasses und weiterer üblicher Sanierungsmaßnahmen dar- und in einer Gesamtschau vergleichend gegenübergestellt und die Möglichkeit einer Anwendbarkeit der Steuerbefreiung nach § 3a EStG auf alle vorgestellten Sanierungsmaßnahmen untersucht.

## 1. Sanierungsgewinn durch Schuldenerlass bzw. Gläubigerforderungsverzicht

Der Gläubigerforderungsverzicht ist eine schnelle und effiziente Sanierungsmaßnahme[542] und stellt daher ein bewährtes Sanierungsinstrument zur Bewältigung der Unternehmenskrise dar.[543] Sein Ziel ist die Beseitigung der durch den sog. Überschuldungsstatus festgestellten Überschuldung des Sanierungsunternehmens.[544] Der Überschuldungsstatus ist ein Vermögensstatus, für den es weder bei Kapitalgesellschaften[545] noch bei anderen Rechtsformen kapitalistischer Prägung[546] eine vorgeschriebene Gliederung gibt. Er soll Klarheit darüber schaffen, ob eine Überschuldung bereits vorliegt. Bei drohender Insolvenzgefahr kann ein Forderungsverzicht sowohl durch Drittgläubiger als auch durch Gesellschafter erklärt werden. Hinsichtlich der steuer- und handelsrechtlichen Rechtsfolgen des Forderungsverzichts ist zwischen den Gläubigergruppen, Gesellschafter oder externe Gläubiger,[547] zu unterscheiden.[548] So kann der Gläubigerforderungsverzicht zur Entstehung eines Ertrags auf Seiten des Sanierungsunternehmens führen oder eine Einlage des verzichtenden Gesellschafters in das Vermögen des Sanierungsunternehmens darstellen. Die jeweilige Behandlung ist von den spezifischen Umständen abhängig, die im Zusammenhang mit dem jeweiligen Forderungsverzicht vorliegen, dabei insbesondere von dem Umstand einer gesellschaftsrechtlichen oder betrieblichen Veranlassung, welche zu einer jeweils unterschiedlichen Beurteilung führt. Die umstrittene Beurteilung im Zusammenhang mit Gesellschafter-Forderungsverzichten wird im Anschluss an die Darstellung der Sanierungsmaßnahmen in einem gesonderten Abschnitt[549] dargestellt.

### a. Schuldenerlass durch Erlassvertrag

Der vertragliche Verzicht eines Gläubigers auf einen schuldrechtlichen Anspruch erfolgt regelmäßig durch einen zwischen Gläubiger und Schuldnerunternehmen geschlossenen

542 *Buth/Hermanns*, in: Buth/Hermanns, Restrukturierung, Sanierung, Insolvenz, 5. Aufl. 2022, § 46 Rn. 117; *Tschersich*, Ertragsbesteuerung der Unternehmenssanierung, 2014, S. 41.
543 *Blaas/Schwahn*, DB 2013, 2350 (2355); *Hüttinger*, Instrumente zur vorinsolvenzlichen Sanierung des Unternehmensträgers, 2015, S. 181; *Krumbholz*, in: Thierhoff/Müller, Unternehmenssanierung, 3. Aufl. 2022, 5. Kapitel, II, 6. Forderungsverzicht Rn. 71; *Sonnleitner/Witfeld*, in: Sonnleitner/Witfeld, Insolvenz- und Sanierungssteuerrecht, 2. Aufl. 2022, Kap. 10 Rn. 8.
544 *Blaas/Schwahn*, DB 2013, 2350 (2355).
545 *Schluck-Amend* in: in: Römermann, Münchener Anwaltshandbuch GmbH-Recht, 4. Auflage 2018, § 23 Rn. 206, 207.
546 *Eberhard*, in: Beck'sches Handbuch der Personengesellschaften, 5. Aufl. 2020, § 12 Rn. 22b.
547 Unterschiedliche Gläubigergruppen meint in diesem Zusammenhang Gesellschafter und externe Gläubiger.
548 *Buth/Hermanns*, in: Buth/Hermanns, Restrukturierung, Sanierung, Insolvenz, 5. Aufl. 2022 2014, § 46 Rn. 37.
549 Unter C. III. 2. und 3.

Erlassvertrag im Sinne des § 397 Abs. 1 BGB.[550] Bei einem Erlass(-vertrag) handelt es sich um einen gegenseitigen Vertrag[551] zwischen Gläubiger und Schuldner, dessen Wirksamkeit grundsätzlich keine besondere Form erfordert.[552] Eine Formbedürftigkeit kann sich lediglich in besonderen Erlasskonstellationen ergeben[553].[554] Steht eine Verzichtsforderung mehreren Gläubigern gemeinschaftlich zu, können diese auch nur gemeinschaftlich über die Forderung durch gemeinschaftlich erklärten Verzicht verfügen.[555] Die Verbindlichkeit erlischt durch den Erlass der Gläubiger.[556] Grundsätzlich werden dadurch zugleich akzessorische Sicherheiten[557] frei,[558] während für nicht akzessorische Sicherheiten[559] Freigabe verlangt werden kann.[560] Bei der handels- und steuerrechtlichen Beurteilung des Verzichts und seiner Auswirkungen sind die verzichtenden Gläubigergruppen zu unterscheiden. Der Gläubigerforderungsverzicht unterliegt einer dahingehend unterschiedlichen Beurteilung, ob ein fremder, externer Gläubiger (Nichtgesellschafter des Sanierungsunternehmens) aus betriebswirtschaftlichen Gründen auf seine Forderung verzichtet oder ob der Verzicht durch einen Gesellschafter aus gesellschaftsrechtlichen Gründen erfolgt oder danach, ob der Gesellschafterverzicht aus betrieblichen Gründen erklärt wird.[561] Der inzwischen weniger umstrittene Fall ist der Forderungsverzicht durch externe Gläubiger[562]. Bei einem solchen wird durch den Forderungserlass beim Sanierungsunternehmen ein Gewinn erzeugt, der als Sanierungsgewinn qualifiziert und dementsprechend nach § 3a EStG steuerfrei gestellt wird. Die Höhe des Sanierungsgewinns entspricht dabei dem Buchwert der betroffenen Verbindlichkeit, auf die zugunsten des Sanierungsunternehmens durch den Gläubiger verzichtet wird. Diese erlischt im Wege des Erlassvertrags und befreit das Sanierungsunternehmen von der gleichnamigen Schuld.

---

550 *Briese,* DStR 2017, 799 (799); *Schlüter,* in: MüKoBGB, Band 3, 9. Aufl. 2022, § 397 Rn. 1.

551 Ein einseitiger Verzicht auf einen Anspruch ist im Recht der Schuldverhältnisse grundsätzlich nicht vorgesehen, vgl. BGH, Urteil vom 04. 12. 1986, III ZR 51/85, NJW 1987, 3203; *Rieble,* in: Staudinger (2022) BGB § 397 Rn. 1 ff.; *Schlüter,* in: MüKoBGB, Band 3, 9. Aufl. 2022, § 397 Rn. 1; *Fries/Schulze,* in: HK-BGB/Schulze, 11. Aufl. 2022, § 397 Rn. 2.

552 *Schlüter,* in: MüKoBGB, Band 3, 9. Aufl. 2022, § 397 Rn. 2; *Fries/Schulze,* in: HK-BGB/Schulze, 11. Aufl. 2022, § 397 Rn. 3; *Stürner,* in: Jauernig, BGB, 18. Aufl. 2021, BGB § 397 Rn. 2.

553 Eine Formbedürftigkeit ergibt sich etwa dann, wenn es sich um den nachträglichen Erlass einer zunächst formwirksam begründeten Kaufpreisverbindlichkeit aus einem an die notarielle Beurkundung nach §§ 311b Abs. 1 Satz 1, 128 BGB gebundenen Grundstückskaufvertrag handelt, BGH NJW 1982, 434.

554 etwa für den Erb- oder Pflichtteilsverzicht (§§ 2346, 2348 BGB); *Schlüter,* in: MüKoBGB, Band 3, 9. Aufl. 2022, § 397 Rn 2.

555 *Wolber,* in: BeckOGK BGB, Stand: 01.03.2023, § 397 Rn. 39.

556 *Briese,* DStR 2017, 799 (799); *Krumbholz,* in: Thierhoff/Müller, Unternehmenssanierung, 3. Aufl. 2022, 5. Kapitel, II, 6. Forderungsverzicht Rn. 71; *Wolber,* in: BeckOGK BGB, Stand: 01.03.2023, § 397 Rn. 98.

557 z.B.: Bürgschaft, Hypothek, Mobiliarpfand.

558 *Briese,* DStR 2017, 799 (799); *Wolber,* in: BeckOGK BGB, Stand: 01.03.2023, § 397 Rn. 98; *Rieble,* in: Staudinger (2022) BGB § 397 Rn. 292.

559 z.B.: die Grundschuld.

560 *Briese,* DStR 2017, 799 (799); *Wolber,* in: BeckOGK BGB, Stand: 01.03.2023, § 397 Rn. 98; *Rieble,* in: Staudinger (2022) BGB § 397 Rn. 294.

561 Hierzu unter B. III.

562 Dies sind Gläubiger, die nicht zugleich Gesellschafter des Sanierungsunternehmens sind. Für die Gesellschafter-Gläubiger gelten Besonderheiten, die unter B. III. 2. für Anteilseigner einer Kapitalgesellschaft und unter B. III. 3. für Mitunternehmer einer Personengesellschaft untersucht werden.

Bilanziell ist die Forderung gegen Ertrag auszubuchen[563].[564] Dieser Ertrag steht als Sanierungsgewinn im Zentrum der begünstigenden Steuerbefreiungsvorschrift des § 3a EStG.

### b. Schuldenerlass durch negatives Schuldanerkenntnis

Der Gläubigerforderungsverzicht kann wie zuvor dargestellt durch Erlassvertrag oder durch negatives Schuldanerkenntnis erfolgen. Das negative Schuldanerkenntnis ist als Variante des Erlasses[565] in § 397 Abs. 2 BGB geregelt. Der Gläubiger anerkennt durch Vertrag mit dem Schuldner, dass das Schuldverhältnis nicht besteht. Das negative Schuldanerkenntnis hat also die Anerkennung des Nichtbestehens einer Forderung zum Gegenstand.[566] Dabei erfasst § 397 Abs. 2 BGB lediglich sog. konstitutive negative Schuldanerkenntnisse.[567] Diese negatorische Vertragsart wurde wegen der großen praktischen Bedeutung der zur Klarstellung geschlossenen negativen Anerkennungsverträge in das Gesetz aufgenommen[568].[569] Ebenso wie der Erlassvertrag nach § 397 Abs. 1 BGB ist auch der Abschluss des negativen Anerkenntnisvertrages formlos zulässig[570] und als Vertrag mit dinglicher Wirkung[571] abstrakt wirksam.[572] Die handelsrechtlichen, bilanziellen sowie steuerrechtlichen Auswirkungen des negativen Schuldanerkenntnisses entsprechen denjenigen des Erlassvertrags im Sinne des § 397 Abs. 1 BGB. Auch der Schuldenerlass durch negatives Schuldanerkenntnis ist insoweit unstreitig vom sachlichen Anwendungsbereich des § 3a Abs. 1 Satz 1 EStG erfasst[573] und ein sich daraus ergebender Sanierungsgewinn dementsprechend steuerfrei.

### c. Forderungsverzicht gegen Besserungsabrede

Eine im Sanierungszusammenhang gebräuchliche modifizierende Variante ist der durch Vereinbarung einer Besserungsklausel bedingte Forderungsverzicht. Auch der Forderungsverzicht gegen Besserungsabrede[574] ist ein regelmäßig angewandtes

---

[563] Buchungssatz etwa: „Verbindlichkeit an s.b. Ertrag".
[564] *Pöschke*, NZG 2017, 1408 (1408).
[565] *Wolber*, in: BeckOGK BGB, Stand: 01.03.2023, § 397 Rn. 103; *Schlüter*, in: MüKoBGB, Band 3, 9. Aufl. 2022, § 397 Rn. 12; *Stürner*, in: Jauernig, BGB, 18. Aufl. 2021, BGB § 397 Rn. 1: „Unterart des Verzichts".
[566] *Wolber*, in: BeckOGK BGB, Stand: 01.03.2023, § 397 Rn. 105.
[567] *Schlüter*, in: MüKoBGB, Band 3, 9. Aufl. 2022, § 397 Rn. 12.
[568] *Schlüter*, in: MüKoBGB, Band 3, 9. Aufl. 2022, § 397 Rn. 12.
[569] Ein negatives Schuldanerkenntnis ist etwa die Gutschrift der darlehensgebenden Bank auf dem Darlehenskonto, vgl. dazu OLG Düsseldorf, *Urt.* v. 04.06.1992 – 6 U 235/91.
[570] *Schlüter*, in: MüKoBGB, Band 3, 9. Aufl. 2022, § 397 Rn. 12; *Wolber*, in: BeckOGK BGB, Stand: 01.03.2023, § 397 Rn. 104; *Stürner*, in: Jauernig, BGB, 18. Aufl. 2021, BGB § 397 Rn. 2.
[571] *Wolber*, in: BeckOGK BGB, Stand: 01.03.2023, § 397 Rn. 105.
[572] *Wolber*, in: BeckOGK BGB, Stand: 01.03.2023, § 397 Rn. 104; *Schlüter*, in: MüKoBGB, Band 3, 9. Aufl. 2022, § 397 Rn. 12; *Stürner*, in: Jauernig, BGB, 18. Aufl. 2021, BGB § 397 Rn. 4: „Wegen der Abstraktheit tritt Schuldtilgung ohne Rücksicht auf einen gültigen Rechtsgrund ein."
[573] So schon ausdrücklich Bericht des FinA zu § 3a, *BT-DrS* 18/12128, 31.
[574] Auch Besserungsschein, Besserungsvereinbarung oder Besserungsklausel genannt.

Sanierungsinstrument[575] und wird in der Sanierungspraxis häufiger gewählt als der einfache Forderungsverzicht[576]. Dies ist darauf zurückzuführen, dass sich der verzichtende Gläubiger beim Forderungsverzicht gegen Besserungsvereinbarung regelmäßig die Möglichkeit vorbehält, bei Besserung der wirtschaftlichen Vermögens- und Ertragssituation des Sanierungsunternehmens entgegen der Aussicht in der ursprünglichen Krisensituation doch noch einen Teil der Verzichtsforderung zu realisieren,[577] weil die ursprüngliche Forderung, auf die der Gläubiger zunächst verzichtet hat, im Zeitpunkt des Eintritts der Besserungsbedingung wieder auflebt. Auf diese Weise soll der Verzicht unter Besserungsabrede zunächst der finanziellen Stabilisierung dienen und die Überwindung der Krise durch bedingten Schuldenerlass bewirken.[578] In der Literatur wird der Begriff der Besserungsabrede[579] neben synonymen Begriffen wie Besserungsschein[580], Besserungsklausel[581] oder Besserungsvereinbarung[582] verwandt.[583] In zivilrechtlicher Hinsicht gibt es verschiedene Möglichkeiten, den Forderungsverzicht gegen Besserungsvereinbarung zu gestalten.[584] Die Einzelheiten der Besserungsvereinbarung können dabei individuell zwischen Gläubiger und Schuldner ausgehandelt werden, sollten jedoch von vornherein eindeutig und klar formuliert sein[585].[586] Eine der beiden Gestaltungsvarianten der Besserungsabrede stellt den Forderungsverzicht unter die vertraglich vereinbarte auflösende Bedingung, mit deren Eintritt der Forderungsverzicht entfällt und die Verbindlichkeit gemäß § 158 Abs. 2 BGB im Besserungsfall wieder auflebt.[587] Dabei erlischt die betroffene Forderung zunächst infolge des Verzichts. Mit dem Eintritt der Besserung der wirtschaftlichen Lage als vereinbarter auflösender Bedingung entfällt die Vereinbarung über den Schuldenerlass und die Gläubigerforderung, zugleich Schuld des Sanierungsunternehmens, lebt infolge des Bedingungseintritts wieder auf.[588] Die zweite zivilrechtliche Gestaltungsvariante ist die Kombination des

---

[575] *Becker/Pape/Wobbe*, DStR 2010, 506 (506); *Endert*, DStR 2016, 1009 (1009); *Häuselmann*, BB 1993, 1552 (1557); *Paus*, GmbHR 2004, 1568; *Tschersich*, Ertragsbesteuerung der Unternehmenssanierung, 2014, S. 41.
[576] ohne Besserungsabrede.
[577] *Cranshaw*, ZInsO 2008, 421 (428).
[578] *Buth/Hermanns*, in: Buth/Hermanns, Restrukturierung, Sanierung, Insolvenz, 5. Aufl. 2022, § 46 Rn. 132.
[579] *Häuselmann*, BB 1993, 1552.
[580] BFH, Urt. v. 20.10.2004 - I R 11/03; DStR 2005, 186; ZIP 2005, 492.
[581] BFH, Beschl. v. 28.11.2005 - IV B 55/04, BFH/NV 2006, 699; BVerwG, Urt. v. 23.5.1005 - 1 C 32.92, ZIP 1995, 1527; NJW 1996, 945.
[582] *Herlinghaus*, DStR 1994, 1830 (1831).
[583] *Cranshaw*, ZInsO 2008, 421 (428) mit Verweis auf die Rechtsprechung zum "Besserungsschein" BGH, Urt. v. 12.12.1991 - IX ZR 178/91, BGHZ 116, 319 NJW 1992, 967; BFH, Urt. v. 20.10.2004 - I R 11/03, ZIP 2005, 492; BFH, Beschl. v. 28.11.2005 - IV B 55/04, BFH/NV 2006, 699; BVerwG, Urt. v. 23.5.1005 - 1 C 32.92, ZIP 1995, 1527; NJW 1996, 945; *Herlinghaus*, Forderungsverzichte und Besserungsvereinbarungen, 1994, S. 107; *Sinz*, in: Uhlenbruck InsO, 15. Aufl. 2019, § 38 Rn. 22.
[584] *Herlinghaus*, DStR 1994, 1830 (1832); *ders.*, Forderungsverzichte und Besserungsvereinbarungen, 1994, S. 107.
[585] *Buth/Hermanns*, in: Buth/Hermanns, Restrukturierung, Sanierung, Insolvenz, 5. Aufl. 2022, § 46 Rn. 132; *Schwenker/Fischer*, DStR 2010, 1117 (1119).
[586] Bei fehlender Eindeutigkeit der angestrebten zivilrechtlichen Gestaltung sind Besserungsvereinbarungen auszulegen, *Krumm*, in: Brandis/Heuermann, EStG, 167. EL Mai 2023, § 5 Rn. 957.
[587] Unbedingter Forderungsverzicht mit auflösend bedingtem Wiederaufleben der Altverpflichtung, *Briese*, DStR 2017, 799 (799); *Herlinghaus*, DStR 1994, 1830 (1832); *Sinz*, in: Uhlenbruck InsO, 15. Aufl. 2019, § 38 Rn. 23.
[588] *Briese*, DStR 2017, 799 (799); *Herlinghaus*, DStR 1994, 1830 (1832).

Forderungsverzichts mit der aufschiebend bedingten Verbindlichkeit, die in ursprünglicher Höhe erst mit dem Bedingungseintritt (wieder) entsteht.[589] Dabei ergibt sich für den Zeitraum zwischen Forderungsverzicht und Bedingungseintritt regelmäßig kein Verzinsungsanspruch, sofern nicht die Vertragsparteien dazu eine ausdrückliche Vereinbarung treffen.[590] Eine Auslegung der Besserungsvereinbarung bei fehlender Eindeutigkeit der getroffenen Vereinbarung weist regelmäßig auf die auflösend bedingte Gestaltung hin; die Verbindlichkeit wird auflösend bedingt erlassen und entsteht erneut bei Verbesserung der wirtschaftlichen Situation des Schuldners.[591] Wirtschaftlicher Vorteil des Forderungsverzichts gegen Besserungsabrede in beiden Varianten ist ihr Unberücksichtigtbleiben im Überschuldungsstatus des Sanierungsunternehmens.[592] Denn die bedingt erlassene Verbindlichkeit ist wegen der Verknüpfung ihrer Rückzahlbarkeit an die Erzielung künftiger Erträge und Jahresüberschüsse infolge des Passivierungsverbots[593] zum Verzichtszeitpunkt zunächst auszubuchen.[594] Wird im Rahmen der Besserungsabrede vereinbart, dass die Forderung nur bei Eintritt des Besserungsfalls wiederaufleben soll, ist sie weder als Insolvenz- noch als Masseverbindlichkeit des Sanierungsunternehmens zu qualifizieren, weil sie bis zum Bedingungseintritt erlassen bleibt.[595] Anders ist dies jedoch bei einem vereinbarten Wiederaufleben der Forderung in der Insolvenz. Sieht die Besserungsklausel also ein Wiederaufleben der Forderung im Insolvenzfall vor, ist die Passivierung der Verbindlichkeit – anders als in den vorgenannten Konstellationen – in der Überschuldungsbilanz beizubehalten und als Passivposition anzusetzen.[596] Soweit die Forderung in diesem Fall bei Scheitern der Sanierungsbestrebungen oder bei Eröffnung des Insolvenzverfahrens wieder auflebt, ist sie entsprechend den allgemeinen insolvenzrechtlichen Grundsätzen als Insolvenzforderung zu qualifizieren,[597] wobei diese Verfahrensweise allerdings mit den Bedürfnissen einer auf wirtschaftliche Gesundung ausgerichteten Sanierung konfligiert. Die handelsrechtliche und bilanzielle Behandlung des Forderungsverzichts gegen Besserungsvereinbarung richtet sich im Grundsatz nach der Ausgestaltung der Besserungsbedingungen. Dies gilt jedoch ungeachtet der Art der vereinbarten Bedingung, ob also ein auflösend bedingter Forderungsverzicht oder ein Verzicht unter aufschiebend bedingter

[589] Forderungsverzicht mit aufschiebend bedingter Neuverpflichtung, vgl. *Briese*, DStR 2017, 799 (799); *Sinz*, in: Uhlenbruck InsO, 15. Aufl. 2019, § 38 Rn. 23.
[590] *Briese*, DStR 2017, 799 (799).
[591] *Herlinghaus*, DStR 1994, 1830 (1832); *Krumm*, in: Brandis/Heuermann, EStG, 167. EL Mai 2023, § 5 Rn. 957.
[592] *Briese*, DStR 2017, 799 (799); *Herlinghaus*, DStR 1994, 1830 (1832).
[593] BFH (GrS) Beschl. v. 10.11.1980 – GrS 1/79, BFHE 132, 244 (253 f.), BStBl. 1981 II S. 164 (168); so schon BFH-Urt. v. 18.6.1980 I R 72/76, BFHE 131, 303, BStBl II 1980, 741; BFH Urt. v. 20.10.2004 – I R 11/03, DStR 2005, 186.
[594] BFH Urt. v. 18.6.1980 I R 72/76, BFHE 131, 303, BStBl II 1980, 741; BFH Urt. v. 20.10.2004 – I R 11/03, DStR 2005, 186; zuletzt im Zusammenhang mit dem Rangrücktritt auch BFH Urt. v. 30.11.2011 – I R 100/10, DStR 2012, 450; *Becker/Pape/Wobbe*, DStR 2010, 506 (508); auch *Heerma*, BB 2005, 537 (542 ff.).
[595] *Ehricke/Behme*, in: MüKoInsO, 4. Aufl. 2019, § 38 Rn. 60; *Sinz*, in: Uhlenbruck InsO, 15. Aufl. 2019, § 38 Rn. 23.
[596] *Mujkanovic*, StuB 2014, 373 (374); *Ehricke/Behme*, in: MüKoInsO, 4. Aufl. 2019, § 38 Rn. 60; *Sinz*, in: Uhlenbruck InsO, 15. Aufl. 2019, § 38 Rn. 23.
[597] *Ehricke/Behme*, in: MüKoInsO, 4. Aufl. 2019, § 38 Rn. 60; *Sinz*, in: Uhlenbruck InsO, 15. Aufl. 2019, § 38 Rn. 23.

Zahlungsverpflichtung vereinbart wurde.[598] Die bedingt erlassene Schuld ist beim Schuldner zum relevanten Verzichtszeitpunkt in jeder Gestaltungsvariante des unter Besserungsvereinbarung bedingt vereinbarten Forderungsverzichts, die kein Aufleben der Schuld im Insolvenzfall vorsieht, auszubuchen.[599] Denn die jeweilige Bedingung ist weder handels- noch steuerrechtlich bilanziell zu berücksichtigen.

Kontrovers beurteilt wird jedoch die in diesem Zusammenhang virulente Frage, welches Gegenkonto bei der Ausbuchung der auf Grundlage einer Besserungsabrede erlassenen Verbindlichkeit anzusprechen ist. Eine im Ergebnis nicht überzeugende Meinung befürwortet[600] eine erfolgsneutrale Ausbuchung der gegen Besserungsvereinbarung erlassenen Verbindlichkeit durch Bildung eines Unterpostens zur Kapitalrücklage nach § 265 Abs. 5 Satz 2 HGB.[601] Denn es fehle an einer erfolgswirksamen Vereinnahmung und der Gläubiger verzichte beim Forderungsverzicht gegen Besserungsabrede gerade nicht endgültig auf seine Forderung.[602] Zu Recht wird dieser Meinung und der Bildung eines Unterpostens zur Kapitalrücklage entgegen gehalten, dass die Kapitalrücklage nach dem Regelungsregime des Handelsbilanzrechts Eigenkapital ausweist, das der Kapitalgesellschaft[603] aus gesellschaftsrechtlichen Gründen[604] zugewandt wurde. Eine Zuwendung durch Nichtgesellschafter sei demgegenüber nicht gesellschaftsrechtlich veranlasst und könne daher nicht unter der Kapitalrücklage ausgewiesen werden.[605] Ein derartiger Ausweis als Eigenkapital würde zudem gegen die Grundsätze ordnungsgemäßer Buchführung verstoßen. Nach zutreffender Auffassung wird im Falle des Erlasses durch einen externen Gläubiger, d.h. Nichtgesellschafter und Nichtteilhaber des Sanierungsunternehmens, daher eine ertragswirksame Ausbuchung der Verbindlichkeit zum Verzichtszeitpunkt befürwortet. Danach hat das Sanierungsunternehmen aufgrund des Erlassvertrags einen betrieblichen Ertrag[606] in Höhe des Buchwerts der erlassenen Schuld auszuweisen. [607] Dieser durch die Ausbuchung entstehende Ertrag ist als originärer Sanierungsgewinn anzusehen, für den die Anwendbarkeit der Steuerbefreiung nach § 3a Abs. 1 Satz 1 EStG zu bejahen ist. Die bestehende Verbindlichkeit muss beim Sanierungsunternehmen

---

598 *Briese*, DStR 2017, 799 (799); *Krumbholz*, in: Thierhoff/Müller, Unternehmenssanierung, 3. Aufl. 2022, 5. Kapitel, II, 6. Forderungsverzicht Rn. 75; *Uhländer*, BB 2005, 70 (73); a.A. *Pöschke*, NZG 2017, 1408 (1411).

599 *Becker/Pape/Wobbe*, DStR 2010, 506 (508); *Briese*, DStR 2017, 799 (799); *Gahlen*, BB 2009, 2079 (2079); *Harle/Kulemann*, GmbHR 2004, 733 (733); *Pöschke*, NZG 2017, 1408 (1411); *Mujkanovic*, StuB 2014, 373 (374); *Schwenker/Fischer*, DStR 2010, 1117 (1119); *Tschersich*, Ertragsbesteuerung der Unternehmenssanierung, 2014, S. 40; *Uhländer*, BB 2005, 70 (73).

600 Gleichermaßen für den Fall eines Rangrücktritts und den Fall der Vereinbarung eines Schuldenerlasses unter Besserungsvereinbarung.

601 *W. Müller*, BB 2016, 491 (493).

602 *W. Müller*, BB 2016, 491 (493).

603 Nur bei der Kapitalgesellschaft könnte diese bilanzielle Verfahrensweise angewandt werden.

604 Vgl. § 272 Abs. 2 HGB.

605 *Pöschke*, NZG 2017, 1408 (1411).

606 Wohl nach § 275 Abs. 2 Nr. 4, Abs. 3 Nr. 6 HGB als „sonstiger betrieblicher Ertrag".

607 *Becker/Pape/Wobbe*, DStR 2010, 506 (508); *Briese*, DStR 2017, 799 (803); *Gahlen*, BB 2009, 2079 (2082); *Harle/Kulemann*, GmbHR 2004, 733 (734); *Mujkanovic*, StuB 2014, 373 (374); *Pöschke*, NZG 2017, 1408 (1411); *Tschersich*, Ertragsbesteuerung der Unternehmenssanierung, 2014, S. 40.

aufgrund des gläubigerseits erklärten besserungsbedingten Forderungsverzichts gegen Ertrag ausgebucht werden, wenn nach sämtlichen, im Erlassvertrag getroffenen Vereinbarungen eine gegenwärtige Belastung des Vermögens des Schuldners nicht mehr gegeben ist.[608] Ein Sanierungsgewinn entsteht daher beim Sanierungsunternehmen in Höhe der ausgebuchten Verbindlichkeit. Beim Aufleben der Forderung im Besserungsfall muss das Sanierungsunternehmen die Verbindlichkeit aufwandswirksam mit ex-nunc-Wirkung (wieder) einbuchen.[609] Hält der Gläubiger die gegen Besserungsabrede erlassene Forderung seinerseits in einem Betriebsvermögen, hat er sie im Verzichtszeitpunkt spiegelbildlich aufwandswirksam auszubuchen und mit dem Eintritt des Besserungsfalls wieder ertragswirksam einzubuchen.[610] Im Zusammenhang mit dem Forderungsverzicht gegen Besserungsvereinbarung ist zudem umstritten, ob im Zeitpunkt des bedingten Verzichts die Verbindlichkeit zwar ausgebucht, zeitgleich jedoch eine Rückstellung für ungewisse Verbindlichkeiten zu bilden ist. Dies würde dazu führen, dass die aufwandswirksame Passivierung der Rückstellung den durch die ertragswirksame Ausbuchung der Verbindlichkeit entstehenden Sanierungsgewinn unmittelbar ausgliche und daher kein Sanierungsgewinn im Sinne des § 3a EStG entstünde. Rückstellungen für ungewisse Verbindlichkeiten sind zu bilden, wenn die Verbindlichkeit dem Grund und bzw. oder der Höhe nach ungewiss ist.[611] Hintergrund für die Passivierung einer Rückstellung sei vorliegend die Ungewissheit der an den Besserungsfall geknüpften Bedingung.[612] Denn die Ungewissheit könne auch darin bestehen, dass die Verbindlichkeit aufschiebend oder auflösend bedingt und der Bedingungseintritt ungewiss sei.[613] Diese Meinung ist jedoch abzulehnen. Denn die Passivierung von Rückstellungen scheidet – ebenso wie die Passivierung von Verbindlichkeiten – dann aus, wenn ihre Erfüllung an die Entstehung zukünftiger Gewinne geknüpft ist.[614] Genau dies ist jedoch die Ausgangssituation bei dem bedingten Erlass einer Schuld, die erst mit der Besserung der wirtschaftlichen Lage des Schuldners wieder auflebt. Darüber hinaus ist die an den Besserungseintritt geknüpfte Neuentstehung der Verbindlichkeit im Zeitpunkt der Krise nicht in einem derartigen Maße wahrscheinlich wie es eine

[608] So zutreffend *Pöschke* NZG 2017, 1408 (1413).

[609] *Briese*, DStR 2017, 799 (799); *Buth/Hermanns* in: *Buth/Hermanns*, in: Buth/Hermanns, Restrukturierung, Sanierung, Insolvenz, 5. Aufl. 2022, § 46 Rn. 133; *Tschersich*, Ertragsbesteuerung der Unternehmenssanierung, 2014, S. 40.

[610] *Rautenberg/Schaufenberg* DB 1995, 1345; *Buth/Hermanns*, in: Buth/Hermanns, Restrukturierung, Sanierung, Insolvenz, 5. Aufl. 2022, § 46 Rn. 133; *Krumm*, in: Brandis/Heuermann, EStG, 167. EL Mai 2023, § 5 Rn. 957.

[611] *W. Schubert*, in: Beck Bil-Komm, 13. Aufl. 2022, HGB § 249 Rn. 25.

[612] Str., vertreten von *Briese*, DStR 2017, 799 (800 f.); *Groh*, BB 1993, 1882 (1884 f.); *D. Schubert*, Der Ansatz von gewissen und ungewissen Verbindlichkeiten in der HGB-Bilanz, 2007, S. 180 ff.; im Ergebnis offen lassend *Pöschke*, NZG 2017, 1408 (1411); a.A. *W.-D. Hoffmann*, StuB 2016, 405 (406), der die Ausbuchung der Verbindlichkeit infolge fortbestehender wirtschaftlicher Belastung kritisch sieht; *W. Müller*, BB 2016, 491 (493), der gerade in der Krise keine Wahrscheinlichkeit für den Besserungsfall erblickt.

[613] *Briese*, DStR 2017, 799 (800 f.); *Groh*, BB 1993, 1882 (1884 f.); *Paus*, GmbHR 2004, 1568 (1570); *D. Schubert*, Der Ansatz von gewissen und ungewissen Verbindlichkeiten in der HGB-Bilanz, 2007, S. 180.

[614] BFH, Beschl. v. 10.11.1980, GrS 1/79, BStBl II 1981, 164 (169); BFH, Urt. v. 19.02.1981, IV R 112/78, BStBl II 1981, 654; BFH, Urt. v. 30.11.2011 – I R 100/10, BFHE 235, 476, BStBl. 2012, II 332; *Hennrichs*, in: MüKoBilanzR HGB § 249 Rn. 69.

Rückstellungsbildung erfordern würde.[615] Im Verzichtszeitpunkt liegt indes infolge des bedingten Verzichts keine wirtschaftliche Belastung aus der Verpflichtung vor, so dass eine Rückstellung[616] nicht bilanziert werden darf.[617] Dementsprechend scheidet die Passivierung einer Rückstellung für ungewisse Verbindlichkeiten im Zeitpunkt des Forderungsverzichts gegen Besserungsabrede nach vorzugswürdiger Meinung jedenfalls dann aus, wenn der Forderungsverzicht in der Krise erklärt wird,[618] was regelmäßig in der Ausgangssituation einer angestrebten Sanierung der Fall sein dürfte.

Danach entsteht also bei jedem Gläubigerforderungsverzicht unter Besserungsvereinbarung im Zeitpunkt des Verzichts ein Sanierungsgewinn, der nach § 3a Abs. 1 Satz 1 EStG steuerfrei ist. Diese zivilrechtliche Gestaltungsvariante des Gläubigerforderungsverzichts ist vom Wortlaut des § 3a Abs. 1 Satz 1 EStG zweifellos erfasst. Denn auch bei einem bedingten Forderungsverzicht, der ein Wiederaufleben der Forderung im Zeitpunkt der Gesundung des Sanierungsunternehmens vorsieht, entsteht im Verzichtszeitpunkt ein Sanierungsgewinn. Einzig problematisch stellt sich in dieser bedingten Verzichtsvariante der Eintritt des Besserungsfalls dar. An diesen ist die erneute aufwandswirksame Einbuchung der Verbindlichkeit geknüpft. Fraglich ist jedoch, ob dieser infolge der erneuten Passivierung der Verbindlichkeit ausgelöste Aufwand, der sich wirtschaftlich doppelt auswirkt, nicht dazu führen müsste, dass die Steuerbefreiung rückwirkend entfällt. Ansonsten würde das vormalige Sanierungsunternehmen in steuerlicher Hinsicht doppelt begünstigt; zunächst durch die Steuerverschonung des Sanierungsgewinns und später – bei Bedingungseintritt – durch die Neuerzeugung eines Aufwands infolge der Passivierung der vormals ausgebuchten Verbindlichkeit.

Zur Vermeidung einer Doppelbegünstigung des Sanierungsunternehmens könnte sich der Bedingungseintritt daher als rückwirkendes Ereignis im Sinne des § 175 Abs. 1 Nr. 2 AO auswirken.[619] Die Folge wäre die Rückgängigmachung der Steuerbefreiung des Sanierungsgewinns zum bedingt erklärten Verzichtszeitpunkt. Das nunmehr sanierte Unternehmen müsste den Sanierungsgewinn im Verzichtsjahr versteuern und könnte den Aufwand infolge der Wiedereinbuchung der Verbindlichkeit im Zeitpunkt des Eintritts des Besserungsfalls mit laufenden Gewinnen verrechnen. Denn anders als beim endgültigen Forderungsverzicht führt der bedingt erklärte Verzicht bei Eintritt des Besserungsfalls zur Erzeugung eines Aufwands beim Sanierungsunternehmen. Insoweit ist jedoch die umfassende Verlustverrechnung des Sanierungsgewinns mit vorhandenen Verlusten problematisch. Es müsste die Verlustfeststellung des Kalenderjahrs der Sanierungsgewinnentstehung geändert

---

615 *W.-D. Hoffmann*, StuB 2016, 405 (406); *W. Müller*, BB 2016, 491 (493).

616 ebensowenig wie die bedingt erlassene Verbindlichkeit.

617 *W.-D. Hoffmann*, StuB 2016, 405 (406).

618 Str., gegen die Passivierung einer Rückstellung etwa *Ekkenga* ZIP 2017, 1493 (1498); *W. Müller*, BB 2016, 491 (493); dafür *Briese*, DStR 2017, 799 (800 f.); *Groh*, BB 1993, 1882 (1884 f.); weiter differenzierend *Pöschke* NZG 2017, 1408 (1413).

619 *Paus*, GmbHR 2004, 1568 (1569); *Korn*, GmbHR 2007, 624 (626); *Stenert/Selle* Ubg 2018, 181 (182).

werden. Ebenso könnten sich Folgewirkungen in den Folgejahren ergeben, die auch eine Änderung dieser Festsetzungen und Feststellungen erforderlich machen könnten. Dies erscheint insgesamt nicht praktikabel und scheint dem Zweck der Erleichterung von Sanierungsverfahren entgegenzustehen. Vorzugswürdig erscheint daher die Wiedereinbuchung der Verbindlichkeit bei Eintritt des Besserungsfalls als nicht abzugsfähigen Aufwand im Sinne des § 3c Abs. 4 Satz 3 EStG zu behandeln. Auf diese Weise steht dem steuerfreien Sanierungsgewinn im Verzichtszeitpunkt mit Wiedereinbuchung der Verbindlichkeit im Besserungsfall konsequenterweise ein steuerunwirksamer Vorgang gegenüber. Diese aufwandsunwirksame Wiedereinbuchung steht im Einklang mit der nicht gewinnwirksamen Ausbuchung der Verbindlichkeit in der Krisensituation.

## 2. Schuldbeitritt

Eine weitere Sanierungsmaßnahme ist der Schuldbeitritt,[620] der auch als Schuldmitübernahme oder kumulative Schuldübernahme bezeichnet wird. Er dient der Sicherung von Forderungen des Gläubigers, der infolge des Schuldbeitritts neben dem Originärschuldner auch den Mitübernehmer als Zusatzschuldner in Anspruch nehmen kann.[621] Der Schuldbeitritt ist gesetzlich nicht geregelt[622] und kann formfrei erfolgen.[623] Etwas Anderes gilt wie auch beim Forderungsverzicht nur dann, wenn sich aus der Art der Verpflichtung[624] ein Formerfordernis ergibt. Zivilrechtlich verpflichtet sich der Zusatzschuldner im Wege des Schuldbeitritts dazu, als Dritter und Gesamtschuldner gemäß §§ 421 ff. BGB neben dem bisherigen Schuldner für eine Verbindlichkeit einzustehen.[625] Dadurch ergibt sich für den Gläubiger kein Schuldneraustausch wie etwa bei der befreienden Schuldübernahme, sondern eine Schuldnermehrheit, die dem Gläubiger gegenüber als Gesamtschuldner haftet.[626] Der Schuldbeitritt, der mithin eine eigene Schuld begründet, kann entweder zwischen Originärschuldner und Beitretendem oder zwischen Beitretendem und Gläubiger vereinbart werden.[627] Die Mitwirkung des jeweils anderen Beteiligten, des Gläubigers im ersten Fall oder des Originärschuldners im zweiten Fall, ist nicht erforderlich. Im Gegensatz zur befreienden Schuldübernahme hat der Schuldbeitritt keinen

---

620 *Hiller/Baschnagel,* DStZ 2017, 353 (359).

621 *Buth/Hermanns,* in: Buth/Hermanns, Restrukturierung, Sanierung, Insolvenz, 5. Aufl. 2022, § 46 Rn. 121; *Hiller/Baschnagel,* DStZ 2017, 353 (359).

622 Gleichwohl gibt es gesetzliche Fälle des Schuldbeitritts, vgl. etwa §§ 546 Abs. 2, 604 Abs. 4, 2382 BGB oder §§ 25, 28, 130 HGB.

623 St. Rspr. vgl. BGH Urt. v. 31.01.1991 - III ZR 150/88, NJW 1991, 3095 (3098); BGH Urt. v. 08.12.1992 - XI ZR 96/92, NJW 1993, 584 (584); OLG Hamm, Urt. v. 23.09.1992 - 31 U 93/92, NJW-RR 1993, 113 (113); *Rieble,* in: Staudinger (2022) BGB § 414 Rn 70.

624 Etwa §§ 311b, 780 BGB; *Rieble,* in: Staudinger (2022) BGB § 414 Rn 71 („abgeleitete Formvorschriften").

625 *Buth/Hermanns,* in: Buth/Hermanns, Restrukturierung, Sanierung, Insolvenz, 5. Aufl. 2022, § 46 Rn. 122; *Hiller/Baschnagel,* DStZ 2017, 353 (355).

626 BGH, Urt. v .20.2.1967 - III ZR 51/66, BGHZ 47, 248, NJW 1967, 1035; *Buth/Hermanns,* in: Buth/Hermanns, Restrukturierung, Sanierung, Insolvenz, 5. Aufl. 2022, § 46 Rn. 136; *Hiller/Baschnagel,* DStZ 2017, 353 (355); *M. Prinz,* FR 2011, 445 (551).

627 *Heinemeyer,* in: MüKo BGB, Band 3, 9. Aufl. 2022, Vorbemerkung §§ 414–419 BGB Rz. 12.

Verfügungscharakter, weil er nur eine zusätzliche Verpflichtung des Beitretenden begründet, demgegenüber jedoch nichts an Bestand und Höhe der Forderung des Gläubigers gegen den Altschuldner ändert.[628] Regelmäßig hat der Schuldbeitritt seinen Rechtsgrund in einem Rechtsverhältnis zwischen dem Beitretenden und dem ursprünglichen Schuldner[629].[630] Handelsrechtlich und bilanziell hat der beitretende, seinerseits bilanzierende Zusatzschuldner den Schuldbeitritt zu erfassen und die übernommene Verbindlichkeit zu passivieren.[631] Bei interner Erfüllungsübernahme unter Regressverzicht besteht gegenüber dem Originärschuldner indes kein Rückgriffsanspruch.[632] Steuerlich wirkt sich in diesem Zusammenhang die Regelung des § 4f Abs. 1, Abs. 2 EStG[633] aus. Sie verlangt die Verteilung des Aufwands aus der Schuldfreistellung des Originärschuldners im Wege des Schuldbeitritts über einen Zeitraum von 15 Jahren. Beim Originärschuldner ist die Verbindlichkeit indes erfolgswirksam aufzulösen, jedenfalls in den Fällen, in denen ein Freistellungsanspruch gegenüber dem beitretenden Dritten besteht, dieser die Erfüllungsübernahme also zugesagt hat.[634] Wenn ein Freistellungsanspruch vereinbart wird, ist die Verbindlichkeit des Originärschuldners ertragswirksam auszubuchen. Beim Gläubiger ändert sich lediglich die Person des Schuldners der Verbindlichkeit. Die Verbindlichkeit selbst bleibt indes in gleichlautender Höhe bestehen. Soweit kein Freistellungsanspruch gegenüber dem übernehmenden Neuschuldner vereinbart wird, verbleibt der Originärschuldner jedoch in Mithaft[635] und damit wirtschaftlich belastet, so dass die Verbindlichkeit nicht ertragswirksam ausgebucht werden darf. Im Gegensatz zur erfolgswirksamen Ausbuchung der Verbindlichkeit wird die Möglichkeit der Aktivierung einer Ausgleichsforderung gegen den Zusatzschuldner unter Beibehaltung der passivierten originären Verbindlichkeit in der Literatur erwogen und teilweise befürwortet[636], jedoch überwiegend abgelehnt[637]. Durch die Beibehaltung der Verbindlichkeit und gleichzeitiger Aktivierung einer

[628] *Heinemeyer,* in: MüKo BGB, Band 3, 9. Aufl. 2022, Vorbemerkung §§ 414–419 BGB Rz. 12.

[629] Analog § 417 Abs. 1 Satz 1 BGB kann der Mitübernehmer gegenüber dem Gläubiger alle Einwendungen geltend machen, die beim Schuldbeitritt bereits begründet waren, *Heinemeyer,* in: MüKo BGB, Band 3, 9. Aufl. 2022, Vorbemerkung §§ 414–419 BGB Rz. 12; *Rieble,* in: Staudinger (2022) BGB § 414 Rn 14.

[630] *Heinemeyer,* in: MüKo BGB, Band 3, 9. Aufl. 2022, Vorbemerkung §§ 414–419 BGB Rz. 12; *Rieble,* in: Staudinger (2022) BGB § 414 Rn 14.

[631] *Hiller/Baschnagel,* DStZ 2017, 353.

[632] *Hiller/Baschnagel,* DStZ 2017, 353; *Heinemeyer,* in: MüKo BGB, Band 3, 9. Aufl. 2022, Vorbemerkung §§ 414–419 BGB Rz. 12.

[633] § 4f EStG wurde eingefügt durch das Gesetz zur Anpassung des Investmentsteuergesetzes und anderer Gesetze an das AIFM-Umsetzungsgesetz v. 18.12.2013 (BGBl. I S. 4318, 4331).

[634] BFH, Urt. v. 26.4.2012 – IV R 43/09, BStBl. II 2017, 1228, DStR 2012, 1128; *Förster/Werthebach,* BB 2019, 299 (302); *Hiller/Baschnagel,* DStZ 2017, 353.

[635] *Lachmann, i*n: Nerlich/Kreplin/Rhode, Münchener Anwaltshandbuch Insolvenz und Sanierung, 4. Aufl. 2023, § 8 Rn. 205.

[636] *Grottel/Johannleweling,* in Beck Bil-Komm., § 249 HGB Rz. 220 mit zusätzlichem Verweis auf IDW RS HFA 30 Tz 101a und auch schon IDW in FN-IDW 2006, 369 und FN-IDW 1996, 529 und dem Hinweis, dass soweit lediglich eine Erfüllungsübernahme im Innenverhältnis bestehe, eine Bruttodarstellung in der HB des übertragenden Unternehmens zu erfolgen habe (Passivierung der Verpflichtung und Aktivierung des Freistellungsanspruchs).

[637] *Buth/Hermanns,* in: Buth/Hermanns, Restrukturierung, Sanierung, Insolvenz, 5. Aufl. 2022, § 46 Rn. 137; *Hiller/Baschnagel,* DStZ 2017, 353 (358); *M. Prinz,* FR 2011, 551 (554); *Wellisch/Bleckmann,* DB 2006, 120 (122) mit primärem Bezug zu Pensionszusagenverpflichtungen.

Forderung aus dem Freistellungsanspruch käme es ebenfalls zu einem Gewinn, der in gleicher Höhe bei Ausbuchung der Verbindlichkeit entsteht und daher dieselben bilanziellen Rechtsfolgen auslöst. Steuerrechtlich ist nach den Grundsätzen der Maßgeblichkeit der Handels- für die Steuerbilanz gemäß § 5 Abs. 1 Satz 1 EStG entsprechend zu verfahren und die Verbindlichkeit in voller Höhe erfolgswirksam auszubuchen.[638] Der sich durch die Ausbuchung der im Wege des Schuldbeitritts übernommenen Verbindlichkeit ergebende Gewinn ist seinerseits als Sanierungsgewinn zu qualifizieren.[639] Denn die infolge des Schuldbeitritts bewirkte Freistellung des Originärschuldners führt unter den zusätzlichen Voraussetzungen der Sanierung zur Entstehung eines typischen Sanierungsgewinns. Ausweislich des eindeutigen Wortlauts ist der sich aus der Ausbuchung der Verbindlichkeit beim Sanierungsunternehmen ergebende Gewinn jedoch nicht als Sanierungsgewinn im Sinne des § 3a Abs.1 Satz 1 EStG anzusehen, weil es sich bei einem Schuldbeitritt gerade nicht um einen Schuldenerlass des Gläubigers gegenüber dem Sanierungsunternehmen handelt. Dem Wortlaut nach ist dieser Gewinn de lege lata daher nicht vom sachlichen Anwendungsbereich der Steuerbefreiung nach § 3a Abs. 1 EStG erfasst, was die vollständige Steuerpflicht dieses Gewinns zur grundsätzlichen Folge hat. Jedoch sind beim Schuldbeitritt zwei rechtliche Konstellationen zu unterscheiden. Soweit ein Schuldbeitritt ohne interne Erfüllungsübernahme unter Regressverzicht gegenüber dem übernehmenden Neuschuldner vereinbart wird, bleibt das Sanierungsunternehmen in der Mithaft.[640] Aus der Mithaft heraus ergibt sich die Unzulässigkeit der Ausbuchung der Verbindlichkeit. Insoweit kann also kein Sanierungsgewinn entstehen, weil die Verbindlichkeit fortbesteht. Sofern jedoch ein Schuldbeitritt mit Freistellungsanspruch vereinbart wird, ist die Verbindlichkeit ertragswirksam auszubuchen und es entsteht dadurch ein Gewinn. Dieser Gewinn ist als typischer Sanierungsgewinn anzusehen, soweit er im Zusammenhang mit einer Sanierung und unter den übrigen Sanierungsvoraussetzungen entsteht. Eine unterschiedliche steuerliche Behandlung des infolge eines Schuldbeitritts mit Erfüllungsübernahme unter Regressverzicht entstehenden Gewinns einerseits und des infolge Gläubigerforderungsverzichts entstehenden Gewinns andererseits ist vor dem Hintergrund des mit der Regelung des § 3a EStG verfolgten gesetzgeberischen Ziels einer effektiven Harmonisierung von Sanierungsrecht und Steuerrecht zur Verbesserung der steuerlichen Rahmenbedingungen von betriebswirtschaftlich sinnvollen Sanierungen abzulehnen. Hieran zeigt sich, dass Sanierungsinstrumente mit unterschiedlichen zivilrechtlichen Voraussetzungen, die jedoch wirtschaftlich das gleiche Ziel, namentlich die Entschuldung des Sanierungsunternehmens, anstreben, nach § 3a EStG de lege

---

638 BFH, Urt. v. 26. 4. 2012 - IV R 43/09 Rn. 14; daran anknüpfend BMF, Schr. v. 30.11.2017 – IV C 6 - S 2133/14/10001, DOK 2017/0978503 Rn. 24; so auch *Hiller/Baschnagel*, DStZ 2017, 353; *Schmidt/Ries*, in: Beck'scher Bilanz-Kommentar, HGB, § 246 Rn. 111.

639 *Buth/Hermanns*, in: Buth/Hermanns, Restrukturierung, Sanierung, Insolvenz, 5. Aufl. 2022, § 46 Rn. 122; *Hiller/Baschnagel*, DStZ 2017, 353 (355, 356).

640 *Lachmann*, in: Nerlich/Kreplin, Münchner Anwaltshandbuch Insolvenz und Sanierung, 4. Aufl. 2023, § 8 Rn. 205.

lata in zweckunangemessener Weise unterschiedlich behandelt werden. Dem Forderungsverzicht, der vom Wortlaut erfasst ist, wird die Steuerbefreiung zuteil, während dem nicht vom Wortlaut erfassten Schuldbeitritt die Steuerbegünstigung verwehrt wird. Gerade vor dem Hintergrund des im Steuerrecht geltenden Prärogativs der wirtschaftlichen Betrachtungsweise, die insbesondere in den §§ 39 ff. AO[641] ihren Ausdruck findet, ist diese unterschiedliche Behandlung abzulehnen. Denn die Ausbuchung der Verbindlichkeit führt in beiden Fällen, mithin sowohl beim Forderungsverzicht als auch beim Schuldbeitritt mit Freistellungsanspruch, zur Entstehung eines grundsätzlich steuerbaren und, sofern nicht steuerbefreit, auch steuerpflichtigen Gewinns. Der zivilrechtliche Anknüpfungspunkt der Gewinnentstehung kann unter Zugrundelegung der wirtschaftlichen Betrachtungsweise für sich genommen nicht für eine unterschiedliche steuerrechtliche Behandlung des Gewinns ausschlaggebend sein. Es ist daher kein Grund ersichtlich, der eine unterschiedliche Behandlung von Forderungsverzicht und Schuldbeitritt (mit Freistellungsanspruch bzw. unter Regressverzicht) rechtfertigen könnte. Es sollte und dürfte für die gesetzlich angestrebte Implementierung eines wirkungsvollen Sanierungssteuerrechts ebenfalls keinen Unterschied machen, auf welcher zivilrechtlichen Grundlage die sanierungsrechtlich angestrebte Entschuldung erreicht wird und worauf der bilanziell unweigerlich entstehende Gewinn basiert. Mit der Privilegierung von Sanierungserträgen soll der bestehende Zielkonflikt zwischen dem Besteuerungsverfahren einer- und dem Insolvenz- bzw. Sanierungsverfahren andererseits gelöst werden.[642] Die Besteuerung des Sanierungsgewinns könnte das Unternehmen in der Krisensituation nach erfolgtem Schuldenerlass erneut in finanzielle Schwierigkeiten bringen.[643] Dieselbe negative Folge würde jedoch durch eine Besteuerung des Sanierungsgewinns entstehen, der durch die Ausbuchung der Verbindlichkeit infolge des Schuldbeitritts mit Freistellungsanspruch ausgelöst wird. Die Wirkung des Schuldbeitritts würde ebenfalls weitgehend verloren gehen. Für die steuerliche Behandlung sollte es daher keinen Unterschied machen, ob ein Sanierungsgewinn durch den Schuldenerlass des Gläubigers, mithin durch dessen Forderungsverzicht, oder durch den Schuldbeitritt eines Dritten entsteht. Die sich derzeit aus dem Wortlaut ergebende unterschiedliche Behandlung verfehlt den gesetzgeberischen Zweck und sollte geändert werden.[644]

---

641 § 39 AO hat die Bedeutung des wirtschaftlichen Eigentums für steuerliche Zwecke zum Gegenstand. § 40 AO normiert das sog. Wirklichkeitsprinzip und § 41 AO stellt klar, dass es für die Besteuerung nicht auf die Frage der zivilrechtlichen Wirksamkeit von Verträgen ankommt.

642 Bericht des FinA zu § 3a, *BT-DrS* 18/12128, 31.

643 Bericht des FinA zu § 3a, *BT-DrS* 18/12128, 31.

644 Formulierungsvorschlag zur Neufassung unter D.

### 3. Befreiende und regresslose Schuldübernahme

Die befreiende Schuldübernahme kommt als Sanierungsinstrument[645] regelmäßig innerhalb von Gesellschafts- und Gesellschafter- bzw. Konzernstrukturen zur Anwendung. Dabei wird die gegen die Schuldnergesellschaft bestehende Verbindlichkeit durch Gesellschafter oder vorgeschaltete Gesellschaften im Wege der befreienden und regresslosen Schuldübernahme übernommen.[646] Denkbar ist jedoch auch eine Schuldübernahme durch externe Gläubiger, etwa durch einen Investor im Wege der Insolvenzplangestaltung.[647] Im Gegensatz zum Schuldbeitritt, der dem Gläubiger einen zusätzlichen Schuldner in Gestalt des beitretenden Dritten verschafft, wird bei der befreienden Schuldübernahme die Verbindlichkeit gemäß §§ 414 ff. BGB durch einen Dritten übernommen.[648] Es kommt also kein weiterer Schuldner hinzu. Vielmehr wird die Schuld gänzlich übernommen und der ursprüngliche Schuldner dadurch befreit. Zivilrechtlich kann die befreiende Schuldübernahme in zwei Gestaltungsvarianten vorkommen. Sie kann einerseits direkt zwischen dem Gläubiger und dem Neuschuldner oder andererseits zwischen dem Alt- und dem Neuschuldner[649] vereinbart werden. Bei einer Schuldübernahme im Rahmen eines Insolvenzplans gilt die Erklärung der Gläubiger zum Abschluss des Schuldübernahmevertrages mit dem Investor[650] oder dem Schuldner[651] mit Rechtskraft der Planbestätigung gemäß § 254a Abs. 1 InsO als abgegeben.[652] Der Vertrag zur Schuldübernahme zwischen Gläubiger und Schuldübernehmer zugunsten des Originärschuldners stellt eine abstrakte Verfügung dar.[653] Die befreiende Schuldübernahme wird daher auch als Gegenstück der Abtretung bezeichnet.[654] Wird die Schuldübernahme zwischen dem alten und dem neuen Schuldner vereinbart, ist die Zustimmung des Gläubigers erforderlich. Die rechtliche Wirksamkeit der Schuldübernahme hängt in diesem Fall von der Genehmigung des Gläubigers ab, deren Erteilung auf den Zeitpunkt der Vereinbarung zurück wirkt[655].[656] Hintergrund ist das durch die wirksame Schuldübernahme bewirkte Erlöschen der für die Forderung bestellten Bürgschaften und Pfandrechte gemäß § 418 Abs. 1 Satz 1 BGB. Bei einer bestehenden Hypothek wird der Gläubiger gemäß § 418 Abs. 1 Satz 2 BGB so gestellt, als habe er auf die Hypothek verzichtet. Ein Fortbestand der Sicherungsrechte ist indes an die Einwilligung des Sicherungsgebers gemäß § 418 Abs. 1 Satz 3 BGB gebunden. Regelmäßig dürfte der Gläubiger

645 als „weiches Sanierungsinstrument" bezeichnet von *Ebbinghaus/Osenroth/Hinz*, BB 2013, 1374 (1374); alternative Lösung nach *Kroniger/Korb*, BB 2008, 2656 (2657).
646 *Blaas/Schwahn*, DB 2013, 2412 (2415), daher auch regelmäßig bezeichnet als „Debt-Push-Up".
647 *Stadler*, NZI 2018, 49 (53, 54).
648 *Heinemeyer* in: MüKo BGB, Band 3, 9. Aufl. 2022, § 414 BGB Rn. 1.
649 nach § 415 BGB.
650 Nach § 414 BGB.
651 Nach § 415 Abs. 1 BGB.
652 *Stadler*, NZI 2018, 49 (53).
653 *Heinig*, in: BeckOGK BGB, Stand: 01.03.2023, § 414 Rn. 138.
654 *Lorenz*, Jus 2019, 424 (424).
655 § 184 Abs. 1 BGB.
656 *Ebbinghaus/Osenroth/Hinz*, BB 2013, 1374 (1375).

einer Schuldübernahme daher nur unter der Prämisse der Einwilligung des Sicherungsgebers in das Fortbestehen der Sicherungsmittel zustimmen.[657] Weitere Rechtsfolge des Übernahmevertrags ist der Eintritt des Schuldübernehmers in die Verpflichtung zur Erfüllung der Verbindlichkeit anstelle des Originärschuldners. Inhalt und Modalitäten der Originärschuld, etwa hinsichtlich Leistungsort und Qualifikation der übernommenen Schuld, sowie Beginn, Dauer und Lauf von Verjährungsfristen, bleiben indes unverändert bestehen.[658] Der Gläubiger kann ab dem Moment der Schuldübernahme seine Forderung nur noch gegenüber dem neuen Gläubiger[659] durchsetzen.[660] Die handelsrechtlichen und bilanziellen Folgen der befreienden Schuldübernahme sind von der individuellen vertraglichen Gestaltung abhängig und richten sich darüber hinaus im Wesentlichen nach den allgemeinen Grundsätzen. Eine Verbindlichkeit ist danach grundsätzlich dann auszubuchen, wenn sie erlischt.[661] Bei der Schuldübernahme erlischt das Schuldverhältnis des Gläubigers mit dem Originärschuldner im Zeitpunkt der Erfüllung der zivilrechtlichen Voraussetzungen der Schuldübernahme.[662] Danach erlischt die Schuld, wenn entweder ein Vertrag zwischen dem Gläubiger und dem Übernehmer dahingehend geschlossen wurde, dass der Übernehmer an die Stelle des bisherigen Schuldners tritt oder wenn ein Vertrag mit demselben Inhalt zwischen Schuldner und Übernehmer mit dem Einverständnis des Gläubigers geschlossen wurde.[663] Bis zum Zeitpunkt der erforderlichen Zustimmung des Gläubigers ist jedoch nicht von einer befreienden Schuldübernahme, sondern von einem Schuldbeitritt[664] durch den Übernehmer i. S. des § 415 Abs. 3 BGB auszugehen, der für den bisherigen Schuldner zunächst noch keine schuldbefreiende Wirkung gegenüber dem Gläubiger hat.[665] Darüber hinaus gilt für die bilanzielle Behandlung folgendes: Schließt der Neuschuldner mit dem Sanierungsunternehmen als Originär- bzw. Altschuldner einen Schuldübernahmevertrag unter Ausschluss jeglicher Rückgriffsansprüche hinsichtlich der übernommenen Schuld, ist die Schuldübernahme beim Originärschuldner zunächst durch Aktivierung eines vertraglichen Freistellungsanspruchs gegenüber dem Neuschuldner zu erfassen, wodurch ein Ertrag entsteht.[666] Wenn der Gläubiger die Schuldübernahme nachfolgend genehmigt, sind der Freistellungsanspruch und die übernommene Verbindlichkeit erfolgsneutral auszubuchen.[667] Diese zweite Buchung hat keine Gewinnauswirkung[668].[669] Mit

---

[657] *Buth/Hermanns,* in: Buth/Hermanns, Restrukturierung, Sanierung, Insolvenz, 5. Aufl. 2022, § 46 Rn. 139.
[658] *Heinemeyer,* in: MüKo BGB, Band 3, 9. Aufl. 2022, § 414 BGB Rz. 7; *Heinig,* in: BeckOGK BGB, Stand: 01.03.2023, § 414 Rn. 196.
[659] im Rahmen von Gesellschaftsverhältnissen gegenüber dem Gesellschafter oder der Muttergesellschaft.
[660] *Blaas/Schwahn,* DB 2013, 2412.
[661] *W. Schubert,* in: Beck Bil-Komm, 13. Aufl. 2022, HGB § 247 Rn. 220.
[662] *Buth/Hermanns,* in: Buth/Hermanns, Restrukturierung, Sanierung, Insolvenz, 5. Aufl. 2022, § 46 Rn. 140.
[663] *W. Schubert,* in: Beck Bil-Komm, 13. Aufl. 2022, HGB § 247 Rn. 221.
[664] Auch als Schuldmitübernahme bezeichnet.
[665] *Schmidt/Hageböke,* DStR 2002, 2150 (2152); *W. Schubert,* in: Beck Bil-Komm 13. Aufl. 2022, HGB § 247 Rn. 221.
[666] „Forderung aus Freistellungsanspruch an s.b. Ertrag".
[667] *Ebbinghaus/Osenroth/Hinz,* BB 2013, 1374 (1375).

der Genehmigung der Schuldübernahmevereinbarung durch den Forderungsgläubiger entfallen sowohl die eingebuchte Freistellungsforderung als auch die korrespondierende (übernommene) Schuld. Denn die Schuld wird übernommen und der Freistellungsanspruch erfüllt. Da Freistellungsanspruch und Schuld in gleicher Höhe bilanziert wurden, stellt der zweite Schritt einen bilanzverkürzenden, (steuer)neutralen Vorgang dar.[670]

Die Einbuchung des gegenüber dem übernehmenden Neuschuldner durch die Schuldübernahme begründeten Freistellungsanspruchs erzeugt jedoch einen Sanierungsgewinn im Sinne des § 3a Abs. 1 Satz 1 EStG. De lege lata ist der durch die Schuldübernahme entstehende Gewinn jedoch nicht vom Wortlaut des § 3a EStG erfasst.[671] Auch dieser im Wege der Schuldübernahme entstehende Gewinn müsste im Sinne eines wirkungsvollen Sanierungssteuerrechts de lege ferenda grundsätzlich von der Neuregelung des § 3a Abs. 1 Satz 1 EStG erfasst sein. Denn es handelt sich ebenfalls um eine Entschuldungsmaßnahme, die in wirtschaftlicher Hinsicht mit dem Forderungserlass gleichzuachten ist. Anzumerken ist allerdings, dass die Schuldübernahme fremder Gläubiger zur Sanierung eines Unternehmens ein nicht sehr häufig anzutreffender Vorgang in der Sanierungspraxis sein dürfte. Schon im Vergleich zum Forderungsverzicht macht es einen nicht unerheblichen Unterschied, ob ein Gläubiger mit anderen Gläubigern zusammen auf Forderungen gegen das Sanierungsunternehmen verzichtet oder ob ein fremder Gläubiger eine bestehende Schuld des Sanierungsunternehmens übernimmt. Aus diesem Grund wird die Schuldübernahme regelmäßig in Konzernstrukturen und eher selten zwischen nicht miteinander verbundenen Gläubigern und Schuldnern anzutreffen sein. Eine Schuldübernahme im Konzern, also etwa durch einen Gesellschafter des Sanierungsunternehmens, wird indes regelmäßig gesellschaftsrechtlich veranlasst sein. Wenn die Schuldübernahme im gesellschaftsrechtlichen Zusammenhang erfolgt, ist die handelsrechtliche und zugleich bilanzielle Beurteilung jedoch eine andere.[672] Denn die gesellschaftsrechtlich veranlasste Schuldübernahme ist nach den Grundsätzen der verdeckten Einlage zu beurteilen und vollzieht sich demnach steuerneutral, ein steuerwirksamer Gewinn entsteht bei gesellschaftsrechtlicher Veranlassung mithin regelmäßig nicht.[673] Eine weitere Besonderheit im Zusammenhang mit der Schuldübernahme ergibt sich bei betrieblicher Veranlassung darüber hinaus aus der gegenüber dem Forderungsverzicht abweichenden buchhalterischen Behandlung. Denn anders als beim Forderungsverzicht ist bei einer Schuldübernahme regelmäßig von der vollständigen Werthaltigkeit der Einlage auszugehen. Danach wird also keine wertlose Forderung eingelegt, sondern eine werthaltige Forderung in Gestalt des Freistellungsanspruchs des

668 Es handelt sich lediglich um eine sog. Bilanzverkürzung bzw. Aktiv-Passiv-Minderung: „Verbindlichkeit an Forderung aus Freistellungsanspruch".

669 *Ebbinghaus/Osenroth/Hinz*, BB 2013, 1374 (1376).

670 *Ebbinghaus/Osenroth/Hinz*, BB 2013, 1374 (1376).

671 Gleiche Feststellung bei *v. Cölln*, Ertragsteuerliche Implikationen der Unternehmenssanierung, 2021, S. 432.

672 Dazu unter C. III. 2. und 3.

673 So auch *Blaas/Schwahn*, DB 2013, 2412 (2416).

Sanierungsunternehmens gegen den Neuschuldner aktiviert.[674] Der Freistellungsanspruch gegen den Übernahmeschuldner ist dabei gewinnwirksam zu erfassen.[675] Bei gesellschaftsrechtlicher Veranlassung ist hingegen in gleicher Höhe eine (verdeckte) Einlage des Gesellschafters zu erfassen, die den Ertrag in der Steuerbilanz neutralisiert.[676] Die durch die Schuldübernahme übernommene Verbindlichkeit des Originärschuldners ist mit der Genehmigung des Forderungsgläubigers und der Übernahme des Übernahmeschuldners auszubuchen[677].[678] Auch auf Ebene des übernehmenden Gesellschafters ist der gesellschaftsrechtlich veranlasste Übernahmevorgang in der Steuerbilanz ergebnisneutral zu erfassen.[679] Der Schuldübernehmer hat die Verbindlichkeit gegen Erhöhung der Beteiligung an dem Unternehmen des Originärschuldners einzubuchen.[680] Steuerrechtlich ist zudem zu prüfen, inwieweit die handelsrechtlich ertragswirksame Schuldübernahme von einer Tochtergesellschaft im Rahmen der steuerlichen Gewinnermittlung durch den Abzug einer verdeckten Einlage außerbilanziell gemäß §§ 4 Abs. 1 EStG, 8 Abs. 1 KStG zu neutralisieren ist.[681] Denn die verdeckte Einlage wirkt sich ebenso wenig wie die offene Einlage auf die Höhe des Gewinns aus. Im Ergebnis kann eine Schuldübernahme daher lediglich in Fällen außerhalb gesellschaftsrechtlicher Veranlassung einen Gewinn erzeugen, der im Sanierungskontext seiner Natur nach in den Anwendungsbereich des § 3a EStG fällt. In diesen Fällen geht es dann jedoch in gleicher Weise wie beim Forderungsverzicht um die Befreiung von Verbindlichkeiten, die das Ziel einer wirtschaftlichen Entschuldung haben. Diese wirtschaftliche Gleichartigkeit sollte bei der steuerlichen Beurteilung den Ausschlag für eine Gleichbehandlung mit dem Forderungsverzicht geben. Denn es leuchtet nicht ein, wirtschaftlich gleich wirkende Sanierungsinstrumente steuerlich unterschiedlich zu behandeln. Aus diesem Grund sollte auch die befreiende Schuldübernahme, jedenfalls wenn sie außerhalb gesellschaftsrechtlicher Veranlassung erfolgt, de lege ferenda vom Wortlaut des § 3a EStG erfasst sein, um dem Bestreben nach einem wirkungsvollen Sanierungssteuerrecht gerecht zu werden.[682]

---

674 *Blaas/Schwahn,* DB 2013, 2412 (2416).
675 *Buth/Hermanns,* in: Buth/Hermanns, Restrukturierung, Sanierung, Insolvenz, 5. Aufl. 2022, § 46 Rn. 140.
676 *Buth/Hermanns,* in: Buth/Hermanns, Restrukturierung, Sanierung, Insolvenz, 5. Aufl. 2022, § 46 Rn. 140; *Schmidt/Hageböke,* DStR 2002, 2150 (2153).
677 Der Buchungssatz würde dementsprechend lauten: „Verbindlichkeit an Forderung aus Freistellungsanspruch".
678 *Buth/Hermanns,* in: Buth/Hermanns, Restrukturierung, Sanierung, Insolvenz, 5. Aufl. 2022, § 46 Rn. 140; *Schmidt/Hageböke,* DStR 2002, 2150 (2153).
679 *Schmidt/Hageböke,* DStR 2002, 2150 (2153).
680 *Buth/Hermanns,* in: Buth/Hermanns, Restrukturierung, Sanierung, Insolvenz, 5. Aufl. 2022, § 46 Rn. 140: Buchungssatz: „Ges.Beteiligung an Verb. aus Übernahme".
681 *Schmidt/Hageböke,* DStR 2002, 2150 (2153).
682 Formulierungsvorschlag zur Neufassung unter D.

### 4. Debt-Buy-Back: Rückkauf von Forderungen

Der Rückkauf von (Darlehens-)Forderungen (sog. Debt-Buy-Back) durch den Schuldner führt zur Konfusion.[683] Durch die Konfusion erlöschen Forderung und Verbindlichkeit uno actu. Ein Sanierungsgewinn entsteht nicht.[684] Lediglich bei einem Rückkauf unter dem Nennwert ergibt sich in Höhe der Differenz zwischen dem Kaufpreis und dem passivierten Nennbetrag der Verbindlichkeit ein Ertrag[685], der auf einem teilweisen Verzicht des Gläubigers auf die Darlehensrückzahlung beruht.[686] Auch insoweit müsste der sachliche Anwendungsbereich des § 3a EStG eröffnet sein.[687] Dafür spricht auch, dass der BFH im Zusammenhang mit der verdeckten Einlage in Form eines Forderungsverzichts in der Vergangenheit entschieden hat, dass es zwischen einem Schuldenerlass und einer Abtretung der Forderung mit der Folge der Konfusion keinen, die unterschiedliche steuerliche Behandlung rechtfertigenden Unterschied gebe[688].[689] Die Argumentation zugunsten der Qualifikation des infolge der bei Rückkauf ausgelösten Konfusion entstehenden Gewinns als Sanierungsgewinn und seine Einbeziehung in den Anwendungsbereich des § 3a Abs. 1 Satz 1 EStG überzeugt. Regelmäßig dürfte der Entstehung eines Gewinns ein vor der Konfusion erfolgter Gläubigerteilverzicht zugrunde liegen, weil andernfalls durch die Konfusion selbst kein Gewinn entstehen kann. Ob sich dieser gegebenenfalls auch stillschweigende Verzicht bereits zuvor oder erst im Rahmen des Forderungsrückkaufs auswirkt, kann für seine Qualifikation als Sanierungsgewinn und für die Anwendbarkeit der Steuerbefreiung keine entscheidende Rolle spielen. Das Gesetz sollte jedoch im Sinne einer im Sanierungszusammenhang erforderlichen Rechtssicherheit klarstellen, dass ein Gewinn, der durch Konfusion infolge Forderungsrückkaufs als Sanierungsgewinn entsteht, in den Anwendungsbereich der Steuerbefreiung einzubeziehen sein sollte. Denn auch insoweit entsteht infolge der ungleichen Höhe der ursprünglichen Forderung und des Forderungswerts bei Rückkauf ein Sanierungsgewinn. Dieser sollte mit dem Sanierungsgewinn infolge Forderungsverzichts gleichzuachten sein.[690]

---

683 BFH Urt. v. 14.10.1987 - I R 381/83, BFH/NV 1989 S. 141; *Beutel/Sistermann* in: Lüdicke/Sistermann, Unternehmensteuerrecht, 2. Auflage 2018, § 18 Rn. 75; *Frey/Mückl*, GmbHR 2010, 1193 (1194); *Ilberg/Tschesche*, BB 2010, 259 (260).

684 BFH Urt. v. 14.10.1987 - I R 381/83, BFH/NV 1989 S. 141.

685 Eine entsprechende Buchung würde lauten: „Verbindlichkeit an Finanzkonto und sb Ertrag".

686 *Desens*, FR 2017, 981 (983); *Ilberg/Tschesche*, BB 2010, 259 (261); *Kahlert/Schmidt*, DStR 2017, 1897 (1900); *Kanzler*, NWB 2016, 2260 (2264); *ders.* NWB 2019, 626 (635); *ders.* in: Kanzler/Kraft/Bäuml/Marx/Hechtner/Geserich, EStG § 3a Rn. 82 Rn, 8. Aufl., Stand: 01.01.2023.

687 So auch *Kanzler*, NWB 2019, 626 (635); *ders.* in: Kanzler/Kraft/Bäuml/Marx/Hechtner/Geserich, EStG § 3a Rn. 82 Rn, 8. Aufl., Stand: 01.01.2023.

688 BFH Urt. v. 9.6.1997 – GrS 1/94, BStBl. II 1998, 307, DStR 1997, 1282 (1286).

689 *Kahlert/Schmidt*, DStR 2017, 1897 (1900).

690 Formulierungsvorschlag zur Neufassung unter D.

### 5. Rangrücktrittsvereinbarung

Auch der sog. Rangrücktritt fungiert als gebräuchliches Sanierungsinstrument[691]. Als Rangrücktritt wird eine zivilrechtliche Vereinbarung zwischen Gläubiger und Schuldner bezeichnet, nach der die betroffene Forderung im Insolvenzfall hinter die übrigen, nicht nachrangigen Forderungen zurück gestellt wird.[692] Ziel eines Rangrücktritts ist die Abwendung drohender Überschuldung[693] durch Außerachtlassung der Verbindlichkeit in der Überschuldungsbilanz[694] und die Herausnahme der Forderung aus der Konkurrenz mit den Forderungen anderer Gläubiger.[695] Im Krisenfall soll die Gesellschaft entlastet und dadurch die Insolvenzreife abgewendet werden.[696] Der Rangrücktritt kann dafür sowohl durch Gesellschaftergläubiger als auch durch fremde Drittgläubiger erklärt werden.[697] Zivilrechtlich wird die Rangrücktrittsvereinbarung, die keine besondere Form erfordert, überwiegend als verfügender Schuldänderungsvertrag[698], mitunter auch als Variante des pactum de non petendo[699] qualifiziert.[700] Ein pactum de non petendo stellt für sich genommen ein schuldrechtliches Versprechen des Forderungsgläubigers dar, die Forderung nicht geltend zu machen, was ein Leistungsverweigerungsrecht beim Schuldner begründet.[701] Der BGH qualifiziert den Rangrücktritt als Schuldänderungsvertrag i.S. des § 311 Abs. 1 BGB zugunsten der Gläubigergesamtheit, der nach Eintritt der Insolvenzreife nicht durch eine Vereinbarung zwischen dem Schuldner und dem Forderungsgläubiger aufgehoben werden kann.[702] Da der Bestand der betroffenen Forderung unberührt bleibt und der Schuldner ein

[691] *Blaas/Schwahn*, DB 2013, 2350 (2352); *Frystatzki*, DStR 2016, 2479; *Heerma*, BB 2005, 537; *Kautzmann*, Ertragsteueroptimale Sanierungsstrategien, 2015, S. 188; *Krumbholz*, in: Thierhoff/Müller, Unternehmenssanierung, 3. Aufl. 2022, 5. Kapitel, II, 6. Forderungsverzicht Rn. 80; *Taplan/Baumgartner/Baumgartner*, GmbHR 2015, 347 (347) „bevorzugtes Sanierungsinstrument"; *Wehning*, DStR 2017, 615 (615).

[692] *Bitter*, ZIP 2015, 345; *Blaas/Schwahn*, DB 2013, 2350 (2353); *Kautzmann*, Ertragsteueroptimale Sanierungsstrategien, 2015, S. 188 f.; *Schwenker/Fischer*, DStR 2010, 1117.

[693] BGH, Urt. v. 5.3.2015 – IX ZR 133/14 Rz. 13, NJW 2015, 1672, NZI 2015, 315; *Frystatzki*, DStR 2016, 2479; *Kammeter/Geißelmeier*, NZI 2007, 214 (214); *Kautzmann*, Ertragsteueroptimale Sanierungsstrategien, 2015, S. 190; *Schwenker/Fischer*, DStR 2010, 1117 (1118).

[694] *Heerma*, BB 2005, 537; *Kahlert/Gehrke*, DStR 2010, 227; *Kautzmann*, Ertragsteueroptimale Sanierungsstrategien, 2015, S. 190; *Schwenker/Fischer*, DStR 2010, 1117.

[695] *Briese*, DStR 2017, 799 (802).

[696] *Ekkenga*, in: MüKoGmbHG 4. Aufl. 2022, GmbHG § 30 Rn. 113.

[697] *Salm-Hoogstraeten*, in: Braun InsO, 9. Aufl. 2022, § 19 Rn. 23.

[698] Nach dem BGH zugleich ein „rechtsgeschäftliches Zahlungsverbot" zugunsten der Gläubigergesamtheit mit der Folge, dass der vereinbarte Rangrücktritt nach Eintritt der Insolvenzreife nicht mehr durch eine einfache Vereinbarung zwischen Schuldner und Gläubiger aufgehoben werden könne vgl. BGH, Urt. v. 5.3.2015 – IX ZR 133/14, NJW 2015, 1672, NZI 2015, 315 ff.; *Hüttinger*, Instrumente zur vorinsolvenzlichen Sanierung des Unternehmensträgers, 2015, S. 186; *Kammeter/Geißelmeier*, NZI 2007, 214 (214); *Wittig*, NZI 2001, 169 (170).

[699] *N. Braun*, DStR 2012, 1360 (1360) „Stillhalteabkommen"; *Häuselmann*, BB 1993, 1552 (1553); *M. Klein*, GmbHR 2005, 663 (666); *K. Schmidt*, GmbHR 1999, 9 (13).

[700] *Schildknecht*, DStR 2005, 181 (181).

[701] *Herlinghaus*, Forderungsverzichte und Besserungsvereinbarungen zur Sanierung von Kapitalgesellschaften, 1994, S. 90; *Hüttinger*, Instrumente zur vorinsolvenzlichen Sanierung des Unternehmensträgers, 2015, S. 185; *Leithaus/Schaefer*, NZI 2010, 845 (847).

[702] BGH Urt. v. 5.3.2015 – IX ZR 133/14 NZI 2015, 315 ff.: „Vertrag zugunsten der Gläubigergesamtheit"; *Bäuerle* in: Braun InsO, 9. Aufl. 2022, § 39 Rn. 38.

Leistungsverweigerungsrecht erhält,[703] ist der Rangrücktritt zivilrechtlich nicht mit dem Forderungsverzicht gleichzusetzen.[704] Denn im Gegensatz zum Forderungsverzicht, der einen Erlassvertrag und das Erlöschen der Forderung zum Gegenstand hat,[705] erklärt der Gläubiger beim Rangrücktritt keinen Verzicht auf die Geltendmachung der Forderung.[706] Vielmehr sieht die Rangrücktrittsvereinbarung nur vor, dass die von der Vereinbarung erfassten Forderungen einen „schlechteren" Rang innerhalb der Erfüllungsreihenfolge[707] haben als ihnen nach den Vorschriften der Insolvenzordnung zustünde.[708] Danach wird das Schuldverhältnis umgestaltet, besteht aber im Übrigen fort.[709] Unterschieden wurden und werden – zumindest terminologisch – noch immer der sog. „einfache", „spezifizierte" und „qualifizierte" Rangrücktritt.[710] Zur Annahme eines „einfachen" Rangrücktritts erklärt der (Gesellschafter-)Gläubiger gegenüber der Gesellschaft, dass er seine Forderung erst dann geltend macht, wenn andere Gläubiger zuvor befriedigt worden sind.[711] Als „spezifizierter" Rangrücktritt wird die Erklärung bezeichnet, soweit vorgesehen ist, dass der Schuldner die Verbindlichkeit aus künftigen Gewinnen, aus einem Liquidationsüberschuss oder aus anderem freien Vermögen leisten kann.[712] Demgegenüber verlangte ein vor dem MoMiG als „qualifiziert" bezeichneter Rangrücktritt darüber hinaus den erklärten Willen des Gesellschafter-Gläubigers, die Befriedigung seiner Forderung erst nach Abwendung der Krise sowie nach Befriedigung sämtlicher Fremdgläubiger der Gesellschaft[713] zu akzeptieren[714].[715] Diese Form des (qualifizierten) Rangrücktritts führt zur

---

703 *Frystatzki*, DStR 2016, 2479 (2484); *Herlinghaus*, Forderungsverzichte und Besserungsvereinbarungen zur Sanierung von Kapitalgesellschaften, 1994, S. 90; *Schildknecht*, DStR 2005, 181 (181).

704 Nach *K. Schmidt/Herchen*, in: Karsten Schmidt InsO, 20. Aufl. 2023, InsO § 39 Rn. 22 sei der Hinweis der Gesetzesbegründung auf einen angeblichen „Verzicht" ausweislich BT-Drs. 12/2443, 115 als eine „umgangssprachliche Ungenauigkeit" anzusehen; *M. Klein*, GmbHR 2005, 663 (666); *Oser*, DStR 2017, 1889 (1890, 1892): zwar nicht zivilrechtlich, aber bilanziell nach „einer m Bilanz(steuer)recht gebotenen wirtschaftlichen (teleologischen) Betrachtungsweise"; *Diffring/Schlotter*, in: BeckOGK HGB, Stand: 01.03.2023, § 249 Rn. 332.

705 S.o. unter B. I. 1.

706 *M. Klein*, GmbHR 2005, 663 (666); *Schildknecht*, DStR 2005, 181 (181); *K. Schmidt*, GmbHR 1999, 9 (13).

707 Von *Kammeter/Geißelmeier*, NZI 2007, 214 (214) als *Erfüllungswertigkeit* bezeichnet.

708 *Bäuerle*, in: Braun, InsO, 9. Aufl. 2022, § 39 Rn. 3.

709 *Oser*, DStR 2017, 1889 (1892).

710 so heute immer noch *Bäuerle*, in: Braun InsO, 9. Aufl. 2022, § 39 Rn. 38; *Ekkenga*, in: MüKoGmbHG GmbHG, 4. Aufl. 2022, § 30 Rn. 113, 114; *W.-D. Hoffmann*, StuB 2016, 405, der die Kategorisierung zwar für „überholt" ansieht, sie aber für Bilanzierungszwecke im Sinne terminologischer Unterscheidbarkeit von der Insolvenzordnung beibehält; *Hüttinger*, Instrumente zur vorinsolvenzlichen Sanierung des Unternehmensträgers, 2015, S. 188, 192, obwohl sich die nach altem Recht notwendige Unterscheidung erledigt habe; *Mock*, in: Uhlenbruck InsO, 15. Aufl. 2019, § 19 Rn. 245; kritisch zum Ganzen mit Hinweis auf die weitere Bezeichnung als spezifizierten Rangrücktritt *K. Schmidt*, BB 2016, 2 (4); *Diffring/Schlotter*, in: BeckOGK HGB, Stand: 1.3.2023, § 249 Rn. 331; *Weber-Grellet*, BB 2016, 43 (46); *Oser*, DStR 2017, 1889 (1889), der den qualifizierten Rangrücktritt „für tot" hält.

711 *Selzner/Leuering* in: Römermann, Münchener Anwaltshandbuch GmbH-Recht 4. Aufl. 2018 § 7 Rn. 122.

712 *Buth/Hermanns*, in: Buth/Hermanns, Restrukturierung, Sanierung, Insolvenz, 5. Aufl. 2022, § 46 Rn. 114; *Kammeter/Geißelmeier*, NZI 2007, 214 (214); *Kautzmann*, Ertragsteueroptimale Sanierungsstrategien, 2015, S. 190.

713 *Selzner/Leuering* in: Römermann, Münchener Anwaltshandbuch GmbH-Recht 4. Aufl. 2018 § 7 Rn. 122.

714 Davon umfasst sind auch die Befriedigung der Gesellschafterdarlehen, für die kein Rangrücktritt erklärt wurde, so dass die Darlehensforderung wie ein Einlagerückgewähranspruch behandelt wurde, *Selzner/Leuering* in: Römermann, Münchener Anwaltshandbuch GmbH-Recht 4. Aufl. 2018 Teil B, § 7 Rn. 122; *Diffring/Schlotter*, in: BeckOGK HGB, Stand: 1.2.2022, § 249 Rn. 331; *Kammeter/Geißelmeier*, NZI 2007, 214 (215); *Weber-Grellet*, BB 2016, 43 (46).

715 BGH, Urt. v. 5.3.2015 – IX ZR 133/14 Rz. 17, NJW 2015, 1672, NZI 2015, 315; *Kautzmann*, Ertragsteueroptimale Sanierungsstrategien, 2015, S. 191; *Selzner/Leuering* in: Römermann, Münchener Anwaltshandbuch GmbH-Recht 4. Auflage 2018 § 7 Rn. 122.

Außerachtlassung der dadurch subordinierten Verbindlichkeit im schuldnerischen Überschuldungsstatus.[716] Für Zwecke der Überschuldungsbilanz handle es sich um „funktionales Eigenkapital“[717].

Durch das MoMiG[718] wurde der von Gesellschafter-Gläubigern erklärte Rangrücktritt in § 19 Abs. 2 Satz 2 InsO im Zusammenhang mit der Überschuldung bei Kapitalgesellschaften erstmals gesetzlich kodifiziert. Danach sind Forderungen auf Rückgewähr von Gesellschafterdarlehen im Überschuldungsstatus nicht als Verbindlichkeiten gemäß § 19 Abs. 2 Satz 1 InsO zu berücksichtigen, wenn zwischen Gläubiger und Schuldner der Nachrang[719] hinter den in § 39 Abs. 1 Nr. 1 bis 5 InsO bezeichneten Forderungen im Insolvenzverfahren vereinbart wird.[720] Für Gesellschaftergläubiger hat die Unterscheidung zwischen „einfachem“, „spezifiziertem“ und „qualifiziertem“ Rangrücktritt mit dem MoMiG daher an Bedeutung verloren, weil § 19 Abs. 2 Satz 2 InsO den Rangrücktritt hinter die Gläubiger im Sinne des § 39 Abs. 1 Nr. 1 bis 5 InsO für Zwecke der Nichtberücksichtigung der Verbindlichkeit in der Überschuldungsbilanz für hinreichend anerkennt.[721] Dieselben Rechtsfolgen gelten heute auch für Fremdgläubiger.[722] So hält der BFH dieselben Rechtsfolgen[723] für anwendbar; ungeachtet dessen also, ob sie zwischen einer Gesellschaft und einem Gesellschafter oder einem außenstehenden, gleichsam fremden Dritten, etwa einem Darlehensgeber, geschlossen werden.[724] Dementsprechend seien die Regelungen aus § 19 Abs. 2 Satz 2 i.V. mit § 39 Abs. 2 InsO, die ihrem Wortlaut nach streng genommen nur den Rangrücktritt eines Gesellschafterdarlehensgebers zum Gegenstand haben, auch auf einen Rangrücktritt außenstehender Gläubiger anwendbar.[725] Mit einem derart erklärten Rangrücktritt tritt ein Gläubiger mit seiner Forderung hinter sämtliche übrigen Gläubiger zurück.[726] Weiterhin darf eine durch wirksamen Rangrücktritt subordinierte Forderung bei Insolvenzreife nicht befriedigt werden. Es besteht eine insolvenzrechtliche Durchsetzungssperre.[727] Soweit eine solche Forderung jedoch trotz Insolvenzreife des

---

[716] *Bäuerle*, in: Braun InsO, 9. Aufl. 2022, § 39 Rn. 38.
[717] *Kammeter/Geißelmeier*, NZI 2007, 214 (215).
[718] Gesetz zur Modernisierung des GmbH-Rechts und zur Bekämpfung von Missbräuchen (MoMiG) v. 23.10.2008, BGBl. I S. 2026 (Nr. 48), Geltung ab 01.11.2008: Seit dem MoMiG sind kapitalersetzende Gesellschafterdarlehen und gleichgestellte Forderungen nach § 39 Abs. 1 Nr. 5 InsO als nachrangig zu behandeln. § 19 Abs. 2 S. 2 InsO bezieht sich darauf und regelt, dass insoweit keine Verbindlichkeit im Überschuldungsstatus auszuweisen ist; *Buth/Hermanns*, in: Buth/Hermanns, Restrukturierung, Sanierung, Insolvenz, 5. Aufl. 2022, § 46 Rn. 111.
[719] § 39 Abs. 2 InsO.
[720] *K. Schmidt*, BB 2016, 2 (3).
[721] *Kautzmann*, Ertragsteueroptimale Sanierungsstrategien, 2015, S. 191.
[722] *Salm-Hoogstraeten*, in: Braun InsO, 9. Aufl. 2022, § 19 Rn. 23.
[723] sowohl beim Rangrücktritt eines Gesellschafters als auch beim Rangrücktritt eines externen Gläubigers.
[724] BGH, Urt. v. 5.3.2015 – IX ZR 133/14 Rn. 14, DStR 2015, 767 ff., NZI 2015, 315.
[725] BGH, Urt. v. 5.3.2015 – IX ZR 133/14 Rn. 14, DStR 2015, 767 ff., NZI 2015, 315.
[726] *Salm-Hoogstraeten*, in: Braun InsO, 9. Aufl. 2022, § 19 Rn. 23.
[727] BGH Urt. v. 5.3.2015 – IX ZR 133/14 Rn. 14, DStR 2015, 767 ff., NZI 2015, S. 315 ff.; *Bäuerle*, in: Braun InsO, 9. Aufl. 2022, § 39 Rn. 33; *K. Schmidt*, BB 2016, 2 (4), der darin sogar ein „zwingendes, bis zur Überwindung der materiellen Insolvenz nicht aufhebbares Verfügungsverbot“ erblickt und dieses auf „ein Zahlungsverbot“ hinausgehen sieht, „das dem des § 30 GmbHG in nichts nachstehe.“; *Buth/Hermanns*, in: Buth/Hermanns, Restrukturierung, Sanierung, Insolvenz, 5. Aufl. 2022, § 46 Rn. 110.

Schuldners beglichen wird, kann die Zahlung wegen fehlenden Rechtsgrunds gemäß § 812 Abs. 1 Satz 1 Alt. 1 BGB kondiziert oder als unentgeltliche Leistung nach § 134 InsO angefochten werden, weil durch die infolge des Rangrücktritts verbotene Auszahlung eine Unentgeltlichkeit im Sinne der Vorschrift bewirkt werde.[728] Wirtschaftlich ermöglicht der Rangrücktritt die Vermeidung der insolvenzrechtlichen Überschuldung.[729]

Umstritten ist jedoch die handelsrechtliche Frage, ob eine durch Rangrücktritt subordinierte Forderung als spiegelbildliche Verbindlichkeit des Schuldners weiterhin zu passivieren ist, weil der Gläubiger seine Forderung weiterhin rechtlich durchsetzen könne, jedenfalls soweit dieser „zur Geltendmachung entschlossen"[730] sei.[731] Gegen die Beibehaltung der Passivierung wird eingewandt, es handle sich lediglich um eine „formale" Aufrechterhaltung des Verbindlichkeitscharakters.[732] Im Sinne einer wirtschaftlichen Betrachtungsweise sei insoweit vielmehr von einem Forderungsverzicht gegen Besserungsabrede auszugehen, was für die Ausbuchung der Verbindlichkeit im Krisenfall spreche.[733] Zwar bestehe die Verpflichtung dem formalen Gehalt nach weiterhin, jedoch sei ihr Inhalt entscheidend modifiziert.[734] Eine aktuelle Leistungsverpflichtung bestehe nicht mehr, lediglich in der Zukunft bestehe sie wieder, wonach sie dem Stichtagsprinzip folgend nicht bilanziell zu berücksichtigen sei.[735] So wie der Rangrücktrittsgläubiger an der Durchsetzung seiner Forderung gehindert sei, müsse der Anwartschaftsberechtigte aus einer Besserungsvereinbarung nach seinem Forderungsverzicht auf den Eintritt der Bedingung hoffen. Dem wirtschaftlichen Gehalt nach seien beide Konstellationen, deren Wirkung jeweils von in der Zukunft liegenden Ereignissen abhängig sei, miteinander vergleichbar.[736] Dieser Argumentation zugunsten der Ausbuchung der subordinierten Verbindlichkeit wird jedoch die Reichweite des Realisationsprinzips entgegen

---

728 BGH, Urt. v. 5.3.2015 – IX ZR 133/14 Rz. 13, DStR 2015, 767 ff.; NZI 2015, S. 315 (319); jüngst auch BFH, Urt. v. 19.8.2020 – XI R 32/18, BFHE 270, 344, BStBl. II 2021, 279, DStR 2020, 2716, NZI 2021, 53; *Schwenker/Fischer*, DStR 2010, 1117 (1117); *Bäuerle*, in: Braun InsO, 9. Aufl. 2022, § 39 Rn. 38; dagegen: *Müller*, BB 2016, 491 (492); *W.-D. Hoffmann*, StuB 2016, 405 (406); *Frystatzki*, DStR 2016, 2479 (2486, 2487).

729 BGH, Urt. v. 5.3.2015 – IX ZR 133/14 Rz. 13, DStR 2015, 767 ff.; NJW 2015, 1672; NZI 2015, S. 315 ff.; BFH, Urt. v. 19.8.2020 – XI R 32/18 Rn. 28, BFHE 270, 344, BStBl. II 2021, 279, DStR 2020, 2716, NZI 2021, 53; *Schwenker/Fischer*, DStR 2010, 1117 (1117).

730 *Bergmann/Clemens*, DB 2015, 1867 (1868).

731 Dafür: BGH Urt. v. 5.3.2015 – IX ZR 133/14, DStR 2015, 767 ff., NZI 2015, S. 315 (319); jüngst auch BFH, Urt. v. 19.8.2020 – XI R 32/18, BFHE 270, 344, BStBl. II 2021, 279, DStR 2020, 2716, NZI 2021, 53; *Briese*, DStR 2017, 799 (803): „Es liege weiterhin eine zum Nennwert auszuweisende Verbindlichkeit vor. Diese sei nur dann auszubuchen, falls eine an Sicherheit grenzende Wahrscheinlichkeit gegen eine Inanspruchnahme spreche." *Schwenker/Fischer*, DStR 2010, 1117 (1117); *Kahlert*, BB 2016, 878 (879); *Diffring/Schlotter*, in: BeckOGK HGB, Stand: 1.3.2023, § 249 Rn. 332; dagegen: *W. Müller*, BB 2016, 491 (493); *W.-D. Hoffmann*, StuB 2016, 405 (405, 406); *Frystatzki*, DStR 2016, 2479 (2486, 2487): „Der Rangrücktritt wirke sich in der wirtschaftlichen Belastung nicht anders aus als der durch den Besserungsfall auflösend bedingte Forderungsverzicht. (...) Eine gegenwärtige Belastung des Vermögens des Schuldners einer derart subordinierten Forderung liege solange nicht vor, wie der Besserungsfall nicht eingetreten sei. Erst nach Beseitigung der Insolvenzreife müsse der Schuldner die Verpflichtung erfüllen."; *Weber-Grellet*, BB 2015, 2667 (2671).

732 *W. Müller*, BB 2016, 491 (492); *W.-D. Hoffmann*, StuB 2016, 405; *Weber-Grellet*, BB 2015, 2667 (2671).

733 *W. Müller*, BB 2016, 491 (493); *W.-D. Hoffmann*, StuB 2016, 405 (406); *Frystatzki*, DStR 2016, 2479 (2486, 2487).

734 *W.-D. Hoffmann*, StuB 2016, 405 (406).

735 *W.-D. Hoffmann*, StuB 2016, 405 (406); *Weber-Grellet*, BB 2015, 2667 (2671); *Weber-Grellet*, BB 2016, 43 (46).

736 *W.-D. Hoffmann*, StuB 2016, 405 (405, 406); *Weber-Grellet*, BB 2016, 43 (46); a.A. *Diffring/Schlotter*, in: BeckOGK HGB, Stand: 01.03.2023, § 249 Rn. 332; *Briese*, DStR 2017, 799 (803).

gehalten.[737] Es handle sich bei durch Rangrücktritt subordinierten Forderungen um spiegelbildliche Verbindlichkeiten, die zwar einen Nachrang erführen, den Vermögensrechten der Gesellschafter jedoch vorgingen, und damit weiterhin als Verbindlichkeiten und damit als Fremdkapital zu passivieren seien.[738] Für eine erfolgsneutrale Ausbuchung zugunsten der Kapitalrücklage nach § 272 Abs. 2 Nr. 4 HGB – bei Gesellschafts- und Drittgläubigern – gäbe es zudem keine Rechtsgrundlage, weil die Bilanzposition „Eigenkapital" einen ausschließlichen Gesellschafterbezug habe.[739]

Umstritten ist also, ob ein Sanierungsgewinn bei Vereinbarung eines Rangrücktritts überhaupt entstehen kann. Insoweit ist wiederum unumstritten, dass die durch einen Rangrücktritt subordinierte Forderung dann einen Sanierungsgewinn entstehen lässt, der im Übrigen vom Wortlaut des § 3a Abs. 1 Satz 1 EStG nicht erfasst ist, wenn die Verbindlichkeit (ertragswirksam) auszubuchen ist. Die Verbindlichkeit ist aber nach den allgemeinen Bilanzregeln nur dann auszubuchen, wenn sie für den Schuldner keine wirtschaftliche Belastung mehr darstellt. Dabei stellt nach Auffassung des BFH eine Verbindlichkeit keine wirtschaftliche Belastung (mehr) dar, wenn sie „mit an Sicherheit grenzender Wahrscheinlichkeit" nicht mehr erfüllt werden muss.[740] Für diese Annahme genüge jedoch nicht die („bloße") Überschuldung des Schuldners. Ebenso wenig erlaube der Eintritt der Vermögenslosigkeit des Schuldners die Ausbuchung einer rechtlich bestehenden Verpflichtung aus der handels- oder steuerrechtlichen Bilanz.[741] Diese Auffassung überzeugt. Anders als bei einem vollständigen oder teilweisen Forderungsverzicht führt der Rangrücktritt nicht zum rechtlichen Erlöschen der subordinierten Verbindlichkeit. Die subordinierte Verbindlichkeit ist also nur dann auszubuchen, wenn die Inanspruchnahme aus der zugrundeliegenden Verpflichtung mit an Sicherheit grenzender Wahrscheinlichkeit unmöglich geworden ist. Diese Voraussetzung ist bei „bloßer" Vermögenslosigkeit jedoch (noch) nicht gegeben. Auch nach dem handelsrechtlichen Gebot des vollständigen Vermögensausweises nach § 246 Abs. 1 HGB verlangt die Vermögenslosigkeit des Schuldners keine Ausbuchung der rechtlich noch bestehenden Verpflichtungen aus der handels- oder steuerrechtlichen Bilanz.[742] Auch im Falle eingetretener Überschuldung ist danach im Hinblick auf im Rang subordinierte Verbindlichkeiten zunächst weiterhin von Fremdkapital des Sanierungsunternehmens auszugehen. Dies gilt zudem auch dann, wenn die Rangrücktrittsvereinbarung die Verpflichtung fortbestehen lässt, die subordinierte Forderung aus dem nach Begleichung der vorrangigen

---

[737] *Briese*, DStR 2017, 799 (803).

[738] BGH Urt. v. 5.3.2015 – IX ZR 133/14, DStR 2015, 767 ff., NZI 2015, S. 315 (319); jüngst auch BFH, Urt. v. 19.8.2020 – XI R 32/18, BFHE 270, 344, BStBl. II 2021, 279, DStR 2020, 2716, NZI 2021, 53; *Briese*, DStR 2017, 799 (803).

[739] *Briese*, DStR 2017, 799 (803).

[740] BFH, Urt. v. 19.8.2020 – XI R 32/18 Rn. 25: „Keine wirtschaftliche Belastung stellt eine Verbindlichkeit dar, die mit an Sicherheit grenzender Wahrscheinlichkeit nicht mehr erfüllt werden muss. (...)".

[741] BFH, Urt. v. 19.8.2020 – XI R 32/18 Rn. 25.

[742] So auch BFH, Urt. v. 19.8.2020 – XI R 32/18 Rn. 33.

Ansprüche verbleibenden freien Vermögen[743] zu tilgen.[744] Hierbei ist der rechtliche Gehalt der vereinbarten Durchsetzungssperre entscheidend und nicht das wirtschaftliche Unvermögen des Schuldners, die Schulden zu begleichen. Aus diesen Gründen ist es sachgerecht, die durch Rangrücktrittsvereinbarung subordinierten Forderungen der Gläubiger zunächst als Verbindlichkeiten des Sanierungsunternehmens passiviert zu belassen. Ein Sanierungsgewinn entsteht demnach bei Vereinbarung eines Rangrücktritts nicht, so dass der Anwendungsbereich des § 3a Abs. 1 EStG nicht eröffnet ist.

### 6. Debt-Equity-Swap: Austausch von Fremd- in Eigenkapital

Bei einem Debt-Equity-Swap werden Gläubigerforderungen in Beteiligungskapital an dem Sanierungsunternehmen umgewandelt.[745] Diese Umwandlung von bisherigem Fremd- in neues Eigenkapital stellt ein in der internationalen Restrukturierungspraxis [746] regelmäßig angewandtes Sanierungsinstrument dar. [747] Der Debt-Equity-Swap kann in einem Insolvenzplanverfahren [748] oder außerhalb eines Planverfahrens als Sanierungsmittel angewandt werden.[749] In die Insolvenzordnung eingeführt wurde er durch das Gesetz zur weiteren Erleichterung der Sanierung von Unternehmen (ESUG)[750] und in § 225a Abs. 2 InsO normiert. Schon vor der gesetzlichen Normierung wurde die Umwandlung von Fremd- in Eigenkapital jedoch auch in der nationalen Sanierungspraxis als Gestaltungsmittel mit Entschuldungseffekt angewandt.[751] Der Debt-Equity-Swap ist kein Schuldenerlass. Vielmehr

---

743 Zum freien Vermögen gehören die unpfändbaren Gegenstände iSv § 36 InsO, sämtliche höchstpersönlichen Rechte des Schuldners sowie die Rechte, deren Inhaber der Schuldner nicht ist. *Hirte/Praß,* in: Uhlenbruck InsO, 15. Aufl. 2019, § 35 Rn. 69.

744 So zutreffend BFH, Urt. v. 19.8.2020 – XI R 32/18 Rn. 33.

745 *Frey/Mückl,* GmbHR 2010, 1193 (1194); *Gutowski,* Der Debt-Equity-Swap als Sanierungsinstrument in der Insolvenzordnung nach dem ESUG, 2014, S. 76 ff.; *Hagemann,* Debt Equity Swaps nach englischem und deutschem Recht unter besonderer Berücksichtigung des ESUG, 2014, S. 14; *Hancioglu,* Gesellschafterschutz beim Debt-Equity Swap mittels Insolvenzplan, 2018, S. 265; *Kleine,* Der Umtausch von Forderungen in Nennkapital, 2015, S. 15; *Schillerwein,* Debt-Equity-Swaps im Spiegel bilanzieller Sanierungsinstrumente, 2014, S. 70; *Segmüller,* Kapitalmaßnahmen im Insolvenzplan, 2013, S. 153; *Schulz,* Der Debt Equity Swap in der Insolvenz, 2015, S. 45.

746 besonders im anglo-amerikanischen Raum, *Carli/Rieder/Mückl,* ZIP 2010, 1737 (1737); *Hagemann,* Debt Equity Swaps nach englischem und deutschem Recht unter besonderer Berücksichtigung des ESUG, 2014, S. 14.

747 *Bauer/Dimmling,* NZI 2011, 517 (518); *Carli/Rieder/Mückl,* ZIP 2010, 1737 (1737); *Gutowski,* Der Debt-Equity-Swap als Sanierungsinstrument in der Insolvenzordnung nach dem ESUG, 2014, S. 76 ff.; *Hagemann,* Debt Equity Swaps nach englischem und deutschem Recht unter besonderer Berücksichtigung des ESUG, 2014, S. 14; *Kleine,* Der Umtausch von Forderungen in Nennkapital, 2015, S. 15; *Mückl,* FR 2009, 497 (497); *Krumbholz,* in: Thierhoff/Müller, Unternehmenssanierung, 3. Aufl. 2022, 5. Kapitel, II, 6. Forderungsverzicht Rn. 73: „moderne Restrukturierungsmaßnahme".

748 Ein Insolvenzplanverfahren kann verschiedene Ziele haben, etwa die Reorganisation des Unternehmens mit dem Ziel seines Erhalts oder die Liquidation oder Verwertung des Unternehmens. Durch den Insolvenzplan sollen die Gläubiger bei der Auswahl der Abwicklungsmodalitäten größtmögliche Freiheit haben. Eingehend dazu *Ludwig* in: Braun InsO, 9. Aufl. 2022, § 1 Rn. 9; *Burkert,* Der Debt-to-Equity Swap im Spannungsverhältnis von Gesellschafts- und Insolvenzrecht, 2014, S. 141.

749 *Bauer/Dimmling,* NZI 2011, 517 (518).

750 § 225a InsO eingef. mWv 1.3.2012 durch G v. 7.12.2011 (BGBl. I S. 2582).

751 Etwa bei Bavaria Yachtbau GmbH (2009), Borussia Dortmund GmbH & Co. KGaA (2006), Deutsche Steinzeug Cremer & Breuer AG (2006), Honsel AG (2009), Ihr Platz GmbH & Co. KG (2005/2006), Kunert AG (2005/2006), Monier Group GmbH (2009), Neumayer Tekfor GmbH (2009), PROCON Multimedia AG (2007), Ralos New Energies AG (vormals BGI EcoTech AG; 2009), Stabilus GmbH (2010), Treofan Holding GmbH (2009), und Vivanco Gruppe AG (2006), ausführliche Auflistung bei *Carli/Rieder/Mückl,* ZIP 2010, 1737 (1737).

wird die gegen das Sanierungsunternehmen bestehende Gläubigerforderung in das Betriebsvermögen des Sanierungsunternehmens gegen Gewährung von Anteilen eingelegt.[752] Im Rahmen des Betriebsvermögensvergleichs wird der Debt-Equity-Swap regelmäßig in zwei Transaktionsvorgängen vollzogen.[753] Zunächst wird eine Kapitalherabsetzung zum Ausgleich vorhandener Verluste vorgenommen.[754] Anschließend wird eine Kapitalerhöhung in Form einer Sacheinlage vorgenommen, deren Gegenstand die Einbringung der Forderung gegen Gewährung von Gesellschaftsrechten ist.[755] Infolge der durch die Einbringung der Forderung bewirkten Vereinigung von Forderung und Verbindlichkeit beim Sanierungsunternehmen erlöschen beide Positionen durch Konfusion.[756] Dabei ist die Umwandlung von Fremd- in Eigenkapital insoweit als steuerneutrale Einlage zu qualifizieren, als die Gläubigerforderung werthaltig ist.[757] Bei dem Sanierungsunternehmen entsteht jedoch ein Gewinn, wenn die Forderung nicht mehr werthaltig ist und unter ihrem Nennwert eingebracht wird.[758] Unter Geltung des Sanierungserlasses ging die Finanzverwaltung davon aus, dass auf diese Weise entstehende Gewinne aus einem Debt-Equity-Swap, die insbesondere als Maßnahmen des gestaltenden Teils des Insolvenzplans im Rahmen eines Insolvenzplanverfahrens durchgeführt wurden, nach § 225a Abs. 2 Satz 1 InsO als begünstigte Sanierungsgewinne zu qualifizieren seien.[759] Die aktuelle Verwaltungsauffassung setzt diese Beurteilung fort.[760]

Der durch einen Debt-Equity-Swap entstehende Gewinn ist als Sanierungsgewinn im Sinne des § 3a EStG zu qualifizieren. Zu unterscheiden sind in diesem Zusammenhang jedoch zwei Ausgangssituationen, die auch beim Forderungsverzicht eines Gesellschafters[761] virulent werden können; einmal die Konstellation der Einlage einer noch vollständig werthaltigen Forderung und einmal die Konstellation der Einlage einer nicht mehr (vollständig) werthaltigen Forderung. Der zweite Fall dürfte im Zeitpunkt materieller Insolvenzreife häufiger auftreten. Soweit die eingebrachten Forderungen werthaltig sind, entsteht bei deren Einlage gegen Erhalt von Anteilen am Unternehmen kein Sanierungsgewinn. Denn die erlassene Verbindlichkeit wird gegen Erhöhung des Eigenkapitals ausgebucht. Dieser gewinnneutrale Vorgang stärkt das Eigenkapital, ohne eine Gewinnauswirkung auszulösen. Der Anwendungsbereich des § 3a EStG ist dementsprechend nicht eröffnet. Soweit die Forderung jedoch nicht mehr vollständig

---

752 *Mückl*, FR 2009, 497 (497).
753 *Schulz*, Der Debt Equity Swap in der Insolvenz, 2015, S. 82.
754 *Kleine*, Der Umtausch von Forderungen in Nennkapital, 2015, S. 33, 45.
755 *Kautzmann*, Ertragsteueroptimale Sanierungsstrategien, 2015, S. 212, 213; *Kleine*, Der Umtausch von Forderungen in Nennkapital, 2015, S. 37; *Schulz*, Der Debt Equity Swap in der Insolvenz, 2015, S. 85.
756 *Kautzmann*, Ertragsteueroptimale Sanierungsstrategien, 2015, S. 213.
757 *Blaas/Schwahn*, DB 2013, 2412 (2413); *Koch/de Bra*, in: Gottwald/Haas, Insolvenzrechts-Handbuch, 6. Aufl. 2020, Kapitel III, 10. Abschnitt, § 67 Rn. 43.
758 *Bauer/Dimmling*, NZI 2011, 517 (519, 620); *Desens*, FR 2017, 981 (983); *Förster/Hechtner*, DB 2017, 1536 (1538 f.); *Kahlert/Schmidt* DStR 2017, 1897 (1900); *Sistermann/Beutel* DStR 2017, 1065 (1066).
759 *Sistermann/Beutel*, DStR 2017, S. 1065 (1066) mit Verweis auf OFD Frankfurt/M. v. 22.2.2017 – S 2140 A – 4 – St 213, DB 2017, 581.
760 OFD Frankf/M 24.1.2018 S 2140 A – 4 – St 213, BeckVerw 353177.
761 Dazu unter C. III.

werthaltig ist, entsteht in Höhe der Differenz zwischen dem werthaltigen Teil der Forderung und der Höhe der passivierten Verbindlichkeit ein Gewinn, der unter den entsprechenden Sanierungsvoraussetzungen als Sanierungsgewinn zu qualifizieren und dementsprechend nach § 3a EStG zu begünstigen sein sollte.[762] Hintergrund ist, dass im Rahmen der Ausbuchung der Verbindlichkeit nicht in gleicher Höhe das Eigenkapital erhöht werden kann, wenn die Verbindlichkeit resp. Gläubigerforderung nicht mehr den ursprünglichen Wert hat. Aus Perspektive des verzichtenden Gläubigers wird die Forderung nicht in voller Höhe in das Betriebsvermögen des Sanierungsunternehmens eingelegt, sondern nur in Höhe ihres werthaltigen Teils. In Höhe des nicht mehr werthaltigen Teils entsteht beim Sanierungsunternehmen demnach ein Sanierungsgewinn. Auch diese Sanierungsmaßnahme wird de lege lata vom Wortlaut des § 3a EStG nicht erfasst. Dieses Regelungsdefizit wurde bereits in der Vergangenheit als eine der „größten Hürden für einen reorganisierenden Schuldentausch" identifiziert.[763] Auch insoweit besteht de lege ferenda also Regelungsbedarf des Gesetzgebers, um Auslegungsschwierigkeiten zu beseitigen und Rechtssicherheit im Sanierungszusammenhang zu schaffen. Letztlich ist nicht ersichtlich, aus welchem Grund Sanierungsmaßnahmen, die das gleiche Ziel, namentlich die Entschuldung des Sanierungsunternehmen, anstreben, wie es in gleicher Weise sowohl beim Forderungsverzicht als auch beim Debt-Equity-Swap der Fall ist, in steuerlicher Hinsicht unterschiedlich behandelt werden sollen. Der insoweit misslungene Wortlaut des § 3a EStG schafft Rechtsunsicherheit, die zur Verbesserung der Sanierungsbedingungen im sanierungssteuerrechtlichen Kontext beseitigt werden sollte.[764]

### 7. Andere Sanierungsmaßnahmen

Ob auch andere Sanierungsmaßnahmen vom Anwendungsbereich des § 3a EStG erfasst sein sollten, ist nach der möglichen Entstehung eines Sanierungsgewinns infolge der Durchführung der Maßnahme zu beurteilen. Soweit die gewählte Maßnahme eine finanzielle Entschuldung zum Ziel hat, werden regelmäßig Sanierungsgewinne entstehen, die de lege ferenda in den Anwendungsbereich fallen sollten.

#### a. Stundung

Eine weitere gebräuchliche Sanierungsmaßnahme ist die Stundung bereits fälliger Verbindlichkeiten. Die Stundung einer Forderung beinhaltet das Hinausschieben ihrer Fälligkeit unter Fortgeltung ihrer Erfüllbarkeit.[765] Mit einer Stundung können vorübergehende

[762] so auch *Sistermann/Beutel*, DStR 2017, S. 1065 (1066); *Streit/Hoheisel*, StuB 2021, 797 (799).
[763] *Schulz*, Der Debt Equity Swap in der Insolvenz, 2015, 346 m.w.N.
[764] Formulierungsvorschlag zur Neufassung der Regelung unter D. Zusammenfassung der Ergebnisse.
[765] *Blaas/Schwahn*, DB 2013, 2350 (2350).

Liquiditätsengpässe beim Sanierungsunternehmen behoben werden.[766] Eine Stundung schont mithin die Liquidität des mit der Stundung Begünstigten für den innerhalb der Stundungsvereinbarung festgelegten Zeitraum der hinausgeschobenen Fälligkeit. Sofern sich mehrere Gläubiger gemeinsam darauf verständigen, ihre Forderungen gegen den gemeinsamen Schuldner zu stunden, wird dies als Moratorium bezeichnet.[767] Anstelle einer Stundung können Kreditgeber sich gegenüber dem Kreditnehmer auch dazu verpflichten, fällige Forderungen nicht einzufordern. Diese Verpflichtung stellt keine Stundung dar, weil sich an der zivilrechtlichen Fälligkeit der Forderung nach § 271 BGB nichts ändert.[768] Da die Stundung lediglich die Forderungsfälligkeit hinausschiebt und nicht deren Bestand berührt, führt sie regelmäßig nicht zur Ausbuchung der zugrundeliegenden Verbindlichkeit des Sanierungsunternehmens, weil die Verbindlichkeit in Bestand und Höhe unverändert fortbesteht und die wirtschaftliche Belastung mithin erhalten bleibt. Lediglich die Fälligkeit der Forderung wird durch die Stundungsabrede hinausgeschoben, was zur Neuanerkennung der Schuld, zu einem Neubeginn der Verjährungsfrist und zu einer Verjährungshemmung nach § 205 BGB führt, falls die Stundungsfrist für einen Zeitraum, der über die Verjährungsfrist hinausreicht, vereinbart werden sollte.[769] Aus diesen Gründen hat die Stundung einen positiven Effekt für die Feststellung der Überschuldung bzw. Feststellung deren Nichteintritts und für die Bestimmung der Fortführungsprognose; insbesondere, wenn sie für einen längeren Zeitraum erfolgt. Somit stellt sich die Stundung wegen ihrer flexiblen Gestaltung und der geringen Anforderungen gerade zu Beginn der Sanierungsphase als eine rasch einsetzbare und effektive Maßnahme dar, um dem Sanierungsunternehmen eine zumindest vorübergehende Erleichterung zu verschaffen und die Sanierungsbestrebungen erfolgreich voranzutreiben.[770] Für die Frage einer Anwendbarkeit der Steuerbefreiung nach § 3a EStG auf Stundungsvereinbarungen verbleibt jedoch kein Raum. Denn es entsteht durch die Stundung kein Ertrag, der als Sanierungsgewinn in den Anwendungsbereich von § 3a EStG fallen könnte. Lediglich bei einer zinslosen Stundung könnte dies anders zu beurteilen sein. Denn aus zinslosen Stundungsvereinbarungen können sich Vermögensmehrungen für den Schuldner ergeben.[771] Die Rechtsprechung hat insoweit allerdings lediglich den Erlass bereits entstandener, begründeter Zinsforderungen, nicht aber die Ermäßigung des Zinssatzes bzw. den vorher vereinbarten Verzicht auf eine Verzinsung für die Zukunft als steuerbegünstigte Sanierungsmaßnahme angesehen.[772] Denn eine Verbindlichkeit könne nicht passiviert und

[766] *Blaas/Schwahn*, DB 2013, 2350 (2350).
[767] *Hüttinger*, Instrumente zur vorinsolvenzlichen Sanierung des Unternehmensträgers, 2015, S. 158.
[768] *Blaas/Schwahn*, DB 2013, 2350 (2350).
[769] *Hüttinger*, Instrumente zur vorinsolvenzlichen Sanierung des Unternehmensträgers, 2015, S. 162.
[770] *Hüttinger*, Instrumente zur vorinsolvenzlichen Sanierung des Unternehmensträgers, 2015, S. 166.
[771] *Kanzler*, in: Kanzler/Kraft/Bäuml/Marx/Hechtner/Geserich, § 3a EStG Rn. 78, 85, 8. Aufl., Stand: 01.01.2023.
[772] RFH Urt. v. 21.12.1937 I 326/37, RStBl 1938, 239; BFH v. 24.2.1994 - IV R 71/92, BFH/NV 1995, 15.

anschließend unter Realisierung eines Sanierungsgewinns ausgebucht werden.[773] Dieser Rechtsauffassung ist zuzustimmen. Es entsteht bei dem vorher vereinbarten Zinsnachlass bzw. Zinserlass schon gar keine Verbindlichkeit. Der Erlass erfolgt eben gerade nicht nachträglich. Vielmehr wird die Vermögensmehrung durch eine vorherige, den Schuldner einseitig begünstigende Vereinbarung bewirkt. Auch insoweit verbleibt kein Raum für die Anwendbarkeit der Steuerbefreiung nach § 3a Abs. 1 Satz 1 EStG. Ein Sanierungsgewinn kann nach alledem nur bei einem Verzicht auf eine bereits entstandene Zinsforderung entstehen. Insoweit handelt es sich jedoch um einen Erlass, der wie ein Forderungsverzicht zur Entstehung eines Sanierungsgewinns und damit zur Steuerbefreiung nach § 3a Abs. 1 Satz 1 EStG führt.

### b. Stillhalteabkommen

Auch das Stillhalteabkommen ist eine Sanierungsmaßnahme, die der Stundung ähnlich ist und lediglich in seinen Voraussetzungen davon abweicht. Sog. faktische Stillhalteabkommen bedeuten, dass Verbindlichkeiten rein tatsächlich, d.h. ohne rechtlichen Bindungswillen oder eindeutige Erklärung gestundet werden.[774] In derartigen Fällen faktischen Stillhalteabkommens ist von einem ernsthaften Einfordern zunächst nicht auszugehen.[775] Ein Stillhalteabkommen ändert aber – wie auch die Stundung – grundsätzlich nichts am Bestand der Forderung, weil die Forderung unverändert fortbesteht und lediglich ihre Erfüllung bei Fälligkeit stillschweigend auf einen späteren Zeitpunkt verschoben wird. Ein Sanierungsgewinn entsteht auch dadurch nicht.

### c. Offene oder verdeckte Zuschüsse

Als Sanierungsmaßnahmen kommen auch Gläubigerzuschüsse in Betracht. Zuschüsse sind grundsätzlich als offene oder verdeckte Zuschüsse denkbar. Sie bewirken zwar eine Vermögensmehrung, stellen aber keinen Schuldenerlass dar und sind daher grundsätzlich nicht begünstigt.[776] Preisminderungen gegenüber Lieferanten oder Preiserhöhungen, die der Gläubiger einem notleidenden Schuldner im Rahmen eines bestehenden Vertragsverhältnisses einräumt,[777] lassen als verdeckte Zuschüsse keinen Sanierungsgewinn entstehen,[778] weil die Anschaffungs- und Einkaufspreise bereits geringer sind und sich der wirtschaftliche Vorteil somit erst bei Weiterverkauf ergibt. Offene oder verdeckte Zuschüsse führen daher nicht zu

---

773 *Bodden*, in: Korn, EStG, 144. EL, Mai 2023, § 3a Rn. 37; *Kanzler*, in: Kanzler/Kraft/Bäuml/Marx/Hechtner/Geserich, § 3a EStG Rn. 78, 8. Aufl., Stand: 01.01.2023.

774 BGH, Beschl. v. 14.7.2011 – IX ZB 57/11, NZI 2011, 680, 681; BGH, Urt. v. 14.5.2009 – IX ZR 63/08 Z 181, 132 Tz 22, NZI 2009, 471; BGH Urt. v. 20.12.2007 – IX ZR 93/06, NZI 2008, 231.

775 BGH, Beschl. v. 14.7.2011 – IX ZB 57/11, NZI 2011, 680, 681; BGH, Urt. v. 14.5.2009 – IX ZR 63/08 Z 181, 132 Tz 22, NZI 2009, 471; BGH Urt. v. 20.12.2007 – IX ZR 93/06, NZI 2008, 231.

776 BFH v. 31.1.1985 - IV R 149/82, BStBl 1985 II 365; BFH v. 24.2.1994 - IV R 71/92, BFH/NV 1995, 15, betr. Zahlung eines Bürgen unter Verzicht auf Rückgriffsforderung; *Hölzle*, ZIP 2020, 301 (307); *Kanzler*, in: Kanzler/Kraft/Bäuml/Marx/Hechtner/Geserich, § 3a EStG Rn. 85, 8. Aufl., Stand: 01.01.2023.

777 BFH, Urt. v. 31.01.1985 – IV R 149/82, BStBl II 1985, 365.

778 *Kanzler*, in: Kanzler/Kraft/Bäuml/Marx/Hechtner/Geserich, § 3a EStG Rn. 85, 8. Aufl., Stand: 01.01.2023.

begünstigungsfähigen Erträgen beim Schuldnerunternehmen.[779] Soweit sich Vereinbarungen zu Preisnachlässen auf künftige Verpflichtungen beziehen, liegen ebenfalls keine begünstigungsfähigen Vorgänge vor. Hintergrund ist, dass eine zu erlassende Verpflichtung gar nicht erst entsteht, auch nicht für eine logische Sekunde.[780] Auch bei offenen oder verdeckten Zuschüssen verbleibt somit kein Raum für den Anwendungsbereich des § 3a EStG.

### 8. Zwischenergebnis zur Einbeziehung gebräuchlicher Sanierungsmaßnahmen in den Anwendungsbereich der Verschonungsregelung

Die vorstehende Untersuchung zur Anwendbarkeit des § 3a EStG auf gebräuchliche Sanierungsmaßnahmen hat nachfolgend dargestellten Befund hervorgebracht. Zunächst ist festzustellen, dass alle Sanierungsmaßnahmen, die eine Befreiung von bestehenden Verbindlichkeiten und die wirtschaftliche Verbesserung der Finanzlage zum Ziel haben, und infolge der Ausbuchung von Verbindlichkeiten Gewinne entstehen lassen, zur Gewährleistung eines wirkungsvollen Sanierungssteuerrechts de lege ferenda vom Anwendungsbereich des § 3a EStG erfasst sein sollten. Die derzeitige gesetzliche Regelung, die nach ihrem Wortlaut de lege lata nur den Schuldenerlass als Auslöser eines Sanierungsgewinns begünstigt und andere zivilrechtliche Maßnahmen, die in gleicher Weise Sanierungsgewinne entstehen lassen, vom Anwendungsbereich der Steuerbefreiung ausnimmt, greift zu kurz. Sie wird weder dem Desiderat nach einem wirkungsvollen Sanierungssteuerrecht noch dem Anliegen des Gesetzgebers, betriebswirtschaftlich sinnvolle Sanierungen steuerlich nicht zu beeinträchtigen, gerecht. Zudem besteht de lege lata eine nicht unerhebliche Rechtsunsicherheit hinsichtlich des Anwendungsbereichs der Steuerbefreiung, die einen erheblichen Auslegungsaufwand entstehen lässt und dem reibungslosen Ablauf und dem Erfolg von Sanierungsverfahren nicht nur nicht zuträglich ist, sondern sogar zuwiderläuft. Die bisherige gesetzliche Beschränkung der Steuerbefreiung auf den Schuldenerlass erscheint im Hinblick auf ein wirkungsvolles Sanierungssteuerrecht im Übrigen nicht nur zu kurz gegriffen, sondern führt auch zu einer unsachgerechten und zweckunangemessenen Ungleichbehandlung wirtschaftlich gleich wirkender Sanierungsinstrumente, nämlich sämtlicher Entschuldungsmaßnahmen, die Sanierungsgewinne entstehen lassen. Sowohl beim Forderungsverzicht als auch bei den zuvor dargestellten gebräuchlichen Sanierungsmaßnahmen, wie dem Schuldbeitritt unter Regressverzicht, der befreienden Schuldübernahme, dem Debt-Buy-Back (Forderungsrückkauf) und dem Debt-Equity-Swap (Austausch von Fremd- in Eigenkapital), entstehen infolge der Ausbuchung bestehender Verbindlichkeiten Buchgewinne, die mit der Entschuldung des Sanierungsunternehmens allesamt denselben wirtschaftlichen Bezugspunkt haben. Sämtliche

[779] *Bodden,* in: Korn, EStG, 144. EL, Mai 2023, § 3a Rn. 37; *Hölzle,* ZIP 2020, 301 (307).
[780] *Bodden,* in: Korn, EStG, 144. EL, Mai 2023, § 3a Rn. 37.

Maßnahmen führen damit zu einer Zunahme von Leistungsfähigkeit und wirken in buchhalterischer Hinsicht in gleicher Weise wie der Forderungsverzicht. Eine im Wortlaut fehlende Berücksichtigung dieser Maßnahmen erscheint daher unsachgerecht. Insbesondere ist nicht ersichtlich, aus welchen Gründen der Gesetzgeber nur den Schuldenerlass als Forderungsverzicht bei der Formulierung des § 3a EStG in den Blick genommen und sämtliche anderen Sanierungsmaßnahmen mit dem Ziel der Entschuldung als demselben Bezugspunkt unberücksichtigt gelassen hat. Es wurde gezeigt, dass es im sanierungssituativen Sachzusammenhang für die Frage der steuerlichen Privilegierung nicht auf die zivilrechtliche Grundlage der Sanierungsmaßnahme, nach der die Verbindlichkeit durch den Schuldner nicht (mehr) zu erfüllen ist, ankommen kann und darf. Denn für die steuerliche Privilegierung sollte vielmehr entscheidend sein, dass der Gläubiger unentgeltlich einen Wert hingibt, gleichsam zugunsten der Sanierung seines Schuldners „opfert" und die Verbindlichkeit den Schuldner anschließend nicht mehr wirtschaftlich belastet. Ob diese wirtschaftliche Entlastung durch einen ausdrücklich vereinbarten Schuldenerlass, durch ein negatives Schuldanerkenntnis, durch einen Vergleich oder durch die Abtretung der Forderung an den Schuldner und damit durch Konfusion erfolgt, sollte für die steuerliche Gleichachtung dieser Vorgänge unerheblich sein. In diese Richtung hat sich auch der BFH mit seiner Rechtsprechung positioniert. So hat etwa auch der Große Senat des BFH im Jahr 1997 im Zusammenhang mit der verdeckten Einlage in zivilrechtlichen Gewand eines Forderungsverzichts entschieden, dass es zwischen einem Schuldenerlass und einer Abtretung der Forderung mit der Folge der Konfusion keine Unterschiede gebe.[781] Es überzeugt nicht, dass der Gesetzgeber nicht die Gewinnentstehung infolge der aus handelsrechtlichen Gründen notwendigen Ausbuchung der Verbindlichkeit zur Entschuldung des Sanierungsunternehmens als eigentliches Ziel der Sanierung zum normativen Ausgangspunkt der Steuerbefreiung gemacht hat. Der eng gefasste Wortlaut umfasst nur den Schuldenerlass (vgl. Wortlaut: „Betriebsvermögensmehrungen aus einem Schuldenerlass...") und schafft für andere gebräuchliche Entschuldungsmaßnahmen ein erhebliches Rechtsunsicherheitspotenzial. Zur Beseitigung dieser Rechtsunsicherheit sollte die Steuerbefreiungsregelung daher inhaltlich neu formuliert werden. Dabei sollten vom Wortlaut der neuen Regelung alle Sanierungsmaßnahmen erfasst sein, die eine Entschuldung anstreben und Sanierungsgewinne entstehen lassen.[782]

[781] BFH, Urt. v. 9.6.1997 – GrS 1/94, BStBl. II 1998, 307, DStR 1997, 1282.

[782] Formulierungsvorschlag zur Neufassung unter D.

## II. Merkmale der unternehmensbezogenen Sanierung

Durch die gesetzliche Klarstellung in § 3a Abs. 2 EStG[783] nimmt die Regelung zur Steuerbefreiung von Sanierungsgewinnen zunächst nur Bezug auf unternehmensbezogene Sanierungen. Dem Wortlaut und Regelungszweck entsprechend geht es daher zunächst nur um *unternehmens*bezogene Sanierungen, nicht um *unternehmer*bezogene Sanierungen. Darüber hinausgehend werden von § 3a Abs. 5 EStG auch bestimmte Fälle der *unternehmer*bezogenen Sanierung in den Anwendungsbereich der Steuerbefreiung einbezogen, ohne dass die Voraussetzungen nach § 3a Abs. 2 EStG vorliegen müssen.[784] So wird die Steuerbefreiung für entsprechend anwendbar erklärt, wenn die Betriebsvermögensmehrung durch eine Entschuldung aufgrund einer Restschuldbefreiung nach §§ 286 ff. InsO oder aufgrund eines außergerichtlichen oder gerichtlichen Schuldenbereinigungsplans im Zusammenhang mit einem Verbraucherinsolvenzverfahren ausgelöst wird.[785] Einkommensteuerlich wird dies bedeutsam, wenn die Einkommensteuerschuld keine Insolvenzforderung ist und dementsprechend von der Restschuldbefreiung bzw. dem Schuldenbereinigungsplan nicht erfasst wird und infolgedessen den mit der Restschuldbefreiung bezweckten „schuldenfreien Neustart" gefährden könnte.[786] Diesen Umstand hatte die Finanzverwaltung schon unter Geltung des sog. Sanierungserlasses (BMF-Schreiben vom 27.03.2003) erkannt und legte dessen Grundsätze auch für die Entschuldung im Rahmen einer Restschuldbefreiung zugrunde.[787] Die Neuregelung knüpft an diese Verfahrensweise an [788] und regelt damit einen wichtigen Teilaspekt der *unternehmer*bezogenen Sanierung[789],[790] um den es in der weiteren Darstellung jedoch nicht gehen soll. Vielmehr beziehen sich die weiteren Ausführungen auf den von § 3a Abs. 2 EStG erfassten Grundfall der *unternehmens*bezogenen Sanierung. Denn in § 3a Abs. 2 EStG sind die Voraussetzungen der unternehmensbezogenen Sanierung nunmehr genau bezeichnet.[791] Danach liegt eine unternehmensbezogene Sanierung vor, wenn das Sanierungsunternehmen als

---

783 Wortlaut in § 3a Abs. 2 EStG: „unternehmensbezogene Sanierung".

784 *Hallerbach,* in: Herrmann/Heuer/Raupach, EStG/KStG, 319. Lieferung, 7/2023, § 3a Rn. 53.

785 *Krumm,* in: Brandis/Heuermann, EStG, 167. EL Mai 2023, § 3a Rn. 29; *Levedag,* in: Schmidt, EStG, 42. Aufl. 2023, § 3a Rn. 46.

786 *Krumm,* in: Brandis/Heuermann, EStG, 167. EL Mai 2023, § 3a Rn. 29.

787 OFD NRW Kurzinformation betr. ertragsteuerliche Behandlung von Verbindlichkeiten in Fällen der Unternehmensinsolvenz vom 21.11.2014, DStR 2015 S. 699.

788 *Krumm,* in: Brandis/Heuermann, EStG, 167. EL Mai 2023, § 3a Rn. 29.

789 Auch Erträge aus diesen Maßnahmen zur unternehmerbezogenen Sanierung werden nach Verlustverrechnung nach § 3a Abs. 3 EStG steuerlich frei gestellt. Ein Verweis auf die Regelung zur Ausübung der steuerlichen Wahlrechte nach § 3a Abs. 2 EStG entfällt jedoch. *Hallerbach,* in: Herrmann/Heuer/Raupach, EStG/KStG, 319. Lieferung, 7/2023, § 3a Rn. 53.

790 *Roth,* NZI-Beilage 2019, 51 (52), der auch in Bezug auf die unternehmerbezogene Sanierung Bedarf für eine Neuregelung identifiziert. Die fehlende Abstimmung der Fristen für die Restschuldbefreiung mit der Frist aus Art. 20 Abs. 1 der RestrukturierungsRL dürfte infolge der Verkürzung der Frist für die Restschuldbefreiung auf drei Jahre nunmehr jedoch behoben sein.

791 Als Legaldefinition bezeichnet von: *Hallerbach,* in: Herrmann/Heuer/Raupach, EStG/KStG, 319. Lieferung, 7/2023, § 3a Rn. 24; *Roth,* NZI-Beilage 2019, 51 (52); *Sonnleitner/Witfeld,* in: Sonnleitner/Witfeld, Insolvenz- und Sanierungssteuerrecht, 2. Aufl. 2022, Kap. 10 Rn. 30; a.A. *Commandeur/Römer,* NZG 2019, 532 (533).

Steuerpflichtiger[792] im Zeitpunkt des Schuldenerlasses seine Sanierungsbedürftigkeit und Sanierungsfähigkeit, die Sanierungseignung des betrieblich begründeten Schuldenerlasses und die Sanierungsabsicht der verzichtenden Gläubiger nachweist. Diese Tatbestandsmerkmale, die kumulativ erfüllt sein müssen, entsprechen den im sog. Sanierungserlass aufgestellten Merkmalen[793] und damit der vor der Normierung des § 3a EStG durch den Sanierungserlass zum Ausdruck gebrachten Verwaltungsauffassung[794]. Zuvor waren die Merkmale bereits vom BFH für die Anwendung der Steuerbefreiung des § 3 Nr. 66 EStG a.F. entwickelt worden.[795] Der Sanierungserlass griff die Merkmale auf, enthielt dazu jedoch keine weiteren konkretisierenden Ausführungen, überließ die Feststellung deren Vorliegens sowie die Anwendbarkeit und Gewichtung im Einzelfall den an der Sanierung beteiligten Akteuren. Aufgrund der nunmehr durch § 3a Abs. 2 EStG gesetzlich angeordneten Geltung der Merkmale kann die zu § 3 Nr. 66 EStG a.F. ergangene Rechtsprechung im Anwendungsbereich des § 3a EStG nach allgemeiner Auffassung weiterhin herangezogen werden.[796] Außerdem stehe § 3a Abs. 2 EStG in enger Verbindung zur Restrukturierungs-Richtlinie[797], da sich § 3a Abs. 2 EStG teleologisch mit den Zielen und Voraussetzungen der Richtlinie decke.[798] Denn auch nach Art. 1 Abs. 1 Buchst. a, Art. 4 Restrukturierungs-RL sollen präventive Restrukturierungsrahmen Insolvenzen abwenden, die Bestandsfähigkeit des Schuldners sicherstellen und das schuldnerische Unternehmen dadurch erhalten.[799] Die in § 3a Abs. 2 EStG normierten Merkmale und ihre einzelnen Voraussetzungen werden nachfolgend dargestellt und einer kritischen Würdigung im Hinblick auf ihre Zielgenauigkeit und Funktionstauglichkeit zur Effektuierung eines wirkungsvollen Sanierungssteuerrechts unterzogen. Dabei wird der materielle Inhalt der jeweiligen Merkmale analysiert, um deren Zielgenauigkeit im Hinblick auf die Normgeltung und deren Anwendbarkeit festzustellen.

---

792 Unternehmen i.S. des § 3a EStG können Einzelunternehmer, Kapitalgesellschaft und Mitunternehmerschaft sein, *Hallerbach*, in: Herrmann/Heuer/Raupach, EStG/KStG, 319. Lieferung, 7/2023, § 3a Rn. 25.

793 BMF v. 27.3.2003, BStBl. I 2003, 240 Rn. 4; *Kanzler*, in: Kanzler/Kraft/Bäuml/Marx/Hechtner/Geserich, § 3a EStG Rn. 102, 8. Aufl., Stand: 01.01.2023; *Seer*, in: Kirchhof/Seer, EStG, 22. Aufl. 2023, § 3a Rn. 19.

794 Bericht des FinA zu § 3a, *BT-DrS* 18/12128, 31.

795 *Hallerbach*, in: Herrmann/Heuer/Raupach, EStG/KStG, 319. Lieferung, 7/2023, § 3a Rn. 24; *Mertzbach*, DStR 2014, 172 (176); *Seer*, in: in: Kirchhof/Seer, EStG, 22. Aufl. 2023, § 3a Rn. 19.

796 *Commandeur/Römer*, NZG 2019, 532 (533); *Möhlenbrock/Gragert*, FR 2017, 994 (996); *Schmittmann*, DZWIR 2021, 436 (442); *Seer* in: Kirchhof/Seer EStG, 22. Aufl. 2023, § 3a Rn. 19; *Tschersich*, Ertragsbesteuerung der Unternehmenssanierung, 2014, S. 125.

797 Richtlinie (EU) 2019/1023 v. 20.6.2019 über präventive Restrukturierungsrahmen, über Entschuldung und über Tätigkeitsverbote sowie über Maßnahmen zur Steigerung der Effizienz von Restrukturierungs-, Insolvenz- und Entschuldungsverfahren und zur Änderung der Richtlinie (EU) 2017/1132 (Richtlinie über Restrukturierung und Insolvenz), ABl. EU L 172, 18.

798 *Skauradszun/Kwauka*, DStR 2020, 953 (954).

799 *Skauradszun/Kwauka*, DStR 2020, 953 (954).

### 1. Sanierungsbedürftigkeit des Unternehmens

Die erste Voraussetzung, die ein Sanierungsunternehmern erfüllen und nachweisen[800] muss, damit der Anwendungsbereich von § 3a EStG überhaupt eröffnet ist, ist die sog. Sanierungsbedürftigkeit. Die Sanierungsbedürftigkeit wird schon seit über 90 Jahren von der Rechtsprechung [801] auf recht vereinfachte Weise definiert: Danach sei von der Sanierungsbedürftigkeit eines Unternehmens auszugehen, wenn es ohne die Sanierung nicht fortgeführt werden kann.[802] Wesentlich für die Bejahung der Sanierungsbedürftigkeit ist dabei die Prognose, wie sich das Sanierungsunternehmen ohne den Schuldenerlass entwickeln würde.[803] Für diese Prognose sind nach den insoweit von der Rechtsprechung entwickelten Grundsätzen insbesondere die Ertragslage, die Höhe des Betriebsvermögens vor und nach der Sanierung, die Kapitalverzinsung durch die Erträge des Unternehmens, das Verhältnis der flüssigen Mittel zur Höhe der Schuldenlast und die Gesamtleistungsfähigkeit des Unternehmens zu analysieren.[804] Bei Sanierungsunternehmen in den Rechtsformen von Einzelunternehmen oder Personengesellschaften sind zudem die Höhe des Privatvermögens des Einzelunternehmers bei Einzelunternehmen bzw. der persönlich haftenden Gesellschafter bei Personengesellschaften in die Analyse der Sanierungsbedürftigkeit einzubeziehen.[805] Für die Beantwortung der Frage nach der Sanierungsbedürftigkeit einer Personengesellschaft sind jedoch die Verhältnisse der Gesellschaft selbst relevant.[806] Somit führt der Erlass von zum Sonderbereich eines Gesellschafters gehörenden Schulden durch externe Gläubiger nicht zu

[800] *Eilers/Walter-Yadegardjam*, FR 2020, 481 (483); *Hallerbach*, in: Herrmann/Heuer/Raupach, EStG/KStG, 319. Lieferung, 7/2023, § 3a Rn. 24; *Seer*, in: in: Kirchhof/Seer, EStG, 22. Aufl. 2023, § 3a Rn. 19, 28; *Skauradszun/Kwauka*, DStR 2020, 953 (954); *Sonnleitner/Witfeld*, in: Sonnleitner/Witfeld, Insolvenz- und Sanierungssteuerrecht, 2. Aufl. 2022, Kap. 10 Rn. 30.

[801] RFH Urt. v. 30.6.1927 VI A 297/27, RStBl. 27, 197.

[802] RFH, Urt. v. 23. März 1938 VI 95/38, RStBl 1938 S. 566; RFH v. 30. März 1938 VI 194/38, RStBl 1938 S. 629, und RFH , Urt. v. 14. Juli 1942 I 240/41, RStBl 1942 S. 956; BFH, Urt. v. 25.10.1963, I 359/60 S, BFHE 78, 308; *Krumm*, in: Brandis/Heuermann, EStG, 167. EL Mai 2023, § 3a Rn. 24; *Seer*, in: Kirchhof/Seer, EStG, 22. Aufl. 2023, § 3a Rn. 20; *Buchmüller*, Besteuerung und Unternehmenssanierung, 1991, S. 246; *Tschersich*, Ertragsbesteuerung der Unternehmenssanierung, 2014, S. 125, 126.

[803] RFH, Urt. vom 23. März 1938 VI 95/38, RStBl 1938 S. 566; RFH vom 30. März 1938 VI 194/38, RStBl 1938 S. 629, und RFH , Urt. vom 14. Juli 1942I 240/41, RStBl 1942 S. 956; BFH, Urt. vom 25.10.1963, I 359/60 S, BFHE 78, 308; BFH, Urt. v. 27.1.1998, VIII R 64/96, BStBl. II 1998, S. 537; BFH, Urt. v. 3.12.1963, I 375/60 U, BFHE 78, 327, BStBl. III 1964, 128; BFH, Urt. v. 14.3.1990, I R 64/85, BFHE 161, 28, BStBl II 1990, 810; *Tschersich*, Ertragsbesteuerung der Unternehmenssanierung, 2014, S. 126.

[804] BFH, Urt. v. 27.1.1998, VIII R 64/96, BStBl. II 1998, S. 537; BFH, Urt. v. 3.12.1963, I 375/60 U, BFHE 78, 327, BStBl. III 1964, 128; BFH, Urt. v. 14.3.1990, I R 64/85, BFHE 161, 28, BStBl II 1990, 810; *Bodden*, in: Korn, EStG, 144. EL, Mai 2023, § 3a Rn. 48; *Buchmüller*, Besteuerung und Unternehmenssanierung, 1991, S. 245; *Kautzmann*, Ertragsteueroptimale Sanierungsstrategien, 2015, S. 112. *Pflugbeil*, Steuerliche Auswirkungen von Sanierungsmaßnahmen, 2006, S. 72; *Tschersich*, Ertragsbesteuerung der Unternehmenssanierung, 2014, S. 126.

[805] BFH, Urt. v. 22.11.1983 - VIII R 14/81 - BFHE 140, 521 - BStBl II 1984, 472; BFH, Urt. v. 27.1.1998 - VIII R 64/96 - BStBl. II 1998, 537 (538); BFH, Urteil v. 10.4.2003 - IV R 63/01 - BStBl. II 2004, 9 (10); BFH, Urt. v. 12.12.2013 - X R 39/10 - BStBl. II 2014, 572 Rn. 19, 25; BFH, Urt. v. 3.12.1963 - I 375/60 U - BFHE 78, 327 - BStBl III 1964, 128; BFH, Urt. v. 20.2.1986 – IV R 172/84 - BFH/NV 1987, 493; BFH, Urt. v. 14.3.1990 - I R 64/85 - BFHE 161, 28 - BStBl II 1990, 810; BFH, Urt. v. 14.3.1990 - I R 106/85 - BFHE 161, 34 - BStBl II 1990, 813; *Kanzler*, in: Kanzler/Kraft/Bäuml/Marx/Hechtner/Geserich, § 3a EStG Rn. 109, 8. Aufl., Stand: 01.01.2023; *Krumm*, in: Brandis/Heuermann, EStG, 167. EL Mai 2023, § 3a Rn. 24; *Seer*, in: Kirchhof/Seer, EStG, 22. Aufl. 2023, § 3a Rn. 20.

[806] *Seer*, in: Kirchhof/Seer, EStG, 22. Aufl. 2023, § 3a Rn. 20.

einem steuerfreien Sanierungsgewinn der Gesellschaft, wenn die Gesellschaft selbst nicht sanierungsbedürftig ist.[807]

Im Hinblick auf die soeben aufgelisteten Merkmale erfordert die Feststellung der Sanierungsbedürftigkeit mithin eine Prognoseentscheidung, welche auf Grundlage der Finanz- und Ertragslage des Unternehmens unter Berücksichtigung des Verhältnisses der liquiden Mittel zur Höhe der Schuldenlast und zur Gesamtleistungsfähigkeit des Unternehmens vorzunehmen ist.[808] Aufgrund der dem Merkmal und seinen konkretisierenden Bestandteilen inhärenten Komplexität birgt die Feststellung der Sanierungsbedürftigkeit nennenswerte Schwierigkeiten.[809] Im nachfolgenden Abschnitt sollen die spezifizierenden Einzelmerkmale und der Hintergrund ihrer Komplexität genauer untersucht werden.

### a. Ertragslage

Die Ertragslage des Sanierungsunternehmens als Prognose der Rentabilität stellt das zuerst genannte Merkmal zur Bestimmung der Sanierungsbedürftigkeit dar.[810] Die Beurteilung der Ertragslage orientiert sich an den Gewinnen bzw. Verlusten des Sanierungsunternehmens und der Umsatzentwicklung nach den Schlussbilanzen und Gewinn- und Verlustrechnungen der für die Bestimmung der Sanierungsbedürftigkeit relevanten Geschäftsjahre seit Beginn des Kriseneintritts. [811] Problematisch an der Analyse der Gewinne bzw. Verluste des Sanierungsunternehmens ist, dass der handelsbilanzielle Ausweis von Gewinnen nicht eo ipso gegen die wirtschaftliche Entstehung von Verlusten spricht. [812] Denn ein Sanierungsunternehmen, das Verluste mit dem operativen gewerblichen Geschäft erzielt, dürfte schon aus kaufmännischen, gleichsam betriebswirtschaftlich strategischen Erwägungen im Rahmen der Bilanzaufstellung stets Bewertungsspielräume nutzen, die das Unternehmen in der Außenansicht wirtschaftlich kräftiger erscheinen lassen.[813] Weiterhin bleibt bei der Analyse der Ertragslage auf Grundlage des vorgenannten Datenmaterials außer Betracht, dass der Periodengesamterfolg eines Unternehmens auch außerordentliche Erträge, etwa aus dem

[807] BFH, Urt. v. 3.7.1997 - IV R 31/96 - BStBl 1997 II 690; BFH, Urt. v. 28.3.2000 - VIII R 43/99 - BFH/NV 2000, 1330; *Kanzler*, in: Kanzler/Kraft/Bäuml/Marx/Hechtner/Geserich, § 3a EStG Rn. 110, 8. Aufl., Stand: 01.01.2023.

[808] *Hallerbach*, in: Herrmann/Heuer/Raupach, EStG/KStG, 319. Lieferung, 7/2023, § 3a Rn. 27; *Seer*, in: Kirchhof/Seer, EStG, 22. Aufl. 2023, § 3a Rn. 20; Rechtsprechung zurück gehend auf § 3 Nr. 66 EStG a.F. vgl. BFH, Urt. v. 22.11.1983 - VIII R 14/81 - BStBl. II 1984, 472; BFH, Urt. v. 22.4.1998 - XI R 48/95 - BFH/NV 1998, 1214.

[809] So schon *Buchmüller*, Besteuerung und Unternehmenssanierung, 1991, S. 247 ff.; *Bachem*, Zur Steuerfreiheit von sogenannten Sanierungsgewinnen, 1998, S. 127; *Eilers/Walter-Yadegardjam*, FR 2020, 481 (483): „Nachweis der einzelnen Tatbestandsmerkmale des § 3a Abs. 1 EStG" sei „in der Praxis unterschiedlich schwierig".

[810] BFH, Urt. v. 27.1.1998 - VIII R 64/96 - BStBl. II 1998, S. 537; BFH, Urt. v. 3.12.1963 - I 375/60 U - BFHE 78, 327 - BStBl. III 1964, 128; BFH, Urt. v. 14.3.1990 -I R 64/85 - BFHE 161, 28 - BStBl II 1990, 810; *Buchmüller*, Besteuerung und Unternehmenssanierung, 1991, S. 245; *Kautzmann*, Ertragsteueroptimale Sanierungsstrategien, 2015, S. 111; *Tschersich*, Ertragsbesteuerung der Unternehmenssanierung, 2014, S. 126.

[811] BFH v. 22.11.1983 - VIII R 14/81 - BStBl. II 1984, S. 474; *Knief*, DB 1986, 444; *Tschersich*, Ertragsbesteuerung der Unternehmenssanierung, 2014, S. 126.

[812] *Knief*, DB 1986, 444 f.; *Tschersich*, Ertragsbesteuerung der Unternehmenssanierung, 2014, S. 126.

[813] eingehend dazu schon *Knief*, DB 1986, 444 ff.; *Buchmüller*, Besteuerung und Unternehmenssanierung, 1991, S. 247; *v. Cölln*, Ertragsteuerliche Implikationen der Unternehmenssanierung, 2021, S. 82; *Tschersich*, Ertragsbesteuerung der Unternehmenssanierung,2015, S. 126.

Verkauf von Anlagevermögen, umfassen kann. Dementsprechend kann sich durch die Zugrundelegung historischer Daten stets eine Fehleinschätzung der für die Zukunft zu prognostizierenden Ertragsentwicklung des operativen Geschäfts ergeben.[814] So können auch außerordentliche Erträge zu einem Gewinnausweis führen, obwohl die langfristige Ertragsentwicklung negativ ist.[815] Aus diesen Gründen kann die Analyse der Ertragslage für sich genommen zwar Anhaltspunkte, aber keinen fehlerfreien Grundlagenbefund zur Feststellung der Sanierungsbedürftigkeit des Sanierungsunternehmens liefern.

### b. Höhe des Betriebsvermögens vor und nach der Sanierung

Der BFH ging in der Vergangenheit davon aus, dass zur Bestimmung der Sanierungsbedürftigkeit des Sanierungsunternehmens auch die Höhe des Betriebsvermögens vor und nach der Sanierung heranzuziehen sei.[816] Inwieweit die Höhe des Betriebsvermögens, die das Eigenkapital bilanziell abbildet[817], verlässliche und belastbare Aussagen über Ertragskraft und Zahlungsfähigkeit, mithin über die zukünftige wirtschaftliche Prosperität des Sanierungsunternehmens treffen kann, erscheint indes fraglich. Die Höhe des Betriebsvermögens eines Sanierungsunternehmens in der Sanierungssituation, das bereits alle verfügbaren Eigenmittel zur Bewältigung der Krise eingesetzt hat, wird regelmäßig gegen null tendieren. Dies vorausgesetzt ist die Feststellung der Höhe des Betriebsvermögens für die Bestimmung der Sanierungsbedürftigkeit streng genommen obsolet. Denn der Anteil des Fremdkapitals im Verhältnis zum Eigenkapital gibt zwar Aufschluss über die Verschuldensquote des Sanierungsunternehmens, vermag darüber hinaus aber keine wesentlichen Erkenntnisse über die Sanierungsbedürftigkeit vermitteln bzw. stets auf ihre Bejahung hinauslaufen. Zudem dürften stille Reserven für die Bestimmung der Höhe des Betriebsvermögens regelmäßig nicht einzubeziehen sein,[818] weil es sich um noch nicht realisierte Gewinne handelt. Gleichwohl hat das Vorhandensein stiller Reserven Einfluss auf die wirtschaftliche Stärke des Sanierungsunternehmens bzw. auf die Bereitschaft von Gläubigern an einer Sanierung mitzuwirken. Andererseits bürgen erhebliche stille Reserven für eine vergleichsweise hohe Befriedigungsquote im Insolvenz- oder Liquidationsfall. Die Teilnahmebereitschaft der Gläubiger an den Sanierungsbestrebungen dürfte daher wohl in erster Linie von den strategischen Entscheidungen des Sanierungsunternehmens abhängen, nämlich und sehr konkret davon, wie das Fortbestehen nach erfolgreicher Sanierung gewährleistet werden soll,

---

814 *Buchmüller*, Besteuerung und Unternehmenssanierung, 1991, S. 247.
815 *Buchmüller*, Besteuerung und Unternehmenssanierung, 1991, S. 247; *Knief*, DB 1986, 444; *Tschersich*, Ertragsbesteuerung der Unternehmenssanierung, 2014, S. 126.
816 BFH, Urt. v. 27.1.1998 - VIII R 64/96 - BStBl. II 1998, S. 537; BFH, Urt. v. 3.12.1963 - I 375/60 U - BFHE 78, 327, BStBl. III 1964, 128; BFH, Urt. v. 14.3.1990 - I R 64/85 - BFHE 161, 28 - BStBl II 1990, 810.
817 *Knief*, DB 1986, 444; ebenso *Buchmüller*, Besteuerung und Unternehmenssanierung, 1991, S. 248, 249.
818 differenzierend *Knief*, DB 1986, 444; offen lassend *Tschersich*, Ertragsbesteuerung der Unternehmenssanierung,2015, S. 127.

und darüber hinaus von den individuellen Gläubigerinteressen an einer erfolgreichen Sanierung. Dass die Verschuldensquote, also die Höhe des Fremdkapitals im Verhältnis zum Eigenkapital, nach Erlass eines erheblichen Teils der Schulden des Sanierungsunternehmens geringer ist, ergibt sich aus der Natur des Schuldenerlasses, bringt jedoch für die Frage der Sanierungsbedürftigkeit keinen signifikanten neuen Befund. Für die Analyse und Bewertung der bisherigen und künftigen Entwicklung der Ertragslage des Sanierungsunternehmens stellt das Merkmal der Höhe des Betriebsvermögens vor und nach der Sanierung, mithin des bilanziellen Eigenkapitals vor und nach der Sanierung,[819] daher keinen substanziellen Mehrwert dar und wirkt als tatbestandsausfüllender Teilbestandteil der Sanierungsbedürftigkeit insgesamt wenig aussagekräftig.[820] Insbesondere die Unwägbarkeit, die der Ermittlung des Eigenkapitals nach der Sanierung infolge der Zugrundelegung prognostischen Zahlen- und Datenmaterials zugrunde liegt, zeigt die Fehleranfälligkeit dieses Merkmals ebenfalls auf.

### c. Kapitalverzinsung durch Erträge des Unternehmens

Mit der Kapitalverzinsung durch Erträge des Unternehmens wird als Beurteilungskriterium für die Sanierungsbedürftigkeit auf die Eigenkapitalrentabilität Bezug genommen, mithin auf den Gesamterfolg des Unternehmens im Verhältnis zum Eigenkapital[821] und damit schließlich erneut auf die Ertragslage des Sanierungsunternehmens. Insoweit werden wie schon bei der Ermittlung der Ertragslage wiederum die Erträge als Ausgangsgröße zugrunde gelegt. Zwar haben sie hier aufgrund der angestrebten Ermittlung der Eigenkapitalrentabilität einen anderen Bezugspunkt. In der Sache bleibt es jedoch bei der Zugrundelegung desselben Zahlenmaterials. Auch bei der zu ermittelnden Eigenkapitalrentabilität als Rendite des Eigenkapitals ermittelt aus dem Verhältnis von Gewinn und Eigenkapital[822] bleibt jedoch außer Betracht, dass der Gesamterfolg eines Unternehmens neben Erträgen der operativen Geschäftstätigkeit regelmäßig auch außerordentliche Erträge, etwa aus dem Verkauf von Anlagevermögen, umfassen kann. Daraus können sich Fehleinschätzungen im Hinblick auf die Ertragsentwicklung ergeben.[823] So können auch außerordentliche Erträge zu einem Gewinnausweis führen, obwohl die langfristige Ertragsentwicklung nicht positiv ist.[824] Zudem dürfte die Eigenkapitalrentabilität in der Sanierungssituation indes grundsätzlich nicht positiv ausfallen, wenn Verluste erzielt werden, so dass auch die Feststellung dieses Merkmals keinen besonderen Aufschluss über die Sanierungsbedürftigkeit geben kann.

---

[819] *Knief*, DB 1986, 444; ebenso *Buchmüller*, Besteuerung und Unternehmenssanierung, 1991, S. 248, 249.

[820] So schon *Knief*, DB 1986, 444; *Buchmüller*, Besteuerung und Unternehmenssanierung, 1991, S. 248; gleiche Einschätzung bei *Tschersich*, Ertragsbesteuerung der Unternehmenssanierung, 2014, S. 127.

[821] *Buchmüller*, Besteuerung und Unternehmenssanierung, 1991, S. 246, 180.

[822] Zur Ermittlung der Eigenkapitalrentabilität, *Guserl/Pernsteiner/Brunner-Kirchmair*, Finanzmanagement, 3. Aufl. 2022, S. 110.

[823] *Buchmüller*, Besteuerung und Unternehmenssanierung, 1991, S. 247.

[824] *Buchmüller*, Besteuerung und Unternehmenssanierung, 1991, S. 247; *Knief*, DB 1986, 444; *Tschersich*, Ertragsbesteuerung der Unternehmenssanierung, 2014, S. 126.

### d. Verhältnis der flüssigen Mittel zur Höhe der Schuldenlast

Das „Verhältnis der flüssigen Mittel zur Höhe der Schuldenlast" stellt einen Vergleichswert zur Beurteilung der Liquiditätslage dar. Wie an anderer Stelle dargestellt, ist Liquidität die Fähigkeit, bestehenden Zahlungsverpflichtungen bei Fälligkeit termingerecht und betragsgenau nachkommen zu können, wobei die Sicherstellung von Liquidität bedeutet, Geld und liquidisierbare Vermögensgegenstände zum Zweck der zeitpunktgerechten Kapitalbeschaffung bereitzustellen. Zur Beurteilung der Liquidität eines Unternehmens werden insgesamt drei Liquiditätsgrade unterschieden. Es handelt sich insoweit um die Liquidität 1. Grades, die das Verhältnis der verfügbaren Zahlungsmittel zu den kurzfristigen Verbindlichkeiten misst, die Liquidität 2. Grades, die das Verhältnis der flüssigen Mittel und kurzfristigen Forderungen (= monetäres Umlaufvermögen) zu den kurzfristigen Verbindlichkeiten misst und die Liquidität 3. Grades, die das Verhältnis der Summe aus den flüssigen Mitteln, kurzfristigen Forderungen (= monetäres Umlaufvermögen) und den Vorräten im Verhältnis zu den kurzfristigen Verbindlichkeiten misst.[825] Bei dem im Rahmen der Sanierungsbedürftigkeit als Untermerkmal zu ermittelnden „Verhältnis der flüssigen Mittel zur Höhe der Schuldenlast" handelt es sich mithin um eine Abwandlung bzw. Erweiterung der zuvor definierten drei Liquiditätsgrade.[826] Das Verhältnis der flüssigen Mittel zur Höhe des Gesamtschuldenbestands zum Sanierungszeitpunkt kann jedoch zu einer Fehleinschätzung der zukünftigen Zahlungs- und Ertragsfähigkeit führen. Denn das Verhältnis der flüssigen Mittel zu den Schulden zu einem bestimmten Zeitpunkt enthält keine verlässliche Prognose über die zukünftige Finanzlage eines Unternehmens.[827] So können die zu einem Stichtag ermittelten Vergleichsgrößen bereits kurze Zeit nach dem Stichtag überholt sein. Auch die Liquiditätsgrade ersten, zweiten und dritten Grades können grundsätzlich keine sichere Aussage über die Entwicklung der Liquidität geben,[828] weil die Liquidität teilweise auch durch noch nicht bilanzierte, also (noch nicht) in der Bilanz abgebildete, Zahlungsströme beeinflusst wird, deren Existenz oder Entstehung zum Zeitpunkt der Beurteilung noch gänzlich unerkannt sein können. Auch außerhalb der Sanierungssituation können die sog. Liquiditätskennzahlen stets nur als zeitpunktbezogene Momentaufnahmen fungieren und keinen belastbaren Aufschluss über die künftige Entwicklung der Liquidität eines Unternehmens geben.[829] Die Liquiditätskennzahlen werden etwa signifikant beeinflusst von Zahlungseingängen und Zahlungsausgängen, kurzfristigen Kreditaufnahmen, Verkäufen von Wertpapieren, Sale and Lease Back-Geschäften oder Forderungsverkäufen sowie zahlreichen anderen Geschäftsvorfällen, die in zeitlicher Nähe zum Stichtag ihrer Ermittlung

[825] *Brösel*, Bilanzanalyse, 17. Aufl. 2021, S. 147, 279, 286; *Guserl/Pernsteiner/Brunner-Kirchmair*, Finanzmanagement, 3. Aufl. 2022, S. 91, 92.

[826] *Buchmüller*, Besteuerung und Unternehmenssanierung, 1991, S. 185, 247.

[827] *Buchmüller*, Besteuerung und Unternehmenssanierung, 1991, S. 247 f.

[828] *Buchmüller*, Besteuerung und Unternehmenssanierung, 1991, S. 185, 247.

[829] *Guserl/Pernsteiner/Brunner-Kirchmair*, Finanzmanagement, 3. Aufl. 2022, S. 92.

erfolgen und die Liquidität und die vormalig ermittelten Kennzahlen erheblich verändern können.[830] Das Verhältnis der flüssigen Mittel zur Höhe des Gesamtschuldenbestands als Indikator der Sanierungsbedürftigkeit erfasst also ebenfalls zeitpunktbezogene Daten und versucht einen Bezug zur zukünftigen, jedoch nicht vorhersehbaren Liquiditätslage herzustellen. Es werden mithin wiederum vergangene und zukunftsbezogene Merkmale in die Beurteilung der Sanierungsbedürftigkeit einbezogen, deren Verlässlichkeit gerade aufgrund ihrer Zukunftsbezogenheit zweifelhaft ist. Die Qualität dieses Vergleichswerts zur Bestimmung der Sanierungsbedürftigkeit wird daher ebenfalls zu Recht bezweifelt.[831]

#### e. Gesamtleistungsfähigkeit des Unternehmens

Das Untermerkmal der Gesamtleistungsfähigkeit stellt im Vergleich zur Ertragslage einen übergeordneten abstrakten Untersuchungsgegenstand dar,[832] der eine umfassende Bewertung der Leistungsfähigkeit des Sanierungsunternehmens beinhaltet. In ihm sind Aspekte der Ertragslage und der Kapitalverzinsung denknotwendig enthalten, so dass es im Ergebnis zu einer Dopplung der zu prüfenden Merkmale kommt. Zudem ist das Merkmal „Gesamtleistungsfähigkeit" nicht definiert. Ihm fehlen konkrete Bemessungskriterien. Der abstrakte Prüfungsmaßstab der Gesamtleistungsfähigkeit stellt mithin keinen weiteren eigenständigen Prüfungs- und Feststellungsgegenstand dar und vermag daher für sich genommen ebenfalls keine neuen Erkenntnisse für die Frage der Sanierungsbedürftigkeit hervorzurufen.

#### f. Höhe des Privatvermögens

Im Zusammenhang mit der Sanierung von Einzelunternehmen und Personengesellschaften ist auch das Privatvermögen des Einzelunternehmers bzw. der vollhaftenden Gesellschafter zur Bestimmung der Sanierungsbedürftigkeit einzubeziehen. Dies kann jedoch nur für Sanierungsunternehmen gelten, deren Rechtsformen als Einzelunternehmen oder Personengesellschaften einen Rückgriff auf das Privatvermögen dieser Personen zulassen. Da ein nicht unerheblicher Anteil von Sanierungsunternehmen, etwa Kapitalgesellschaften, einen Rückgriff auf das Privatvermögen natürlicher Personen als Haftungssubstrat nicht erlauben, kommt das Untermerkmal nur bei bestimmten Rechtsformen, also nur teilweise, zum Tragen und eignet sich daher nur eingeschränkt und für einen begrenzten Adressatenkreis von Sanierungsunternehmen als Maßstab und damit jedenfalls nicht als allgemeingültiger Vergleichsmaßstab. Aufgrund der umfassenden Rückgriffmöglichkeit auf das Privatvermögen

830 *Guserl/Pernsteiner/Brunner-Kirchmair*, Finanzmanagement, 3. Aufl. 2022, S. 92.
831 So schon *Buchmüller*, Besteuerung und Unternehmenssanierung, 1991, S. 248; in gleicher Weise *Tschersich*, Ertragsbesteuerung der Unternehmenssanierung, 2014, S. 127.
832 *Buchmüller*, Besteuerung und Unternehmenssanierung, 1991, S. 245; *Tschersich*, Ertragsbesteuerung der Unternehmenssanierung, 2014, S. 126.

natürlicher Personen bei Einzelunternehmen und Personenhandelsgesellschaften[833] scheint das Merkmal für diese Rechtsformen für sich genommen jedoch nicht in jeder Hinsicht untauglich zu sein. Soweit allerdings ein vermögender Vollhafter einer Personengesellschaft für die Verbindlichkeiten der Gesellschaft als Sanierungsunternehmen vollumfänglich in Haftung genommen werden kann, dürften sich Gläubiger ohnehin nicht zu einem Schuldenerlass bereit erklären. Dasselbe dürfte für die Haftung eines vermögenden Einzelunternehmers und der daraus erwachsenden Möglichkeit seiner Inanspruchnahme gelten. Schon aus diesen Gründen scheint auch das Untermerkmal der Überprüfung und Feststellung des Privatvermögens wenig aussagekräftig und insgesamt nicht allgemeingültig für die Bestimmung der Sanierungsbedürftigkeit zu sein.

#### g. Frühere Auffassung der Finanzverwaltung zur Bestimmung der Sanierungsbedürftigkeit

Die Finanzverwaltung beurteilte die Sanierungsbedürftigkeit in der Vergangenheit ebenfalls anhand der vorstehend untersuchten Merkmale. Im Rahmen dieser Beurteilung sollten weder handelsrechtliche noch steuerliche Verluste für sich genommen auf die Sanierungsbedürftigkeit eines Unternehmens mit hinreichender Verlässlichkeit hindeuten können.[834] Die Gewichtung der einzelnen Bestandteile war unklar und wurde durch die Finanzverwaltung stets im Rahmen der durch den Sanierungserlass eingeräumten Ermessensausübung vorgenommen.[835] Unter Geltung des Sanierungserlasses sollte im Sinne einer typisierenden Betrachtungsweise das Vorliegen einiger besonderer Umstände bereits für die Annahme der Sanierungsbedürftigkeit des Unternehmens sprechen, ohne dass die vorstehend dargestellten konkretisierenden Bestandteile im Einzelnen zu prüfen und zu bejahen sein mussten. Zu diesen besonderen Umständen gehörte etwa die Vorlage eines Insolvenz- bzw. Sanierungsplans außerhalb der sog. strategischen Insolvenz, wobei der Sanierungsplan auch als Mittel zum Nachweis der Merkmale tauglich und tunlich war.[836] Der Vorlage eines Sanierungsplans kam dabei nach Auffassung der Finanzverwaltung Indizwirkung für die Bejahung der Sanierungsbedürftigkeit zu.

---

[833] Ausgenommen die GmbH & Co. KG.

[834] *Bodden*, in: Korn, EStG, 144. EL, Mai 2023, § 3a Rn. 48; *Tschersich*, Ertragsbesteuerung der Unternehmenssanierung, 2014, S. 126.

[835] *Mertzbach*, DStR 2014, 172 (175).

[836] so schon BMF v. 27.3.2003 Rn. 4 Satz 2, BStBl. I 2003, 240, wonach alle vier Voraussetzungen (Sanierungsbedürftigkeit und Sanierungsfähigkeit des Unternehmens, Sanierungseignung der Maßnahme und Sanierungsabsicht der Gläubiger) jedenfalls als erfüllt anzusehen sein sollten, wenn ein Sanierungsplan vorgelegt wurde; ausweislich der Gesetzesbegründung zu § 3a EStG soll dies auch heute weiterhin gelten, vgl. Bericht des FinA zu § 3a, *BT-DrS* 18/12128, 31; *Bodden*, in: Korn, EStG, 144. EL, Mai 2023, § 3a Rn. 48.1; *Kanzler*, in: Kanzler/Kraft/Bäuml/Marx/Hechtner/Geserich, § 3a EStG Rn. 112, 118, 8. Aufl., Stand: 01.01.2023; *Möhlenbrock/Gragert*, FR 2017, 994 (995); *Seer*, in: Kirchhof/Seer, EStG, 22. Aufl. 2023, § 3a Rn. 19.

### aa. Sanierungs- und Insolvenzplan im Rahmen strategischer Insolvenz

Ob auch die Vorlage eines Insolvenzplans im Rahmen einer strategischen Insolvenz[837] die Kriterien der Sanierungsbedürftigkeit ohne weiteres erfüllte, sollte dagegen von dem Gesamtbild des jeweiligen Einzelfalls abhängen.[838] Strategische Insolvenzpläne werden bei Sanierungen im sog. Schutzschirmverfahren[839] regelmäßig angewandt, um beispielweise Einzelzwangsvollstreckungsmaßnahmen nach § 89 InsO zu verhindern, die Rückschlagsperre des § 88 InsO[840] zur Herbeiführung der Unwirksamkeit von Zwangsvollstreckungsmaßnahmen auszulösen oder sich von belastenden Verträgen nach § 103 InsO oder nachteilhaften Kündigungsfristen nach § 109 InsO bzw. § 113 InsO zu befreien.[841] Auch in Fällen strategischer Insolvenz waren die Kriterien der Sanierungsbedürftigkeit nach den allgemeinen Grundsätzen stets selbständig zu prüfen und bei Vorliegen der Voraussetzungen zu bejahen.[842]

### bb. Forderungserlass durch Gläubigermehrheit

Die Sanierungsbedürftigkeit sollte in der Vergangenheit zudem stets und ohne das Hinzutreten weiterer Gründe zu bejahen sein, wenn der Forderungserlass durch eine Mehrheit von Gläubigern erklärt wurde.[843] Denn es bestehe eine Vermutung für das Vorliegen der Sanierungsbedürftigkeit in den Fällen, in denen sich mehrere Gläubiger an einer Sanierung beteiligen.[844] Insoweit wurde von der Rechtsprechung also auch der erklärte Verzicht im Rahmen eines sog. Gläubigerakkords schon früh als Beleg für die Sanierungsbedürftigkeit des Sanierungsunternehmens identifiziert.[845] Dagegen bestanden Anzeichen für eine fehlende Sanierungsbedürftigkeit, wenn der Forderungserlass von einem einzelnen, erkennbar individuell an der Fortführung der Geschäftsbeziehungen mit dem Schuldner resp.

837 Bei der strategischen Insolvenz handelt es sich um ein freiwillig eingeleitetes Insolvenzplanverfahren zur gestaltenden Regelung eines bestandsgefährdenden Umstands und damit zur Unternehmenssanierung, eingehend dazu *Bulgrin*, Die strategische Insolvenz, 2016, S. 7 passim.

838 *Kanzler*, in: Kanzler/Kraft/Bäuml/Marx/Hechtner/Geserich, § 3a EStG Rn. 112, 8. Aufl., Stand: 01.01.2023; *Seer*, in: Kirchhof/Seer, EStG, 22. Aufl. 2023, § 3a EStG Rn. 20.

839 Nunmehr geregelt in nach § 270b InsO, eingef. durch das das Gesetz zur weiteren Erleichterung der Sanierung von Unternehmen vom 7.12.2011 (ESUG), BGBl. I 2011, S. 2582.

840 Die Regelung zur sog. Rückschlagsperre nach § 88 InsO bewirkt die Unwirksamkeit von Zwangsvollstreckungsmaßnahmen mit Eröffnung des Insolvenzverfahrens und ist ein Bestandteil des Schutzsystems zur Erhaltung oder Wiederherstellung der in der kritischen Phase schon verminderten oder durch Sicherheiten ausgehöhlten Insolvenzmasse und sie gewährleistet die gleichmäßige Gläubigerbefriedigung und erhält auf diese Weise bestehende Sanierungsmöglichkeiten, vgl. *Kroth* in: Braun InsO, 9. Aufl. 2022, § 88 Rn. 1, Rn. 8.

841 *Kanzler*, in: Kanzler/Kraft/Bäuml/Marx/Hechtner/Geserich, § 3a EStG Rn. 112, 8. Aufl., Stand: 01.01.2023.

842 *Kanzler*, in: Kanzler/Kraft/Bäuml/Marx/Hechtner/Geserich, a.a.O; *Seer*, in: Kirchhof/Seer, EStG, 22. Aufl. 2023, § 3a EStG Rn. 20.

843 BFH, Urteil v. 14.03.1990 – I R 64/85; *Bodden*, in: Korn, EStG, 144. EL, Mai 2023, § 3a Rn. 48.1; *Seer*, in: Kirchhof,/Seer EStG, 22. Aufl. 2023, § 3a EStG Rn. 20.

844 BFH, Urteil v. 14.03.1990 – I R 64/85; BFH, Urt. v. 3.12.1963 – I 375/60 U.

845 RFH, Urt. v. 14.2.1939, I 321/38, RStBl 1939, 761; BFH, Beschl. v. 4.3.1998 XI S 1/98, BFH/NV 1999, 21.

Sanierungsunternehmen interessierten Gläubiger außerhalb eines Gläubigerakkords ausgesprochen wurde.[846]

**h. Zeitpunkt der Feststellung der Sanierungsbedürftigkeit**

Noch unter Geltung des Sanierungserlasses wurde ebenfalls kontrovers beurteilt, ab welchem Zeitpunkt die Sanierungsbedürftigkeit zu bejahen sein sollte.[847] Umstritten war und ist noch immer, ob die Sanierungsbedürftigkeit bereits im Zeitpunkt der Unternehmenskrise (schon) oder (erst) ab dem Zeitpunkt der Verwirklichung der Insolvenzantragsgründe, mithin im Zeitpunkt materieller Insolvenz,[848] gegeben sein sollte. Der Begriff der Unternehmenskrise hat bereichsspezifisch verschiedene Inhalte und Bedeutungen;[849] zu unterscheiden sind der betriebswirtschaftliche, juristische und spezifisch insolvenzrechtliche Krisenbegriff und sein jeweiliger Eintrittszeitpunkt. Eine Unternehmenskrise kann durch zahlreiche verschiedene Ursachen verursacht werden; etwa Konflikte der Stakeholder[850], strategische Probleme durch Auseinanderfallen von Unternehmenszielen und Marktentwicklungen, Produkt- und Absatzschwierigkeiten oder Erfolgs- und Liquiditätsprobleme.[851] Nach betriebswirtschaftlicher Anschauung befindet sich ein Unternehmen in der Krise, wenn seine Leistungsfähigkeit eingeschränkt ist, die wesentlichen Ziele und Werte des Unternehmens unmittelbar gefährdet sind und das Unternehmen in seiner Existenz substanziell bedroht ist.[852] Im juristischen Sinne wird unter einer Krise demgegenüber ein späteres Stadium verstanden. Danach liege sie erst in dem Zeitpunkt vor, in dem die Finanzierung der Gesellschaft von außen nicht mehr gesichert ist und die Gesellschaft zu marktüblichen Bedingungen kein Fremdkapital mehr erlangen kann.[853] Weiterhin wird unterschieden zwischen Finanzierungs-, Liquiditäts- und Vermögenskrise, wobei die Finanzierungskrise vorliegt, wenn ein Unternehmen seinen Finanzierungsbedarf nicht oder nicht mehr im erforderlichen Umfang am Kapitalmarkt beschaffen kann, die Liquiditätskrise bei einem dauerhaften Mangel verfügbarer Liquidität zur Gewährleistung der Schuldentilgung vorliegt und die Vermögenskrise eingetreten ist, wenn das Aktivvermögen die

---

846 BFH Beschl. v. 4.3.1998 XI S 1/98, BFH/NV 1999, 21; BFH, Urteil v. 14.03.1990 – I R 64/85; BFH, Urt. v. 27.11.1983 - VIII R 14/81, BFHE 140, 521, BStBl II 1984, 472.

847 *Kautzmann*, Ertragsteueroptimale Sanierungsstrategien, 2015, S. 112, der auf die nicht abschließende zeitliche Festlegung der zeitlichen Berechtigung zur Inanspruchnahme des Sanierungserlasses hinweist.

848 *Wolfer*, in: BeckOK InsO, 32. Ed. 15.7.2023, § 17 Vorbemerkung; .

849 *v. Cölln*, Ertragsteuerliche Implikationen der Unternehmenssanierung, 2021, S. 37; *Pelz*, in: Hauschka/Moosmayer/Lösler, Corporate Compliance, 3. Aufl. 2016, § 31 Rn. 1; *Steffan*, in: Oppenländer/Trölitzsch, Praxishandbuch der GmbH-Geschäftsführung, 3. Aufl. 2020, § 37 Rn. 2;.

850 etwa Aktionäre, Arbeitnehmer und sonstige dem Unternehmen verbundene Personengruppen.

851 *Pelz*, in: Hauschka/Moosmayer/Lösler, Corporate Compliance, 3. Aufl. 2016, § 31 Rn. 2.

852 *Pelz*, in: Hauschka/Moosmayer/Lösler, Corporate Compliance, 3. Aufl. 2016, § 31 Rn. 1; *Schluck-Amend* in: Römermann, Münchener Anwaltshandbuch GmbH-Recht, 4. Auflage 2018, § 23 Rn. 3; *Steffan* in: Oppenländer/Trölitzsch, Praxishandbuch der GmbH-Geschäftsführung, 3. Aufl. 2020, § 37 Rn. 3.

853 *Pelz* in: Hauschka/Moosmayer/Lösler, Corporate Compliance, 3. Aufl. 2016, § 31 Rn. 2; *Steffan*, in: Oppenländer/Trölitzsch, Praxishandbuch der GmbH-Geschäftsführung, 3. Aufl. 2020, § 37 Rn. 4.

Schulden nicht mehr deckt.[854] Fehlt es im maßgebenden Zeitpunkt an einer konkret virulenten Kreditentscheidung eines Dritten, sei die Kreditwürdigkeit mittels wirtschaftlicher, kredit- und anlassbezogener Indizien zu bestimmen. Die zur Bestimmung des Kriseneintrittszeitpunkts erforderliche Indizwirkung der Kreditunwürdigkeit werde danach durch eine Mehrzahl gewichtiger Umstände ausgelöst, wobei lediglich das Vorliegen einer Unterbilanz (noch) nicht ausreiche.[855] Demgegenüber ist der Eintritt der spezifisch insolvenzrechtlichen Krise an die Erfüllung eines der drei Insolvenzantragsgründe gebunden. [856] Danach liegt eine insolvenzrechtliche Krisensituation erst nach Eintritt der rechtlichen Krise vor und zwar dann, wenn bereits Überschuldung eingetreten oder Zahlungsunfähigkeit drohe oder bereits eingetreten sei.[857] Für sanierungssteuerrechtliche Zwecke stellt sich daher die bedeutsame Frage, ab welchem Zeitpunkt die Sanierungsbedürftigkeit für Zwecke des § 3a EStG schon bzw. erst festgestellt werden kann.[858] Zudem ist umstritten, ob die tatbestandliche Erfüllung der Insolvenzantragsgründe der Zahlungsunfähigkeit, drohenden Zahlungsunfähigkeit und der Überschuldung jeweils für sich genommen auch für eine Sanierungsbedürftigkeit spricht.

### aa. Zahlungsunfähigkeit oder drohende Zahlungsunfähigkeit

Ob das Vorliegen von Insolvenzantragsgründen eo ipso für eine Sanierungsbedürftigkeit des Sanierungsunternehmens spricht, ist seit langer Zeit und noch immer umstritten[859] und wurde und wird für die Zahlungsunfähigkeit und die drohende Zahlungsunfähigkeit[860] heute weit überwiegend bejaht, für die Überschuldung jedoch differenziert betrachtet und bislang nicht einheitlich beantwortet. Demnach soll das Vorliegen der Zahlungsunfähigkeit und der drohenden Zahlungsunfähigkeit nach §§ 17 und 18 InsO für die Sanierungsbedürftigkeit im Sinne des § 3a Abs. 2 EStG sprechen können, wobei dies für die Zahlungsunfähigkeit nach § 17 InsO allgemein bejaht[861] und für die drohende Zahlungsunfähigkeit nach § 18 InsO als

[854] *Pelz* in: Hauschka/Moosmayer/Lösler, Corporate Compliance, 3. Aufl. 2016, § 31 Rn. 2.

[855] *Steffan*, in: Oppenländer/Trölitzsch, Praxishandbuch der GmbH-Geschäftsführung, 3. Aufl. 2020, § 37 Rn. 4.

[856] Für die GmbH als Krisenunternehmen *Steffan* in: Oppenländer/Trölitzsch, Praxishandbuch der GmbH-Geschäftsführung, § 31 Rn. 5 mit Verweis darauf, dass sowohl bei den Insolvenzstraftaten im Sinne der §§ 283 ff. StGB als auch bei den Insolvenztatbeständen von diesem engen Krisenbegriff ausgegangen werde, jedoch beschränkt auf die Tatbestände Überschuldung und Zahlungsunfähigkeit; dazu auch *Schluck-Amend* in: Römermann, Münchener Anwaltshandbuch GmbH-Recht, 4. Auflage 2018, § 23 Rn. 14.

[857] *Steffan*, in: Oppenländer/Trölitzsch, Praxishandbuch der GmbH-Geschäftsführung, 3. Aufl. 2020, § 37 Rn. 5; *Schluck-Amend* in: Römermann, Münchener Anwaltshandbuch GmbH-Recht, 4. Auflage 2018, § 23 Rn. 14.

[858] *Bodden*, in: Korn, EStG, 144. EL, Mai 2023, § 3a Rn. 47.1; *Eilers/Walter-Yadegardjam*, FR 2020, 481 (483).

[859] *Eilers/Walter-Yadegardjam*, FR 2020, 481 (483): „ein Kernvorwurf neben den einzelnen Unsicherheiten in der Rechtsanwendung".

[860] Insolvenzantragsgrund, der lediglich bei Eigenantrag durch den Insolvenzschuldner zum Tragen kommt.

[861] *Beutel/Sistermann*, in: Lüdicke/Sistermann, Unternehmensteuerrecht 2. Aufl. 2018, § 18 Rn. 86; *Förster/Hechtner*, DB 2017, 1536 (1538); *Hallerbach*, in: Herrmann/Heuer/Raupach, EStG/KStG, 319. Lieferung, 7/2023 § 3a Rn. 27, die gleichwohl eine Einzelbetrachtung für erforderlich hält; *Krumm*, in: Brandis/Heuermann, Ertragsteuerrecht, 167. EL Mai 2023, EStG § 3a Rn. 24; wohl auch *Seer* in: Kirchhof/Seer, EStG, 22. Auflage 2023, § 3a Rn. 20; *Sonnleitner/Witfeld*, in: Sonnleitner/Witfeld, Insolvenz- und Sanierungssteuerrecht, 2. Aufl. 2022, Kap. 10 Rn. 33.

Insolvenzantragsgrund bei Eigenantrag weitestgehend angenommen wird.[862] Die Sanierungsbedürftigkeit soll demnach schon dann zu bejahen sein, wenn die Zahlungsunfähigkeit droht und noch nicht eingetreten ist,[863] auch wenn sich die Prüfung der Sanierungsbedürftigkeit selbst nicht in der bloßen Feststellung des Vorliegens eines der Insolvenzantragsgründe erschöpfe.[864] Die Zahlungsunfähigkeit ist in § 17 Abs. 2 InsO legaldefiniert und beinhaltet inhaltlich unter stichtagsbezogener Betrachtung die Unfähigkeit des Schuldners, seine fälligen Verbindlichkeiten zu erfüllen.[865] Der BGH hat eine Formel zur Bestimmung der Zahlungsunfähigkeit geprägt. Danach ist von Zahlungsunfähigkeit und nicht nur von vorübergehender Zahlungsstockung auszugehen, wenn der Schuldner nicht in der Lage ist, sich innerhalb von drei Wochen die zur Begleichung der fälligen Forderungen benötigten finanziellen Mittel zu beschaffen und die Liquiditätslücke auf unter 10 % zurückzuführen, sofern nicht ausnahmsweise mit an Sicherheit grenzender Wahrscheinlichkeit zu erwarten ist, dass die Liquiditätslücke demnächst vollständig oder fast vollständig geschlossen wird und den Gläubigern ein Zuwarten nach den besonderen Umständen des Einzelfalls zuzumuten ist.[866] In diesem Zeitpunkt der eingetretenen Zahlungsunfähigkeit ist auch die Sanierungsbedürftigkeit zu bejahen. Das Vorliegen der Sanierungsbedürftigkeit zu einem noch früheren Zeitpunkt, mithin bereits vor dem Zeitpunkt drohender Zahlungsunfähigkeit wird jedoch kontrovers beurteilt.[867] Dies bejahend wird vertreten, die Sanierungsbedürftigkeit könne schon im Zeitpunkt der zeitlich sogar schon früher eintretenden juristischen Unternehmenskrise, etwa bei Kreditunwürdigkeit und bloßem Liquiditätsengpass, vorliegen.[868] Die Gegenmeinung lehnt die Bejahung der Sanierungsbedürftigkeit zu einem derart frühen Zeitpunkt unter Hinweis auf den insolvenzrechtlich frühen Zeitpunkt einer drohenden Zahlungsunfähigkeit und die daraus folgende geringe praktische Bedeutung ab.[869]

---

[862] So bereits BFH, Urt. v. 20.2.1986 - IV R 172/84 - BFH/NV 1987, 493 - 494; *Bodden*, in: Korn, EStG, 144. EL, Mai 2023, § 3a Rn. 47.1; *Förster/Hechtner*, DB 2017, 1536 (1539); *Hallerbach*, in: Herrmann/Heuer/Raupach, EStG/KStG, 319. Lieferung, 7/2023, § 3a Rn. 27, die auch bei der drohenden Zahlungsunfähigkeit eine Einzelbetrachtung für erforderlich hält; *Krumm*, in: Brandis/Heuermann, Ertragsteuerrecht, 167. EL Mai 2023, EStG § 3a Rn. 24; *Seer*, in: Kirchhof/Seer, EStG, 22. Aufl. 2023, § 3a Rn. 20; *Streit/Hoheisel*, StuB 2021, 797 (800) ohne Differenzierung für Sanierungsbedürftigkeit bei Vorliegen eines Insolvenzgrundes.

[863] *Förster/Hechtner*, DB 2017, 1536 (1538); *Krumm*, in: Brandis/Heuermann, EStG, 167. EL Mai 2023, § 3a Rn. 24; *Seer*, in: Kirchhof/Seer, EStG, 22. Auflage 2023, § 3a Rn. 20.

[864] *Bodden*, in: Korn, EStG, 144. EL, Mai 2023, § 3a Rn. 47.1; *Hallerbach*, in: Herrmann/Heuer/Raupach, EStG/KStG, 319. Lieferung, 7/2023, § 3a EStG Rn. 27; *Schmittmann*, DZWIR 2021, 436 (438).

[865] *Bremen*, in: Graf-Schlicker, InsO, 6. Aufl. 2022, § 17 InsO Rn. 4 (jedoch einschränkend für Stichtagsprüfung); *Bulgrin*, Die strategische Insolvenz, 2016, S. 117 f.; *Mönning*, in: Nerlich/Römermann, 47. EL März 2023, InsO § 17 Rn. 11; *K. Schmidt/Herchen*, in: K. Schmidt InsO, 20. Aufl. 2023, InsO § 17 Rn. 4, 5.

[866] BGH, Urt. v. 28.6.2022 – II ZR 112/21, DStR 2022, 1969.

[867] Dafür *Bodden*, in: Korn, EStG, 144. EL, Mai 2023, § 3a Rn. 47.1, der ein Abstellen auf den Umstand der Unternehmenskrise fordert; so auch *Förster/Hechtner*, DB 2017, 1536 (1538); dagegen *Krumm*, in: Brandis/Heuermann, EStG, 167. EL Mai 2023, EStG, EStG § 3a Rn. 24.

[868] BGH, Urteil vom 19.12.2017 – II ZR 88/16 Rn. 32 m.w.N.; BFH, Urt. v. 12.12.2013 - X R 39/10 - DStR 2014, 1156. *Bodden*, in: Korn, EStG, 144. EL, Mai 2023, § 3a Rn. 47.1; *Förster/Hechtner*, DB 2017, 1536 (1538); *Eilers/Tiemann*, UbG 2020, 190 (195).

[869] *Krumm*, in: Brandis/Heuermann, EStG, 167. EL Mai 2023, EStG, § 3a Rn. 24.

### bb. Überschuldung

Für Kapitalgesellschaften und Personenhandelsgesellschaften, bei der kein persönlich haftender Gesellschafter eine natürliche Person ist[870], gilt auch die Überschuldung nach § 19 InsO als weiterer, alternativer Insolvenzantragsgrund. Sie unterscheidet sich von der Zahlungsunfähigkeit dadurch, dass sie auf einer Vermögensbilanz beruht, die Zahlungsunfähigkeit hingegen auf einer Liquiditätsbilanz.[871] Beide Tatbestände - die Zahlungsunfähigkeit einerseits und die Überschuldung andererseits - haben verschiedene Ausgangspunkte und stehen nicht in einem Rangverhältnis oder einer zeitlichen Abfolge zueinander.[872] So kann Zahlungsunfähigkeit ohne Überschuldung etwa dann vorliegen, wenn zwar werthaltiges Aktivvermögen vorhanden ist, das aber nicht zur Bezahlung von Schulden flüssig gemacht werden kann. Eine Überschuldung ohne Zahlungsunfähigkeit kann dagegen vorliegen, wenn zwar Kredit zur Begleichung fälliger Verbindlichkeiten in hinreichender Höhe vorhanden ist, jedoch das Volumen der Gesamtverbindlichkeiten den Wert des Aktivvermögens übersteigt.[873]

Neben diversen Detailfragen zum Insolvenzantragsgrund der Überschuldung[874] selbst ist im Zusammenhang mit der Anwendbarkeit des § 3a EStG umstritten, ob erst der tatsächliche Eintritt der Überschuldung die Sanierungsbedürftigkeit indiziere[875] oder ob nicht bereits ein der Überschuldung vorgelagerter Krisenzeitpunkt die Sanierungsbedürftigkeit begründet. Im letzteren Fall könnte eine Sanierungsbedürftigkeit schon zu einem Zeitpunkt bejaht werden können, der zeitlich vor dem Eintritt der Überschuldung liegt. Insoweit wird die Sanierungsbedürftigkeit teilweise schon im Zeitpunkt eingetretener Unternehmenskrise bejaht, ungeachtet des bereits erfolgten Eintritts der Überschuldung als Insolvenzantragsgrund.[876] Andere identifizieren erst die tatbestandliche Erfüllung des Insolvenzantragsgrunds der Überschuldung als auslösendes Moment zur Bejahung der Sanierungsbedürftigkeit. Danach sei jedenfalls nach deren Eintritt die Sanierungsbedürftigkeit nach allgemeinen Grundsätzen zu

---

[870] Geregelt in § 19 Abs. 1 und Abs. 3 Satz 1 InsO.

[871] *Mock,* in: Uhlenbruck InsO, 15. Auflage 2019, § 19 Rn. 27.

[872] *Mock,* in: Uhlenbruck InsO, 15. Auflage 2019, § 19 Rn. 27; *Salm-Hoogstraeten,* in: Braun InsO, 9. Aufl. 2022, § 19 Rn. 28.

[873] *Salm-Hoogstraeten,* in: Braun InsO, 9. Aufl. 2022, § 19 Rn. 29.

[874] Anm. *Diemer/Riewe,* NZI 2021, 53, für die in Bezug auf den Insolvenzantragsgrund der Überschuldung „vieles im Fluss" sei und die Rechtslage komplex bleibe; *Piekenbrock,* KTS 2017, 333 „Dysfunktionalität".

[875] *Förster/Hechtner,* DB 2017, 1536 (1538), die für den Fall des Vorliegens der Insolvenzantragsgründe jedenfalls eine Sanierungsbedürftigkeit bejahen, den Zeitpunkt der Sanierungsbedürftigkeit jedoch als noch weiter vorverlagert ansehen; *Herzig/Liekenbrock,* Ubg 2011, 313 (320); *Krumm,* in: Brandis/Heuermann, EStG, 167. EL Mai 2023, EStG, § 3a Rn. 24; ablehnend für die Überschuldung ohne zeitgleich drohende Zahlungsunfähigkeit *Bodden,* in: Korn, EStG, 144. EL, Mai 2023 § 3a Rn. 47; einschränkend für die Überschuldung *Beutel/Sistermann,* in: Lüdicke/Sistermann, Unternehmensteuerrecht 2. Auflage 2018, § 18 Rn. 86, die bei fehlender drohender Zahlungsunfähigkeit trotz bilanzieller Überschuldung eine Sanierungsbedürftigkeit ebenfalls ablehnen; ablehnend wohl insoweit *Hallerbach,* in: Herrmann/Heuer/Raupach, EStG/KStG, 319. Lieferung, 7/2023, § 3a Rn. 27; kritisch insoweit *Seer,* in: Kirchhof/Seer, EStG, 22. Aufl. 2023, § 3a Rn. 20.

[876] *Bodden,* in: Korn, EStG, 144. EL, Mai 2023, § 3a Rn. 47; *Seer,* in: Kirchhof/Seer, EStG, 22. Aufl. 2023, § 3a Rz. 20; *Förster/Hechtner,* DB 2017, 1536 (1538).

bejahen.[877] Modifizierend zu den beiden vorstehenden Rechtsauffassungen wird vertreten, dass die Sanierungsbedürftigkeit auch bei bzw. trotz rechnerischer Überschuldung jedenfalls dann noch nicht gegeben sein kann, wenn die eigenen Umsätze und die Umsatz- und Bruttorendite einen Zusammenbruch des Unternehmens ausschlössen[878] und wenn die Zahlungsunfähigkeit zudem noch nicht drohe bzw. sich noch nicht abzeichne.[879] Demnach schlössen Umstände die Sanierungsbedürftigkeit aus, die eine positive Fortführungsprognose[880] begründen können.[881] Dies ist insoweit konsequent, als eine positive Fortführungsprognose zugleich auch die insolvenzrechtliche Überschuldung als Insolvenzantragsgrund nach der seit Oktober 2008[882] wieder geltenden Überschuldungsprüfung grundsätzlich ausschließt.[883] Denn seitdem gilt wieder der schon nach der Konkursordnung vertretene zweistufige Überschuldungsbegriff,[884] der nunmehr als modifiziert zweistufiger Überschuldungsbegriff[885] bezeichnet und angewandt wird. Überschuldung im Sinne des § 19 Abs. 2 InsO ist danach nur dann zu bejahen, wenn rechnerische Überschuldung und negative Fortführungsprognose kumulativ vorliegen.[886] Eine positive Fortführungsprognose beseitigt mithin die Insolvenzantragspflicht trotz rechnerischer Überschuldung.[887] Jedoch bereitet die Feststellung der positiven Fortführungsprognose nicht unerhebliche Schwierigkeiten.[888] Sie hat die Prüfung drohender Zahlungsunfähigkeit zum Gegenstand, wobei auf eine mittelfristige Liquiditätslage abzustellen ist[889] und setzt mithin die überwiegende Wahrscheinlichkeit voraus, dass das Unternehmen über einen (mittelfristigen)

---

[877] *Krumm,* in: Brandis/Heuermann, EStG, 167. EL Mai 2023, EStG, EStG § 3a Rn. 24.

[878] BFH, Urt. v. 14. 3. 1990 – I R 129/85, BStBl. II 1990, 955; *Kautzmann,* Ertragsteueroptimale Sanierungsstrategien, 2015, S. 112; *Tschersich,* Ertragsbesteuerung der Unternehmenssanierung, 2014, S. 126; *Beutel/Sistermann,* in: Lüdicke/Sistermann, Unternehmensteuerrecht 2. Auflage 2018, § 18 Rn. 86.

[879] BFH, Urt. v. 14.3.1990 – I R 129/85, BStBl. II 1990, 955; *Beutel/Sistermann,* in: Lüdicke/Sistermann, Unternehmensteuerrecht 2. Aufl. 2018, § 18 Rn. 86; *Seer,* in: Kirchhof/Seer, EStG, 22. Aufl. 2023, § 3a Rn. 20.

[880] Bei der positiven Fortführungsprognose liegt der Schwerpunkt auf dem Liquiditätstest und einer Zahlungsfähigkeitsprognose, welche die mittelfristige Finanzkraft und Finanzierungsmaßnahmen berücksichtigt.

[881] *Beutel/Sistermann,* in: Lüdicke/Sistermann, Unternehmensteuerrecht 2. Aufl. 2018, § 18 Rn. 86; *Kautzmann,* Ertragsteueroptimale Sanierungsstrategien, 2015, S. 112.

[882] Seit Einführung des Finanzmarktstabilisierungsgesetzes, Gesetz v. 17.10.2008 BGBl. 2008 I S. 1982. Das Finanzmarktstabilisierungsgesetz wurde zur Bewältigung der Finanzmarktkrise dienen. Zu diesem Zweck wurde im Oktober 2008 ein Maßnahmenpaket geschnürt, das der Stabilisierung der Finanzmärkte dienen und den befürchteten Zusammenbruch von Kreditinstituten verhindern sollte. Drüber hinaus sollte gleichzeitig vermieden werden, dass Unternehmen aufgrund bilanzieller Überschuldung insolvenzantragspflichtig werden, obwohl sie mit einer überwiegenden Wahrscheinlichkeit in der Lage seien, die Krise mittelfristig zu bewältigen. Die Übergangsregelung wurde zur Dauerlösung, so *Mönning,* in: Nerlich/Römermann, InsO, 47. EL Mai 2023, § 19 Rn. 41.

[883] *Leithaus,* in: Andres/Leithaus, InsO, 4. Aufl. 2018, § 19 Rn. 6; *Mönning,* in: Nerlich/Römermann, InsO, 47. EL Mai 2023, § 19 Rn. 4.

[884] Zunächst mit Wirkung vom 18.10.2008 durch Art. 5 des Finanzmarktstabilisierungsgesetzes (FMStG) und nach Art. 6 Abs. 3 i.V. m. Art. 7 Abs. 2 FMStG nur vorläufig bis 31.12.2010 eingeführt, nach Aufhebung der Befristung durch Art. 1 des Gesetzes zur Erleichterung der Sanierung von Unternehmen vom 24.9.2009 mit verlängerter Geltung bis zum 31.12.2013, zuletzt durch Gesetz vom 5.12.2012 entfristet, vgl. *Haarmann/Vorwerk,* BB 2015, 1603 (1604); *Mönning,* in: Nerlich/Römermann, InsO, 47. EL Mai 2023, § 19 Rn. 42.

[885] *Drukarczyk/Schüler,* in: MüKoInsO, 4. Aufl. 2019, § 19 Rn. 15 ff., insb. 39 ff.; *G. Fischer,* NZI 2016, 665; *Haarmann/Vorwerk,* BB 2015, 1603 (1604).

[886] *Mönning,* in: Nerlich/Römermann, InsO, 47. EL Mai 2023, § 19 Rn. 42.

[887] *Mönning,* in: Nerlich/Römermann, InsO, 47. EL Mai 2023, § 19 Rn. 42.

[888] *Leithaus,* in: Andres/Leithaus, InsO, 4. Aufl. 2018, § 19 Rn. 6.

[889] *G. Fischer,* NZI 2016, 665 (671); *Mönning,* in: Nerlich/Römermann, InsO, 47. EL Mai 2023, § 19 Rn. 44.

Zeitraum von zwölf Monaten[890] zahlungsfähig bleibt.[891] Die Fortführungsprognose erfasst also nunmehr einen Zeitraum von zwölf Monaten ab dem Stichtag der Überschuldungsprüfung. Dieser zwölfmonatige Prognosezeitraum wurde mit Wirkung vom 1.1.2021 in § 19 Abs. 2 Satz 1 InsO ausdrücklich normiert. Er gilt ausnahmslos und ist nicht (mehr) einzelfallabhängig anzupassen.[892] Zuvor war der Prognosezeitraum nicht gesetzlich genau bestimmt und in den Einzelheiten umstritten.[893] Der Schwerpunkt der Prüfung der positiven Fortführungsprognose liegt also auf einem Liquiditätstest und einer Zahlungsfähigkeitsprognose, die eine mittelfristige Finanzkraft und Finanzierungsmaßnahmen berücksichtigt.[894]

Neben dem in subjektiver Hinsicht vorhandenen Fortführungswillen[895] wird zur Feststellung der Fortführungsprognose nach h.M. objektiv verlangt, dass der Schuldner aufgrund einer laufend zu aktualisierenden Planung voraussichtlich für den nunmehr gesetzlich fixierten Zeitraum von zwölf Monaten stets über ausreichende Liquidität verfügen wird.[896] Die nach betriebswirtschaftlichen Grundsätzen durchzuführende Ertrags- und Finanzplanung soll dabei auf Basis eines aussagekräftigen Unternehmenskonzepts[897] erfolgen und sei zwingend erforderlich,[898] ebenso wie sonstige betriebswirtschaftliche Erwägungen zu berücksichtigen seien.[899] Demnach könne nur ein nachvollziehbares, belastbares, schlüssiges und umsetzbares Unternehmenskonzept eine positive Fortbestehensprognose begründen.[900] Dazu gehören auch die Darlegung des Fortführungswillens bzw. der Fortsetzungsbereitschaft des Schuldners und seiner Organe.[901] Gegen den Fortführungswillen spreche dabei insbesondere nicht die Absicht

[890] Der Zeitraum für die Fortführung des Unternehmens wurde nunmehr auf zwölf Monate festgelegt mit Wirkung zum 1.1.2021 durch Gesetz v. 22.12.2020, BGBl. I S. 3256.

[891] *K. Schmidt/Herrchen*, in: K. Schmidt InsO 20. Aufl. 2023, InsO § 19 Rn. 48, 49; *Mönning*, in: Nerlich/Römermann, InsO, 47. EL Mai 2023, § 19 Rn. 45; *Steffek* in: Kübler/Prütting/Bork/Jacoby, KPB, InsO, 96. Lief. 06.2023, § 19 InsO Rn. 88.

[892] *Steffek*, in: Kübler/Prütting/Bork/Jacoby, KPB, InsO, 96. Lief. 06.2023, § 19 InsO Rn. 86.

[893] *Steffek*, in: Kübler/Prütting/Bork/Jacoby, KPB, InsO, 96. Lief. 06.2023, § 19 InsO Rn. 86.

[894] *Böcker/Poertzgen*, GmbHR 2013, 17 (21); *G. Fischer*, NZI 2016, 665 (671).

[895] *Ampferl/Kilper*, in: Beck/Depré/Ampferl, Praxis der Sanierung und Insolvenz, 4. Aufl. 2023, § 2 Rn. 146; *Mock*, in: Uhlenbruck InsO, 15. Aufl. 2019, § 19 Rn. 221; *Salm-Hoogstraeten*, in: Braun InsO, 9. Aufl. 2022, § 19 Rn. 27; *Schmitz/Bünemann*, NZI 2022, 969; *Steffek*, in: Kübler/Prütting/Bork/Jacoby, KPB, InsO, 96. Lief. 06.2023, § 19 InsO Rn. 90, 91; *Wolfer*, in: BeckOK InsO, 31. Ed. 15.7.2023, § 19 Rn. 11.

[896] *Leithaus*, in: Andres/Leithaus InsO, 4. Aufl. 2018, § 19 Rn. 6.

[897] *Aleth/Harlfinger*, NZI 2011, 166 (168 f.); *Ampferl/Kilper*, in: Beck/Depré/Ampferl, Praxis der Sanierung und Insolvenz, 4. Aufl. 2023, § 2 Rn. 147; *Böcker/Poertzgen*, GmbHR 2013, 17-22 (21); *Bork*, ZIP 2000, 1709 (1711 ff.); *Dahl*, NZI 2008, 719 (720); *Schmitz/Bünemann*, NZI 2022, 969; *Wolfer*, in: BeckOK InsO, 31. Ed. 15.7.2023, § 19 Rn. 11.

[898] *Böcker/Poertzgen*, GmbHR 2013, 17-22 (21); *Bork*, ZIP 2000, 1709 (1711); *Steffek* in: Kübler/Prütting/Bork/Jacoby, KPB, InsO, 96. Lief. 06.2023, § 19 InsO Rn. 91.

[899] *Ampferl/Kilper*, in: Beck/Depré/Ampferl, Praxis der Sanierung und Insolvenz, 4. Aufl. 2023, § 2 Rn. 147: Einbeziehung eines Gestaltungsrahmens mit Zielvorstellungen und Strategien sowie Ursachen- und Schwachstellenanalyse, Darstellung der Marktverhältnisse, Aussagen zu den Fixkosten und zu den personellen, sachlichen, fachlichen und finanziellen Rahmenbedingungen; *Dahl*, NZI 2008, 719 (720); *Leithaus*, in: Andres/Leithaus InsO, 4. Aufl. 2018, § 19 Rn. 6.

[900] *Ampferl/Kilper*, in: Beck/Depré/Ampferl, Praxis der Sanierung und Insolvenz, 4. Aufl. 2023, § 2 Rn. 149; *Mönning*, in: Nerlich/Römermann, InsO, 47. EL Mai 2023, § 19 Rn. 45; *K. Schmidt/Herrchen*, in: K. Schmidt InsO 20. Aufl. 2023, InsO § 19 Rn. 52.

[901] BGH, Beschl. v. 9.10.2006 - II ZR 303/05, ZInsO 2007, 36, ZfIP 2006, 2171; *Bremen*, in: Graf-Schlicker, InsO, 6. Aufl. 2022, § 19 InsO Rn. 17, 24; *Mönning*, in: Nerlich/Römermann, InsO, 47. EL Mai 2023 § 19 Rn. 45.

zu einer Unternehmensveräußerung im Rahmen einer übertragenden Sanierung.[902] Ebenso wenig stelle die Absicht zum Verkauf oder zur Aufgabe einzelner Niederlassungen den Fortführungswillen infrage, solange und soweit der Kern des Unternehmens erhalten bleibe.[903] Die rechnerische Überschuldung wird ihrerseits auf Grundlage eines Überschuldungsstatus geprüft,[904] dessen Zweck die Offenbarung der Schuldendeckungsfähigkeit des Schuldnervermögens ist.[905] Ziel ist die Feststellung, ob die Verbindlichkeiten aus dem Vermögen im Verwertungsfall beglichen werden können.[906] Die Überschuldungsbilanz erfasst und bewertet das gesamte Vermögen sowie alle bestehenden Verbindlichkeiten. Darin sind alle materiellen und immateriellen, durch Liquidation verwertbaren Vermögenswerte anzusetzen.[907] Die sich daraus ergebende Sonderbilanz ist jedoch als bloße Gegenüberstellung von Aktiva und Passiva keine Bilanz im technischen Sinn. So enthält sie etwa keine Rechnungsabgrenzungsposten[908] und hat daher nur geringfügige Gemeinsamkeit mit dem handelsrechtlichen Jahresabschluss und dessen Rechnungslegungszwecken[909] und der auf Ermittlung des zu versteuernden Ergebnisses ausgerichteten Steuerbilanz.[910] Die Ansatzwerte der Wirtschaftsgüter und ihre vorherige Bewertung für den Ansatz im Überschuldungsstatus richteten sich in der Vergangenheit regelmäßig nach der positiven oder negativen Fortführungsprognose, wobei eine positive Fortführungsprognose den Ansatz von Fortführungswerten erforderlich machte, eine negative Fortführungsprognose hingegen den Ansatz von Liquidations- bzw. Zerschlagungswerten.[911] Diese in der Überschuldungsbilanz vorzunehmende alternative Bewertung der Wirtschaftsgüter nach Liquidations- und Fortführungswerten wird heute jedoch als überholt angesehen.[912] Zur Ermittlung der rechnerischen Überschuldung sind heute Zerschlagungs- bzw. Liquidationswerte zugrunde zu legen.[913] Dabei handelt es sich um diejenigen Werte, die durch eine Einzelveräußerung jedes

[902] *Bremen,* in: Graf-Schlicker, InsO, 6. Aufl. 2022, § 19 InsO Rn. 24; *Mönning,* in: Nerlich/Römermann, InsO, 47. EL Mai 2023, § 19 Rn. 45.

[903] *Mönning,* in: Nerlich/Römermann, InsO, 47. EL Mai 2023, § 19 Rn. 45.

[904] *K. Schmidt/Herrchen,* in: K. Schmidt InsO 20. Aufl. 2023, InsO § 19 Rn. 21; *Drukarczyk/Schüler,* in: MüKoInsO, 4. Aufl. 2019, § 19 Rn. 114.

[905] *Drukarczyk/Schüler,* in: MüKoInsO, 4. Aufl. 2019, § 19 Rn. 114; *K. Schmidt/Herrchen,* in: K. Schmidt InsO 20. Aufl. 2023, InsO § 19 Rn. 20.

[906] *K. Schmidt/Herrchen,* in: K. Schmidt InsO 20. Aufl. 2023, InsO § 19 Rn. 21.

[907] *Mönning,* in: Nerlich/Römermann, InsO, 47. EL Mai 2023, § 19 Rn. 15.

[908] *K. Schmidt/Herrchen,* in: K. Schmidt InsO 20. Aufl. 2023, InsO § 19 Rn. 21.

[909] *Arnold,* in: Henssler/Strohn, GesR/InsO, 5. Auflage 2021, § 19 InsO Rn. 3.

[910] *Drukarczyk/Schüler,* in: MüKoInsO, 4. Aufl. 2019, §§ 19 Rn. 114; *Mönning,* in: Nerlich/Römermann, InsO, 47. EL Mai 2023, § 19 Rn. 32 „reine Vermögensvergleichsrechnung"; *K. Schmidt/Herrchen,* in: K. Schmidt InsO 20. Aufl. 2023, InsO § 19 Rn. 21.

[911] *K. Schmidt/Herrchen,* in: K. Schmidt InsO 20. Aufl. 2023, InsO § 19 Rn. 24, 4; *Mönning,* in: Nerlich/Römermann, InsO, 47. EL Mai 2023, § 19 Rn. 42; *Drukarczyk/Schüler,* in: MüKoInsO, 4. Aufl. 2019, § 19 Rn. 112, 115.

[912] *Mönning,* in: Nerlich/Römermann, InsO, 47. EL Mai 2023, § 19 Rn. 33; *K. Schmidt/Herrchen,* in: K. Schmidt InsO 20. Aufl. 2023, InsO § 19 Rn. 24.

[913] *Ampferl/Kilper,* in: Beck/Depré/Ampferl, Praxis der Sanierung und Insolvenz, 4. Aufl. 2023, § 2 Rn. 138: „Liquidationswerte"; *Arnold,* in: Henssler/Strohn, GesR/InsO, 5. Aufl. 2021, § 19 InsO Rn. 5 „Liquidationswert"; *Mönning,* in: Nerlich/Römermann, InsO, 47. EL Mai 2023 § 19 Rn. 42; *K. Schmidt/Herrchen,* in: K. Schmidt InsO 20. Aufl. 2023, InsO § 19 Rn. 21.

Gegenstands im Rahmen einer Zerschlagung des Unternehmens zu erzielen wären.[914] Obwohl beim früher geltenden Überschuldungsbegriff die positive Fortführungsprognose zunächst lediglich Indikator für die Bestimmung der Bewertung der Wirtschaftsgüter und Vermögensgegenstände war, ist sie heute Tatbestandsmerkmal zur Bejahung oder Ablehnung der Überschuldung. [915] Dieser heute wieder geltende modifiziert zweistufige Überschuldungsbegriff wird im Vergleich zu dem im Rahmen der Einführung der Insolvenzordnung gesetzlich vorgesehenen Regelbegriff als sanierungsfreundlicher angesehen.[916] In Hinblick auf die vorstehenden Ausführungen zum Überschuldungsbegriff ist nunmehr also die Frage zu beantworten, an welchen Zeitpunkt die Feststellung der Sanierungsbedürftigkeit für Zwecke des § 3a EStG anzuknüpfen hat. Da die Steuerfreistellung des Sanierungsertrags nach den Motiven des Gesetzgebers verhindern soll, dass "die Besteuerung des Sanierungsgewinns [...] das Unternehmen in der Krisensituation [...] nach erfolgtem Schuldenerlass erneut in finanzielle Schwierigkeiten"[917] bringen könnte, könne die Sanierungsbedürftigkeit nach überwiegender Auffassung nicht erst nach dem Eintritt der Überschuldung, sondern müsse bereits im Zeitpunkt der Unternehmenskrise, mithin also schon dann, wenn das Unternehmen kreditunwürdig wird,[918] zu marktüblichen Bedingungen also keinen Kredit mehr erhalten kann, als gegeben anzusehen sein. [919] Demnach sei die Sanierungsbedürftigkeit nicht erst bei materieller Insolvenzreife, sondern schon in einem früheren Stadium, nämlich bereits im Stadium der beginnenden Unternehmenskrise, etwa bei stagnierender oder rückläufiger Betriebsleistung und Entstehung bilanzieller Fehlbeträge, zu bejahen.[920] Denn bereits in dieser Situation seien fremde Dritte im Hinblick auf die finanzielle Situation des Unternehmens nicht mehr willens, das Risiko einer Kreditgewährung einzugehen, sodass die Unternehmenskrise sich nach außen hin offenbare[921] und dadurch zugleich auch die Sanierungsbedürftigkeit nach außen hin erkennbar werde.

---

[914] *Arnold,* in: Henssler/Strohn, GesR/InsO, 5. Aufl. 2021, § 19 InsO Rn. 5; einschränkend *K. Schmidt/Herrchen,* in: K. Schmidt InsO 20. Aufl. 2023, InsO § 19 Rn. 25: „Über die schwierige Frage, ob Einzelbewertung oder Gesamtbewertung maßgeblich sei, entscheide im Einzelfall die wahrscheinlichere Verwertungsart".
[915] *Salm-Hoogstraeten,* in: Braun InsO, 9. Aufl. 2022, § 19 Rn. 14; a.A. *Ampferl/Kilper,* in: Beck/Depré/Ampferl, Praxis der Sanierung und Insolvenz, 4. Aufl. 2023, § 2 Rn. 139: „keine zwingende Reihenfolge".
[916] *Mönning,* in: Nerlich/Römermann, InsO, 47. EL Mai 2023, § 19 Rn. 43, 62.
[917] Bericht des FinA zu § 3a, *BT-DrS* 18/12128, 31.
[918] *Eilers/Tiemann,* UbG 2020, 190 (195); *Förster/Hechtner,* DB 2017, 1536 (1538); *Seer,* in: Kirchhof/Seer, EStG, 22. Aufl. 2023, § 3a Rn. 20; a.A. *Krumm,* in: Brandis/Heuermann, EStG, 167. EL Mai 2023, EStG § 3a Rn. 24, der die diesbezügliche Praxisrelevanz aufgrund der erheblichen Vorverlagerung der Insolvenzantragspflicht infolge der Normierung der drohenden Zahlungsunfähigkeit als Insolvenzantragsgrund jedoch bezweifelt.
[919] *Eilers/Tiemann,* UbG 2020, 190 (195); *Förster/Hechtner,* DB 2017, 1536 (1538) u.a. mit Verweis auf BFH, Urt. vom 20.08.2013 - IX R 1/13; *Hallerbach,* in: Herrmann/Heuer/Raupach, EStG/KStG, 319. Lieferung, 7/2023, § 3a EStG Rn. 27 mit Verweis auf die Notwendigkeit einer diesbezüglichen Einzelfallbetrachtung; *Seer,* in: Kirchhof/Seer, EStG, 22. Aufl. 2023, § 3a Rn. 20.
[920] *Sonnleitner/Witfeld,* in: Sonnleitner/Witfeld, Insolvenz- und Sanierungssteuerrecht, 2. Aufl. 2022, Kap. 10 Rn. 33: Sanierungsbedürftigkeit könnte schon „vor Insolvenzreife vorliegen".
[921] *Förster/Hechtner,* DB 2017, 1536 (1539).

**cc. Stellungnahme**

Die vorstehende Darstellung zeigt die Komplexität der Überschuldungsprüfung[922] zur Feststellung der Überschuldung als Insolvenzantragsgrund. Nach einer wechselvollen Historie ist der Gesetzgeber zum modifiziert zweistufigen Überschuldungsbegriff zurückgekehrt.[923] Die Bestimmung der Sanierungsbedürftigkeit könnte danach an die Feststellung eingetretener Überschuldung als das Sanierungs- und Steuerrecht verzahnenden Baustein geknüpft werden. Im Sinne eines sanierungsfreundlichen Steuerrechts greift eine solche Verknüpfung jedoch zu kurz. Denn die Sanierungsbedürftigkeit eines Unternehmens kann nicht erst zum Zeitpunkt eingetretener Überschuldung vorliegen, sondern bereits in einem früheren Zeitpunkt vor der Insolvenzreife, etwa dem Zeitpunkt der betriebswirtschaftlichen Unternehmenskrise, virulent sein.[924] Der Beginn der Unternehmenskrise stellt für das Sanierungsunternehmen bereits eine existenzbedrohende Situation dar, die das Unternehmen nachhaltig schädigen und schlimmstenfalls seine Existenz vernichten kann.[925] Sie ist aber regelmäßig bereits in dem Zeitraum vor der materiellen Insolvenzreife gegeben, nämlich dann, wenn es der Geschäftsleitung nicht mehr gelingt, den Unternehmensgesamtwert durch Entscheidungen im Investitions- oder Finanzbereich auf einem Niveau zu stabilisieren, welches das weitere Wirtschaften und damit die Fortführung des Unternehmens ermöglicht.[926] Bereits im Zeitpunkt einer derartigen beginnenden Krisensituation ist das Sanierungsunternehmen regelmäßig mit der Schwierigkeit konfrontiert, betriebsnotwendige und marktübliche Kredite zur Fortführung der operativen Tätigkeit nicht mehr zu erhalten. Dieser Umstand weist für sich genommen schon auf eine Sanierungsbedürftigkeit hin,[927] ohne dass der Tatbestand der Überschuldung bereits eingetreten sein muss. Daher erscheint es im Interesse eines wirkungsvollen Sanierungssteuerrechts verfehlt, die Bestimmung der Sanierungsbedürftigkeit und damit auch die Anwendbarkeit der Steuervergünstigungsnorm erst an den Zeitpunkt bereits eingetretener Überschuldung zu knüpfen. Im Sinne eines auf reibungslose Durchführung und erfolgreichen Abschluss des Sanierungsverfahrens abzielenden Sanierungssteuerrechts ist die zeitliche Vorverlagerung des Zeitpunkts der Sanierungsbedürftigkeit auf ein Stadium, das bereits vor der materiellen Insolvenzreife liegt, daher zu befürworten. Selbst wenn aufgrund des

---

922 *Ebke/Piekenbrock/Seagon et al.*, in: Überschuldung, quo vadis?, 2019, S. 91: „Blick in die Glaskugel", S. 97 ff.

923 *Diemer/Riewe*, NZI 2021, 53 mit der Feststellung, dass durch die Beschlussfassung des Bundestages über das SanInsFoG am 18.12.2020 die Beibehaltung des Überschuldungstatbestands nach § 19 InsO als Insolvenzgrund gegeben sei und Anpassungen lediglich bei der Festlegung des Betrachtungszeitraums der Fortführungsprognose sowie im Hinblick auf die Dauer der Höchstfrist für die Antragstellung vorgenommen werden.

924 so auch *Eilers/Tiemann*, UbG 2020, 190 (195); *Förster/Hechtner*, DB 2017, 1536 (1538); *Sonnleitner/Witfeld*, in: Sonnleitner/Witfeld, Insolvenz- und Sanierungssteuerrecht, 2. Aufl. 2022, Kap. 10 Rn. 33.

925 *Jossé*, Krisenmanagement und Business Continuity, 1. Aufl. 2020, § 3 S. 30.

926 *Drukarczyk/Schöntag*, in: Gottwald/Haas, Insolvenzrechtshandbuch, 6. Aufl. 2020, Kapitel I § 2 Rn. 6: „Der Beginn der Krise liege bereits dort, wo die Erfolgspotentiale zu erodieren beginnen, und nicht erst in dem Zeitpunkt, in dem die Krise zu sichtbaren finanzwirtschaftlichen Konsequenzen führe."; *Kreplin*, in: Nerlich/Kreplin, Münchener Anwaltshandbuch Insolvenz und Sanierung, 4. Aufl. 2023, § 9 Rn 3.

927 *Förster/Hechtner*, DB 2017, 1536 (1538); *Drukarczyk/Schöntag*, in: Gottwald/Haas, Insolvenzrechtshandbuch, 6. Aufl. 2020, Kapitel I § 2 Rn. 7: „Erosion der Erfolgspotenziale".

Insolvenzgrunds der drohenden Zahlungsunfähigkeit bei Eigenantrag im Sinne des § 18 InsO bereits ein sehr früher Zeitpunkt der insolvenzrechtlichen Krise gesetzlich normiert wurde und insoweit jedenfalls in diesem Zeitpunkt schon von Sanierungsbedürftigkeit auszugehen sein dürfte, sollte sich das Sanierungssteuerrecht am frühestmöglichen Moment orientieren. Letztlich können Entscheidungen, die in einem frühen Zeitpunkt sich abzeichnender Verschlechterung der Ertrags- und Finanzlage zugunsten einer Sanierung getroffen werden, einen erfolgreichen Ausgang des Sanierungsverfahrens bewirken. Ein längeres Zuwarten, etwa auf den Eintritt der materiellen Insolvenzreife, kann diesem erwünschten Erfolg indes entgegenstehen.[928] Somit sollte die Sanierungsbedürftigkeit schon in einem der materiellen Insolvenzreife vorgelagerten Verfahrensmoment zu bejahen sein. Diese Ansicht dürfte sich auch mit den Wertungen des StaRUG decken, das ein vorinsolvenzliches Restrukturierungsverfahren ermöglichen soll. Eine Angleichung oder Annäherung dieser Regelungsbereiche schafft eine erstrebenswerte Einheitlichkeit in den einzelnen Rechtsmaterien des Sanierungsrechts[929]. Über den Zeitpunkt des Eintritts der Sanierungsbedürftigkeit trifft § 3a EStG in seiner bestehenden Fassung jedoch keine Regelungsaussage. Auch insoweit ergibt sich der Befund über einen bestehenden Regelungsbedarf des Gesetzgebers[930] und eine eindeutige Normierung eines frühestmöglichen Zeitpunkts zur Bejahung der Sanierungsbedürftigkeit.

### i. Gesamtstellungnahme zum Merkmal der Sanierungsbedürftigkeit

Das Merkmal der Sanierungsbedürftigkeit als erste vom Sanierungsunternehmen nachzuweisende Voraussetzung für eine unternehmensbezogene Sanierung stellt aufgrund seiner komplexen, strukturell heterogenen Bestandteile (Ertragslage, Höhe des Betriebsvermögens vor und nach der Sanierung, Kapitalverzinsung durch die Erträge des Unternehmens, Verhältnis der flüssigen Mittel zur Höhe der Schuldenlast und Gesamtleistungsfähigkeit des Unternehmens) nicht unerhebliche Hürden hinsichtlich seiner praktischen Anwendbarkeit und rechtlichen Validität im Sinne sanierungsbedingt wünschenswerter Rechtssicherheit auf. Die in der Literatur vertretene Rechtsauffassung, aus Sicht von Finanzverwaltung und Gericht gehe es bei dem Merkmal der Sanierungsbedürftigkeit letztlich nur darum, die von vornherein objektiv untauglichen Sanierungsversuche aus dem Anwendungsbereich des § 3a EStG auszuscheiden[931], lässt auf ein positives Verständnis der Zusammenarbeit der Beteiligten im Sanierungsverfahren schließen und bringt zugleich die Hoffnung eines kooperativen Zusammenwirkens mit dem einvernehmlichen Ziel eines effektiven Sanierungsprozesses zum Ausdruck. Sie greift jedoch im Hinblick auf die

---

928 *Drukarczyk/Schöntag*, in: Gottwald/Haas, Insolvenzrechtshandbuch, 6. Aufl. 2020, Kapitel I § 2 Rn. 10: „mit zunehmendem Fortschreiten der Krisensituation" nehme „der Handlungsspielraum ab und der Handlungsdruck zu".
929 Zu Begriff und Inhalt, unter B. I.
930 Mit demselben Ergebnis auch *Eilers/Tiemann*, UbG 2020, 190 (195).
931 *Krumm*, in: Brandis/Heuermann, Ertragsteuerrecht, 163. EL Mai 2023, § 3a Rn. 23.

Nachweisobliegenheit des Sanierungsunternehmens über die Sanierungsbedürftigkeit und die Rechtsfolgen bei Nichterfüllung des Tatbestandsmerkmals zu kurz. Denn der Nachweis der Sanierungsbedürftigkeit ist ein konstitutives gesetzliches Merkmal, das bejahendenfalls die Steuerbefreiung auslöst, andernfalls diese verbietet. Auf eine wohlwollende Einschätzung der Finanzverwaltung kann sich das Sanierungsunternehmen im Sanierungsfall weder stützen noch berufen.

Bezugspunkt nicht unerheblicher Kritik sind zudem seit jeher die konkretisierenden Bestandteile der Sanierungsbedürftigkeit und deren im Einzelfall schwierige Feststellung[932]. Es handelt sich um Merkmale heterogener Struktur[933], die an verschiedene betriebswirtschaftliche Kennzahlen anknüpfen, einen Gegenwarts- und Vergangenheitsbezug aufweisen und darüber hinaus prognostische Elemente beinhalten. Aus der Anknüpfung an betriebswirtschaftliche Wertungen und Prognosen[934] ergeben sich für die Feststellung der Sanierungsbedürftigkeit jedoch zwangsläufig Bewertungsspielräume[935], die zu Konflikt- und Streitpotenzial sowie zu Rechtsunsicherheit[936] in einer sensiblen, zugleich fragilen Lage des Sanierungsunternehmens führen können. Nicht zu verkennen ist, dass Rechtsunsicherheit in der Sanierungssituation den erfolgreichen Sanierungsablauf beeinträchtigt und zu einer Erschwerung, schlimmstenfalls Vereitelung des vom Gesetzgeber erwünschten Ziels einer weitgehenden Optimierung von Sanierungsverfahren führen kann. Zudem sieht sich die Bestimmung der Sanierungsbedürftigkeit durch prognostische Elemente, die auf Daten und Werten der Gegenwart und Vergangenheit beruhen, mit der Grundproblematik konfrontiert, dass eine – bestenfalls positive – Entwicklung der zukünftigen operativen Geschäftstätigkeit allenfalls hypothetisch abschätzbar, aber nicht sicher planbar ist. In der Vergangenheit wurde zur Bestimmung der Sanierungsbedürftigkeit bereits ein Abstellen auf Ertrags- und Liquiditätserwartungen postuliert, weil diese die Überlebensfähigkeit des Unternehmens und die bestehende oder drohende Zahlungsunfähigkeit prognostizieren könnten.[937] Auch diese Merkmale eignen sich jedoch nicht uneingeschränkt, um die Sanierungsbedürftigkeit zum maßgeblichen Zeitpunkt, nämlich im Zeitpunkt des Schuldenerlasses, zu bestimmen. Es ergibt sich aus der Dynamik von Märkten und Marktverhalten und der daraus resultierenden fehlenden Planbarkeit von Unternehmensentwicklungen innerhalb dieser Märkte, dass ein Rückgriff auf gegenwarts- und vergangenheitsbezogene Daten grundsätzlich keine sichere, belastbare Einschätzung der zukünftig zu erwartenden Entwicklungen der Zahlungsfähigkeit und Ertragslage eines Unternehmens ermöglicht bzw. diese allenfalls in sehr eingeschränkter

---

[932] *Eilers/Walter-Yadegardjam*, FR 2020, 481 (483).

[933] Feststellung schon bei *Autenrieth,* DStZ 1991, 491 (492).

[934] *Krumm,* in: Brandis/Heuermann, Ertragsteuerrecht, 163. EL Mai 2023, § 3a Rn. 23.

[935] *Krumm,* in: Brandis/Heuermann, Ertragsteuerrecht, 163. EL Mai 2023, § 3a Rn. 23, nach dem diese Spielräume dem Steuerpflichtigen zu belassen sein sollten.

[936] So auch *Tschersich*, Ertragsbesteuerung der Unternehmenssanierung, 2014, S. 127.

[937] In diesem Sinne auch schon *Autenrieth,* DStZ 1991, 491 (492).

Weise erlaubt.[938] Trotz des Bemühens um eine realitätsgetreue Bewertung der Situation des Sanierungsunternehmens lassen historische Daten eine verlässliche Prognose in Bezug auf künftige Ertrags- und Liquiditätsentwicklungen, mithin in der Zukunft liegender Entwicklungen, regelmäßig nicht zu.[939] Schon unter Geltung des Sanierungserlasses hatte die Finanzbehörde einen weiten Beurteilungsspielraum bei der Prüfung der Sanierungsvoraussetzung, worin seinerzeit eine der Hauptunsicherheiten des Verfahrens lag.[940] Auch eine zeitliche Gleichsetzung der Insolvenzantragsgründe mit der Sanierungsbedürftigkeit ist im Ergebnis abzulehnen. Es wurde gezeigt, dass die Sanierungsbedürftigkeit nicht erst bei Vorliegen bzw. nach Eintritt einer der Insolvenzantragsgründe anzunehmen sein sollte, sondern bereits in einem früheren Stadium vorliegen kann und demnach auch schon zu einem früheren Zeitpunkt die Rechtsfolgen des § 3a EStG auslösen können sollte. Gerade bei dem Insolvenzantragsgrund der Überschuldung ist ein Verknüpfen beider Tatbestände (Überschuldung als Indikator für Sanierungsbedürftigkeit) abzulehnen. Beide Merkmale der Überschuldung (Fortführungsprognose und rechnerische Überschuldung) erfordern einen hohen Feststellungsaufwand. Zudem ist die Feststellung der Fortführungsprognose trotz der kürzlich eingeführten Festlegung eines einheitlichen Prognosezeitraums von zwölf Monaten nach wie vor schwierig und birgt eine nicht unerhebliche Rechtsanwendungsunsicherheit und Fehleranfälligkeit. Nicht zuletzt aufgrund der Komplexität des Überschuldungstatbestands wurde in jüngerer Vergangenheit bereits erwogen und in einem öffentlichen Plenum diskutiert, ob dieser nicht substanziell modifiziert[941] oder sogar abgeschafft[942] werden sollte.[943] Es erscheint nach alledem nicht sachgerecht, die Feststellung der Sanierungsbedürftigkeit i.S. des § 3a EStG an den Eintritt der Überschuldung zu knüpfen. Ein Hinauszögern erforderlicher Sanierungsmaßnahmen unter Zuwarten auf den Eintritt der Überschuldung zur Bejahung der Sanierungsbedürftigkeit und Anwendbarkeit der Steuerbefreiung dürfte sich negativ auf die Erfolgsaussicht der Sanierung auswirken.

Nach alledem stellt sich das Tatbestandsmerkmal der Sanierungsbedürftigkeit als Voraussetzung für die Steuerbefreiung des Sanierungsgewinns in seiner derzeitigen gesetzlichen Ausgestaltung insgesamt zweckuntauglich dar. Sinnvoll wäre demgegenüber eine Vereinfachung der Voraussetzungen der Sanierungsbedürftigkeit, um einer Optimierung des Sanierungsverfahrens nicht entgegenzustehen. Dafür dürfte sich eine typisierende Betrachtungsweise eignen. Die Vorlage eines Sanierungsplans – wie schon unter Geltung des

938 Gleiche Kritik schon bei *Buchmüller*, Besteuerung und Unternehmenssanierung, 1991, S. 191.

939 So zutreffend bereits *Buchmüller*, Besteuerung und Unternehmenssanierung, 1991, S. 191.

940 *Bremen*, NZI 2014, 137 (143).

941 *Ebke/Piekenbrock/Seagon et al.*, in: Überschuldung, quo vadis?, 2019, S. 99, 100.

942 *Ebke/Piekenbrock/Seagon et al.*, in: Überschuldung, quo vadis?, 2019, S. 102.

943 In diese Richtung diskutiert in einem Workshop der Heidelberger gemeinnützigen Gesellschaft für Unternehmensrestrukturierungen mbH und dem Lehrstuhl für Bürgerliches Recht und Insolvenzrecht von Prof. Dr. Andreas Piekenbrock der Ruprecht-Karls-Universität am 1. Oktober 2019, *Ebke/Piekenbrock/Seagon et al.*, in: Überschuldung, quo vadis?, 2019 passim.

Sanierungserlasses vorgesehen[944] und angewandt – könnte die Sanierungsbedürftigkeit in typisierender Weise nachweisen. Dies dürfte zu einer sachangemessenen Handhabung des Merkmals bei gleichzeitiger Verfahrensvereinfachung und Verfahrensverbesserung führen. Zum Zwecke der Vereinfachung des Sanierungsverfahrens sollte mithin die Vorlage eines Sanierungsplans zum Nachweis der Sanierungsbedürftigkeit und zur Voraussetzung der Steuerbefreiung gemacht werden.[945] Darüber hinausgehende weitere Voraussetzungen und Nachweise selbiger könnte dies entbehrlich machen. Ein Sanierungsplan hat die Wiederherstellung der Ertragskraft des Sanierungsunternehmens und die Befriedigung bestehender Gläubigeransprüche aus den künftigen Überschüssen zum Ziel.[946] Vorrangige Ziele sind die Fortführung des Sanierungsunternehmens nach finanzieller und operativer Sanierung des Unternehmens, mitunter auch die Übertragung des Unternehmens des Insolvenzschuldners auf einen neuen Rechtsträger (übertragende Sanierung).[947] Ein Sanierungsplan ist danach in erster Linie auf den Fortbestand des Sanierungsunternehmens gerichtet. Die einer Sanierungsplanerstellung zugrunde liegende Situation wird nach einer in der Literatur vertretenen Ansicht kontextuell so umschrieben, dass Schuldner und Gläubiger eine „Wette" auf die Besserung der Ertragssituation des schuldnerischen Unternehmens in der Zukunft eingingen.[948] Den Gläubigern soll dabei die Beurteilung ihrer Wettchancen dadurch ermöglicht werden, dass dem Sanierungsplan gemäß § 229 InsO eine Vermögensübersicht (Planbilanz), ein Ergebnisplan (Plangewinn- und Verlustrechnung) und ein Finanzplan zur künftigen Unternehmensentwicklung beigefügt werden.[949] Dabei ist die Fortführung des Sanierungsunternehmens als inhaltlicher Planbestandteil eindeutig festzustellen. Es muss aus dem Plan also erkennbar hervorgehen, dass die konkrete und nachvollziehbare Absicht zur Fortführung des Sanierungsunternehmens nach Verfahrensaufhebung vorliegt. Diese Absicht kann auf verschiedene Weisen, etwa durch Erläuterung des künftigen Unternehmenskonzepts oder durch konkrete Fortführungsplanung begründet werden.[950] Sanierungsfähigkeit in diesem Zusammenhang bedeutet Fortführungsfähigkeit[951], aber auch Wettbewerbs- und

[944] BMF v. 27.3.2003 Rn. 4 S. 2: *„Liegt ein Sanierungsplan vor, kann davon ausgegangen werden, dass diese Voraussetzungen erfüllt sind."*; *Bremen*, NZI 2014, 137 (143), der den Sanierungsplan als geeigent und erforderlich zur Einengung des Beurteilungsspielraums der Finanzbehörde unter Geltung des Sanierungserlasses ansah.
[945] In diese Richtung weisend auch *Beutel/Sistermann*, in: Lüdicke/Sistermann, Unternehmenssteuerrecht, 2. Aufl. 2018, § 18 Rn. 85 mit der ausdrücklichen Feststellung, das Gesetz enthalte bislang keine ausdrückliche Vermutung für die Sanierungsbedürftigkeit im Falle eines Sanierungsplans.
[946] *Derksen*, Die Unternehmenssanierung innerhalb und außerhalb der Insolvenz, 2017, S. 190 ff.; *Eilenberger*, in: MüKoInsO, 4. Aufl. 2019, § 220 Rn. 16 ff.; *Exner/Wittmann/Ballmann/Liebthal*, in: Beck/Depré/Ampferl, Praxis der Sanierung und Insolvenz, 4. Aufl. 2023, § 43 Rn. 77.
[947] *Lüer/Streit*, in: Uhlenbruck, 15. Aufl. 2019, InsO § 220 Rn. 2.
[948] *Exner/Wittmann/Ballmann/Liebthal*, in: Beck/Depré/Ampferl, Praxis der Sanierung und Insolvenz, 4. Aufl. 2023, § 43 Rn. 77.
[949] *Exner/Wittmann/Ballmann/Liebthal*, in: Beck/Depré/Ampferl, Praxis der Sanierung und Insolvenz, 4. Aufl. 2023, § 43 Rn. 78.
[950] *Exner/Wittmann/Ballmann/Liebthal*, in: Beck/Depré/Ampferl, Praxis der Sanierung und Insolvenz, a.a.O.
[951] i.S. des § 252 Abs. 1 Nr. 2 HGB.

Renditefähigkeit.[952] Regelmäßig wird zur rechtlichen und betriebswirtschaftlichen Ausgestaltung von Sanierungskonzepten in Sanierungsplänen der sog. „IDW S 6 Standard" des Instituts der Wirtschaftsprüfer, der die Anforderungen an Sanierungskonzepte niederlegt, zugrunde gelegt.[953] Nach dem einheitlichen Aufbau des „IDW S 6" finden sich am Anfang eines Sanierungsplans eine Beschreibung des Sanierungsunternehmens und der wirtschaftlichen Ausgangslage sowie des Krisenstadiums und der Krisenursachen. Anschließend sind die Maßnahmen zur Sanierung des Unternehmens darzulegen und zuletzt die beizufügenden Anlagen anzuhängen.[954] Es werden also sämtliche Daten offengelegt, die benötigt werden, um sich ein umfassendes Bild über die Grundsituation des Sanierungsunternehmens zu verschaffen. Mit der Vorlage eines Sanierungsplans kann die Sanierungsbedürftigkeit daher rechtssicher nachgewiesen werden.[955] Die Bedeutung von Sanierungsplänen zur Sanierung und Restrukturierung wird gegenwärtig auch durch das (neue) Restrukturierungsverfahren nach dem StaRUG deutlich, in dessen Zentrum die Restrukturierung aufgrund eines Restrukturierungsplans steht.[956] Auch in der Vergangenheit fielen die Fälle der Planinsolvenz schon unter Geltung des Sanierungserlasses „originär" in den Anwendungsbereich der Steuerprivilegierung.[957] An einer gesetzlichen Regelung fehlt es jedoch bislang. Dies sollte zur Schaffung von Rechtssicherheit geändert werden.

Für (Ausnahme-)Fälle, in denen die Vorlage eines Sanierungsplans als Voraussetzung zum Nachweis der Sanierungsbedürftigkeit unzumutbar ist, sofern es solche Fälle geben sollte, könnte indes aus Verhältnismäßigkeitsgründen ein anderer Nachweis zugelassen werden. Insoweit könnte die Feststellung der Sanierungsbedürftigkeit – wie schon in sehr frühen Streitfällen des RFH[958] – auch an den Forderungserlass einer Gläubigermehrheit[959] geknüpft werden, etwa wenn auf ein Forderungsvolumen in Höhe von 95 % der bestehenden Forderungen verzichtet wird. Dem Gläubigerakkord kommt im Zusammenhang mit dem Nachweis der Sanierungsbedürftigkeit seit jeher eine indizielle Wirkung zu.[960] Ein erforderlicher Nachweis könnte insoweit durch das Protokoll der Gläubigerversammlung erbracht werden. Durch Abstellen auf die an dem Gläubigerakkord erkennbare, subjektive

---

952 *Lüer/Streit*, in: Uhlenbruck, 15. Aufl. 2019, InsO § 220 Rn. 3.

953 *Lüer/Streit*, in: Uhlenbruck, 15. Aufl. 2019, InsO § 220 Rn. 3; *Exner/Wittmann/Ballmann/Liebthal*, in: Beck/Depré/Ampferl, Praxis der Sanierung und Insolvenz, 4. Aufl. 2023, § 43 Rn. 105.

954 *Exner/Wittmann/Ballmann/Liebthal*, in: Beck/Depré/Ampferl, Praxis der Sanierung und Insolvenz, 4. Aufl. 2023, § 43 Rn. 105.

955 In diese Richtung auch *Buth/Hermanns* in: Buth/Hermanns, Restrukturierung, Sanierung, Insolvenz, 5. Aufl. 2022, § 46 Rn 28; ebenso *Streit/Hoheisel*, StuB 2021, 797 (800).

956 *Andres*, in: Buth/Hermanns, Restrukturierung, Sanierung, Insolvenz, 5. Aufl. 2022, § 25 Rn. 68: „Herzstück des StaRUG".

957 *Kahlert*, NWB 2022, 3394 (3399).

958 RFH, Urt. vom 30.06.1929 – VI A 297/27, RFHE 21, 263 (265).

959 früher: Gläubigerakkord.

960 BFH, Urt. v. 3.12.1963 – I 375/60, BStBl III 1994, 128, 130; BFH, Urt. v. 14.3.1990 – I R 64/85, BStBl II 1990, 810, 810: „Anzeichen der Sanierungsbedürftigkeit"; BFH, Urt. v. 28.11.2016 – GrS 1/15, BStBl II 2017, 393, Rn. 62; *Förster/Hechtner*, DB 2017, 1536.

Absicht der Gläubiger könnte die Sanierungsbedürftigkeit im Wege des Anscheinsbeweises[961] festgestellt werden. Der Anscheinsbeweis beruht auf Erfahrungssätzen, die ungeachtet der einzelfallabhängigen Sachverhaltsdetails den Schluss auf einen bestimmten Geschehensablauf erlauben.[962] Für die Anwendung der Grundsätze des Anscheinsbeweises ist das Vorliegen eines „typischen Geschehensablaufs" Voraussetzung.[963] Bei Vorliegen eines derartigen Erfahrungssatzes kann der Finanzrichter die den Erfahrungssatz begründenden tatsächlichen Umstände feststellen, ohne weitere Einzelheiten des Sachverhalts aufklären zu müssen, sofern nicht Anhaltspunkte einen atypischen Geschehensablauf[964] indizieren.[965] Danach kann der Beurteilung bestehender Sanierungsbedürftigkeit durch die Gläubigermehrheit ein objektiver Maßstab beigemessen werden, der zum Nachweis der Sanierungsbedürftigkeit in derartigen Ausnahmefällen genügen sollte. Festzustellen ist daher, dass die aufwendige Bestimmung der Sanierungsbedürftigkeit entfallen würde, wenn diese entweder durch die Vorlage eines Sanierungsplans oder durch den Gläubigerforderungsverzicht auf 95 % der bestehenden Gesamtverbindlichkeiten nachgewiesen werden könnte. Dies dürfte hinsichtlich des Sanierungsplans zudem der gegenwärtigen „gängigen Praxis" entsprechen.[966] Da es an einer dahingehenden gesetzlichen Klarstellung bislang fehlt, sollte dies zur Schaffung von Rechtsverbindlichkeit und Rechtssicherheit nunmehr im Gesetz aufgenommen werden.[967]

## 2. Sanierungsfähigkeit des Unternehmens

Sanierungsfähigkeit bedeutet, dass das Unternehmen in seiner bisherigen Gestalt fortbestehen kann.[968] Sanierungsfähigkeit liegt vor, wenn das Unternehmen durch die Sanierung wieder ertragsfähig wird,[969] oder, anders ausgedrückt, wenn nach der Sanierung ein nachhaltiger Überschuss der Einnahmen über die Ausgaben zu erwarten ist.[970] Zu beurteilen ist die

961 Im Unterschied zum Indizienbeweis hat der Anscheinsbeweis eine andere Qualität des Erfahrungssatzes zum Gegenstand und verlangt danach keine Gesamtwürdigung aller Einzelfallumstände, so *Anzinger*, Anscheinsbeweis und tatsächliche Vermutung im Ertragsteuerrecht, 2006, S. 75 ff., 143; *Sieker*, Die Feststellung subjektiver Tatbestandsmerkmale im Besteuerungsverfahren, Beihefter zu DStR 39 2007, 36 (39).

962 *Sieker*, Die Feststellung subjektiver Tatbestandsmerkmale im Besteuerungsverfahren, Beihefter zu DStR 39 2007, 36 (39).

963 BFH, Beschl. v. 7. 12. 2005 - XI B 75/04; *Weber-Grellet*, Feststellung subjektiver Tatbestandsmerkmale im Besteuerungsverfahren Absichtsmerkmale als Aufforderung zum normativen Fremdvergleich, Beihefter zu DStR 39 2007, 40 (41).

964 Der Anscheinsbeweis kann durch den Gegenbeweis entkräftet oder erschüttert werden, was im Rahmen der Beweiswürdigung zu prüfen ist, *Sieker*, Beihefter zu DStR 39 2007, 36 (39); *Weber-Grellet*, Beihefter zu DStR 39 2007, 40 (41).

965 *Sieker*, Die Feststellung subjektiver Tatbestandsmerkmale im Besteuerungsverfahren, Beihefter zu DStR 39 2007, 36 (39).

966 *Kahlert*, NWB 2022, 3394 (3399).

967 Formulierungsvorschlag zur Neufassung unter D. Zusammenfassung der Ergebnisse.

968 *Krumm*, in: in: Brandis/Heuermann, EStG 167. EL Mai 2023, § 3a Rn. 25; *Hallerbach*, in: Herrmann/Heuer/Raupach, EStG/KStG, 319. Lieferung, 7/2023, § 3a Rn. 27; *Tschersich*, Ertragsbesteuerung der Unternehmenssanierung, 2014, S. 128, die Sanierungsfähigkeit und Sanierungseignung ebenfalls zusammenfasst.

969 Zwar nicht wörtlich, aber sinngemäß nach BFH, Urt. v. 25.02.1972 - VIII R 30/66, BStBl. II 1972 S.531; *Buchmüller*, Besteuerung und Unternehmenssanierung, 1991, S. 156; *Förster/Hechtner*, DB 2017, 1536 (1539).

970 *Beutel/Sistermann*, in: Lüdicke/Sistermann, Unternehmenssteuerrecht, 2. Aufl. 2018, § 18 Rn. 87.

Wiedererlangung der Ertragsfähigkeit im Hinblick auf die Höhe der Verschuldung und die Höhe des Forderungserlasses, die Gründe, die zu der Notlage geführt haben und die allgemeinen Ertragsaussichten des Unternehmens.[971] Auch die Sanierungsfähigkeit beinhaltet damit Aspekte, die nicht mit an Sicherheit grenzender Wahrscheinlichkeit festgestellt werden können. Vielmehr kann ihr Vorliegen nur auf Basis von Schätz- und Annäherungswerten prognostiziert werden.[972] Unter Geltung des Sanierungserlasses wurde dem Merkmal der Sanierungsfähigkeit eine hinreichende Bestimmbarkeit abgesprochen und daraus resultierende Rechtsunsicherheit attestiert.[973]

### a. Rechtsprechung und Literatur zum Merkmal der Sanierungsfähigkeit

Von der Rechtsprechung wurde die Sanierungsfähigkeit in der Vergangenheit regelmäßig nicht gesondert geprüft.[974] Die Sanierungsfähigkeit zur Feststellung der Überlebensfähigkeit des Unternehmens wurde mithin schon von der Rechtsprechung zu § 3 Nr. 66 EStG a. F. gleichsam als Ausgangsstufe einer Prüfung der Sanierungseignung angesehen.[975] So wurden die Sanierungsfähigkeit des Unternehmens und die Sanierungseignung des Schuldenerlasses als miteinander verbundene, eng verwobene Merkmale betrachtet[976] und regelmäßig, so etwa auch von der Finanzverwaltung,[977] zusammen geprüft.[978] Denn beide Merkmale bezögen sich zwar auf unterschiedliche Anknüpfungspunkte, seien aber im Wesentlichen auf dieselbe Grundfrage gerichtet, namentlich auf die Fortbestehensmöglichkeit des Sanierungsunternehmens.[979] Zudem müsse das Unternehmen nach den Umständen des Einzelfalls sanierungsfähig sein, damit der Schuldenerlass überhaupt ein geeignetes Mittel zur Sanierung darstellen könne. Bei einem nicht sanierungsfähigen Unternehmen sei ein Schuldenerlass schon nicht sanierungsgeeignet.[980] Ein sanierungsbedürftiges, jedoch nicht sanierungsfähiges Unternehmen könne daher auch durch

[971] *Förster/Hechtner*, DB 2017, 1536 (1539).
[972] so schon *Buchmüller*, Besteuerung und Unternehmenssanierung, 1991, S. 156.
[973] *Hierstetter*, DStR 2010, 882 (884).
[974] BFH, Urt. v. 25.02.1972 - VIII R 30/66, BStBl. II 1972 S. 531; BFH, Urt. v. 07.02.1985 – IV R 177/83, BStBl II 1985, 504; BFH, Urt. v. 19.03.1993 – III R 79/91, BFH/NV 1993, 536; *Seer*, in: Kirchhof/Seer, EStG, 22. Aufl. 2023, § 3a Rn. 21; in diesem Sinne auch BFH, Urt. v. 18.11.2016 - GrS 1/15, BStBl. II 2017, 393.
[975] *v. Cölln*, Ertragsteuerliche Implikationen der Unternehmenssanierung, 2021, S. 84: „Tatbestandsvoraussetzung für die Sanierungseignung"; *Kanzler*, in: Kanzler/Kraft/Bäuml/Marx/Hechtner/Geserich, § 3a EStG Rn. 102, 8. Aufl., Stand: 01.01.2023; *Krumm*, in: Brandis/Heuermann, EStG, 167. EL Mai 2023 § 3a Rn. 25; *Seer* in: Kirchhof/Seer, EStG, 22. Aufl. 2023, § 3a Rn. 21.
[976] So auch schon *Buchmüller*, Besteuerung und Unternehmenssanierung, 1991, S. 251, die eine „faktische Übereinstimmung zwischen der Forderung nach Sanierungseignung des Schulderlasses und der Forderung nach Sanierungsfähigkeit des Unternehmens" ausmachte; *Kahlert*, ZIP 2016, 2107 (2109), für den das Merkmal der Sanierungsfähigkeit zumindest unter Geltung des Sanierungserlasses keine eigenständige Bedeutung hat; Trennung der beiden Merkmale demgegenüber bei *Kautzmann*, Ertragsteueroptimale Sanierungsstrategien, 2015, S. 113; *Pflugbeil*, Steuerliche Auswirkungen von Sanierungsmaßnahmen, 2006, S. 72; auch *Tschersich*, Ertragsbesteuerung der Unternehmenssanierung, 2014, S. 128, die Sanierungsfähigkeit und Sanierungseignung ebenfalls zusammenfasst.
[977] OFD Niedersachsen vom 25.04.2016 Rz. 2.3.2.
[978] *Streit/Hoheisel*, StuB 2021, 797 (800), die auch unter Geltung des § 3a EStG von einer „einheitlichen" Prüfung ausgehen; ebenso *Schmittmann*, DZWIR 2021, 436 (439).
[979] *Krumm*, in: Brandis/Heuermann, EStG, 167. EL Mai 2023 § 3a Rn. 25; *Seer*, in: Kirchhof/Seer, EStG, 22. Aufl. 2023, § 3a Rn. 21.
[980] *Krumm*, in: Brandis/Heuermann, a.a.O.

einen Schuldenerlass der Gläubiger nicht mehr gerettet werden.[981] Zudem wäre in dieser Situation auch der Schuldenerlass ein untaugliches Sanierungsinstrument.[982] Demgegenüber könne zwar die Sanierungsfähigkeit gegeben sein, der konkret zu beurteilende Schuldenerlass jedoch im Einzelfall kein funktionstaugliches Mittel zur Sanierung darstellen. Die im Grundsatz vorhandene Sanierungsfähigkeit könne der Untauglichkeit der Sanierungsmaßnahme als Sanierungsinstrument mithin nicht zur Geeignetheit bzw. Tauglichkeit verhelfen.[983] Insolvenz und anschließende Zerschlagung des Unternehmens wären im letztgenannten Szenario nicht mehr zu vermeiden.[984] Auch in der Vergangenheit wurde bereits kritisiert, dass die von der Rechtsprechung entwickelten Prüfungsmerkmale zur Bestimmung der Sanierungsfähigkeit nicht hinreichend präzise seien und zur Rechtsunsicherheit für den Steuerpflichtigen führten.[985] Auch im Geltungsbereich des § 3a EStG wird der Sanierungsfähigkeit ein eigenständiger Gehalt abgesprochen und ihre Bedeutung auf die Feststellung der Unanwendbarkeit auf unternehmerbezogene Sanierungsverfahren reduziert.[986]

**b. Stellungnahme**

Die durch die wortwörtliche Übernahme in § 3a Abs. 2 EStG herbeigeführte Rechtsverbindlichkeit des Merkmals der Sanierungsfähigkeit perpetuiert die vorstehend bereits angesprochene, im Zusammenhang mit der Feststellung der Sanierungsvoraussetzungen virulente Rechtsunsicherheit.[987] Schon in der Vergangenheit nahmen Finanzverwaltung und Finanzgerichte keine trennscharfe materielle Abgrenzung zwischen Sanierungsfähigkeit des Sanierungsunternehmens und Sanierungseignung der ergriffenen Maßnahme vor. Vielmehr wurden beide Merkmale von der Finanzverwaltung[988] zusammengefasst geprüft.[989] Der BFH ließ das Merkmal der Sanierungsfähigkeit bei der Feststellung der Sanierungsvoraussetzungen in der Vergangenheit regelmäßig gänzlich unberücksichtigt,[990] was zumindest nach der höchstrichterlichen Rechtsprechung auf einen im Vergleich zu den übrigen Merkmalen geringfügigeren Stellenwert hinzudeuten scheint bzw. sich aus der gemeinsamen, gleichsam

981 *Krumm*, in: Brandis/Heuermann, a.a.O.; *Seer*, in: Kirchhof/Seer, EStG, 22. Aufl. 2023, § 3a Rn. 21.
982 *Seer*, in: Kirchhof/Seer, EStG, 22. Aufl. 2023, § 3a Rn. 21.
983 *Krumm*, in: Brandis/Heuermann, EStG, 167. EL Mai 2023 § 3a Rn. 25.
984 *Seer*, in: Kirchhof/Seer, EStG, 22. Aufl. 2023, § 3a Rn. 21.
985 *Tschersich*, Ertragsbesteuerung der Unternehmenssanierung, 2014, S. 129.
986 *Hölzle*, ZIP 2020, 301 (306): kein „eigenständiger Prüfungsgehalt".
987 In diesem Sinne zum zuvor geltenden Sanierungserlass auch schon, *Tschersich*, Ertragsbesteuerung der Unternehmenssanierung, 2014, S. 129.
988 OFD Niedersachsen vom 25.04.2016 Tz. 2.3.2.
989 *Sonnleitner/Witfeld*, in: Sonnleitner/Witfeld, Insolvenz- und Sanierungssteuerrecht, 2. Aufl. 2022, Kap. 10 Rn. 34: Die Sanierungsfähigkeit sei (systematisch) eine Vorfrage zur Sanierungseignung eines Schuldenerlasses und werde „von diesem absorbiert".
990 BFH, Urt. v. 25.02.1972 - VIII R 30/66, BStBl. II 1972 S. 531; BFH, Urt. v. 07.02.1985 – IV R 177/83, BStBl II 1985, 504; BFH, Urt. v. 19.03.1993 – III R 79/91, BFH/NV 1993, 536.

zusammengefassten Prüfung[991] ergibt. Auch die in der Literatur zu findenden, im Detail unterschiedlichen Definitionen des Merkmals[992] weisen auf seinen wenig gefestigten materiellen Gehalt hin. Aus welchem Grund die Sanierungsfähigkeit des Sanierungsunternehmens als Tatbestandsmerkmal Eingang in das Gesetz gefunden hat, ist daher erörterungsbedürftig. Der Gesetzgeber scheint das Merkmal aus dem Sanierungserlass übernommen zu haben, ohne sich die dem Merkmal inhärenten Schwierigkeiten vergegenwärtigt und der Bedeutung, die es durch seine wortwörtliche gesetzliche Verankerung erlangt, im Gesetzgebungsprozess hinreichend Rechnung getragen zu haben. Die Prüfung der Sanierungsfähigkeit als prospektiv bestehende Fortbestehensfähigkeit ist aus Ex-Ante-Perspektive zum einen wenig konkretisierbar, zum anderen zumindest nach der Rechtsprechung ausweislich des schlichten Weglassens im Rahmen der Prüfung der Sanierungsvoraussetzungen wohl auch obsolet. Um eine unnötige Verkomplizierung der Voraussetzungen des § 3a EStG zu vermeiden, könnte sich auch insoweit eine Bezugnahme auf die Voraussetzungen der Sanierungsbedürftigkeit nach dem vorliegend geäußerten Vorschlag[993] - Vorlage eines Sanierungsplans oder Nachweis über Gläubigerverzicht auf ein Forderungsgesamtvolumen von 95 % - als zweckangemessen erweisen.[994] Der Verzicht einer Gläubigermehrheit auf ihre Forderungen indiziert für sich genommen bereits die zumindest nicht von vornherein gänzlich aussichtslose Fortbestehensmöglichkeit des Sanierungsunternehmens und damit zugleich dessen Sanierungsfähigkeit. Denn die Möglichkeit des Fortbestehens wird naturgemäß durch die Gläubiger geprüft und bewertet. Deren subjektive Einschätzung über die Sanierungsfähigkeit erlaubt eine Feststellung selbiger in objektiver Hinsicht. Die Einschätzung der verzichtenden Gläubigermehrheit kann danach das maßgebliche Merkmal für die Beurteilung der Möglichkeit einer künftigen Revitalisierung der Ertragsfähigkeit des Sanierungsunternehmens sein. Schließlich sind es die Gläubiger, die einen Verlust in Form des Forderungsausfalls in Kauf nehmen und damit die Sanierung wirtschaftlich tragen. Ein Abstellen auf die subjektive Absicht und die durch den Verzicht offenbarte Einschätzung der Gläubiger könnte danach zur Feststellung der Sanierungsvoraussetzungen genügen. Die Normierung der Sanierungsfähigkeit als weiteres, materiell und terminologisch nicht klar geregeltes, vom Sanierungsunternehmen jedoch nachzuweisendes Merkmal erscheint

---

991 BFH, Urt. v. 25.02.1972 - VIII R 30/66, BStBl. II 1972 S. 531; Urt. v. 07.02.1985 – IV R 177/83, BStBl II 1985, 504; BFH, Urt. v. 19.03.1993 – III R 79/91, BFH/NV 1993, 536.

992 *Sonnleitner/Witfeld*, in: Sonnleitner/Witfeld, Insolvenz- und Sanierungssteuerrecht, 2. Aufl. 2022, Kap. 10 Rn. 34: „Fortbestehen des Unternehmens"; so auch *Seer*, in: Kirchhof/Seer, EStG, 22. Aufl. 2023, § 3a Rn. 21; anders *Krumm*, in: Brandis/Heuermann, EStG, 167. EL Mai 2023 § 3a Rn. 25: „Die Bedeutung des Merkmals der Sanierungsfähigkeit des Unternehmens dürfte sich daher darin erschöpfen, dass es die Nichtbegünstigung einer unternehmerbezogenen Sanierung klarstellt."; *Bodden*, in: Korn, EStG, 144. EL, Mai 2023, § 3a EStG Rn. 52: „Wiedererlangung der Ertragsfähigkeit"; *v. Cölln*, Ertragsteuerliche Implikationen der Unternehmenssanierung, 2021, S. 83: „(...), dass das Unternehmen durch die anzustellende Sanierungshandlung nach objektiven Gesichtspunkten wieder ertragsfähig wird.".

993 Zur Sanierungsbedürftigkeit, unter C. II. 1.

994 Dieser Nachweis kann durch ein Sanierungsgutachten oder einen Restrukturierungsplan bereits erbracht werden, *Bodden*, in: Korn, EStG, 144. EL, Mai 2023, § 3a EStG Rn. 53 m.w.N.

demgegenüber sanierungsverfahrenserschwerend und damit insgesamt zweckunangemessen. Das nach seinem materiellen Gehalt schwierig zu erfassende Merkmal der Sanierungsfähigkeit bewirkt eine erschwerte Handhabung der Begünstigungsnorm, konfligiert daher mit den Bedürfnissen nach Rechtssicherheit und Vereinfachung in der Sanierungssituation und konterkariert den verfolgten gesetzgeberischen Zweck zur Förderung betriebswirtschaftlich sinnvoller Sanierungen. Es sollte daher gestrichen bzw. durch die Möglichkeit des Nachweises der Sanierungsvoraussetzungen durch Vorlage eines Sanierungsplans ersetzt werden.[995]

### 3. Sanierungseignung des Schuldenerlasses

Als dritte Voraussetzung der unternehmensbezogenen Sanierung muss die Sanierungseignung des Schuldenerlasses nachgewiesen werden.

#### a. Auffassung der Rechtsprechung zum Merkmal der Sanierungseignung

Die Sanierungseignung des Schuldenerlasses ist nach Auffassung des Bundesfinanzhofs zu bejahen, wenn der Schuldenerlass allein oder zusammen mit anderen Maßnahmen konkret dazu geeignet ist, das Überleben des Unternehmens zu sichern.[996] Bei Vorlage eines Insolvenzplans ergibt sich die Sanierungseignung aus der obligatorisch vorzunehmenden Finanzplanung.[997] Dem Merkmal der Sanierungseignung gehe die Sanierungsfähigkeit systematisch voraus,[998] stelle gleichsam deren Ausgangsstufe dar,[999] da eine Sanierungsmaßnahme nur dann überhaupt zur Sanierung geeignet sein könne, wenn das Unternehmen sanierungsfähig ist. Aufgrund des dargestellten engen, reziprok wirkenden Zusammenhangs der beiden Merkmale seien auch zur Beurteilung der Sanierungseignung des Schuldenerlasses die für die Sanierungsfähigkeit geltenden Kriterien heranzuziehen.[1000] Aus diesem Grund legte auch der Große Senat des BFH seiner Entscheidung nur die drei Merkmale – Sanierungsbedürftigkeit des Unternehmens, Sanierungseignung des Schuldenerlasses und Sanierungsabsicht der Gläubiger – zugrunde und unterließ eine darüber hinausgehende isolierte Prüfung der Sanierungsfähigkeit[1001].[1002]

[995] Formulierungsvorschlag zur Neufassung unter D. Zusammenfassung der Ergebnisse.
[996] BFH, Urt. v. 22.1.1985, VIII R 37/84, BStBl. II 1985, S. 501; BFH, Urt. v. 19.3.1993, III R 79/91, BFH/NV 1993, S. 536; BFH, Beschl. v. 30.5.1997, I B 139/96, BFH/NV 1997, S. 753; BFH, Urt. v. 17.11.2004, I R 11/04, BFH/NV 2005, S. 1027.
[997] *Seer,* in: Kirchhof/Seer, EStG, 22. Aufl. 2023, § 3a Rn. 22; *Krumm,* in: Brandis/Heuermann, EStG, 167. EL Mai 2023 § 3a Rn. 25.
[998] *v. Cölln,* Ertragsteuerliche Implikationen der Unternehmenssanierung, 2021, S. 83; *Hallerbach,* in: Herrmann/Heuer/Raupach, EStG/KStG, 319. Lieferung, 7/2023, § 3a Rn. 27; *Kanzler,* in: Kanzler/Kraft/Bäuml/Marx/Hechtner/Geserich, § 3a EStG Rn. 102, 8. Aufl., Stand: 01.01.2023.
[999] *Kanzler,* in: Kanzler/Kraft/Bäuml/Marx/Hechtner/Geserich, § 3a EStG Rn. 102, 8. Aufl., Stand: 01.01.2023.
[1000] *Förster/Hechtner,* DB 2017, 1536 (1539).
[1001] BFH, Urt. v. 25.02.1972 - VIII R 30/66, BStBl. II 1972 S. 531; BFH, Urt. v. 07.02.1985 – IV R 177/83, BStBl II 1985, 504; BFH, Urt. v. 19.03.1993 – III R 79/91, BFH/NV 1993, 536.
[1002] BFH, Urt. v. 18.11.2016 - GrS 1/15, BStBl. II 2017, 393.

### b. Inhalt des Merkmals der Sanierungseignung

Zur Feststellung der Sanierungseignung des Schuldenerlasses sind die Zahlungsverpflichtungen des Unternehmens im Zeitpunkt des Erlasses, die Möglichkeit der Erfüllung selbiger aus dem laufenden Geschäft und die Sicherung der Zahlungsfähigkeit nach Fortfall der erlassenen Schulden darzulegen.[1003] Die Eignung des Schuldenerlasses als Sanierungsmaßnahme ist dann zu bejahen, wenn der Schuldenerlass ein zwingender Beitrag zur Vermeidung des Zusammenbruchs des Unternehmens ist und zur Wiederherstellung seiner Ertragsfähigkeit führt[1004].[1005] Die Sanierungseignung des Schuldenerlasses sei demgegenüber abzulehnen, wenn der Erlass das sanierungsbedürftige Unternehmen zwar vor dem Zusammenbruch bewahre, die Ertragsfähigkeit allerdings nicht wiederherstellen könne.[1006] Nach dem unter früherer Rechtslage geltenden Sanierungserlass war für die Bejahung der Sanierungseignung nicht entscheidend, ob das Unternehmen tatsächlich fortgeführt wurde. So waren steuerfreie Sanierungsgewinne sowohl im Falle einer übertragenden Sanierung, als auch in anderen Fallkonstellationen nicht ausgeschlossen, in denen weder der Unternehmensträger selbst noch das Unternehmen[1007] fortgeführt wurde.[1008] Wurde das Unternehmen nicht fortgeführt oder trotz der Sanierungsmaßnahme eingestellt, war eine Sanierung im Sinne des Sanierungserlasses nur zu bejahen, wenn die Schulden aus betrieblichen Gründen[1009] erlassen wurden. Dagegen lehnte die Finanzverwaltung – anders als die Rechtsprechung – die Sanierungseignung und damit eine zu begünstigende Sanierung unter der Prämisse ab, dass die Schulden mit dem Ziel erlassen wurden, dem Steuerpflichtigen oder einem Beteiligten einen schuldenfreien Übergang in sein Privatleben oder den Aufbau einer anderen Existenzgrundlage zu ermöglichen.[1010]

---

[1003] BFH, Urt. v. 20.2.1986, IV R 172/84, BFH/NV 1987 S. 493 f.; *Seer,* in: Kirchhof/Seer, EStG, 22. Aufl. 2023, § 3a Rn. 22; *Tschersich,* Ertragsbesteuerung der Unternehmenssanierung, 2014, S. 129.

[1004] BFH Urt. v. 22.1.1985, VIII R 37/84, BStBl. II 1985, 501 (503 f.); BFH Urt. v. 12.12.2013 - X R 39/10, BStBl. II 2014, 572 Rn. 30: *„es reiche, wenn der Schuldenerlass zusammen mit anderen Maßnahmen das Überleben des Betriebs sichert"*; in diesem Sinne auch schon BFH Urt. v. 17.11.2004 - I R 11/04 Rn. 5a: *„... bei der Beurteilung der Sanierungseignung seien auch die später getroffenen Sanierungsmaßnahmen einzubeziehen. Unter Berücksichtigung dieser Maßnahmen konnte der Schuldenerlass durch die Darlehensgläubiger zur wirtschaftlichen Gesundung der Klägerin beitragen."*; *Hallerbach,* in: Herrmann/Heuer/Raupach, EStG/KStG, 319. Lieferung, 7/2023, § 3a Rn. 28; *Seer,* in: Kirchhof/Seer, EStG, 22. Aufl. 2023, § 3a Rn. 22; *Tschersich,* Ertragsbesteuerung der Unternehmenssanierung, 2014, S. 128.

[1005] BFH, Urt. v. 22.1.1985 - VIII R 37/84, BStBl. II 1985, 501 (503 f.): Dabei sollten nach der Rechtsprechung Befreiungsvorschriften nicht nur den Erhalt "von Ertragssteuerquellen", sondern von „Steuerquellen" überhaupt, schützen und ein Unternehmen sei „nicht nur Steuerquelle im Bereich der Einkommen- und Gewerbesteuer, sondern etwa auch für die Lohnsteuer, was für das Steuergesamtaufkommen sogar bedeutsamer" sein könne.

[1006] BFH, Urt. v. 25.2.1972 - VIII R 30/66, BStBl. II 1972, 531; BFH, Urt. v. 12.12.2013 - X R 39/10, BStBl. II 2014, 572; *Seer,* in: Kirchhof/Seer, EStG, 22. Aufl. 2023, § 3a Rn. 22.

[1007] etwa einer steuerpflichtigen Körperschaft.

[1008] BMF-Schreiben v. 27.3.2003, IV A 6-S 2140-8/03, BStBl. I 2003, S. 240, Tz. 1.

[1009] Etwa um einen Sozialplan zu Gunsten der Arbeitnehmer zu ermöglichen.

[1010] BMF-Schreiben v. 27.3.2003, IV A 6-S 2140-8/03, BStBl. I 2003, S. 240, Tz. 2; a.A. BFH, Urt. v. 31.01.1991 – IV R 84/89 II.1.c: „Wird der Forderungserlaß einem Einzelunternehmer gewährt, so ist ... die Sanierungseignung auch dann gegeben, wenn dem Unternehmer dadurch ermöglicht wird, sein Unternehmen aufzugeben, ohne von weiterbestehenden Schulden beeinträchtigt zu sein. Entsprechendes gilt, wenn durch die Sanierung dem persönlich haftenden Gesellschafter einer OHG eine solche Möglichkeit geboten wird.".

### c. Stellungnahme

Der Schuldenerlass stellt, wie an anderer Stelle gezeigt, ein geeignetes Mittel zur Entschuldung des Sanierungsunternehmens dar. Die Entschuldung führt zur Ausbuchung von Fremdkapital und bewirkt dadurch die Stärkung des Eigenkapitals in bilanzieller und damit in wirtschaftlicher Hinsicht. Die dadurch verbesserte Eigenkapitalquote ist nicht nur bilanzielle Folge des Schuldenerlasses, sondern gewährleistet zudem eine Verbesserung der wirtschaftlichen Situation des Sanierungsunternehmens. Der wirtschaftliche Zusammenbruch kann durch den Schuldenerlass regelmäßig verhindert und die Ertragsfähigkeit nach erfolgreicher Entschuldung wiederhergestellt werden. An der aus der Natur der Sache heraus gegebenen Eignung des Schuldenerlasses als taugliche Sanierungsmaßnahme können daher keine begründeten Zweifel erhoben werden. Da die Steuerbefreiungsvorschrift den Schuldenerlass schon nach ihrem eindeutigen Wortlaut als sanierungsgeeignete Sanierungsmaßnahme ansieht, ist die Normierung des Merkmals Eignung der Sanierungsmaßnahme für sich genommen obsolet.[1011] Sinnhaftigkeit und Zwecktauglichkeit der Normierung des Merkmals für die Frage der Anwendbarkeit der Steuerbefreiung sind daher abzulehnen. Wie an anderer Stelle bereits festgestellt,[1012] ist der Wortlaut der Norm im Hinblick auf ihren sachlichen Anwendungsbereich insgesamt zu eng gefasst ist und sollte insoweit de lege ferenda geändert werden, um alle Sanierungsmaßnahmen, die eine wirtschaftliche Entschuldung zum Ziel haben und bei denen Gewinne durch rechtlichen Fortfall und bilanzielle Ausbuchung von Schulden entstehen, zu erfassen. Das Merkmal der Sanierungseignung sollte daher im Sinne einer Normvereinfachung gestrichen werden und damit künftig nicht mehr gesondert festgestellt werden müssen.

## 4. Sanierungsabsicht der Gläubiger

Die Sanierungsabsicht der Gläubiger ist nach dem BFH anzunehmen, wenn und soweit der Schuldenerlass nach dem Willen der Gläubiger erfolgt, um den Zusammenbruch des notleidenden Unternehmens zu verhindern und seine finanzielle Gesundung zu erreichen.[1013]

### a. Sanierungsabsicht bei Erlass zum Zwecke der Sanierung

Der Schuldenerlass muss „zum Zweck der Sanierung" des Unternehmens erfolgen. In dieser Zweckgebundenheit liegt die bereits vom RFH[1014] entwickelte, erforderliche Sanierungsabsicht

---

1011 Mit anderem Ansatz, jedoch im Ergebnis ebenso *Nagel*, Die Sanierungsfeindlichkeit, S. 63, der die Prüfung der Voraussetzungen der Sanierungsfähigkeit und Sanierungseignung für entbehrlich ansieht und lediglich auf die freie Verfügbarkeit des Sanierungsgewinns abstellen will.

1012 Zu eng gefasster Wortlaut in Bezug auf den Anwendungsbereich, s.o. unter C. I.

1013 BFH, Beschl. v. 4.3.1998 - XI S 1/98 - BFH/NV 1999, S. 22: *„Sanierungsabsicht liegt vor, wenn der Erlaß (sic) nach den Vorstellungen des Gläubigers erfolgt, um den Zusammenbruch des notleidenden Unternehmens zu verhindern und um – auf Dauer gesehen – seine finanzielle Gesundung zu erreichen."*.

1014 RFH, Urt. v. 2.3.1937 - I A 305/36, RStBl. 1937, 626.

der am Schuldenerlass beteiligten Gläubiger.[1015] Die in der Vergangenheit mit dieser Frage betrauten Senate des BFH beurteilten die Frage der Feststellung der Sanierungsabsicht nicht einheitlich und sahen die Anforderungen an das Merkmal der gläubigerseitigen Sanierungsabsicht nicht durchgehend deckungsgleich an.[1016] Dabei folgte der VIII. Senat einer strengen Betrachtung und hielt dominierende eigennützige Motive der Gläubiger für schädlich und verlangte stattdessen, dass die Absicht der Sanierung des Schuldners aus der Perspektive des Gläubigers „entscheidend ins Gewicht fällt" oder zumindest „maßgeblich mitbeabsichtigt" ist.[1017] In zahlreichen weiteren Entscheidungen hielt es der BFH demgegenüber für hinreichend, wenn neben eigennützigen Motiven des Gläubigers – wie etwa der Rettung zumindest eines Teils der Forderung oder des Erhalts der Geschäftsverbindung – die Sanierungsabsicht lediglich „mitentscheidend" war.[1018] Jedenfalls eint sämtliche höchstrichterliche Entscheidungen die Forderung, dass der Gläubiger – trotz vordergründigen Selbstnutzes – zumindest auch in der Absicht fremdnütziger Sanierung handeln muss.[1019] In der Vergangenheit stellte die Rechtsprechung an das subjektive Merkmal der Sanierungsabsicht der verzichtenden Gläubiger indes keine allzu strengen Anforderungen.[1020] Vielmehr wurde die Absicht regelmäßig vermutet, wenn der Schuldner sanierungsbedürftig und der Erlass sanierungsgeeignet war, was regelmäßig dann gelten sollte, wenn sich mehrere Gläubiger am Schuldenerlass beteiligten.[1021] In jüngerer Zeit positioniert sich der BFH im Hinblick auf die Bedeutung der Sanierungsabsicht als subjektive Voraussetzung jedoch klarer.[1022] Danach sei eine Rechtsauffassung, nach der die Sanierungsabsicht lediglich den Nachweis erfordere, dass der Gläubiger den Abschluss eines objektiv sanierungsdienlichen Erlassvertrags beabsichtigt habe, nicht hinreichend. Denn diese stehe noch nicht einmal im Einklang mit dem weitestgehenden Ansatz der BFH-Rechtsprechung, wonach „eine nur mitschwingende Absicht des Gläubigers zur Sanierung des schuldnerischen Unternehmens" hinreiche, um den Sanierungsgewinn steuerlich freizustellen. Eine solche

---

1015 *Hallerbach*, in: Herrmann/Heuer/Raupach, EStG/KStG, 319. Lieferung, 7/2023, § 3a Rn. 30; *Tschersich*, Ertragsbesteuerung der Unternehmenssanierung, 2014, S. 130.

1016 BFH, Beschl. v. 27.11.2020 – X B 63/20 mit Verweis auf Beschl. des Großen Senats des BFH, BFH, Beschl. v. 28.11.2016 – GrS 1/15, BFHE 255, 482, BStBl. 2017 II 393.

1017 BFH, Urt. v. 28.2.1989 – VIII R 303/84, BStBl. II 1989, 711 (zu § 3 Nr. 66 EStG aF); BFH, Urt. v. 19.10.1993 – VIII R 61/92, BFH/NV 1994, 790, unter II.1.c); BFH, Beschl. v. 27.11.2020 – X B 63/20 Rn. 8; *Kahlert*, NWB 2022, 3394 (3403); *Sonnleitner/Witfeld*, in: Sonnleitner/Witfeld, Insolvenz- und Sanierungssteuerrecht, 2. Aufl. 2022, Kap. 10 Rn. 37.

1018 BFH, Beschl. v. 27.11.2020 – X B 63/20 mit Verweis auf BFHE 132, 72, BStBl. 1981 II 181, unter II 2; BFH/NV 1989, 436, unter 4a; BFH/NV 2006, 713, BeckRS 2005, 25009324, unter II 2 c.

1019 BFH, Beschl. v. 27.11.2020 – X B 63/20.

1020 BFH, Urt. v. 26.11.1980 - I R 52/77, BFHE 132, 72 - BStBl II 1981, 181; BFH, Urt. v. 22.01.1991 - VIII R 12/88, BFH/NV 1991, 806; BFH, Urt. v. 19.03.1993 - III R 79/91, BFH/NV 1993, 536; BFH, Urt. v. 27.01.1998 - VIII R 64/96, BFHE 186, 12, BStBl II 1998, 537; BFH, Urt. v. 12.10.2005 - X R 20/03, BFH/NV 2006, 713.

1021 BFH, Urt. v. 10.4.2003 - IV R 63/01, BStBl. II 2004, S. 9; BFH, Urt. v. 14.3.1990 - I R 64/85, BStBl II 1990, 810; BFH, Beschl. v. 4.3.1998 - XI S 1/98, BFH/NV 1999, S. 22: „Diese Absicht kann bei gemeinschaftlichem Erlaß durch mehrere Gläubiger in der Regel unterstellt werden." ; *Krumm*, in: Brandis/Heuermann EStG, 167. EL Mai 2023 § 3a Rn. 26; *Seer*, in: Kirchhof/Seer, EStG, 22. Aufl. 2023, § 3a Rn. 27; *Keuthen/Hübner*, FR 2015, 865 (869); *Tschersich*, Ertragsbesteuerung der Unternehmenssanierung, 2014, S. 130.

1022 BFH, Beschl. v. 27.11.2020 – X B 63/20.

Ansicht führe dazu, dass dem Tatbestandsmerkmal „Sanierungsabsicht der Gläubiger" jegliche eigenständige Relevanz genommen würde.[1023]

Erließ in der Vergangenheit nur ein Gläubiger seine Forderung, musste die Sanierungsabsicht besonders dargelegt werden.[1024] In diesem Fall war zur Feststellung der Sanierungsabsicht mithin schon früher ein strengerer, wenn auch wiederum nicht allzu strenger Maßstab[1025] anzulegen.[1026] Gegen die Sanierungsabsicht sollte dabei sprechen, wenn der Gläubiger vom Schuldner für seinen Verzicht eine Gegenleistung in Form einer wirtschaftlichen Kompensation erwartete.[1027] Verfolgten die Gläubiger demgegenüber beim Erlass ihrer Forderungen auch eigennützige Motive, wie etwa die Rettung einer Restforderung oder den Erhalt von Geschäftsverbindungen, sollte dies der erforderlichen Sanierungsabsicht hingegen nicht entgegenstehen.[1028] In einem Beschluss aus dem Jahr 2020[1029] stellt der BFH nunmehr fest, dass die für die Steuerbefreiung von Sanierungserträgen erforderliche Sanierungsabsicht in jedem Fall den Nachweis voraussetze, dass der Gläubiger den Schuldenerlass auch mit dem Ziel der Sanierung des schuldnerischen Unternehmens ausgesprochen habe. Ausschließlich eigennützige Motive seien insoweit nicht ausreichend.

### b. Stellungnahme

Die in der Vergangenheit vergleichsweise geringfügigeren Anforderungen an den Nachweis der Sanierungsabsicht stellten keine Hürde in Bezug auf die Steuerbefreiung des durch den Verzicht entstehenden Sanierungsgewinns dar. Die Feststellung des Merkmals im Fall eines Verzichts durch eine Gläubigermehrheit schien nahezu obsolet zu sein. Denn bei Forderungsverzicht einer Gläubigermehrheit gingen Finanzverwaltung und Rechtsprechung in der Vergangenheit ohnehin regelmäßig von einer Sanierungsabsicht der verzichtenden Gläubiger aus.[1030] Ob darüber hinaus noch weitere, eigennützige Motive von den Gläubigern verfolgt wurden, war für die Anwendung der Steuerverschonungsregelung – sowohl nach § 3 Nr. 66 EStG als auch nach dem Sanierungserlass – ohnehin unschädlich. Dieser Vernachlässigung des Merkmals hat die jüngere, schon zu § 3a EStG ergangene Rechtsprechung des BFH jedoch eine Absage erteilt. Relevanz entfaltet die Sanierungsabsicht als Voraussetzung für die Steuerbefreiung daher nicht mehr nur im Zusammenhang mit dem Verzicht eines einzigen Gläubigers, sondern auch bei

[1023] BFH, Beschl. v. 27.11.2020 – X B 63/20.

[1024] BFH, Urt. v. 26.11.1980 - I R 52/77, BStBl II 1981, 181; BFH, Urt. v. 16.5.2002 - IV R 11/01, BStBl. II 2002, S. 854; BFH, Urt. v. 12.10.2005 - X R 20/03, BFH/NV 2006, 713.

[1025] *Keuthen/Hübner,* FR 2015, 865 (869).

[1026] RFH, Urt. v. 2.3.1937 - I A 305/36, RFHE 41, 111, RStBl 1937, 626; BFH, Urt. v. 26.11.1980 - I R 52/77, BStBl. II 1981, S. 181; BFH, Urt. v. 16.5.2002 - IV R 11/01, BStBl. II 2002, S. 854; BFH, Urt. v. 12.10.2005 - X R 20/03, BFH/NV 2006, 713.

[1027] BFH, Urt. v. 26.11.1980 - I R 52/77, BStBl II 1981, 181.

[1028] BFH, Urt. v. 12.10.2005 - X R 20/03, BFH/NV 2006, 713; *Knebel,* DB 2009, 1096 (1097).

[1029] BFH, Beschl. v. 27.11.2020 – X B 63/20.

[1030] Vgl. nur BFH, Urt. v. 14.03.1990 - I R 64/85: *„Die für die Steuerbefreiung nach § 3 Nr. 66 EStG erforderliche Sanierungsabsicht könne bei einem gemeinschaftlichen Erlaß durch mehrere Gläubiger in der Regel unterstellt werden."*

Verzichtserklärung einer Gläubigermehrheit.[1031] Nicht zu verkennen ist jedoch, dass Gläubiger mit dem Schuldenerlass naturgemäß stets auch eigene Zwecke verfolgen. Das Postulat nach einer ausschließlich fremdnützigen Absicht dürfte im Wirtschaftsleben zudem fernliegend sein. Der Schuldenerlass wird demnach das Mittel sein, neben der Sanierung des Schuldners auch die eigenen Zwecke zu erreichen.[1032] Bedeutsam ist daher die Frage, welchen Inhalt und welches Ausmaß die eigennützigen Motive des Gläubigers haben dürfen, damit sie sich nicht schädlich auswirken und die Steuerfreiheit zugunsten des Schuldners aufheben. Die in seinen Entscheidungen entwickelten Anforderungen des BFH sind, wie gezeigt, nicht einheitlich. Weder hinsichtlich der eigennützigen Motive noch hinsichtlich des Grades der Absicht besteht eine einheitliche Beurteilungsgrundlage.[1033] Problematisch daran ist jedoch, dass es sich bei der Sanierungsabsicht um eine innere, durch Indizien zu beweisende Tatsache handelt[1034] und dass subjektive Merkmale die Rechtsunsicherheit regelmäßig erhöhen,[1035] weil die Würdigung aller Umstände des Einzelfalls und die Herausbildung von Beweisanzeichen erforderlich sind. Aus diesen Gründen sollte der Nachweis dieses Merkmals de lege ferenda ebenfalls an die Vorlage eines Sanierungsplans geknüpft werden.[1036] In einem Sanierungsplan kann die fremdnützige Sanierungsabsicht zudem durch Aufnahme einer entsprechenden Klausel oder eines Hinweises in der Präambel dargelegt werden.[1037] Auf diese Weise wird die Zustimmung aller Gläubiger zum gesamten Sanierungsplan und zu allen Planregelungen dargelegt und auch die Fremdnützigkeit der Sanierungsabsicht nachgewiesen.[1038] Dies stellt auch für den Nachweis der Sanierungsabsicht [1039] eine Vereinfachung im Sinne des gesetzgeberischen Ziels dar, betriebswirtschaftlich erwünschte Sanierungen nicht zu behindern.[1040]

### 5. Zwischenergebnis

In § 3a Abs. 2 EStG wurden die vier Voraussetzungen zur Prüfung und Bejahung der unternehmensbezogenen Sanierung („zum Zwecke der Sanierung") als Tatbestandsvoraussetzungen gesetzlich normiert, die von der Rechtsprechung entwickelt und von der Verwaltung unter Geltung des sog. Sanierungserlasses übernommen wurden. Der Gesetzgeber scheint die Voraussetzungen übernommen zu haben, ohne diese in Bezug auf ihre rechtliche Bestimmtheit, konkrete Rechtssicherheit und praktische Handhabbarkeit zugunsten

1031 BFH, Beschl. v. 27.11.2020 – X B 63/20.
1032 *Seer*, in: Kirchhof/Seer, EStG, 22. Aufl. 2023, § 3a Rz. 27.
1033 In diesem Sinne auch *Kahlert*, NWB 2022, 3394 (3404).
1034 *Schmittmann*, DZWIR 2021, 436 (440), der Parallelen zum Sanierungsvergleich nach dem StaRUG zieht.
1035 *Kahlert*, NWB 2022, 3394 (3404).
1036 In diesem Sinne auch *Sonnleitner/Witfeld*, in: Sonnleitner/Witfeld, Insolvenz- und Sanierungssteuerrecht, 2. Aufl. 2022, Kap. 10 Rn. 37 mit der Forderung nach „fundierten Ausführungen zu der Motivlage der Beteiligten".
1037 *Lenger-Bauchowitz*, NZI 2021, 591 (593).
1038 *Lenger-Bauchowitz*, NZI 2021, 591 (593).
1039 In diesem Sinne auch jüngst *Kahlert*, NWB 2022, 3394 (3404): „Er sei ein „unwiderlegliches Beweisanzeichen".
1040 Formulierungsvorschlag zur Neufassung der Regelung unter D. Zusammenfassung der Ergebnisse.

des gesetzgeberischen Ziels einer steuerlichen Nichtbehinderung betriebswirtschaftlich erwünschter Sanierungsverfahren überprüft und validiert zu haben. Schon das Merkmal der Sanierungsbedürftigkeit birgt aufgrund seiner komplexen, heterogenen[1041] Bestandteile[1042] erhebliche Schwierigkeiten hinsichtlich seiner praktischen Anwendbarkeit und rechtlichen Validität im Sinne allseits erwünschter Rechtssicherheit im Sanierungsverfahren. Die Merkmale knüpfen an verschiedene betriebswirtschaftliche Kennzahlen an, weisen einen Gegenwarts- und Vergangenheitsbezug auf und machen dementsprechend prognostische Elemente[1043] zum Gegenstand der übergeordneten Merkmalsprüfung. Daraus ergeben sich für die Feststellung der Sanierungsbedürftigkeit zwangsläufig Bewertungsspielräume [1044], die Konflikt- und Streitpotenzial bergen und somit Ursache für Rechtsunsicherheit [1045] sein können. Rechtsunsicherheit in der Sanierungssituation erschwert jedoch das Sanierungsverfahren und führt dazu, dass das gesetzgeberische Ziel der weitgehend vereinfachten Gewährleistung von Sanierungen behindert und schlimmstenfalls vereitelt wird. Der in der Vergangenheit geforderte Rückgriff auf Ertragserwartungen und Liquiditätsüberlegungen zur Bestimmung der Sanierungsbedürftigkeit kann ebenfalls nicht überzeugen, weil die prospektive Überlebensfähigkeit eines Unternehmens nicht durch gegenwarts- und vergangenheitsbezogene Daten mit hinreichender Sicherheit vorausgesagt werden kann.[1046] Es ergibt sich zudem aus der Dynamik von Märkten, der fehlenden Vorhersehbarkeit von Marktverhalten und der daraus resultierenden schwierigen Planbarkeit von Unternehmensentwicklungen innerhalb dieser Märkte, dass ein Rückgriff auf gegenwarts- und vergangenheitsbezogene Daten grundsätzlich keine sichere, belastbare Einschätzung der zukünftig zu gewärtigenden Entwicklungen der Zahlungsfähigkeit und Ertragslage eines Unternehmens ermöglicht bzw. diese allenfalls in nur sehr eingeschränkter Weise erlaubt.[1047] Trotz des Bemühens um eine realitätsgetreue Bewertung der Zustandssituation des Sanierungsunternehmens lassen historische Daten eine verlässliche Prognose in Bezug auf künftige Ertrags- und Liquiditätsentwicklungen, mithin in der Zukunft liegende Entwicklungen, regelmäßig nicht zu.[1048] Aus diesem Grund stellt sich das Tatbestandsmerkmal der Sanierungsbedürftigkeit als Voraussetzung für die Steuerbefreiung des Sanierungsgewinns in seiner derzeitigen gesetzlichen Ausgestaltung zweckunangemessen dar. Sinnvoller wäre demgegenüber eine effektive Gestaltung des Merkmals durch Vereinfachung

[1041] Feststellung schon bei *Autenrieth,* DStZ 1991, 491 (492).

[1042] Ertragslage, Höhe des Betriebsvermögens vor und nach der Sanierung, Kapitalverzinsung durch die Erträge des Unternehmens, Verhältnis der flüssigen Mittel zur Höhe der Schuldenlast und Gesamtleistungsfähigkeit des Unternehmens.

[1043] *Krumm,* in: Brandis/Heuermann, EStG, 167. EL Mai 2023 § 3a Rn. 23; *Sonnleitner/Witfeld,* in: Sonnleitner/Witfeld, Insolvenz- und Sanierungssteuerrecht, 2. Aufl. 2022, Kap. 10 Rn. 32.

[1044] *Krumm,* in: Brandis/Heuermann, EStG, 167. EL Mai 2023 § 3a Rn. 23, nach dem diese Spielräume dem Steuerpflichtigen zu belassen sein sollten.

[1045] So auch *Tschersich,* Ertragsbesteuerung der Unternehmenssanierung, 2014, S. 127.

[1046] In diesem Sinne auch schon *Autenrieth,* DStZ 1991, 491 (492).

[1047] Gleiche Kritik schon bei *Buchmüller,* Besteuerung und Unternehmenssanierung, 1991, S. 191.

[1048] So zutreffend bereits *Buchmüller,* Besteuerung und Unternehmenssanierung, 1991, S. 191.

seiner konkretisierenden Bestandteile, um einer Optimierung des Sanierungsverfahrens nicht entgegenzustehen. Dafür eignet sich eine typisierende Betrachtungsweise, die auch in der Vergangenheit[1049] ergänzend und unterstützend bereits zugrunde gelegt wurde. In diesem Zusammenhang bieten sich zwei Merkmale an, namentlich die Vorlage eines Sanierungsplans und der durch eine Gläubigermehrheit erklärte Forderungsverzicht. Zugunsten einer Vereinfachung des Sanierungsverfahrensablaufs könnte mithin die Vorlage eines Sanierungsplans zum Nachweis der Sanierungsbedürftigkeit und damit letztlich zur Voraussetzung der Steuerbefreiung gemacht werden. Der Sanierungsplan könnte dabei zugleich Indikator und Nachweis der Sanierungsbedürftigkeit sein und darüber hinaus gehende weitere Voraussetzungen und Nachweise selbiger entbehrlich machen. Darüber hinaus kann mit dem Erfordernis der Vorlage eines Sanierungsplans als Voraussetzung für den Nachweis der Sanierungsbedürftigkeit auch dem grundsätzlichen Bedürfnis nach Missbrauchsvermeidung Rechnung getragen werden. Denn für die inhaltliche Richtigkeit eines Sanierungsplans bürgt der Ersteller. Da der Nachweis der Sanierungsbedürftigkeit ein konstitutives gesetzliches Merkmal ist, an dessen Vorliegen und Nachweis die Steuerbefreiung geknüpft wird, würde dies eine wünschenswerte Verfahrensvereinfachung bewerkstelligen. Die Sanierungsfähigkeit als zweite Voraussetzung der unternehmensbezogenen Sanierung im Sinne des § 3a Abs. 2 EStG stellt ein Merkmal dar, dessen materieller Prüfungsgehalt in der Vergangenheit vernachlässigt und dem ein eigenständiger Gehalt vielfach abgesprochen wurde. Aus diesem Grund bietet es sich zugunsten einer Sanierungsverfahrensvereinfachung an, das Merkmal entweder gänzlich zu streichen oder sein Vorliegen ebenfalls an die Vorlage des Sanierungsplans oder an den Verzicht einer Gläubigermehrheit zu knüpfen. Die Sanierungseignung des Schuldenerlasses wird vom Gesetz de lege lata vorausgesetzt. Durch Vorlage eines Sanierungsplans bzw. durch den durch eine Gläubigermehrheit erklärten Forderungsverzicht ist von der Sanierungseignung des Schuldenerlasses als Entschuldungsmaßnahme ohnehin auszugehen, so dass auch insoweit eine gesetzliche Normierung dieses Merkmals obsolet erscheint. Die Sanierungsabsicht der Gläubiger ist eine innere Tatsache, an deren Vorliegen und Nachweis in der Vergangenheit kein strenger Maßstab angelegt wurde. Da es für die Frage einer erfolgreichen Sanierung weniger auf die subjektive Absicht der Gläubiger ankommt, weist das Merkmal für die Steuerbefreiung des durch Verzicht entstehenden Sanierungsgewinns keinen signifikanten Gehalt auf. Weiterhin kann die Sanierungsabsicht der Gläubiger auch durch eine entsprechende Klarstellung im Sanierungsplan einfach dargelegt werden. Nach alledem sollten die gesetzlichen Voraussetzungen einer unternehmensbezogenen Sanierung an die Vorlage eines Sanierungsplans und bzw. oder an den durch eine Gläubigermehrheit erklärten Forderungsverzicht geknüpft werden, um dem Überprüfungsbedürfnis der Finanzverwaltung im

1049 Im sog. Sanierungserlass: BMF v. 27.3.2003 Rn. 4 S. 2: „Liegt ein Sanierungsplan vor, kann davon ausgegangen werden, dass diese Voraussetzungen erfüllt sind."

Hinblick auf die Steuerbefreiung von Sanierungsgewinnen einerseits gerecht zu werden und um andererseits die Voraussetzungen der Steuerbefreiung zur Unterstützung betriebswirtschaftlich sinnvoller Sanierungsverfahren zu vereinfachen.[1050]

1050 Formulierungsvorschlag für eine Neufassung unter D.

## III. Betriebliche Begründung des Schuldenerlasses

Neben den dargelegten vier Merkmalen erfordert eine unternehmensbezogene Sanierung nach § 3a Abs. 2 EStG eine betriebliche Begründung des Schuldenerlasses. Dieses aus Sicht des Gläubigers zu beurteilende Merkmal ist neu[1051]. Der Verzicht durch externe resp. Drittgläubiger wurde bereits an anderer Stelle[1052] dargelegt. Wie das Merkmal der betrieblichen Begründung im Zusammenhang mit dem Verzicht von Gesellschaftern zu beurteilen ist, wird im folgenden Abschnitt nach einer kursorischen Abgrenzung zu den Auswirkungen eines privat veranlassten Schuldenerlasses untersucht.

### 1. Privat veranlasster Schuldenerlass

Durch das Merkmal der betrieblichen Begründung des Erlasses sollen zunächst Schuldenerlasse, die aus privaten Gründen erklärt werden, vom Anwendungsbereich der Norm ausgeschlossen werden.[1053] Der Ausschluss privat veranlasster Schuldenerlasse entspricht allgemeinen Grundsätzen. Ein aus privaten Gründen erklärter Verzicht auf eine betrieblich begründete Forderung darf die grundsätzliche Steuerbarkeit des Gewinns aus der Forderungsbegründung nicht berühren.[1054] Beim buchführungspflichtigen Gläubiger hat sich die Forderung bereits bei deren Begründung gewinnwirksam ausgewirkt. Der Verzicht aus privaten Gründen wirkt sich bei diesem als Entnahme und damit als Reduzierung des Eigenkapitals ohne Gewinnauswirkung aus. Beim Gläubiger, der seinen Gewinn durch Einnahmeüberschussrechnung ermittelt, wirkt sich die Forderungsbegründung nicht gewinnwirksam aus. Erst bei Zufluss der Zahlungsmittel kommt es bei diesem zur Gewinnerhöhung. Ein tatsächlicher Zufluss von Zahlungsmitteln unterbleibt bei Verzicht. Gleichwohl wird der erklärte Verzicht beim verzichtenden Gläubiger als Zufluss im Rahmen der Einnahmeüberschussrechnung fingiert.[1055] Beim verzichtsbegünstigten Schuldner hingegen stellt der aus privaten Gründen erklärte Verzicht auf die Forderung durch den verzichtenden Gläubiger keine Betriebseinnahme dar.[1056] Vielmehr hat er den ihm gegenüber aus privaten Gründen erklärten Verzicht als Einlage zu behandeln.[1057] Die privat

1051 *Levedag,* in: Schmidt, EStG. 42. Aufl., 2023, § 3a Rn. 20.
1052 S.o. unter C. I.
1053 *Kanzler,* NWB 2019, 626 (633); *Seer,* in: Kirchhof/Seer, EStG, 22. Aufl. 2023, § 3a EStG Rn. 24; *Krumm,* in: Brandis/Heuermann, EStG, 167. EL Mai 2023, § 3a Rn. 27.
1054 BFH Urt. v. 16.01.1975 - IV R 180/71, BStBl II 1975, 526 für die Einnahmenüberschussrechnung nach § 4 Abs. 3 EStG; BFH, Urt. v. 31.07.1991 – VIII R 23/89, BStBl. 1992, II 375; BFH, Urt. v. 12.03.1970 – IV R 39/69, BFHE 99, 27, BStBl II 1970, 518 *Bode,* in: Kirchhof/Seer, EStG, 22. Aufl. 2023, § 4 EStG Rn. 160.
1055 BFH, Urt. v. 16.01.1975 – IV R 180/71, BStBl II 1975, 526; *Kister* in: Herrmann/Heuer/Raupach, EStG/KStG, 319. Lieferung, 7/2023, § 11 EStG Rn. 57.
1056 *Bode,* in: Kirchhof/Seer EStG, 22. Aufl. 2023, § 4 Rn. 160; *Gunsenheimer,* Die Einnahmenüberschussrechnung, Rn. 432; *Drüen,* in: Brandis/Heuermann, EStG, 167. EL Mai 2023, § 4 Rn. 184, 195; BFH, Urt. v. 31.07.1991 – VIII R 23/89, BStBl. 1992, II 375; BFH, Urt. v. 12.03.1970 – IV R 39/69 –, BFHE 99, 27, BStBl II 1970, 518.
1057 BFH, Urt. v. 31.07.1991 - VIII R 23/89, BStBl. 1992, II 375; BFH, Urt. v. 12.03.1970 - IV R 39/69 –, BFHE 99, 27, BStBl II 1970, 518; *Bode,* in: Kirchhof/Seer EStG, 22. Aufl. 2023, § 4 Rn. 160, Rn. 256; *Drüen,* in: Brandis/Heuermann, EStG, 167. EL Mai 2023, § 4 Rn. 184, 195; *Gunsenheimer,* Die Einnahmenüberschussrechnung, Rn. 432;

veranlasste Mehrung des Betriebsvermögens wird in Fällen privat veranlassten Verzichts mithin durch eine Einlage in das Betriebsvermögen repräsentiert.[1058] Spiegelbildlich stellt sich dieser Vorgang beim Verzichtenden als Entnahme dar.[1059]

## 2. Forderungsverzicht durch Gesellschafter einer Kapitalgesellschaft

Nach wie vor problematisch ist die im Folgenden näher zu untersuchende Frage, ob und bejahendenfalls unter welchen Voraussetzungen der Verzicht durch Gesellschafter zu einem Sanierungsgewinn führen kann. Da Gesellschafter, sowohl Mitunternehmer von Personenhandelsgesellschaften als auch Anteilseigner von Kapitalgesellschaften, aufgrund ihrer Verbundenheit mit dem Sanierungsunternehmen[1060] regelmäßig ein erhebliches Eigeninteresse an dessen Erhaltung haben, verzichten in der Sanierungssituation regelmäßig Gesellschafter auf ihre Forderungen gegenüber ihren Gesellschaften.[1061] Die Verzichtsbereitschaft von Gesellschaftern liegt im Kontext angestrebter Sanierung daher regelmäßig vor. Gerade diese Bereitschaft löst zudem einen motivierenden Impuls zur Teilnahme an den Sanierungsmaßnahmen auf externe Gläubiger aus. Denn externe Gläubiger sind leichter dazu zu bewegen und eher bzw. mitunter sogar nur dann dazu bereit, auf ihre Forderungen zu verzichten, wenn zugleich auch Gesellschafter auf ihre Forderungen gegenüber der Gesellschaft verzichten. Der Verzicht durch Gesellschafter ist daher ein regelmäßig zu beurteilender Sachverhalt sowie zugleich typische Konstellation im sanierungssteuerrechtlichen Kontext.

Bereits unter Geltung des § 3 Nr. 66 EStG und des Sanierungserlasses war in diesem Zusammenhang umstritten, unter welchen Voraussetzungen ein begünstigter Sanierungsgewinn durch den Gesellschafterforderungsverzicht entstehen konnte.[1062] Die Zuordnung der Verzichtsabsicht des Gesellschaftergläubigers, entweder zum gesellschaftsrechtlichen oder eigenbetrieblichen Bereich, entschied schon in der Vergangenheit über die Anwendung der Einlagegrundsätze bei gesellschaftsrechtlicher Veranlassung oder über die Entstehung eines Sanierungsgewinns bei eigenbetrieblicher Veranlassung. Es war also bei einem erklärten Gesellschafterverzicht stets festzustellen, ob dieser aus gesellschaftsrechtlicher oder betrieblicher Veranlassung erfolgte. Dabei wurde regelmäßig zuvörderst von einer gesellschaftsrechtlichen Veranlassung ausgegangen.[1063] Insoweit war der gesellschaftsrechtlich

*Hentschel/Paul/Rätke/Reddig/Schallmoser/Schober/Stapperfend/Tiede* in: Herrmann/Heuer/Raupach, EStG/KStG, 319. Lieferung, 7/2023, § 4 EStG Rn. 299.

[1058] *Gunsenheimer*, Die Einnahmenüberschussrechnung, Rn. 432.

[1059] *Hentschel/Paul/Rätke/Reddig/Schallmoser/Schober/Stapperfend/Tiede* in: Herrmann/Heuer/Raupach, EStG/KStG, 319. Lieferung, 7/2023, § 4 EStG Rn. 560.

[1060] Etwa Personen- oder Kapitalgesellschaft.

[1061] *Drews/Götze*, DStR 2009, 945; *Nagel*, Die Sanierungsfeindlichkeit, 2015, S 102.

[1062] vgl. nur *Förster/Hechtner*, DB 2017, 1536.

[1063] BFH, Urt. v. 29.7.1997 – VIII R 57/94, BStBl. II 1998, 652, DStR 1997, 1965; *Helm/Krinninger*, DB 2005, 1989 (1991); *Kahlert/Schmidt*, DStR 2017, 1897 (1901); *Neu*, GmbH-StB 1998, 131: „im Regelfall".

motivierte Verzicht primär nach Einlagegrundsätzen zu beurteilen.[1064] Bilanziell sollte sich infolge des Gesellschafterverzichts also das Eigenkapital in Höhe der Verzichtsforderung erhöhen. Ein Sanierungsgewinn sollte dadurch nicht entstehen können.

Daraus ergab sich die generelle Schlussfolgerung, dass eine betriebliche Begründung des Schuldenerlasses also stets abzulehnen sein sollte, wenn Betriebsvermögensmehrungen durch das Gesellschaftsverhältnis veranlasst waren.[1065] Demgegenüber musste eine betriebliche Veranlassung aufwendig nachgewiesen werden.[1066] Der Gesetzgeber[1067] und die Finanzverwaltung[1068] gehen unter Fortführung der durch den BFH[1069] geschaffenen und auch im Geltungszeitraum des Sanierungserlasses verstetigten Rechtslage davon aus, dass ein gesellschaftsrechtlich veranlasster Schuldenerlass grundsätzlich (weiterhin) nicht zu einem begünstigten Sanierungsgewinn führen kann.

Unter Fortführung dieser Grundsätze besteht auch nach Einführung der Steuerbefreiung nach § 3a EStG das Erfordernis einer genauen Bestimmung der Verzichtsveranlassung in jedem Einzelfall des Gesellschafterverzichts de lege lata fort. Nach dem Wortlaut der Norm und unter Fortgeltung der früheren Rechtslage ist ein gesellschaftsrechtlich veranlasster Schuldenerlass nach wie vor nicht vom Anwendungsbereich des § 3a EStG erfasst. Die gesellschaftsrechtliche Veranlassung verdrängt gleichsam die von § 3a Abs. 2 EStG verlangte betriebliche Begründung des Schuldenerlasses. Es ist insoweit jedoch nicht abschließend geklärt, ob eine betriebliche Veranlassung grundsätzlich auch bei einem Schuldenerlass durch Gesellschafter zu bejahen sein kann.[1070] Vorliegend ist daher erörterungsbedürftig, ob der durch Gesellschafter erklärte

[1064] BFH, Urt. v. 9.6.1997 – GrS 1/94, BStBl. II 1998, 307, DStR 1997, 1282.

[1065] *BT-Drs.* 18/12128, 31; BFH v. 9.6.1997 – GrS 1/94, BStBl. II 1998, 307, DStR 1997, 1282; FM Schleswig-Holstein v. 25.1.2013, aktualisiert am 16.4.2014 – VI 3011-S 2741-108, BeckVerw 268796; OFD Frankfurt a. M. v. 25.8.2014 – S 2140 A-4-St 213, BeckVerw 342209; *Hallerbach* in: Herrmann/Heuer/Raupach, EStG/KStG, 319. Lieferung, 7/2023, § 3a Rn. 29; *Levedag*, in: Schmidt, EStG, 42. Aufl. 2023, § 3a Rn. 26; *Kanzler*, NWB 2017, 2260 (2264); *Seer*, in: Kirchhof, in: Kirchhof/Seer EStG, 22. Aufl. 2023, § 3a Rn. 24; kritisch dazu und mit a.A. *Förster/Hechtner*, DB 2017, 1536 (1539), die auf die „Absicht zur Rettung der Gesellschaft" abstellen.

[1066] *Kahlert/Schmidt*, DStR 2017, 1897 (1901).

[1067] *BT-Drs.* 18/12128, 31: „Grundsätzlich sind nur unternehmensbezogene Sanierungen begünstigt, die darauf gerichtet sind, ein Unternehmen oder einen Unternehmensträger vor dem finanziellen Zusammenbruch zu bewahren und wieder ertragsfähig zu machen.".

[1068] FM Schleswig-Holstein v. 25.1.2013, aktualisiert am 16.4.2014 – VI 3011-S 2741-108, BeckVerw 268796: (...) „hierzu die Auffassung zu vertreten, dass ein begünstigter Sanierungsgewinn i. S. des Sanierungserlasses bei einem Darlehensverzicht durch einen Gesellschafter nur dann vorliegt, wenn der Verzicht eigenbetrieblich – und nicht gesellschaftsrechtlich – veranlasst ist. Von einer gesellschaftsrechtlichen Veranlassung ist z. B. grundsätzlich auszugehen, wenn das Darlehen von vornherein als sog. „Finanzplandarlehen" ausgereicht wurde."; OFD Frankfurt a. M. v. 25.8.2014 – S 2140 A-4-St 213, BeckVerw 342209: „Bei einem Darlehensverzicht durch einen Gesellschafter liegt ein begünstigter Sanierungsgewinn nur dann vor, wenn der Verzicht eigenbetrieblich – und nicht gesellschaftsrechtlich – veranlasst ist. Von einer gesellschaftsrechtlichen Veranlassung ist auszugehen, wenn das Darlehen von vorne herein als sog. „Finanzplandarlehen" ausgereicht wurde.".

[1069] BFH v. 9.6.1997 – GrS 1/94, BStBl. II 1998, 307, DStR 1997, 1282: „Die Gesellschafter können eine verdeckte Einlage in die Kapitalgesellschaft nicht nur durch die Zuführung von Wirtschaftsgütern, sondern auch durch den Verzicht auf Forderungen gegenüber der Gesellschaft bewirken. Ein solcher Verzicht führt durch den Wegfall der zuvor passivierten Verbindlichkeit bei der Kapitalgesellschaft zu einer Vermögensmehrung, die nach handelsrechtlichen Grundsätzen als Gewinn ausgewiesen werden kann. Dem ist steuerrechtlich jedoch durch den Abzug einer verdeckten Einlage zu begegnen, wenn der Gesellschafter den Erlaß im Hinblick auf das Gesellschaftsverhältnis gewährt hat.".

[1070] Dagegen: *BT-Drs.* 18/12128; BFH v. 9.6.1997 – GrS 1/94, BStBl. II 1998, 307, DStR 1997, 1282;

Forderungserlass generell als gesellschaftsrechtlich begründet anzusehen ist bzw. jedenfalls unter bestimmten Voraussetzungen als betrieblich begründet anzusehen sein muss.[1071] Gleichermaßen erörterungsbedürftig ist zudem, wie der Rekurs auf die „eigenbetriebliche" Veranlassung des Forderungsverzichts im Zusammenhang mit einer gesellschaftsrechtlichen (Mit-)Veranlassung zu verstehen ist[1072] und wie der erforderliche Nachweis durch den Gesellschafter geführt werden kann. Im Folgenden werden zunächst die Rechtsfolgen des jeweiligen Gesellschafterverzichts in Abhängigkeit von den Rechtsformen der beteiligten Gesellschaften getrennt voneinander dargestellt. Anschließend werden die Auswirkungen auf Ebene der Gesellschafter und abschließend die Frage erörtert, unter welchen Voraussetzungen ein Verzicht durch Gesellschafter als eigenbetrieblich qualifiziert werden und wie insoweit – bejahendenfalls – der Nachweis erfolgen kann.

#### a. Grundproblematik

Im Zusammenhang mit der Sanierung von Kapitalgesellschaften ist bereits eine Vielzahl höchstrichterlicher Entscheidungen[1073] zu der Frage der Qualifikation des Forderungsverzichts durch einen Gesellschafter (Anteilseigner) ergangen. Dabei wurde regelmäßig die Frage der gesellschaftsrechtlichen Veranlassung aufgeworfen und erörtert. Verzichtet der Anteilseigner einer Kapitalgesellschaft auf eine von ihm gegenüber seiner Kapitalgesellschaft wirksam begründete Forderung, haftet diesem Verzicht allein aufgrund der engen Verbundenheit von Kapitalgesellschaft und Anteilseigner der Anschein einer gesellschaftsrechtlichen Veranlassung an.[1074] Dies soll nach gefestigter Rechtsprechung jedenfalls dann gelten, wenn sich keine fremden Gläubiger an der Sanierung beteiligen und sich diese in der konkreten Situation auch nicht beteiligt hätten.[1075] Von einer gesellschaftsrechtlichen Veranlassung ist danach jedenfalls dann auszugehen, wenn der Gesellschafter bei Anwendung der Sorgfalt eines ordentlichen Kaufmanns in eigenen Angelegenheiten die Forderung nicht erlassen hätte.[1076] Ist der Forderungsverzicht gesellschaftsrechtlich veranlasst, führt er in Abhängigkeit von der

Dafür: *Desens,* FR 2017, 981 (983), der die Frage dahingehend für geklärt ansieht, dass der Gesellschafter durch Drittvergleich nachweisen muss, dass eine eigenbetriebliche Veranlassung und keine gesellschaftsrechtliche Veranlassung gegeben ist.; *Förster/Hechtner,* DB 2017, 1536 (1539); *Hageböke/Hasbach* FR 2016, 1018 (1030); *Kahlert/Schmidt,* DStR 2017, 1897 (1901); jüngst *Ott,* DStR 2023, 1569 (1571) mit der Feststellung, die Anwendbarkeit der Steuerbefreiung sei noch immer nicht geklärt.

1071 *Hallerbach,* in: Herrmann/Heuer/Raupach, EStG/KStG, 319. Lieferung, 7/2023, § 3a Rn. 29.

1072 *Krumm,* in: Brandis/Heuermann, EStG, 167. EL Mai 2023, § 3a Rn. 27; *Desens,* FR 2017, 981 (983); *Förster/Hechtner,* DB 2017, 1536 (1539); *Kahlert/Schmidt,* DStR 2017, 1897 (1900 f.).

1073 Vgl. nur BFH, Urt. v. 29.05.1968 – I 187/65, BStBl II 1968, 722; BFH, Urt. v. 29.07.1997 – VIII R 57/94, BStBl. II 1998, 652, DStR 1997, 1965; BFH, Beschl. v. 9.6.1997 - GrS 1/94, DStR 1997, 1282.

1074 BFH, Urt. v. 29.7.1997 – VIII R 57/94, BStBl. II 1998, 652, DStR 1997, 1965; so auch FG Hamburg v. 12.2.2014 – 6 K 203/11, BeckRS 2014, 94905; *Helm/Krinninger,* DB 2005, 1989 (1991); *Kahlert/Schmidt,* DStR 2017, 1897 (1901); *Kautzmann,* Ertragsteueroptimale Sanierungsstrategien, 2015, S. 175; *Neu,* GmbH-StB 1998, 131.

1075 So schon BFH, Urt. v. 29.05.1968 – I 187/65, BStBl II 1968, 722; BFH v. 29.7.1997 – VIII R 57/94, BStBl. II 1998, 652, DStR 1997, 1965.

1076 *Förster/Hechtner,* DB 2017, 1536 (1539); *Winnefeld,* Bilanz-Handbuch, 5. Aufl. 2015, Kapitel C: Zwecke und Struktur der Handels- und Steuerbilanz sowie der IAS/IFRS-Rechnungslegung, Abschnitt XI Rn. 454.

Werthaltigkeit der erlassenen Forderung zum Erlasszeitpunkt entweder zur Feststellung einer Einlage[1077] oder zur Entstehung eines Ertrags. Für die Qualifikation im Einzelfall kommt es mithin auf die Werthaltigkeit der Forderung im Verzichtszeitpunkt an. An dieser orientiert sich auch die steuerliche Beurteilung des Verzichts.

### aa. Verzicht auf werthaltige Forderung bei gesellschaftsrechtlicher Veranlassung

Bei Gesellschafterverzicht auf eine werthaltige Forderung ist die Verbindlichkeit der Gesellschaft erfolgswirksam auszubuchen.[1078] Handelsrechtlich führt der Forderungsverzicht auf die werthaltige Forderung durch den Fortfall der zuvor passivierten Verbindlichkeit in der Handelsbilanz zu einer Vermögensmehrung (Gewinn) bei der Kapitalgesellschaft. Dieser Gewinn kann nach handelsrechtlichen Grundsätzen im handelsrechtlichen Jahresabschluss entweder erfolgsneutral als andere Zuzahlung in die Kapitalrücklage[1079] eingestellt oder als Ertrag[1080] ausgewiesen werden.[1081] Durch die Einlage kann sowohl eine Erhöhung des Nennkapitals[1082] als auch eine betragsgleiche Erhöhung der Kapitalrücklage nach § 272 Abs. 2 Nr. 4 HGB[1083] angestrebt werden.[1084] Steuerrechtlich steht dem durch die Ausbuchung der Verbindlichkeit entstehenden Gewinn der Ansatz einer verdeckten Einlage als dessen gleichzeitige Neutralisation gegenüber, wenn der Erlass der werthaltigen Forderung aufgrund des Gesellschaftsverhältnisses, mithin aus gesellschaftsrechtlichen Gründen, erfolgt.[1085] Sofern sich der gesellschaftsrechtlich veranlasste Verzicht als offene Einlage darstellt, schlägt er sich innerbilanziell in der Kapitalrücklage[1086] und steuerlich als Zugang zum steuerlichen Einlagekonto im Sinne des § 27 KStG[1087] nieder.[1088] Die Anschaffungskosten der Beteiligung an der Kapitalgesellschaft erhöhen sich.[1089] Stellt sich der Verzicht auf die werthaltige Forderung aus gesellschaftsrechtlichen Gründen hingegen als verdeckte Einlage dar, was zugleich der regelmäßige Anwendungsfall sein dürfte, ist die Beurteilung im Ergebnis dieselbe, lediglich die

[1077] Offene oder verdeckte Einlage je nach individueller Verzichtssituation.

[1078] *Benzel/Linzbach*, DStR 2009, 1599 (1600); *Schwahn/Vogel*, in: Lüdicke/Sistermann, Unternehmenssteuerrecht, 2. Aufl. 2018, § 5 Rn. 119.

[1079] Vgl. § 272 Abs. 2 Nr. 4 HGB; *W. Schubert*, in: Beck Bil-Komm, 13. Aufl. 2022, HGB § 247 Rn. 221.

[1080] Vgl. § 275 Abs. 2 Nr. 15 bzw. § 275 Abs. 2 Nr. 17 HGB.

[1081] *Mujkanovic*, StuB 2014, 373 (374); *Winnefeld*, Bilanz-Handbuch, 5. Aufl. 2015, Kapitel C: Zwecke und Struktur der Handels- und Steuerbilanz sowie der IAS/IFRS-Rechnungslegung, Abschnitt XI Rn. 452; *Zwirner/Boecker*, IRZ 2018, 417 (417), die diesen ergebnisneutralen Vorgang als „debt-to-equity-swap" qualifizieren.

[1082] §§ 182 bis 191 AktG, §§ 55 bis 57b GmbHG.

[1083] nach § 272 Abs. 2 Nr. 4 HGB; *Ekkenga*, DB 2012, 331 (334); *Neu*, GmbH-StB 1998, 131; *W. Schubert*, in: Beck Bil-Komm, 13. Aufl. 2022, HGB § 247 Rn. 221.

[1084] *Zwirner/Boecker*, IRZ 2018, 417 (418 f.); *Winnefeld*, Bilanz-Handbuch, 5. Aufl. 2015, Kapitel C: Zwecke und Struktur der Handels- und Steuerbilanz sowie der IAS/IFRS-Rechnungslegung, Abschnitt XI Rn. 452.

[1085] BFH, Beschl. v. 9.6.1997 - GrS 1/94, DStR 1997, 1282; BFH, Urt. v. 24. 5. 1984, I R 166/78, BFHE 141, 176, BStBl II 1984, 747; *Neu*, GmbH-StB 1998, 131.

[1086] *Mujkanovic*, StuB 2014, 373 (374); *Zwirner/Boecker*, IRZ 2018, 417 (417).

[1087] Geleistete offene oder verdeckte Einlagen sind auf dem steuerlichen Einlagekonto auszuweisen, *Bauschatz*, in: Gosch KStG, 4. Aufl. 2020, KStG § 27 Rn. 35.

[1088] *Roser*, in: Gosch 4. Aufl. 2020, KStG § 8 Rn. 1; *Oellerich*, in: Brandis/Heuermann, KStG, 167. EL Mai 2023, § 27 Rn. 16, 21; FG München, Urt. v. 9.4.2018 – 7 K 729/17, DStRE 2019, 411.

[1089] *Neu*, GmbH-StB 1998, 131 (133): „nachträgliche Anschaffungskosten".

Bewertung der Einlage folgt anderen Grundsätzen. Eine verdeckte Einlage im Sinne des § 8 Abs. 3 Satz 3 KStG liegt nach der Rechtsprechung vor, wenn der Gesellschafter oder eine ihm nahestehende Person der Kapitalgesellschaft außerhalb der gesellschaftsrechtlichen Vorschriften einen einlagefähigen, bilanzierbaren Vermögensvorteil zuwendet, ohne hierfür eine wertadäquate Gegenleistung, zum Beispiel neue Gesellschaftsanteile oder ein sonstiges Entgelt, zu erhalten, und diese Zuwendung ihre Ursache im Gesellschaftsverhältnis hat, d. h. von einem Nichtgesellschafter nicht vorgenommen worden wäre.[1090] Die Zuwendung kann auch in dem Fortfall eines Passivpostens in der Steuerbilanz bestehen.[1091] Voraussetzung für die Annahme einer verdeckten Einlage ist, dass die Zuwendung des Gesellschafters oder einer ihm nahestehenden Person durch das Gesellschaftsverhältnis veranlasst ist. Diese ist dann zu bejahen, wenn ein Nichtgesellschafter bei Anwendung der Sorgfalt eines ordentlichen Kaufmanns den Vermögensvorteil der Gesellschaft nicht eingeräumt hätte, was regelmäßig durch Fremdvergleich festzustellen ist.[1092] Bei Verzicht auf die werthaltige Forderung durch den Gesellschafter ist eine dadurch bewirkte Gewinnerhöhung in der Steuerbilanz durch außerbilanzielle Gewinnminderung zu korrigieren,[1093] weil verdeckte Einlagen das steuerliche Einkommen nach § 8 Abs. 3 Satz 3 KStG nicht erhöhen dürfen. Die verdeckte Einlage in eine Kapitalgesellschaft erfolgt stets im Wege eines unentgeltlichen Vorgangs. So stellt auch die sich aus der verdeckten Einlage ergebende Wertsteigerung des Anteils des Gesellschafters keine Gegenleistung im eigentlichen Sinne, sondern lediglich einen werterhöhenden Reflex dar.[1094] Daraus folgt für die verdeckte Einlage im Gegensatz zur offenen Einlage zugleich die Nichtanwendbarkeit der Tauschgrundsätze des § 6 Abs. 6 Satz 1 EStG. Denn bei der verdeckten Einlage erfolgt gerade kein Tausch des eingelegten Wirtschaftsguts gegen

---

[1090] vgl. nur BFH, Urt. v. 4.3.09 - I R 32/08 - BStBl II 12, 341 - DStR 2009, 1195 (1196); BFH, Urt. v. 7.5.14 - X R 19/11; BFH, Urt. v. 14.7.09 - IX R 6/09 - BFH/NV 10, 397; BFH, Urt. v. 31.1.2018 - I R 25/16 Rn. 25 - BFH/NV 18, 838; so auch die Körperschaftsteuerlichen Richtlinien, vgl. R. 8.9 Abs. 1 KStR; *Döllerer,* Verdeckte Gewinnausschüttungen und verdeckte Einlagen bei Kapitalgesellschaften, 1990, S. 109; *Roser,* in: Gosch KStG, 4. Aufl. 2020, KStG § 8 Rn. 105.

[1091] BFH, Urt. v. 26.11.1980 - I R 52/77 - BFHE 132, 72 - BStBl II 1981, 181; BFH, Urt. v. 22.11.1983 - VIII R 37/79, BFHE 140, 63; BFH, Urt. v. 22.11.1983 - VIII R 133/82; BFH, Beschl. v. 27.07.1994 - I R 23/93, I R 58/93, I R 103/93 - DStR 1994, 1734; BFH, Urt. v. 12.12.2000 - VIII R 62/93; BFH, Urt. v. 6.11.2003 – IV R 10/01; BFH, Urt. v. 7.5.2014 – X R 19/11; BFH, Urt. v. 15.4.2015 – I R 44/14; *Rengers,* in: Brandis/Heuermann, 167. EL Mai 2023, KStG § 8 Rn. 177.

[1092] R. 8.9 Abs. 3 KStR: „Voraussetzung für die Annahme einer verdeckten Einlage ist stets, dass die Zuwendung des Gesellschafters oder einer ihm nahestehenden Person durch das Gesellschaftsverhältnis veranlasst ist. Eine Veranlassung durch das Gesellschaftsverhältnis ist nur dann gegeben, wenn ein Nichtgesellschafter bei Anwendung der Sorgfalt eines ordentlichen Kaufmanns den Vermögensvorteil der Gesellschaft nicht eingeräumt hätte, was grundsätzlich durch Fremdvergleich festzustellen ist."; *Döllerer,* Verdeckte Gewinnausschüttungen und verdeckte Einlagen bei Kapitalgesellschaften, 1990, S. 121.

[1093] *Roser,* in: Gosch, KStG, 4. Aufl. 2020 § 8 Rn. 123; *Heller,* in: Rotthege/Wassermann, Unternehmenskauf bei der GmbH, 2. Aufl. 2020, 2. Kapitel Rn. 130; *Eckstein,* in: Herrmann/Heuer/Raupach, EStG/KStG, 319. Lieferung, 7/2023, § 6 EStG Rn. 1726; *Kautzmann,* Ertragsteueroptimale Sanierungsstrategien, 2015, S. 175; *Schwahn/Vogel in Lüdicke/Sistermann,* Unternehmenssteuerrecht, 2. Aufl. 2018, § 5 Rn. 119; *Uhländer,* in: Waza/Uhländer/Schmittmann, Insolvenzen und Steuern, Rn. 1297; *Zwirner/Boecker,* IRZ 2018, 417 (417); *Benzel, Linzbach* DStR 2009, 1599 (1600).

[1094] st. Rspr: BFH, Urt. v. 11.02.2009 – X R 56/06, BFH/NV 09, 1411; BFH, Urt. v. 4.3.2009 - I R 32/08, BStBl II 12, 341; BFH, Urt. v. 14.3.11 – I R 40/10, BStBl II 2012, 281.

Gesellschaftsrechte.[1095] Vielmehr ergibt sich die Bewertung der verdeckten Einlage als steuerliche Rechtsfolge für den Gesellschafter aus § 6 Abs. 6 Satz 2 EStG. Danach erhöhen sich die Anschaffungskosten der Beteiligung an der Kapitalgesellschaft [1096] bei einem Forderungsverzicht des Gesellschafters um den Teilwert des verdeckt eingelegten Wirtschaftsguts. Die Anschaffungskosten bzw. der Buchwert[1097] der Beteiligung sind mithin in Höhe des Teilwerts der Verzichtsforderung, die bei voller Werthaltigkeit ihrem Nennwert entspricht, aufzustocken, [1098] weil sich der Ansatzwert verdeckter Einlagen gemäß § 6 Abs. 1 Satz 1 Nr. 5 Satz 1 EStG nach dem Teilwert richtet,[1099] der nach § 8 Abs. 1 KStG auch im Körperschaftsteuerrecht gilt. Nach § 6 Abs. 1 Nr. 1 Satz 3 i.V. mit Nr. 2 EStG ist der Teilwert der Betrag, den ein Erwerber des gesamten Betriebs für das einzelne Wirtschaftsgut bei beabsichtigter Betriebsfortführung ansetzen würde,[1100] mithin der Betrag, den ein fremder Dritter für den Erwerb der Forderung aufwenden müsste.[1101] Soweit die Verzichtsforderung werthaltig ist, stellt der Forderungsverzicht als vom Gesellschafter absichtlich herbeigeführtes Erlöschen der Verbindlichkeit der Kapitalgesellschaft demnach eine erfolgsneutrale Einlage in Höhe des dem Nennwert entsprechenden Teilwerts der Forderung[1102] dar.[1103] Aus diesem Grund wirkt sich der Verzicht auf die Erfüllung einer werthaltigen Forderung durch einen Gesellschafter als Einlage in Höhe des Nennwerts aus.[1104] Demnach könne bei einem Verzicht auf eine teilweise werthaltige Forderung auch nur der Verzicht auf den werthaltigen Teil der Forderung zu einer (verdeckten) Einlage[1105] führen.[1106] Für den Gesellschafter ergeben sich bei gesellschaftsrechtlicher Veranlassung in Höhe des werthaltigen Teils nachträgliche

1095 *Eckstein*, in: Herrmann/Heuer/Raupach, EStG/KStG, 319. Lieferung, 7/2023, § 6 EStG Rn. 1726; *Krumm*, in: Brandis/Heuermann, EStG, 167. EL Mai 2023 § 6 Rn. 1995.

1096 *Roser*, in: Gosch KStG, 4. Aufl. 2020, KStG § 8 Rn. 126a.

1097 BFH, Urt. v. 29.7.2015 - X R 37/13 - BFH/NV 16, 536 - StuB 2016, 236.

1098 *Kautzmann*, Ertragsteueroptimale Sanierungsstrategien, 2015, S. 178.

1099 BFH, Urt. v. 20. 7. 2005 - X R 22/02 - BStBl II 06, 457; BFH, Urt. v. 14.3.2011 - I R 40/10 - BStBl II 2012, 281; *Förster/Wendland*, GmbHR 2006, 169 (173 f.); *Helm/Krinninger*, DB 2005, 1989 (1991); *Hierstetter*, DStR 2010, 882 (883); *Kautzmann*, Ertragsteueroptimale Sanierungsstrategien, 2015, S. 176; *Tschersich*, Ertragsbesteuerung der Unternehmenssanierung, 2014, S. 104; vgl. auch die Auffassung der Finanzverwaltung in R. 8.9 Abs. 4 KStR.

1100 *Hierstetter*, DStR 2010, 882 (883); *Kautzmann*, Ertragsteueroptimale Sanierungsstrategien, 2015, S. 176, der zu Recht auf den Unterschied des Teilwerts zum Liquidationswert hinweist, bei dem von einem Ausscheiden des Wirtschaftsguts aus dem Betriebsvermögen auszugehen sei.

1101 *Heller*, in: Rotthege/Wassermann, Unternehmenskauf bei der GmbH, 2. Aufl. 2020, 2. Kapitel Rn. 130; eingehend zum Teilwertbegriff unter C. IV. 2.

1102 Es ergeben sich folgende Buchungssätze bei der Kapitalgesellschaft: „Verbindlichkeit an sb Ertrag" und „ sb Aufwand an Kapitalrücklage".

1103 *Schulze-Osterloh*, NZG 2017, 641 (641); *Heller*, in: Rotthege/Wassermann, Unternehmenskauf bei der GmbH, 2. Aufl. 2020, 2. Kapitel Rn. 130; *Schwahn/Vogel*, in: Lüdicke/Sistermann, Unternehmenssteuerrecht, 2. Aufl. 2018, § 5 Rn. 119.

1104 *Heller*, in: Rotthege/Wassermann, Unternehmenskauf bei der GmbH, 2. Aufl. 2020, 2. Kapitel Rn. 130.

1105 Spiegelbildlich zum gegenüber der Gesellschaft erklärten Gesellschafterforderungsverzicht kann der Forderungsverzicht einer Gesellschaft gegenüber ihrem Gesellschafter eine offene oder verdeckte Gewinnausschüttung darstellen, vgl. *Gosch* in: Gosch, KStG, 4. Aufl. 2020, § 8 Rn. 780.

1106 BFH, Urt. v. 29. 7. 1997 - VIII R 57/94 - BFHE 184, 63 - BStBl. II 1998, 652 - NZG 1998, 197 (200): „Für einen Forderungsverzicht bedeutet dies, dass von einer verdeckten Einlage nur in Höhe des werthaltigen Teils der Forderung gesprochen werden kann; im Übrigen ist er nicht durch das Gesellschaftsverhältnis veranlasst"; *Pöschke*, NZG 2017, 1408 (1416); *Hageböke/Hasbach*, FR 2016, 1018 (1030 f.); *Kautzmann*, Ertragsteueroptimale Sanierungsstrategien, 2015, S. 179.

Anschaffungskosten.[1107] Festzuhalten ist mithin zunächst, dass im Fall des Gesellschafterforderungsverzichts auf eine voll werthaltige Forderung kein begünstigter Sanierungsgewinn im Sinne des § 3a Abs. 1 EStG entstehen kann.

#### bb. Verzicht auf wertlose Forderung bei gesellschaftsrechtlicher Veranlassung

Die handels- und steuerrechtliche Verfahrensweise bei einem Gesellschafterverzicht auf eine werthaltige Forderung ist nach den oben dargelegten Grundsätzen als weitgehend geklärt anzusehen und daher inzwischen weitgehend unumstritten. In der Sanierungssituation ist der Verzicht auf eine gänzlich werthaltige Forderung jedoch, wie sich aus der Natur der Sache heraus ergibt, seltener als der Verzicht auf eine vollständig wertlos gewordene bzw. zumindest partiell wertlos gewordene Forderung. Denn die Gesellschafterforderungen in der Sanierungssituation einer Kapitalgesellschaft sind typischerweise nicht, jedenfalls nicht mehr vollständig, werthaltig. Der für diese Untersuchung relevantere Verzichtsfall ist daher der Verzicht auf mindestens teilweise wertlos gewordene Forderungen in der Sanierungssituation, nämlich der in der drohenden oder bereits eingetretenen Krise ausgesprochene Forderungsverzicht des Gesellschafters auf eine nicht mehr gänzlich werthaltige, mithin schon mindestens teilweise wertlos gewordene Forderung. Die Wertlosigkeit einer Forderung wird in diesem Zusammenhang regelmäßig bereits dadurch indiziert, dass die Gesellschaft im Verzichtszeitpunkt wirtschaftlich überschuldet[1108] oder zahlungsunfähig ist.[1109] In der Bilanz der Kapitalgesellschaft, zugleich Sanierungsunternehmen, ist mithin eine Verbindlichkeit passiviert, die in der Vergangenheit gegenüber dem Anteilseigner zu einem bestimmten Nominalwert begründet wurde. Diese hat im Zeitpunkt der eingetretenen insolvenzrechtlichen Krise[1110] – nach Eintritt von Überschuldung oder Zahlungsunfähigkeit – einen Teilwert von Null, ist jedoch in der Bilanz mit ihrem Nominalwert passiviert.

Zur Beurteilung des Verzichts des Gesellschafters auf die wertlos gewordene Forderung haben sich verschiedene Auffassungen, die sich an die Grundsätze zum Verzicht auf eine werthaltige Forderung anlehnen, herausgebildet. So wird der Gesellschafterverzicht auf eine wertlose Forderung regelmäßig ebenfalls als Einlage qualifiziert.[1111] Umstritten ist dabei jedoch die Frage, mit welchem Ansatzwert diese Einlage zu bewerten ist. In der Vergangenheit hat sich eine nicht unerhebliche Anzahl von Literaturstimmen dafür ausgesprochen, diese Einlage mit dem

---

[1107] nach § 17 Abs. 2a Satz 3 Nr. 1 EStG für im Privatvermögen gehaltene wesentliche Beteiligungen.

[1108] Wirtschaftliche Überschuldung liegt vor, wenn der Verkehrswert der Aktiva nicht mehr den Verkehrswert der Passiva deckt, vgl. *Kautzmann*, Ertragsteueroptimale Sanierungsstrategien, 2015, S. 176; *Tschersich,* Ertragsbesteuerung der Unternehmenssanierung, 2014, S. 104, 105.

[1109] BFH, Urt. v. 31.5.2005 - I R 35/04 - BFH/NV 2005, 2310 - BFHE 210, 487 - BStBl II 2006, 132 - DStR 2005, 1896; *Kautzmann,* Ertragsteueroptimale Sanierungsstrategien, 2015, S. 176; *Schwenker/Fischer,* DStR 2010, 1117 (1118).

[1110] Zum insolvenzrechtlichen Krisenbegriff und den bereichsspezifisch unterschiedlichen Krisenbegriffen, s.o. auch unter C. II. 1. h. bb.

[1111] *Bullinger,* DStR 1993, 225 (228); *Förster/Wendland,* GmbHR 2006, 169 (173); *Häuselmann,* BB 1993, 1552 (1555); *Groh,* BB 1993, 1882 (1886); *Orth,* FR 1994, 251 (252); *Marx,* FR 1995, 453 (460): „Teilwert gleich dem Nennbetrag" der Verbindlichkeit; *Neu,* GmbH-StB 1998, 131; *Ott,* DStR 2023, 1569 (1570); *Thiel,* DStR 1992, 1 (4).

Buchwert der Verbindlichkeit zu bewerten.[1112] Dagegen vertrat die in der Literatur in der Vergangenheit geäußerte Gegenauffassung eine Bewertung der Einlage mit dem Buchwert der Forderung im Einlagezeitpunkt und einem im Übrigen notwendigen Gewinnausweis.[1113] In seiner Leitentscheidung aus dem Jahr 1997 hat der Große Senat die Streitfrage dahingehend entschieden, dass die Kapitalgesellschaft als Einlagewert den tatsächlichen Wert der Forderung, dagegen nicht ihren Nennbetrag und auch nicht den als Verbindlichkeit passivierten Betrag, anzusetzen habe.[1114] Sofern der Gesellschafterverzicht auf die wertlose Forderung[1115] als Einlage zu qualifizieren ist[1116], ergebe sich bei Wertlosigkeit der Verzichtsforderung dementsprechend eine Bewertung der Einlage der Forderung mit ihrem Teilwert von Null. Denn der Teilwert der Verzichtsforderung betrage in der Sanierungssituation bei vollständiger Wertlosigkeit Null. Steuerrechtliche Grundlage für die Bewertung mit dem Teilwert von Null ist nach dem Großen Senat die Regelung des § 6 Abs. 1 Satz 1 Nr. 5 EStG, wonach Einlagen mit dem Teilwert zu bewerten sind.[1117] Denn die Kapitalgesellschaft habe als Wert der Einlage den tatsächlichen Wert der Forderung im Verzichtszeitpunkt anzusetzen und nicht ihren Nennbetrag und auch nicht den als Verbindlichkeit passivierten Betrag.[1118] Dieser Wert sei zudem auch dann maßgebend, wenn der Gesellschafter eine gegen die Gesellschaft gerichtete Forderung an die Gesellschaft abtrete. Insoweit bestehe also ein Gleichklang zwischen Forderungserlass und Forderungsabtretung. Beide Vorgänge seien nicht unterschiedlich zu bewerten, weil die abgetretene Forderung durch die Vereinigung mit der Verbindlichkeit untergehe, das Ergebnis also demjenigen eines Forderungsverzichts entspreche und der Wert des Vermögenszugangs in beiden Fällen mit dem Betrag zu bemessen sei, den der Betriebsinhaber für den Erwerb der Forderung oder die Herbeiführung des Verzichts aufwenden müsse. Dieser entspreche dem noch werthaltigen Teil der Forderung.[1119] Die Differenz zwischen dem Teilwert und dem in der Steuerbilanz der Gesellschaft ausgewiesenen

---

[1112] *Knobbe-Keuk*, StuW 1991, 306; *Thiel*, DStR 1992, 1 (4); *W.-D. Hoffmann*, BB 1991, 773 (777); *W.-D. Hoffmann*, BB 1995, 614 (615); *W.-D. Hoffmann*, DStR 1995, 77; *Bullinger*, DStR 1993, 225 (228); *Häuselmann*, BB 1993, 1552 (1555); *Groh*, BB 1993, 1882 (1886); *Orth*, FR 1994, 251 (252); *Döllerer*, Verdeckte Gewinnausschüttungen und verdeckte Einlagen bei Kapitalgesellschaften, 1990, S. 174; *Herlinghaus*, Forderungsverzichte und Besserungsvereinbarungen zur Sanierung von Kapitalgesellschaften, 1994, 44 ff.; *Marx*, FR 1995, 453 (460); *Meilicke/Pohl*, FR 1995, 877; *Beiser*, StuW 1996, 62 (66); *Rautenberg/Schaufenberg*, DB 1995, 1345.

[1113] *Wassermeyer*, DB 1990, 2288; *Eppler*, DB 1991, 195 (196); *Weber-Grellet*, BB 1995, 243 (246), der auf unterschiedliche Auffassungen („Mehrheit des Senats" und „Senatsminderheit") hinweist.

[1114] BFH, Beschl. v. 9.6.1997 - GrS 1/94, BFHE 183 (187, 194), BStBl. II, 1998, 307 (310), DStR 1997, 1282, NJW 1997, 2837 (2839).

[1115] gleichermaßen auch Verzicht auf eine werthaltige Forderung, s.o. unter C. III. 2. a. aa.

[1116] nach heute einhelliger Auffassung, statt vieler *Roser*, in: Gosch, KStG, 4. Aufl. 2020, § 8 Rn. 118; anders noch im Zusammenhang mit dem sog. Anrechnungsverfahren, *Herlinghaus*, Forderungsverzichte und Besserungsvereinbarungen zur Sanierung, 1994, S. 50 f.

[1117] BFH, Beschl. v. 9.6.1997 – GrS 1/94, BFHE 183 (187, 194) - BStBl. II, 1998, 307 (310) - DStR 1997, 1282 - NJW 1997, 2837 (2839).

[1118] BFH, Beschl. v. 9.6.1997 - GrS 1/94, BFHE 183 (187, 194) - BStBl. II, 1998, 307 (310) - DStR 1997, 1282; - NJW 1997, 2837 (2839); *Kautzmann*, Ertragsteueroptimale Sanierungsstrategien, 2015, S. 178; *Winnefeld*, Bilanz-Handbuch, 5. Aufl. 2015, Kapitel C: Zwecke und Struktur der Handels- und Steuerbilanz sowie der IAS/IFRS-Rechnungslegung, Abschnitt XI Rn. 454.

[1119] BFH, Beschl. v. 9.6.1997 - GrS 1/94, BFHE 183 (187, 194) - BStBl. II, 1998, 307 (310) - DStR 1997, 1282 - NJW 1997, 2837 (2839); *Schulze-Osterloh*, NZG 2017, 641 (641).

Wert der Verbindlichkeit bewirke dementsprechend eine Gewinnerhöhung bei der Gesellschaft.[1120] Zwar wurde dieser vom Großen Senat des BFH statuierte Wertansatz von der Literatur überwiegend übernommen,[1121] er wurde in der Vergangenheit jedoch zugleich Bezugspunkt regelmäßig wiederkehrend geäußerter Kritik[1122].[1123] Noch immer sieht sich die im zeitlichen Zusammenhang mit dem Anrechnungsverfahren[1124] entwickelte und unter Geltung des Halb- bzw. Teileinkünfteverfahrens[1125] seit vielen Jahren praktizierte Verfahrensweise demnach nicht unerheblicher Kritik ausgesetzt.[1126] Diese Kritik ist darauf gerichtet, dass eine Verbindlichkeit, anders als eine Forderung, stets als voll werthaltig anzusehen sei und ein Verzicht auf die spiegelbildlich beim Gläubiger vorhandene, wertgeminderte Forderung zu einem Ertrag beim Sanierungsunternehmen führe.[1127] Dieser Gewinn entstehe jedoch beim Sanierungsunternehmen, der schuldenden Kapitalgesellschaft, nicht infolge ihrer eigenen Zahlungsunfähigkeit, sondern dadurch, dass der Gläubiger wegen der Zahlungsunfähigkeit der Gesellschaft seine Forderung nicht mehr wirksam in voller Höhe durchsetzen könne. Der verzichtsbedingt entstehende Ertrag beruhe danach jedenfalls nicht auf Umständen im Bereich der schuldenden Kapitalgesellschaft, sondern auf der Teilwertminderung der Forderung des Gläubigers. Aus diesem Grund könne dieser Ertrag nicht als Ertrag der Kapitalgesellschaft angesehen werden.[1128] Nicht zuletzt wegen des im Verhältnis zwischen Anteilseigner und Kapitalgesellschaft geltenden Trennungsprinzips sei hier streng zu unterscheiden.[1129] Vielmehr ergebe sich durch den Verzichtsvorgang bei der Kapitalgesellschaft ein Vermögenszuwachs in Form einer Zuführung von Eigenkapital[1130].[1131] Zudem sei eine Einlage mit einem Teilwert von

---

1120 BFH, Beschl. v. 9.6.1997 - GrS 1/94, BFHE 183 (187, 194) - BStBl. II, 1998, 307 (310) - DStR 1997, 1282 - NJW 1997, 2837 (2839); *Ott*, DStR 2023, 1569 (1570); *Schulze-Osterloh*, NZG 2017, 641 (641).

1121 *Drüen*, in: Brandis/Heuermann, EStG, 167. EL Mai 2023, § 4 EStG Rn. 520 „Forderungsverzicht"; *Ott*, DStR 2023, 1569 (1570); *Schlagheck*, GmbHR 2000, 363 (365).

1122 *W.-D. Hoffmann*, DB 1998, 1983 (1985), der eine Wertvermischung des BFH darin erblickt, dass sich die Bewertung der Verbindlichkeit bei der Kapitalgesellschaft nach dem Wert der beim Verzichtenden vor Verzicht noch vorhandenen Forderung richte, woran dieser eine grundlegend neue Bilanzrechtsphilosophie, sogar eine „Bilanzrechtsrevolution" ausmache.

1123 Schon unter Geltung des Anrechnungsverfahrens war die steuerrechtliche Behandlung des Verzichts eines Anteileigners auf eine wertlose Forderung umstritten, vgl. statt vieler nur *Herlinghaus*, Forderungsverzichte und Besserungsvereinbarungen zur Sanierung, 1994, S. 50 ff.

1124 Das vor 2001 geltende körperschaftsteuerliche Anrechnungsverfahren hatte zum Ziel, die von einer Kapitalgesellschaft erzielten Gewinne nur einmal der Einkommen- bzw. Körperschaftsteuer zu unterwerfen. Dies wurde dadurch erreicht, dass Gewinnausschüttungen auf der Ebene der Gesellschafter unter Anrechnung der von der Kapitalgesellschaft auf diese Gewinnausschüttungen erhobenen Körperschaftsteuer besteuert wurden.

1125 Beim Teileinkünfteverfahren werden nur 60 % der Einnahmen angesetzt und 40 % der Einnahmen bleiben steuerfrei. Gleichzeitig sind nur 60 % der Ausgaben, die in wirtschaftlichen Zusammenhang mit den entsprechenden Einnahmen stehen, abzugsfähig. Das Teileinkünfteverfahren ist aus dem Halbeinkünfteverfahren hervorgegangen und ist anwendbar, wenn die Anteile an der ausschüttenden Kapitalgesellschaft in einem Betriebsvermögen gehalten werden.

1126 *W.-D. Hoffmann*, DB 1998, 1983 (1985); *Schulze-Osterloh*, NZG 2017, 641 (644, 645).

1127 *Nagel*, Die Sanierungsfeindlichkeit, 2015, S. 106.

1128 *Schulze-Osterloh*, NZG 2017, 641 (644, 645).

1129 *Schulze-Osterloh*, NZG 2017, 641 (645).

1130 *Nagel*, Die Sanierungsfeindlichkeit, 2015, S. 106.

1131 *Döllerer*, Verdeckte Gewinnausschüttungen und verdeckte Einlagen bei Kapitalgesellschaften, 1990, 174; *Herlinghaus*, Forderungsverzichte und Besserungsvereinbarungen zur Sanierung, 1994, 49 f.; *W.-D. Hoffmann*, DB

Null unter Zugrundelegung des zuvor dargelegten Einlagebegriffs[1132] und dem damit verbundenen Erfordernis einer gesellschaftsrechtlich veranlassten Vermögensmehrung bei wirtschaftlicher Betrachtung keine echte Einlage, da kein wirtschaftlicher Wert bei einem Teilwert von Null zugeführt werde.[1133] Vielmehr käme es infolge des Verzichts und infolge der fingierten Einlage zur zivilrechtlichen Konfusion von Forderung und Verbindlichkeit und somit schließlich zum Erlöschen beider Positionen, einerseits der Forderung des Anteilseigners und andererseits der Verbindlichkeit des Sanierungsunternehmens.[1134] Ein einlagefähiges, zu bewertendes Wirtschaftsgut gäbe es mithin nicht (mehr).[1135] Die Bewertung mit dem Teilwert der Forderung von Null und die dadurch bilanziell zwangsläufig herbeigeführte Gewinnentstehung beim Sanierungsunternehmen sei ein paradoxes Ergebnis.[1136] Denn gerade die wirtschaftliche Schwäche der Kapitalgesellschaft löse die Abwertung der Gesellschafterforderung und damit den Gewinn aus, wobei diese bei stabiler Ertragslage des Unternehmens nicht vorzunehmen wäre.[1137] Jedenfalls ist die ausgebuchte Verbindlichkeit in der Überschuldungsbilanz nicht mehr zu berücksichtigen, wodurch sich eine unmittelbare Verbesserung der Eigenkapitalquote ergebe.[1138]

Für die Frage der Anwendbarkeit der Steuerbefreiungsnorm nach § 3a EStG ergeben sich aus dem zuvor Dargelegten nunmehr die folgenden Schlussfolgerungen. Bei vollständiger Wertlosigkeit der Verzichtsforderung wirkt sich ihr Erlass durch den Gesellschafter in Höhe ihres ursprünglichen Nominalwerts (mithin in voller Höhe) grundsätzlich als Ertrag bei der Kapitalgesellschaft aus.[1139] Ist die Forderung nur teilweise wertlos, entsteht durch den gesellschaftsrechtlich veranlassten Gesellschafterverzicht ein Ertrag in Höhe der Differenz zwischen dem Nominalwert der Forderung und ihrem noch werthaltigen Teil, mithin ihrem Teilwert.[1140] In Höhe des (noch) werthaltigen Teils ergibt sich eine (verdeckte) Einlage.[1141] Ein Gewinn entsteht demnach in Höhe der Differenz zwischen Nominal- und Teilwert der Verzichtsforderung. Dieser Gewinn wäre unter den Voraussetzungen des § 3a EStG, insbesondere der betrieblichen Veranlassung, als Sanierungsgewinn steuerfrei, wenn nicht die gesellschaftsrechtliche Veranlassung[1142] die Anwendbarkeit des § 3a EStG von vornherein

1998, 1983 (1987 f.); *Nagel*, Die Sanierungsfeindlichkeit, 2015, S. 106, der sich im Ergebnis der Bewertung des BFH anschließt; *Schulze-Osterloh*, NZG 2017, 641 (645).

1132 s.o. unter C. II. 2. a. aa.

1133 *Schulze-Osterloh*, NZG 2017, 641 (645).

1134 *W.-D. Hoffmann*, BB 1991, 773 (777); *ders.*, BB 1995, 614 (615).

1135 *Roser*, GmbHR 1998, 301 (302); *Roser*, in: Gosch, KStG, 4. Aufl. 2020, § 8 Rn. 120.

1136 *Roser*, in: Gosch, KStG, 4. Aufl. 2020, § 8 Rn. 120; *W.-D. Hoffmann*, BB 1991, 773 (777) „Eigenkapitalvermehrung".

1137 *Roser*, Ubg 2011, 116 f.; *Roser* in: Gosch, KStG, 4. Aufl. 2020, § 8 Rn. 120; *Schulze-Osterloh*, NZG 2017, 641 (645).

1138 *Benzel/Linzbach*, DStR 2009, 1599 (1600); *W.-D. Hoffmann*, BB 1991, 773 (777).

1139 BFH, Beschl. vom 9. 6. 1997 - GrS 1/94, DStR 1997, 1282; *Kautzmann*, Ertragsteueroptimale Sanierungsstrategien, 2015, S. 176.

1140 BFH, Beschl. vom 9. 6. 1997 - GrS 1/94, DStR 1997, 1282; *Kautzmann*, Ertragsteueroptimale Sanierungsstrategien, a.a.O.

1141 jüngst wieder *Ott*, DStR 2023, 1169 (1170).

1142 Causa societatis.

versperrte. Denn soweit der Verzicht des Gesellschaftergläubigers aus gesellschaftsrechtlichen Gründen erfolgt, ist der Anwendungsbereich der Steuerbefreiung nach § 3a EStG nicht eröffnet, weil die Steuerbefreiungsnorm ausweislich ihres insoweit eindeutigen Wortlauts eine „betriebliche Begründung des Schuldenerlasses" verlangt und damit gesellschaftsrechtlich motivierte Verzichtserklärungen von Gesellschaftern vom Anwendungsbereich der Steuerfreistellung ausschließt.

#### cc. Nachweis betrieblicher Veranlassung

Nach dem zuvor Dargelegten ist festzuhalten, dass sich die steuerrechtliche Behandlung des Gesellschafterverzichts nach der Werthaltigkeit bzw. Wertlosigkeit der Verzichtsforderung und nach der Qualifikation einer gesellschaftsrechtlichen oder eigenbetrieblichen Verzichtsveranlassung richtet. Wie schon unter Geltung des Sanierungserlasses ist nach der durch die Neuregelung geschaffenen Rechtslage insoweit entscheidend, ob es sich um einen betrieblich veranlassten und daher nicht um einen durch das Gesellschaftsverhältnis veranlassten Schuldenerlass des Gesellschafters handle.[1143] Das Sanierungsunternehmen kann mithin nur bei einem Gesellschafterforderungsverzicht aus betrieblichen Gründen von der Steuerbefreiung nach § 3a EStG profitieren. Zu erörtern ist nunmehr, unter welchen Voraussetzungen ein Gesellschafterforderungsverzicht eigenbetrieblich veranlasst sein kann. In der Literatur wird die Möglichkeit des Nachweises eigenbetrieblicher Veranlassung durch den Gesellschafter befürwortet.[1144] Nachweismöglichkeiten werden in der Durchführung eines Drittvergleichs[1145] oder in dem Nachweis der subjektiven Absicht des verzichtenden Gesellschafters bei Gläubigerakkord[1146], also dem Mitverzicht anderer externer Gläubiger als objektivem Merkmal, erblickt. Wie ein Drittvergleich im Zusammenhang mit einem Verzicht genau gelingen soll, ist jedoch äußerst fraglich und wurde für den konkreten Fall bislang nicht näher erläutert.[1147] Üblicherweise ist für einen Drittvergleich darzulegen, dass ein Nichtgesellschafter bzw. Fremdgläubiger ebenfalls unter Beachtung der Sorgfalt eines ordentlichen Kaufmanns auf die Forderung verzichtet hätte.[1148] Zum Drittvergleich gelten hier dieselben Grundsätze wie zu dem im Körperschaftsteuerrecht gebräuchlichen Fremdvergleich. Der Fremdvergleich als Bestandteil materiellen Rechts hat seine Rechtsgrundlage im

---

1143 *Desens,* FR 2017, 981 (983); *Kahlert/Schmidt,* DStR 2017, 1897 (1901); *Lampe/Breuer/Hotze,* DStR 2018, 173 (174).

1144 *Desens,* FR 2017, 981 (983) mit der Nachweismöglichkeit durch Drittvergleich; *Kahlert/Schmidt,* DStR 2017, 1897 (1901), welche die Nachweismöglichkeit in der subjektiven Absicht bei objektiv vorliegendem Gläubigerakkord erblicken; in diesem Sinne auch *Lampe/Breuer/Hotze,* DStR 2018, 173 (174) für die Fälle von Erlassmaßnahmen, bei denen auch fremde Gläubiger am Erlass teilnehmen.

1145 *Desens,* FR 2017, 981 (983).

1146 *Kahlert/Schmidt,* DStR 2017, 1897 (1901); *Lampe/Breuer/Hotze,* DStR 2018, 173 (174).

1147 *Desens,* FR 2017, 981 (983).

1148 BFH, Urt. v. 16.4.1991, BFHE 165, 31, 35; BFH, Urt. v. 21.9.1989, BFHE 158, 397, 399.

Veranlassungsprinzip des Ertragsteuerrechts.[1149] Er dient dabei als methodisches Instrument zur Abgrenzung der gesellschaftsrechtlichen von der betrieblichen Veranlassung, wobei für letztere u.a. die Üblichkeit und Ernsthaftigkeit der Vereinbarung zugrunde liegen sollen. Es sind also auch beim Forderungsverzicht die Veranlassungsgründe und damit die innere Motivation anhand äußerer Merkmale zu ermitteln. Mitunter wird zudem vertreten, eine gesellschaftsrechtliche Verzichtsveranlassung könne aus den oben dargelegten Gründen ohnehin stets nur im Hinblick auf den werthaltigen Teil der Forderung anzunehmen sein, der in der Krisensituation unwahrscheinlich sei. Im Übrigen sei der Erlass eo ipso nicht gesellschaftsrechtlich veranlasst und es entstehe stets ein Ertrag, der seinerseits betrieblich veranlasst und damit nach § 3a Abs. 1 Satz 1 EStG als steuerfrei zu behandeln sei.[1150] Die Möglichkeit der Anerkennung einer eigenbetrieblichen, damit nicht ausschließlich gesellschaftsrechtlichen Veranlassung, wurde jedenfalls bei (Mit-)Verzicht einer Gläubigermehrheit unter Geltung des Sanierungserlasses auch durch die Finanzverwaltung vertreten.[1151]

**dd. Stellungnahme**

Die Herausnahme des Gesellschafterverzichts auf wertlose Forderungen aus dem Anwendungsbereich des § 3a EStG erscheint für die Beurteilung von Kapitalgesellschaften als Sanierungsunternehmen zweckunangemessen. Da die Verzichtsabsicht nach der jüngeren Rechtsprechung des BFH wieder eine besondere Bedeutung erlangt,[1152] erscheint es gerechtfertigt, diese auch beim Gesellschafterverzicht für die Anerkennung betrieblicher Veranlassung zu fordern und einen besonderen Nachweis darüber zu verlangen. Letztlich besteht auch die Besonderheit des fehlenden Interessengegensatzes insbesondere in der Konstellation zwischen Gesellschafter und Sanierungsunternehmen. Um rein gesellschaftsrechtlich veranlasste Verzichtsfälle vom Anwendungsbereich der Steuerbefreiung auszuschließen und etwaigem Missbrauch vorzubeugen, könnte auch insoweit die Vorlage eines

[1149] BVerfG, Urteil vom 7. 11. 1995 - 2 BvR 802/90, BStBl 1996 II S. 34; BFH, Urteil vom 27. 11. 1989 - GrS 1/88, BStBl 1990 II S. 160, *Wassermeyer*, IStR 2001, 633 (636).

[1150] *Förster/Hechtner*, DB 2017, 1536 (1539); *Pöschke*, NZG 2017, 1408 (1416) „Diese auf den ersten Blick gekünstelt erscheinende Differenzierung sei die konsequente Umsetzung der Rechtsprechung des BFH zur Bewertung der Einlage im Fall des Forderungserlasses, die eben schon im Ansatz schief ist." Wäre die Einlage stets mit dem Buchwert der erlassenen Verbindlichkeit zu bewerten, käme es nie zu einem Ertrag und die Frage der Steuerfreiheit stelle sich nicht.

[1151] OFD Frankfurt a. M. v. 25.8.2014 – S 2140 A-4-St 213, BeckVerw 342209: „Abweichend davon kann es sich im Falle eines sogen. Gläubigerakkords (auch unbeteiligte Dritte sprechen Darlehensverzichte aus oder leisten anderweitige Sanierungsbeiträge) unabhängig von der Art des Darlehens um einen begünstigten Sanierungsgewinn handeln, da sich der Gesellschafter in diesem Fall wie ein fremder Dritter verhält und sein Verzicht damit betrieblich veranlasst ist."; FM Schleswig-Holstein v. 16.4.2014 – VI 3011 - S 2741 - 108, StEd 2014, 363: „Der Buchgewinn aus dem Verzicht auf ein Gesellschafterdarlehen kann dann einen begünstigten Sanierungsgewinn darstellen, wenn neben dem Gesellschafter auch unbeteiligte Dritte Darlehensverzichte aussprechen („Handeln im Gläubigerakkord") oder anderweitige Sanierungsbeiträge leisten. In diesem Sonderfall kann die betriebliche Veranlassung des Forderungsverzichts unterstellt werden, weil der Gesellschafter sich wie ein fremder Dritter verhält.".

[1152] BFH, Beschl. v. 27.11.2020 – X B 63/20, NZI 2021, 591.

Sanierungsplans oder eines einfachen Nachweises über den Verzicht durch eine Gläubigermehrheit weiterhelfen. Wenn der Gesellschafterforderungsverzicht als Sanierungsbeitrag in einem Sanierungsplan eingebunden ist, können an der Sanierungsabsicht des Gesellschafters keine begründeten Zweifel erhoben werden. Dies kommt dem gesetzgeberisch formulierten Wunsch nach Implementierung eines wirkungsvollen Sanierungssteuerrechts entgegen. Zudem erscheint es nicht sachangemessen, den durch Gesellschafterforderungsverzicht entstehenden Sanierungsgewinn von der Steuerbefreiung nach § 3a EStG auszunehmen. Vielmehr ist das Zusammenspiel zwischen dem Verzicht von Gesellschaftern und externen Gläubigern in den Blick zu nehmen. Externe Gläubiger sind naturgemäß eher zu einem Forderungsverzicht bereit, wenn gleichzeitig auch Gesellschafter auf ihre Forderungen gegenüber dem Sanierungsunternehmen verzichten. Dann sollte die Steuerbefreiung aber auch für diese anwendbar sein. Demnach erscheint die steuerliche Gleichbehandlung von Forderungsverzichten dieser beiden, im Sanierungszusammenhang regelmäßig koexistenten Gläubigerkategorien sachgerecht. Beim Verzicht durch Anteilseigner auf infolge Kriseneintritts wertlos gewordene Forderungen entstehen bei der Kapitalgesellschaft Sanierungsgewinne in Höhe der Differenz zwischen Teilwert und Nennwert der Verzichtsforderung. Bei betrieblicher Veranlassung des Verzichts auf eine wertlose Forderung kann danach ein nach § 3a EStG steuerfreier Sanierungsgewinn entstehen. Dieser Gewinn kann – soweit es sich um eine betriebliche Verzichtsveranlassung handelt – de lege lata in den Anwendungsbereich der Steuerbefreiung des § 3a EStG fallen. Unter Zugrundelegung der insoweit zutreffenden Auffassung der Rechtsprechung und der Mehrzahl der Literaturstimmen hinsichtlich der Ursache der Gewinnentstehung sollte auch dieser durch Gesellschafterverzicht entstehende Sanierungsgewinn steuerbefreit sein. Dies muss jedenfalls dann gelten, wenn der Gesellschafter zusammen mit anderen, externen Gläubigern auf zum Verzichtszeitpunkt wirksam begründete, im Zuge der Krise wertlos gewordene Forderungen verzichtet.

### b. Zwischenergebnis zum Gesellschafterforderungsverzicht bei Kapitalgesellschaften

Beim Verzicht von Gesellschaftern einer Kapitalgesellschaft kommt es zunächst auf die Feststellung einer gesellschaftsrechtlichen oder betrieblichen Veranlassung an. Darüber hinaus ist die Werthaltigkeit der Verzichtsforderung für die Entstehung eines Sanierungsgewinns und für die Anwendbarkeit des § 3a EStG maßgeblich. Ein Sanierungsgewinn kann demnach bei der Kapitalgesellschaft nur dann entstehen, wenn die Verbindlichkeit infolge eines betrieblich veranlassten Verzichts des Gesellschafters aus der Bilanz ausgebucht wird. Bei gesellschaftsrechtlicher Veranlassung entsteht bei einer teilweise wertlosen Forderung ein Gewinn, der jedoch de lege lata mangels betrieblicher Begründung regelmäßig nicht nach § 3a EStG begünstigt ist. Zur Verbesserung der steuerlichen Begleitumstände der Sanierung sollte eine betriebliche Begründung eines Gesellschafterforderungsverzichts immer dann zu bejahen sein, wenn ein Sanierungsplan vorgelegt wird. Diese Verfahrensweise wurde auch in der Vergangenheit angewandt, entbehrt jedoch bislang einer eindeutigen gesetzlichen Grundlage. Sie wird den besonderen Voraussetzungen der Sanierungssituation gerecht und berücksichtigt auch das zwischen Kapitalgesellschaften und ihren Gesellschaftern geltende Trennungsprinzip. Wenn ein Sanierungsplan als Nachweis einer betrieblichen Veranlassung gefordert wird, entfällt zugleich ein aufwendiges Nachweis- und Feststellungsverfahren.[1153]

### 3. Forderungsverzicht durch Gesellschafter einer Personengesellschaft

Die Beurteilung des Forderungsverzichts eines Gesellschafters einer Personengesellschaft[1154], der auf seine Forderung gegenüber der Personengesellschaft verzichtet, ist nicht gesetzlich geregelt, wurde in der Rechtsprechung noch nicht abschließend höchstrichterlich entschieden [1155] und ist daher insgesamt umstritten. [1156] Zudem ist er aufgrund der unterschiedlichen Besteuerungsregimes für Kapital- und Personengesellschaften anders zu beurteilen als der Gesellschafterverzicht bei einer Kapitalgesellschaft[1157]. Wie bei dem gegenüber einer Kapitalgesellschaft erklärten Verzicht gilt für die Anwendbarkeit des § 3a EStG zunächst, dass grundsätzlich nur ein aus Sicht des verzichtenden Gläubigers betrieblich begründeter Schuldenerlass die Steuerbefreiung auslösen kann.[1158] Eine gesellschaftsrechtliche Veranlassung verhindert auch hierbei die Annahme einer betrieblichen Begründung. Der Forderungsverzicht durch einen Mitunternehmer ist sowohl in den regelmäßig als gesellschaftsrechtlich veranlasst zu qualifizierenden Fällen[1159] als auch in den seltener auftretenden eigenbetrieblich veranlassten Fällen[1160] wesentlich durch die bereichsspezifischen bilanziellen Besonderheiten der Personengesellschaft geprägt. Denn die Begründung von Schulden durch eine Personenhandelsgesellschaft gegenüber einem ihrer Gesellschafter bewirkt eine Passivierungspflicht der Schulden als Passivposition in der sog. Gesamthandbilanz der Personengesellschaft (§ 266 Abs. 3 HGB). Spiegelbildlich dazu ist nach den Grundsätzen der korrespondierenden Bilanzierung[1161] derselbe Betrag als Forderung in der dem gewährenden Gesellschafter zuzuordnenden Sonderbilanz, in der alle dem Gesellschafter zuzuordnenden

[1153] Formulierungsvorschlag für eine Neuregelung unter D. Ergebnisse.

[1154] Im Folgenden werden Gesellschafter und Personengesellschaft und Mitunternehmer und Mitunternehmerschaft synonym verwendet.

[1155] *U. Prinz,* FR 2019, 789 (799).

[1156] *Kubik/Münch,* BB 2022, 555 (556); *Nagel,* Die Sanierungsfeindlichkeit, 2015, S. 108; *U. Prinz,* FR 2019, 789 (799).

[1157] S.o. unter B. IV. 2.

[1158] *Levedag,* in: Schmidt, EStG, 42. Aufl. 2023, § 3a Rn. 20.

[1159] *Herbst/Stegemann,* DStR 2013, 176 (178); *U. Prinz,* FR 2019, 789 (799); *Pyszka,* BB 1998, 1557 (1560); *Schwahn/Vogel,* in: Lüdicke/Sistermann, Unternehmenssteuerrecht, 2. Aufl. 2018, § 5 Rn. 27; *Beutel/Sistermann,* in: Lüdicke/Sistermann, Unternehmenssteuerrecht, 2. Aufl. 2018, § 18 Rn. 13; *Eberhard,* in: Beck'sches Handbuch der Personengesellschaften, 5. Aufl. 2020, § 12 Rn. 70; *Wacker,* in: Schmidt, EStG 42. Aufl. 2023, § 15 Rz. 550 („Regelfall"); *Levedag,* in: Schmidt, EStG, 42. Aufl. 2023, § 3a Rn. 28.

[1160] *U. Prinz,* FR 2019, 789 (799), der diesen Fall als „Sonderfall" bezeichnet.

[1161] BFH, Urt. v. 16.12.1992 - I R 105/91 - BFHE 170, 169 - BStBl II 1993, 792 - DStR 1993, 682; BFH, v. 25.1.1994 - VIII B 111/93 - BFHE 173, 170 - BStBl II 1994, 455 - DStR 1994, 499; BFH, Urt. v. 2.12.1997 - VIII R 15/96 - BFHE 184, 571 - DStR 1998, 482 - NZG 1998, 356 - NJW-RR 1998, 824.

Wirtschaftsgüter des notwendigen und gewillkürten Sonderbetriebsvermögens[1162] bilanziert werden, zu aktivieren. Diese Spiegelbildlichkeit der Forderungsaktivierung in der Sonderbilanz und Verbindlichkeitspassivierung in der Gesamthandbilanz wird auch beim Verzicht durch den Gesellschafter virulent und wirkt sich in besonderer Weise auf die steuerliche Behandlung für Zwecke des § 3a EStG aus. Ob in Fällen eines Mitunternehmerverzichts daher überhaupt Raum für die Anwendbarkeit des § 3a EStG verbleibt, wird im nachfolgenden Abschnitt untersucht.

#### a. Sonderbetriebsvermögen I und II

Mitunternehmer einer Personengesellschaft begründen unter bestimmten Voraussetzungen sogenanntes Sonderbetriebsvermögen, das in Sonderbetriebsvermögen I und II unterteilt wird.[1163] Sämtliche Wirtschaftsgüter des Sonderbetriebsvermögens werden in der Sonderbilanz des Mitunternehmers bzw. Gesellschafters [1164] der Personengesellschaft bilanziert. Dementsprechend bildet die Sonderbilanz alle Wirtschaftsgüter des Sonderbetriebsvermögens ab. Das Sonderbetriebsvermögen I eines Mitunternehmers erfasst Wirtschaftsgüter, die dem Gesellschafter gemäß § 39 AO aufgrund zivilrechtlichen oder wirtschaftlichen Eigentums[1165] zuzurechnen sind und die dem Betrieb der Mitunternehmerschaft dienen und objektiv erkennbar zum unmittelbaren Einsatz im Betrieb der Personengesellschaft bestimmt sind.[1166] Ein Wirtschaftsgut dient dem Betrieb der Mitunternehmerschaft, wenn der Gesellschafter das Wirtschaftsgut der Personengesellschaft zur Nutzung überlässt und es von dieser zu eigenbetrieblichen Zwecken genutzt wird.[1167] Die eigenbetriebliche Nutzung durch die Personengesellschaft kann in aktivfunktionaler Weise, etwa durch Nutzung im Rahmen des operativen Geschäfts, oder in passivfunktionaler Weise, etwa durch Vermietung oder Verpachtung an Dritte, erfolgen.[1168] Das Sonderbetriebsvermögen II ist demgegenüber dazu bestimmt, der Beteiligung des Gesellschafters an der Personengesellschaft zu dienen, diese zu fördern und zu stärken.[1169] Die Grundlage für die Zuordnung zum Sonderbetriebsvermögen des Gesellschafters ist der in §§ 4, 5 EStG verankerte Betriebsvermögensbegriff, wonach Wirtschaftsgüter, die der gewerblichen Tätigkeit eines buchführungspflichtigen

[1162] Vgl. auch R 4.2 Abs. 2 EStR.
[1163] Vgl. R 4.2 Abs. 2 EStR.
[1164] Die Begriffe des Mitunternehmers und des Gesellschafters werden vorliegend synonym gebraucht.
[1165] *Grützner,* in: Lange/Bilitewski/Götz, Personengesellschaften im Steuerrecht, B V Rn. 824, 856.
[1166] BFH, Urt. v. 13.05.1976 – IV R 4/75, BFHE 119, 256, BStBl II 1976, 617; BFH, Urt. v. 13.10.1998 - VIII R 46/95, BFHE 187, 425, BStBl II 1999, 357, DStR 1999, 314; BFH Urt. v. 18.12.2001 - VIII R 27/00, BStBl. II 2002, 733, DStR 2002, 444; BFH, Urt. v. 7.12.2000 - III R 35/98, BStBl. II 2001, 316, NZG 2001, 1055; für die Literatur: *Grützner,* in: Lange/Bilitewski/Götz, Personengesellschaften im Steuerrecht, B V Rn. 822; *Graf Kerssenbrock,* BB 2000, 763 (764).
[1167] BFH, Urt. v. 14.4.1988 - IV R 271/84, BStBl. II 1988, 667, BFHE 153, 125; *Grützner,* in: Lange/Bilitewski/Götz, Personengesellschaften im Steuerrecht, B V Rn. 856.
[1168] BFH, Urt. v. 23.5.1991 - IV R 94/90 - BStBl. II 1991, 800, BFHE 164, 540, DB 1991, 2631.
[1169] St. Rspr. BFH, Urt. v. 23.02.2012 – IV R 13/08; BFH, Urt. v. 14.01.2010, IV R 86/06, BFH/NV 2010, 1096; BFH, Urt. v. 24.02.2005 - IV R 12/03, BFHE 209, 262, BStBl II 2006, 361; BFH, Urt. v. 28. 8. 2003 - IV R 46/02, BFHE 203, 162, BStBl II 2004, 216, DStR 2003, 1966; BFH, Urt. v. 10.11.1994 - IV R 15/93, BFHE 176, 535, BStBl II 1995, 452, DStR 1995, 760; für die Literatur: *Graf Kerssenbrock,* BB 2000, 763 (764).

Gewerbetreibenden[1170] dienen bzw. dieser Funktion gewidmet wurden, dem Betriebsvermögen zuzuordnen sind, sowie die Regelung des § 15 Abs. 1 Satz 1 Nr. 2 Satz 1 Halbsatz 2 EStG, wonach sich die Einkünfte aus Gewerbebetrieb einer Mitunternehmerschaft aus den Gewinnanteilen der Gesellschafter und den Sondervergütungen (Vergütungen, die der Gesellschafter von der Gesellschaft für seine Tätigkeit im Dienste der Gesellschaft oder für die Hingabe von Darlehen oder für die Überlassung von Wirtschaftsgütern bezieht) zusammensetzen.[1171] Auch die Überlassung von Darlehen an die Gesellschaft durch den Gesellschafter begründet diesem zuzuordnendes Sonderbetriebsvermögen I nach § 15 Abs. 1 Satz 1 Nr. 2 Satz 1 Halbs. 2 EStG,[1172] wobei der Rechtsgrund der Forderung, sei er schuldrechtlicher oder gesellschaftsrechtlicher Art, [1173] für die steuerliche Behandlung und steuerbilanzielle Zuordnung zum Sonderbetriebsvermögen irrelevant ist.[1174] Für die Qualifikation als Sonderbetriebsvermögen ist einzig erforderlich, dass die Gesellschafterforderung bzw. Gesellschaftsverbindlichkeit durch den Betrieb der Personengesellschaft veranlasst und zivilrechtlich bindend vereinbart worden sind. [1175] Die wirksam begründete Forderung des Gesellschafters gegenüber seiner Personengesellschaft stellt mithin in der Sonderbilanz zu aktivierendes Sonderbetriebsvermögen I des Gesellschafters dar.

### b. Korrespondierende Bilanzierung und zweistufige Gewinnermittlung

Bei der Mitunternehmerschaft gelten die Grundsätze der sog. korrespondierenden Bilanzierung.[1176] Der Grundsatz der korrespondierenden Bilanzierung verlangt, dass die in der Steuerbilanz der Gesellschaft auf der Passivseite passivierten Verbindlichkeiten gegenüber dem Gesellschafter durch einen gleichlautenden, betragsgleichen Aktivposten in dessen Sonderbilanz zum Ausgleich gebracht werden.[1177] Der Grundsatz korrespondierender Bilanzierung ist Ausfluss aus § 15 Abs. 1 Satz 1 Nr. 2 Satz 1 Halbsatz 2 EStG und dem dort verankerten Zweck, die

1170 *Krumm,* in: Brandis/Heuermann, EStG, 167. EL Mai 2023, § 5 Rn. 60.
1171 *Grottel/Baldamus,* in: Beck Bil-Komm 13. Aufl. 2022, HGB § 247 Rn. 602, 606.
1172 BFH, Urt. v. 13.10.1998 - VIII R 78/97 - BStBl. II 1999, 163 - DStR 1999, 16; BFH, Urt. v. 28.3.2000 - VIII R 28/98, BStBl. II 2000, 347, DStR 2000, 771; für die Literatur: *Bode,* in: Brandis/Heuermann, EStG, 167. EL Mai 2023, § 15 Rn. 461a; *Ley,* in: Schulze-Osterloh/Hennrichs/Wüstemann, Handbuch des Jahresabschlusses, 82. Lief. 09.2022, Abt. VII H. 4. Sonderbetriebsvermögen Rn. 24, Rn. 26.
1173 *Ley,* in: Schulze-Osterloh/Hennrichs/Wüstemann, Handbuch des Jahresabschlusses, 82. Lief. 09.2022, Abt. VII H. 4. Sonderbetriebsvermögen Rn. 19, Rn. 24: ohne Bedeutung ist der Rechtsgrund.
1174 *Ley,* in: Schulze-Osterloh/Hennrichs/Wüstemann, Handbuch des Jahresabschlusses, 82. Lief. 09.2022, Abt. VII H. 4. Sonderbetriebsvermögen Rn. 26.
1175 *Herbst/Stegemann,* DStR 2013, 176 (176).
1176 BFH, Urt. v. 16.12.1992 - I R 105/91 - BStBl. II 1993, 792 - DStR 1993, 682; BFH, Beschl. v. 25.1.1994 - VIII B 111/93 - BStBl. II 1994, 455 - DStR 1994, 499; BFH, Urt. v. 2.12.1997 - VIII R 15/96 - BFHE 184, 571 - DStR 1998, 482; BFH, Beschl. v. 9.12.2009 - IV B 129/08 - BFH/NV 2010, 640; *Ley,* in: Schulze-Osterloh/Hennrichs/Wüstemann, Handbuch des Jahresabschlusses, 82. Lief. 09.2022, Abt. VII H. 4. Sonderbetriebsvermögen Rn. 26; im Zusammenhang mit Gesellschafterforderungen auch *Herbst/Stegemann,* DStR 2017, 2081.
1177 BFH, Urt. v. 16.12.1992 - I R 105/91 - BFHE 170, 169 - BStBl II 1993, 792 - DStR 1993, 682; BFH, Beschl. v. 25.1.1994 - VIII B 111/93 - BFHE 173, 170 - BStBl II 1994, 455 - DStR 1994, 499; BFH, Urt. v. 2.12.1997, VIII R 15/96 - BFHE 184, 571 - DStR 1998, 482 - NZG 1998, 356 - NJW-RR 1998, 824; *Kahle/Hiller,* in: Beck'sches Handbuch der Personengesellschaften, Prinz/Kahle, 5. Auflage 2020, § 6 Rn. 155; *Ley,* in: Schulze-Osterloh/Hennrichs/Wüstemann, Handbuch des Jahresabschlusses, 82. Lief. 09.2022, Abt. VII H. 4. Sonderbetriebsvermögen Rn. 26.

Besteuerungsgrundlagen (den Gewinn) nicht von der Art der Abgeltung der Leistungen des Gesellschafters mittels Vorabgewinns oder mittels besonderer Vergütung abhängig zu machen und diesen insoweit gänzlich ungeachtet der Qualifikation der Leistungen des Gesellschafters und der jeweiligen Art der Gegenleistung zu ermitteln.[1178] Weitere Besonderheit im Zusammenhang mit der Ermittlung der durch eine Personengesellschaft erwirtschafteten Gewinne ist die sog. zweistufige, additive Gewinnermittlung[1179], deren gesellschafterbezogenes Ergebnis die Summe aus seinem Gewinnanteil am Steuerbilanzgewinn der Gesellschaft (erste Stufe) sowie seinem im Sonderbereich zu ermittelnden Gewinn aus an ihn von der Gesellschaft gezahlten Vergütungen (zweite Stufe) ist[1180]. Dabei stellt der Gewinn der sog. ersten Stufe das Resultat der Summe der Gewinne der Gesamthand- und Ergänzungsbilanzen dar. Auf der ersten Stufe der Gewinnermittlung wird also das Ergebnis der Steuerbilanz der Gesellschaft ermittelt und um die Ergebnisse vorhandener Ergänzungsbilanzen einzelner Mitunternehmer ergänzt.[1181] Der Gewinn der zweiten Stufe ist das Resultat der Sonderbilanzgewinne.[1182] Denn auf der zweiten Stufe werden die Sonderbilanzen der Mitunternehmer und der Gewinn daraus, mithin der Gewinn aus den Sondervergütungen und den übrigen Sonderbetriebseinnahmen nach Abzug der Sonderbetriebsausgaben, ermittelt.[1183] Die Ergebnisse der ersten und zweiten Stufe der Gewinnermittlung werden zusammengerechnet. Die Summe daraus stellt den gewerblichen Gesamtgewinn des Gesellschafters dar.[1184] Dabei erfolgt keine Konsolidierung wie im Konzernabschluss. Denn die steuerliche Gesamthandbilanz, die Ergänzungsbilanzen und die Sonderbilanzen bleiben isoliert bestehen und bilden die steuerliche Gesamtbilanz der Personenhandelsgesellschaft.[1185]

#### c. Gegenseitige Forderungen und Verbindlichkeiten

Die Grundsätze der korrespondierenden Bilanzierung gelten auch im Zusammenhang mit der Begründung von Forderungen und Verbindlichkeiten zwischen Mitunternehmer und Mitunternehmerschaft, also im Verhältnis von Personengesellschaft und Gesellschafter. Daraus

1178 BFH, Urt. v. 12.7.1990 - IV R 37/89 - BFHE 162, 30 - BStBl II 1991 - 64, DStR 1991, 79; BFH, Urt. v. 24.3.1999 - I R 114/97 - BFHE 188, 315 - BStBl II 2000, 399 - DStR 1999, 889; BFH, Urt. v. 2.1.1997 - VIII R 15/96 - BFHE 184, 571 - DStR 1998, 482 (484); BFH, Urt. v. 28.3.2000 – VIII R 13/99 - BStBl. II 2000, 612 - DStR 2000, 1301; BFH, Urt. v. 21.12.2017 – IV R 44/14 - DStR 2018, 400 - FR 2018, 522 - GmbHR 2018, 439 - NWB 2018, 458; *Herbst/Stegemann*, DStR 2017, 2081; *Ley*, in: Schulze-Osterloh/Hennrichs/Wüstemann, Handbuch des Jahresabschlusses, 82. Lief. 09.2022, Abt. VII H. 4. Sonderbetriebsvermögen Rn. 26.

1179 *U. Prinz*, FR 2018, 493 (493).

1180 BFH, Urt. v. 10.11.1980 - GrS 1/79 - BFHE 132, 244 - BStBl II 1981, 164 - DStR 1981, 153; BFH, Urt. v. 13.10.1998 - VIII R 78/97 - BStBl. II 1999, 163 - DStR 1999, 16; *Herbst/Stegemann*, DStR 2017, 2081; früher bereits *Söffing*, BB 1999, 40 (40); *Stöber*, in: BeckOGK HGB, 1.11.2022, § 247 Rn. 98, 99.

1181 *Herbst/Stegemann*, DStR 2013, 176 (177).

1182 *Herbst/Stegemann*, DStR 2017, 2081 (2082); *Stöber*, in: BeckOGK HGB, 1.11.2022, § 247 Rn. 99.

1183 *Herbst/Stegemann*, DStR 2013, 176 (177).

1184 Vgl. etwa BFH, v. 10.11.1980 - GrS 1/79 - BFHE 132, 244 - BStBl II 1981, 164 - DStR 1981, 153; BFH, Urt. v. 13.10.1998 - VIII R 78/97 - BStBl II 1999, 163 - DStR 1999, 16; BFH, Urt. v. 28.3.2000 - VIII R 13/99 - BStBl II 2000, 612 - DStR 2000, 1301; *Herbst/Stegemann*, DStR 2013, 176 (177); *Herbst/Stegemann*, DStR 2017, 2081; *Stöber*, in: BeckOGK HGB, 1.11.2022, § 247 Rn. 99.

1185 *Herbst/Stegemann*, DStR 2013, 176 (177).

ergeben sich im Falle des Forderungsverzichts durch einen Mitunternehmer in der Sanierungssituation rechtsformspezifische Besonderheiten. Zwar sind Forderungen eines Gesellschafters aus Darlehnshingaben oder Leistungserbringungen an seine Personengesellschaft in der Gesamthand- und Sonderbilanz wie gegenseitige schuldrechtliche Ansprüche und insoweit nach allgemeinen zivilrechtlichen Grundsätzen zu behandeln.[1186] Aufgrund der Grundsätze der korrespondierenden Bilanzierung ergeben sich dadurch jedoch bilanzielle Besonderheiten. Denn bei der Bilanzierung von Darlehnsverbindlichkeiten der Gesellschaft gegenüber ihrem Mitunternehmer fordert der Grundsatz korrespondierender Bilanzierung, dass die Forderungen des Gesellschafters gegen die Personengesellschaft in der Gesamthandbilanz auf Ebene der Personengesellschaft als Verbindlichkeit gegenüber dem Gesellschafter zu passivieren und auf Ebene des Gesellschafters in der Sonderbilanz als Forderung gegenüber der Gesellschaft zu aktivieren sind. Durch diese spiegelbildliche Bilanzierung der Verbindlichkeit auf der Passivseite der Gesamthandbilanz und der Aktivierung der Forderung des Sonderbetriebsvermögens auf der Aktivseite der Sonderbilanz heben sich beide Positionen bilanziell gegenseitig auf.[1187] Für den Forderungsverzicht resp. Schuldenerlass im Sinne des § 3a Abs. 1 EStG ist die nachfolgende Besonderheit signifikant. Die nach dem Grundsatz korrespondierender Bilanzierung zwingende Zuordnung der Forderung zum Sonderbetriebsvermögen I des Gesellschafters bewirkt die Umwandlung der Gesellschafterforderung in steuerliches Eigenkapital.[1188] Denn die Verbindlichkeit ist in der Gesamthandbilanz auf Gesellschaftsebene dem Grunde und der Höhe nach zwar nicht in formaler, jedoch in funktionaler Hinsicht als Eigenkapital der Gesellschaft[1189] anzusehen[1190] und das Sonderkapital des Gesellschafters erhöht in Höhe des Betrages der begründeten Forderung das Eigenkapital der Gesamtbilanz.[1191] Dabei sind die weiteren Vereinbarungen zur

1186 *Herbst/Stegemann,* DStR 2013, 176 (176); *Stöber,* in: BeckOGK HGB, 1.11.2022, § 247 Rn. 99.

1187 BFH, Urt. v. 12.12.1996 - IV R 77/93 - BFHE 183, 379 - BStBl. II 1998, 180 - DStR 1997, 1969; BFH, Urt. v. 5.6.2003 – IV R 36/02 - BStBl. II 2003, 871 - DStR 2003, 1650; *Kahle/Hiller,* in: Beck'sches Handbuch der Personengesellschaften, Prinz/Kahle, 5. Auflage 2020, § 6 Rn. 155; *Ley,* in: Schulze-Osterloh/Hennrichs/Wüstemann, Handbuch des Jahresabschlusses, 82. Lief. 09.2022, Abt. VII H. 4. Sonderbetriebsvermögen Rn. 28; *Beutel/Sistermann,* in: Lüdicke/Sistermann, Unternehmenssteuerrecht, 2. Aufl. 2018, § 18 Rn. 48.

1188 *Herbst/Stegemann,* DStR 2013, 176 (176); *Wacker,* in: Schmidt, EStG 42. Aufl. 2023, § 15 Rz. 540; *Desens/Blischke,* in Kirchhof/Söhn/Mellinghoff, EStG, 337. Lief., 8/2023, § 15 b) Gewerbebetrieb F 49.

1189 BFH, Urt. v. 24.1.2008 - IV R 37/06 - BStBl. II 2011, 617 - DStR 2008, 761 - DB 2008, 900 - FR 2008, 912 - GmbHR 2008, 548; BFH, Urt. v. 5.6.2003 - IV R 36/02 - BStBl. II 2003, 871 - DB 2003, 2418 - DStZ 2003, 731 - FR 2003, 1123 - GmbHR 2003, 1294; BFH, Urt. v. 16.3.2017 - IV R 1/15 - BStBl. II 2017, 943, Rz. 45 - DStR 2017, 1151 - NZG 2017, 825 - BB 2017, 1456; *Herbst/Stegemann,* DStR 2017, 2081 (2082) bezeichnen dies als Quasi-Eigenkapital; *Kahle/Hiller,* in: Beck'sches Handbuch der Personengesellschaften, Prinz/Kahle, 5. Auflage 2020, § 6 Rn. 155; *Kubik/Münch,* BB 2022, 555 (556); *Levedag,* in: Schmidt, EStG, 42. Aufl. 2023, § 3a Rn. 27; *U. Prinz,* FR 2019, 789 (792).

1190 BFH, Urt. v. 16.3.2017 - IV R 1/15 - DStR 2017, 1151 Rn. 39; BFH, Urt. v. 24.1.2008 - IV R 37/06 - BStBl. II 2011, 617 - DStR 2008, 761 - DB 2008, 900 - FR 2008, 912 - GmbHR 2008, 548; BFH, Urt. v. 1.3.2005 - VIII R 5/03 - DStRE 2005, 1052; BFH, Urt. v. 5.6.2003 - IV R 36/02 - BStBl. II 2003, 871 - DStR 2003, 1650; BFH, Urt. v. 12.7.1990 - IV R 37/89 - BFHE 162, 30 - BStBl II 1991, 64 - DStR 1991, 79; BFH, Urt. v. 24. 3. 1999 - I R 114/97 - BFHE 188, 315 - BStBl II 2000, 399 - DStR 1999, 889; *Herbst/Stegemann,* DStR 2013, 176 (177) und DStR 2017, 2081 (2082).

1191 BFH, Urt. v. 12.12.1996 - IV R 77/93 - BFHE 183, 379 - BStBl. II 1998, 180 - DStR 1997, 1969; *Ley,* in: Schulze-Osterloh/Hennrichs/Wüstemann, Handbuch des Jahresabschlusses, 82. Lief. 09.2022, Abt. VII H. 4. Sonderbetriebsvermögen Rn. 28; *Beutel/Sistermann,* in: Lüdicke/Sistermann, Unternehmenssteuerrecht, 2. Aufl.

Darlehensgewährung, etwa hinsichtlich Besicherung, Marktüblichkeit oder Verzinslichkeit, für die Qualifikation unerheblich.[1192] In einer Gesamtbilanz, die sich aus der Gesamthandbilanz, einschließlich etwaiger Ergänzungsbilanzen, und den Sonderbilanzen der Gesellschafter zusammensetzt, stellen die Gesellschafterforderungen daher Eigenkapital dar.[1193]

Der Grundsatz der korrespondierenden Bilanzierung gilt streng gesellschafterbezogen.[1194] Aus diesem Grund endet die spiegelbildliche Bilanzierung einer Forderung, etwa aus einem Gesellschafterdarlehen, mit dem Ausscheiden des Gesellschafters aus der Gesellschaft.[1195] Weiterhin folgt aus der Umqualifizierung der Gesellschafterforderung in steuerliches Eigenkapital und der Geltung des Korrespondenzprinzips zugleich die Unzulässigkeit von Teilwertabschreibungen in der Sonderbilanz.[1196] Nach ständiger Rechtsprechung gilt insoweit das Imparitätsprinzip, das die Berücksichtigung drohender Verluste für handelsrechtliche Zwecke vorsieht, in der Steuerbilanz der Mitunternehmerschaft nicht.[1197] Die Forderung des Gesellschafters kann während des Bestehens der Mitunternehmerschaft dementsprechend nicht nach § 6 Abs. 1 Nr. 2 EStG wertberichtigt werden.[1198] Es bilden sich daher stille Lasten in der Sonderbilanz des Gesellschafters.[1199] Sämtliche vorstehend dargestellten Besonderheiten sind Ausfluss des bei der Besteuerung von Personengesellschaften geltenden Transparenzprinzips[1200], das auf die Gesellschafter und nicht auf die Gesellschaft als

2018, § 18 Rn. 48; *Blischke/Desens*, in: Kirchhof/Söhn/Mellinghoff, EStG, 337. Lief., 8/2023, § 15 F. b) Gewerbebetrieb F 49 *„konsolidierte Gesamtbilanz"*.

1192 *Herbst/Stegemann*, DStR 2013, 176 (176); *Wacker*, in: Schmidt, EStG 42. Aufl. 2023, § 15 Rz. 540.

1193 St. Rspr., vgl. etwa BFH, Urt. v. 8.12.1982 - I R 9/79 - BFHE 138, 184 - BStBl II 1983, 570; BFH, Urt. v. 22.5.1984 - VIII R 35/84 - BFHE 142, 28 - BStBl II 1985, 243 - NJW 1985, 1111; BFH, Urt. v. 19.5.1993 - I R 60/92 - BStBl. II 1993, 714 (715) - BB 1993, 1771; *Ley*, in: Schulze-Osterloh/Hennrichs/Wüstemann, Handbuch des Jahresabschlusses, 82. Lief. 09.2022, Abt. VII 4. Sonderbetriebsvermögen Rn. 28; *Pyszka*, BB 1998, 1557 (1558); *Stöber*, in: BeckOGK HGB, 1.11.2022, § 247 Rn. 99.

1194 BFH Urt. v. 16.3.2017 - IV R 1/15 - BStBl. II 2017, 943, Rz. 45 - DStR 2017, 1151 - NZG 2017, 825 - BB 2017, 1456; *Kahle/Hiller*, in: Beck'sches Handbuch der Personengesellschaften, Prinz/Kahle, 5. Auflage 2020, § 6 Rn. 159; *U. Prinz*, FR 2018, 493 (496).

1195 BFH, Urt. v. 16.3.2017 - IV R 1/15 - BStBl. II 2017, 943, Rz. 45 - DStR 2017, 1151 - NZG 2017, 825 - BB 2017, 1456; *Kahle/Hiller*, in: Beck'sches Handbuch der Personengesellschaften, Prinz/Kahle, 5. Auflage 2020, § 6 Rn. 159; *U. Prinz*, FR 2018, 493 (496); *Levedag*, in: Schmidt, EStG, 42. Aufl. 2023, § 3a Rn. 27.

1196 BFH, Urt. v. 16.3.2017 - IV R 1/15 - DStR 2017, 1151; BFH, Beschl. v. 9.12.2009 - IV B 129/08 - BFH/NV 2010, 640; BFH, Urt. v. 5.6.2003 - IV R 36/02 - BStBl II 2003, 871 - DStR 2003, 1650; BFH, v. 26.9.1996, IV R 105/94 - BFHE 182, 33 - BStBl II 1997, 277 - DStR 1997, 444; *Erhardt/Zeller*, DStR 2012, 1636; *Kahle*, BB 2023 1771 (1774); *Kellersmann/Pannewig*, Ubg 2009, 848 (862); *Kubik/Münch*, BB 2022, 555 (556); a.A. *Knobbe-Keuk*, Bilanz- und Unternehmenssteuerrecht, 9. Aufl., § 11 II S. 405, die in dem Zeitpunkt, in dem für den Gesellschafter der Verlust des Sonder-Eigenkapitals feststeht auch den steuerlichen Verlust gewähren will.

1197 BFH, Urt. v. 26.9.1996 - IV R 105/94 - BFHE 182, 33 - BStBl. II 1997, 277 - DStR 1997, 444; BFH, Urt. v. 28.03.2000 - VIII R 28/98 - BStBl. II 2000, 347 - DStR 2000, 771; BFH, Urt. v. 5.6.2003 - IV R 36/02 - BFHE 202, 395 - BStBl. II 2003, 871 - DStR 2003, 1650; BFH, Beschl. v. 9.12.2009 - IV B 129/08 - BFH/NV 2010, 640; BFH, Urt. v. 16.3.2017 – IV R 1/15 - BStBl. II 2017, 943 - DStR 2017, 1151; *U. Prinz*, FR 2018, 493 (496); *Kahle/Hiller*, in: Beck'sches Handbuch der Personengesellschaften, Prinz/Kahle, 5. Auflage 2020, § 6 Rn. 156; *Kahle*, BB 2023 1771 (1774).

1198 *Förster/Werthebach*, BB 2019, 299 (300): „Verbot der Teilwertabschreibung"; *Grützner*, in: Lange/Bilitewski/Götz, Personengesellschaften im Steuerrecht, B V Rn. 869; *Kahle/Hiller*, in: Beck'sches Handbuch der Personengesellschaften, Prinz/Kahle, 5. Auflage 2020, § 6 Rn. 156; *Kahle*, BB 2023 1771 (1774); *Kubik/Münch*, BB 2022, 555 (556).

1199 *Kahle/Hiller*, in: Beck'sches Handbuch der Personengesellschaften, Prinz/Kahle, 5. Auflage 2020, § 6 Rn. 156.

1200 BFH Urt. v. 6.3.2014 – IV R 14/11; DStR 2014, 1378; *Grottel/Baldamus*, in: Beck Bil-Komm, 12. Aufl. 2020, HGB § 247 Rn. 733, 735; nähere Erläuterung zu Begriff und Bedeutung des Transparenzprinzips bei *Chr. Krüger*, Die Übertragung von Wirtschaftsgütern bei Personengesellschaften, 2019, S. 34 ff.

Ertragssteuersubjekte abstellt und das Besteuerungsregime der Personengesellschaft maßgeblich prägt. Hierin liegt der wesentliche Unterschied zum Besteuerungsregime der Kapitalgesellschaft und ihrer Anteilseigner, dem das Trennungsprinzip[1201] zugrunde liegt.[1202]

### d. Gesellschafterforderungsverzicht als Mitunternehmerverzicht

Auch bei dem durch einen Mitunternehmer einer Personengesellschaft erklärten Forderungsverzicht ist nach dem Willen des Gesetzgebers zwischen gesellschaftsrechtlicher und (eigen)betrieblicher Veranlassung zu unterscheiden. Wie schon bei der Kapitalgesellschaft sind die Rechtsfolgen beider Verzichtsveranlassungsvarianten auch bei der Personengesellschaft unterschiedlich und wirken sich daher unterschiedlich auf die Frage der Anwendbarkeit des § 3a EStG aus. Sie werden nachfolgend dargestellt.

#### aa. Gesellschaftsrechtliche Veranlassung

Verzichtet der Gesellschafter auf eine wirksam gegenüber seiner Personengesellschaft begründete, zu seinem Sonderbetriebsvermögen gehörende Forderung, so wird dieser Vorgang regelmäßig als durch das Gesellschaftsverhältnis veranlasst qualifiziert.[1203] Dies gilt insbesondere in den Fällen, in denen nur ein oder mehrere Gesellschafter-Gläubiger auf Forderungen verzichtet bzw. verzichten und nicht zugleich auch externe Gläubiger resp. Drittgläubiger den Verzicht im Rahmen eines sog. Gläubigerakkords[1204] aussprechen.[1205] Bei gesellschaftsrechtlicher Veranlassung des Forderungsverzichts durch einen Mitunternehmer entsteht nach überwiegender Auffassung[1206] kein Sanierungsgewinn, der nach § 3a EStG begünstigt sein könnte. Wenn der Forderungsverzicht eines Mitunternehmers gegenüber seiner Personengesellschaft gesellschaftsrechtlich veranlasst ist, kommt es zur Beurteilung des Verzichtsvorgangs aus bilanzieller und steuerlicher Sicht nach h.M. nicht auf die Aufteilung der

1201 *Teufel,* in: Lüdicke/Sistermann, Unternehmensteuerrecht, 2. Aufl. 2018, § 2 Rn. 1, 2; *Hey,* in: Tipke/Lang, Steuerrecht, 24. Aufl. 2021, § 11 Rn. 1.

1202 Es verlangt nach zwei Besteuerungsebenen, einerseits die der Kapitalgesellschaft als Steuerpflichtige der Körperschaftsteuer und andererseits die der Anteilseigner als Steuerpflichtige der auf die Ausschüttungen der Kapitalgesellschaft entfallenden Einkommensteuer.

1203 *Knobbe-Keuk,* Bilanz- und Unternehmenssteuerrecht, 9. Aufl., § 10 I, S. 379, die diesen Vorgang als „unechte Sanierung" bezeichnet hat. *Herbst/Stegemann,* DStR 2013, 176 (178); *U. Prinz,* FR 2019, 789 (799); *Pyszka,* BB 1998, 1557 (1560); *Schwahn/Vogel,* in: Lüdicke/Sistermann, Unternehmenssteuerrecht, 2. Abschnitt § 5 Rn. 27; *Beutel/Sistermann,* in: Lüdicke/Sistermann, Unternehmenssteuerrecht, § 18 Rn. 13; *Eberhard,* in: Beck'sches Handbuch der Personengesellschaften, 5. Aufl. 2020, § 12 Rn. 70; *Wacker,* in: Schmidt, EStG 42. Aufl. 2023, § 15 Rz. 550 („Regelfall"); *Levedag,* in: Schmidt, EStG, 42. Aufl. 2023, § 3a Rn. 28; *Toeben/Lohbeck/Specker,* NWB 2009, 1484 (1488).

1204 Dazu und zur eigenbetrieblichen Veranlassung im Rahmen eines Gläubigerakkords oben unter C. III. 2.

1205 *Kahlert/Schmidt,* DStR 2017, 1897 (1900); BFH, Urt. v. 29.07.1997 - VIII R 57/94 - BStBl. II 1998, 652 - DStR 1997, 1965: *„Bei dem Forderungsverzicht eines Gesellschafters gegenüber einer sanierungsbedürftigen Gesellschaft ist zu vermuten, dass der Verzicht gesellschaftlich und nicht betrieblich veranlasst ist, wenn sich fremde Gläubiger nicht an der Sanierung beteiligen."*; FG Hamburg, Urt. v. 12.02.2014 - 6 K 203/11.

1206 *U. Prinz,* FR 2019, 789 (799); BFH, Urt. v. 29.07.1997 - VIII R 57/94 - BStBl. II 1998, 652 - DStR 1997, 1965; FG Hamburg, Urt. v. 12.2.2014 – 6 K 203/11.

Forderung in einen werthaltigen und einen nicht werthaltigen Teil an. [1207] Bei gesellschaftsrechtlicher Veranlassung ist der Forderungsverzicht als unentgeltliche Übertragung eines Wirtschaftsguts aus dem Sonderbetriebsvermögen des Mitunternehmers in das Gesamthandsvermögen der Gesellschaft zu qualifizieren und nach der von § 6 Abs. 5 Satz 3 Nr. 2 EStG vorgesehenen Buchwertübertragung steuerneutral zu behandeln.[1208] Denn nach § 6 Abs. 5 Satz 3 Nr. 2 EStG ist bei der Übertragung eines Wirtschaftsguts aus dem Sonderbetriebsvermögen eines Mitunternehmers in das Gesamthandsvermögen derselben Mitunternehmerschaft der Wert anzusetzen, der sich nach den Vorschriften über die Gewinnermittlung ergibt, mithin der Buchwert. Der Verzicht auf die Forderung bewirkt damit – ebenso wie die Übertragung eines Wirtschaftsguts aus dem Sonderbetriebsvermögen des Mitunternehmers in das Gesamthandsvermögen der Mitunternehmerschaft – die Überführung zum Buchwert gemäß § 6 Abs. 5 Satz 3 Nr. 2 EStG.[1209] Rechtlich ist an die Übertragung ein Untergang der Forderung durch Konfusion[1210] und damit ein Erlöschen beider Positionen geknüpft.[1211] Dementsprechend wird das steuerbilanzielle Kapital der Personengesellschaft um den Nennwert der Verbindlichkeit erhöht und das im Sonderbetriebsvermögen ausgewiesene (Sonder-)kapital des Gesellschafters infolge der Ausbuchung der Verbindlichkeit zugleich erfolgsneutral gemindert.[1212] Sofern die Gesellschafter der Mitunternehmerschaft zur Regelung dieses Falles untereinander keine besonderen Vereinbarungen getroffen haben, ist die Erhöhung des Kapitals der Personengesellschaft dem verzichtenden kapitalüberlassenden Gesellschafter zuzurechnen, wodurch sich sein Kapitalkonto in der Steuerbilanz der Personengesellschaft erhöht.[1213] Das Eigenkapital in der Gesamthandbilanz erhöht sich mithin zugunsten des verzichtenden Gesellschafters erfolgsneutral[1214].[1215] In gleicher Höhe verringert sich sein Kapital in der Sonderbilanz ohne Erfolgswirksamkeit.[1216] Der gesellschaftsrechtlich veranlasste

---

[1207] *Eberhard*, in: Beck'sches Handbuch der Personengesellschaften, 5. Aufl. 2020 § 12 Rn. 70; *Levedag*, in: Schmidt, EStG, 42. Aufl. 2023, § 3a Rn. 27; *Nagel*, Die Sanierungsfeindlichkeit, 2015, S. 109; *U. Prinz*, FR 2019, 789 (799).

[1208] *Levedag*, in: Schmidt, EStG, 42. Aufl. 2023, § 3a Rn. 27; *U. Prinz*, FR 2018, 493 (496); *Uhländer*, DB 2017, 2761 (2767).

[1209] *U. Prinz*, FR 2019, 789 (799).

[1210] Im Rahmen einer Konfusion vereinigen sich Forderung und Schuld in einer Person und das Schuldverhältnis erlischt. Dies geschieht im Wege einer Gesamtrechts – oder Einzelrechtsnachfolge entweder dadurch, dass die Forderung auf den Schuldner oder die Schuld auf den Gläubiger übergeht.

[1211] *Kanzler*, in: Kanzler/Kraft/Bäuml/Marx/Hechtner/Geserich, § 3a EStG Rn. 71, 8. Aufl., Stand: 01.01.2023; *U. Prinz*, FR 2019, 789 (799); *Kubik/Münch*, BB 2022, 555 (557), hier wohl versehentlich als „Kollusion" bezeichnet.

[1212] *Beutel/Sistermann*, in: Lüdicke/Sistermann, Unternehmenssteuerrecht, § 18 Rn. 48; *Erhardt/Zeller* DStR 2012, 1636 (1637); *Eberhard*, in: Beck'sches Handbuch der Personengesellschaften, 5. Aufl. 2020, § 12 Rn. 70; *Gras/Epler*, in: Nerlich/Kreplin/Rhode, Münchener Anwaltshandbuch Insolvenz und Sanierung, 4. Aufl. 2023, § 5 Rn. 103; *U. Prinz*, FR 2019, 789 (799); *Uhländer*, DB 2017, 2761 (2767).

[1213] *Kahle*, BB 2023 1771 (1773, 1774); *Schwahn/Vogel* in: Lüdicke/Sistermann, Unternehmenssteuerrecht, 2. Abschnitt § 5 Rn. 27; *Wacker*, in: Schmidt, EStG 42. Aufl. 2023, § 15, Rn. 550; a.A. *Ley*, KÖSDI 2005, 14823.

[1214] Buchungssatz bei der Personengesellschaft: „Verb. ggü. verzichtenden Geser X an Kapkto II X" Die Forderung ist aus der Sonderbilanz des verzichtenden Gesellschafters mit einem spiegelbildlichen Buchungssatz auszubuchen: „Kapital/Entnahme Geser X an Forderung gg. Gesellschaft".

[1215] *U. Prinz*, FR 2019, 789 (799).

[1216] *Herbst/Stegemann*, DStR 2017, 2081 (2081); *Kahle*, BB 2023 1771 (1774); *Kubik/Münch*, BB 2022, 555 (557); *U. Prinz*, FR 2019, 789 (799).

Forderungsverzicht des Mitunternehmers bewirkt demnach aufgrund der korrespondierenden Bilanzierung insgesamt keine Gewinnauswirkung und bleibt insgesamt erfolgsneutral.[1217] Nach § 6 Abs. 5 Satz 3 Nr. 2 EStG erfolgt im Ergebnis lediglich eine „Verschiebung" von Kapital zwischen den einzelnen Bestandteilen der Gesamtbilanz der Mitunternehmerschaft zum Buchwert.[1218] Ein daraus folgender Verlust des Mitunternehmers wird aus steuerlicher Sicht erst im Zeitpunkt der Beendigung seines mitunternehmerischen Engagements realisiert, wirkt sich also infolge des Minderwerts des Anteils erst bei seinem Ausscheiden aus der Personengesellschaft oder bei deren Beendigung aus.[1219] Zudem lässt eine erfolgswirksame Behandlung des Forderungsverzichts in der Bilanz der Mitunternehmerschaft und in der Sonderbilanz des Mitunternehmers die steuerliche Erfolgsneutralität des Verzichtsvorgangs unberührt,[1220] weil sich das Kapitalkonto des Gesellschafters in der Steuerbilanz der Personengesellschaft um den Nennwert der bilanziell noch werthaltigen Schuld erhöht und sich sein Kapitalkonto in der Sonderbilanz betragsgleich verringert.[1221] Bilanziell kommt es zur vollständigen Neutralisierung des Vorgangs.

Bei einem Forderungsverzicht durch einen Mitunternehmer im Rahmen gesellschaftsrechtlicher Veranlassung kann mithin kein steuerbegünstigter Sanierungsgewinn entstehen.[1222] Denn die Überführung der Forderung in das Gesamthandvermögen führt zum Erlöschen von Forderung und Verbindlichkeit durch Konfusion. Raum für die Entstehung eines Sanierungsgewinns verbleibt nicht.[1223] Selbst wenn ein solcher entstünde, wäre er bei gesellschaftsrechtlicher Veranlassung nicht begünstigt, weil eine gesellschaftsrechtliche Veranlassung die Steuerbefreiung des § 3a EStG de lege lata sperrt. Kritisiert wird in diesem Zusammenhang jedoch, dass auch gesellschaftsrechtlich veranlasste, beteiligungsstärkende Entschuldungsmaßnahmen im Zusammenhang mit einer angestrebten Sanierung gewählt werden können, welche die Sanierungsabsicht der Mitunternehmer nicht ausschlössen und danach nicht als rein gesellschaftsrechtlich veranlasst zu qualifizieren seien. Denn für die Sanierungsabsicht des Gesellschafters (Mitunternehmers) sei irrelevant, ob außerhalb der Beteiligung bestehende Geschäftsbeziehungen zur Gesellschaft oder die Beteiligung selbst gesichert werden sollen. Entscheidend sei insoweit nur seine Absicht zur Rettung der

---

1217 *Beutel/Sistermann*, in: Lüdicke/Sistermann, Unternehmenssteuerrecht, § 18 Rn. 48; *Wacker*, in: Schmidt, EStG 42. Aufl. 2023, § 15 Rz. 550; *Kahle*, BB 2023 1771 (1774); *Kubik/Münch*, BB 2022, 555 (557); *U. Prinz*, FR 2019, 789 (799).

1218 *Beutel/Sistermann*, in: Lüdicke/Sistermann, Unternehmenssteuerrecht, § 18 Rn. 48; *Kahle*, BB 2023 1771 (1774); *Kubik/Münch*, BB 2022, 555 (557); *Wacker*, in: Schmidt, EStG 42. Aufl. 2023, § 15 Rz. 550.

1219 *U. Prinz*, FR 2019, 789 (799); *Schwahn/Vogel*, in: Lüdicke/Sistermann, Unternehmenssteuerrecht, 2. Abschnitt § 5 Rn. 27.

1220 *U. Prinz*, FR 2019, 789 (799).

1221 *Wacker*, in: Schmidt, EStG 42. Aufl. 2023, § 15 Rz. 550; *Pyszka*, BB 1998, 1557; differenzierende Ansicht bei Forderungserwerb unter Nennwert, etwa *Ley*, KÖSDI 2005, 14815, 14823.

1222 *Kanzler*, in: Kanzler/Kraft/Bäuml/Marx/Hechtner/Geserich, § 3a EStG Rn. 71, 8. Aufl., Stand: 01.01.2023; a.A. *Förster/Hechtner*, DB 2017, 1536 (1539).

1223 *Kanzler*, in: Kanzler/Kraft/Bäuml/Marx/Hechtner/Geserich, § 3a EStG Rn. 71, 8. Aufl., Stand: 01.01.2023.

Gesellschaft.[1224] Diese Absicht würde eine betriebliche Motivation indizieren und müsse daher von den Fällen ausschließlich gesellschaftsrechtlicher Veranlassung abgegrenzt werden.
Diese Ansicht greift jedoch zu kurz, denn sie lässt die Bedeutung der engen persönlichen Verbundenheit des Gesellschafters zu seiner Personengesellschaft unberücksichtigt bzw. verkennt deren Stellenwert. Diese besondere Verbundenheit von Gesellschafter und Personengesellschaft im personengesellschaftsrechtlichen Kontext ist eine typusstrukturelle rechtsformspezifische Besonderheit. Sie ist zudem wesensprägend für das Besteuerungsregime und hat sich auf die transparente Besteuerung von Personengesellschaften ausgewirkt und diese nachhaltig manifestiert. Hintergrund dieser Verfahrensweise ist die Wesenseigenart der Personengesellschaft als Zusammenschluss von zwei oder mehreren Gesellschaftern, die in steuerlicher Hinsicht als Mitunternehmer das Risiko der gemeinsamen Unternehmung gemeinschaftlich tragen und die dafür erforderliche Initiative entfalten. Diese enge persönliche Verbundenheit macht zudem das spezifische, zugleich kardinale Kernelement der Personengesellschaft aus. Als Ertragsteuersubjekt existiert die Personengesellschaft[1225] gerade nicht. Das bedeutet aber auch, dass sich ein durch den Gesellschafter gegenüber der Gesellschaft erklärter Verzicht für sich genommen nicht als Verzicht zwischen verschiedenen Ertragsteuersubjekten darstellt, sondern im Grundsatz dieselbe Steuerebene betrifft. Es wäre steuersystematisch verfehlt, insoweit eine Gleichstellung mit der Kapitalgesellschaft herbeiführen zu wollen, weil bei dieser zwischen Gesellschafter und (Kapital-)Gesellschaft nach dem Trennungs- oder Intransparenzprinzip stets zu unterscheiden und von verschiedenen Ertragsteuersubjekten auszugehen ist. Diesen gänzlich unterschiedlichen Besteuerungsregimes ist auch bei der Frage nach der Anwendbarkeit der Steuerbefreiung des § 3a EStG im Zusammenhang mit einem Mitunternehmerverzicht Rechnung zu tragen.

#### bb. Betriebliche Veranlassung bei Gläubigerakkord

Ein zumindest grundsätzlich vom Anwendungsbereich des § 3a Abs. 2 EStG erfasster Forderungsverzicht eines Mitunternehmers könnte lediglich bei genuin eigenbetrieblicher Veranlassung des Verzichts denkbar sein.[1226] Rechtsfolge eines Mitunternehmerverzichts aus eigenbetrieblichen Gründen wäre zunächst die unterschiedliche Behandlung des werthaltigen und des wertlosen Anteils der Forderung.[1227] In Höhe des werthaltigen Teils läge bei der Personengesellschaft eine Einlage und beim Gesellschafter eine Entnahme in der Sonderbilanz

---

1224 *Förster/Hechtner*, DB 2017, 1536 (1539, 1540).
1225 Anders etwa für die Gewerbesteuer.
1226 *Kanzler*, in: Kanzler/Kraft/Bäuml/Marx/Hechtner/Geserich, § 3a EStG Rn. 70, 8. Aufl., Stand: 01.01.2023: „Nur der seltene sanierungsbedingte Forderungsverzicht eines Gesellschafters aus eigenbetrieblichem Interesse (...) führt zu einem steuerpflichtigen Sanierungsertrag hinsichtlich des nicht werthaltigen Teils der Forderung.".
1227 *Eberhard*, in: Beck'sches Handbuch der Personengesellschaften, 5. Aufl. 2020, § 12 Rn. 70; *Förster/Hechtner*, DB 2017, 1536 (1539); *Gras/Epler*, in: Nerlich/Kreplin/Rhode, Münchener Anwaltshandbuch Insolvenz und Sanierung, 4. Aufl. 2023, § 5 Rn. 106; *Kubik/Münch*, BB 2022, 555 (557).

vor.[1228] In Höhe des wertlosen Teils entstünde bei der Personengesellschaft ein Ertrag und bei dem Gesellschafter in gleicher Höhe ein Aufwand in der Gewinn- und Verlustrechnung des Sonderbereichs (Sonderbilanz).[1229] Es stellt sich jedoch auch insoweit die Frage, ob bei einem Verzicht auf eine im Sonderbetriebsvermögen des Gesellschafters aktivierte Forderung gegenüber der Mitunternehmerschaft unter Berücksichtigung der Grundsätze der additiven Gewinnermittlung überhaupt ein durch § 3a EStG privilegierter Sanierungsgewinn entstehen kann. Im Zusammenhang damit ist zudem zu erörtern, ob ein Mitunternehmerverzicht aus eigenbetrieblichen Gründen ohne eine gleichzeitige gesellschaftsrechtliche Veranlassung überhaupt möglich ist. Umstritten ist zunächst, ob ein Mitunternehmer auf eine Forderung gegen seine Gesellschaft aus eigenbetrieblicher [1230] und nicht zugleich auch aus gesellschaftsrechtlicher Veranlassung heraus verzichten kann, ob also ein Mitunternehmerverzicht auf eine Forderung des Sonderbetriebsvermögens von einer gesellschaftsrechtlichen (Mit)Veranlassung und damit von seinem grundsätzlich gesellschaftsrechtlichen Charakter abgespalten werden kann. Einschlägige höchstrichterliche Rechtsprechung zur Frage eigenbetrieblicher Veranlassung eines Forderungsverzichts eines Mitunternehmers fehlt bislang.[1231] Vertreten wird dazu im Schrifttum jedoch, dass ein Forderungsverzicht durch einen Mitunternehmer aus betrieblichen Gründen – nachweisbar etwa bei Verzicht sämtlicher, auch externer Gläubiger im Rahmen eines Gläubigerakkords – erfolgen und sich in Höhe des werthaltigen Teils als Einlage bei der Mitunternehmerschaft und als Entnahme beim Mitunternehmer ausdrücken könne.[1232] Hinsichtlich des nicht werthaltigen Teils der Forderung entstehe bei der Mitunternehmerschaft ein Ertrag, der nach Maßgabe der gesellschaftsrechtlichen Vereinbarungen entweder sämtlichen Gesellschaftern nach dem jeweils vereinbarten Gewinnverteilungsschlüssel oder nur dem verzichtenden Mitunternehmer zuzurechnen sei.[1233] Soweit die Erhöhung des Kapitals der Personengesellschaft allein dem kapitalüberlassenden und verzichtenden Gesellschafter zuzurechnen ist, erhöht dies indes nur sein Kapitalkonto in der Steuerbilanz der Personengesellschaft.[1234] Die Gegenauffassung lehnt die Möglichkeit einer von der gesellschaftsrechtlichen Veranlassung abtrennbaren betrieblichen

[1228] *Eberhard*, in: Beck'sches Handbuch der Personengesellschaften, 5. Aufl. 2020, § 12 Rn. 70.
[1229] *Gras/Epler*, in: Nerlich/Kreplin/Rhode, Münchener Anwaltshandbuch Insolvenz und Sanierung, 4. Auflage 2023, § 5 Rn. 106; *Eberhard*, in: Beck'sches Handbuch der Personengesellschaften, 5. Aufl. 2020, § 12 Rn. 70; *Knobbe-Keuk*, Bilanz- und Unternehmenssteuerrecht, 9. Aufl., § 11 V; *Pyszka*, BB 1998, 1557 (1559); *Schwahn/Vogel*, in: Lüdicke/Sistermann, Unternehmenssteuerrecht, 2. Abschnitt § 5 Rn. 28.
[1230] wie von § 3a Abs. 2 EStG de lege lata gefordert.
[1231] *Erhardt/Zeller*, DStR 2012, 1636 (1636); *Kubik/Münch*, BB 2022, 555 (557); *U. Prinz*, FR 2019, 789 (799); *Pyczka*, BB 1998, 1557 (1558); *Wacker*, in: Schmidt, EStG, EStG 42. Aufl. 2023, § 15 Rz. 550, der auf die für die Kapitalgesellschaft geltende Rechtsprechung verweist; ebenso *Krumm*, in: Kirchhof/Seer EStG, 22. Aufl. 2023, § 15 Rz. 331; BFH, Urt. v. 12.12.1996 - IV R 77/93 - BFHE 183, 379 - FR 1998, 155 mit Bezugnahme auf die gesellschaftsrechtliche Veranlassung.
[1232] *U. Prinz*, FR 2019, 789 (799).
[1233] *U. Prinz*, FR 2019, 789 (799); *Kahle*, BB 2023, 1771 (1773); *Schwahn/Vogel*, in: Lüdicke/Sistermann, Unternehmenssteuerrecht, 2. Abschnitt § 5 Rn. 27.
[1234] *Schwahn/Vogel*, in: Lüdicke/Sistermann, Unternehmenssteuerrecht, 2. Abschnitt § 5 Rn. 27; *Wacker* in: Schmidt EStG 42. Aufl. 2023, § 15 Rn. 550.

Veranlassung auch in diesen Fällen gänzlich ab.[1235] Verwiesen wird darauf, dass der Gesellschaftsanteil steuerrechtlich ausnahmslos dem "Betrieb" des Mitunternehmers zuzuordnen sei, was aus der Gleichstellung der Besteuerung des Mitunternehmers in § 15 Abs. 1 Satz 1 Nr. 2 EStG mit der Besteuerung des Einzelunternehmers im Sinne des § 15 Abs. 1 Satz 1 Nr. 1 EStG folge.[1236] Danach könne bei Hingabe eines Wirtschaftsguts und einem anschließend erklärten Verzicht auf die Rückgabe bzw. Rückzahlung nicht zwischen eigenbetrieblicher oder gesellschaftsrechtlicher Veranlassung unterschieden werden, weil der Gesellschaftsanteil den Betrieb des Mitunternehmers darstelle.[1237] In steuerbilanzieller Hinsicht sei für den Forderungsverzicht eines Gesellschafters stets die Überführungsregelung des § 6 Abs. 5 Satz 3 Nr. 2 EStG heranzuziehen, der als Spezialregelung für die Übertragung von Wirtschaftsgütern zwischen dem Sonderbetriebs- und dem Gesamthandvermögen die Annahme einer betrieblichen Veranlassung des Gesellschafters grundsätzlich suspendiere.[1238] Lediglich im Zusammenhang mit einem Gläubigerakkord könne demnach eine betriebliche Veranlassung anzunehmen sein. Diese Auffassung für Gesellschafterverzichtsfälle im Zusammenhang mit dem Verzicht anderer externer Gläubiger (Gläubigerakkord) erscheint anerkannt. Gleichwohl verfangen auch insoweit die steuerbilanziellen Besonderheiten der Personengesellschaft. Ein Sanierungsgewinn mag auf der ersten Stufe der additiven Gewinnermittlung bei der Mitunternehmerschaft entstehen. Gleichzeitig entsteht ein Aufwand bei dem verzichtenden Mitunternehmer auf zweiter Stufe der additiven Gewinnermittlung. Im Saldo ergibt sich trotz Bejahung eigenbetrieblicher Verzichtsveranlassung keine Gewinnauswirkung. Die Steuerbefreiung nach § 3a EStG kommt nicht zum Tragen.

### cc. Betriebliche Veranlassung bei Forderungsverzicht außerhalb Gläubigerakkords

Vertreten wird darüber hinaus, dass eine betriebliche Veranlassung des Forderungsverzichts auch in Fällen vorliegen könne, in denen kein Gläubigerakkord die Sanierungsabsicht und damit die betriebliche Veranlassung indiziere.[1239] Etwa gäbe es bei ausreichender Forderungsbesicherung zugunsten außenstehender Gläubiger wie Banken und Lieferanten keine Veranlassung für diese, auf ihre Forderungen zu verzichten. Der Verzicht des Gesellschafters sei in derartigen Fällen die einzige Möglichkeit, eine erfolgreiche Sanierung zu bewerkstelligen.[1240] Eine betriebliche Veranlassung könne zudem auch dann zu bejahen sein, wenn Geschäftsbeziehungen zur Gesellschaft bestünden, deren Erhalt durch den Schuldenerlass

[1235] *Uhländer*, DB 2017, 2761.
[1236] *Uhländer*, DB 2017, 2761 dort Fußnote 71; zur Gleichstellung eingehend auch bei *Chr. Krüger*, Die Übertragung von Wirtschaftsgütern bei Personengesellschaften, 2019, S. 35; zur Gleichstellung in grundsätzlicher Hinsicht, *Stöber*, in: BeckOGK HGB, 1.11.2022, § 247 Rn. 99.
[1237] *Uhländer*, DB 2017, 2761 dort Fußnote 71.
[1238] *Uhländer*, DB 2017, 2761 dort Fußnote 71.
[1239] *Förster/Hechtner*, DB 2017, 1536 (1539); so wohl auch *Nagel*, Die Sanierungsfeindlichkeit, 2015, S. 103, der die Voraussetzungen einer betrieblichen Veranlassung jedoch im Ergebnis offen lässt.
[1240] *Schwenker/Fischer*, DStR 2010, 1117 (1118) – allerdings mit Bezug auf die Kapitalgesellschaft.

des Gesellschafters und die damit verfolgte Sanierung Primärziele des verzichtenden Gesellschafters seien.[1241] Jenseits des vorgenannten Gesellschafterverzichts im Rahmen eines Gläubigerakkords sind also auch andere Verzichtskonstellationen, etwa der alleinige Verzicht durch einen oder mehrere Gesellschafter, denkbar. Hierbei sollen nachfolgend drei Grundfälle dargestellt, unterschieden und im Hinblick auf eine etwaige Anwendbarkeit des § 3a EStG untersucht werden.

**aaa. Fall 1: Forderung im Sonderbetriebsvermögen**

In dem ersten Grundfall ist davon auszugehen, dass die Verzichtsforderung im Sonderbetriebsvermögen des Gesellschafters aktiviert ist. Spiegelbildlich dazu ist in gleicher Höhe eine Verbindlichkeit im Gesamthandsvermögen der Gesellschaft passiviert. Der Gesellschafter-Gläubiger verzichtet außerhalb eines Gläubigerakkords auf seine Forderung gegen die Personengesellschaft. Eine Meinung geht in diesem Fall davon aus, dass der alleinige Verzicht des Mitunternehmers (außerhalb Gläubigerakkords) stets aus gesellschaftsrechtlichen Gründen erfolge und daher stets zur Einlage der Forderung in das Gesamthandvermögen führe und ein steuerfreier Sanierungsgewinn daher nicht entstehen könne. [1242] Die gesellschaftsrechtliche Veranlassung sperre gleichsam eine nach § 3a EStG erforderliche betriebliche Veranlassung und verhindere die Steuerbefreiung des verzichtsbedingt entstehenden Gewinns. Darüber hinaus verbleibe auch wegen der durch den Verzicht ausgelösten Buchwertübertragung nach § 6 Abs. 5 Satz 3 Nr. 2 EStG und der generellen Unzulässigkeit einer vorherigen Abwertung der Forderung im Sonderbetriebsvermögen[1243] kein Raum für die Entstehung eines Sanierungsgewinns. Eine Gegenmeinung will die Möglichkeit einer betrieblichen Veranlassung eines Mitunternehmerverzichts außerhalb eines Gläubigerakkords in diesem Fall zulassen. Es sei nicht einzusehen, aus welchem Grund der Forderungsverzicht eines Mitunternehmers, der keine gesellschaftsrechtliche Einlage darstelle, sondern Bestandteil einer Sanierung sei, anders zu behandeln sei als der Verzicht eines externen Gläubigers.[1244] Soweit der Mitunternehmerverzicht in derartigen seltenen Fällen[1245] aus betrieblichen Gründen erfolge, müsse er sich beim Mitunternehmer erfolgswirksam auswirken.[1246] Dann bewirke der eigenbetrieblich veranlasste Forderungsverzicht des

---

1241 *Förster/Hechtner*, DB 2017, 1536 (1539), die insoweit stets auf die Sanierungsabsicht des Gesellschafters abstellen; *Niehus/Wilke*, in: Herrmann/Heuer/Raupach, EStG/KStG, 319. Lieferung 07/2023, § 6 EStG Rn. 1610 „Forderungsverzicht".

1242 *Uhländer*, DB 2017, 2761 (2767), der insoweit keine differenzierende Betrachtung vornimmt.

1243 S.o. unter C. III. 3. c.

1244 *Knobbe-Keuk*, Bilanz- und Unternehmenssteuerrecht, 9. Aufl., § 10 I, S. 379; *Pyszka*, BB 1998, 1557 (1559).

1245 *U. Prinz*, FR 2019, 789 (799); *Schwahn/Vogel*, in: Lüdicke/Sistermann, Unternehmenssteuerrecht, 2. Abschnitt § 5 Rn. 28; *Töben/Lohbeck/Specker*, NWB 2009, 1484 (1488) „ausnahmsweise aus eigenbetrieblichen Interessen des Gesellschafters".

1246 *Kanzler*, in: Kanzler/Kraft/Bäuml/Marx/Hechtner/Geserich, § 3a EStG Rn. 70, 8. Aufl., Stand: 01.01.2023; *Knobbe-Keuk*, Bilanz- und Unternehmenssteuerrecht, 9. Aufl., § 10 I, S. 379; so auch Pyszka, BB 1998, 1557 (1559); *Schwahn/Vogel*, in: Lüdicke/Sistermann, Unternehmenssteuerrecht, 2. Abschnitt § 5 Rn. 28.

Gesellschafters einen Aufwand in der Sonderbilanz des Mitunternehmers und einen Ertrag im Gesamthandsvermögen der Personengesellschaft.[1247]

Ausgehend von der Prämisse, dass eine betriebliche Veranlassung etwa zur Aufrechterhaltung von Geschäftsbeziehungen grundsätzlich auch bei Verzicht auf Forderungen des Sonderbetriebsvermögens außerhalb Gläubigerakkords möglich sein könnte, ergibt sich im Zusammenhang mit der Rechtsform der Personengesellschaft eine der transparenten Besteuerung wesenstypische Besonderheit, die für die Anwendbarkeit des § 3a EStG relevant ist und nicht außer Acht gelassen werden darf: Denn zumindest dann, wenn der durch den Verzicht ausgelöste Gewinn dem verzichtenden Gesellschafter-Gläubiger allein zugerechnet wird,[1248] wird der durch den Verzicht ausgelöste Ertrag im Gesamthandsvermögen durch den in gleicher Höhe im Sonderbereich des Mitunternehmers ausgelösten Verlust auf zweiter Stufe der Gewinnermittlung neutralisiert. Dies gilt im Grundsatz unterschiedslos im Falle betrieblicher oder gesellschaftsrechtlicher Veranlassung für den jeweils nicht mehr werthaltigen Teil der Forderung. Insoweit ergibt sich für die Frage der Steuerbefreiung letztlich kein Raum. Diese Folge ergibt sich zudem insbesondere deshalb, weil eine Abwertung der in der Sonderbilanz enthaltenen Mitunternehmerforderung, wie an anderer Stelle dargestellt[1249], unzulässig ist.[1250] Der Nominalwert der Mitunternehmerforderung steht dem Nominalwert der Gesellschaftsverbindlichkeit bei Ausbuchung gegenüber. Bei der Personengesellschaft als Sanierungsunternehmen kann sich unter dieser Voraussetzung nach den Grundsätzen der korrespondierenden Bilanzierung und additiven Gewinnermittlung grundsätzlich kein durch § 3a EStG steuerbefreiter Sanierungsgewinn ergeben. Die neutralisierende Wirkung der korrespondierenden Bilanzierung und der additiven Gewinnermittlung müssten durchbrochen werden, um Raum für die Anwendbarkeit des § 3a EStG zu schaffen. Etwas Anderes könnte sich etwa nur dann ergeben, wenn der sich auf erster Stufe der Gewinnermittlung auswirkende Gewinn der Personengesellschaft steuerfrei wäre[1251] und der sich auf zweiter Stufe auswirkende Ausbuchungsaufwand beim Mitunternehmer gleichwohl als Verlust anerkannt würde. Nur unter dieser Voraussetzung käme es zu einer steuerlichen Auswirkung des vom Mitunternehmer durch seinen Verzicht ausgelösten, betrieblich veranlassten

---

[1247] *Knobbe-Keuk*, Bilanz- und Unternehmenssteuerrecht, 9. Aufl., § 11 V; *U. Prinz*, FR 2019, 789 (799); *Schwahn/Vogel*, in: Lüdicke/Sistermann, Unternehmenssteuerrecht, 2. Abschnitt § 5 Rn. 28; *Töben/Lohbeck/Specker*, NWB 2009, 1484 (1488).

[1248] Grundfall nach *Schwahn/Vogel*, in: Lüdicke/Sistermann, Unternehmenssteuerrecht, 2. Abschnitt § 5 Rn. 27.

[1249] S.o. unter C. III. 3. c.

[1250] BFH, Urt. v. 16.3.2017 - IV R 1/15 - DStR 2017, 1151; BFH, Beschl. v. 9.12.2009 - IV B 129/08 - BFH/NV 2010, 640; BFH, Urt. v. 5.6.2003 - IV R 36/02 - BStBl II 2003, 871 - DStR 2003, 1650; BFH, Urt. v. 26.9.1996 - IV R 105/94 - BFHE 182, 33 - BStBl II 1997, 277 - DStR 1997, 444; *Erhardt/Zeller*, DStR 2012, 1636; a.A. *Knobbe-Keuk*, Bilanz- und Unternehmenssteuerrecht, 9. Aufl., § 11 II S. 405, 452 die in dem Zeitpunkt, in dem für den Gesellschafter der Verlust des Sonder-Eigenkapitals feststeht auch den steuerlichen Verlust gewähren will.; *Kahle/Hiller*, in: Beck'sches Handbuch der Personengesellschaften, Prinz/Kahle, 5. Auflage 2020 § 6 Rn. 156; *Grützner*, in: Lange/Bilitewski/Götz, Personengesellschaften im Steuerrecht, B V Rn. 869.

[1251] Diese steuerliche Beurteilung ist nicht vorgesehen von vgl. *BR-Drucks.* 59/1/17 S. 16, 17 (noch unter der entwurfsmäßigen Vorstellung eines Antragswahlrechts); vorgesehen ist die Prüfung und Gewährung der Steuerbefreiung auf Ebene des Gesellschafters.

Sanierungsgewinns. Diese Verfahrensweise sieht jedoch weder das durch das Transparenzprinzip geprägte Besteuerungsregime der Personengesellschaft noch die Steuerbefreiung nach § 3a EStG de lege lata vor.

**bbb. Fall 2: Zurechnung des Sanierungsgewinns zu allen Mitunternehmern**

Es stellt sich jedoch die Frage, ob diese bei der Personengesellschaft denkbare Auswirkung vom Gesetzgeber gewollt ist oder ob nicht der durch den Mitunternehmerverzicht erzeugte Gewinn allen Gesellschaftern zuzurechnen sein müsste oder jedenfalls zugerechnet werden könnte. Bei alleiniger Zurechnung zum verzichtenden Gesellschafter käme es entweder zur vollständigen Neutralisation des Sanierungsgewinns bzw. schon durch die Anwendung des § 6 Abs. 5 Satz 3 Nr. 2 EStG nicht zur Entstehung eines Gewinns wie unter Fall 1 gezeigt. Unter der Prämisse einer Nichtanwendung des § 6 Abs. 5 Satz 3 Nr. 2 EStG und bei Zurechnung eines Sanierungsgewinns zu sämtlichen Gesellschaftern könnte sich indes etwas Anderes ergeben. Denn dann stünde die Steuerfreistellung auf Ebene sämtlicher Gesellschafter der Gewinnminderung nur beim Verzichtenden in der Sonderbilanz gegenüber. Insoweit könnte sich die Steuerbefreiung bei den übrigen Gesellschaftern rein theoretisch steuermindernd auswirken. Dieser Fall erscheint jedoch nicht nur gekünstelt, sondern steht auch im Widerspruch zu den Grundprinzipien der Besteuerung von Personengesellschaftern. Für diesen Befund streitet zunächst der Umstand, dass die Steuerfreistellung eines durch Gläubigerverzicht im Rahmen einer Sanierung entstehenden Gewinns eine Privilegierung darstellt, die gerade nur in den engen Grenzen der Sanierungssituation gewünscht und erlaubt ist; im Übrigen also als Ausdruck von Leistungsfähigkeit[1252] zu besteuern wäre. Danach scheint entweder die Überführung der Forderung nach § 6 Abs. 5 Satz 3 Nr. 2 EStG oder die vollständige Neutralisation des Gewinns durch Gegenrechnung des Aufwands im Sonderbereich des verzichtenden Gesellschafters als systemkonsequent. Es gibt keinen einleuchtenden Grund, von der gesellschafterbezogenen Betrachtungsweise nach den Grundsätzen der korrespondierenden Bilanzierung und additiven Gewinnermittlung abzuweichen. Vielmehr erscheint es vor dem Hintergrund der umfassenden Geltung des Transparenzprinzips[1253] zweckangemessen, den Mitunternehmerverzicht genauso zu behandeln wie jeden anderen, isoliert zu betrachtenden Leistungsaustausch zwischen Mitunternehmer und Mitunternehmerschaft, der die spiegelbildlichen Folgen im Sonderbereich des Gesellschafters auslöst. Bei Einlage der Forderung, die zuvor wie dargestellt, nicht abgewertet werden darf, verbleibt insoweit ohnehin kein Raum für eine Gewinnentstehung. Insoweit dürfte dieser denkbare Fall 2 gegen die vorgenannten Grundprinzipien verstoßen und die Grenzen des theoretisch Vorstellbaren daher im Ergebnis nicht verlassen können.

---

1252 S.o. unter B. II. 2.

1253 *Kahle*, in: Beck'sches Handbuch der Personengesellschaften, Prinz/Kahle, 5. Auflage 2020 § 7 Rn. 8; *Krumm*, in: Kirchhof/Seer, EStG, 22. Aufl. 2023, § 15 Rn. 162.

#### ccc. Fall 3: Verzichtsforderung in einem anderen Betriebsvermögen

Denkbar ist jedoch auch der nunmehr folgende dritte Fall. Im dritten Fall soll angenommen werden, dass eine Mitunternehmerforderung gegen die Personengesellschaft nicht dem Sonderbetriebsvermögen des Gesellschafters beim Sanierungsunternehmen zugeordnet wird, sondern einem anderen Betriebsvermögen, etwa seinem Einzelunternehmen. Auch diese Fallkonstellation ist theoretisch denkbar, kollidiert allerdings ebenfalls mit den geltenden Bilanzierungsgrundsätzen. Grundsätzlich ist es möglich und denkbar, die gegen eine Personengesellschaft begründete Forderung des Gesellschafters, zugleich Einzelunternehmers, entweder im Betriebsvermögen seines Einzelunternehmens oder in seinem Sonderbetriebsvermögen bei der Personengesellschaft zu aktivieren. In einer derartigen Konstellation entsteht eine Bilanzierungskonkurrenz, die nach der Rechtsprechung und der überwiegenden Literaturauffassung durch die Qualifikation des § 15 Abs. 1 Satz 1 Nr. 2 Satz 1 Halbsatz 2 EStG als Zurechnungsnorm aufgelöst wird. Danach besteht ein Bilanzierungsvorrang des Sonderbetriebsvermögens vor dem Betriebsvermögen des eigenen Gewerbebetriebs des Gesellschafters (Mitunternehmers).[1254] Die Zuordnung zum bilanziellen Bereich der Personengesellschaft gelte zudem ungeachtet der Rechtsform des Mitunternehmers[1255] und ungeachtet der Höhe seiner Beteiligung[1256] an selbiger. Lediglich nach der heute von der Rechtsprechung nicht mehr vertretenen Subsidiaritätsthese[1257], wonach § 15 Abs. 1 Satz 1 Nr. 2 Satz 1 Halbsatz 2 EStG als Qualifikationsnorm anzusehen sei, deren Aufgabe lediglich in der Umqualifizierung von Einkünften und Wirtschaftsgütern in gewerbliche und betriebliche bestünde, wäre es denkbar, die Forderung seinem Einzelunternehmen zuzuordnen.[1258] Soweit also die Subsidiaritätsthese die bilanzielle Zuordnung etwa eines Darlehens des später verzichtenden Gesellschafters (= Mitunternehmers) zu einem anderen Betriebsvermögen ermöglichen könnte, wäre die Forderung des Gesellschafters schon im Zeitpunkt ihrer Begründung nicht als Sonderbetriebsvermögen zu qualifizieren und danach nicht als Forderung in seiner Sonderbilanz bei der Mitunternehmerschaft zu aktivieren, sondern seinem anderen Betriebsvermögen, nämlich seinem Einzelunternehmen, zuzuordnen. Der Verlust der Forderung im Betriebsvermögen des (eigenen) Einzelunternehmens durch Verzicht gegenüber der Personengesellschaft als Schuldnerin der zugrundeliegenden Verbindlichkeit führte danach zu einem Aufwand im Einzelunternehmen des Gesellschafters, der zugleich

1254 BFH, Urt. v. 18.07.1979 - I R 199/75 - BStBl. II 1979, 750 - BFHE 128, 516; *Kaligin/Dißars* in: Lademann, Kommentar EStG, Stand: 1.3.2023, § 15 Rn. 575; *Kahle/Hiller,* in: Beck'sches Handbuch der Personengesellschaften, Prinz/Kahle, 5. Auflage 2020 § 6 Rn. 177; *M. Schmitz,* NWB 2010, 426 (427).

1255 BFH, Urt. v. 18.07.1979 - I R 199/75 - BStBl. II 1979, 750 - BFHE 128, 516; *Kahle/Hiller,* in: Beck'sches Handbuch der Personengesellschaften, Prinz/Kahle, 5. Auflage 2020 § 6 Rn. 177; *Wenzel,* NWB 2009, 1075 (1076).

1256 *Wacker,* in: Schmidt, EStG 42. Aufl. 2023, § 15 Rz. 534; *Kahle/Hiller,* in: Beck'sches Handbuch der Personengesellschaften, Prinz/Kahle, 5. Auflage 2020 § 6 Rn. 177.

1257 *Söffing,* DB 2007, 1994; *Graf Kerssenbrock,* BB 2000, 763.

1258 *Grottel/Baldamus,* in: Beck Bil-Komm, 12. Aufl. 2020, HGB § 247 Rn. 763; *M. Schmitz,* NWB 2010, 426 (427).

Mitunternehmer des Sanierungsunternehmens ist.[1259] Der Mitunternehmerverzicht würde sich insoweit im Einzelunternehmen des Mitunternehmers gewinnmindernd und in der Gesamthandsbilanz der Personengesellschaft gewinnerhöhend auswirken.[1260] Unter diesen Voraussetzungen wäre die Frage nach der Steuerbefreiung des Sanierungsertrags nach § 3a EStG neu zu beurteilen und präsumtiv anders als in den vorherigen Fällen 1 und 2 zu beantworten. Unter diesen vorstehend dargestellten Voraussetzungen könnte sich der Verlust im eigenbetrieblichen Bereich des Mit-, zugleich Einzelunternehmers resp. verzichtenden Gesellschafters vollends gewinnmindernd auswirken.[1261] Der Sanierungsgewinn bei der Mitunternehmerschaft bliebe demgegenüber nach § 3a EStG steuerfrei. Es käme zu einer steuerlichen Auswirkung der Steuerbefreiung nach § 3a EStG.

Die vorzugswürdige Gegenauffassung vertritt in dieser Fallkonstellation jedoch den Vorrang des Sonderbetriebsvermögens und lehnt eine davon abweichende Zuordnung zu einem anderen Betriebsvermögen des Gesellschafters gänzlich ab. Durch die Begründung der Forderung des Gesellschafters gegenüber seiner Gesellschaft entstehe ein zwingendes Konkurrenzverhältnis zwischen beiden Betriebsvermögenssphären, dem Sonderbetriebsvermögen des Gesellschafters bei der Personengesellschaft und dem Betriebsvermögen des Einzelunternehmens desselben Gesellschafters, das nach überwiegender Ansicht im Sinne des Vorrangs des Sonderbetriebsvermögens[1262] zugunsten der Zuordnung zu diesem aufzulösen ist.[1263] Eine modifizierende Auffassung fügt für den Fall, dass die Forderung des Gesellschafters zuvor nicht dem Sonderbetriebsvermögen zuzuordnen gewesen sein sollte, zu Recht klarstellend und ergänzend hinzu, dass die Nichteinziehung der Forderung bei krisenbedingt drohendem Wertverlust zudem auf Grundlage einer gesellschaftsrechtlichen Entscheidung im Interesse der Gesellschaft getroffen werde, so dass die Forderung bereits durch diese Entscheidung bilanziell in das Sonderbetriebsvermögen des Gesellschafters bei der Personengesellschaft zu überführen wäre.[1264] Insoweit sei auf den gegenüber der Personengesellschaft erklärten Forderungsverzicht durch einen Mitunternehmer auf eine in einem vom Sonderbereich abweichenden eigenen Betriebsvermögen aktivierte Forderung steuerbilanziell ebenfalls die buchwertneutrale Überführungsregelung des § 6 Abs. 5 Satz 3 Nr. 1 EStG[1265] anzuwenden.[1266]

---

[1259] *Knobbe-Keuk*, Bilanz- und Unternehmenssteuerrecht, 9. Aufl., § 10 I, S. 379.

[1260] *Knobbe-Keuk*, Bilanz- und Unternehmenssteuerrecht, 9. Aufl., § 10 I, S. 379, die insoweit zwischen echter Sanierung bei betrieblicher Veranlassung und unechter Sanierung aus gesellschaftlichen Erwägungen unterscheidet.

[1261] Allerdings könnte die Forderung in dieser Konstellation schon bei ihrem ersten Wertverlust nach § 6 Abs. 1 Nr. 2 Satz 2 EStG und der zusätzlichen Voraussetzung dauerhafter Wertminderung abzuwerten sein, so dass sich ein Verlust im Einzelunternehmen des Gesellschafters schon zu einem früheren Zeitpunkt ergeben könnte.

[1262] *Grottel/Baldamus*, in: Beck Bil-Komm, 12. Aufl. 2020, HGB § 247 Rn. 763.

[1263] *Krumm*, in: Kirchhof/Seer EStG, 22. Aufl. 2023, § 15 Rn. 314; *Wacker*, in: Schmidt, EStG 42. Aufl. 2023, § 15 Rz. 534; *Grottel/Baldamus*, in: Beck Bil-Komm, 12. Aufl. 2020, HGB § 247 Rn. 763.

[1264] *Pyszka*, BB 1998, 1557 (1559); *Erhardt/Zeller*, DStR 2012, 1636 (1639); so auch *Nagel*, Die Sanierungsfeindlichkeit, 2015, S. 110.

[1265] Überführung aus einem Betriebsvermögen des Mitunternehmers in das Gesamthandsvermögen einer Mitunternehmerschaft.

[1266] *Erhardt/Zeller*, DStR 2012, 1636 (1638, 1639).

Danach sei von einer Übertragung der Forderung des Gesellschafters auf die Gesellschaft auszugehen, die mit dem Wert anzusetzen sei, der sich nach den Vorschriften über die Gewinnermittlung ergebe, sofern die Besteuerung der stillen Reserven sichergestellt sei. Auf Ebene des Gesellschafters sei eine erfolgsneutrale Übertragung des Wirtschaftsguts „Forderung" aus seinem Betriebsvermögen in das Gesamthandsvermögen der Personengesellschaft vorzunehmen.[1267] Wiederum erlöschen Forderung und Verbindlichkeit durch Konfusion. Einzig eine Abschreibung der Forderung vor der nach § 6 Abs. 5 Satz 3 Nr. 1 EStG „fingierten" Überführung infolge Stehenlassens trotz Kriseneintritts wäre in diesem Fall denkbar und würde im Rahmen der „fingierten" Überführung zu einem Ertrag führen können. Dieser wäre unter den zuvor dargestellten Voraussetzungen jedoch wiederum als „gesellschaftsrechtlich" veranlasst anzusehen.

Nur bei Zugrundelegung der Subsidiaritätsthese und unter Außerachtlassung einer gesellschaftsrechtlichen Veranlassung könnte sich durch den Verzicht des Mitunternehmers also ein steuerfreier Ertrag bei der Mitunternehmerschaft ergeben. Weiterhin könnte sich dadurch ein Aufwand in der Gewinnermittlung des Mitunternehmers, dessen eigenem Betriebsvermögen die Forderung zugeordnet ist, ergeben; jedenfalls dann, wenn man nicht von der zuvor dargestellten fingierten Überführung nach § 6 Abs. 5 Satz 3 Nr. 1 EStG aufgrund des Stehenlassens der Forderung im Kriseneintritt ausgeht. Die Folge wäre die Steuerbefreiung des Sanierungsgewinns nach § 3a EStG bei der Mitunternehmerschaft und die steuerwirksame Gewinnminderung (Verlustentstehung) im eigenbetrieblichen Bereich des Gesellschafters. Dies würde zur Zurechnung eines steuerfreien Sanierungsgewinns aus dem dem verzichtenden Mitunternehmer im Wege der gesonderten und einheitlichen Feststellung zuzurechnenden Gewinnanteil führen. Weiterhin könnte der Mitunternehmer den durch den Verzicht im Einzelunternehmen erzeugten Verlust vollständig zur Verrechnung mit vorhandenen Erträgen nutzen. Diese Verfahrensweise erscheint jedoch wiederum vor dem Hintergrund der engen, persönlichen Verbundenheit zwischen Mitunternehmern und ihrer Personengesellschaft nicht sachgerecht. Insbesondere der Vorrang des Sonderbetriebsvermögens[1268] und das auf dem Transparenzprinzip basierende Besteuerungsregime der Mitunternehmerschaft sprechen gegen eine Anwendung der Subsidiaritätsthese im Sanierungszusammenhang. Weiterhin spricht eine nicht gerechtfertigte Besserstellung der Mitunternehmer mit eigenem Einzelunternehmen gegenüber anderen Mitunternehmern ohne Einzelunternehmen gegen die vorgenannte Behandlung. Letztere hätten nicht die Möglichkeit, ihre Forderung gegen die Personengesellschaft abweichend vom Sonderbetriebsvermögen bei der Personengesellschaft dem Betriebsvermögen des Einzelunternehmens zuzuordnen. Richtigerweise ist daher der

[1267] *Erhardt/Zeller*, DStR 2012, 1636 (1638, 1639).

[1268] ständige Rechtsprechung seit BFH, Urt. v. 18.7.1979 - I R 199/75 - BStBl. II 1979, 750; BFH, Urt. v. 13.7.1993 - VIII R 50/92 - BStBl. II 1994, 282; BFH, Urt. v. 22.11.1995 - VIII R 63/93 - BStBl. II 1996, 93; BFH, Urt. v. 24.11.1998 - VIII R 61/97 - BStBl. II 1999, 483.

Ansicht zu folgen, die die Gesellschafterforderung stets dem Sonderbetriebsvermögen des Mitunternehmers zuordnet, insoweit also einen Vorrang der Zuordnung zum Sonderbetriebsvermögen annimmt und die Subsidiaritätsthese ablehnt. Zudem ist die dargestellte modifizierende Auffassung[1269] im sanierungsrechtlichen Kontext zu beachten: Wenn der Gesellschafter eine Forderung gegen seine Gesellschaft nicht realisiert, sondern fortbestehen lässt, gleichgültig, ob die Forderung auf einem Darlehensvertrag basiert oder aus einem anderen Leistungsaustausch resultiert, ist diese spätestens durch die Nichtrealisation bei Kriseneintritt infolge einer jedenfalls zu einem erheblichen Teil gesellschaftsrechtlich veranlassten Entscheidung als Forderung des Sonderbetriebsvermögens zu qualifizieren. Am Beispiel einer Darlehenshingabe wird dies besonders deutlich. Hat der Gesellschafter seiner Gesellschaft ein Darlehen zur Verfügung gestellt, das der Personengesellschaft zur Aufrechterhaltung des operativen Geschäfts dienen soll, ist eine Zuordnung zu einem anderen Betriebsvermögen des Gesellschafters zwar theoretisch denk- und bilanziell ohne weiteres darstellbar, dem materiellen Inhalt und der bilanziellen Reichweite des Sonderbetriebsvermögens[1270] folgend ist dies jedoch unter Beachtung der maßgeblichen steuerrechtlichen Kategorien nicht gewollt. Das Stehenlassen der Forderung als Förderbeitrag des Gesellschafters begründet bereits einen sachlichen Zusammenhang zur Sphäre der Personengesellschaft. Denn unter Fremdvergleichsgrundsätzen würde ein fremder Dritter auf die Realisation der Forderung naturgemäß nicht ohne weiteres verzichten. Insoweit ist es nicht verfehlt, das Stehenlassen in Form des Nichteinforderns der Forderung als gesellschaftsrechtlich veranlasst anzusehen, wodurch gerade im hier dargestellten dritten Fall die von § 3a EStG geforderte betriebliche Veranlassung schon von vornherein entfiele. Zudem ergibt sich in diesem Zusammenhang eine weitere Besonderheit. Würde die Gestaltung zugunsten der bilanziellen Zuordnung zum Betriebsvermögen des Einzelunternehmens des Mitunternehmers zugelassen, von dem Bilanzierungsvorrang zum Sonderbetriebsvermögen abgesehen und gleichsam von der Entscheidung des Gesellschafters bzw. Mitunternehmers abhängen, ergäbe sich für den Mitunternehmer die Möglichkeit der Gründung eines Einzelunternehmens, um die Forderung gegenüber der Gesellschaft in das Betriebsvermögen des Einzelunternehmens zu überführen und auf diese Weise die steuerrechtlichen Folgen der bei der Mitunternehmerschaft geltenden korrespondierenden Bilanzierung zu umgehen. Jenseits eindeutigen Gestaltungsmissbrauchs nach § 42 AO könnte diese Darstellungsweise auch dann nicht verhindert werden, wenn sie primär den Zweck einer vom Sonderbetriebsvermögen abweichenden Zuordnung der Forderung erfolgte. Das Bilanzierungs- und Besteuerungsregime der Personengesellschaft verfolgt jedoch das Ziel, Gesellschafter einer Personengesellschaft

---

[1269] *Pyszka*, BB 1998, 1557 (1559); *Erhardt/Zeller*, DStR 2012, 1636 (1639); *Nagel*, Die Sanierungsfeindlichkeit, 2015, S. 110.
[1270] insoweit Sonderbetriebsvermögen I.

steuerlich mit Einzelunternehmern gleichzustellen.[1271] Um Sinn und Zweck dieser Besteuerungssystematik nicht zu konterkarieren, sind Rechtsauffassungen, die derartige systemunterminierende Gestaltungspraktiken zulassen, im Allgemeinen abzulehnen und führen auch in der besonderen Sanierungssituation nicht zu einer Verbesserung der Sanierungschancen.

#### dd. Stellungnahme zum Gesellschafterforderungsverzicht bei Personengesellschaften

Die dargestellten drei Fälle im Zusammenhang mit der Frage einer eigenbetrieblichen Veranlassung des Mitunternehmerverzichts haben gezeigt, dass für die Steuerbefreiung nach § 3a EStG im Zusammenhang mit dem Mitunternehmerverzicht kein Raum verbleibt. Anders als bei der Kapitalgesellschaft, deren Besteuerungsregime dem Trennungsprinzip[1272] folgt und einen ertragsteuerlichen Zugriff auf zwei Ebenen, namentlich Gesellschaftsebene und Gesellschafterebene, erlaubt, handelt es sich bei der Mitunternehmerschaft im Hinblick auf den Verbund von Gesellschaft und Gesellschafter aus ertragsteuerlicher Perspektive um eine betriebliche, gleichsam wirtschaftliche und ertragsteuerliche Einheit, die den ertragsteuerlichen Zugriff bei den Mitunternehmern vorsieht. Historisch geht dies zurück auf die für zivil- und steuerrechtliche Zwecke vorgenommene Differenzierung zwischen rechtsfähigen juristischen Personen und nicht-rechtsfähigen Personengesellschaften. In dieser im Ausgangspunkt zivilrechtlich veranlassten Unterscheidung ist die Begründung dafür zu finden, dass die Personengesellschaft schon seit Inkrafttreten des Preußischen EStG (PrEStG) im Jahr 1891 nicht als Ertragsteuersubjekt und damit weder als einkommensteuerpflichtig noch als körperschaftsteuerpflichtig angesehen wird.[1273] Ihren Ausdruck findet diese für die Personengesellschaft geltende Betrachtungsweise im Transparenzprinzip, das zugleich Ausgangs- und Kristallisationspunkt der Beurteilung von Verzichtskonstellationen im Zusammenhang mit der Personengesellschaft ist. Aus diesem Grund und mit Blick auf die allgemeine Steuerrechtssystematik ist eine Trennung der betrieblichen Sphären bei sämtlichen Leistungsbeziehungen zwischen Mitunternehmern und Mitunternehmerschaft (Personengesellschaft) nicht gerechtfertigt. Dies zeigt sich besonders eindrücklich an der Qualifikation des Sonderbetriebsvermögens als dem Gesellschafter zurechenbares Vermögen der Mitunternehmerschaft. Für den Verzicht eines Mitunternehmers auf eine Forderung gegen die Mitunternehmerschaft muss daher folgendes gelten: Ein Mitunternehmerforderungsverzicht im Rahmen gesellschaftsrechtlicher Veranlassung erzeugt keinen Sanierungsgewinn im Sinne

---

[1271] *Chr. Krüger*, Die Übertragung von Wirtschaftsgütern bei Personengesellschaften, 2019, S. 35; *Stöber*, in: BeckOGK HGB, 1.11.2022, § 247 Rn. 99.

[1272] *Krumm*, in: Kirchhof/Seer EStG, 22. Aufl. 2023, § 15 Rn. 162; *Chr. Krüger*, Die Übertragung von Wirtschaftsgütern bei Personengesellschaften, 2019, S. 34.

[1273] Eingehend dazu *Chr. Krüger*, Die Übertragung von Wirtschaftsgütern bei Personengesellschaften, 2019, S. 34 m.w.N.

des § 3a Abs. 1 EStG.[1274] Die Überführung der Forderung in das Gesamthandsvermögen führt zum Erlöschen von Forderung und Verbindlichkeit durch Konfusion.[1275] Ein Sanierungsgewinn kann insoweit nicht entstehen.[1276] Dies gilt nach § 6 Abs. 5 Satz 3 Nr. 2 EStG, wenn die Forderung dem Sonderbetriebsvermögen des Gesellschafters zugeordnet ist, was den Regelfall darstellen dürfte. Gleiches gilt nach § 6 Abs. 5 Satz 3 Nr. 1 EStG, wenn die Forderung einem eigenen, vom Betrieb der Personengesellschaft getrennten Betriebsvermögen des Gesellschafters zugeordnet sein sollte, was indes nur unter Anwendung der Subsidiaritätsthese und damit entgegen der überwiegenden Auffassung, die eine Zuordnung zum Sonderbetriebsvermögen befürwortet, möglich wäre. Auch in diesem Fall führt das Nichteinfordern der Forderung im Krisenzeitpunkt jedoch zu einer gesellschaftsrechtlichen Veranlassung und versperrt damit auf diese Weise die Anwendung der Steuerbefreiung nach § 3a EStG. Im Zusammenhang mit dem Verzicht externer Gläubiger (Akkordverzicht) kann indes auch für die Mitunternehmer im Grundsatz und ebenso wie bei den Gesellschaftern einer Kapitalgesellschaft von einer betrieblichen Verzichtsveranlassung ausgegangen werden. Gleichwohl gibt es aufgrund der additiven Gewinnermittlung bei der Personengesellschaft keinen Raum für die Steuerbefreiung nach § 3a EStG. Theoretische Fallkonstellationen lassen sich finden, für die jedoch der zuvor erwähnte gemeinsame Befund gilt. Zwar lassen sich auch Gründe für eine betriebliche Veranlassung des Mitunternehmerverzichts konstruieren, die eine Qualifikation des Verzichts als betrieblich und nicht als gesellschaftsrechtlich erlauben. Allerdings entsteht infolge der für die Personengesellschaft geltenden bilanziellen Regeln der korrespondierenden Bilanzierung und der daraus resultierenden Spiegelbildlichkeit von Mitunternehmerforderung und Gesellschaftsverbindlichkeit, ebenso wie aufgrund der Regeln der additiven Gewinnermittlung bei Erlöschen der Forderung infolge des erklärten Verzichts kein Sanierungsgewinn, der eine Steuerbefreiung nach § 3a EStG auslösen könnte. Insoweit ergibt sich für die Personengesellschaft bzw. Mitunternehmerschaft als Sanierungsunternehmen der abschließende Befund, dass ein Sanierungsgewinn durch einen erklärten Gesellschafterforderungsverzicht weder bei gesellschaftsrechtlicher noch bei betrieblicher Verzichtsveranlassung entstehen und die Steuerbefreiung nach § 3a EStG danach nicht zum Tragen kommen kann.[1277]

---

1274 *Kanzler*, in: Kanzler/Kraft/Bäuml/Marx/Hechtner/Geserich, § 3a EStG Rn. 71, 8. Aufl., Stand: 01.01.2023; a.A. *Förster/Hechtner*, DB 2017, 1536 (1539).

1275 *Kanzler*, in: Kanzler/Kraft/Bäuml/Marx/Hechtner/Geserich, a.a.O.; *U. Prinz*, FR 2019, 789 (799).

1276 *Kanzler*, in: Kanzler/Kraft/Bäuml/Marx/Hechtner/Geserich, a.a.O.; *Buth/Hermanns*, in: Buth/Hermanns, Restrukturierung, Sanierung, Insolvenz, 5. Aufl. 2022, § 46 Rn. 124.

1277 In diesem Sinne auch *Kahle*, BB 2023 1771 (1774); *Kubik/Münch*, BB 2022, 555 (559); *Uhländer*, DB 2017, 2761 (2767); a.A. *Förster/Hechtner*, DB 2017, 1536 (1539).

## IV. Gewinnmindernde Ausübung steuerlicher Wahlrechte

Im nachfolgenden Abschnitt der Untersuchung ist nunmehr eine gesetzliche Neuerung und zugleich steuerrechtliche Besonderheit zu untersuchen. Diese ist in § 3a Abs. 1 Satz 2 EStG geregelt. Es handelt sich dabei um die obligatorische Anordnung der Ausübung gewinnmindernder steuerlicher Wahlrechte im Sanierungs- und im Folgejahr zur Hebung stiller Lasten und zur Aufdeckung von mit dem Sanierungsgewinn zu verrechnenden Verlustvolumina als Modifikation der Gewinnermittlungsvorschriften,[1278] die gegenüber der Rechtslage unter Geltung des sog. Sanierungserlasses im Wesentlichen neu ist.[1279] Diese Regelung erfordert im Hinblick auf die gewünschte Implementierung eines wirkungsvollen Sanierungssteuerrechts eine nähere Betrachtung und zugleich kritische Analyse.

Ausweislich der Gesetzesbegründung ist der Wahlrechtsausübungszwang nach § 3a Abs. 1 Satz 2 und Satz 3 EStG notwendig, um ein größtmögliches Verlustausgleichspotenzial nach § 3a Abs. 3 EStG zu schaffen, das dem Sanierungsgewinn als Verrechnungsgröße gegenüber zu stellen ist.[1280] Ziel der umfassenden Verlustverrechnung ist die Vermeidung einer Doppelbegünstigung des Sanierungsunternehmens.[1281] Dabei soll § 3a Abs. 1 Satz 2 EStG die Ausübung steuerlicher Wahlrechte zur Erzeugung von Verlusten erzwingen, damit das Sanierungsunternehmen nicht im Rahmen der Sanierung von einer Steuerbefreiung profitieren und gleichzeitig Verluste über den Sanierungszeitraum hinweg für eine spätere Gestaltung gleichsam konservieren kann. Regelbeispielhaft wird in § 3a Abs. 1 Satz 3 EStG auf die Teilwertabschreibungen nach § 6 Abs. 1 Nr. 1 Satz 2 und Nr. 2 Satz 2 EStG bei dauerhaft niedrigeren Teilwerten von Anlage- und Umlaufvermögen verwiesen. Eine darüber hinaus gehende ausdrückliche Benennung der zwingend auszuübenden Wahlrechte sieht das Gesetz nicht vor. Die normative Reichweite und der konkrete Anwendungsbereich der als auf den ersten Blick „befremdlich wirkend“[1282] bezeichneten Regelung mit „ausuferndem Anwendungsbereich“[1283] sind bislang ungeklärt.[1284] Demnach ist nach dem Wortlaut de lege lata davon auszugehen, dass grundsätzlich alle steuerlichen Wahlrechte, deren Ausübung zu einer Gewinnminderung führt, vom sachlichen Anwendungsbereich erfasst sein sollen. Um den Zweck und die Zielgenauigkeit dieser Anordnung zu analysieren, werden im nachfolgenden Teil der Untersuchung zunächst der Anwendungsbereich der Norm auf die in Betracht kommenden steuerlichen Wahlrechte nach §§ 7g, 6b, 6c EStG untersucht. Anschließend werden ihre

---

1278 *Krumm,* in: Brandis/Heuermann, EStG, 167. EL Mai 2023, § 3a Rn. 16, 34.

1279 *Gragert,* NWB 2013, 2141 (2146); *Sistermann/Beutel,* DStR 2017, 1065 (1067); *Tschersich,* Ertragsbesteuerung der Unternehmenssanierung, 2014, S. 136, 137; a.A. *Krumm,* in: Brandis/Heuermann, EStG, 167. EL Mai 2023, § 3a Rn. 34, der diese Verfahrensweise schon unter Geltung des Sanierungserlasses als üblich ansah.

1280 Finanzausschusses des Bundestags *BT-Drs.* 18/12128, 31.

1281 Finanzausschusses des Bundestags *BT-Drs.* 18/12128, 31.

1282 *Uhländer,* DB 2017, 1224 (1231).

1283 *Kanzler,* NWB 2017, 2260 (2265).

1284 Finanzausschusses des Bundestags *BT-Drs.* 18/12128, 31; *Kanzler,* NWB 2017, 2260 (2265); *Uhländer,* DB 2017, 1224 (1230 f.).

Auswirkungen auf die regelbeispielhaft angeführten Teilwertabschreibungen nach § 6 Abs. 1 Nr. 1 Satz 2 und Nr. 2 Satz 2 EStG und auf weitere Abschreibungswahlrechte wie die Sofortabschreibung für sog. geringwertige Wirtschaftsgüter nach § 6 Abs. 2 EStG und die sog. Poolabschreibung nach § 6 Abs. 2a EStG untersucht. Dadurch soll die Frage beantwortet werden, ob diese besondere, im Einkommensteuerrecht in der aktuellen Form de lege lata einzigartige Neuregelung im Zusammenhang mit der Implementierung eines gewünschten effektiven Sanierungssteuerrechts zweckangemessen ist.

## 1. Die Wahlrechte nach §§ 7g, 6b und 6c EStG

### a. Inhalt und Bedeutung

Ein Ausübungswahlrecht, das eine Gewinnminderung herbeiführen kann, enthält zunächst die Regelung des § 7g EStG. Die Regelung erlaubt Unternehmen, die bestimmte Größenmerkmale nicht überschreiten, die Bildung sog. Investitionsabzugsbeträge (§ 7g Abs. 1 EStG), deren Übertragung (§ 7g Abs. 2 EStG) auf neu angeschaffte Wirtschaftsgüter sowie die Geltendmachung einer außerordentlichen Absetzung im Jahr der erfolgten Investition (§ 7g Abs. 5 EStG). Der weit gefasste Wortlaut des § 3a Abs. 1 Satz 2 EStG könnte darauf hindeuten, dass sich der sachliche Anwendungsbereich auf die Bildung von Investitionsabzugsbeträgen[1285] und die Sonderabschreibung[1286] zur Schaffung von Minderungsvolumina erstrecken soll.[1287]

Nach § 7g Abs. 1 Satz 1 EStG können Investitionsabzugsbeträge für die künftige Anschaffung oder Herstellung von abnutzbaren beweglichen Wirtschaftsgütern des Anlagevermögens, die mindestens bis zum Ende des dem Wirtschaftsjahr der Anschaffung oder Herstellung folgenden Wirtschaftsjahres in einer inländischen Betriebsstätte des Betriebes ausschließlich oder fast ausschließlich betrieblich genutzt werden, in Höhe von bis zu 50 Prozent[1288] der voraussichtlichen Anschaffungs- oder Herstellungskosten gewinnmindernd abgezogen werden. Die Regelung soll kleine und mittlere Betriebe im Bereich gewerblicher, selbständiger und land- und forstwirtschaftlicher Tätigkeit fördern, deren Liquidität, Eigenkapitalausstattung sowie Investitions- und Innovationskraft verbessern und deren Wettbewerbsfähigkeit stärken, verfolgt mithin einen Subventionszweck.[1289] Investitionsabzugsbeträge können dementsprechend gemäß § 7g Abs. 1 Satz 2 EStG nur in Anspruch genommen werden, wenn der Betrieb am Schluss des Wirtschaftsjahres, in dem die Abzüge vorgenommen werden, bestimmte

[1285] § 7g Abs. 1 EStG.
[1286] § 7g Abs. 2 EStG.
[1287] *Desens,* FR 2017, 981 (989); im Ergebnis dagegen *Förster/Hechtner,* DB 2017, 1536 (1542); ebenso dagegen *Hallerbach,* in: Herrmann/Heuer/Raupach, EStG/KStG, 319. Lieferung, 7/2023, § 3a Rn. 17; *Krumm,* in: Brandis/Heuermann, EStG, 167. EL Mai 2023, § 3a Rn. 34.
[1288] Bis 21.12.2020: 40%, nunmehr geändert durch G v. 21.12.2020 (BGBl. I S. 3096).
[1289] *BT-Drucks.* 16/4841, S. 32, 51; *BR-Drucks.* 220/07, S. 55; BFH, Beschl. v. 14.4.15 - GrS 2/12 - BStBl II 15, 1007 - BFH/NV 2015, 1737 - BFHE 250, 338; BFH, Beschl. v. 15.11.2017 - VI R 44/16 - BStBl II 19, 466; *Schoor,* StuB 2007, 301 (302); *Brandis,* in: Brandis/Heuermann, EStG, 167. EL Mai 2023, § 7g Rn. 1.

Größenmerkmale[1290] nicht überschreitet. Demnach durften in der Vergangenheit nur Gewerbetreibende oder selbständig Tätige von der Regelung Gebrauch machen, die ihren Gewinn durch Betriebsvermögensvergleich ermitteln und deren Betriebsvermögen einen Betrag von 235.000 € nicht überschreitet.[1291] Gewerbetreibende oder selbständig Tätige, die ihren Gewinn durch Einnahmeüberschussrechnung ermitteln, dürfen von der Regelung Gebrauch machen, wenn ihr Gewinn ohne Berücksichtigung der Investitionsabzugsbeträge den Betrag von 100.000 Euro[1292] nicht überschreitet. Als Reaktion auf die Coronakrise wurde durch das Jahressteuergesetz 2020[1293] eine einheitliche Gewinngrenze von 200.000 Euro im Wirtschaftsjahr des Abzugs gesetzlich festgelegt und das Größenmerkmal der Höhe des Betriebsvermögens gestrichen. Durch die neue Gewinngrenze von nunmehr höchstens 200.000 Euro ist der persönliche Anwendungsbereich weiterhin auf kleinere und mittlere Unternehmen beschränkt. Diese sind zugleich Ziel des besonderen Förderzwecks der Regelung.[1294]

Die begünstigende Wirkung der Regelung verteilt sich auf zwei Phasen, einer Ansparphase und einer Nutzungsphase.[1295] In der Ansparphase wird durch den Investitionsabzugsbetrag Abschreibungspotenzial in ein Wirtschaftsjahr vor die beabsichtigte Anschaffung bzw. Herstellung eines Wirtschaftsguts vorverlagert. Bei bilanzieller Gewinnermittlung wird ein außerbilanzieller Abzug bei der Einkünfteermittlung vorgenommen.[1296] In der Nutzungsphase ermöglicht eine gegenläufige Verrechnung die vollständige Neutralisierung der Gewinnauswirkung durch die Rückgängigmachung der Begünstigung aus der Ansparphase. Indem Abschreibungspotenzial in ein Wirtschaftsjahr vor die Anschaffung bzw. Herstellung begünstigter Wirtschaftsgüter vorverlagert werden kann und die Möglichkeit einer Sonderabschreibung in Jahr der Anschaffung bzw. Herstellung eingeräumt wird, wird durch die zweiphasige Begünstigungsweise eine Steuerstundung bewirkt.[1297] Anders als unter Geltung des § 7g EStG a.F.[1298] können Abzüge nach § 7g Abs. 1 EStG n.F. nunmehr auch für künftige Investitionen vorgenommen werden, ohne dass eine funktionsorientierte Spezifizierung auf bestimmte Wirtschaftsgüter dargestellt werden muss.[1299] Zur Vereinfachung der Anwendbarkeit ist auch eine Investitionsabsicht, wie noch unter Geltung des § 7g Abs. 1 EStG

[1290] Größenmerkmale: bei Gewerbebetrieben oder der selbständigen Arbeit dienenden Betrieben, die ihren Gewinn nach § 4 Absatz 1 oder § 5 ermitteln, ein Betriebsvermögen von 235.000 Euro, bei Betrieben der Land- und Forstwirtschaft einen Wirtschaftswert oder einen Ersatzwirtschaftswert von 125.000 Euro, bei Betrieben im Sinne der Buchstaben a und b, die ihren Gewinn nach § 4 Absatz 3 EStG ermitteln, ohne Berücksichtigung der Investitionsabzugsbeträge einen Gewinn von 100.000 Euro.

[1291] In der geltenden Fassung bis 31.12.2021.

[1292] In der geltenden Fassung bis 31.12.2021.

[1293] Jahressteuergesetz 2020 vom 21. Dezember 2020, BGBl. I S. 3096.

[1294] *BT-Drucks.* 16/4841, S. 32, 51; *BR-Drucks.* 220/07, S. 55.

[1295] *Brandis,* in: Brandis/Heuermann, EStG, 167. EL Mai 2023, § 7g Rn. 1.

[1296] *Brandis,* in: Brandis/Heuermann, EStG, 167. EL Mai 2023, § 7g Rn. 35.

[1297] *Egner/Stößel,* in: Kanzler/Kraft/Bäuml/Marx/Hechtner/Geserich, § 7g EStG Rn. 1, 8. Aufl., Stand: 01.01.2023.

[1298] Geltung bis 31.12.2018, *Brandis,* in: Brandis/Heuermann, EStG, 167. EL Mai 2023, § 7g Rn. 35.

[1299] *Brandis,* in: Brandis/Heuermann, EStG, 167. EL Mai 2023, § 7g Rn. 36.

a.F. gefordert, nunmehr nicht mehr erforderlich.[1300] Erfolgt keine Investition und damit keine Hinzurechnung innerhalb von drei Jahren nach Bildung des Abzugsbetrags, wird die Steuerfestsetzung des Abzugsjahres gemäß § 7g Abs. 3 Satz 1 EStG rückwirkend unter Anwendung der bestandskraftdurchbrechenden Änderungsvorschrift des § 7g Abs. 3 Sätze 2 und 3 EStG gewinnerhöhend geändert.[1301] Der Abzugsbetrag kann also auch ohne tatsächliche Investitionsabsicht und damit eigens als originäres steuerliches Gestaltungsmittel in Ansatz gebracht werden. Zur Missbrauchsabwehr sieht die seit 01.01.2012 geltende Rückgängigmachung der Abzugsbeträge bei ausbleibender Investition eine Verzinsung der Steuernachforderung in Höhe von nunmehr 0,15 %[1302] nach §§ 233a Abs. 1, 238 AO[1303] vor, die als praktikables Instrument zur Verhinderung missbräuchlicher Gestaltung angesehen wird.[1304]
Die Bildung von Investitionsabzugsbeträgen stellt nach der neuen Rechtslage, die für die Inanspruchnahme der gewinnmindernden Rücklage, wie ausgeführt, nicht einmal mehr eine genaue Spezifizierung des Wirtschaftsguts oder eine Investitionsabsicht erfordert und damit auch die Möglichkeit der Vorverlagerung von Verlustpotenzial schlichtweg als Steuerstundung ermöglicht, mehr denn je ein steuerliches Gestaltungsinstrument dar. Sie kann somit auf einer unternehmerischen Entscheidung beruhen, der entweder eine beabsichtigte Investition oder eine vorübergehende Steuergestaltung zur Herbeiführung einer Steuerstundung zugrunde liegt. Beides wird vom Anwendungsbereich des § 7g EStG erfasst und gefördert. Darin offenbart sich die Verknüpfung der Entscheidung des Gesetzgebers zugunsten eines Wahlrechts an eine gewollte Form der Wirtschaftsförderung kleinerer Unternehmen. Zentraler Agens der Norm ist die freie Gestaltungsentscheidung des Steuerpflichtigen, für den die persönlichen Voraussetzungen des § 7g EStG vorliegen.

Die Förderung in der Nutzungsphase erfolgt über eine weitere Absetzung für Abnutzung. Denn bei Anschaffung oder Herstellung eines nach § 7g EStG begünstigten Wirtschaftsguts kann der Steuerpflichtige eine Absetzung von den Anschaffungs- bzw. Herstellungskosten vornehmen. Dabei wird das reziproke Zusammenwirken zwischen Hinzurechnung der zuvor gebildeten Rücklage und Absetzung desselben Betrages von den Anschaffungskosten des Wirtschaftsguts gemäß § 7g Abs. 2 Sätze 1 und 2 EStG virulent. Nach § 7g Abs. 2 Satz 1 EStG können im Wirtschaftsjahr der Anschaffung oder Herstellung eines begünstigten Wirtschaftsguts bis zu

1300 *Kulosa*, in: Schmidt, EStG, 42. Aufl. 2023, § 7g Rn. 19, 20, 55.
1301 *Reddig*, NWB 2017, 2022 (2025).
1302 für jeden Monat; Zuvor 0,5% pro Monat. Diese Zinssatzhöhe wurde als verfassungswidrig festgestellt für die Zeiträume ab dem Kalenderjahr 2014 durch BVerfG, Beschl. v. 8.7.2021 – 1 BvR 2237/14, 1 BvR 2422/17.
1303 Hinweis auf BVerfG, Beschl. v. 8.7.2021 – 1 BvR 2237/14, 1 - BvR 2422/17 mit folgender Feststellung: § 233a AO idF der Bekanntmachung der Neufassung der AO v. 1.10.2002 (BGBl. I 2002, 3866), zuletzt geändert durch Art. 3 StVeinfG (BGBl. I 2011, 2131) iVm § 238 Abs. 1 S. 1 AO idF der Bekanntmachung der Neufassung der AO v. 1.10.2002 (BGBl. I 2002, 3866), zuletzt geändert durch Art. 10 Nr. 17 JStG 2007 (BGBl. I 2006, 2878), ist mit Art. 3 Abs. 1 GG unvereinbar, soweit der Zinsberechnung für Verzinsungszeiträume ab dem 1.1.2014 ein Zinssatz von 0,5 % für jeden Monat zugrunde gelegt wird.
1304 *BT-Drs.* 18/4902, 42, 43; *Brandis*, in: Brandis/Heuermann, EStG, 167. EL Mai 2023, § 7g Rn. 36.

50 %[1305] der Anschaffungs- oder Herstellungskosten außerbilanziell gewinnerhöhend hinzugerechnet werden, wobei die Hinzurechnung die Summe der nach § 7g Abs. 1 EStG abgezogenen Abzugsbeträge nicht übersteigen darf. Darüber hinaus besteht seit dem Kalenderjahr 2016 hinsichtlich der Hinzurechnung nach § 7g Abs. 2 Satz 1 EStG ein weiteres Wahlrecht.[1306] Anders als nach der früheren Rechtslage besteht kein Hinzurechnungszwang. Bei der Hinzurechnung ist jedoch anzugeben, welche Investitionsabzugsbeträge orientiert am jeweiligen Abzugsjahr und unter Angabe der jeweiligen Höhe verwendet werden.[1307] Teilhinzurechnungen sind ebenfalls möglich.[1308] Insgesamt darf die Hinzurechnung den Investitionsabzugsbetrag jedoch nicht übersteigen.[1309] Erfolgt keine Investition und damit keine Hinzurechnung bis zum Ende des dritten[1310] auf die Bildung folgenden Kalenderjahres, wird die Steuerfestsetzung des Abzugsjahres gemäß § 7g Abs. 3 Satz 1 EStG rückwirkend unter Anwendung der bestandskraftdurchbrechenden Änderungsvorschrift des § 7g Abs. 3 Sätze 2 und 3 EStG gewinnerhöhend geändert.[1311] Wird das Wirtschaftsgut dagegen angeschafft und die Hinzurechnung durchgeführt, können zur Neutralisierung des Hinzurechnungsbetrags nach Satz 1 die Anschaffungs- oder Herstellungskosten des angeschafften Wirtschaftsguts im Wirtschaftsjahr der Anschaffung um bis zu 50 %[1312], höchstens jedoch um den Hinzurechnungsbetrag gemäß § 7g Abs. 2 Satz 2 EStG gewinnmindernd herabgesetzt werden. Die Bemessungsgrundlage für die Absetzungen für Abnutzung, die erhöhten Absetzungen und Sonderabschreibungen verringert sich um den Absetzungsbetrag, weshalb die Absetzung nicht als Sonderabschreibung anzusehen ist.[1313] Durch die Hinzurechnung nach § 7g Abs. 2 Satz 1 EStG und den betragsgleichen Abzug nach § 7g Abs. 2 Satz 2 EStG kommt es folglich zur vollständigen Neutralisation der Gewinnauswirkungen. Die gegenläufigen Auswirkungen von Hinzurechnung des zuvor gewinnmindernd gebildeten Betrages und gleichlautendem Abzug von den Anschaffungs- bzw. Herstellungskosten erlauben bei Betragsidentität der geplanten und der tatsächlichen Anschaffungskosten unter höchstmöglicher Inanspruchnahme der Begünstigung

---

1305 Bisher: 40%, geändert auf 50% durch Artikel 1 G. v. 21.12.2020 BGBl. I S. 3096.
1306 BT-Drs. 18/4902, 43; BMF Schr. v. 20.03.2017 Zweifelsfragen zu den Investitionsabzugsbeträgen nach § 7g Absatz 1 bis 4 und 7 EStG in der Fassung des Steueränderungsgesetzes 2015 vom 2. November 2015 (BGBl I S. 1834) Rn. 28; *Happe*, BBK 2017, 755 (761); *Reddig*, NWB 2017, 2022 (2024).
1307 BMF Schr. v. 20.03.2017 Zweifelsfragen zu den Investitionsabzugsbeträgen nach § 7g Absatz 1 bis 4 und 7 EStG in der Fassung des Steueränderungsgesetzes 2015 vom 2. November 2015 (BGBl I S. 1834) Rn. 28; *Happe*, BBK 2017, 755 (761).
1308 BMF Schr. v. 20.03.2017 Zweifelsfragen zu den Investitionsabzugsbeträgen nach § 7g Absatz 1 bis 4 und 7 EStG in der Fassung des Steueränderungsgesetzes 2015 vom 2. November 2015 (BGBl I S. 1834) Rn. 28.
1309 *Happe*, BBK 2017, 755 (761); *Brandis*, in: Brandis/Heuermann, EStG, 167. EL Mai 2023, § 7g Rn. 65a; *Reddig*, NWB 2017, 2022 (2025).
1310 Bei in nach dem 31.12.2016 und vor dem 1.1.2018 endenden Wirtschaftsjahren beanspruchten Investitionsabzugsbeträgen endet die Investitionsfrist abweichend von § 7g Abs. 3 Satz 1 EStG erst zum Ende des fünften auf das Wirtschaftsjahr des Abzugs folgenden Wirtschaftsjahres, vgl. § 52 Abs. 16 Satz 3 EStG. Bei in nach dem 31.12.2017 und vor dem 1.1.2019 endenden Wirtschaftsjahren beanspruchten Investitionsabzugsbeträgen endet die Investitionsfrist abweichend von § 7g Abs. 3 Satz 1 EStG erst zum Ende des vierten auf das Wirtschaftsjahr des Abzugs folgenden Wirtschaftsjahres, § 52 Abs. 16 Satz 4 EStG.
1311 *Reddig*, NWB 2017, 2022 (2025).
1312 Bisher: 40 %.
1313 *Brandis*, in: Brandis/Heuermann, EStG, 167. EL Mai 2023, § 7g Rn. 65.

eine vollständige Kompensation der Auswirkungen im Investitionsjahr.[1314] Es zeigt sich also, dass die Wahlrechte des § 7g EStG zielgenau gestaltet sind und ihrem gesetzgeberisch intendiertem Zweck der Wirtschaftsförderung gerecht werden.

Auch § 6b EStG ist eine Gestaltungsregelung, die anders als § 7g EStG keine Vorverlagerung von Abschreibungspotenzial, sondern die Neutralisation aufgedeckter stiller Reserven vorsieht. So ermöglicht die Gestaltungsregelung des § 6b Abs. 1 EStG Steuerpflichtigen die vorläufige Vermeidung der Besteuerung von Gewinnen, die durch die Veräußerung von Wirtschaftsgütern des Anlagevermögens mit einer Betriebszugehörigkeit von mehr als sechs Jahren entstehen.[1315] Diese Veräußerungsgewinne resultieren aus der Aufdeckung stiller Reserven, die infolge jährlich zu berücksichtigender Absetzung für Abnutzung und infolge von Wertzuwächsen in den Wirtschaftsgütern des Betriebsvermögens entstehen. Veräußerungsgewinne i.S. des § 6b EStG ergeben sich daher nur unter der Voraussetzung, dass der Veräußerungspreis des veräußerten Wirtschaftsguts dessen bilanziellen Buchwert zum Veräußerungszeitpunkt übersteigt.[1316] Der Steuerpflichtige kann den Gewinn in Höhe der Differenz zwischen Veräußerungspreis und Buchwert entweder nach § 6b Abs. 1 EStG auf ein in demselben Wirtschaftsjahr angeschafftes Reinvestitionsgut übertragen oder eine gewinnmindernde Rücklage in Höhe des Veräußerungsgewinns nach § 6b Abs. 3 EStG[1317] bilden. Sowohl die sofortige Übertragung als auch die Rücklagenbildung neutralisieren den durch die Veräußerung realisierten Gewinn in Höhe der aufgedeckten stillen Reserven. Im ersten Fall kommt es durch die Absetzung eines gleichlautenden Betrages von den Anschaffungskosten des Reinvestitionsguts zur Neutralisation; in zweiten Fall durch die Bildung einer Rücklage. Dabei wird im ersten Fall der sofortigen Gewinnübertragung auf ein in demselben Wirtschaftsjahr angeschafftes Reinvestitionsgut infolge der Neutralisationswirkung kein Verlust erzeugt. Im zweiten Fall wird durch die Rücklagenbildung zwar ein Verlust erzeugt. Dieser neutralisiert ebenfalls den Veräußerungsgewinn. Ein darüber hinaus gehender Verlust entsteht in beiden Fällen nicht. Die Wahlrechte nach § 6b EStG stehen, wie auch die Wahlrechte nach § 7g EStG, im Zeichen der Wirtschaftsförderung, indem die als wirtschaftshemmend identifizierte Versteuerung stiller Reserven bei Veräußerung von Wirtschaftsgütern des Anlagevermögens durch Übertragung selbiger auf andere, neu angeschaffte Wirtschaftsgüter vermieden wird.[1318] Das Wahlrecht nach § 6c EStG erlaubt dieselben Wirkungen und Rechtsfolgen in einer gleichnamigen Situation der Entstehung von Veräußerungsgewinnen für sog. Einnahmeüberschussrechner nach § 4 Abs. 3 EStG.

---

1314 *Brandis,* in: Brandis/Heuermann, EStG, 167. EL Mai 2023, § 7g Rn. 65.

1315 *Schießl,* in: Brandis/Heuermann, EStG, 167. EL Mai 2023, § 6b Rn. 1.

1316 Dabei ist der Gewinn im Sinne des § 6b Abs. 1 Satz 1 EStG der Betrag, um den der Veräußerungspreis nach Abzug der Veräußerungskosten den Buchwert, mit dem das veräußerte Wirtschaftsgut im Zeitpunkt der Veräußerung anzusetzen gewesen wäre, übersteigt, § 6b Abs. 2 EStG.

1317 Prinzipiell gleiche Verfahrensweise bei der Rücklagenbildung nach § 6b Abs. 10 EStG.

1318 *Marchal,* in: Herrmann/Heuer/Raupach, EStG/KStG, 319. Lieferung, 7/2023, § 6b EStG Rn. 3.

### b. Einbeziehung in den Anwendungsbereich des § 3a Abs. 1 Satz 2 EStG

Angesichts des zu weit gefassten Wortlauts des § 3a Abs. 1 Satz 2 EStG könnten sämtliche der zuvor dargestellten steuerlichen Gestaltungsrechte nach § 7g Abs. 1, Abs. 2, Abs. 5 EStG und § 6b und § 6c EStG vom Wahlrechtsausübungszwang zugunsten der Schaffung von Verlustpotenzial erfasst sein.[1319] Dies ist jedoch abzulehnen. Zunächst sprechen die zuvor dargelegten wesenstypischen Merkmale der beiden Wahlrechte nach § 7g Abs. 1 und Abs. 2 EStG gegen deren Einbeziehung in den Ausübungszwang des § 3a Abs. 1 Satz 2 EStG. Eine gesetzliche Anordnung zur Bildung eines Investitionsabzugsbetrags wäre zwar insbesondere angesichts der nicht mehr erforderlichen Spezifizierung des Wirtschaftsguts und der in subjektiver Hinsicht nicht mehr erforderlichen Investitionsabsicht bei Bildung des Abzugsbetrages nach § 7g Abs. 1 EStG grundsätzlich denkbar, aber angesichts des Zwecks beider Regelungen systemfremd. Die Anordnung der Bildung eines Investitionsabzugsbetrags würde zu einer vollkommen willkürlichen Verlusterzeugung führen, die weder vom Zweck des § 7g Abs. 1 EStG noch vom Zweck des § 3a Abs. 1 Satz 2 EStG gedeckt ist. Denn es soll bei § 3a Abs. 1 Satz 2 EStG um die Aufdeckung stiller Lasten, nicht jedoch um die Erzeugung von Verlustpotenzial in möglichst großem Umfang gehen. Das Wahlrecht nach § 7g EStG soll einen Gestaltungsspielraum einräumen. Dies ist typisch für Entscheidungsoptionen, die durch Wahlrechte ausgeübt werden. Dieser Gestaltungsspielraum müsste jedoch auch dem Sanierungsunternehmen eingeräumt werden. Es ist nicht ersichtlich, aus welchem Grund einem Steuerpflichtigen außerhalb der Sanierungssituation das Wahlrecht gegeben, in der Sanierungssituation diese Gestaltungsoption jedoch vorenthalten wird. Die Wahlrechte nach § 7g EStG bezwecken eine Wirtschaftsförderung. Den gleichen Zweck verfolgt, wie an anderer Stelle ausgeführt, auch die Steuerbefreiung von Sanierungsgewinnen. Einzig die Grundsituation der Normadressaten, innerhalb und außerhalb der Sanierung, ist unterschiedlich. Zudem ist der teleologische Bezugspunkt des § 7g Abs. 1 EStG mit einer erzwungenen Ausübungsanordnung schon per se unvereinbar, da die angeordnete Bildung eines Investitionsabzugsbetrags im Sanierungsfall der mit § 7g Abs. 1 EStG verfolgten Intention einer Wirtschaftsförderung durch Steuerstundung und Liquiditätsschonung widerspricht. Die vom Gesetzgeber mit dem Wahlrecht nach § 7g EStG beabsichtigte Wirtschaftsförderung wird durch einen Verlusterzeugungszwang in der Sanierungssituation ins Gegenteil verkehrt. Im „Normalfall" sollen Verluste aus Gestaltungsgründen vorverlagert werden. In der Sanierungssituation käme es nicht zu der eigentlich bezweckten Wirtschaftsförderung durch Vorverlagerung der Verluste und daraus resultierender Steuerstundung, sondern zu einem gegenläufigen Effekt, nämlich zwanghafte Verlusterzeugung zur Verringerung des im Ergebnis steuerfreien Sanierungsgewinns. Schon dieser teleologische Befund spricht gegen die Einbeziehung des Wahlrechts nach § 7g Abs. 1 EStG in den sachlichen

1319 *Desens*, FR 2017, 981 (989); *Förster/Hechtner*, DB 2017, 1536; *Kahlert/Schmidt*, DStR 2017, 1897 (1902).

Anwendungsbereich des § 3a Abs. 1 S. 2 EStG. Darüber hinaus dürfte auch der auf kleine und mittlere Unternehmen beschränkte persönliche Anwendungsbereich des § 7g EStG gegen den Einbeziehungszwang sprechen. Aufgrund des durch das Größenmerkmals des Gewinns von bis zu 200.000 Euro eingeschränkten persönlichen Anwendungsbereichs nach § 7g Abs. 1 EStG könnten nur die Sanierungsunternehmern dem Ausübungszwang unterliegen, die diese persönlichen Voraussetzungen erfüllen. Andere Sanierungsunternehmen könnten gar nicht in den Anwendungsbereich einbezogen werden. Ganz konkret bedeutet dies, dass Sanierungsgunternehmen mit einem Gewinn von bis zu 200.000 Euro zur Bildung von Investitionsabzugsbeträgen verpflichtet wären; Sanierungsgunternehmen mit einem Gewinn von mehr 200.000 Euro[1320] dagegen nicht. Isoliert betrachtet ist der Normzuschnitt und seine Zweckbestimmung als Wirtschaftsförderung kleiner und mittlerer Unternehmen durch die Beschränkung auf bestimmte Größenmerkmale angemessen. In der Sanierungssituation bedeutet die Einschränkung jedoch eine nicht zu rechtfertigende Ungleichbehandlung, wenn Sanierungsunternehmen, die die Grenzen des § 7g Abs. 1 EStG unterschreiten, verpflichtet wären, Minderungsvolumina im Sinne des § 7g Abs. 1 EStG zur Schaffung von Verlustpotenzial zu erzeugen, während Sanierungsunternehmen, die nicht in den Anwendungsbereich des § 7g EStG fallen, einen betragsmäßig größeren steuerfreien Sanierungsgewinn für sich nutzbar machen könnten bzw. sogar müssten. Eine solche Differenzierung mag für den von § 7g EStG verfolgten Zweck der Förderung kleinerer und mittlerer Unternehmen gerechtfertigt sein. Die Erzwingung der Bildung von Investitionsabzugsbeträgen erscheint jedoch sachwidrig. Weiterhin stellt sich die Frage, bis zu welcher Höhe Sanierungsunternehmen Abzugsbeträge bilden müssten. Eine Bildung von Abzugsbeträgen bis zur Höhe das Sanierungsgewinns wäre grundsätzlich möglich. Bei ausbleibender Investition müssten diese jedoch zu einem späteren Zeitpunkt verzinst und rückwirkend gewinnerhöhend aufgelöst werden, was für das Sanierungsunternehmen neue finanzielle Hürden aufstellen würde. Ihm würde dadurch keine bessere Chance auf eine erfolgreiche Sanierung eröffnet, sondern weitere finanzielle Belastungen prospektiv in Aussicht gestellt.

Auch die Wahlrechtsausübung nach § 7g Abs. 2 EStG könnte dem Wortlaut nach vom Anwendungsbereich des § 3a Abs. 1 Satz 2 EStG erzwungen werden. Eine zwingende Ausübungsanordnung des § 7g Abs. 2 EStG durch § 3a Abs. 1 Satz 2 EStG würde, wie schon für das Wahlrecht nach § 7g Abs. 1 EStG zuvor gezeigt, zunächst voraussetzen, dass das Sanierungsunternehmen die Größenmerkmale des § 7g Abs. 1 EStG unterschreitet und in einem der dem Sanierungszeitpunkt vorausgehenden drei Wirtschaftsjahre Investitionsabzugsbeträge gebildet hat. Weiterhin müsste das Sanierungsunternehmen im Sanierungszeitraum begünstigte Investitionsgüter anschaffen oder herstellen. Soweit diese Voraussetzungen erfüllt wären,

1320 Auch ein Unternehmen mit einem Gewinn von (mehr als) 200.000 Euro kann überschuldet und zahlungsunfähig sein.

könnten die Rechtsfolgen des § 7g Abs. 2 EStG im Sinne der gewinnmindernden Wahlrechtsausübung angeordnet werden. Zu beachten ist aber, dass das Sanierungsunternehmen die Absetzung von den Anschaffungs- bzw. Herstellungskosten nach § 7g Abs. 2 Satz 2 EStG nur dann vornehmen kann, wenn es betragsgleich entsprechende Hinzurechnungen nach § 7g Abs. 2 Satz 1 EStG vornimmt. Dadurch kommt es zu der von § 7g Abs. 2 EStG vorgesehenen Neutralisierung der Gewinnauswirkungen. Ohne Hinzurechnung nach § 7g Abs. 2 Satz 1 EStG kann ein Abzug nach § 7g Abs. 2 Satz 2 EStG nicht erfolgen. An dieser der Regelung des § 7g Abs. 2 EStG inhärenten Wechselwirkung zeigt sich, dass der Wahlrechtsausübungszwang des § 3a Abs. 1 Satz 2 EStG für § 7g Abs. 2 EStG nicht anwendbar sein kann. Denn nach § 7g Abs. 2 EStG wird schon gar keine isolierte Gewinnminderung erzeugt, die als Verlustverrechnungssubstrat dem Sanierungsertrag gegenüber zu stellen sein könnte. Vielmehr eröffnet die von § 7g Abs. 2 Satz 2 EStG zugelassene Gewinnminderung lediglich die Möglichkeit, die gewinnerhöhende Hinzurechnung des Abzugsbetrages gemäß § 7g Abs. 2 Satz 1 EStG im Jahr der Investition zu kompensieren und schafft nachgerade kein isoliertes Verlustpotenzial. Die Anwendbarkeit von § 3a Abs. 1 Satz 2 EStG auf die Wahlrechte des § 7g Abs. 1 und 2 EStG ist daher insgesamt abzulehnen. In der Literatur wird dieser Befund unter Hinweis auf deren subventiven Charakter überwiegend geteilt.[1321] Allerdings spricht nicht allein der subventive Charakter gegen die Einbeziehung, sondern zuvörderst der Zweck des § 7g Abs. 1 EStG. Die Vorschrift soll eine Gestaltungsoption zugunsten der Vorverlagerung von Verlustpotenzial bei kleineren Unternehmen gewähren und grundsätzlich keine willkürliche Verlusterzeugung ermöglichen. Dagegen kann durch § 7g Abs. 2 EStG schon kein isoliertes Verlustpotenzial aufgedeckt werden. Insoweit kann also auch keine separate, für Zwecke des § 3a Abs. 3 EStG verrechenbare Verlustposition durch die zwingende Anwendung von § 7g Abs. 2 EStG entstehen.

Dieselben Schlussfolgerungen wie für die Wahlrechte nach § 7g Abs. 1 und Abs. 2 EStG ergeben sich für das Wahlrecht nach § 7g Abs. 5 EStG. Wenn ein Sanierungsunternehmen die Gewinngrenze unterschreitet und im Jahr der Sanierung ein Wirtschaftsgut anschafft, müsste es nach § 3a Abs. 1 Satz 2 EStG gehalten sein, das Wahlrecht nach § 7g Abs. 5 EStG mit einem weiteren gewinnmindernden Abzug von maximal 20 % der Anschaffungskosten zur Verlusterzeugung absetzen. Auf diese Weise wird die Zielsetzung einer eigentlich als Wirtschaftsförderung für kleine Unternehmen implementierten Norm in der Sanierungssituation ins Gegenteil verkehrt. Wiederum betrifft der Ausübungszwang nur „kleine" Sanierungsunternehmen und ist danach schon nicht gleichheitsgerecht ausgestaltet. Auch diese willkürliche, zwanghafte Verlusterzeugung widerspricht dem Sanierungszweck. Überspitzt

1321 *Desens,* FR 2017, 981 (989) mit Verweis auf den „subventiven Charakter", indes ohne weitergehende Begründung und *Förster/Hechtner,* DB 2017, 1536 (1543) ebenfalls mit Verweis auf den „subventiven Charakter"; in diesem Sinne auch *Kahlert/Schmidt,* DStR 2017, 1897 (1902).

formuliert wäre es auch denkbar, sämtliche aktiven Wirtschaftsgüter des Bestandsvermögens auf einen Erinnerungswert von 1 Euro abzuschreiben, nur um Verluste zu erzeugen. Dies würde die von § 3a Abs. 1 Satz 2 EStG erwünschte Rechtsfolge der maximalen Verlusterzeugung herbeiführen, wäre aber offensichtlich vollkommen widersinnig. Insbesondere konfligierte eine derartige zwanghafte Abschreibung mit dem zur Prüfung der Sanierungsbedürftigkeit obligaten Vergleich der Höhe des Betriebsvermögens vor und nach der Sanierung als Untermerkmal zur Prüfung der Sanierungsbedürftigkeit.[1322] Das Normengefüge beschreitet einen Zirkelschluss. Denn es ergibt keinen Sinn, bei der Prüfung der Sanierungsbedürftigkeit einen Vergleich der Höhe des Betriebsvermögens vor und nach der Sanierung zu verlangen - wohl in der berechtigten Hoffnung, nach der Sanierung ein höheres Betriebsvermögen aufweisen zu können – und für die Zwecke der erzwungenen Verlusterzeugung die maximale Abschreibung eben dieses Betriebsvermögens zu verlangen. Sämtliche Wahlrechte des § 7g EStG dürften demnach nicht vom Anwendungsbereich des § 3a Abs. 1 Satz 2 EStG erfasst sein. Eine Anpassung des Wortlauts des § 3a EStG ist auch insoweit geboten.[1323]

Ebenso wie bei § 7g EStG handelt es sich bei § 6b EStG und § 6c EStG um Gestaltungsinstrumente mit subventivem Charakter.[1324] Ausweislich der Gesetzesbegründung soll das Sanierungsunternehmen das gesamte verfügbare Steuerminderungspotential im Rahmen seiner Sanierung einsetzen.[1325] Dazu müsste also auch das Minderungspotenzial nach § 6b EStG[1326] gehören, das durch die verlusterzeugende Übertragung von stillen Reserven entstehen kann. Zunächst ist festzustellen, dass die Voraussetzungen des § 6b EStG im Sanierungszeitraum ohne weiteres vorliegen können. Denn Grundvoraussetzung für alle Varianten des § 6b EStG ist zunächst, dass ein begünstigtes Wirtschaftsgut unter Aufdeckung stiller Reserven veräußert wird. In der Sanierungssituation ist etwa der sanierungsbedingt naheliegende Fall denkbar, dass im Sanierungszeitraum Wirtschaftsgüter des Anlagevermögens veräußert werden, die bereits länger als sechs Jahre dem Betriebsvermögen angehört haben und somit die Voraussetzung der sechsjährigen Betriebszugehörigkeit des § 6b Abs. 4 Nr. 2 EStG erfüllen. Schafft das Sanierungsunternehmen noch im Sanierungszeitraum Reinvestitionsgüter an, könnte es die aufgedeckten stillen Reserven durch gewinnmindernden Abzug von den Anschaffungs- oder Herstellungskosten nach § 6b Abs. 1 EStG sofort auf die Reinvestitionsgüter übertragen. Soweit eine Anschaffung im Sanierungszeitraum nicht erfolgt, aber geplant ist, wäre auch die gewinnmindernde Bildung einer Rücklage nach § 6b Abs. 3 EStG möglich und zulässig. Anders als § 7g EStG sieht § 6b EStG jedoch nicht die gewinnwirksame Vorverlagerung steuerlichen Minderungsvolumens vor, sondern neutralisiert durch Veräußerung aufgedeckte stille Reserven

[1322] zu den Merkmalen der Sanierungsbedürftigkeit unter C. II. 1.
[1323] Formulierungsvorschlag für eine Neuregelung unter D.
[1324] *Desens*, FR 2017, 981 (989); *Förster/Hechtner*, DB 2017, 1536 (1543).
[1325] BT-Drs. 18/12128, 31 f.; *Kahlert/Schmidt*, DStR 2017, 1897 (1902).
[1326] Für den Einnahmeüberschussrechner dürfte § 6c EStG gelten.

im Wirtschaftsjahr ihrer gewinnwirksamen Aufdeckung. Nach dem Wortlaut des § 3a Abs. 1 Satz 2 EStG, der die uneingeschränkte gewinnmindernde Ausübung aller steuerlichen Wahlrechte anordnet, wäre daher eines der beiden Wahlrechte (Bildung einer gewinnmindernden Rücklage nach § 6b Abs. 3 EStG oder Vornahme eines gewinnmindernden Abzugs nach § 6b Abs. 1 EStG) bei Veräußerung von nach § 6b EStG begünstigten Wirtschaftsgütern in der Sanierungssituation obligatorisch vorzunehmen. Diese von § 3a Abs. 1 Satz 2 EStG vorgesehene Einbeziehung des § 6b EStG ist jedoch ebenfalls aus mehreren Gründen abzulehnen.[1327] Zwar würde die Ausdehnung des § 3a Abs. 1 Satz 2 EStG auf § 6b EStG nicht an einer möglicherweise fehlenden Reinvestitionsabsicht scheitern, da eine solche von § 6b EStG nicht gefordert wird.[1328] Jedoch spricht im Zusammenhang mit dem Wahlrecht nach § 6b EStG der Zweck der Regelung gegen die Einbeziehung in den Anwendungsbereich des § 3a Abs. 1 Satz 2 EStG.[1329] Wie schon die Wahlrechte nach § 7g EStG stellt auch die Rücklage nach § 6b EStG kein Verlusterzeugungsinstrument dar. Vielmehr will § 6b EStG die Sofortversteuerung stiller Reserven vermeiden. Die durch die Veräußerung von Wirtschaftsgütern des Anlagevermögens aufgedeckten stillen Reserven sollen in jeder der in § 6b EStG normierten Varianten auf ein zukünftiges Reinvestitionsgut übertragen werden, was zu der von § 6b EStG beabsichtigten Verstrickung der stillen Reserven führt.[1330] Durch die Übertragung der stillen Reserven wird dementsprechend kein isolierter Verlust erzeugt, der als Verrechnungsposition den steuerfreien Sanierungsgewinn mindern könnte, sondern lediglich ein entstandener Gewinn, nämlich der Veräußerungsgewinn aus der Veräußerung von Anlagevermögen, neutralisiert. Dabei wird die Besteuerung der stillen Reserven durch § 6b EStG nicht gänzlich aufgehoben, sondern lediglich in einen späteren Veranlagungszeitraum, namentlich in den Veranlagungszeitraum der später erfolgenden Veräußerung oder Entnahme des (neuen) Reinvestitionsguts, verlagert. Denn die Versteuerung erfolgt spätestens dann, wenn das Reinvestitionsgut veräußert oder entnommen wird,[1331] sofern es nicht zu einer erneuten Anwendung des § 6b EStG kommen sollte.

Für die Erzeugung von Verlustverrechnungspotenzial im Sinne des § 3a Abs. 3 EStG ist die erzwungene Wahlrechtsausübung daher schon angesichts der Natur der Wahlrechte nach § 6b EStG als Gestaltungsinstrumente gänzlich ungeeignet. Diese logische Konsequenz der Übertragung des Ertrags aus der Aufdeckung stiller Reserven auf ein im gleichen Besteuerungszeitraum angeschafftes Reinvestitionsgut ist jedenfalls in der Gestaltungsvariante des § 6b Abs. 1 EStG absolut zwingend. In der Gestaltungsvariante des § 6b Abs. 3 EStG wäre es

---

1327 So auch *Kahlert/Schmidt*, DStR 2017, 1897 (1902) und *Sistermann/Beutel*, DStR 2017, 1065 (1067), die eine Erstreckung des § 3a Abs. 1 Satz 2 EStG auf § 6b EStG ebenfalls ablehnen.

1328 *Loschelder*, DStR 2016, 9 (12).

1329 *Kahlert/Schmidt*, DStR 2017, 1897 (1902) und *Sistermann/Beutel*, DStR 2017, 1065 (1067), die eine Erstreckung auf § 6b EStG ebenfalls ablehnen.

1330 in diesem Sinne auch *Kahlert/Schmidt*, DStR 2017, 1897 (1902) unter Hinweis auf die Verlagerung der Besteuerung der stillen Reserven in einen späteren Veranlagungszeitraum; *Loschelder*, DStR 2016, 9 (9).

1331 *Kahlert/Schmidt*, DStR 2017, 1897 (1902).

indes zumindest aus buchhalterischer Sicht denkbar und möglich, den durch die Veräußerung des begünstigten Wirtschaftsguts im Sinne des § 6b Abs. 1 EStG erzeugten Veräußerungsgewinn von dem Verlust aus der Rücklagenbildung „abzutrennen", so dass es nicht zur Neutralisierung kommt, sondern zwei voneinander getrennte Positionen – eine gewinnerhöhende Position in Höhe der aufgedeckten stillen Reserven und eine gewinnmindernde Position in Höhe des Betrages der Rücklagenbildung – entstehen. Die Folge dieser Trennung wäre, dass das Sanierungsunternehmen den Veräußerungsgewinn nach § 6b Abs. 2 EStG regulär versteuern müsste und der Verlust aus der Rücklagenbildung als Abzugsposition den Sanierungsgewinn mindern könnte, was zugleich dem Wunsch des Gesetzgebers nach einer weitmöglichen Reduzierung desselben entspräche. Diese theoretisch mögliche, isolierte Betrachtung ist jedoch im Hinblick auf den Zweck der Sanierung als Mittel zur Rettung von durch drohende Insolvenz geschwächter, in der Krise befindlicher Unternehmen abzulehnen. Sie ist auch nicht mit dem Zweck des § 3a EStG vereinbar. Denn § 3a EStG bezweckt die steuerliche Privilegierung von Sanierungsgewinnen. Zwar soll eine vorrangige Verlustverrechnung der Vermeidung einer Doppelbegünstigung dienen und ist insoweit zur Vermeidung einer Doppelbegünstigung auch gleichheitsgerecht. Jedoch erscheint es sachwidrig, durch (a) eine erzwungene Rücklagenbildung nach § 6b Abs. 3 EStG und (b) eine Nichtverrechnung mit dem Veräußerungsgewinn aus dem Verkauf des Anlagevermögens Verlustsubstrat eigens zur Verrechnung mit dem Sanierungsgewinn künstlich zu schaffen. Dies widerspricht nicht nur dem sanierungssteuerrechtlichen Zweck des § 3a EStG, sondern auch dem eigentlichen Zweck des § 6b EStG, der die Verstrickung stiller Reserven bei Anschaffung von Reinvestitionsgütern beabsichtigt und dies durch Übertragung selbiger ermöglicht, um wirtschaftshemmende Steuereffekte zu entschärfen. Dieser Zweck würde durch den Ausübungszwang nach § 3a Abs. 1 Satz 2 EStG in nicht gerechtfertigter Weise vollständig außer Kraft gesetzt. Nicht nur würde ein einheitlicher Vorgang künstlich aufgespalten. Das Sanierungsunternehmen würde zudem unter dem Deckmantel der Vermeidung einer Doppelbegünstigung doppelt benachteiligt werden im Vergleich zu Steuerpflichtigen, die § 6b EStG als gesetzlich eingeräumtes Gestaltungsinstrument nutzen können und insoweit keinem Wahlrechtsausübungszwang unterworfen sind. Denn das Sanierungsunternehmen – anders als andere Steuerpflichtige – wäre gezwungen, Verluste, die es unter „normalen" Umständen infolge Gestaltungsentscheidung nicht gewärtigen würde, innerhalb der Sanierungssituation künstlich zu schaffen. Es käme mithin zu einer nicht zu rechtfertigenden Benachteiligung des Sanierungsunternehmens, die insbesondere vor dem Hintergrund des gesetzgeberischen Anliegens nach einer Verbesserung der Sanierungsbedingungen nicht zu rechtfertigen ist. Darüber hinaus spricht noch eine andere mit der Rücklagenbildung des § 6b Abs. 3 EStG zusammenhängende Rechtsfolge gegen die Einbeziehung in den Anwendungsbereich des § 3a Abs. 1 Satz 2 EStG. Soweit die Reinvestition nicht innerhalb der Reinvestitionsfrist erfolgt, sind die gewinnerhöhende Auflösung der

Rücklage und die Verzinsung des zunächst unversteuert gebliebenen Steuermehrbetrages durch Gewinnzuschlag vorgeschrieben. Danach würde durch die Auflösung der Rücklage nach § 6b Abs. 3 EStG ein außerordentlicher, regulär zu versteuernder Ertrag in einem der Folgezeiträume entstehen, der darüber hinaus nach § 6b Abs. 7 EStG mit 6 % p.a.[1332] zu verzinsen wäre. Das erst kurze Zeit vorher, idealiter erfolgreich sanierte Unternehmen sähe sich in diesem Szenario einer erneuten steuerlichen Belastung ausgesetzt,[1333] mit der es ohne den Ausübungszwang des § 3a Abs. 1 Satz 2 EStG nicht konfrontiert wäre. Das Sanierungsunternehmen würde durch im Zusammenhang mit der steuerlichen Privilegierung von Sanierungsgewinnen getroffene Regelungen mit nachteilhaften Wirkungen zu einem späteren Zeitpunkt konfrontiert. Auch die Einbeziehung dieses Wahlrechts in den Anwendungsbereich des § 3a Abs 1 Satz 2 EStG als Verlustschaffungsmöglichkeit ist daher abzulehnen.[1334]

## 2. Die Abschreibungswahlrechte

Die vorstehende Analyse hat den Befund hervorgebracht, dass entgegen dem anscheinend eindeutigen Wortlaut des § 3a Abs. 1 Satz 2 EStG die gesetzlichen Wahlrechte zur Bildung von Verlustpotenzial nach §§ 7g, 6b, 6c EStG keinem sanierungssteuerrechtlich angeordneten Ausübungszwang unterworfen werden sollten. Für die Bewertungs- und Abschreibungswahlrechte nach § 6 Abs. 1 Nr. 1 und Nr. 2 EStG könnte dies indes anders zu beurteilen sein. Der Wortlaut des § 3a Abs. 1 Satz 3 EStG nimmt regelbeispielhaft[1335] Bezug auf die in § 6 Abs. 1 Nr. 1 Satz 2 und Nr. 2 Satz 2 EStG genannten Teilwertabschreibungen. Ausweislich der ausdrücklichen und eindeutigen gesetzlichen Anordnung in § 3a Abs. 1 Satz 3 EStG sollen die grundsätzlich optionalen Teilwertabschreibungen nach § 6 Abs. 1 Nr. 1 Satz 2 und Nr. 2 Satz 2 EStG in der Sanierungssituation obligatorisch vorzunehmen sein, um Verlustbeträge zur Verrechnung mit dem Sanierungsertrag zu schaffen und einer ohne Verlustverrechnung präsumtiv virulenten Doppelbegünstigung des Sanierungsunternehmens entgegen zu wirken. Die Zweckangemessenheit dieser Regelung wird nachfolgend untersucht.

### a. Bedeutung des Teilwertbegriffs

Die Grundprämisse des Teilwerts basiert auf der Annahme, dass der Gesamtwert eines Unternehmens regelmäßig größer ist als die Summe der im Unternehmen vorhandenen Einzelwerte.[1336] Der Teilwertbegriff und seine materielle Bedeutung sind jedoch umstritten.[1337]

---

[1332] Es ist umstritten, ob der Zinssatz in Höhe von 6% p.a. auch in den Niedrigzinsjahren verfassungsgemäß ist, *Schießl*, in: Brandis/Heuermann, 167. EL Mai 2023, EStG § 6b Rn. 301b.

[1333] in diesem Sinne auch *Förster/Hechtner*, DB 2017, 1536 (1543).

[1334] Für den Anwendungsbereich des § 6c EStG bei einem Einnahmeüberschussrechner gelten mit Abweichung hinsichtlich der spezifischen Ermittlungsbesonderheiten die gleichen Grundsätze.

[1335] *Kanzler*, NWB 2017, 2260 (2265).

[1336] Zurückgehend auf *L. Mirre* in einem Beitrag 1913, auch in DStZ 1927, 292 laut *Velte*, StuW 2016, 33 unter Fußnote 10; *Hiller/Biebinger*, DStZ 2017, 442; *Schult/Richter*, DStR 1991, 1261.

Eine Legaldefinition des „Teilwertes" ist in § 6 Abs. 1 Nr. 1 Satz 3 EStG zu finden. Danach ist der Teilwert der Betrag, den ein Erwerber des ganzen Betriebs bei beabsichtigter Betriebsfortführung im Rahmen des Gesamtkaufpreises für das einzelne Wirtschaftsgut ansetzen würde. Die Teilwertermittlung selbst stützt sich nach allgemeiner Auffassung auf drei Fiktionen, namentlich auf die Erwerberfiktion, die Fiktion der Ermittlung und Verteilung des Gesamtkaufpreises und die Going-Concern-Fiktion[1338] und wurde unter Zugrundelegung der Idee entwickelt, dass der Gesamtwert eines Unternehmens größer ist als die Summe der im Unternehmen vorhandenen Einzelwerte. Dementsprechend sei auch der Wert eines Gegenstandes für die Sachgesamtheit der Wirtschaftsgüter höher als der Verkaufswert des Einzelgegenstands.[1339] Durch den Ansatz eines Wirtschaftsguts mit dem Teilwert wird demnach nicht sein isolierter, vom Betrieb losgelöster Einzelwert als Bewertungsmaßstab zugrunde gelegt, sondern der Wert, der dem Wirtschaftsgut aufgrund seiner betrieblichen Einbindung in die Gesamteinheit, beizumessen ist.[1340] Mit der Schaffung des Teilwerts verfolgt der Gesetzgeber die Intention, für die Bewertung betriebsnotwendiger Wirtschaftsgüter einen anderen Wert als den Einzelveräußerungspreis zugrunde zu legen.[1341] Daraus ergibt sich für den Teilwert ein Spannungsverhältnis zu dem Grundsatz der Einzelbewertung.[1342] Die Bewertung von Wirtschaftsgütern mit dem Teilwert will den Steuerpflichtigen nur in der Höhe belasten, wie es dem Gesamtwert des Unternehmens entspricht.[1343] Gleichzeitig kennzeichnet der Teilwert auch eine Bewertungsschranke gegen Unterbewertungen und beugt auf diese Weise einer Bildung ungerechtfertigter willkürlicher stiller Reserven vor.[1344] Eine Bewertung eines Wirtschaftsguts unterhalb seines eigenen Teilwerts als Bewertungsuntergrenze ist zudem nicht erlaubt.[1345] Die Bewertung eines Wirtschaftsguts mit dem Teilwert vereint also eine Vielzahl von Zwecken.[1346] Gleichwohl hat der Gesetzgeber von gesetzlichen Vorgaben zur Berechnung des Teilwerts nach einem vorgegebenen Ermittlungsschema bislang abgesehen, so dass die rechnerische Bestimmung des Teilwerts dem Steuerpflichtigen obliegt. Im Zusammenhang mit den drei Fiktionen zur Bestimmung des Teilwerts wird in diesem Zusammenhang kritisiert, sie seien im Einzelfall ungeeignet, förderten Verständnisschwierigkeiten und ihre Brauchbarkeit sei daher

1337 *Hiller/Biebinger*, DStZ 2017, 442; *Knobbe-Keuk*, Bilanz- und Unternehmenssteuerrecht, 9. Aufl., § 5 III, S. 158; *Lange*, Teilwert, 2011, S. 116 f.; *Schult/Richter*, DStR 1991, 1261; *Velte*, StuW 2016, 33 (48).

1338 *Hiller/Biebinger*, DStZ 2017, 442 (442); *Kulosa*, in: Schmidt EStG, 42. Aufl. 2023, § 6 Rn. 232; *Lange*, Teilwert, 2011, S. 116 f.; *Velte*, StuW 2016, 33 (34, 35).

1339 *Hiller/Biebinger*, DStZ 2017, 442 (442).

1340 BFH, Urt. v. 29.4.99 - IV R 63/97 - BStBl II 04, 639; *Kulosa*, in: Schmidt EStG, 42. Aufl. 2023, § 6 Rn. 232.

1341 *Hiller/Biebinger*, DStZ 2017, 442 (442).

1342 BFH, Urt. vom 29.4.1999 - IV R 14–98, BStBl II 99, 681, DStR 1999, 1479; *Knobbe-Keuk*, Bilanz- und Unternehmenssteuerrecht, 9. Aufl., § 5 III, S. 160; *Velte*, StuW 2016, 33 (35).

1343 BFH, Beschluss v. 16.7.68 - GrS 7/67 - BStBl II 69, 108.

1344 Amtl. Begründung zum EStG 1934, RStBl 35, 33 A I 3. Absatz.

1345 Sog. Wertaufholungsgebot nach § 6 Abs. 1 Nr. 1 S. 4 und Nr. 2 S. 3 EStG.

1346 *Velte*, StuW 2016, 33 (34).

insgesamt zu bezweifeln.[1347] Darüber hinaus ist seit langem umstritten, ob es sich bei dem Teilwert um einen Substanz- oder Ertragswert handelt.[1348] Die Bewertung als Ertragswert, der sich aus dem Gesamtwert des Betriebs ergeben soll, berge stets die Gefahr einer ungewollten Berücksichtigung von Kombinations- bzw. Verbundeffekten [1349] zwischen Vermögensgegenständen und Schulden.[1350] Dabei werde die Unternehmensgesamtbewertung stets mithilfe des Ertragswerts oder des sog. Discounted Cash-Flow[1351] durchgeführt.[1352] Beide Bewertungsverfahren gehen von dem gemeinsamen Ausgangspunkt aus, die zukünftige Überschusserzielungsfähigkeit der zu bewertenden Wirtschaftseinheit, zu bestimmen,[1353] stellen somit auf zukünftige Gewinne oder zukünftige Einnahmeüberschüsse ab, womit sie sich teleologisch von der Bilanzierung unterscheiden, deren Ziel die Rechenschaftslegung über eine vergangene Periode ist.[1354] Die Berücksichtigung von Kombinations- und Verbundeffekten, die nicht ohne eine gewisse Willküranfälligkeit einzelnen Vermögensgegenständen und Schulden zuzuordnen seien,[1355] führe zu Problemen bei der Wertermittlung. Handelsrechtlich sollen derartige Effekte durch das Einzelbewertungsprinzip nach § 252 Abs. 1 Nr. 3 HGB eliminiert werden,[1356] weil ihr Einfluss zwar bei der nicht für bilanzielle Zwecke vorgenommenen Gesamtbewertung unproblematisch, für die Ermittlung des Teilwerts eines einzelnen Wirtschaftsguts hingegen ungeeignet sei.[1357] Zudem sei an der Teilwertermittlung als ertragswertorientierte Einzelbewertung u.a. zu kritisieren, dass die den einzelnen Bilanzposten inhärenten positiven und negativen „Nettoeinnahmeerwartungen“[1358] nur für zur Veräußerung bestimmte Wirtschaftsgüter beziffert werden könnten.[1359] Überwiegende Teile der Literatur und die Rechtsprechung sehen den Teilwert mithin als Substanzwert an.[1360] Dafür sprächen neben den vorgenannten Argumenten insbesondere der Einzelbewertungsgrundsatz und das

1347 *Lange*, Teilwert, 2011, S. 118; *Schult/Richter*, DStR 1991, 1261.
1348 Eingehend dazu *Lange*, Teilwert, 2011, S. 122 ff.
1349 Kombinations-/Verbundeffekte sind Mehrwerte aus der Kombination von Vermögensgegenständen und Schulden, *Ballwieser*, in: MüKoHGB, Band 4, 4. Aufl. 2020, § 252 Rn. 23, 44.
1350 *Lange*, Teilwert, 2011, S. 124.
1351 Im Discounted Cash-flow-Verfahren werden Zahlungsströme zur Unternehmenswertermittlung abgezinst. Der Cash-flow erfasst die erwarteten Zahlungen an die Kapitalgeber. Je nach angewendetem Verfahren umfasst der Cash-flow Zahlungen sowohl an die Eigenkapitalgeber als auch an die Fremdkapitalgeber, *Ballwieser/Hachmeister*, Unternehmensbewertung, 6. Aufl. 2021, S. 81.
1352 *Lange*, Teilwert, 2011, S. 124.
1353 *Hüttemann*, ZGR 2001, 454, (457, 458).
1354 Pflicht zur Bilanzaufstellung am Schluss eines Wirtschaftsjahres ergibt sich aus § 242 Abs. 1 HGB.
1355 *Lange*, Teilwert, 2011, S. 124; *Ballwieser*, in: MüKoHGB, Band 4, 4. Aufl. 2020, § 252 Rn. 23.
1356 *Lange*, Teilwert, 2011, S. 124; *Ballwieser*, in: MüKoHGB, Band 4, 4. Aufl. 2020, § 252 Rn. 18.
1357 *Lange*, Teilwert, 2011, S. 124.
1358 *Breidert*, BB 2001, 979 (983).
1359 *Lange*, Teilwert, 2011, S. 126.
1360 *Lange*, Teilwert, 2011, S. 126 mit Verweis auf BFH, Urt. v. 19.5.1972 - III R 21/71 - BStBl II 1972, 748, 749 - BFHE 106, 228; BFH, Urt .v. 19.7.1995 – I R 56/94 - BStBl II 1996, 28, 32 - BFHE 179, 19; *Gabert-Pipersberg*, in: Herrmann/Heuer/Raupach, EStG/KStG, 337. EL 8/2023, § 6 EStG Rn. 436; *Werndl*, in: Kirchhof/Söhn/Mellinghoff, EStG, 337. EL 8/2023, § 6 A. I. 4. Bewertungsmaßstäbe Rn. A 15; *Knobbe-Keuk*, Bilanz- u. Unternehmensteuerrecht, 9. Aufl., S. 159, 176.

Imparitätsprinzip.[1361] Es zeigt sich, dass die Teilwertermittlung im Einzelfall schwierig ist und eine nicht unerhebliche Fehleranfälligkeit mit sich bringt. Diese Grundproblematik wird über den Abschreibungszwang i.S. des § 3a Abs. 1 Satz 2 EStG in die ohnehin belastete, insgesamt „fragile"[1362] Sanierungssituation transportiert.

### b. Bedeutung der Teilwertabschreibung

In § 6 Abs. 1 Nr. 1 Satz 2 und Nr. 2 Satz 2 EStG werden zwei Wahlrechte zur Bewertung von Wirtschaftsgütern mit dem niedrigeren Teilwert bei dauerhafter Wertminderung geregelt.[1363] Danach darf der Teilwert eines Wirtschaftsguts für dessen Bewertung für steuerliche Zwecke nur dann angesetzt werden, wenn er aufgrund einer voraussichtlich dauerhaften Wertminderung niedriger als der Buchwert ist und diese Voraussetzungen durch den Steuerpflichtigen nachgewiesen werden.[1364] Dabei bezieht sich § 6 Abs. 1 Nr. 1 Satz 2 EStG auf die Bewertung von abnutzbaren Wirtschaftsgütern des Anlagevermögens, während § 6 Abs. 1 Nr. 2 Satz 2 EStG die Bewertung aller anderen Wirtschaftsgüter, also nicht abnutzbarer Wirtschaftsgüter und solcher des Umlaufvermögens, erfasst. Eine Bewertung mit dem niedrigeren Teilwert darf nach den allgemeinen Grundsätzen des Ertragsteuerrechts also nur dann vorgenommen werden, wenn der Teilwert des betroffenen Wirtschaftsguts dauerhaft gemindert ist und unterhalb des Buchwerts liegt. Denn nur dann besteht ein steuerrechtliches Bewertungswahlrecht, das die Wahl zwischen der Beibehaltung des Ansatzes der höheren, um die Absetzung für Abnutzung geminderten, fortgeführten Anschaffungskosten oder dem Ansatz des auf Basis dauerhafter Wertminderung geminderten Teilwerts eröffnet. Abweichend von dem durch die Grundsätze des Vorsichtsprinzips und des True-and-fair-view-Prinzips geprägten handelsrechtlichen Abwertungsgebots [1365] besteht danach kein steuerlicher Abschreibungszwang. Insbesondere darf bei einer nur vorübergehenden Wertminderung eine Teilwertabschreibung für steuerliche Zwecke nicht vorgenommen werden.[1366] Hintergrund dieser abweichenden Bewertungsgrundsätze sind die unterschiedlichen Leitmaximen des Handels- und des Steuerrechts. Im Steuerrecht darf eine nur vorübergehende Wertminderung nicht und eine dauerhafte Wertminderung optional zur Minderung der steuerlichen Bemessungsgrundlage führen, während die Wertminderung nach handelsrechtlichen Grundsätzen nach dem Niederstwertgebot und dem Gebot der wahrheitsgemäßen Abbildung des Vermögens eine Abwertung auch bei nur vorübergehender Wertminderung erforderlich

---

1361 *Lange*, Teilwert, 2011, S. 126.
1362 *Skauradszun/Kwauka*, DStR 2020, 953 (956).
1363 *Lange*, Teilwert, 2011, S. 37.
1364 BMF-Schreiben v. 16.7.2014 Tz. 4; *Kulosa*, in: Schmidt, EStG, 42. Aufl. 2023, § 6 Rn. 245.
1365 Nach § 252 Abs. 1 Nr. 4 HGB und § 253 Abs. 3 Satz 5 HGB.
1366 *Krumm*, in: Brandis/Heuermann, EStG, 167. EL Mai 2023, § 6 Rn. 1004.

ist.[1367] Um den Hintergrund dieser Regelungen zu verstehen, muss die Ratio der Abschreibung in den Blick genommen werden. Sie hat ihren Anknüpfungspunkt im System des Nettorealisationsgedankens, der danach verlangt, die Anschaffungs- oder Herstellungskosten von Wirtschaftsgütern periodisch abzubauen, um den mit Hilfe des Wirtschaftsguts erwirtschafteten Gewinn in Abhängigkeit vom Umsatz genau zu identifizieren.[1368] Eine Abschreibung auf den Teilwert wird demnach notwendig, wenn nach den Erkenntnissen am Bilanzstichtag der Buchwert des Wirtschaftsgutes nicht mehr durch die zukünftigen zurechenbaren Nettoeinnahmen amortisiert werden kann.[1369]

### c. Nachweis dauerhafter Wertminderung

Die Bewertung mit dem im Vergleich zum Buchwert niedrigeren Teilwert nach § 6 Abs. 1 Nr. 1 Satz 2 und Nr. 2 Satz 2 EStG ist ausweislich des eindeutigen Wortlauts nur bei dauerhafter Wertminderung zulässig. Die Voraussetzungen der dauerhaften Wertminderung muss der Steuerpflichtige nachweisen. Zur Bestimmung der Dauerhaftigkeit der Wertminderung gilt das BMF-Schreiben vom 2.9.2016.[1370] Danach ist von einer voraussichtlich dauernden Wertminderung auszugehen, wenn der Wert des Wirtschaftsguts unter den maßgeblichen Buchwert voraussichtlich nachhaltig absinkt und wenn der Steuerpflichtige damit aus der Sicht am Bilanzstichtag aufgrund objektiver Anzeichen ernsthaft zu rechnen hat.[1371] Aus der Sicht eines sorgfältigen und gewissenhaften Kaufmanns müssen mehr Gründe für als gegen die Nachhaltigkeit des Wertabsinkens sprechen. Grundsätzlich ist demnach von einer voraussichtlich dauernden Wertminderung auszugehen, wenn der Wert des Wirtschaftsguts die Bewertungsobergrenze während eines erheblichen Teils der voraussichtlichen Verweildauer im Unternehmen nicht erreichen wird. Dabei gelten Wertminderungen aus besonderem Anlass, etwa aufgrund Naturkatastrophen oder technischen Fortschritts, als regelmäßig dauerhaft. Werterhellende Erkenntnisse als vor dem Bilanzstichtag entstandene, aber erst nach dem Stichtag zur Kenntnis genommene Tatsachen,[1372] sind bis zum Zeitpunkt der Aufstellung der Handelsbilanz zu berücksichtigen.[1373] Davon abzugrenzen sind wertbegründende, bilanzierungsrelevante Erkenntnisse, die jedoch erst nach dem Bilanzstichtag entstehen und damit nicht am Stichtag berücksichtigt werden dürfen.[1374] Die Berücksichtigung

[1367] *Justenhoven/Usinger*, in: Beck'scher Bilanz-Kommentar, 13. Aufl. 2022, § 243 Rn. 124.
[1368] *Schlotter*, Teilwertabschreibung und Wertaufholung, 2005, S. 27.
[1369] *Schlotter*, Teilwertabschreibung und Wertaufholung, 2005, S. 360.
[1370] BMF, Schr. v. 2.9.2016 - BMF IV C 6 – S 2171-b/09/10002:002 (BStBl. I S. 995).
[1371] BMF, Schr. v. 2.9.2016 - BMF IV C 6 – S 2171-b/09/10002:002 Rn. 5: „Eine voraussichtlich dauernde Wertminderung bedeutet ein voraussichtlich nachhaltiges Absinken des Werts des Wirtschaftsguts unter den maßgeblichen Buchwert; eine nur vorübergehende Wertminderung reicht für eine Teilwertabschreibung nicht aus, vgl. auch § 253 Abs. 3 S. 5 HGB.".
[1372] *Meyering/Brodersen/Gröne*, DStR 2017, 1175 (1176).
[1373] BMF, Schr. v. 2.9.2016 - BMF IV C 6 – S 2171-b/09/10002:002 Rn. 6.
[1374] *Meyering/Brodersen/Gröne*, DStR 2017, 1175 (1176).

wertaufhellender Erkenntnisse ergibt sich bereits aus dem handelsrechtlichen Stichtagsprinzip[1375], das nach der Maßgeblichkeit auch für die Steuerbilanz gilt.[1376] Dies stellt auch das BMF-Schreiben klar.[1377] Für die Beurteilung eines voraussichtlich dauernden Wertverlustes zum Bilanzstichtag kommt zudem der Eigenart des betreffenden Wirtschaftsguts eine maßgebliche Bedeutung zu.[1378]

### d. Bedeutung der Teilwertabschreibung im Sanierungszusammenhang

Die steuerlichen Abschreibungswahlrechte im Sinne von § 6 Abs. 1 Nr. 1 Satz 2 und Nr. 2 Satz 2 EStG werden durch § 3a Abs. 1 Satz 3 EStG im sanierungssteuerrechtlichen Kontext aufgehoben und in einen Abschreibungszwang modifiziert. In der Sanierungssituation stellt die Bewertung mit dem niedrigeren Teilwert bei dauerhafter Wertminderung demnach kein Wahlrecht dar, sondern sie ist obligatorisch vorzunehmen. Denn die Abschreibung auf den im Vergleich zum Buchwert niedrigeren Teilwert wird im Sanierungsfall zwingend mit der Steuerfreistellung des Sanierungsgewinns verknüpft. Neben anderen bereits vorhandenen Verlusten bildet der Verlust aus der Abschreibung auf den Teilwert Minderungspotenzial im Sinne des § 3a Abs. 3 EStG, das zur Reduzierung des steuerfreien Sanierungsgewinns zur Verfügung gestellt werden soll. Auch im Hinblick auf die merkmalprägenden Elemente des Teilwerts erscheint die Abschreibung wertgeminderter Wirtschaftsgüter auf den niedrigeren Teilwert gerade in der regelmäßig auf Fortführung ausgerichteten Sanierung[1379] systematisch durchaus konsequent, weil auch die Sanierungssituation auf Fortführung ausgerichtet ist. Schließlich besteht das wesensprägende Merkmal der Sanierungsbestrebungen in der Wiederherstellung nachhaltiger Leistungsfähigkeit und der Fortführung des unternehmerischen Engagements. Im Hinblick auf die in der Sanierungssituation zwingende Umqualifizierung der Bewertungswahlrechte der § 6 Abs. 1 Nr. 1 Satz 2 und Nr. 2 Satz 2 EStG in Abschreibungsgebote nach § 3a Abs. 1 Satz 3 EStG stellen sich jedoch einige bislang ungeklärte Fragen, die maßgeblich in den Problembereichen der Bestimmung der Dauerhaftigkeit der Wertminderung, der zu erfüllenden Nachweispflicht des Sanierungsunternehmens und in den Rechtsfolgen fehlender Ausübung des angeordneten Wahlrechtsausübungszwangs lozieren.

#### aa. Bestimmung der Dauerhaftigkeit der Wertminderung in der Sanierungssituation

Im zeitlichen Zusammenhang mit einer Sanierung kann von einer dauerhaften Wertminderung der Wirtschaftsgüter zum Bewertungsstichtag aus verschiedenen Gründen nicht per se

---

[1375] Geregelt in § 252 Abs. 1 Nr. 3 HGB.
[1376] *Meyering/Brodersen/Gröne*, DStR 2017, 1175 (1176).
[1377] BMF, Schr. v. 2.9.2016 - BMF IV C 6 – S 2171-b/09/10002:002 Rn. 6; DStR 2016, 2107.
[1378] BMF, Schr. v. 2.9.2016 - BMF IV C 6 – S 2171-b/09/10002:002 Rn. 7 mit Verweis auf BFH vom 26. September 2007 I R 58/06, BStBl. 2009 II S. 294; BFH vom 24. Oktober 2012 I R 43/11, BStBl. 2013 II S. 162.
[1379] Zu Begriff und Bedeutung der Sanierung: oben unter B. I.

ausgegangen werden. Zwar hat die Sanierungssituation eines Unternehmens Indizwirkung dafür, dass der erzielbare Wert für das einzelne Wirtschaftsgut einer Unternehmensgesamtheit geringer ausfällt als in Zeiträumen stabiler Finanz- und Ertragslage. Ein gedachter Erwerber des ganzen Betriebs würde in Ansehung der Sanierungsnotwendigkeit für das einzelne Wirtschaftsgut im Rahmen des Gesamtkaufpreises zur beabsichtigten Fortführung weniger zu zahlen bereit sein. Dieser Umstand ist aber keine automatische, gleichsam unausweichliche Folge der Sanierung. Vielmehr kommt es auf die individuelle Situation des Sanierungsunternehmens und der ihm zuzuordnenden Wirtschaftsgüter im Sanierungszeitraum an. In diesbezüglicher Hinsicht gibt es bislang allerdings keine allgemeinen Maßstäbe und Richtwerte für die Bewertung der Wirtschaftsgüter des Sanierungsunternehmens in der Sanierungssituation. Mangels anderweitiger Bewertungsmaßstäbe müssen also auch in der Sanierungssituation die Grundsätze des BMF-Schreibens vom 2.9.2016[1380] zur Bewertung der Wirtschaftsgüter und zur Ermittlung ihrer Teilwerte zugrunde gelegt werden. Eine grundsätzliche Dauerhaftigkeit der Wertminderung kann zum Bewertungsstichtag daher nicht allein aufgrund der Sanierungssituation angenommen, sondern muss anhand der allgemeinen Regeln des BMF-Schreibens vom 2.9.2016 vorgenommen werden. Eine voraussichtlich andauernde Wertminderung ist danach weiterhin bei einem voraussichtlich nachhaltigen Absinken des Werts des Wirtschaftsguts unter den maßgeblichen Buchwert gegeben.[1381] Die mit der Sanierung angestrebte bessere Finanz- und Ertragslage, die regelmäßig erst nach deren zeitlichem Abschluss eintritt, liegt dabei zum Bewertungsstichtag objektiv nicht vor. Insoweit stellt auch eine spätere Verbesserung der Finanz- und Ertragslage eine wertbegründende und damit keine schon zum Stichtag zu berücksichtigende wertaufhellende Tatsache dar. Die Dauerhaftigkeit der Wertminderung ist zu bejahen, wenn der aktuelle Teilwert eines (aktiven) Wirtschaftsguts den Buchwert voraussichtlich nachhaltig, d. h. während eines erheblichen Teils der Nutzungsdauer im Betrieb nicht erreichen wird.[1382] Dieser Zeitraum ist im Zusammenhang mit einer Sanierung jedoch im Zeitpunkt der erforderlichen Entscheidung über die Abschreibung nicht genau bestimmbar.

### bb. Nachweispflicht des Sanierungsunternehmens

Das Sanierungsunternehmen trägt nach allgemeinen Grundsätzen die Nachweispflicht für den niedrigeren Teilwert ebenso wie die Darlegungs- und Feststellungslast für eine voraussichtlich dauernde Wertminderung.[1383] Auch im Rahmen des allgemein geltenden Wertaufholungsgebots muss der Steuerpflichtige nachweisen, dass und in welchem Umfang der Teilwert weiterhin

[1380] BMF, Schr. v. 2.9.2016 - BMF IV C 6 – S 2171-b/09/10002:002, DStR 2016, 2107.
[1381] BMF, Schr. v. 2.9.2016 - BMF IV C 6 – S 2171-b/09/10002:002 Rn. 5, DStR 2016, 2107.
[1382] BFH, Urt. v. 21.9.2016, X R 58/14, BFH/NV 17, 275; BMF v. 2.9.16, BStBl I 16, 995 Tz. 5.
[1383] BMF, Schr. v. 2.9.2016 - BMF IV C 6 – S 2171-b/09/10002:002 Rn. 4, DStR 2016, 2107.

unter der Bewertungsobergrenze liegt.[1384] Nach allgemeinen steuerlichen Grundsätzen ist die dem Steuerpflichtigen obliegende Nachweispflicht folgerichtig und systemkonsequent. Denn durch die Abschreibung auf einen gegenüber dem Buchwert niedrigeren Teilwert wird ein Verlust erzeugt, der sich gewinnmindernd auswirkt. Aus diesem Grund muss der Steuerpflichtige diesen, ihn grundsätzlich steuerlich begünstigenden Umstand nachweisen. Soweit die allgemeinen Nachweisgrundsätze mangels besonderer Regelungen auch im Zusammenhang mit der Sanierung gelten, müsste auch das Sanierungsunternehmen demnach die Dauerhaftigkeit der Wertminderung nachweisen. Das bedeutet, es müsste eine gesetzlich angeordnete Abwertung, namentlich die verlusterzeugende Abschreibung auf einen gegenüber dem Buchwert niedrigeren Teilwert nachweisen, obwohl das Gesetz die Abschreibung anordnet. Hierin offenbart sich eine nicht unerhebliche Schwachstelle der Verweisungsregelung des § 3a Abs. 1 Satz 3 EStG, deren Ausgangspunkt in der Verknüpfung eines steuerlichen Bewertungswahlrechts mit einem sanierungssteuerrechtlich vorgesehenen Ausübungszwang loziert. Denn das Gesetz verknüpft durch die Verweisung in § 3a Abs. 1 Satz 3 EStG eine obligatorische Anordnung mit einem optionalen Bewertungswahlrecht und bestimmt, dass die Wahlrechte nach § 6 Abs. 1 Nr. 1 Satz 2 und Nr. 2 Satz 2 EStG zugunsten der im Vergleich zum Buchwert geringeren Bewertung mit dem Teilwert für Zwecke der Sanierung obligatorisch auszuüben sind. Die Regelung des § 3a Abs. 1 Satz 2 EStG will die Wahlrechtsausübung zugunsten der Teilwertabschreibung und der sich daraus ergebenden Verlusterzeugung erzwingen. In der Sanierungssituation muss das zur Gewinnminderung führende Wahlrecht mindernd ausgeübt und die Teilwertabschreibung vorgenommen werden. Da es aber keine spezifischen Vorschriften zur Wertermittlung in der Sanierungssituation gibt, müssen die allgemeinen Grundsätze herangezogen werden. Das Sanierungsunternehmen muss also seinerseits den niedrigeren Teilwert ermitteln und nachweisen.[1385] Diese Verknüpfung offenbart einen Widerstreit zweier zueinander kontradiktorisch wirkender Regelungen. Einerseits erlauben die gesetzlichen Wahlrechte die Abschreibung auf den niedrigeren Teilwert, wenn der Teilwert gegenüber dem Buchwert infolge dauerhafter Wertminderung nach § 6 Abs. 1 Nr. 1 Satz 2, Nr. 2 Satz 2 EStG niedriger ist und der Steuerpflichtige diesen und die dauerhafte Wertminderung nachweist. Anders als die handelsrechtliche Regelung gemäß § 253 Abs. 3 Sätze 5, 6 HGB erzwingen sie die Abschreibung bei dauerhafter Wertminderung jedoch nicht. Andererseits verlangt der Wahlrechtsausübungszwang des § 3a Abs. 1 Satz 3 EStG die Abschreibung auf den niedrigeren Teilwert im Sanierungskontext. Dem Gebot einer Abschreibung auf den niedrigeren Teilwert zur Verlusterzeugung dürfte eine Nachweisobliegenheit des Steuerpflichtigen jedoch nach der allgemeinen Systematik fremd sein.

---

[1384] BMF, Schr. v. 2.9.2016 - BMF IV C 6 – S 2171-b/09/10002:002 Rn. 4, DStR 2016, 2107.

[1385] Grundsätzlich hat der Steuerpflichtige die Bewertungsobergrenze anhand geeigneter Unterlagen (historische Anschaffungs- oder Herstellungskosten) nachzuweisen, BMF, Schr. v. 2.9.2016 - BMF IV C 6 – S 2171-b/09/10002:002 Rn. 28.

Außerhalb der Sanierungssituation schuldet der Steuerpflichtige den Nachweis über die verlusterzeugende Abschreibung mithin nur dann, wenn er den Ansatz eines im Vergleich zum Buchwert niedrigeren Teilwerts wünscht. Da seit Geltung des BilMoG[1386] jedoch für steuerliche Zwecke bei der Feststellung einer dauerhaften Wertminderung anders als für handelsrechtliche Zwecke keine Abwertungspflicht besteht, muss der Steuerpflichtige weder den Nachweis erbringen noch die Abschreibung vornehmen, wenn er sein Wahlrecht zugunsten der Beibehaltung des höheren Buchwerts ausüben will. Beide Regelungen verfolgen mit ihren jeweiligen Anwendungsbereichen unterschiedliche Zwecke und weisen, jede für sich genommen, eine teleologisch fundierte Grundlage auf. Durch ihre Verknüpfung kommt es jedoch zu einem Widerspruch, dessen Ausgangspunkt in den unterschiedlichen Zwecksetzungen der verknüpften Regelungsbereiche liegt. Da eine Nachweispflicht des Steuerpflichtigen resp. Sanierungsunternehmens im Zusammenhang mit einer gesetzlichen Anordnung systemfremd erscheint, kann diese widersprüchliche Normgemengelage in ihrer aktuellen Form de lege lata nicht überzeugen.

#### cc. Rechtsfolgen der Nichterbringung des Nachweises und fehlender Ausübung des Abschreibungszwangs

Weiterhin stellt sich die Frage, welche Rechtsfolgen das Sanierungsunternehmen zu erwarten hat, wenn es den Nachweis eines niedrigeren Teilwerts unterlässt. In der Sanierungssituation müsste das Sanierungsunternehmen die Abschreibung auf den gegenüber dem Buchwert geringeren Teilwert, wie soeben gezeigt, zwingend vornehmen und nach regulären Grundsätzen auch die entsprechenden Nachweise erbringen. Es müsste also den Nachweis für die Rechtmäßigkeit der verlusterzeugenden Abschreibung erbringen, die in der Sanierungssituation jedoch in erster Linie im fiskalischen Interesse sowie im Interesse der Verhinderung einer Doppelbegünstigung des Sanierungsunternehmens durch Erzeugung von Verlustpotenzial zur Minderung des steuerfreien Sanierungsgewinns liegt. Wenn das Sanierungsunternehmen den Nachweis nicht erbringt, dürfte die von § 3a Abs. 1 Satz 3 EStG geforderte Teilwertabschreibung nach den allgemeinen Grundsätzen nicht vorgenommen werden, weil der den Nachweis über die Dauerhaftigkeit der Wertminderung nicht erbringende Steuerpflichtige die Abschreibung nicht vornehmen darf. Die Folge daraus wäre, dass das vom Gesetzgeber erwünschte Verlustpotenzial nicht zur Verrechnung verfügbar gemacht wird. Zur Auflösung dieses Widerspruchs wird die Auffassung vertreten, der Ausübungszwang sei nicht Voraussetzung, sondern Rechtsfolge der Steuerbefreiung nach § 3a Abs. 1 EStG, da nach dem Wortlaut des § 3a Abs. 1 Satz 2 EStG die Wahlrechtsausübung die Steuerfreiheit des Sanierungsertrags voraussetze, nicht die

1386 Bilanzrechtsmodernisierungsgesetz vom 29.05.2009, BGBl. I S. 1102.

Steuerfreiheit die Wahlrechtsausübung.[1387] Danach sei der Sanierungsgewinn bei einem Verstoß gegen den Ausübungszwang gleichwohl als steuerfrei zu behandeln.[1388] Eine andere Auffassung geht demgegenüber davon aus, dass der Sanierungsgewinn ohne die obligatorische Wahlrechtsausübung nicht als steuerfrei zu behandeln sei. Die Finanzbehörde sei danach berechtigt, die Steuer abweichend festzusetzen, wenn das Sanierungsunternehmen die steuerlichen Wahlrechte tatsächlich nicht steuermindernd ausübe.[1389] Eine weitere Auffassung konkretisiert demgegenüber, dass das Sanierungsunternehmen bei unterlassener Nachweiserbringung nicht die Steuerfreiheit des Sanierungsgewinns verliere, sondern lediglich der Verlustuntergang nach § 3a Abs. 3 EStG rechtswidrig zu niedrig erfolge.[1390] Folge dieser Auffassung sei die Änderung der Verlustfeststellungen und die Änderung der Bescheide bei Kenntnisnahme der unterlassenen Abschreibung auf den Teilwert durch die Finanzbehörde, nicht jedoch der grundsätzliche Verlust der Steuerbefreiung. Eine weitere Auffassung geht davon aus, dass ein Übersehen des Abschreibungszwangs lediglich zu einer unrichtigen Bilanz führe, die nicht mehr den Grundsätzen ordnungsgemäßer Buchführung unter Befolgung des § 3a Abs. 1 Satz 2 EStG entspreche.[1391] Eine Bilanzkorrektur sei anschließend nicht mehr als vom Sanierungsunternehmen zu beantragende Bilanzänderung nach § 4 Abs. 2 Satz 2 EStG, sondern als Bilanzberichtigung nach § 4 Abs. 2 Satz 1 EStG vorzunehmen.[1392] Die unterschiedlichen Auffassungen zeigen, dass die Behandlung des Wahlrechtsausübungszwangs nach wie vor ungeklärt ist. Dabei sind die Auffassungen, die die Steuerbefreiung bei fehlender Wahlrechtsausübung nicht entfallen lassen, für die generelle Anwendbarkeit der Steuerbefreiung vergleichsweise unproblematisch. Die Auffassung, nach der die Steuerbefreiung jedoch vollständig entfiele, wenn die Teilwertabschreibung nicht ausgeübt wird, ist jedoch für die Frage der Sanierungstauglichkeit der Regelung äußerst problematisch. Denn das Sanierungsunternehmen trüge unter dieser Prämisse das Risiko der Nichtausübung der Wahlrechte. Die Folge einer etwaig unverschuldet nicht vorgenommenen Abschreibung auf den niedrigeren Teilwert, etwa ganz konkret infolge eines bloßen Bewertungsversehens, wäre der gänzliche Verlust der Steuerbefreiung. Dieses Risiko bliebe bis zum Verjährungseintritt der Steuerfestsetzungen der Sanierungsveranlagungszeiträume bestehen. Da es jedoch, wie zuvor dargelegt, keine sanierungsspezifischen Bewertungsregelungen gibt und demnach auf die allgemeinen Grundsätze zurückzugreifen ist, wäre ein unverschuldetes Unterlassen der

[1387] *Förster/Hechtner,* DB 2017, 1536 (1542); *Kahlert/Schmidt,* DStR 2017, 1897 (1902); *Kanzler,* in: Kanzler/Kraft/Bäuml/Marx/Hechtner/Geserich, § 3a EStG Rn. 89, 8. Aufl., Stand: 01.01.2023.

[1388] *Kahlert/Schmidt,* DStR 2017, 1897 (1902); *Kanzler,* in: Kanzler/Kraft/Bäuml/Marx/Hechtner/Geserich, § 3a EStG Rn. 89, 8. Aufl., Stand: 01.01.2023: „zwingende Rechtsfolge"; a.A aber *Seer,* in: Kirchhof/Seer EStG, 22. Aufl. 2023, § 3a Rn. 15.

[1389] *Seer,* in: Kirchhof/Seer EStG, 22. Aufl. 2023, § 3a Rn. 15; auf diese Ansicht ebenfalls hinweisend *Kahlert/Schmidt,* DStR 2017, 1897 (1902).

[1390] *Krumm,* in: Brandis/Heuermann, EStG, 167. EL Mai 2023, § 3a Rn. 34.

[1391] *Bodden,* in: Korn, EStG, 144. EL, Mai 2023, § 3a EStG Rn. 71.1; *Streit/Hoheisel,* StuB 2021, 797 (801).

[1392] *Bodden,* in: Korn, EStG, 144. EL, Mai 2023, § 3a EStG Rn. 71.1; *Streit/Hoheisel,* StuB 2021, 797 (801, 802).

Abschreibung mit der existenziellen Folge des Verlustes der Steuerverschonung denkbar. Da die Steuerbefreiung nach geltender Gesetzeslage bei Vorliegen der Voraussetzungen des § 3a Abs. 2 EStG jedoch zwingend ist, ist diese Auffassung im Ergebnis abzulehnen.[1393] Nicht nur aufgrund ihrer weniger einschneidenden Folgen für das Sanierungsunternehmen, sondern auch vor dem Hintergrund des gesetzgeberischen Anliegens zugunsten eines wirkungsvollen Sanierungssteuerrechts in teleologischer Hinsicht, erscheint die erste Auffassung vorzugswürdig. Die Auslegung des Wortlauts der Norm (§ 3a Abs. 1 Satz 2 EStG: „Sind Betriebsvermögensmehrungen oder Betriebseinnahmen aus einem Schuldenerlass nach Satz 1 steuerfrei, sind steuerliche Wahlrechte in dem Jahr, in dem ein Sanierungsertrag erzielt wird (Sanierungsjahr) und im Folgejahr im zu sanierenden Unternehmen gewinnmindernd auszuüben".) dürfte zudem rein sprachlich die Steuerbefreiung des Sanierungsgewinns für den Wahlrechtsausübungszwang voraussetzen, nicht umgekehrt. Wenn auch der Gesetzeswortlaut anders interpretiert und damit beide Auffassungen begründet werden könnten, dürfte darüber hinaus das Telos der Norm für die Auffassung sprechen, die die Steuerbefreiung bei Unterlassen der Hebung vorhandener stiller Lasten im Ergebnis unberührt lässt. Ansonsten könnte der ohnehin zu weit gefasste Wahlrechtsausübungszwang die Steuerbefreiung gänzlich beseitigen, was zu einer Kollision mit dem Anliegen des Gesetzgebers führte. Gleichwohl ist der dem Regelungszusammenhang inhärente, zuvor dargelegte Widerspruch insgesamt kritisch zu beurteilen. Die Anordnung der Abschreibung auf den niedrigeren Teilwert zur Verlusterzeugung de lege lata lässt insgesamt nicht unerheblichen Raum für Rechtsunsicherheit.

#### dd. Stellungnahme

Alle Auffassungen, die eine Lösung des Problems einer Nichtvornahme der nach § 3a Abs. 1 Satz 3 EStG zwingenden Teilwertabschreibungen anstreben, zeigen die grundsätzliche Unzulänglichkeit der Normstruktur auf und offenbaren gesetzgeberischen Handlungsbedarf. Die Verknüpfung des wortwörtlichen Abschreibungszwangs des § 3a Abs. 1 Satz 3 EStG mit den Abschreibungswahlrechten nach § 6 Abs. 1 Nr. 1 Satz 2 und Nr. 2 Satz 2 EStG verbindet bei isolierter Betrachtung beider Regelungsbereiche zwei sich gegenseitig ausschließende Regelungen in unvereinbarer Weise miteinander. Auch in der Gesamtschau lässt sich dieser Widerspruch nicht zufriedenstellend auflösen. Mangels gesetzlicher Bestimmung der Teilwertermittlung nach sanierungs(steuer)rechtlichen Grundsätzen de lege lata verlangt das Gesetz den Nachweis über einen im Vergleich zum Buchwert geringeren Teilwert in der Sanierungssituation, um das Sanierungsunternehmen zur Abschreibung und Verlusterzeugung zu zwingen, während dieser Nachweis außerhalb der Sanierungssituation im Sinne eines Wahlrechts und im Einklang mit den allgemeinen ertragsteuerlichen Grundsätzen nur erbracht

[1393] *Kanzler*, in: Kanzler/Kraft/Bäuml/Marx/Hechtner/Geserich, § 3a EStG Rn. 89, Aufl., Stand: 21.05.2021.

werden muss, wenn das Wahlrecht zugunsten des niedrigeren Teilwerts optional ausgeübt wird. Das Ziel des Gesetzgebers liegt dabei klar auf der Hand: Es sollen stille Lasten „gehoben" resp. aufgedeckt werden, um Verlustverrechnungsvolumen zur Reduzierung des steuerfreien Sanierungsgewinns zu schaffen in dem Bestreben, eine nicht gerechtfertigte Doppelbegünstigung des Sanierungsunternehmens zu vermeiden. Zwar dürfte von einem abgesunkenen Teilwert der Wirtschaftsgüter im Sanierungszusammenhang grundsätzlich auszugehen, dessen konkrete Bestimmung in der Sanierungssituation aber gleichwohl mit nicht unerheblichen Schwierigkeiten verbunden sein. Die Ermittlungspflicht trifft das Sanierungsunternehmen in der Sanierungssituation, obwohl es – außerhalb der Sanierung – eine Abschreibung auf den niedrigeren Teilwert aufgrund des Wahlrechts überhaupt nicht vornehmen müsste. Die durch § 3a Abs. 1 Satz 3 EStG herbeigeführte Verknüpfung widersprüchlicher Regelungen führt zu einem systematischen Bruch und kann nicht durch das gesetzgeberische Ziel einer Vermeidung der Doppelbegünstigung des Sanierungsunternehmens gerechtfertigt werden. Vielmehr gibt das Regelungsgeflecht Anlass für Rechtsunsicherheit und blockiert dadurch schlimmstenfalls die Durchführung erfolgreicher Sanierungen. Insoweit stehen die Regelungen dem gesetzgeberischen Anliegen der erleichterten Sanierung entgegen. Weiterhin sprechen die Folgen der Abschreibung auf geringere Teilwerte in Folgezeiträumen gegen die Anordnung des Abwertungszwangs. Nach erfolgreicher Sanierung müssen die Sanierungsunternehmen zum Jahresabschluss prüfen, ob sich die Teilwerte der Wirtschaftsgüter „erholt" haben und dementsprechend wieder gewinnwirksame Zuschreibungen auf höhere Werte vorzunehmen sind. Die Zuschreibung auf höhere Teilwerte bzw. auf die fortgeführten Anschaffungskosten als Bewertungsobergrenze erzeugt jedoch ihrerseits steuerbare Buchgewinne. Das Sanierungsunternehmen sieht sich erneut Steuerlasten ausgesetzt, die es ohne die obligatorische Abwertung im Sanierungszeitpunkt nicht zu erwarten hätte. Auch dieser Umstand offenbart die Schwäche der Regelung. Selbst wenn die höchstmögliche Reduzierung des (steuerfreien) Sanierungsgewinns ein durch die Vermeidung einer Doppelbegünstigung gerechtfertigtes gesetzgeberisches Ziel ist, dürfen zu dessen Erreichen ergriffene Maßnahmen nicht so weit gehen, dass sie dem erfolgreich sanierten Unternehmen in Folgezeiträumen erneut erhebliche Belastungen auferlegen. Diese Folgen kollidieren mit dem Zweck der Sanierung und sind auch nicht durch die Vermeidung einer nicht erwünschten Doppelbegünstigung des Sanierungsunternehmens gerechtfertigt. Die Regelung widerspricht daher dem erklärten gesetzgeberischen Ziel, betriebswirtschaftlich sinnvolle Sanierungsverfahren steuerlich nicht zu behindern.

### 3. Die Wahlrechte nach § 6 Abs. 2 und Abs. 2a EStG

Weitere Wahlrechte zum Sofortabzug von Anschaffungs- oder Herstellungskosten enthalten § 6 Abs. 2 und Abs. 2a EStG.

#### a. Inhalt und Bedeutung

Die Regelung zur Sofortabschreibung von geringwertigen Wirtschaftsgütern ist in § 6 Abs. 2 EStG geregelt. Danach können die Anschaffungs- oder Herstellungskosten von abnutzbaren beweglichen Wirtschaftsgütern des Anlagevermögens, die einer selbständigen Nutzung fähig sind, im Wirtschaftsjahr der Anschaffung oder Herstellung in voller Höhe als Betriebsausgaben abgezogen werden, wenn die Anschaffungs- oder Herstellungskosten für das einzelne Wirtschaftsgut 800 Euro[1394] nicht übersteigen. Die Regelung gilt für sog. geringwertige Wirtschaftsgüter.[1395] Dies sind Wirtschaftsgüter, die einer selbständigen Nutzung fähig sind, deren Anschaffungskosten den Nettobetrag von 800 € nicht übersteigen. Das Abschreibungswahlrecht zum Sofortabzug nach § 6 Abs. 2 EStG wurde Steuerpflichtigen mit Gewinneinkünften mit der Neuregelung im Jahr 2010 eingeräumt.[1396] Die Grenzwerte zur Bestimmung der geringwertigen Wirtschaftsgüter änderten sich seit der Einführung des Wahlrechts mehrfach.[1397] Die grundsätzliche Entscheidung zugunsten eines Wahlrechts wurde jedoch seit dem Jahr 2010 beibehalten. In der Sanierungssituation würde die obligatorische Ausübung des Wahlrechts zur Herbeiführung einer höchstmöglichen Verlusterzeugung und Gewinnminderung bedeuten, dass das Sanierungsunternehmen angeschaffte Wirtschaftsgüter nicht aktiviert und über die jeweilige Nutzungsdauer linear abschreiben könnte, sondern dass es im Sanierungsjahr, zugleich Jahr der Anschaffung, einen vollständigen Sofortabzug vornehmen müsste.

Die Regelung zur sog. Sammelpostenbildung resp. Poolabschreibung ist in § 6 Abs. 2a Satz 1 EStG geregelt. Danach kann bei Wirtschaftsgütern, die nach dem 31.12.2010 angeschafft, hergestellt oder in das Betriebsvermögen eingelegt werden, abweichend von § 6 Abs. 2 Satz 1 EStG in dem Wertrahmen von über 250 €[1398] bis 1.000 € im jeweiligen Wirtschaftsjahr ein Sammelposten gebildet werden. Auch insoweit handelt es sich um ein Wahlrecht.[1399] Es ist wirtschaftsjahrbezogen einheitlich auszuüben.[1400] Bei der Ausübung des Wahlrechts ist der gebildete Sammelposten ab dem Wirtschaftsjahr seiner Bildung und den folgenden vier Wirtschaftsjahren gemäß § 6 Abs. 2a Satz 2 EStG mit jeweils einem Fünftel gewinnmindernd

---

1394 für VZ vor 2018: 410 Euro.
1395 *Kußmaul/Weiler*, GmbHR 2011, 169 (170).
1396 *Kanzler*, NWB 2010, 746 (747); *Kußmaul/Weiler*, GmbHR 2011, 169 (169).
1397 Vgl. BGBl. I S. 3950, BGBl. I S. 2074, BGBl. I S. 2143.
1398 bis 31.12.2017: 150 €.
1399 *Korn/Strahl* in: Korn, EStG, 144. EL, Mai 2023, § 6 EStG Rn. 19.1.
1400 *Schubert/Andrejewski*, in: Beck Bil-Komm, 13. Aufl. 2022, HGB § 253 Rn. 275.

aufzulösen. Die Wertgrenzen des § 6 Abs. 2a Sätze 1 und 4 EStG wurden mit Geltung ab dem Veranlagungszeitraum 2018 von 150 Euro auf 250 Euro angehoben. Daraus ergibt sich, dass erstmals bei Wirtschaftsgütern, die nach dem 31.12.2017 angeschafft, hergestellt oder in das Betriebsvermögen eingelegt werden, ein Sammelposten nach § 6 Abs. 2a S. 1 EStG nur noch gebildet werden kann, wenn die Anschaffungskosten bzw. Herstellungskosten oder der an deren Stelle tretende Wert für das einzelne Wirtschaftsgut 250 Euro, aber nicht 1000 Euro übersteigen.[1401] Beträgt der Wert des einzelnen Wirtschaftsguts nicht mehr als 250 Euro, können die Anschaffungskosten bzw. Wirtschaftskosten oder der an deren Stelle tretende Wert nach § 6 Abs. 2 Satz 1 EStG in voller Höhe als Betriebsausgaben abgezogen werden. Für Wirtschaftsgüter, deren Anschaffungs- bzw. Herstellungskosten oder an deren Stelle tretender Wert 150 Euro, aber nicht 250 Euro übersteigen, kann daher seit dem 1.1.2018 kein Sammelposten mehr gebildet werden.[1402] Für diese Wirtschaftsgüter kommt zur Vereinfachung des Besteuerungsverfahrens nur noch das Wahlrecht eines Sofortabzugs nach § 6 Abs. 2 Satz 1 EStG in Betracht.[1403] Durch die Anhebung der Höchstgrenze des § 6 Abs. 2 Satz 1 EStG auf 800 Euro im Besteuerungszeitraum 2018 bei gleichzeitiger Beibehaltung der Wertuntergrenze des § 6 Abs. 2a EStG von über 250 Euro ergeben sich für Wirtschaftsgüter, deren Anschaffungs- bzw. Herstellungskosten zwar 250 Euro, aber nicht 800 Euro übersteigen, zwei alternative Wahlrechte: Anstelle der allgemeinen Bewertung nach § 6 Abs. 1 Nr. 1 EStG können die Anschaffungs- bzw. Herstellungskosten entweder in voller Höhe als Betriebsausgaben abgezogen (§§ 6 Abs. 2 Satz 1 und Abs. 2a Satz 4 EStG) oder es kann dafür ein Sammelposten nach § 6 Abs. 2a Satz 1 EStG gebildet und im Fünfjahreszeitraum mit jeweils einem Fünftel gewinnmindernd aufgelöst werden. Mit der Anhebung der Obergrenze bei geringwertigen Wirtschaftsgütern von 410 Euro auf 800 Euro für Kalenderjahre ab 2018 hat sich der Anwendungsbereich des § 6 Abs. 2a EStG außerhalb des Anwendungsbereichs von § 6 Abs. 2 EStG indes auf Wirtschaftsgüter verengt, deren Anschaffungs- oder Herstellungskosten 800 Euro, aber nicht 1000 Euro übersteigen.[1404] Die Kritik an der Regelung zur Poolbildung als Abschreibungswahlrecht ist ausgeprägt. Insbesondere wird bemängelt, dass ihr kein geschlossenes Konzept zugrunde liege. Zudem ergäben sich Auslegungsschwierigkeiten daraus, dass der Sammelposten kein Wirtschaftsgut, sondern eine Bilanzposition eigener Art sei.[1405] Weiterhin schließe sie Steuerpflichtige mit Überschusseinkünften in gleichheitswidriger Weise vom Wahlrecht aus.[1406]

1401 *Korn/Strahl* in: Korn, EStG, 144. EL, Mai 2023, § 6 EStG Rn 468.16; *Teschke/Kraft,* in: Kanzler/Kraft/Bäuml/Marx/Hechtner/Geserich, § 6 EStG Rn. 290, 8. Aufl., Stand: 01.01.2023.
1402 *Teschke/Kraft,* in: Kanzler/Kraft/Bäuml/Marx/Hechtner/Geserich, § 6 EStG Rn. 298, 8. Aufl., Stand: 01.01.2023.
1403 BT-Drs. 18/12128, 29.
1404 *Schubert/Andrejewski,* in: Beck Bil-Komm, 13. Aufl. 2022, HGB § 253 Rn. 275; *Wengerofsky,* StuB 2017, 369 (373).
1405 *Krumm,* in: Brandis/Heuermann, EStG, 167. EL Mai 2023 § 6 Rn. 1604; *Wengerofsky,* DStR 2015, 2744 (2748).
1406 *Voß,* FR 2007, 1149 (1153); *Wengerofsky,* DStR 2015, 2744 (2748).

Die Bildung eines Sammelpostens im Sanierungszeitraum ist in Fällen denkbar, in denen im Rahmen der Sanierung Wirtschaftsgüter angeschafft werden, deren Anschaffungskosten innerhalb der vorgenannten Wertgrenzen liegen. Da die Poolbildung gegenüber der Sofortabschreibung zu einem geringeren Abschnittsverlust führt, kann diese für Zwecke der Erzeugung von Verlustpotenzial nur für die Wirtschaftsgüter in Betracht kommen, deren Wert oberhalb von 800 Euro und unterhalb von 1.000 Euro liegt.

#### b. Stellungnahme zur Einbeziehung in den Anwendungsbereich des § 3a Abs. 1 Satz 2 EStG

Die Verknüpfung des Verlusterzeugungspostulats nach § 3a Abs. 1 Satz 2 EStG mit der Poolbildung nach § 6 Abs. 2a EStG geht an den Bedürfnissen der Sanierung vorbei. Relevant wäre die Poolabschreibung ab dem Kalenderjahr 2018 indes nur noch für Wirtschaftsgüter, deren Anschaffungs- bzw. Herstellungskosten mehr als 800 Euro und weniger als 1.000 Euro betragen. Nur insoweit kann die Abschreibung von 1/5 (20%) einen geringfügig höheren Verlust erzeugen. Im Übrigen dürfte die Sofortabschreibung nach § 6 Abs. 2 EStG verfangen. Allein die aufwendige und wenig praktikable Handhabung der Regelung kann in der Sanierungssituation zu einer weiteren Belastung führen. Dies gilt insbesondere, wenn ein Verstoß gegen die Regelung des § 3a Abs. 1 Satz 2 EStG zu einem gänzlichen Verlust der Steuerbefreiung führen würde, wie es zwar vertreten wird, im Ergebnis jedoch wie zuvor dargestellt abzulehnen ist. Die Abschreibung nach § 6 Abs. 2a EStG sollte von der obligatorischen Verlustschaffungsregelung des § 3a Abs. 1 S. 2 EStG ausgenommen sein. Gleiches gilt für das Wahlrecht zur sofortigen Abschreibung von geringwertigen Wirtschaftsgütern nach § 6 Abs. 2 EStG. Letztlich dürfte das Wahlrecht zur sofortigen Abschreibung von Wirtschaftsgütern aus betriebswirtschaftlichen Gründen ohnehin allgemein üblich und gebräuchlich sein, so dass es eines spezifischen Sofortabschreibungszwangs in der Sanierungssituation nicht zusätzlich bedarf. Denn bei Anschaffung geringwertiger Wirtschaftsgüter wird eine vollständige Sofortabschreibung zur Liquiditätsschonung regelmäßig vorgenommen. Nach alledem sollten beide Wahlrechte auch im Sanierungskontext als solche erhalten bleiben und vom Verlusterzeugungszwang des § 3a Abs. 1 Satz 3 EStG ausgenommen werden.

### 4. Die Abschreibung i.S. des § 8b Abs. 2 Satz 3 KStG

Einen weiteren Problembereich eröffnet der Abschreibungsausübungszwang des § 3a Abs. 1 Satz 3 EStG im Anwendungsbereich des Besteuerungsregimes für Körperschaften. Denn bei der Ausübung des Wahlrechts zur Teilwertabschreibung ergeben sich in Abhängigkeit von der Rechtsform des zu sanierenden Unternehmens und des abzuschreibenden Wirtschaftsguts Unterschiede. Hier gilt es die besonderen Auswirkungen des § 8b KStG mit dem Ausübungszwang in Einklang zu bringen.

### a. Teleologische Reduktion

Nach § 8b Abs. 2 Satz 1 KStG bleiben Gewinne aus der Veräußerung eines Anteils an einer Körperschaft oder Personenvereinigung, deren Leistungen beim Empfänger zu Einnahmen im Sinne des § 20 Abs. 1 Nr. 1, 2, 9 und 10a EStG gehören, bei der Ermittlung des Einkommens außer Ansatz. Dies gilt nach § 8b Abs. 2 Satz 3 KStG entsprechend für Gewinne aus dem Ansatz des in § 6 Abs. 1 Nr. 2 Satz 3 EStG bezeichneten Werts, mithin für die Gewinnminderung aus dem Ansatz des Teilwerts eines Anteils an einer Körperschaft im Sinne des § 8b Abs. 2 Satz 1 KStG. Für steuerliche Zwecke wird eine solche Abschreibung, die bilanziell zu einem Verlust führt, außerbilanziell durch Hinzurechnung des gleichen Betrags neutralisiert. Der Ansatz des gegenüber dem Buchwert geringeren Teilwerts eines Anteils an einer Körperschaft durch eine Körperschaft als Sanierungsunternehmen führt danach nicht zu einer Erzeugung von Verlustsubstrat, denn die Abschreibung auf den Teilwert berührt das Einkommen der Körperschaft nicht. Aus diesem Grund kann eine derartige Abschreibung auch kein Verlustpotenzial erzeugen, das den steuerfreien Sanierungsgewinn mindern könnte. Gleichwohl sieht der weite Normwortlaut auch die Einbeziehung dieser Abschreibung vor. Zur Lösung dieser widersprüchlichen Situation soll der körperschaftsteuerlichen Besonderheit mit einer teleologischen Reduktion des § 3a Abs. 1 Satz 3 EStG begegnet werden.[1407] Eine Gegenauffassung lehnt eine teleologische Reduktion hingegen ab.[1408] Danach greife die von § 3a Abs. 1 Satz 3 EStG postulierte Anordnung der Abschreibung auf den gegenüber dem Buchwert geringeren Teilwert ausnahmslos ein.[1409]

### b. Stellungnahme zur Einbeziehung der Abschreibung i.S.d. § 8b Abs. 2 Satz 3 KStG

Soweit es darum geht, Minderungspotenzial zu erzeugen, erübrigt sich die Ausweitung des Anwendungsbereichs des § 3a Abs. 1 Satz 3 EStG auf die Abschreibung bei Beteiligungen an Kapitalgesellschaften auf den geringeren Teilwert durch eine Kapitalgesellschaft als Sanierungsunternehmen[1410], weil eine derartige Abschreibung mangels steuerlicher Auswirkung gemäß § 8b Abs. 3 Satz 3 KStG nicht zur Erzeugung von Minderungspotenzial führt. Soweit es lediglich darum ginge, alle Wirtschaftsgüter mit den gegenüber den Buchwerten niedrigeren Teilwerten im Zeitpunkt der Sanierung bilanziell zu erfassen, wäre der Abschreibungszwang auch für die Beteiligung an Kapitalgesellschaften vorzunehmen. Die durch § 3a Abs. 1 Satz 3 EStG verfolgte gesetzgeberische Intention ist ausweislich der Gesetzesbegründung jedoch darauf ausgerichtet, Minderungsvolumen in einem maximalen Umfang zu schaffen, damit der steuerfreie Sanierungsgewinn nach Verrechnung mit den

---

1407 *Förster/Hechtner*, DB 2017, 1536 (1543); *Kahlert/Schmidt*, DStR 2017, 1897 (1902); *Weiß*, StuB 2017, 581 (584).
1408 *Krumm*, in: Brandis/Heuermann, EStG, 167. EL Mai 2023, § 3a Rn. 34, der die Teilwert-Abschreibung ungeachtet ihrer Auswirkung auf das steuerliche Ergebnis befürwortet.
1409 *Krumm*, in: Brandis/Heuermann, EStG, 167. EL Mai 2023, § 3a Rn. 34.
1410 nach § 8b Abs. 2 Satz 3 KStG.

erzeugten Verlusten so gering wie möglich ausfällt. Ausgehend von diesem gesetzgeberischen Ziel könnte die Erstreckung der Norm auf den Anwendungsbereich des § 8b Abs. 2 Satz 3 KStG obsolet und eine diesbezügliche teleologische Reduktion des § 3a Abs. 1 Satz 3 EStG danach sinnvoll erscheinen. Dagegen könnte indes auch der Zweck der Bewertung mit dem Teilwert sprechen. Denn auch die im Betriebsvermögen des Sanierungsunternehmens befindlichen Beteiligungen an anderen Körperschaften müssten mit dem Wert bewertet werden, der im Zeitpunkt der Sanierung tatsächlich vorliegt. Maßstab dafür wäre auch hier der nach allgemeinen Grundsätzen zu ermittelnde Teilwert. Für Zwecke der Sanierung ergibt sich daraus jedoch kein Nutzen, so dass eine Erzwingung dieser Abschreibung, die vom allgemeinen Bewertungswahlrecht des § 6 Abs. 1 Nr. 2 Satz 3 EStG nicht vorgesehen ist, insgesamt nicht zweckangemessen erscheint.[1411] Insbesondere dürfte hierbei auch relevant sein, dass etwaige Beteiligungen des Sanierungsunternehmens an anderen Kapitalgesellschaften nicht auf einen geringeren Wert abgesunken sein müssen, so dass eine Abschreibung auch vor diesem Hintergrund nicht obligatorisch erscheint. Die Anordnung einer Abschreibung auf einen geringeren Wert, die zum einen nicht vorliegen muss und zum anderen ohnehin keine steuerliche Auswirkung hat, erscheint gänzlich widersinnig. Eine Einbeziehung der steuerfreien Teilwertabschreibung nach § 8b Abs. 2 Satz 3 KStG dürfte dem Ziel einer effektiven Sanierung daher entgegenstehen, so dass die Norm vom Anwendungsbereich des § 3a Abs. 1 Satz 3 EStG ausgenommen werden sollte. Im Interesse wünschenswerter Rechtssicherheit und gesetzlicher Klarheit sollte insoweit eine Klarstellung im Gesetz aufgenommen werden.[1412]

### 5. Folgeauswirkungen durch Wertaufholungsgebot

Wie zuvor bereits angesprochen[1413], ergibt sich eine weitere bislang wenig erörterte Problematik sich durch das Wertaufholungsgebot nach § 6 Abs. 1 Nr. 1 Satz 4, Nr. 2 Satz 3 EStG. Wenn sich die Teilwerte der zuvor abgeschriebenen Wirtschaftsgüter nach Abschluss der Sanierung erholen, wären erneute gewinnerhöhende Zuschreibungen vorzunehmen, die ihrerseits einen Ertrag auslösen. Dieser Ertrag wäre nach den allgemeinen Grundsätzen steuerpflichtig, würde die Liquidität des nunmehr sanierten Unternehmens belasten und könnte sich zudem investitionshemmend auswirken. Das soeben sanierte Unternehmen müsste also einen Ertrag versteuern, den es nicht generiert hätte, wenn es nicht durch den sanierungssteuerrechtlich implementierten Ausübungszwang des § 3a Abs. 1 Satz 3 EStG gezwungen worden wäre, die ihm grundsätzlich als Wahlrechte zustehenden Minderungsoptionen mindernd auszuüben. Aus diesem Grund erscheint es sachgerecht, eine Folgeregelung zur Abmilderung der nach dem steuerlichen Wertaufholungsgebot eintretenden

[1411] So im Ergebnis auch *Förster/Hechtner*, DB 2017, 1536 (1543).
[1412] Formulierungsvorschlag unter D.
[1413] s.o. unter C. IV. 2. d. dd.

Zuschreibungsfolgen zu schaffen. Hierfür bieten sich verschiedene Möglichkeiten an. Eine erste Möglichkeit bestünde darin, den Abschreibungsverlust aus dem sanierungssteuerrechtlichen Abschreibungszwang über die Dauer der Sanierung festzustellen, um ihn nach Werterholung mit dem obligatorischen Zuschreibungsgewinn verrechnen zu können. Diese Verfahrensweise konfligiert jedoch mit dem gesetzgeberischen Ziel der Aufdeckung stiller Lasten zur Reduzierung des Sanierungsgewinns. Eine zweite Möglichkeit zur Abmilderung späterer, durch das Wertaufholungsgebot ausgelöster Zuschreibungsfolgen bestünde darin, sowohl den Abschreibungsverlust als auch den späteren Zuschreibungsgewinn steuerlich gänzlich unberücksichtigt zu lassen, mithin sowohl Abschreibung als auch Zuschreibung gewinnerhöhend bzw. -mindernd außerbilanziell zu korrigieren. Allerdings dürfte auch diese zweite Möglichkeit dem vom Gesetzgeber beabsichtigen Ziel der Aufdeckung stiller Lasten zur Reduzierung des Sanierungsgewinns widersprechen. Eine dritte Möglichkeit zur Abmilderung der Zuschreibungsfolgen könnte in einer Rücklagenoption liegen. Danach könnten die Zuschreibungsgewinne zunächst in eine gewinnmindernde Rücklage eingestellt und über einen Zeitraum von drei Jahren ratierlich gewinnerhöhend aufgelöst werden. Daraus ergäben sich liquiditätsschonende Stundungseffekte. Es zeigt sich, dass das Sanierungsunternehmen durch alle drei Möglichkeiten zur Neutralisierung späterer Zuschreibungsgewinne nach dem Abschluss der Sanierung entlastet würde. Die beiden zuerst genannten Möglichkeiten der Verlustfeststellung und späteren Verrechnung mit Zuschreibungsgewinnen und der Außerachtlassung sämtlicher Abschreibungs- und Zuschreibungsfolgen führen jedoch zu einer sofort wirkenden Neutralisierung der Abschreibungsverluste, ohne dass diese als Minderungspotenzial zur Reduzierung des steuerfreien Sanierungsgewinns nutzbar gemacht werden könnten. Daher stünden sie dem gesetzlichen Ziel der Hebung stiller Lasten entgegen. Die dritte Möglichkeit ist daher vorzugswürdig. Sie lässt die Abschreibung auf die Teilwerte nach § 3a Abs. 1 Satz 3 EStG unberührt, trägt jedoch den belastenden Folgen der späteren Zuschreibung Rechnung. Die belastende Wirkung aus der gewinnerhöhenden und damit steuerwirksamen Zuschreibung in späteren Zeiträumen wird dadurch entschärft, dass dem dann sanierten Unternehmen die Bildung einer Rücklage in Höhe des Zuschreibungsbetrages und deren Auflösung über drei Jahre gestattet wird.[1414]

## 6. Gesamtstellungnahme zum Wahlrechtsausübungszwang

Die Regelungen nach § 3a Abs. 1 Sätze 2 und 3 EStG bewirken, dass steuerliche Wahlrechte zur Nichtaufdeckung stiller Lasten als elementare Instrumente steuerlicher Gestaltungsfreiheit über die Dauer des Sanierungszeitraums de lege lata nicht gestaltend beibehalten werden können. Der Gesetzgeber will das Sanierungsunternehmen verpflichten, Verluste (künstlich) zu

1414 Formulierungsvorschlag einer Neuregelung unter D.

erzeugen, um den steuerfreien Sanierungsertrag möglichst gering zu halten und dadurch dem Ziel, ein "größtmögliches Verlustausgleichsvolumen zur Verfügung zu stellen, mit dem der Sanierungsertrag zur Vermeidung einer Doppelbegünstigung zu verrechnen ist"[1415], gerecht zu werden. Die Analyse hat gezeigt, dass die Anordnung der Teilwertabschreibung und die Erzwingung der Ausübung der Abschreibungswahlrechte in der Sanierungssituation zu bislang ungelösten steuerrechtlichen Folgefragen und systematischen Friktionen führen. Der im Wortlaut ausufernde Regelungsbereich hat systematisch und teleologisch einen nur sehr kleinen Anwendungsbereich und wird von dem fiskalischen Interesse des Gesetzgebers getragen, den Sanierungsgewinn so gering wie möglich zu halten. Die Analyse aller für die Verlustschaffungsanordnung in Betracht kommenden Wahlrechte hat offenbart, dass die Regelungen in § 3a Abs. 1 Sätze 2 und 3 EStG in ihrer aktuellen Form im sanierungssteuerrechtlichen Kontext nicht zweckangemessen sind. Es handelt sich um fiskalisch motivierte Abschreibungsgebote, die die besonderen Bedürfnisse des Sanierungsunternehmens unberücksichtigt lassen. Die Sinnhaftigkeit des verlustschaffenden Wahlrechtsausübungszwangs für ein wirkkräftiges Sanierungssteuerrecht ist daher zu bezweifeln. Die Anordnung in § 3a Abs. 1 Satz 2 EStG zur gewinnmindernden Wahlrechtsausübung ist daher für sich genommen obsolet und sollte ersatzlos gestrichen werden.

Für die Anordnung, Wirtschaftsgüter des Anlagevermögens auf den Teilwert abzuschreiben, dürfte indes etwas Anderes gelten. Das gesetzgeberische Desiderat der Aufdeckung stiller Lasten zur Erzeugung von Verlustvolumina als Verrechnungspositionen und dadurch beabsichtigter Vermeidung einer Doppelbegünstigung des Sanierungsunternehmens ist hinsichtlich der Teilwertabschreibungen für sich genommen nicht zu beanstanden. Für die Abschreibung der im Betriebsvermögen des Sanierungsunternehmens vorhandenen Wirtschaftsgüter auf den niedrigeren Teilwert sprechen zudem auch Hintergrund und Zweck der Teilwertbewertung, die gerade im Sanierungskontext Bedeutung haben kann. Die Schwäche der Regelung liegt jedoch, wie gezeigt, in der widersprüchlichen Verknüpfung eines grundsätzlich eingeräumten, an konkretisierte Nachweispflichten geknüpften Wahlrechts mit einem speziell auf die Sanierungssituation zugeschnittenen Ausübungszwang. Denn die Abschreibungswahlrechte aus § 6 Abs. 1 Nr. 1 Satz 2 und Nr. 2 Satz 2 EStG werden durch § 3a Abs. 1 Satz 3 EStG zu einem Abschreibungszwang, dessen Rechtfertigung in der Vermeidung einer befürchteten, nicht erwünschten Doppelbegünstigung liegt. Die Norm wirft infolge der dargelegten, widersprüchlichen Verknüpfung eine Vielzahl ungeklärter Sachfragen auf, die das in der Sanierungssituation wirtschaftlich angeschlagene Sanierungsunternehmen nicht zuletzt durch nicht absehbare Folgeauswirkungen zusätzlich belastet. Im sanierungssteuerrechtlichen Zusammenhang, der gesamtvolkswirtschaftlichen Desideraten unterworfen ist, ist jedoch eine

[1415] *BT-Drs.* 18/12128, 31; *Uhländer*, DB 2017, 1224 (1231).

auch zukünftige Folgewirkungen berücksichtigende gesetzgeberische Gestaltung geboten, die unter Beachtung des Charakters der Verschonungsregelung des § 3a EStG als Lenkungsnorm nicht ausschließlich fiskalische Interessen in den Mittelpunkt stellt. Insbesondere im gestaltungssensiblen Bereich des Verlustuntergangs ist gesetzgeberisches Augenmaß gefordert. Im Interesse eines effektiven Sanierungssteuerrechts erscheint es sachgerecht, eine eindeutige Regelung über die Abschreibung auf den jeweiligen Teilwert und eine Folgeregelung für spätere, aufgrund des Wertaufholungsgebotes obligatorische Zuschreibungen zu schaffen, welche die steuererhöhenden Zuschreibungsfolgen für das Sanierungsunternehmen abmildert. Wenn eine Abschreibung in der Sanierungssituation erzwungen wird, darf der Gesetzgeber auch spätere Folgen nicht außer Acht lassen. Andernfalls sieht sich der Gesetzgeber dem Vorwurf einer gegen das Übermaßverbot verstoßenden, überschießenden [1416] Regelung ausgesetzt. Nicht zweckangemessen erscheint es zudem, spätere Zuschreibungsgewinne der sofortigen Besteuerung zuzuführen und das soeben erfolgreich sanierte Unternehmen einer erneuten Steuerbelastung auszusetzen. Die Ermöglichung einer Rücklagenbildung in Höhe des späteren Zuschreibungsgewinns, die über einen Zeitraum von drei Jahren aufgelöst werden kann, wäre insoweit interessengerecht und könnte die belastenden Folgen der Zuschreibung abmildern.[1417]

---

[1416] So auch *Levedag*, in: Schmidt, EStG, 42. Auflage 2023, § 3a Rn. 33.

[1417] Formulierungsvorschlag unter D.

## V. Verlustverrechnung des § 3a Abs. 3 EStG und Abzugsverbot des § 3c Abs. 4 EStG

Zur Vermeidung einer Doppelbegünstigung des Sanierungsunternehmens sieht § 3a Abs. 3 Satz 2 EStG den Untergang verschiedener Steuerminderungspotentiale, insbesondere vorhandener Verluste, des Sanierungsunternehmens vor. Die Höhe des Verlustuntergangs bestimmt sich gemäß § 3a Abs. 3 Satz 1 EStG nach der Differenz zwischen dem Sanierungsertrag aus dem Schuldenerlass und den nicht abziehbaren Beträgen nach § 3c Abs. 4 EStG. Die Verrechnungsreihenfolge vorhandener Verlustpositionen ist im Gesetz in § 3a Abs. 3 Satz 2 Nr. 1 bis 13 EStG vorgegeben. Sollte der Sanierungsgewinn aus dem Forderungsverzicht sämtliche Verlustpositionen des Sanierungsunternehmens übersteigen, sind anschließend auch vorhandene Verluste nahestehender Personen einzubeziehen, wenn diese die erlassenen Schulden innerhalb eines Zeitraums von fünf Jahren vor dem Schuldenerlass auf das zu sanierende Unternehmen übertragen hat und soweit der entsprechende, verteilt abziehbare Aufwand, die Verluste, negativen Einkünfte, Zinsvorträge oder EBITDA-Vorträge zum Ablauf des Wirtschaftsjahres der Übertragung bereits entstanden waren.

Vor der nach § 3a Abs. 3 EStG vorgesehenen Verlustverrechnung ist der Sanierungsgewinn aus dem Schuldenerlass jedoch in einem gleichsam ersten Schritt um sämtliche Sanierungskosten, die mit der Sanierung im Zusammenhang stehen, zu mindern. Sollten die Sanierungskosten den Sanierungsgewinn im Sanierungsjahr übersteigen, verfängt ein in § 3c Abs. 4 EStG geregeltes Abzugsverbot, dessen Reichweite nicht unumstritten ist. Das vom Wortlaut her kryptisch anmutende Regelungsgeflecht zur Verlustverrechnung und zum Abzugsverbot von Sanierungskosten ist nicht unerheblichen verfassungsrechtlichen Bedenken ausgesetzt.

### 1. Beabsichtigte Regelung nach dem Gesetzentwurf

Im Gesetzentwurf[1418] war zunächst vorgesehen, dass die Steuerbefreiung nur auf Antrag gewährt werden sollte. Dafür sollten jedoch im Gegenzug sämtliche zum Ende des dem Veranlagungszeitraum der Sanierung vorangegangenen Veranlagungszeiträume festgestellten Verlustvorträge, darunter insbesondere die nach §§ 2a, 2b, 10d, 15 Abs. 4, 15a, 23 Abs. 3 EStG und § 8d KStG festgestellten Verluste zu Beginn des Sanierungsveranlagungszeitraums entfallen und im Sanierungsjahr entstehende negative Einkünfte nicht mit anderen positiven Einkünften ausgeglichen und nicht in anderen Veranlagungszeiträumen abgezogen werden können.[1419] Von diesem Entwurf ist der Gesetzgeber zugunsten der obligatorischen Steuerbefreiung und eines Verlustuntergangs bis zur Höhe des um die Sanierungskosten geminderten Sanierungsgewinns zuletzt abgewichen.[1420] Hintergrund der gegenwärtigen Lösung ist das Bestreben, eine doppelte

[1418] Entwurfsfassung, *BR-Drucks.* 59/1/17 S. 10; *BT-Drucks.* 18/11531, S. 8.

[1419] *Hallerbach* in: Herrmann/Heuer/Raupach, EStG/KStG, 319. Lieferung, 7/2023, § 3a Rn. 34 bezeichnet dies als „Fallbeillösung".

[1420] *Hallerbach* in: Herrmann/Heuer/Raupach, EStG/KStG, 319. Lieferung, 7/2023, § 3a Rn. 34.

Privilegierung des Sanierungsunternehmens zu verhindern.[1421] Gleichwohl werden verschiedene Aspekte dieser umfassenden Verlustverrechnungsregelung unter verfassungsrechtlichen Gesichtspunkten kritisiert. Die Grundzüge dieser Kritik sollen im Folgenden dargestellt werden.

### 2. Verhältnismäßigkeitsgrundsatz

Zunächst besteht im Schrifttum allgemeiner Konsens darüber, dass die Verlustverrechnungsregelung des § 3a Abs. 3 EStG in seiner konkreten Ausgestaltung im Wesentlichen den Anforderungen des Verhältnismäßigkeitsgrundsatzes entspricht, weil das Ausmaß der Steuerbefreiung von Sanierungserträgen zur Vermeidung einer sachlich nicht gerechtfertigten Doppelbegünstigung des Sanierungsunternehmens auf das erforderliche Maß beschränkt werden müsse und dies durch die Anordnung der Verlustverrechnung erreicht werde.[1422] Weiterhin erfülle die genaue Auflistung sämtlicher Verlustuntergangspositionen, die in der Reihenfolge ihrer Auflistung zu verrechnen sind, die Anforderungen des aus dem Grundsatz der Gesetzmäßigkeit des Verwaltungshandelns nach Art. 20 Abs. 3 GG folgenden Bestimmtheitsgebotes. Trotz der erkennbaren Komplexität und Kompliziertheit der Regelung sei die Regelung mit den Postulaten des Bestimmtheitsgrundsatzes daher vereinbar.[1423]

### 3. Verfassungsrechtliche Kritikpunkte

Unter verfassungsrechtlichen Gesichtspunkten werden jedoch mehrere Aspekte im Zusammenhang mit dem Abzugsverbot nach § 3c Abs. 4 EStG und mit der umfassenden Verlustverrechnung nach § 3a Abs. 3 EStG kritisiert. Im Folgenden sollen vier hauptsächliche Kritikpunkte näher beleuchtet werden.

#### a. Abzugsverbot

Das Abzugsverbot nach § 3c Abs. 4 Satz 1 EStG gilt für Betriebsvermögensminderungen oder Betriebsausgaben, die mit einem steuerfreien Sanierungsertrag im Sinne des § 3a EStG in einem unmittelbaren wirtschaftlichen Zusammenhang stehen. Sanierungsaufwendungen sind Kosten für eine professionelle Sanierungsberatung,[1424] für ein Sanierungsgutachten, Rechtsanwaltskosten, Gerichtskosten oder sonstige Gutachterkosten und Kosten für die

---

[1421] Finanzausschuss des Bundestags, *BT-Drucks.* 18/12128, 30.
[1422] *Bodden,* in: Korn, EStG, 144. EL, Mai 2023, § 3a EStG Rn. 32.0; *Kanzler,* in: Kanzler/Kraft/Bäuml u.a., 8. Aufl. 2023, § 3a EStG Rz. 126; *Seer,* in: Kirchhof/Seer EStG, 22. Aufl. 2023, § 3a Rz. 15; *Kobor,* in: Kirchhof/Söhn/Mellinghoff, EStG, 315. AL 6/2021, § 3a EStG Rz. A 135; *Hallerbach* in: Herrmann/Heuer/Raupach, EStG/KStG, 319. Lieferung, 7/2023, § 3a Rn. 32.
[1423] *Bodden,* in: Korn, EStG, 144. EL, Mai 2023, § 3a EStG Rn. 32.0; *Kobor,* in: Kirchhof/Söhn/Mellinghoff, EStG, 315. AL 6/2021, § 3a EStG Rz. A 135.
[1424] *Skauradszun/Kwauka,* DStR 2020, 953 (954).

Erstellung eines Insolvenz- bzw. Sanierungsplans,[1425] die typischerweise durch die Sanierung und daher nahezu unausweichlich entstehen. Ungeachtet des Entstehungszeitpunktes des Sanierungsgewinns sollen diese Sanierungsaufwendungen zwar zunächst mit dem aus der Sanierungsmaßnahme resultierenden Sanierungsgewinn verrechnet werden müssen, dürfen aber im Übrigen nicht in Abzug gebracht werden und wirken sich daher im Ergebnis maximal nur bis zur Höhe des Sanierungsgewinns aus und gehen im Übrigen im Sanierungsjahr und im vorangegangenen Jahr unter.[1426]

Ein Abzugsverbot für Aufwendungen, die im Zusammenhang mit steuerfreien Gewinnen stehen, wirkt auf den ersten Blick systemkonsequent. Denn es besteht eine allgemeine Regel, dass Aufwendungen, die zur Erzielung steuerfreier Einnahmen entstanden sind, sich nicht mindernd auswirken dürfen. Diese allgemeine Regel wird jedoch für die Sanierungskosten in mehrfacher Hinsicht in verfassungsrechtlich bedenklicher Weise ausgedehnt. Zunächst besteht aufgrund des kryptischen Wortlauts und der in sich widersprüchlich wirkenden Verknüpfung von § 3a Abs. 3 Satz 1 EStG und § 3c Abs. 4 EStG eine nicht unerhebliche Verständnisschwierigkeit hinsichtlich des Regelungszusammenhangs. Um dies zu verdeutlichen, folgt eine wortwörtliche Darstellung dieser Regelungsinhalte und eine anschließende Analyse selbiger.

Zunächst regelt § 3a Abs. 3 Satz 1 EStG, dass „nicht abziehbare Beträge im Sinne des § 3c Abs. 4 EStG, die in Veranlagungszeiträumen vor dem Sanierungsjahr und im Sanierungsjahr anzusetzen sind," den Sanierungsertrag mindern. Nach § 3c Abs. 4 Satz 1 EStG sollen jedoch „Betriebsvermögensminderungen oder Betriebsausgaben, die mit einem steuerfreien Sanierungsertrag im Sinne des § 3a EStG in unmittelbarem wirtschaftlichem Zusammenhang stehen, unabhängig davon, in welchem Veranlagungszeitraum der Sanierungsertrag entsteht, nicht abgezogen" werden dürfen. Dies soll nach § 3c Abs. 4 Satz 2 EStG jedoch nicht gelten, „soweit Betriebsvermögensminderungen oder Betriebsausgaben zur Erhöhung von Verlustvorträgen geführt haben, die nach Maßgabe der in § 3a Abs. 3 EStG getroffenen Regelungen entfallen".[1427] Nach § 3c Abs. 4 Satz 4 EStG soll das Abzugsverbot i.S. des § 3c Abs. 4 Satz 1 EStG jedoch „für Betriebsvermögensminderungen oder Betriebsausgaben, die nach dem Sanierungsjahr entstehen, nur insoweit" gelten, „als noch ein verbleibender Sanierungsertrag im Sinne von § 3a Abs. 3 Satz 4 EStG vorhanden ist." Was der Gesetzgeber mit diesen wechselbezüglichen Vorschriften tatsächlich regeln wollte, kann nur durch Auslegung ermittelt werden. Allgemein wird davon ausgegangen, dass die Sanierungskosten den durch den

[1425] *Bodden*, in: Korn, EStG, 144. EL, Mai 2023, § 3a EStG Rn. 74; *Hölzle*, ZIP 2020, 301 (308); *Kanzler*, in: Kanzler/Kraft/Bäuml/Marx/Hechtner/Geserich, § 3a EStG Rn. 134, 8. Aufl., Stand: 01.01.2023; zur Problematik der Ermessensausübung im Zusammenhang mit der Nichtabzugsfähigkeit dieser Kosten unter Geltung des Sanierungserlasses schon *Mertzbach*, DStR 2014, 172; *Skauradszun/Kwauka*, DStR 2020, 953 (956).

[1426] *Hölzle*, ZIP 2020, 301 (308); *Skauradszun/Kwauka*, DStR 2020, 953 (954) bezeichnen dies als „Webfehler" und als „reale steuerliche Benachteiligung des Steuerpflichtigen".

[1427] Weiterhin ist in der an dieser Stelle nicht näher zu beleuchtenden Vorschrift des § 3c Abs. 4 Satz 3 EStG geregelt, dass „zu den Betriebsvermögensminderungen oder Betriebsausgaben im Sinne des Satzes 1 auch Aufwendungen im Zusammenhang mit einem Besserungsschein und vergleichbare Aufwendungen gehören"; dazu s.o. unter C. I. 1. c.

Schuldenerlass erzeugten Sanierungsgewinn zuerst mindern sollen, dass mithin der Ertrag aus dem Forderungsverzicht zunächst mit den Sanierungskosten verrechnet werden soll. Dies erscheint nach den allgemeinen Grundsätzen zur Gewinnermittlung systemkonsequent.[1428] Verbleibt danach ein Überschuss von Sanierungskosten – in Fällen etwa, in denen die Sanierungskosten den Sanierungsgewinn übersteigen – darf der übersteigende Kostenanteil im Sanierungsjahr nicht abgezogen werden.[1429] Im Folgejahr hingegen dürfen Kosten bis zur Höhe eines noch verbliebenen Restbetrages des Sanierungsgewinns mit diesem verrechnet werden und sich auch im Übrigen gewinnmindernd auswirken. So sollen die Regelungen des § 3c Abs. 4 Satz 1 und Satz 4 EStG in ihrer Zusammenschau mit § 3a Abs. 3 Satz 1 EStG zu verstehen sein.[1430]

Nicht einheitlich scheint jedoch beurteilt zu werden, ob das Abzugsverbot der Sanierungskosten sich nur auf den Veranlagungszeitraum der Sanierung[1431] oder sich auch auf vorangegangene und Folgezeiträume erstreckt.[1432] Für dem Sanierungsjahr vorausgehende Veranlagungszeiträume wird dabei davon ausgegangen, dass das Abzugsverbot nach § 3c Abs. 4 Satz 1 EStG nicht gelten könne, wenn diese Sanierungskosten der Vorveranlagungszeiträume zur Erhöhung von Verlustvorträgen geführt haben, die im Zusammenhang mit der Sanierung nach § 3a Abs. 3 Satz 2 EStG entfallen.[1433] Dies solle sich aus der Klarstellung in § 3c Abs. 4 Satz 2 EStG ergeben und im Sinne einer Vereinfachung verhindern, dass Bescheide der Vorjahre, in denen derartige Kosten bereits enthalten sind, geändert werden müssten.[1434] Für dem Sanierungsjahr nachfolgende Veranlagungszeiträume soll das Abzugsverbot nur insoweit gelten, als noch ein verbleibender Sanierungsertrag nach Verlustverrechnung[1435] vorhanden ist.[1436] Das Abzugsverbot müsse danach in Folgejahren stets auf den Betrag eines noch vorhandenen Sanierungsgewinns begrenzt sein.[1437] Das vorhandene Schrifttum lässt keine gänzlich eindeutige, gleichsam unmissverständliche Verfahrensweise im Zusammenhang mit § 3c Abs. 4 Satz 4 EStG erkennen. Zwar wird von einem Abzugsverbot für

1428 Vergleichsweise ist etwa hinzuweisen auf die Ermittlung von Übernahmegewinnen nach § 4 Abs. 4 Satz 1 UmwStG oder § 12 Abs. 2 Satz 1 UmwStG.

1429 *Hölzle*, ZIP 2020, 301 (308); *Skauradszun/Kwauka*, DStR 2020, 953 (954).

1430 So auch *Bodden*, in: Korn, EStG, 144. EL, Mai 2023, § 3a EStG Rn. 76; *Desens*, in: Herrmann/Heuer/Raupach, EStG/KStG, 319. Lieferung, 7/2023, § 3c EStG Rn. 120; *Kanzler*, NWB 2017, 2260 (2273).

1431 *Valta*, in: Brandis/Heuermann, 167. EL Mai 2023, EStG § 3c Rn. 97.

1432 *Bodden*, in: Korn, EStG, 144. EL, Mai 2023, § 3a EStG Rn. 76: „Das Abzugsverbot gilt unabhängig davon, in welchem VZ die Sanierungskosten entstehen. Damit sind nicht nur Aufwendungen erfasst, die im selben Gewinnermittlungszeitraum wie der Sanierungsertrag entstehen, sondern auch Aufwendungen in einem vorangegangenen oder nachfolgenden VZ.".

1433 *Desens*, in: Herrmann/Heuer/Raupach, EStG/KStG, 319. Lieferung, 7/2023, § 3c EStG Rn. 115.

1434 *Desens*, in: Herrmann/Heuer/Raupach, EStG/KStG, 319. Lieferung, 7/2023, § 3c EStG Rn. 115.

1435 § 3a Abs. 3 Satz 4 EStG.

1436 *Desens*, in: Herrmann/Heuer/Raupach, EStG/KStG, 319. Lieferung, 7/2023, § 3c EStG Rn. 120; allerdings *ders.* in Herrmann/Heuer/Raupach, EStG/KStG, 319. Lieferung, 7/2023, § 3c EStG Rn. 15a mit der Feststellung, ein Abzugsverbot bestehe unabhängig davon, in welchem Veranlagungszeitraum der Sanierungsertrag entsteht; ebenso *Kanzler*, NWB 2017, 2260 (2273).

1437 So zu verstehen sind wohl auch *Bodden*, in: Korn, EStG, 144. EL, Mai 2023, § 3a EStG Rn. 76; *Desens*, in Herrmann/Heuer/Raupach, EStG/KStG, 319. Lieferung, 7/2023, § 3c EStG Rn. 15a; *Kanzler*, NWB 2017, 2260 (2273).

Sanierungskosten aus Folgejahren gesprochen. Dieses solle jedoch unter Bezugnahme auf den Wortlaut nach § 3c Abs. 4 Satz 4 EStG nur auf einen noch vorhandenen Sanierungsertrag beschränkt sein. Auch aus dem Wortlaut der einschlägigen Normen lässt sich keine eindeutige Lösung entnehmen. Möglich ist, so sagt es die Gesetzesbegründung, dass Sanierungskosten (Betriebsvermögensminderungen oder Betriebsausgaben) unabhängig davon, ob sie vor, nach oder im Jahr der Entstehung des Sanierungsgewinns anfallen, nicht in Abzug gebracht werden dürfen.[1438] Gleichzeitig sollen die Kosten jedoch nach der Ausnahmeregelung abzugsfähig sein, soweit kein verbleibender Sanierungsertrag mehr vorhanden ist.[1439] Möglich ist mithin also auch, und so dürfte § 3a Abs. 4 Satz 4 EStG zu verstehen sein, dass Sanierungskosten in Folgejahren nach dem Sanierungsjahr nur insoweit nicht abgezogen werden dürfen, sondern mit dem Sanierungsgewinn verrechnet werden müssen, als noch ein Teilbetrag des steuerfreien Sanierungsgewinns vorhanden ist. Daraus ergibt sich jedoch die widersinnige Folge, dass überschießende Sanierungskosten im Sanierungsjahr und im Sanierungsvorjahr nicht abzugsfähig sind, in einem Folgejahr jedoch in Abzug gebracht werden können. Denn aus dieser Ausnahmeregelung wird die Schlussfolgerung gezogen, dass das Abzugsverbot im Sanierungsjahr unbegrenzt, also auch für die den Sanierungsertrag übersteigenden Aufwendungen, gilt.[1440] Dieses umfassende Abzugsverbot wird als eine das Nettoprinzip verletzende Rechtsfolge angesehen,[1441] die ein „untragbares Ergebnis" in einer „sehr fragilen Phase" des Sanierungsunternehmens auslöst.[1442]

Der tatsächlich getragene Aufwand, der über den Sanierungsertrag hinausgeht, bleibt insoweit mithin steuerlich unberücksichtigt.[1443] Wie diese widersprüchliche Verfahrensweise mit dem objektiven Nettoprinzip in Einklang gebracht werden soll, ist fraglich. Zwar gilt im Einkommensteuerrecht die sog. Abschnittsbesteuerung nach § 2 Abs. 7 Satz 1 EStG, die erzielte Einkünfte ihrem Entstehungszeitpunkt nach unterschiedlichen Kalenderjahren zuordnet. Eine unterschiedliche Behandlung desselben Sachverhalts, nämlich der durch die Sanierung entstandenen Sanierungskosten, in unterschiedlichen Kalender- resp. Wirtschaftsjahren als Rechtfertigungsgrund für die Durchbrechung des objektiven Nettoprinzips kann daraus jedoch nicht abgeleitet werden.

Zur Auflösung des gesetzlichen „Webfehlers"[1444] sollte daher ebenfalls eine Neuregelung erwogen werden, die das gegenwärtige kryptische Normengefüge zugunsten der Rechtssicherheit erheblich vereinfacht. Viel einfacher und klarer wäre eine Regelung, die die

[1438] *BT-Drucks.* 18/12128, 33.
[1439] So jedenfalls die Klarstellung in *BT-Drucks.* 18/12128, 33.
[1440] *Bodden,* in: Korn, EStG, 144. EL, Mai 2023, § 3a EStG Rn. 32.0; *Kanzler,* in: Kanzler/Kraft/Bäuml/Marx/Hechtner/Geserich, § 3a EStG Rn. 137, 8. Aufl., Stand: 01.01.2023.
[1441] *Förster/Hechtner,* DB 2017 S. 1536, 154; *Kanzler,* in: Kanzler/Kraft/Bäuml u.a., 8. Aufl. 2023, § 3a EStG Rz. 137; *Kanzler,* NWB 2017, 2260, 2273.
[1442] *Skauradszun/Kwauka,* DStR 2020, 953 (956).
[1443] *Skauradszun/Kwauka,* DStR 2020, 953 (956).
[1444] *Skauradszun/Kwauka,* DStR 2020, 953 (957).

Sanierungskosten als solche bezeichnet und einen Abzug selbiger von dem durch Forderungsverzicht oder durch eine andere Entschuldungsmaßnahme erzeugten Sanierungsgewinn vorsieht. Für Fälle, in denen die Sanierungskosten den Sanierungsgewinn übersteigen, hätte der Gesetzgeber die Frage zu beantworten, ob diese übersteigenden Kosten sich mindernd auswirken dürfen oder ob sie aufgrund eines Abzugsverbots nach § 3c EStG vom Abzug ausgeschlossen sein müssen. Die Antwort auf diese Frage dürfte aber nicht – wie es gegenwärtig der Fall ist – vom Entstehungszeitpunkt der Sanierungskosten abhängig gemacht werden. Denn entweder gilt ein Abzugsverbot sämtlicher Sanierungskosten ungeachtet ihres Entstehungszeitpunktes, weil diese im Zusammenhang mit einem steuerfreien Tatbestand, vorliegend dem Sanierungsgewinn, stehen oder die Sanierungskosten werden grundsätzlich unter Beachtung des Veranlassungs- und objektiven Nettoprinzips zum Abzug zugelassen. Ein Abzugsverbot erscheint im Übrigen schon terminologisch verfehlt, wenn – und dies ist auch de lege lata vorgesehen – der Sanierungsgewinn mit den Sanierungskosten zunächst verrechnet werden soll. Beide Prinzipien sprechen zudem gegen ein Abzugsverbot und für eine mindernde Wirkung dieser den Sanierungsgewinn übersteigenden Sanierungskosten unabhängig vom Zeitpunkt ihrer Entstehung.[1445] Darüber hinaus lassen sich auch aus den in der Restrukturierungsrichtlinie niedergelegten Wertungen, die nachgerade die Inanspruchnahme einer professionellen Beratung zur Abwendung von Insolvenzen verlangen[1446], Argumente für eine Berücksichtigung der den Sanierungsgewinn übersteigenden Sanierungskosten finden. Vor diesem Hintergrund bestünde auch die das Sanierungsunternehmen zusätzlich belastende Pflicht, gesonderte Aufzeichnungen über die Sanierungskosten und deren Entstehungszeitpunktes zu führen, nicht mehr.[1447]

### b. Untergang von Zins- und EBITDA-Vortrag

Als verfassungsrechtlich bedenklich wird zudem auch der in § 3a Abs. 3 Satz 2 Nr. 13 EStG angeordnete Untergang eines im Rahmen der Anwendung der Zinsschranke festgestellten Zinsvortrags i.S. des § 4h Abs. 1 Satz 5 EStG sowie EBITDA-Vortrags i.S. des § 4h Abs. 1 Satz 3 EStG bei Entstehung eines steuerfreien Sanierungsgewinns angesehen.[1448] Auch diese Regelung stützt der Gesetzgeber auf das Erfordernis, eine sachlich nicht gerechtfertigte Doppelbegünstigung zu vermeiden.[1449] Diese Begründung könne jedoch nicht als Rechtfertigung für den Untergang des Zins- und EBITDA-Vortrages angeführt werden. Denn durch eine spätere Nutzung eines Zins- oder EBITDA-Vortrags werde lediglich die

1445 *Skauradszun/Kwauka,* DStR 2020, 953 (957); a.A. *Desens,* in: Herrmann/Heuer/Raupach, EStG/KStG, 319. Lieferung, 7/2023, § 3c EStG Rn. 115.
1446 *Skauradszun/Kwauka,* DStR 2020, 953 (957) mit Verweisen auf das StaRUG.
1447 *Hallerbach* in: Herrmann/Heuer/Raupach, EStG/KStG, 319. Lieferung, 7/2023, § 3a Rn. 34.
1448 *Bodden,* in: Korn, EStG, 144. EL, Mai 2023, § 3a EStG Rn. 33.
1449 Finanzausschuss des Bundestags, *BT-Drucks.* 18/12128, 31; *Bodden,* in: Korn, EStG, 144. EL, Mai 2023, § 3a EStG Rn. 33.

Neutralisierung einer vorherigen Belastung durch nicht abziehbare Zinsaufwendungen herbeigeführt. Das in der Gesetzesbegründung angegebene Ziel der Regelung der Verhinderung einer doppelten Privilegierung werde daher deutlich verfehlt.[1450]

#### c. Einbeziehung von Verlustpositionen nahestehender Personen

Die Anordnung des Verlustuntergangs richtet sich vorrangig an das durch die Steuerbefreiung begünstigte Sanierungsunternehmen. Dies ist systemkonform, um eine Doppelbegünstigung des Sanierungsunternehmens zu verhindern. Nach § 3a Abs. 3 Satz 3 EStG soll ein Verlustuntergang aber auch bei Dritten eintreten. Verbleibt nach Verrechnung sämtlicher Verluste des Sanierungsunternehmens noch ein Teilbetrag des Sanierungsgewinns, sollen auch – nach der in § 3a Abs. 3 Satz 2 Nr. 1 bis 13 EStG festgelegten Reihenfolge – vorhandene Verlustpositionen von dem Sanierungsunternehmen nahe stehenden Personen einbezogen werden, wenn diese die erlassenen Schulden innerhalb eines Zeitraums von fünf Jahren vor dem Schuldenerlass auf das zu sanierende Unternehmen übertragen haben und soweit der entsprechende verteilt abziehbare Aufwand, die Verluste, negativen Einkünfte, Zinsvorträge oder EBITDA-Vorträge zum Ablauf des Wirtschaftsjahres der Übertragung bereits entstanden waren.[1451] Auch mit dieser interpersonellen[1452] Ausweitung des Verlustuntergangs verfolgt der Gesetzgeber eine typisierte Missbrauchsabwehr. Wenn die Schulden des Sanierungsunternehmens beispielsweise in Umwandlungsfällen, Fällen der unentgeltlichen Übertragung nach § 6 Abs. 3 EStG, der Schuldübernahme oder Fällen verdeckter Einlagen vor der Sanierung auf einen anderen Rechtsträger übertragen worden sind, sollen auch die vorhandenen Verluste des übernehmenden Rechtsträgers in den Verlustuntergang einbezogen werden.[1453] Die Übertragung der Schulden soll dabei im bilanzsteuerrechtlichen Sinne zu verstehen sein. Es müsse mithin zu einem Wechsel der persönlichen Zurechnung der Schulden gekommen sein. Zudem sollen die übertragenen und die später erlassenen Schulden lediglich wirtschaftlich, aber nicht zivilrechtlich identisch sein, weshalb auch Surrogate einzubeziehen sein sollen.[1454]

#### d. Einbeziehung der Verlustvorträge des Ehe- bzw. Lebenspartners

Mit dem JStG 2019[1455] wurde mit § 3a Abs. 3a EStG eine weitere Verlusteinbeziehungsregelung nahestehender Personen geschaffen. Danach sind in Fällen der Zusammenveranlagung auch die Verluste und Verlustvorträge des „anderen" Ehepartners einzubeziehen. Diese neue Regelung

[1450] *Bodden*, in: Korn, EStG, 144. EL, Mai 2023, § 3a EStG Rn. 33.
[1451] *Hölzle*, ZIP 2020, 301 (308); *Krumm*, in: Brandis/Heuermann, 167. EL Mai 2023, EStG § 3a Rn. 50.
[1452] Bezeichnung bei *Suchanek/Schaaf/Hannweber*, WPg 2017, 909 (913) und *Desens*, FR 2017, 981 (989).
[1453] *BT-Drucks.* 18/12128, 32; *Desens*, FR 2017, 981 (989); *Sistermann/Beutel*, DStR 2017, 1065 (1068); *Suchanek/Schaaf/Hannweber* WPg 17, 909, 913 ff.; *Hallerbach* in: Herrmann/Heuer/Raupach, EStG/KStG, 319. Lieferung, 7/2023, § 3a Rn. 42, 50; *Krumm*, in: Brandis/Heuermann, 167. EL Mai 2023, EStG § 3a Rn. 50.
[1454] *Krumm*, in: Brandis/Heuermann, 167. EL Mai 2023, EStG § 3a Rn. 50a m.w.N.
[1455] vom 12.12.2019, BGBl I 2019, 2451.

soll indes nur klarstellenden Charakter haben,[1456] weil sie schon aus § 3a Abs. 3 Satz 3 EStG hervorgehe. Ausweislich der Gesetzesmaterialien sollen bei zusammen veranlagten Ehegatten oder eingetragenen Lebenspartnern auch die laufenden negativen Einkünfte und Verlustvorträge nach § 3a Abs. 3 Abs. 3 Satz 2 Nr. 9 bis 13 EStG des anderen Ehe- oder Lebenspartners untergehen. Aus verfassungsrechtlicher Sicht wird kritisiert, dass die Einbeziehung der Verluste des Ehepartners als Verletzung des Subjektsteuerprinzips abzulehnen ist.[1457]

## 4. Stellungnahme

Im Sinne einer umfassenden Missbrauchsabwehr hat der Gesetzgeber mit § 3a Abs. 3 EStG ein komplexes und kompliziertes Regelungswerk geschaffen, um Verluste und Verlustpotenziale in Höhe des um die entstandenen Sanierungskosten geminderten Sanierungsertrages infolge einer Verrechnung mit diesem „untergehen" zu lassen und die privilegierende Wirkung der Steuerbefreiung auf ein Mindestmaß zu begrenzen. Eine Verrechnung des Sanierungsgewinns mit vorhandenen Verlusten zur Verhinderung einer nicht zu rechtfertigenden Doppelbegünstigung des Sanierungsunternehmens, die in der Steuerfreistellung des Sanierungsgewinns bei gleichzeitiger Belassung sämtlicher Verluste läge, trägt dem Verhältnismäßigkeitsgrundsatz Rechnung und ist danach im Grundsatz nicht zu beanstanden. Die nahezu grenzenlose Einbeziehung sämtlicher denkbarer Verlustpositionen nach § 3a Abs. 3 Satz 2 Nr. 1 bis 13 EStG und die Erstreckung des Verlustuntergangs auch auf nahestehende Personen unter den Voraussetzungen des § 3a Abs. 3 Satz 3 EStG und § 3a Abs. 3a EStG verstößt jedoch gegen das Übermaßverbot.

Zudem verstößt das Abzugsverbot nach § 3c Abs. 4 Satz 4 EStG, das eine Nichtabzugsfähigkeit von Sanierungskosten vorsieht, die den Sanierungsgewinn übersteigen, gegen das objektive Nettoprinzip. Das objektive Nettoprinzip verlangt die Gegenüberstellung erwerbsbezogener Einnahmen und erwerbsbezogener Aufwendungen zur Ermittlung des Gewinns bzw. Überschusses.[1458] Zwar können Abzugsverbote von Aufwendungen unter Durchbrechung des objektiven Nettoprinzips angeordnet werden. Insoweit bedarf es aber einer Rechtfertigung. Eine solche Rechtfertigung ist im Falle des Abzugsverbots nach § 3c Abs. 4 Satz 4 EStG nicht erkennbar. Denn Sanierungsaufwendungen werden durch die Sanierung veranlasst und stehen daher in einem wirtschaftlichen Zusammenhang mit der Sanierung und der Entstehung eines Sanierungsgewinns. Dass diese Kosten einen durch Schuldenerlass oder durch eine andere Entschuldungsmaßnahme erzeugten Sanierungsgewinn zunächst zu mindern haben, liegt in dem wirtschaftlichen Zusammenhang zwischen Sanierungsgewinn und

1456 *Krumm*, in: Brandis/Heuermann, 167. EL Mai 2023, EStG § 3a Rn. 51a.
1457 *Krumm*, in: Brandis/Heuermann, 167. EL Mai 2023, EStG § 3a Rn. 51a.
1458 statt vieler nur *Wernsmann*, Beihefter zu DStR 34 2009, 101.

Sanierungsaufwendungen und stellt ein allgemeines Postulat des Ertragsteuerrechts dar. Wenn die Aufwendungen im Zusammenhang mit der Sanierung den Sanierungsgewinn jedoch übersteigen und nicht mehr mit dem anschließend steuerfrei gestellten Sanierungsgewinn verrechnet werden können, müsste der den Sanierungsgewinn übersteigende (Kosten-)Anteil unter Beachtung des objektiven Nettoprinzips aber zum Abzug zugelassen werden. Ein Abzugsverbot, das über die Grenze des Sanierungsgewinns hinausreicht, übertritt die Grenzen der zulässigen Durchbrechung des objektiven Nettoprinzips in nicht gerechtfertigter Weise. Insbesondere kann dieses zu weit gehende Abzugsverbot auch nicht mit dem Anliegen des Gesetzgebers zur Vermeidung einer ungerechtfertigten Doppelbegünstigung des Sanierungsunternehmens gerechtfertigt werden. Denn eine (Doppel)Begünstigung liegt nicht vor, wenn der Anteil der Sanierungskosten, der den geminderten Sanierungsgewinn übersteigt, nicht abgezogen werden darf. Vielmehr haben die Sanierungskosten den Sanierungsgewinn dann schon auf Null reduziert und den sachlichen Anwendungsbereich der Steuerbefreiung gänzlich beseitigt. Es kommt in derartigen Fällen nämlich gar nicht mehr zur Steuerbefreiung. Die übersteigenden Kosten unter dieser Prämisse gleichwohl dem Abzugsverbot zu unterwerfen, ist daher weder mit den allgemeinen Regeln des Ertragsteuerrechts noch mit dem vorliegend besonders akzentuierten Desiderat nach Vermeidung einer gleichheitswidrigen Doppelbegünstigung zu rechtfertigen. Eine aktuelle Parallele kann hier auch zur neuen Steuerbefreiung nach § 3 Nr. 72 EStG für mit sog. kleinen Photovoltaikanlagen erzielten Einnahmen gezogen werden. Auch insoweit sind Ausgaben, die im Zusammenhang mit kleinen Photovoltaikanlagen[1459] eines Betriebsvermögens stehen, vom Abzug nach § 3c Abs. 1 EStG ausgeschlossen. Dies ist systemkonsequent und daher nicht zu beanstanden. Gleichwohl ist der Abzug zugelassen, soweit die betrieblichen Ausgaben die (steuerfreien) Betriebseinnahmen übersteigen.[1460] Insoweit wurde zutreffend erkannt, dass ein über die Einnahmen hinausreichendes Abzugsverbot nicht gerechtfertigt ist. Auch die vergleichende Heranziehung dieser parallelen Regelung zeigt, dass das Abzugsverbot für Aufwendungen, die den Sanierungsgewinn übersteigen, zu weit geht; und zwar unabhängig vom Zeitpunkt ihrer Entstehung; im Sanierungsjahr, im vorangehenden Jahr oder im Folgejahr. Zwar mögen die Bezugspunkte der Steuerbefreiungen – Einnahmen aus (kleinen) Photovoltaikanlagen und Gewinne aus Entschuldungsmaßnahmen (Sanierungsgewinn) – unterschiedlich sein. Die für die steuerliche Beurteilung des Kostenabzugs maßgeblichen Grundprinzipien gelten jedoch in beiden Fällen gleichermaßen. In beiden Fällen sollen sich Aufwendungen, die mit steuerfreien (betrieblichen) Einnahmen im Zusammenhang stehen, nicht steuermindernd auswirken dürfen; im Fall der Einnahmen aus Photovoltaikanlagen jedoch nur bis zur Höhe der Einnahmen, im Fall

[1459] Installation an oder auf Wohn- und Mischgebäuden mit Spitzenleistung < 30 kWp/15kWp.

[1460] So auch die Auffassung der Finanzverwaltung, vgl. etwa Rn. 24 des BMF-Schreibens vom 17.7.2023, – IV C 6 - S 2121/23/10001 :001, DOK 2023/0659709.

des Sanierungsgewinns jedoch auch über die Höhe der Einnahmen hinaus. Ein sachlicher Grund für diese Ungleichbehandlung ist nicht ersichtlich.

Nach alledem sollte das Abzugsverbot der Sanierungskosten auf die Höhe der steuerfreien Einnahmen bzw. der steuerfreien Vermögensmehrung begrenzt werden. Ein Abzugsverbot für die den Sanierungsgewinn übersteigenden Sanierungsaufwendungen im Sanierungsjahr ist nicht gerechtfertigt. Gerade in der Sanierungssituation führt die übermäßige Reduktion von Verlustpotenzial zu einer Benachteiligung des Sanierungsunternehmens.[1461] Zudem verschärft eine übermäßige Reduktion von Verlusten in der Sanierungssituation den ohnehin bereits vorhandenen Liquiditätsengpass.[1462] Sinnvolle betriebswirtschaftliche Entwicklungen werden durch Verlustabzugsbeschränkungen gehemmt,[1463] obwohl diese gerade das Anliegen des Gesetzgebers im Zusammenhang mit der Förderung von Sanierungen sind. Zusätzlich zu alledem darf nicht verkannt werden, dass die Beteiligung an Verlusten zugleich auch einen Beitrag des Fiskus am wirtschaftlichen Risiko des Steuerpflichtigen darstellt.[1464] Dieser ist gerade auch im sanierungssteuerrechtlichen Kontext erforderlich.

Auch mit dem Untergang des Zins- und EBITDA-Vortrages nach § 3a Abs. 3 Satz 2 Nr. 13 EStG verlässt der Gesetzgeber den durch den Verhältnismäßigkeitsgrundsatz vorgegebenen Gestaltungsrahmen. Eine spätere Nutzung des Zins- oder EBITDA-Vortrags ist kein Ausdruck einer Begünstigung, sondern stellt sich als bloße Neutralisierung einer vorherigen Belastung, nämlich des Betriebsausgabenabzugsverbots durch die Zinsschranke, dar. Aus präsumtiv identifizierter Missbrauchsabwehr versagt der Gesetzgeber den späteren Abzug, obwohl eine Doppelbegünstigung auch insoweit gar nicht virulent werden kann. Auch hierin liegt ein Verstoß gegen das objektive Nettoprinzip, der mit dem grundsätzlich berechtigten Desiderat nach Verhinderung einer Doppelbegünstigung im konkreten Fall nicht gerechtfertigt werden kann.

Zuletzt ist auch die Einbeziehung von Verlustpositionen nahestehender Personen nach § 3a Abs. 3 Satz 3 EStG und von Ehe- bzw. Lebenspartnern in Fällen der Zusammenveranlagung nach § 3a Abs. 3a EStG verfassungsrechtlich bedenklich. Der interpersonelle Verlustuntergang[1465] weitet den Untergang von Verlustpositionen ebenfalls in nicht zu rechtfertigender Weise auf nahestehende Personen aus und verstößt dabei ebenfalls gegen das Übermaßverbot. Ein Verlustuntergang beim Sanierungsunternehmen bis zur Höhe des Sanierungsertrags selbst ist nicht zu beanstanden. Die Ausweitung auf Dritte erscheint jedoch neben der Absicht zur Verhinderung einer Doppelbegünstigung auch dem überbordenden

1461 Zum Wert und Nutzen von Verlusten eingehend *Lüdicke/Brink/Braunagel*, in: Verluste im Steuerrecht, 2010, S. 308; auch *Andel*, Finanzwissenschaft, S. 327: Der Verlustausgleich folge „aus dem synthetischen Charakter der Einkommensteuer" und sei „einkommensteuersystematisch unbedingt notwendig".

1462 *Grotherr*, BB 1998, 2392 (2393); *Lüdicke/Brink/Braunagel*, in: Verluste im Steuerrecht, 2010, S. 308.

1463 *Maiterth/Müller*, StuB 2003, 260: „ungerechtfertigte Steuerbenachteiligung"; *Lüdicke/Brink/Braunagel*, in: Verluste im Steuerrecht, 2010, S. 308.

1464 *Andel*, Finanzwissenschaft, S. 173; *Djanani/Pummerer*, StuW 2004, 158.

1465 *Suchanek/Schaaf/Hannweber*, WPg 2017, 909 (913); *Desens*, FR 2017, 981 (989).

Bestreben nach Missbrauchsabwehr geschuldet zu sein, ohne die Grenzen der Verhältnismäßigkeit zu beachten. Zwar können Ehe- oder Lebenspartner der Rechtsfolge des § 3a Abs. 3a EStG durch Beantragung der getrennten Veranlagung ausweichen. Die Einbeziehung nahestehender Dritte in den umfassenden Verlustuntergang ist jedoch aus verfassungsrechtlichen Gründen ungeachtet dieser Ausweichmöglichkeit schon von vornherein abzulehnen. Letztlich darf bei der Frage des Untergangs von Steuerminderungspotenzial in Form von Verlusten nicht verkannt werden, dass das Einkommensteuerrecht vom Grundprinzip eines quellenübergreifenden Ausgleichs ausgeht, das in § 2 Abs. 3 EStG seine normative Verankerung gefunden hat und daher auch im Hinblick auf die Möglichkeit eines Verlustausgleichs grundsätzlich zu beachten ist.[1466] Darüber hinaus muss der Umstand berücksichtigt werden, dass der Untergang von Verlusten in der Sanierungssituation besonders „schmerzhaft" ist.[1467] Weiterhin fehlt es an einem Rechtfertigungsgrund für eine derart überbordende Ausweitung des Verlustuntergangs. Das Argument der Verhinderung einer Doppelbegünstigung kann jedenfalls dann nicht wirksam in Stellung gebracht werden, wenn auch Verluste Dritter tangiert werden. Auch in diesen verfassungsrechtlich bedenklichen Aspekten sollte die Steuerverschonungsregelung des § 3a EStG einer Novellierung unterzogen werden.[1468]

[1466] *Andel,* Finanzwissenschaft, S. 176: „Für die Belastung eines Unternehmens (...) sind nicht nur die Steuersätze relevant, sondern auch die Regelungen bezüglich der Abschreibungen und des Verlustausgleichs."; *Thiemann,* Verluste im Steuerrecht, 2020, S. 217.

[1467] *Schulz,* Der Debt Equity Swap in der Insolvenz, 2015, S. 347.

[1468] Formulierungsvorschlag einer Neuregelung unter D.

## VI. Antragswahlrecht zur Steuerbefreiung und Rücklagenbildung

Ausweislich des eindeutigen Wortlauts (steuerfrei „sind") enthält § 3a Abs. 1 EStG – anders als die Entwurfsfassung – kein Ermessen und kein Wahlrecht. Denn Betriebsvermögensmehrungen bzw. Betriebseinnahmen, die ein aus Sanierungsgründen erklärter Schuldenerlass auslöst, „sind" steuerfrei. Entgegen dem ersten Gesetzentwurf vom 27.02.2017[1469] ist also die Steuerbefreiung nicht von einem Antrag des Steuerpflichtigen abhängig. Dadurch unterscheidet sich die Neuregelung von dem Rechtszustand unter Geltung des Sanierungserlasses, bei dem die Stellung eines Antrags eine Voraussetzung für die Anwendung der begünstigenden Regelungen war.

Da die Steuerbefreiung des § 3a EStG jedoch unausweichlich mit einem betragsgleichen Untergang von Verlusten und Steuerminderungsvolumina nach § 3a Abs. 3 EStG einhergeht,[1470] stellt sie insoweit einen nicht unerheblichen Eingriff in die Rechte des Steuerpflichtigen dar. Mehrere Gründe könnten mithin für die Einräumung eines Wahlrechts sprechen,[1471] um dem Sanierungsunternehmen zur Verbesserung seiner Sanierungschancen einen Entscheidungsspielraum einzuräumen. Diese Überlegung lag auch der ersten Entwurfsfassung zum neuen Gesetz zugrunde.[1472] Gleichwohl hat sich der Gesetzgeber zuletzt dafür entschieden, die Steuerbefreiung nach § 3a EStG nicht an ein Wahlrecht zu knüpfen. Der Gesetzgeber[1473] und Stimmen in der Literatur[1474] erblicken die Rechtfertigung der Entbehrlichkeit eines Antragswahlrechts in der verfassungsrechtlichen Verpflichtung des Sanierungsunternehmens zur Mitwirkung an seiner (eigenen) Sanierung.[1475] Die Sanierungssituation stelle eine durch einen Mangel an Unternehmensvermögen ausgelöste Notlage dar, in der ein verfassungsrechtlicher Ausgleich der Rechte von Fiskus einer- und Gläubiger andererseits zu schaffen sei.[1476] Aufgrund der Verpflichtung, diesen Ausgleich zu bewerkstelligen, sollte es gerechtfertigt sein, die Steuerbefreiung des Sanierungsgewinns obligatorisch anzuordnen. Dabei wirft die Entscheidung gegen ein Antragswahlrecht und für eine obligatorische Steuerbefreiung im Hinblick auf die Forschungsfrage nach der Gewährleistung eines effektiven Sanierungssteuerrechts die nunmehr zu erörternde Frage auf, ob nicht die Einräumung eines Antragswahlrechts im Sinne einer im Sanierungszusammenhang erstrebenswerten umfassenden Handlungs- und Gestaltungsfreiheit der Beteiligten erforderlich und angemessen wäre und gleichzeitig auch dem Bedürfnis nach einer Indienstnahme des

---

1469 Entwurfsfassung, vgl. *BR-Drucks.* 59/1/17 S. 10; *BT-Drucks.* 18/11531, S. 8.
1470 S.o. unter C. V.
1471 In diesem Sinne noch *BR-Drucks.* 59/1/17 S. 10; *BT-Drucks.* 18/11531, S. 8.
1472 Entwurfsfassung, vgl. *BR-Drucks.* 59/1/17 S. 16: „Es wird dabei im Interesse einer praktikablen Regelung in Kauf genommen, (...). Dies kann der Steuerpflichtige in seine Überlegungen einbeziehen, ob ein Antrag auf Steuerbefreiung des Sanierungsgewinns für ihn vorteilhaft ist.".
1473 Finanzausschuss des Bundestags, *BT-Drucks.* 18/12128, 31 f.
1474 *Kahlert/Schmidt*, DStR 2017, 1897 (1900); noch unter Geltung des Sanierungserlasses, *Kahlert*, ZIP 2016, 2107.
1475 So die Gesetzesbegründung des Finanzausschusses des Bundestags, *BT-Drs.* 18/12128, 31 f.; dieselbe Auffassung bei *Kahlert/Schmidt*, DStR 2017, 1897 (1898); *Kahlert*, ZIP 2016, 2107.
1476 *Kahlert*, ZIP 2016, 2107 (2110); *Seer*, FR 2014, 721 (722).

Sanierungsunternehmens zur Mitwirkung an seiner eigenen Sanierung gerecht werden könnte. Ob und inwieweit die Aufhebung des Antragserfordernisses im Hinblick auf die Sanierungsfreundlichkeit der steuerlichen Privilegierung geeignet, erforderlich und angemessen und im Zusammenhang mit einer obligatorischen betragsgleichen Verlustaufzehrung (un)bedenklich ist,[1477] soll daher nachfolgend untersucht werden. Dafür werden zunächst Begriff, Hintergrund und verfassungsrechtliche Rechtfertigung von steuerlichen Wahlrechten dargestellt. Methodisch soll zudem ein Vergleich mit den Antragswahlrechten des Umwandlungssteuergesetzes als steuerliches Referenzgebiet hergestellt werden. Anschließend soll die Frage beantwortet werden, ob die Einräumung eines steuerlichen Wahlrechts bei der Steuerbefreiung des § 3a EStG – vorliegend unter Einräumung einer zusätzlichen Entscheidungsoption, die eine andere Möglichkeit als die Steuerbefreiung beinhaltet, durch Einräumung eines antragsgebundenen Wahlrechts – vorzugswürdig wäre.

### 1. Begriff des steuerlichen Wahlrechts

Dem Steuerpflichtigen wird mit einem steuerlichen Wahlrecht die Möglichkeit eingeräumt, zwischen verschiedenen Gestaltungsmöglichkeiten diejenige auszuwählen, die ihm in seiner individuellen Situation gegenüber einer anderen Option vorzugswürdig erscheint und auf diese Weise Einfluss auf die Höhe seiner Steuerbelastung zu nehmen.[1478] Ein steuerliches Wahlrecht eröffnet dem Steuerpflichtigen daher einen steuerlichen Gestaltungsspielraum. Die Grundnorm des § 38 AO bestimmt, dass die Steuer entsteht, sobald der Tatbestand erfüllt ist, an den das Gesetz die Leistungspflicht knüpft. Das steuerliche Wahlrecht erlaubt also eine Modifikation der Höhe der Steuerlast im Nachgang zur Verwirklichung des steuererheblichen Tatbestands. Der Steuerpflichtige hat durch das Wahlrecht die Möglichkeit, sich für die eine oder die andere Option zu entscheiden und auf diese Weise nachträglich, d.h. nach Verwirklichung des Steuertatbestands, die Höhe seiner individuellen Steuerbelastung zu beeinflussen.[1479] Ein steuerliches Wahlrecht sieht also gerade keine zwingende Rechtsfolge vor, die nach der Verwirklichung eines steuerlich relevanten Sachverhalts obligatorisch zum Tragen kommt, sondern räumt dem Steuerpflichtigen eine Entscheidungsmöglichkeit ein, über einzelne Elemente des Steuertatbestands oder über den Steuerbetrag durch nachträgliche Ausübung des

---

[1477] *Uhländer*, DB 2017, 1224, der sie als verfassungsgemäß bezeichnet; wohl auch *Kanzler*, NWB 2017, 2260 (2264); a.A. *Desens*, FR 2017, 981 (984), der sie als problematisch bei einem Übersteigen des Aufwands bezeichnet; wohl auch *Förster/Hechtner*, DB 2017, 1536; *Krumm*, in: Brandis/Heuermann, EStG, 167. EL Mai 2023, § 3a Rn. 31, der es aber als kaum denkbar ansieht, dass die Steuerbefreiung gegen den Willen des Steuerpflichtigen Anwendung finde.

[1478] *Belser*, Verfassungsrechtliche Zulässigkeit steuerlicher Wahlrechte, 1986, S. 6, 7; *Birk*, NJW 1984, 1325 (1327); *Gluth*, Einfluß von Wahlrechten auf die Entstehung des Steueranspruchs, 1997, S. 7; *Michels*, Steuerliche Wahlrechte, 1982, S. 44.

[1479] *Belser*, Verfassungsrechtliche Zulässigkeit steuerlicher Wahlrechte, 1986, S. 6; *Birk*, NJW 1984, 1325 (1325); *Gluth*, Der Einfluß von Wahlrechten auf die Entstehung des Steueranspruchs, 1997, S. 86; *Kummer*, Steuerliche Wahlrechte, 1966, S. 33; *Michels*, Steuerliche Wahlrechte, 1982, S. 44.

Wahlrechts abweichend zu disponieren.[1480] In dieser Dispositionsbefugnis liegt zugleich das Spannungsverhältnis zwischen den Anforderungen des Gleichheitssatzes und der horizontalen Steuergerechtigkeit,[1481] gleich Leistungsfähige in betragsmäßig gleicher Höhe zu besteuern, und dem Bedürfnis nach Gestaltungsfreiheit, welche sich aus steuerpolitischen Gründen[1482] oder aus Gründen der Vereinfachung oder Typisierung[1483] ergeben, dabei wünschenswert oder sogar erforderlich sein kann. Die Wahlrechtsausübung führt naturgemäß zu einer unterschiedlich hohen Steuerbelastung verschiedener Steuerpflichtiger, die zwar den gleichen zugrundeliegenden Lebenssachverhalt verwirklicht, aber das eingeräumte Wahlrecht unterschiedlich ausgeübt haben.[1484] Dieser Zusammenhang zeigt sich besonders deutlich, wenn die Voraussetzungen für die Gewährung einer Steuervergünstigung vorliegen.[1485] Denn die Ausübung des Wahlrechts zugunsten einer Steuervergünstigung verbessert die Rechtsposition des Steuerpflichtigen im Verhältnis zu anderen Steuerpflichtigen, die diese Wahl nicht treffen und dadurch eine andere Rechtsfolge auslösen und einer höheren Steuerbelastung ausgesetzt sind. Genau diese unterschiedlichen Rechtsfolgen in Abhängigkeit von der jeweils individuell getroffenen Auswahlentscheidung werden jedoch mit der Einräumung von Wahlrechten bezweckt. Dem Steuerpflichtigen soll die Wahl zwischen zwei oder mehreren Optionen zur Gewährleistung einer möglichst weitreichenden Gestaltungsfreiheit eingeräumt werden.

Zahlreiche steuerliche Wahlrechte sind in den materiellen Steuergesetzen zu finden;[1486] ebenso ist in den Verwaltungsvorschriften eine Vielzahl von Wahlrechten enthalten.[1487] Regelmäßig ist die Ausübung der steuerlichen Wahlrechte[1488] an einen formfreien Antrag[1489] gebunden.[1490] Erkennbar sind Wahlrechte durch die eindeutige Bezeichnung als „Wahlrecht", durch das Wort „können" sowie durch die Angabe mehrerer Rechtsfolgen, die mit „oder" verbunden sind.[1491] Der Steuerpflichtige übt das ihm angebotene Wahlrecht zugunsten der von ihm bevorzugten Entscheidung aus, indem er seinen dahingehenden Willen durch seine Willenserklärung zur Ausübung der Wahl als Antrag äußert. Wahlrechte beinhalten allerdings nicht nur

1480 *Belser*, Verfassungsrechtliche Zulässigkeit steuerlicher Wahlrechte, 1986, S. 6, 19; *Michels*, Steuerliche Wahlrechte, 1982, S. 41, 44.

1481 Zur horizontalen Steuergerechtigkeit, s.o. unter B. II. 1.

1482 *Michels*, Steuerliche Wahlrechte, 1982, S. 40.

1483 *Birk*, NJW 1984, 1325 (1327).

1484 *Belser*, Verfassungsrechtliche Zulässigkeit steuerlicher Wahlrechte, 1986, S. 83, 86.

1485 *Belser*, Verfassungsrechtliche Zulässigkeit steuerlicher Wahlrechte, 1986, S. 83.

1486 Ausführlich *Heinen*, Ausübung von steuerlichen Wahl- und Antragsrechten, 2019, S. 23 ff.; *Michels*, Steuerliche Wahlrechte, 1982, S. 18; *Thielemann*, Die Legitimation von Gewinnermittlungswahlrechten, 2000, S. 12, 120 ff.

1487 *Belser*, Verfassungsrechtliche Zulässigkeit steuerlicher Wahlrechte, 1986, S. 18, 46, 71 ff.

1488 *Belser*, Verfassungsrechtliche Zulässigkeit steuerlicher Wahlrechte, 1986, S. 18, 46, 71 ff. unterscheidet in terminologischer Hinsicht zwischen Antragswahlrechten und anderen Wahlrechten.

1489 Vgl. etwa § 3 Abs. 2 UmwStG und § 12 Abs. 2 UmwStG für den Buchwertansatz bei Verschmelzung, § 20 UStG für die Istversteuerung im Rahmen der Umsatzsteuer; §§ 26, 26b EStG für die Einzel- oder Zusammenveranlagung von Ehegatten bei der Einkommensteuer.

1490 *Gluth*, Der Einfluß von Wahlrechten auf die Entstehung des Steueranspruchs, 1997, S. 6, S. 29 ff.; *Michels*, Steuerliche Wahlrechte, 1982, S. 43.

1491 *Winnefeld*, Bilanz-Handbuch, 5. Aufl. 2015, Kapitel C: Zwecke und Struktur der Handels- und Steuerbilanz sowie der IAS/IFRS-Rechnungslegung Rn. 664.

begünstigende Wirkungen. Zwar erweitert das Wahlrecht den Rechtskreis des Steuerpflichtigen dadurch, dass es ihm einen Entscheidungsspielraum gewährt und nicht zu einer bestimmten Rechtsfolge zwingt. Allerdings führt ein Entscheidungsrecht zugleich auch zu einer Entscheidungspflicht und damit letztlich zu einem Entscheidungszwang, woraus eine Belastung erwächst.[1492] Denn jeder Entscheidungsspielraum birgt zugleich ein Entscheidungsrisiko.[1493] Ein steuerliches Wahlrecht ist im Zusammenhang mit der Steuerbefreiung von Sanierungsgewinnen in verschiedener Hinsicht denkbar. Das Gesetzgebungsverfahren weist daraufhin, dass zunächst erwogen wurde, die Steuerbefreiung an ein Antragswahlrecht zu knüpfen.[1494] Auch der Gesetzgeber hat ein Wahlrecht im Zusammenhang mit der Verschonungsregelung von Sanierungsgewinnen mithin erwogen. Die im Wege des zunächst beabsichtigten Wahlrechts eingeräumten Optionen sollten also darin bestehen, von der Steuerbefreiung auf Antrag Gebrauch machen oder auf die Steuerbefreiung verzichten zu dürfen. Weitere Auswahlmöglichkeiten bzw. Möglichkeiten zu einer antragsgemäß abweichenden Behandlung des Sanierungsgewinns wurden jedoch nicht erwogen.

## 2. Verfassungsrechtliche Rechtfertigung steuerlicher Wahlrechte

Steuerliche Wahlrechte erlauben dem Steuerpflichtigen, Einfluss auf die Höhe seiner Steuerlast ohne Veränderung seiner Leistungsfähigkeit zu nehmen.[1495] Verfassungsrechtlich stehen Wahlrechte daher in einem genuinen Spannungsverhältnis mit den Postulaten des Gleichheitssatzes als Prärogativ gleichmäßiger und gerechter Besteuerung und den Bedürfnissen nach Gestaltungsspielräumen zugunsten rechtspolitisch erwünschter Gestaltungszwecke[1496]. Die Einräumung steuerlicher Wahlrechte muss daher in gleicher Weise wie andere steuergesetzliche Tatbestände den Maßstäben der Gesetz- und Gleichmäßigkeit der Besteuerung gerecht werden.[1497] Bei der verfassungsrechtlichen Überprüfung von Wahlrechten sind daher Zweck und Wirkungen selbiger herauszuarbeiten und auf ihre Verfassungsmäßigkeit hin zu überprüfen.[1498] Der Zweck offenbart, welche Wirkungen der Gesetzgeber mit der Norm beabsichtigt und ob mit der Zwecksetzung, etwa einer erwünschten Wirtschaftslenkung, ein präsumtiv virulenter Gleichheitsverstoß in der Lastenverteilung gerechtfertigt werden kann.[1499] Die Feststellung der seitens des Gesetzgebers beabsichtigten Wirkungen dient der

[1492] *Belser,* Verfassungsrechtliche Zulässigkeit steuerlicher Wahlrechte, 1986, S. 50.
[1493] *Belser,* Verfassungsrechtliche Zulässigkeit steuerlicher Wahlrechte, 1986, S. 51.
[1494] Entwurfsfassung, vgl. *BR-Drucks.* 59/1/17 S. 10; *BT-Drucks.* 18/11531, S. 8; vgl. auch oben unter C. V. 1.
[1495] *Birk,* NJW 1984, 1325 (1327); *Thielemann,* Die Legitimation von Gewinnermittlungswahlrechten im Einkommensteuerrecht, 2000, S. 69.
[1496] Etwa der Vereinfachung und Typisierung oder der Wirtschaftslenkung, vgl. *Birk,* NJW 1984, 1325 (1327); *Heinen,* Ausübung von steuerlichen Wahl- und Antragsrechten, 2019, S. 33; *Michels,* Steuerliche Wahlrechte, 1982, S. 40 „steuerpolitische Instrumentarium"; *Belser,* Verfassungsrechtliche Zulässigkeit steuerlicher Wahlrechte, 1986, S. 83 ff.
[1497] *Belser,* Verfassungsrechtliche Zulässigkeit steuerlicher Wahlrechte, 1986, S. 47 ff., 83 ff.; *Birk,* NJW 1984, 1325 (1327); *Heinen,* Ausübung von steuerlichen Wahl- und Antragsrechten, 2019, S. 33 ff.
[1498] *Birk,* NJW 1984, 1325 (1327).
[1499] *Birk,* NJW 1984, 1325 (1327); *Belser,* Verfassungsrechtliche Zulässigkeit steuerlicher Wahlrechte, 1986, S. 152.

Konkretisierung des Prüfungsgegenstands und der Zuordnung zu den Postulaten der Verfassung. Verfassungsrechtlicher Maßstab steuerlicher Gestaltungswirkungen sind die Normen, die unter den Begriff der Wirtschaftsverfassung einzuordnen sind; darunter insbesondere die Freiheitsrechte.[1500] Der Gesetzgeber verweist zudem regelmäßig auf Gründe der Verteilungsgerechtigkeit zur Rechtfertigung steuerlicher Wahlrechte.[1501] Diese kommen insbesondere dann zum Tragen, wenn der Gesetzgeber nicht mit Sicherheit einzuschätzen vermag, ob der steuergesetzliche Tatbestand die individuelle Leistungsfähigkeit zutreffend abbildet.[1502] In derartigen, durch Informationsasymmetrien ausgelösten Spannungslagen wird das steuerliche Wahlrecht legislatives Instrument und Kunstgriff[1503] zugleich. Darüber hinaus können auch Erfordernisse der Vereinfachung und Typisierung die Einräumung von steuerlichen Wahlrechten erforderlich machen.[1504] Auch verfassungsrechtliche Bedenken, die gegen die eine oder andere steuerliche Lösung ins Feld geführt werden, können den Gesetzgeber veranlassen, dem Steuerpflichtigen die Wahl zwischen „zwei Übeln" zu eröffnen und ihn dadurch in die Lage zu versetzen, Belastungswirkungen durch die Wahl der einen oder anderen Rechtsfolge zu vermeiden.[1505] Dabei können insbesondere durch Wahlrecht angebotene Steuervergünstigungen, etwa sachliche und persönliche Steuerbefreiungen, aus Gründen der Verteilungsgerechtigkeit und Gründen der Wirtschaftslenkung [1506] verfassungsrechtlich gerechtfertigt und im Sinne der Besteuerungsgleichheit sogar notwendig sein.[1507] Wie an anderer Stelle ausgeführt, stellen Lenkungs- und Förderzwecke überwiegend die Grundlage zur Rechtfertigung von Steuervergünstigungen dar. [1508] Derartige Vergünstigungen können ihrerseits als Wahlrecht ausgestaltet werden.[1509]

Vor diesem Hintergrund könnte die Privilegierung von Sanierungsgewinnen als Tatbestand mit intendierter Lenkungswirkung[1510], wie in der Entwurfsfassung vorgesehen, auch als Wahlrecht ausgestaltet sein. Die Rechtfertigung dafür ergibt sich aus der vom Gesetzgeber ausdrücklich als Lenkungsziel benannten beabsichtigten Wirtschaftsförderung, der Vermeidung unnötiger Liquidationen und der Förderung betriebswirtschaftlich sinnvoller, erwünschter Sanierungen und nicht zuletzt auch aus dem gesetzgeberischen Anliegen, eine „praktikable Regelung"[1511] zur

---

1500 *Birk*, NJW 1984, 1325 (1327).

1501 *Birk*, NJW 1984, 1325 (1327); *Belser*, Verfassungsrechtliche Zulässigkeit steuerlicher Wahlrechte, 1986, S. 92 spricht von dem Erfordernis nach „Systemgerechtigkeit" bei der Einräumung von Wahlrechten; *Heinen*, Ausübung von steuerlichen Wahl- und Antragsrechten, 2019, S. 38.

1502 *Birk*, NJW 1984, 1325 (1327).

1503 Bezeichnung gewählt von *Birk*, NJW 1984, 1325 (1327).

1504 *Birk*, NJW 1984, 1325 (1327); *Heinen*, Ausübung von steuerlichen Wahl- und Antragsrechten, 2019, S. 35.

1505 *Birk*, NJW 1984, 1325 (1327); *Heinen*, Ausübung von steuerlichen Wahl- und Antragsrechten, 2019, S. 36.

1506 Legitimer Zweck i.S. der Lenkungsnormen, s.o. unter B. II. 4.

1507 So auch schon *Belser*, Verfassungsrechtliche Zulässigkeit steuerlicher Wahlrechte, 1986, S. 152.

1508 s.o. unter B. II. 4. b. bis e.

1509 *Belser*, Verfassungsrechtliche Zulässigkeit steuerlicher Wahlrechte, 1986, S. 152; *Lang*, Systematisierung der Steuervergünstigungen, 1974, S. 127.

1510 s.o. unter B. II 4. e.

1511 Entwurfsfassung, vgl. *BR-Drucks.* 59/1/17 S. 10; *BT-Drucks.* 18/11531, S. 8.

Erreichung ebendieser Ziele zu schaffen. Die erfolgreiche Sanierung kommt nicht nur dem Sanierungsunternehmen selbst zugute, sondern auch sämtlichen Beteiligten, die in einem gegenseitigen wirtschaftlichen Abhängigkeitsverhältnis zum Sanierungsunternehmen stehen; neben selbständigen Vertragspartnern ist insoweit etwa auch an weisungsgebundene Personen wie Arbeitnehmer zu denken. Die steuerliche Verschonung von Sanierungsgewinnen soll diesem Lenkungsziel gerecht werden. Aus diesem Grund ist die Steuerbefreiung selbst geboten und verstößt, wie an anderer Stelle festgestellt wurde, insbesondere nicht gegen das Gebot der Folgerichtigkeit.[1512] Der gleiche Grund, nämlich der intendierte Förder- und Lenkungszweck, könnte aber auch für die Einräumung eines steuerlichen Wahlrechts zugunsten der Steuervergünstigung angeführt werden und dessen Gebotenheit indizieren.

### 3. Kein faktisches oder implizites Wahlrecht

In der Literatur wird die fehlende Antragsgebundenheit der Steuerbefreiung mit dem Argument relativiert, der Nachweis der in § 3a Abs. 2 EStG normierten Sanierungsvoraussetzungen sei von dem Steuerpflichtigen zu erbringen. Diese Nachweisobliegenheit begründe ein faktisches oder implizites Wahlrecht.[1513] Dadurch könne die Anwendbarkeit der Norm letztlich ungeachtet ihrer Antrags(un)gebundenheit durch den Betroffenen selbst gesteuert werden.[1514] Wenn das Sanierungsunternehmen den Nachweis über die Voraussetzungen der unternehmensbezogenen Sanierung nicht erbringt, seien die Steuerbefreiung und ihre zahlreichen Rechtsfolgen nicht anwendbar. Insoweit könne das Sanierungsunternehmen die Anwendbarkeit der Verschonungsregelung beeinflussen.[1515] Dieses auf den ersten Blick plausibel erscheinende Argument kann die Entbehrlichkeit der Antragsgebundenheit gleichwohl nicht durchgreifend begründen. Das „faktische Wahlrecht" ist keine besondere Kategorie steuerlicher Wahlrechte. Vielmehr wird von faktischen Wahlrechten beispielsweise im Zusammenhang mit der Teilwertzuschreibung nach Ansatz eines niedrigeren Teilwerts trotz einer (dauerhaften) Wertminderung[1516], bei der Anrechnung ausländischer Steuer nach § 34c Abs. 2 EStG[1517] oder

---

1512 S.o. B. II. 5.

1513 *Desens*, FR 2017, 981 (984), der von einem faktischen Wahlrecht spricht, und auch *Förster/Hechtner*, DB 2017, 1536, die insoweit von einem impliziten Wahlrecht sprechen; im Ergebnis bezeichnen die unterschiedlichen Begriffe dasselbe; *v. Cölln*, Ertragsteuerliche Implikationen der Unternehmenssanierung, 2021, S. 87, 88.

1514 *Desens*, FR 2017, 981 (984); wohl mit gleicher Auffassung *Förster/Hechtner*, DB 2017, 1536 (1540); so auch *Skauradszun*, ZIP 2018, 1901 (1904), der jedoch auf die Wahlrechtsausübung im Zusammenhang mit der Teilwertabschreibung abstellt und diese als Voraussetzung für die Steuerbefreiung ansieht.; a.A. *Kanzler*, in: Kanzler/Kraft/Bäuml/Marx/Hechtner/Geserich, § 3a EStG Rn. 89, Aufl., Stand: 01.01.2023: „zwingende Rechtsfolge".

1515 *v. Cölln*, Ertragsteuerliche Implikationen der Unternehmenssanierung, 2021, S. 87; *Desens*, FR 2017, 981 (984); *Förster/Hechtner*, DB 2017, 1536.

1516 *Kahle* in: Schulze-Osterloh/Hennrichs/Wüstemann, Handbuch des Jahresabschlusses, 1. Maßgeblichkeitsprinzip des § 5 Absatz 1 EStG Rn. 222: Wenn der Steuerpflichtige den Nachweis über den weiterhin bestehenden niedrigeren Teilwert nicht erbringt, könne er eine Zuschreibung vornehmen und übe auf diese Weise sein „faktisches" Wahlrecht aus, das an die Erbringung bzw. Unterlassung des Nachweises gebunden ist.

1517 *Geurts* in: Bott/Walter, KStG, 170. EL, Juni 2023, § 26 Rn. 140: Da der Abzug ausländischer Steuern gem. § 34c Abs. 2 EStG i.V.m. § 26 Abs. 1 Satz 1 KStG antragsgebunden sei und gleichzeitig eine die Steueranrechnung ausschließende

im Zusammenhang mit der steuerlichen Rückwirkung bei der Wahl des Übertragungsstichtags nach § 2 UmwStG[1518] gesprochen. In derartigen Fällen „faktischer Wahlrechte" kann der Steuerpflichtige durch eine unterlassene Nachweiserbringung den Eintritt einer Rechtsfolge steuern, obwohl die jeweilige Regelung nicht als gesetzliches, vom Gesetzgeber mithin intendiertes Wahlrecht ausgestaltet ist. Ob diese Grundsätze auf die obligatorische Steuerbefreiung nach § 3a EStG übertragen werden können, ist jedoch kritisch zu hinterfragen. Denn es sind Fälle denkbar, in denen das gegen die Notwendigkeit einer Antragsgebundenheit ins Feld geführte Argument des faktischen[1519] oder impliziten[1520] Wahlrechts durch die dem Steuerverfahren verfahrensimmanente Kenntnisnahme der Finanzbehörde,[1521] etwa im Zusammenhang mit einer Betriebsprüfung, unterlaufen werden kann. So könnte etwa der Fall denkbar sein, dass das Sanierungsunternehmen durch Nichterbringung der erforderlichen Nachweise von dem „faktischen Wahlrecht" Gebrauch gemacht hat, um Verluste, die mit dem Sanierungsgewinn hätten verrechnet werden müssen, für eine Verrechnung in einem späteren Veranlagungszeitraum etwa zur Nutzung von Progressionseffekten beizubehalten. Wenn das Finanzamt in einem derartigen Fall jedoch von der tatbestandlichen Erfüllung der Voraussetzungen der Steuerbefreiung Kenntnis erlangt, dürfte es auf den Nachweis des Sanierungsunternehmens bzw. auf dessen Nichterbringung nicht ankommen, weil die Steuerbefreiung obligatorisch ist. Wille und Absicht des Sanierungsunternehmens sind für den Eintritt der Rechtsfolgen unbeachtlich. Mithin kann das Sanierungsunternehmen den Eintritt der Steuerbefreiung bei Vorliegen der Voraussetzungen auch nicht selbst steuern. Denn es handelt sich ausweislich des insoweit eindeutigen Wortlauts gerade nicht um ein Wahlrecht, sondern um eine gesetzliche Anordnung. Gegen die Gewährung eines Wahlrechts hat sich der Gesetzgeber vielmehr sogar explizit entschieden, was vorliegend durch den Gesetzgebungsprozess besonders deutlich wird. Über die Annahme eines „faktischen Wahlrechts" ein solches herleiten zu wollen, unterläuft die gesetzgeberische Entscheidung und erscheint daher verfehlt.

In diesem Zusammenhang wird etwa auch der Unterschied zwischen dem im Prozessrecht geltenden Ne-ultra-petita-Grundsatz[1522] und dem im außergerichtlichen Steuerverfahrensrecht geltenden allgemeinen Amtsermittlungsgrundsatz[1523] offenbar. Im Verwaltungsprozess hat der Kläger nach der sog. Dispositionsmaxime sein Begehren und damit das Ziel zu benennen,

---

Alternative („statt der Anrechnung", § 34c Abs. 2 EStG), entstehe ein faktisches Wahlrecht zur Steueranrechnung. Es werde ausgeübt, indem kein Antrag auf Abzug gestellt wird.

1518 *Pupeter* in: UmwStG - eKommentar, § 2 UmwStG Rn. 93: „Die Rückwirkung nach § 2 UmwStG ist kein Wahlrecht. Weder ist ein Antrag erforderlich, noch kann die Rückwirkung durch Nichtabgabe eines Antrags vermieden werden." Es bestehe insoweit „ein faktisches Wahlrecht.".

1519 Bezeichnung bei *Desens,* FR 2017, 981 (984).

1520 Bezeichnung bei *Förster/Hechtner*, DB 2017, 1536 (1540).

1521 *Sonnleitner/Witfeld*, in: Sonnleitner/Witfeld, Insolvenz- und Sanierungssteuerrecht, 2. Aufl. 2022, Kap. 10 Rn. 39.

1522 Vgl. § 88 VwGO.

1523 Vgl. § 88 AO; darauf hinweisend *Sonnleitner/Witfeld*, in: Sonnleitner/Witfeld, Insolvenz- und Sanierungssteuerrecht, 2. Aufl. 2022, Kap. 10 Rn. 39.

worüber die gerichtliche Entscheidung begehrt wird. Das Gericht soll dem Kläger dabei weder etwas anderes noch mehr als begehrt zusprechen dürfen.[1524] Demgegenüber gilt im Steuerverfahren etwas Anderes. Denn bei Kenntnisnahme der Voraussetzungen der Steuerbefreiung nach § 3a EStG durch die Finanzbehörde könnte sich der Steuerpflichtige gegen die Steuerbefreiung des Sanierungsgewinns mitsamt ihren weitreichenden Konsequenzen der Nichtabzugsfähigkeit von Sanierungskosten, einer betragsgleichen Verlustaufzehrung und der Pflicht zur Aufdeckung stiller Lasten nicht entziehen. Ein derartiger Streitfall wurde von der Rechtsprechung bislang noch nicht entschieden. Jedenfalls ist nach der allgemeinen Systematik festzustellen, dass mit dem Etikett eines „faktischen" oder „impliziten" Wahlrechts eine – de lege lata nicht implementierte, mithin bislang fehlende – Gestaltungsfreiheit des Sanierungsunternehmens nicht begründet werden kann. Es handelt sich bei der Steuerfreistellung in erster Linie um eine obligatorische Anordnung, der sich das Sanierungsunternehmen bei Erfüllung der Voraussetzungen grundsätzlich nicht entziehen kann.

### 4. Vergleich mit den Bewertungswahlrechten des UmwStG

Zu eruieren ist nunmehr, ob eine Antragsgebundenheit und die damit einhergehende Einräumung eines Wahlrechts aus einem steuerlichen Referenzgebiet abgeleitet werden kann. Hierzu wird nunmehr untersucht, ob ein Vergleich mit den Bewertungswahlrechten des Umwandlungssteuergesetzes als Referenzgebiet für eine Antragsgebundenheit der Privilegierung von Sanierungsgewinnen sprechen könnte. Im Umwandlungssteuerrecht finden sich zahlreiche Bewertungswahlrechte, die zugunsten der Nichtbehinderung von betriebswirtschaftlich erwünschten Umwandlungsvorgängen im Gesetz Niederschlag gefunden haben.

#### a. Die Bewertungswahlrechte des UmwStG

Das Umwandlungssteuergesetz sieht Bewertungswahlrechte vor, um die Übertragung von Betriebsvermögen zu Buchwerten im Rahmen von Umwandlungen zu ermöglichen. Es enthält Ausnahmeregelungen zugunsten eines steuerneutralen Übergangs von Betriebsvermögen zu Buchwerten in den Fällen der Verschmelzung und Spaltung, des Formwechsels sowie der Einbringung von Unternehmensteilen und des Anteilstauschs, soweit die Bundesrepublik Deutschland das Besteuerungsrecht an den im Betriebsvermögen ruhenden stillen Reserven[1525]

---

[1524] *Riese*, in: Schoch/Schneider VwGO, 43. EL 2022, § 88 Rn. 10 mit Verweis auf VGH München, Beschl. v. 17.11.2016 - 20 B 15.50179: „Der in § 88 VwGO enthaltene römisch-rechtliche Grundsatz „ne ultra petita" entfalte Schutzfunktion für die Beklagte, die sich nur darauf einstellen muss, dass das Gericht ihre Entscheidung in dem Umfang aufhebt, wie dies beantragt worden ist.".

[1525] Stille Reserven sind versteckte Teile des Eigenkapitals, deren Höhe aus der Bilanz nicht zu erkennen ist und auf der Aktivseite der Differenz zwischen Buchwerten und ihren (höheren) tatsächlichen Werten entspricht. *Groß*, in: Hess/Groß/Reill-Ruppe/Roth, Insolvenzplan, 4. Aufl. 2015, VI. 8. c) Auflösung stiller Reserven Rn. 590; *Winnefeld*,

nicht verliert.[1526] Zweck der Bewertungswahlrechte des Umwandlungssteuergesetzes ist die steuerliche Erleichterung, zugleich Nichtbehinderung betriebswirtschaftlich erwünschter Umwandlungsmaßnahmen.[1527] Zur Erreichung dieses Zwecks werden die steuerrechtlichen Ansatz- und Bewertungsgrundsätze, die auf den allgemeinen Prinzipien zur Individualversteuerung[1528] und Subjektbindung stiller Reserven[1529] beruhen, zugunsten der antragsgebundenen Möglichkeit einer steuerneutralen Übertragung von Betriebsvermögen im Wege der Umwandlung modifiziert. Die Notwendigkeit der Modifikation der allgemeinen Regeln ergibt sich aus der Eigenschaft der Einkommen- und Körperschaftsteuer als Ertrag- und Personensteuern, welche die im Einkommen in Erscheinung tretende Leistungsfähigkeit[1530] der einzelnen natürlichen oder juristischen Person als Steuerpflichtige erfassen.[1531] Dabei werden sie vom Grundsatz der Individualbesteuerung und vom Prinzip der Besteuerung nach der individuellen Leistungsfähigkeit geleitet.[1532] Nach diesen allgemeinen ertragsteuerlichen Grundsätzen sind auch Wertzuwächse, die als stille Reserven in Wirtschaftsgütern eines Betriebsvermögens enthalten sind,[1533] in dem Zeitpunkt aufzudecken und der Besteuerung zuzuführen, in dem ein Wirtschaftsgut das Betriebsvermögen eines Rechtsträgers verlässt.[1534] Dieses „Verlassen" kann durch das Erlöschen des Rechtsträgers, etwa im Wege der Gesamtrechtsnachfolge durch Verschmelzung, oder durch einen Wechsel des Wirtschaftsguts aus der Eigentums- und Vermögenssphäre eines Rechtsträgers in die Eigentums- und Vermögenssphäre eines anderen Rechtsträgers oder durch das Ausscheiden aus der

Bilanz-Handbuch, 5. Aufl. 2015, Kapitel D: Ansatz der Aktiva und Passiva in Handels- und Steuerbilanz sowie IAS/IFRS Rechnungslegung, Rn. 1925 f.

1526 *BT-Drucks.* 16/2710, 25 ff.

1527 *BT-Drucks.* 16/2710, 26: „Mit dem Gesetzentwurf über steuerliche Begleitmaßnahmen zur Einführung der Europäischen Gesellschaft und zur Änderung weiterer steuerrechtlicher Vorschriften (SEStEG) werden die nationalen steuerlichen Vorschriften zur Umstrukturierung von Unternehmen an die jüngsten gesellschaftsrechtlichen und steuerlichen Entwicklungen und Vorgaben des europäischen Rechts angepasst. Der Gesetzentwurf beseitigt steuerliche Hemmnisse für die als Folge der zunehmenden internationalen wirtschaftlichen Verflechtung immer wichtiger werdende grenzüberschreitende Umstrukturierung von Unternehmen. Er stellt damit einen wichtigen Beitrag zur Erhöhung der Attraktivität des Investitionsstandorts Deutschland dar.".

1528 BFH, Beschl. v. 17.12.07 - GrS 2/04 - BStBl II 08, 608, unter D. III.1, DStR 2008, 545; *Schmitt,* StuW 2018, 147 (147).

1529 *BT-Drucks.* 12/6885, 22; *Kredig,* Das System der Besteuerung stiller Reserven bei Unternehmensumstrukturierungen, 2013, S. 68 f.; *Wildermuth/Hiller,* in: Beck'sches Handbuch der Personengesellschaften, Prinz/Kahle, 5. Auflage 2020, § 26 Rn. 2; „Ausnahme vom Subjektsteuerprinzip", *Birkemeier,* in: Rödder/Herlinghaus/van Lishaut, UmwStG, 3. Aufl. 2019, § 3 UmwStG Rn. 6; *Rödder,* in: Rödder/Herlinghaus/van Lishaut, UmwStG, 3. Aufl. 2019, 3. Einführung in das Umwandlungssteuerrecht Rn. 1.

1530 Zur inhaltlichen Bestimmung der Leistungsfähigkeit, s.o. unter B. II. 2.

1531 BFH GrS 2/04 Beschluss v. 17.12.07, BStBl II 08, 608, unter D. III.1, DStR 2008, 545.

1532 BFH GrS 2/04 Beschluss v. 17.12.07, BStBl II 08, 608, unter D. III.1, DStR 2008, 545: „Die personale Anknüpfung der Einkommensteuer gewährleistet die Verwirklichung des verfassungsrechtlich fundierten Gebots der Besteuerung nach der wirtschaftlichen Leistungsfähigkeit.".

1533 Ablesbar am Saldo zwischen Buchwert und tatsächlich höherem Verkehrs- oder Teilwert des Wirtschaftsguts, *Kredig,* Das System der Besteuerung stiller Reserven bei Unternehmensumstrukturierungen, 2013, S. 62, 65.

1534 *Groß,* in: Hess/Groß/Reill-Ruppe/Roth, Insolvenzplan, 4. Aufl. 2015, VI. 8. c) Auflösung stiller Reserven Rn. 591; *Schmitt,* StuW 2018, 147 (147); *Wildermuth/Hiller,* in: Beck'sches Handbuch der Personengesellschaften, Prinz/Kahle, 5. Auflage 2020, § 26 Rn. 2.

betrieblichen Sphäre, etwa durch Entnahme[1535], erfolgen.[1536] Dabei ist nicht zu verkennen, dass stille Reserven bereits vor ihrer Realisierung die Leistungsfähigkeit eines Steuersubjektes[1537] erhöhen.[1538] Lediglich aus Verhältnismäßigkeitsgründen dürfen sie vor ihrer Realisation noch nicht besteuert werden.[1539] Auch insoweit äußert sich der Zuwachs an Leistungsfähigkeit jedoch nicht in einer Zunahme der Zahlungsfähigkeit, weil stille Reserven, solange sie unaufgedeckt bleiben, keinen Einfluss auf diese haben. Die allgemein vorgesehene Besteuerungsfolge der Versteuerung stiller Reserven bei Umwandlung des betroffenen Rechtsträgers kann durch Ausübung des Wahlrechts zum Ansatz von Buchwerten in den Übertragungsbilanzen auf Antrag verhindert werden.[1540] Hintergrund der Privilegierung ist die Absicht des Gesetzgebers, betriebswirtschaftlich sinnvolle, mithin erwünschte Umstrukturierungen nicht durch die allgemein geltenden Besteuerungsfolgen des Ertragsteuerrechts zu erschweren oder sogar zu verhindern.[1541] Darüber hinaus hat der Gesetzgeber erkannt, dass Umwandlungen und andere Formen von Umstrukturierungen grundsätzlich dem Erhalt und der Verbesserung der Erwerbsgrundlagen dienen sollen und nicht in erster Linie der Erzielung von Markteinkommen.[1542] Soweit das Besteuerungsrecht an den stillen Reserven also nicht verloren geht, sollen betriebswirtschaftlich erwünschte Umstrukturierungen[1543] nicht durch die Entstehung hoher Steuerlasten bei Aufdeckung sämtlicher stiller Reserven im Zeitpunkt der Umstrukturierung belastet und behindert werden. Dafür sieht das Umwandlungssteuergesetz Bewertungswahlrechte zugunsten der steuerlich neutralen Vermögensübertragung zu Buch- oder Zwischenwerten vor, die durch die rechtzeitige Stellung eines formlosen Antrags durch den beteiligten Rechtsträger oder dessen Organe ausgeübt werden können.[1544]

Am Beispiel der Wahlrechte des Umwandlungssteuergesetzes zur Fortführung der Steuerverstrickung stiller Reserven wird erkennbar, dass der Gesetzgeber sich auch in diesem Zusammenhang aus wirtschaftspolitischen Gründen[1545] für die Einräumung von Wahlrechten entschieden hat und diese unter der Prämisse einräumt, dass ein dem fiskalischen Interesse gleichwertiges Interesse, nämlich die Nichtbehinderung betriebswirtschaftlich erwünschter

[1535] *Rödder,* in: Rödder/Herlinghaus/van Lishaut, UmwStG, 3. Aufl. 2019, Einführung in das Umwandlungssteuerrecht Rn. 2; *Wassermeyer*, BB 1994, S. 1 (2).
[1536] *Groß,* in: Hess/Groß/Reill-Ruppe/Roth, Insolvenzplan, 4. Aufl. 2015, VI. 8. c) Auflösung stiller Reserven Rn. 591; *Wildermuth/Hiller,* in: Beck'sches Handbuch der Personengesellschaften, Prinz/Kahle, 5. Auflage 2020, § 26 Rn. 2.
[1537] Vgl. auch oben unter B.II.2. zu den Merkmalen von Leistungsfähigkeit und zur Feststellung, dass Zahlungsfähigkeit kein Merkmal von Leistungsfähigkeit ist, vgl. B.II.2.b.
[1538] *Rödder,* in: Rödder/Herlinghaus/van Lishaut, UmwStG, 3. Aufl. 2019, Einführung in das Umwandlungssteuerrecht Rn. 2; kritisch dazu, *Kredig*, Das System der Besteuerung stiller Reserven bei Unternehmensumstrukturierungen, 2013, S. 64.
[1539] *Rödder,* in: Rödder/Herlinghaus/van Lishaut, UmwStG, 3. Aufl. 2019, Einführung in das Umwandlungssteuerrecht Rn. 2.
[1540] Vgl. beispielsweise § 3 Abs. 2, 11 Abs. 2, 15, 16, 20 Abs. 2, 24 Abs. 2 UmwStG.
[1541] *Junge,* Umwandlungssteuerrecht, 2022, Rn. 3 ff.
[1542] *Rödder,* in: Rödder/Herlinghaus/van Lishaut, UmwStG, 3. Aufl. 2019, Einführung in das Umwandlungssteuerrecht Rn. 5.
[1543] So ausdrücklich und wortwörtlich der Gesetzgber in *BT-Drucks.* 12/6885, 14.
[1544] Vgl. etwa § 3 Abs. 2, 11 Abs. 2, 15, 16, 20, 24 Abs. 2 UmwStG.
[1545] Zulässiger Grund zur Einräumung von Wahlrechten.

Umwandlungen und die Erhöhung der Attraktivität des inländischen Investitionsstandorts,[1546] dies erfordert. Zudem wird am Beispiel der Wahlrechte des Umwandlungssteuergesetzes deutlich, dass deren Einräumung im konkreten Fall ebenfalls eine offenkundige Abwägungsentscheidung des Gesetzgebers zugrunde liegt. Schließlich geht es bei den Bewertungswahlrechten des Umwandlungssteuergesetzes um die vorläufige Nichtbesteuerung stiller Reserven, die einen wesentlichen Bezugspunkt des fiskalischen Abgabenanspruchs im Zusammenhang mit der Umwandlung von Rechtsträgern darstellen. In diesem Sachzusammenhang soll jedoch der Steuerpflichtige selbst die für ihn individuell maßgeblichen Rechtsfolgen abwägen und die für ihn vorzugswürdige Wahl treffen dürfen. So können etwa eine gewünschte Verlustnutzung oder die Erzeugung höheren Abschreibungspotenzials beim übernehmenden Rechtsträger für eine anteilige oder gänzliche Aufdeckung der stillen Reserven bei der Umwandlung sprechen.[1547] Es hängt danach also ausschließlich von den individuellen Gestaltungsentscheidungen der beteiligten Rechtsträger ab, auf welche Weise das eingeräumte Wahlrecht ausgeübt wird. Die Wahlrechte wurden mithin als erforderlich identifiziert und sind unter gewichtender Abwägung des Interesses an der Versteuerung der stillen Reserven und des Interesses der Steuerpflichtigen, diese zu einem späteren Zeitpunkt aufdecken und versteuern zu dürfen, auch angemessen.

### b. Übertragung auf die Privilegierung von Sanierungsgewinnen

Die Einräumung eines Wahlrechts wäre auch bei der steuerlichen Behandlung von Sanierungsgewinnen denkbar und wurde, wie ausgeführt, im Gesetzgebungsprozess – jedenfalls hinsichtlich der Frage des „Ob" der Steuerbefreiung – erwogen.[1548] Ein Vergleich der Umstände, die für eine Steuerverschonung von Sanierungsgewinnen sprechen, mit den Umständen, die für die Bewertungswahlrechte des Umwandlungssteuergesetzes maßgeblich sind, könnte dafür sprechen, auch die Steuerbefreiung von Sanierungsgewinnen als antragsgebundenes Wahlrecht auszugestalten, um den Beteiligten im Sanierungsverfahren im Interesse eines wirkungsvollen Sanierungssteuerrechts einen weitreichenden Gestaltungsspielraum einzuräumen. Die Antragswahlrechte des Umwandlungssteuergesetzes verfolgen, wie zuvor dargelegt, das Ziel einer steuerlichen Privilegierung durch Ermöglichung steuerneutraler Umwandlungen, um betriebswirtschaftlich erwünschte Umwandlungsvorgänge nicht durch Steuerbelastungen zu behindern und den inländischen Investitionsstandort zu stärken. Diese Privilegierung gilt jedoch nur unter der Prämisse, dass dem deutschen Staat das Besteuerungsrecht an den im übertragenen Betriebsvermögen enthaltenen stillen Reserven nicht dauerhaft und final entzogen wird. Aus wirtschaftspolitischen Gründen hat sich der Gesetzgeber für diese

[1546] *BT-Drucks.* 16/2710, S. 25.
[1547] § 4 Abs. 2 Satz 2 UmwStG versagt die Übertragung von Verlusten vom übertragenden zum übernehmenden Rechtsträger. Eine Verlustnutzung müsste also stets zunächst beim übertragenden Rechtsträger erfolgen.
[1548] So nämlich noch Entwurfsfassung, vgl. *BR-Drucks.* 59/1/17 S. 10; *BT-Drucks.* 18/11531, S. 8.

Bewertungswahlrechte entschieden, deren antragsgebundene Ausübung dazu führt, dass die stillen Reserven, die im Zeitpunkt der Umwandlung grundsätzlich versteuert werden müssten, gerade nicht sofort, sondern zu einem späteren Zeitpunkt versteuert werden dürfen. Demgegenüber bezweckt § 3a EStG als „sanierungssteuerrechtliche" Verschonungsregelung die sachliche Steuerbefreiung von Sanierungsgewinnen, die durch Schuldenerlass sanierungsbeteiligter Gläubiger bei der Sanierung sanierungsbedürftiger Unternehmen entstehen. Gemeinsamkeiten zwischen der Privilegierung durch das Umwandlungssteuergesetz und der Privilegierung von Sanierungsgewinnen durch § 3a EStG liegen darin, grundsätzlich steuerbare Vorgänge, die Ausdruck gesteigerter Leistungsfähigkeit [1549] sind, von der Besteuerung auszunehmen. In beiden Fällen liegen der Steuerzugriffsverschonung rechtspolitische Erwägungen [1550] zugrunde. Denn ebenso wie die Nichtbehinderung betriebswirtschaftlich sinnvoller, erwünschter Umstrukturierungen stellt die Sanierung erhaltenswürdiger Unternehmen ein durch den Gesetzgeber eindeutig formuliertes, rechtspolitisches Ziel [1551] dar. Weiterhin bezweckt der Gesetzgeber mit beiden Regelungskomplexen eine steuerlich unterstützte Wirtschaftsförderung und verfolgt in beiden Fällen das Ziel, als betriebswirtschaftlich sinnvoll identifizierte Wirtschaftsvorgänge [1552] steuerlich nicht zu behindern. In beiden Fällen werden also wirtschaftspolitische Lenkungsziele („Verhinderung unnötiger Liquidationen" und „Beseitigung steuerlicher Hemmnisse für betriebswirtschaftlich sinnvolle Umstrukturierungen sowie Stärkung des Investitionsstandorts") verfolgt. Eine weitere Gemeinsamkeit liegt darin, dass Sanierungsunternehmen einer- und umwandlungsbeteiligte Rechtsträger andererseits durch den steuerlich privilegierten Vorgang – Schuldenerlass und Vermögensübertragung – in beiden Situationen keinen Zuwachs von Liquidität verzeichnen. Denn weder der Erlass von Schulden führt, wie an anderer Stelle gezeigt wurde[1553], zu einem Zuwachs von Liquidität, noch die Übertragung von Vermögen von einem Rechtsträger auf einen anderen Rechtsträger.[1554] Zudem ist in beiden Fällen ein weitreichender Verlustuntergang vorgesehen. [1555] Beim

[1549] Für den Sanierungsgewinn s.o. unter B. II. 3. und B. II .5; für Wertzuwächse als stille Reserven, etwa *Rödder,* in: Rödder/Herlinghaus/van Lishaut, UmwStG, 3. Aufl. 2019, Einführung in das Umwandlungssteuerrecht Rn. 2.

[1550] Für den Sanierungsgewinn: Nichtbehinderung betriebswirtschaftlich erwünschter Sanierungen; für die Umstrukturierungen nach dem UmwStG: Nichtbehinderung betriebswirtschaftlich erwünschter Umstrukturierungen.

[1551] Ein Ziel, das auch in der Restrukturierungsrichtlinie, Richtlinie (EU) 2019/1023 v. 20.6.2019 ABl. EU L 172, 18 verankert ist und einen verbindlichen Umsetzungsrahmen vorgibt.

[1552] Für § 3a EStG: „Verhinderung unnötiger Liquidationen", vgl. Finanzausschusses des Bundestags, *BT-Drucks.* 18/12128, 31; Für die Wahlrechte des UmwStG: „Beseitigung steuerlicher Hemmnisse für betriebswirtschaftlich sinnvolle grenzüberschreitende Umstrukturierungen" als „wichtiger Beitrag zur Erhöhung der Attraktivität des Investitionsstandorts Deutschland", *BT-Drs.* 16/2710, S. 25.

[1553] Vgl. oben B. II. 2. b.

[1554] Typischerweise gegen Ausgabe von Anteilen am übernehmenden Rechtsträger. Die Gewährung von Gegenleistungen, die nicht in Anteilen bestehen, führen danach regelmäßig zur (anteiligen) Aufdeckung stiller Reserven; mit Ausnahme der Unschädlichkeitsgrenzen nach §§ 20, 21, 24 UmwStG, auf die an dieser Stelle jedoch nicht eingegangen werden soll.

[1555] Verluste dürfen nicht übertragen werden und gehen auch in Fällen steuerlicher Gesamtrechtsnachfolge im Zuge der Übertragung als Folge der Umwandlung unter, z.B. § 4 Abs. 1 Satz 3 UmwStG.

Sanierungsunternehmen vorhandene Verluste sind zunächst mit dem Sanierungsgewinn zu verrechnen, gehen mithin unter und stehen daher für anderweitige Gestaltungen nicht mehr zur Verfügung. [1556] Darüber hinaus ist auch die Behandlung von Sanierungs- und Umwandlungskosten gleich. Denn Sanierungskosten, die den Sanierungsgewinn im Sanierungsjahr übersteigen, mithin nicht vollständig verrechnet werden, dürfen nach § 3a Abs. 3 Satz 1 i.V. mit § 3c Abs. 4 Sätze 1 und 4 EStG im Sanierungsjahr und dessen Vorjahr nicht anderweitig in Abzug gebracht werden.[1557] Auch Umwandlungskosten sind nach ihrer wirtschaftlichen Veranlassung dem Übertragungs- oder Übernahmegewinn als Abzugsposition zuzuordnen und dürfen sich darüber hinaus nicht anderweitig gewinnmindernd auswirken.[1558] Beide Regelungsbereiche weisen demnach erhebliche Gemeinsamkeiten auf. Gleichwohl überantwortet der Gesetzgeber die Entscheidung darüber, mit welchen Werten[1559] das übergehende Vermögen im Rahmen der Umwandlung übertragen werden soll – anders als die Frage des "Ob" der Steuerbefreiung von Sanierungsgewinnen –, im Anwendungsbereich des Umwandlungssteuergesetzes den involvierten Rechtsträgern. Durch das ihnen eingeräumte Wahlrecht ergibt sich ein Entscheidungs- und Gestaltungsspielraum zwischen der sofortigen Versteuerung der stillen Reserven im Zeitpunkt der Umwandlung und der Fortführung selbiger im Betriebsvermögen anderer Rechtssubjekte mit der Möglichkeit ihrer Versteuerung zu einem späteren Zeitpunkt. Bei der Steuerbefreiung von Sanierungsgewinnen hat sich der Gesetzgeber demgegenüber bewusst gegen die Ausgestaltung als Wahlrecht entschieden.[1560] Damit billigt er den beteiligten Organen und Entscheidungsträgern im Sanierungsverfahren nicht den gleichen Entscheidungsspielraum zu wie den an Umstrukturierungen beteiligten Rechtsträgern im Sinne des Umwandlungssteuergesetzes. Vielmehr definiert der Gesetzgeber den durch Schuldenerlass entstehenden Sanierungsgewinn als steuerbar und anerkennt die Notwendigkeit der Steuerbefreiung aus lenkungszweckbedingten Gründen, ohne sie an ein Wahlrecht zu knüpfen. Darin könnte eine Ungleichbehandlung zu erblicken sein.

Bei näherer Betrachtung ergeben sich jedoch Unterschiede und damit sachlich tragfähige Rechtfertigungsgründe, die für die unterschiedliche Behandlung sprechen. Ein Unterschied liegt zunächst in der Entstehungsursache der Gewinne. Die Aufdeckung stiller Reserven im Rahmen der Übertragung von Vermögensgesamtheiten offenbart Wertzuwächse, die beim übertragenden Rechtsträger über den Zeitraum seiner gewerblichen Tätigkeit entstanden sind. Die Besteuerung dieser Wertzuwächse im vorhandenen Betriebsvermögen erfordert das Leistungsfähigkeitsprinzip. Die Aufdeckung selbiger im Rahmen der Umstrukturierung führt zu

1556 Vgl. § 3a Abs. 3 EStG.
1557 Vgl. oben unter C. V. 2. a.
1558 Vgl. nur § 12 Abs. 2 Satz 1 UmwStG mit der deutlichen Klarstellung des BMF in Tz 12.05 des UmwStAE, BMF-Schreiben v. 11.11.2011, BMF IV C 2 - S 1978-b/08/10001; DOK 2011/0903665, BStBl. I S. 1314.
1559 Gemeiner Wert, Zwischenwert, Buchwert.
1560 Für ein Antragswahlrecht noch Finanzausschusses des Bundestags, *BT-Drucks.* 18/12128, S. 8; demgegenüber Wortlaut der Gesetzesfassung des § 3a EStG.

Übertragungsgewinnen, die der regulären Besteuerung unterliegen. Nur unter der Voraussetzung einer Sicherstellung der Besteuerung der stillen Reserven zu einem späteren Zeitpunkt lässt der Gesetzgeber auf Antrag zu, dass die Aufdeckung (zunächst) unterbleibt und kein Übertragungsgewinn anlässlich der Übertragung des Betriebsvermögens zu versteuern ist. Demgegenüber entstehen Sanierungsgewinne im Sanierungszusammenhang dadurch, dass Gläubiger auf ihre Forderungen gegenüber dem zu sanierenden Unternehmen verzichten.[1561] Die Ursache der Gewinnentstehung liegt insoweit nicht in der gewöhnlichen Geschäftstätigkeit begründet, sondern in einem außerordentlichen, gleichsam „atypischen“[1562] Geschäftsvorfall. Die Atypik resp. Besonderheit geht darauf zurück, dass das Sanierungsunternehmen – anders als in frei planbaren Umwandlungsfällen – gerade keine freie Entscheidung hat. Der Sanierungsgewinn entsteht durch einen sanierungsbedingten, zugleich außergewöhnlichen Umstand, während die Aufdeckung der stillen Reserven anlässlich einer Umwandlung von Rechtsträgern als üblich und gewöhnlich und daher insbesondere nicht als „atypisch“ anzusehen ist. Der Gläubigerverzicht widerspricht seinerseits der üblichen kaufmännischen Sorgfalt und Verfahrensweise nach handelsrechtlichen Grundsätzen. Das atypische Moment liegt also darin begründet, dass die Rahmenbedingungen der Entstehung eines Sanierungsgewinns dem Üblichen widersprechen. Dagegen entstehen Umwandlungsgewinne aufgrund der Anwendung der allgemeinen Regeln des Ertragsteuerrechts, die die Aufdeckung der stillen Reserven im Sinne des Leistungsfähigkeitsprinzips vorsehen. In der Außergewöhnlichkeit der Gewinnentstehung liegt demnach ein erster Differenzierungsgrund, der die Ungleichbehandlung rechtfertigen kann.

Ein zweiter Differenzierungsgrund liegt darin, dass der Verzicht durch Gläubiger zwar ein Ausdruck von Leistungsfähigkeit ist[1563], dass aber der Bezugspunkt der Gewinnentstehung in der finanziellen Notlage des Sanierungsunternehmens liegt. Bei der Umstrukturierung durch Übertragung von Vermögen von einem Rechtsträger auf einen oder mehrere andere Rechtsträger entsteht der lediglich noch nicht realisierte Gewinn hingegen bereits im Zusammenhang mit der üblichen Geschäftstätigkeit. Es handelt sich demnach nicht um einen von außen wirkenden Impuls, sondern um eine Gewinnentstehung, die originär beim beteiligten Rechtsträger begründet ist. Hierin liegt ein weiterer Unterschied, der eine unterschiedliche Behandlung rechtfertigen kann. Ein dritter Differenzierungsgrund liegt darin, dass das Sanierungsunternehmen angesichts seiner Krisensituation eine Pflicht hat, an seiner – möglichst erfolgreichen – Sanierung mitzuwirken.[1564] Der umwandlungsbeteiligte Rechtsträger ist demgegenüber vollkommen frei in seiner Entscheidung für oder gegen eine Umwandlung.

1561 Zu den einzelnen Entstehungsvorgängen vgl. unter B. I. 1.

1562 *Krumm*, DB 2015, 2714 (2716); *Sistermann*, DStR 2017, 689 (691).

1563 s.o. B. I. 3. und B. I. 5.

1564 so schon *Kahlert/Schmidt*, DStR 2017, 1897 (1898).

### c. Stellungnahme zum Vergleich mit den Bewertungswahlrechten des UmwStG

Der Vergleich mit den Wahlrechten des Umwandlungssteuergesetzes zeigt, dass diese nicht als Referenzgrundlage zur Rechtfertigung der Einräumung eines Wahlrechts bei der Privilegierung von Sanierungsgewinnen zugrunde gelegt werden können. Der Vergleich mit den Antragswahlrechen liefert keine aus dem Vergleich heraus abzuleitenden Rechtfertigungsgründe, die für die Einräumung eines Wahlrechts bei der Privilegierung von Sanierungsgewinnen sprechen. Vielmehr hat der Vergleich mit den Bewertungswahlrechten des Umwandlungssteuergesetzes zwar Gemeinsamkeiten im Anknüpfungspunkt der Leistungsfähigkeitszunahme bei gleichzeitig unverändert bleibender Liquidität gezeigt, jedoch auch die Bedeutung der Unterschiedlichkeit im Hinblick auf die Ursache der Gewinnentstehung aufgezeigt und damit offenbart, dass eine Bezugnahme auf die gesetzliche Rechtfertigung der Bewertungswahlrechte des Umwandlungssteuergesetzes zur Begründung und Rechtfertigung eines Wahlrechts im Zusammenhang mit der Privilegierung von Sanierungsgewinnen angesichts der fehlenden durchgreifenden Vergleichbarkeit der im Wesenskern unterschiedlichen Sachverhalte nicht möglich ist. Gleichwohl stellt sich der vom Gesetzgeber in beiden Fällen akzentuierte Lenkungszweck als verbindendes Merkmal dar. Dies kann jedoch – wiederum aufgrund der konkreten Unterschiedlichkeit der Bezugspunkte des als notwendig identifizierten Lenkungsbedürfnisses – keine Rechtfertigung zugunsten eines Antragswahlrechts bei der Behandlung von Sanierungsgewinnen darstellen.

## 5. Antragswahlrecht bei der Behandlung von Sanierungsgewinnen

Gleichwohl stellt sich die Frage, ob nicht aus anderen Gründen ein Wahlrecht bei der Behandlung von Sanierungsgewinnen vorzugswürdig erscheint. Fraglich ist insoweit zunächst, ob nicht in der fehlenden Antragsgebundenheit der Steuerbefreiung und in dem danach fehlenden steuerlichen Wahlrecht eine Belastung des Sanierungsunternehmens liegt, die vor dem Hintergrund der Schaffung eines effizienten Regelungsrahmens zur Ermöglichung erfolgreicher Sanierungen nicht sachangemessen ist. Gezeigt wurde, dass sich das Sanierungsunternehmen der Steuerfreistellung und vollständigen Verlustverrechnung im Zusammenhang mit Forderungsverzichten aus Sanierungsgründen de lege lata nicht entziehen kann, weil die Steuerbefreiung des nach umfassender Verlustverrechnung noch vorhandenen Sanierungsgewinns zwingend vorgesehen ist. Es kann sich folglich auch der bis zur Höhe des um die Sanierungskosten gekürzten Sanierungsgewinns reichenden Verlustaufzehrung nicht widersetzen, wenn die Voraussetzungen einer unternehmensbezogenen Sanierung vorliegen. Im Folgenden soll nunmehr überprüft werden, ob nicht verfassungsrechtliche Gründe für die Einräumung eines dual strukturierten Wahlrechts sprechen. Wie schon bei der Frage der verfassungsrechtlichen Zulässigkeit steuerlicher Wahlrechte gezeigt, müssen dabei der Zweck und die Wirkungen eines Wahlrechts zur Privilegierung von Sanierungsgewinnen in den Blick genommen werden. Die Herausarbeitung der Wirkungen präzisiert dabei den Prüfungsgegenstand. Der Zweck stellt den Bezugspunkt der zulässigen Wirkungen dar, die der Gesetzgeber mit dem Wahlrecht beabsichtigen darf. Dabei ist zu untersuchen, ob ein möglicher Gleichheitsverstoß durch eine auf Wirtschaftslenkung abzielende Zwecksetzung gerechtfertigt werden kann. Verfassungsrechtliche Gründe könnten für die Einräumung eines Wahlrechts bei der steuerlichen Privilegierung von Sanierungsgewinnen sprechen. Die Anordnung der Steuerbefreiung wirkt sich, wie an anderer Stelle gezeigt[1565], nicht ausnahmslos zugunsten des Sanierungsunternehmens aus. Vielmehr liegt in der vollständigen Verlustaufzehrung bis zur Höhe des Sanierungsgewinns eine Belastung, die mit der Einräumung eines Wahlrechts abgemildert und dem Zweck der Erleichterung und Verbesserung der steuerlichen Begleitumstände der Sanierung gerecht werden könnte. Zudem kann die Aufrecht- bzw. Beibehaltung bestehender Verluste als Grundlage späterer Gestaltungsentscheidungen für das Sanierungsunternehmen individuell vorzugswürdig sein. Denn gerade in der Beibehaltung von Verlustpotenzial liegt eine Wirkung[1566], die aus wirtschaftspolitischen Gründen für ein Wahlrecht sprechen kann.

Dagegen erscheint die ausschließliche, zwingende gesetzliche Anordnung der Steuerfreistellung angesichts der Bedürfnisse eines erwünschten, effizienten Sanierungssteuerrechts, das den bestehenden Zielkonflikt zwischen dem Besteuerungsverfahren und dem Insolvenzverfahren lösen soll,[1567] nicht zweckangemessen. Da sich der Gesetzgeber für die Nichtbehinderung betriebswirtschaftlich sinnvoller, erwünschter Sanierungen zur Vermeidung unnötiger Liquidationen ausgesprochen und insoweit einen Lenkungszweck konkretisiert hat und dieser auch verfassungsrechtlich gerechtfertigt ist, sollte insoweit auch die Möglichkeit eines Wahlrechts erwogen werden. Die individuellen und individuell verschiedenen Bedürfnisse der jeweiligen Sanierungssituationen erfordern eine einzelfallabhängige Würdigung des Für und Wider der Steuerbefreiung. Vorzugswürdiger als eine strikte Anordnung der Steuerbefreiung ohne Gestaltungs- und Entscheidungsmöglichkeit erscheint die Einräumung verschiedener Auswahloptionen. Denn die Gestaltungsfreiheit leistet gerade in der Sanierungssituation einen unterstützenden Beitrag im Interesse des Sanierungserfolgs.[1568] Zudem gibt es keinen obligatorischen Grund, ein Sanierungsunternehmen zur Steuerfreistellung zu zwingen, wenn die verfassungsrechtlich gebotene „Mitwirkung“[1569] an der eigenen Sanierung auch auf andere, gleichermaßen wirksame, mithin erforderliche Weise erbracht werden kann. Zudem dürfte die

---

[1565] S.o. unter C. IV. und V.

[1566] Zu Wert und Nutzen von Verlusten auch *Schüppen*, ZIP 2017, 752 (759); jüngst auch *Thiemann*, Verluste im Steuerrecht, 2020, passim.

[1567] *BT-Drucks.* 18/12128, S. 31.

[1568] Eingehend zu Wert und Nutzen von Gestaltungsfreiheit *Seer*, Gestaltungsmissbrauch und Gestaltungsfreiheit im Steuerrecht, 2010, S. 1 ff.

[1569] *BT-Drucks.* 18/12128, S. 31; *Kahlert/Schmidt*, DStR 2017, 1897 (1898).

Einräumung eines Wahlrechts ein zur Gewährleistung einer steuerlichen Privilegierung milderes Mittel als eine strikte Steuerbefreiungsanordnung mit obligatem Verlustuntergang ohne Auswahloption darstellen. Dieses dürfte auch angemessen im engeren Sinne sein. Denn im Rahmen der Abwägungsentscheidung zur Beantwortung der Frage, auf welche Weise bzw. mit welchem konkreten Instrument Sanierungsverfahren steuerlich unterstützt werden können, müssen die Belange des Sanierungsunternehmens beachtet und mit den übrigen Interessen, freilich auch dem fiskalischen Abgabenanspruch, abgewogen werden. Insoweit dürfte allgemeiner Konsens über die Notwendigkeit einer Steuerverschonung aus Verhältnismäßigkeitsgründen bestehen. Diese Steuerverschonung kann aber nicht nur durch die unausweichliche Steuerbefreiung von durch Entschuldungsmaßnahmen erzeugten Sanierungsgewinnen herbeigeführt werden, sondern etwa auch durch eine Rücklagenbildung in Höhe des Sanierungsgewinns, eine Steuerstundung oder ähnliche steuerliche Instrumente.

### a. Zwei Auswahloptionen: Steuerbefreiung und Rücklagenbildung

Vorliegend könnte ein gesetzliches Wahlrecht zur Behandlung von Sanierungsgewinnen eine Auswahl zwischen der nach vorheriger Verlustverrechnung gewährten Steuerbefreiung so wie sie gegenwärtig als Steuerbefreiung unter zusätzlicher Berücksichtigung der in dieser Untersuchung herausgearbeiteten Modifikationen vorgesehen ist, und der Möglichkeit einer Rücklagenbildung unter vollständiger Beibehaltung der vorhandenen Verluste anbieten. Inhalt und Nutzen der zweiten Option als Maßnahme zur Effektuierung und Optimierung des Sanierungssteuerrechts und zur Lösung des vom Gesetzgeber identifizierten Zielkonfliktes[1570] werden im Folgenden untersucht.

#### aa. Sinn und Zweck einer Rücklagenbildung

Regelmäßig implementiert der Gesetzgeber Rücklagen, etwa in Form von Gewinnrücklagen, wenn dem Steuerpflichtigen die Möglichkeit eingeräumt werden soll, erzielte Gewinne zunächst nicht versteuern zu müssen. Ein erzielter Gewinn, wie etwa bei der Veräußerung eines Wirtschaftsguts des Anlagevermögens, kann zunächst durch die Bildung einer gewinnmindernden Rücklage neutralisiert werden.[1571] Durch die vollständige Neutralisation des Ertrags aus dem Anlagenverkauf im Wege der Rücklagenbildung wird der Ertrag seiner Versteuerung zunächst vorenthalten. Eine solche Rücklage bindet die stillen Reserven aus dem Anlagenverkauf und kann für einen unbestimmten Zeitraum bestehen bleiben. Zur Sicherstellung der Besteuerung zu einem anderen, späteren Zeitpunkt werden Fristen geregelt,

---

[1570] *BT-Drucks.* 18/12128, S. 31.

[1571] In Buchungssätzen dargestellt: „Forderung aus Anlagenverkauf 100 an Ertrag 100" und „Aufwand aus Rücklagenbildung 100 an Rücklage 100".

innerhalb derer die in den Rücklagen gebundenen Erträge entweder ratierlich aufgelöst[1572] oder auf andere Wirtschaftsgüter übertragen[1573] werden dürfen oder infolge Fristablaufs aufgelöst werden müssen. Eine Versteuerung der zunächst neutralisierten Beträge wird mithin regelmäßig auf einen späteren Zeitpunkt verschoben. Der Abgabenanspruch wird also nicht gänzlich aufgehoben, sondern lediglich für einen gewissen Zeitraum aufgeschoben, entfaltet mithin einen Stundungseffekt. Stundungseffekte bewirken die vorübergehende Schonung vorhandener Liquidität und ermöglichen Investitionsentscheidungen, die bei sofortiger Versteuerungspflicht der erzielten, in den Rücklagen gebundenen Gewinne aufgrund der durch die Steuerzahlung geminderten Liquidität nicht gegeben wären.

Eine Rücklagenbildung wäre daher auch für den Sanierungsgewinn denkbar. Diese könnte, wie vorliegend angedacht, als zweite Option eines Wahlrechts zur steuerlichen Behandlung von Sanierungsgewinnen fungieren. Wie an anderer Stelle dargelegt wurde,[1574] stellen sich Wahlrechte als regelmäßige Gestaltungsmittel des Gesetzgebers dar, die aus Gründen der Verteilungsgerechtigkeit oder zur Beseitigung von Informationsasymmetrien oder zur Vereinfachung und Typisierung Eingang in das Steuerrecht finden. Auch die gewollte Einräumung von Entscheidungsspielräumen ist danach, wie dargelegt, legitimer Zweck steuerlicher Wahlrechte. Dabei beinhalten Wahlrechte neben dem Entscheidungsrecht auch die Entscheidungspflicht zur Auswahl einer der angebotenen Optionen und bewirken dabei gleichzeitig die Indienstnahme des Steuerpflichtigen zur Erreichung der gesetzgeberisch erwünschten Ziele.

Eine wesentliche Chance im sanierungssteuerrechtlichen Kontext angesichts einer Option zur Rücklagenbildung wäre darin zu erblicken, dass das Sanierungsunternehmen aus eigener Entscheidungsbefugnis heraus die Rechtsfolge wählen kann, die ihm zur Herbeiführung eines erfolgreichen Sanierungsverfahrensabschlusses sinnvoll erscheint. Es könnte auf diese Weise selbständig über Belastungswirkungen disponieren, was zulässiger Ausfluss steuerlicher Wahlrechte ist. Orientiert an dem bei der Einräumung steuerlicher Wahlrechte anzuwendenden Maßstab der Freiheitsrechte, ist die Einräumung eines Wahlrechts im konkreten Fall der Behandlung von Sanierungsgewinnen daher verfassungsrechtlich zulässig und geboten. Für diese Verfahrensweise spricht auch der durch die Einführung des SanInsFoG[1575] und des StaRuG[1576] offenbarte Wille des Gesetzgebers, Restrukturierungsbestrebungen grundsätzlich in frühen Verfahrensstadien zu ermöglichen und in ihrem Verfahrensablauf zu erleichtern.

[1572] Beispielsweise bei der Rücklagenbildung für den sog. Konfusionsgewinn nach § 6 Abs. 3 UmwStG.
[1573] Beispielsweise bei der Anschaffung von neuen Wirtschaftsgütern nach § 6b EStG.
[1574] Oben unter C. VI. 1.
[1575] Gesetz zur Fortentwicklung des Sanierungs- und Insolvenzrechts v. 22.12.2020, BGBl. I 2020, S. 3256.
[1576] Gesetz über den Stabilisierungs- und Restrukturierungsrahmen für Unternehmen v. 22.12.2020, BGBl. I S. 3256.

### bb. Rücklagenbildung als Instrument des Sanierungssteuerrechts

Die Verbesserung der Sanierungsvoraussetzungen und ihrer Begleitumstände wird vom Gesetzgeber, wie in dieser Untersuchung mehrfach aufgezeigt, auch für steuerliche Zwecke angestrebt. Aus sanierungssteuerrechtlicher Perspcktive erscheint die Einräumung eines steuerlichen Wahlrechts sanierungsunterstützend, das die Auswahl zwischen zwei in ihren Rechtsfolgen unterschiedlich wirkenden Optionen zur steuerlichen Behandlung von Sanierungsgewinnen anbietet. Vorliegend kommt daher ein Antragswahlrecht als wirkungsvolles Sanierungsinstrument in Betracht. Dabei sollte die erste Option (weiterhin) in der Steuerbefreiung des Sanierungsgewinns nach Kürzung um die entstandenen Sanierungskosten und um vorhandene Verluste unter Berücksichtigung der in dieser Untersuchung herausgearbeiteten Modifikationen bestehen (Option 1).

Eine zweite Option sollte jedoch zur Gewährleistung echter Auswahlmöglichkeit eine Rücklagenbildung als strukturell von der ersten Option abweichendes Gestaltungsinstrument anbieten (Option 2). Auch in der Vergangenheit, mithin vor Geltung des § 3a EStG, wurde bereits die Möglichkeit einer Rücklagenbildung erwogen.[1577] Darüber hinaus wurde die Möglichkeit einer Rücklagenbildung vor geraumer Zeit auch in einem anderen Sanierungszusammenhang für einen gewissen Zeitraum und unter sehr spezifischen Voraussetzungen, namentlich bei Erwerb bestimmter sanierungsbedürftiger Betriebe, bereits gesetzlich normiert.[1578]

Bei der hier vorgeschlagenen Rücklagenbildung im Sinne der zweiten Option geht es jedoch darum, die Auswahlmöglichkeit zu schaffen, anstelle einer zwingenden Steuerbefreiung eine Rücklage in Höhe des durch den Gläubigerforderungsverzicht oder durch eine andere Entschuldungsmaßnahme [1579] erzeugten Sanierungsgewinns unter Beibehaltung der vorhandenen Verluste zu bilden. Die Möglichkeit einer sanierungsgewinnneutralisierenden Rücklagenbildung in Höhe des Sanierungsgewinns ohne Verlustverrechnung beinhaltet eine Auswahloption, die aus verschiedenen Gründen als zweites sanierungsprivilegierendes Instrument in der Sanierungssituation tauglich erscheint. Der infolge Schuldenerlasses erzeugte Sanierungsgewinn würde durch die Bildung der Rücklage in gleichlautender Höhe zunächst neutralisiert und einer Besteuerung vorläufig entzogen werden. Die Pflicht zur Versteuerung des

[1577] Dieser Vorschlag wurde auch von *Tschersich* vor Einführung des § 3a EStG und noch zur Geltung des Sanierungserlasses aufgegriffen, jedoch soweit ersichtlich ohne Auswahloption erwogen, *Tschersich*, Ertragsbesteuerung der Unternehmenssanierung, 2014, S. 284.

[1578] Die Möglichkeit einer Rücklagenbildung im Zusammenhang mit Sanierungen gab es in einer früheren Fassung des § 6d EStG a.F. Eingeführt durch das Haushaltsbegleitgesetz vom 20.12.1982, BStBl I 1982, 972. Diese Rücklage wurde als Sanierungsrücklage bezeichnet und war an spezifische Voraussetzungen geknüpft. Sie ermöglichte dem Erwerber bestimmter sanierungsbedürftiger Betriebe für einen zeitlich begrenzten Zeitraum die aufwandswirksame Bildung einer Rücklage und spätere gewinnwirksame Auflösung und Versteuerung der Gewinne. Diese sollte jedoch nicht der Neutralisierung steuerpflichtiger Sanierungsgewinne dienen, sondern dem Erwerber eine steuerliche Ausgleichsmöglichkeit der besonderen Risiken beim Erwerb sanierungsbedürftiger Unternehmen bieten. Sie galt zwischen dem 1.10.1982 und dem 31.12.1986.

[1579] für eine Gleichstellung des Forderungsverzichts mit sämtlichen anderen gebräuchlichen Entschuldungsmaßnahmen, unter C. I. 8.

Sanierungsgewinns verschöbe sich zunächst für einen gesetzlich festgelegten Zeitraum und damit nur für bestimmte Dauer.[1580] Für eine derartige Rücklagenbildung streitet demnach das vom Gesetzgeber formulierte Anliegen einer Nichtbehinderung betriebswirtschaftlich sinnvoller, erwünschter Sanierungsverfahren unter gleichzeitiger Aufrechterhaltung des berechtigten fiskalischen Abgabenanspruchs, weil die Steuererhebung nicht endgültig aufgehoben, sondern nur für einen gewissen Zeitraum aufgeschoben wird.[1581] Auch Gründe der Liquiditätsschonung im Zeitraum der Sanierung sprechen für eine derartige Lösung.[1582] Denn infolge der Neutralisierung des Sanierungsgewinns durch die Rücklagenbildung wird die Liquidität des Sanierungsunternehmens – in gleicher Weise wie bei der Steuerbefreiung – zunächst nicht durch Steuerzahlungen[1583] belastet.

Die Möglichkeit der Bildung einer Rücklage erfordert jedoch auch die Entscheidung darüber, unter welchen Voraussetzungen und auf welche Weise diese wieder aufzulösen ist. Verschiedene Gestaltungswege in Bezug auf die Rücklagenbildung und deren Auflösung sind denkbar. Eine Möglichkeit bestünde darin, die gewinnerhöhende Auflösung der Rücklage für das Wirtschaftsjahr nach dem erfolgreichen Abschluss der Sanierung vorzusehen. Dies würde eine Sofortversteuerung des Auflösungsgewinns im Kalenderjahr nach dem Abschluss der Sanierung bedeuten. Der Nachteil einer sofortigen Auflösung der Rücklage unter Aufdeckung des ursprünglich in die Rücklage eingestellten Sanierungsgewinns nach dem Abschluss der Sanierung läge jedoch in der dadurch ausgelösten Sofortbelastung, der sich das Sanierungsunternehmen unmittelbar nach dem Abschluss der erfolgreichen Sanierung ausgesetzt sähe. Die durch die Rücklagenauflösung bewirkte Steuerbelastung würde die Liquidität des Sanierungsunternehmens im Zeitpunkt der Auflösung erneut belasten und ihrerseits zu einer Verhinderung anderer notwendiger Investitionen führen.

Eine andere Möglichkeit bestünde darin, die im Sanierungsjahr gebildete Rücklage über einen Zeitraum von bis zu drei Jahren nach dem erfolgreichen Sanierungsabschluss beibehalten und erst ab dem dritten auf das Wirtschaftsjahr des erfolgreichen Abschlusses folgenden Wirtschaftsjahres, über einen Zeitraum von – wiederum optional – bis zu vier Jahren gleichmäßig gewinnerhöhend aufzulösen zu dürfen.[1584] Die Streckung der Auflösung der Rücklage über den Zeitraum von vier Jahren ab dem dritten Jahr, das auf den Abschluss des

---

[1580] In diesem Sinne auch *Tschersich*, Ertragsbesteuerung der Unternehmenssanierung, 2014, S. 284; und früher schon *Kroschel*, DStR 1999, 1383 (1387); *Herzig/Liekenbrock*, Ubg 2011, 313 (318).

[1581] So auch schon *Kroschel*, DStR 1999, 1383 (1387); auch *Tschersich* spricht sich dafür aus, die Möglichkeit einer Rücklagenbildung zugunsten der Sanierungsunternehmen zu schaffen, *Tschersich*, Ertragsbesteuerung der Unternehmenssanierung, 2014, S. 297.

[1582] Für ein Rücklagensystem auch *Herzig/Liekenbrock*, Ubg 2011, 313 (318); mit diesem Argument auch schon *Trompeter*, BB 2000, 433 (435).

[1583] Zur Versteuerung des Sanierungsgewinns.

[1584] Für einen Auflösungszeitraum von bis zu 15 Jahren sprach sich *Kroschel* aus, *Kroschel*, DStR 1999, 1383 (1388); *Herzig/Liekenbrock*, Ubg 2011, 313 (320) sprechen sich für fünf Jahre aus; ebenso *Tschersich*, Ertragsbesteuerung der Unternehmenssanierung, 2014, S. 284, 285, die sich auch für die Einräumung einer größtmöglichen Entscheidungsfreiheit bei der Bestimmung des Auflösungszeitraums ausspricht.

Sanierungsverfahrens folgt, verlängert den Effekt der Liquiditätsschonung zugunsten des dann sanierten Unternehmens über einen Zeitraum von drei Jahren, wodurch ein zusätzlicher Beitrag zur erfolgreichen und nachhaltigen Sanierung geleistet wird.

Da die Bildung der Rücklage und deren spätere ratierliche Auflösung zugleich die Versteuerung des Sanierungsgewinns ermöglicht und den staatlichen Abgabenanspruch gerade nicht vollständig aufhebt, wäre ein gleichlautender Verlustuntergang zur Verhinderung einer unerwünschten Doppelbegünstigung bei der Rücklagenoption nicht erforderlich. Denn der Sanierungsgewinn würde zu einem späteren Zeitpunkt der Besteuerung unterworfen werden und bliebe daher nicht gänzlich unversteuert. Eine nicht gerechtfertigte Doppelbegünstigung des Sanierungsunternehmens, mit der die Verrechnung mit vorhandenen Verlusten des Sanierungsunternehmens de lege lata gerechtfertigt wird, wäre nach der Rücklagenoption daher nicht zu befürchten. Vorteile dieser Option wären aus fiskalischer Sicht die Aufrechterhaltung des Steueranspruchs[1585] und aus Perspektive des Sanierungsunternehmens die Beibehaltung vorhandener Verluste für eine spätere Verlustnutzung, die auch für Investoren einen erhöhten Anreiz ausmachen könnte.

Demgegenüber könnten Sanierungsunternehmen, bei denen keine, für einen späteren Ausgleich nutzbaren Verluste zum Zeitpunkt des Schuldenerlasses vorliegen, weiterhin die Steuerbefreiung nach Option 1 wählen. Dadurch würde zwar, anders als in Option 2, der Steueranspruch infolge der Steuerbefreiung gänzlich aufgehoben. Zur Vermeidung der nicht verhältnismäßigen Doppelbegünstigung des Sanierungsunternehmens würden jedoch auch bestehende Verluste bis zur Höhe des Sanierungsgewinns – wie gegenwärtig vorgesehen – untergehen. Auch diese Option entspricht mithin dem Ziel der steuerlichen Nichtbeeinträchtigung von Sanierungsverfahren. Die Sanierungsbedürftigkeit des Sanierungsunternehmens im Zeitpunkt der von den Gläubigern wirtschaftlich getragenen Entschuldungsmaßnahme sollte für die Anwendbarkeit beider Optionen vorliegen und kann nach der hier vorgeschlagenen Lösung in beiden Fällen mit der Vorlage eines Sanierungsplans[1586] nachgewiesen werden.

### b. Rücklagenverzinsung dem Grunde nach

Um den sich aus der Bildung der Rücklage ergebenden Liquiditätsvorteil auszugleichen, muss ihre Verzinsung erwogen werden. Eine Verzinsung des in die Rücklage eingestellten Sanierungsgewinns ist dem Grunde nach zu befürworten, um den gewährten Liquiditätsvorteil aus dem Stundungseffekt der Rücklagenbildung zu erfassen und im Sinne der gleichheitsgerechten Besteuerung abzubilden. Der Zeitpunkt des Verzinsungsbeginns und die Höhe des Zinssatzes sind jedoch unter Berücksichtigung des Sanierungszwecks in den Blick zu

[1585] In diesem Sinne auch schon *Kroschel*, DStR 1999, 1383 (1387); *Herzig/Liekenbrock*, Ubg 2011, 313 (318).

[1586] s.o. unter C. II. 1. i. und C. II. 5.

nehmen. In der Vergangenheit wurde eine Verzinsung ab dem Moment der Rücklagenbildung mit einem Prozentsatz von 8% vorgeschlagen,[1587] um aus Gründen der Kapitalwertneutralität einen Teilerlass der Steuer,[1588] der bei Nichtverzinsung faktisch einträte, zu vermeiden.[1589] Diese Ansicht lässt jedoch die faktische Druckwirkung einer Sofortverzinsung ab dem Moment der Rücklagenbildung, mithin zu Beginn der Sanierungsphase, deren Erfolg als prognostisches Momentum in diesem Zeitpunkt noch nicht final absehbar ist, außer Betracht. Vielmehr dürfte gerade in dem Verzicht auf eine Sofortverzinsung schon ab dem Zeitpunkt der Rücklagenbildung ein weiterer Beitrag zur Gewährleistung eines effektiven Sanierungssteuerrechts liegen. Daher ist ein im Moment der Rücklagenbildung beginnender Zinslauf, also ein Verzinsungsbeginn noch im Zeitraum der Sanierungsphase, abzulehnen. [1590] Um den erforderlichen sanierungssteuerrechtlichen Beitrag zu leisten, erscheint es demnach sachangemessen, von einer Verzinsung der Rücklage im Zeitraum bis zum erfolgreichen Abschluss des Sanierungsverfahrens abzusehen. Der Beginn des Zinslaufes sollte demnach erst nach dem erfolgreichen Abschluss der Sanierung liegen. Diese Verfahrensweise ist nicht zuletzt auch angesichts der gegenwärtigen, vielfach exogen[1591] verursachten[1592] Unternehmenskrisen[1593] und der dadurch ausgelösten schwierigen Wirtschaftslage vorzugswürdig.

### c. Rücklagenverzinsung der Höhe nach

Die Höhe des Zinssatzes, mit dem die Rücklage ab dem auf das Kalenderjahr der erfolgreichen Sanierung folgenden Kalenderjahr zu verzinsen sein sollte, bedarf nicht zuletzt angesichts der andauernden Niedrigzinsphase[1594] und des seit geraumer Zeit umstrittenen steuerlichen Zinssatzes [1595] einer genauen Betrachtung. Über Jahrzehnte hinweg betrug der in § 238 Abs. 1 Satz 1 AO geregelte Zinssatz zur Verzinsung von Steueransprüchen einheitlich 0,5 % für jeden vollen Monat des Zinslaufs, mithin 6 % p.a.[1596] Der Gesetzgeber hatte sich in der Vergangenheit bei der Zinshöhe für einen starren Zinssatz entschieden, der den mit dem

1587 Zugrundegelegt wurde der Zinssatz nach § 238 Abs. 1 Satz 1 AO in Höhe von 6%, der um 2% erhöht wurde.

1588 *Trompeter,* BB 2000, 435 (438).

1589 *Tschersich,* Ertragsbesteuerung der Unternehmenssanierung, 2014, S. 284.

1590 A.A. *Tschersich,* Ertragsbesteuerung der Unternehmenssanierung, 2014, S. 284.

1591 Unterschieden werden exogene und endogene Insolvenzauslöser. Endogene Insolvenzauslöser haben ihre Ursache im Unternehmen selbst. Exogene Insolvenzauslöser wirken von außen auf das Unternehmen ein, ohne dass es selbst darauf Einfluss nehmen kann.

1592 Etwa durch die Corona-Pandemie oder den Ukraine-Krieg und durch ausgelöste konjunkturelle Schwankungen.

1593 *Drukarczyk/Schöntag,* in: Gottwald/Haas, Insolvenzrechtshandbuch, 6. Aufl. 2020, Kapitel I § 2 Rn. 14 sprechen von der Problematik der Krisenfrüherkennung aufgrund der hohen Komplexität von Krisenursachen.

1594 Eingehend zum Niedrigzinsniveau bei *Hey/Steffen,* Steuergesetzliche Zinstypisierungen und Niedrigzinsumfeld, 2016, S. 71 ff.

1595 BFH, Beschl. v. 25.4.2018 - IX B 21/18 Rn. 18.

1596 Die Verfassungswidrigkeit der Zinssatzhöhe wurde aktuell festgestellt durch BVerfG Beschl. v. 08.07.2021 - 1 BvR 2237/14, 1 BvR 2422/17; Nach dem Beschluss des BVerfG v. 8.7.2021 (BGBl. I S. 4303) ist § 233a iVm § 238 Abs. 1 Satz 1 AO mit Art. 3 Abs. 1 GG unvereinbar, soweit der Zinsberechnung für Verzinsungszeiträume ab dem 1.1.2014 ein Zinssatz von einhalb Prozent für jeden Monat zugrunde gelegt wird. Das bisherige Recht ist für bis einschließlich in das Jahr 2018 fallende Verzinsungszeiträume weiter anwendbar. Der Gesetzgeber ist verpflichtet, bis zum 31.7.2022 eine verfassungsgemäße Neuregelung zu schaffen.

überlassenen Kapital zu erzielenden Liquiditätsvorteil abbilden sollte.[1597] Der BFH hat jedoch in jüngerer Vergangenheit in mehreren Entscheidungen Zweifel an der Verfassungsmäßigkeit der Zinshöhe geäußert.[1598] Er verwies auf die seit über einem Jahrzehnt andauernde Niedrigzinsphase[1599], die vom Gesetzgeber gefordert hätte, die von ihm postulierte Orientierung der Zinshöhe am typischen Fall zu überprüfen.[1600] Es wäre danach sachgerecht gewesen, der Verzinsung von Steueransprüchen einen variablen Zinssatz zugrunde zu legen, um sich an den Entwicklungen des Zinses auf dem Kapitalmarkt zu orientieren.[1601] Zuletzt hat auch das BVerfG entschieden, dass die Vollverzinsung in Höhe von 0,5 % pro Monat nach § 233a AO i.V. mit § 238 AO für alle Verzinsungszeiträume ab dem 01.01.2014 mit Art. 3 Abs. 1 GG unvereinbar ist.[1602] Wegen ihrer „Kapitalmarktferne" wurde die Vollverzinsung mit 0,5 % pro Monat auch als „verkappter Strafzins" bezeichnet und als Verstoß gegen das Übermaßverbot angesehen.[1603] In seiner nunmehr wegweisenden Entscheidung hat das BVerfG die Frage erörtert, welcher unterhalb von 0,5 % pro Zinsmonat liegende Zinssatz verfassungsrechtlich zulässig sein könnte.[1604] Konkrete Vorgaben, welche maximale Höhe der Zinssatz erreichen dürfe, um einer verfassungsrechtlichen Kontrolle standhalten zu können, wurden seitens des BVerfG jedoch nicht gemacht. Die ausschließliche Anknüpfung an marktübliche Kreditzinsen erscheint nach dem BVerfG derzeit nicht als zulässig. Vielmehr könne sich der Maßstab für die Neuregelung am Basiszinssatz nach § 247 BGB orientieren.[1605] Die Rechtsprechung geht in der Frage der Praktikabilität eines variablen Zinssatzes davon aus, dass angesichts der modernen Datenverarbeitung bei fortschreitender Elektronisierung von Verfahrensabläufen die in der Vergangenheit angeführten Praktikabilitäts- und Verwaltungsvereinfachungserwägungen nicht mehr wirksam gegen eine variable Anpassung der Zinshöhe an den Basiszinssatz i.S. des § 247 BGB in Stellung gebracht werden können.[1606] Nunmehr wurde der Zinssatz indes gemäß § 238 Abs. 1a AO von 0,5 % auf 0,15 % für jeden Monat, jährlich mithin auf 1,8 %, herabgesetzt[1607] und muss gemäß § 238 Abs. 1c Satz 1 AO

[1597] *Loose*, in: Tipke/Kruse, AO/FGO, 176. Lieferung 07.2023, § 233a AO Rn. 62.
[1598] BFH, Beschl. v. 25.4.2018 - IX B 21/18, BStBl. II 2018, 415; BFH, Beschl. v. 3.9.2018 - VIII B 15/18, BFH/NV 2018, 1279.
[1599] Die Niedrigzinsphase wurde erst im Herbst 2022 durch eine Leitzinserhöhung der Europäischen Zentralbank zu einem vorläufigen Abschluss gebracht.
[1600] *Loose*, in: Tipke/Kruse, AO/FGO, 176. Lieferung 07.2023, § 233a AO Rn. 62.
[1601] *Loose*, in: Tipke/Kruse, AO/FGO, 176. Lieferung 07.2023, § 233a AO Rn. 62; *Ortheil*, BB 2012, 1513 (1518); *Seer*, DB 2014, 1945; *ders.*, StuW 2019, 212 (223).
[1602] BVerfG, Beschl. v. 08.07.2021 - 1 BvR 2237/14, 1 BvR 2422/17.
[1603] *Seer*, StuW 2019, 212 (224).
[1604] BVerfG, Beschl. v. 08.07.2021 - 1 BvR 2237/14, 1 BvR 2422/17.
[1605] Eingehend zur aktuellen Entscheidung *Baum*, NWB 2021, 2580.
[1606] BFH, Beschl. v. 25.4.2018 - IX B 21/18, BStBl. II 2018, 415; in diesem Sinne auch schon BFH, Urt. v. 1.7.2014 IX R 31/13 Rz. 16, BFHE 246, 193, BStBl II 2014, 925.
[1607] Mit Geltung ab dem 1.1.2019.

unter Berücksichtigung des Basiszinssatzes nach § 247 AO wenigsten alle zwei Jahre[1608] evaluiert werden.

Für einen festen Zinssatz auch bei der Rücklagenverzinsung dürfte wohl eine dadurch ermöglichte einfache Berechnung des Zinsbetrages[1609], sogar im „Überschlagswege", und die Vermeidung von Anpassungen im zyklischen Zinsverlauf[1610] sprechen. Berechenbarkeit und Einfachheit sind auch im sanierungssteuerrechtlichen Kontext berechtigte Anliegen und sprechen daher für die Übernahme dieses Zinssatzes auch für die Verzinsung der Rücklage im Sinne der hier vorgeschlagenen zweiten Option. Zudem erscheint der gegenwärtig normierte Zinssatz von 1,8 % p.a. am realen Zinsniveau orientiert und daher angemessen zu sein.[1611] Denn mit der Verzinsung soll der Zinsvorteil aus der Gewährung einer vorübergehenden zeitlichen Verschiebung des Abgabenanspruchs abgebildet werden, um der Kapitalwertneutralität und der Besteuerungsgleichheit auch in der im Grundsatz zu privilegierenden Sanierungssituation Rechnung zu tragen. Aus diesen Gründen sollte für die Verzinsung der hier vorgeschlagenen Rücklage zur vorläufigen Neutralisierung des Sanierungsgewinns ebenfalls ein Zinssatz von 0,15 % pro Kalendermonat zugrunde gelegt werden. Die Sanierungsrücklage sollte daher ab dem Folgejahr des Kalenderjahres, in dem der Zeitpunkt des erfolgreichen Abschlusses der Sanierung liegt, mit einem Zinssatz von 0,15 % verzinst werden.[1612]

#### d. Sanierungsbeihilfe als untaugliche Auswahloption

In der Vergangenheit wurde ein weiterer Vorschlag zur Behandlung von Sanierungsgewinnen aufgebracht, der vorliegend nicht unerwähnt bleiben soll, im Ergebnis jedoch abzulehnen ist. Es handelt sich dabei um das in der Literatur beschriebene Instrument einer Sanierungsbeihilfe, die als Liquiditätsbeihilfe gedacht war.[1613] Grundlage dieser Idee war eine Aufrechnung der auf den Sanierungsgewinn entfallenden Steuer mit einer eigens für die Steuerzahlung gewährten fiktiven Sanierungsbeihilfe, die nach erfolgreicher Sanierung verzinslich rückzahlbar sein sollte[1614].[1615] Die Sanierungsbeihilfe als weitere Option im Auswahlspektrum des Antragswahlrechts ist jedoch aus mehreren Gründen abzulehnen. Die sofortige Aufrechnung mit einer fiktiven, verzinst rückzahlbaren Beihilfe ist ihrem wirtschaftlichen Kerngehalt nach als

---

1608 Erstmalig spätestens zum 1.1.2024, vgl. § 238 Abs. 1c Satz 2 AO.

1609 BT-Drucks. 20/1633, 13 „schwieriger zu handhaben"; kritisch zum starren Zinssatz dazu *Seer*, DB 2022, 1795.

1610 *Hey/Steffen*, Steuergesetzliche Zinstypisierungen und Niedrigzinsumfeld, 2016, S. 73.

1611 Eingehend dazu *Ortheil*, BB 2012, 1513 (1518).

1612 für Verzinsung mit einem Prozentsatz von 8% *Tschersich*, Ertragsbesteuerung der Unternehmenssanierung, 2014, S. 284; für eine Verzinsung aus Gründen der Kapitalwertneutralität auch *Trompeter*, BB 2000, 433 (436), der sich jedoch im Ergebnis für eine Sanierungsbeihilfe ausspricht, die sich an der Höhe der auf den Sanierungsgewinn entfallenden Steuer orientiert und als Liquiditätshilfe wirken solle.

1613 *Trompeter*, BB 2000, 433 (436).

1614 Eingehend zu seinem eigenen Vorschlag *Trompeter*, BB 2000, 433 (436).

1615 An dem Konzept der Sanierungsbeihilfe wurde jedoch die dadurch ausbleibende Möglichkeit eines Verlustrücktrags kritisiert, so *Tschersich*, Ertragsbesteuerung der Unternehmenssanierung, 2014, S. 283. Inwieweit der Verlustrücktrag durch die Sanierungsbeihilfe unmöglich sei, blieb jedoch offen.

Steuerstundung zu qualifizieren. In tatsächlicher Hinsicht stellt sich die Sanierungsbeihilfe nach dem in der Literatur vorgeschlagenen Konzept daher als „einfache" Stundung dar. In Höhe dieser gewährten Liquiditätsbeihilfe würde das soeben entschuldete Sanierungsunternehmen wieder mit einer Schuld, nämlich mit der Verpflichtung zur Rückzahlung der als „Beihilfe" gezahlten bzw. sofort mit den bestehenden Steuerschulden verrechneten Beträge, belastet. Diese erneute Verbindlichkeitsbegründung widerspricht den auf Entschuldung ausgerichteten Sanierungsbestrebungen, hilft daher auch nicht zur Abwendung der Überschuldung, es sei denn, es würde schon bei Gewährung ein Rangrücktritt ausgesprochen werden[1616], der dem Ziel der Sanierungsrücklage jedoch widersprechen dürfte. Eine Stundung des Steueranspruchs im Sinne einer Sanierungsbeihilfe unterstützt das Sanierungsunternehmen in der Sanierungssituation daher nicht in gleichermaßen effektiver Weise wie die Möglichkeit einer Steuerbefreiung oder einer Rücklagenbildung. Denn die Rücklagenbildung und deren Auflösung in einem frei wählbaren Zeitraum, der, ebenso wie ihre Verzinsung, erst nach dem erfolgreichen Abschluss[1617] der Sanierung beginnt, ermöglicht dem Sanierungsunternehmen ein Höchstmaß an Gestaltungsfreiheit, die den Bedürfnissen der Sanierung Rechnung trägt und einem erfolgreichen Abschluss der Sanierung und der erwünschten Erhaltung der Erwerbsgrundlagen entgegenkommt.

## 6. Stellungnahme zum dual strukturierten Antragswahlrecht

Die Einräumung der beiden Optionen nach dem zuvor dargestellten Konzept als echtes, dual strukturiertes steuerliches Wahlrecht ermöglicht dem Sanierungsunternehmen mehr Gestaltungsfreiheit und mehr Flexibilität de lege ferenda und entfaltet damit eine sanierungsprivilegierende steuerliche Wirkung, die sich positiv auf den Erfolg von Sanierungsverfahren auswirkt. Durch Gläubigerforderungsverzicht erzeugte Sanierungsgewinne werden de lege lata nach § 3a EStG obligatorisch steuerfrei gestellt. Ein faktisches Wahlrecht bei der Anwendung der Steuerbefreiung besteht aufgrund deren obligatorischer Anordnung und angesichts des Amtsermittlungsgrundsatzes im Steuerverfahrensrecht nicht. Mit der Steuerbefreiung gehen die Anordnung der zwangsweisen Ausübung gewinnmindernder Wahlrechte und der Untergang vorhandener Verluste, ebenso wie die Nichtabzugsfähigkeit von – den Sanierungsgewinn im Sanierungsjahr und im Vorjahr übersteigenden – Sanierungskosten de lege lata einher. Es wurde gezeigt, dass die starre Anordnung nicht uneingeschränkt zweckangemessen ist, weil sie eine sanierungssteuerrechtlich vorzugswürdige Gestaltungsfreiheit – zur Effektuierung der vom Gesetzgeber intendierten Lenkungswirkung zur Vermeidung unnötiger Liquidationen – außer Acht lässt.

---

1616 Zum Rangrücktritt, s.o. unter C. I. 5.

1617 Der erfolgreiche Abschluss der Sanierung kann durch eine Abschlussbestätigung des Sanierungsberaters nachgewiesen werden, vgl. dazu *Huber*, NZI 2017, 913 (915 f.).

Dem Bedürfnis nach Flexibilisierung und Optimierung des Sanierungssteuerrechts zur Lösung des bestehenden Zielkonfliktes zwischen dem Besteuerungs- und dem Insolvenzverfahren entspricht daher die Einräumung eines Antragswahlrechts de lege ferenda. Nach den Grundsätzen der verfassungsrechtlichen Gebotenheit steuerlicher Wahlrechte wäre ein Wahlrecht zur steuerlichen Behandlung von Sanierungsgewinnen als Gestaltungsinstrument zulässig und sollte im vorliegend untersuchten Sanierungszusammenhang zwei Optionen beinhalten. Die erste Auswahloption sollte weiterhin die Steuerfreistellung des Sanierungsgewinns nach Abzug der wirtschaftlich damit zusammenhängenden Sanierungskosten und nach Verlustverrechnung bis zur Höhe des um die Sanierungskosten gekürzten Sanierungsgewinns beinhalten. Die gegenwärtige gesetzliche Normierung sollte jedoch an die in dieser Untersuchung herausgearbeiteten Änderungsvorschläge angepasst werden, um bestehende Rechtsunsicherheit und Auslegungsschwierigkeiten zu beseitigen und Rechtssicherheit zu schaffen.

Die zweite, noch zu schaffende Auswahloption sollte hingegen die Möglichkeit einer Rücklagenbildung in Höhe des Sanierungsgewinns als sog. Sanierungsgewinnrücklage unter Beibehaltung der vorhandenen Verluste beinhalten. Dabei sollte eine Gestaltung gewählt werden, die es erlaubt, die gewinnerhöhende Auflösung der Sanierungsgewinnrücklage ab einem frei bestimmbaren Zeitpunkt nach dem erfolgreichen Abschluss der Sanierung, spätestens ab dem dritten Folgejahr, vornehmen und über einen Zeitraum von bis zu vier Jahren erstrecken zu dürfen, wobei das Sanierungsunternehmen auch einen kürzeren Auflösungszeitraum optional wählen kann. Die Verzinsung dieser Rücklage ist aus Gründen der Besteuerungsgleichheit dem Grunde nach obligatorisch. Die Zinshöhe sollte nach dem jüngst gesetzlich normierten, einer stetigen Evaluierung unterliegenden Zinssatz in Höhe von 0,15 % pro Monat des Zinslaufes bemessen werden. Der Zinslauf sollte (erst) ab dem Folgejahr des Wirtschaftsjahres des erfolgreichen Sanierungsverfahrensabschlusses beginnen.

Für die Einräumung eines dual strukturierten Antragswahlrechts mit zwei unterschiedlichen Auswahloptionen nach dem in diesem Abschnitt dargestellten Vorschlag sprechen mehrere Gründe. Zunächst erlaubt die Einräumung eines gesetzlichen Wahlrechts mit zwei Auswahloptionen dem Sanierungsunternehmen die Entscheidung darüber, welche Gestaltung in der individuellen Sanierungssituation für den individuell angestrebten Sanierungserfolg vorzugswürdig ist. Die Einräumung von Gestaltungsfreiheit und Flexibilität zur Ermöglichung einer individuell günstigen Entscheidungsfindung im vorgenannten Sinne wirkt sich sanierungsbegünstigend aus und verbessert die Sanierungschancen, weil das Sanierungsunternehmen dadurch selbständig über Belastungswirkungen disponieren kann. Das gegenwärtig obligatorische, im Ergebnis zu eng gefasste Regelungsregime der Steuerbefreiung wirkt sich nicht nur aufgrund der in dieser Untersuchung gezeigten erheblichen normativen Unzulänglichkeiten zulasten des gesetzgeberischen Anliegens nach effektiver Gestaltung des

Sanierungssteuerrechts aus,[1618] sondern auch, weil es keine Entscheidungsalternativen anbietet, von denen jede in der jeweiligen Krisensituation auf ihre individuelle Weise die Sanierung wirkungsvoller unterstützen kann. Es wurde gezeigt, dass die obligatorisch angeordnete Steuerbefreiung nicht in jeder Sanierungssituation vorzugswürdig und daher auch nicht in jedem Fall als sanierungsprivilegierende steuerliche Maßnahme sanierungstauglich ist. Die Sanierungssituation verlangt danach, eine Mehrzahl von Interessen in einen schonenden Ausgleich zu bringen und dabei sämtlichen Bedürfnissen hinreichendes Gewicht beizumessen. Denn gerade in der sensiblen, mitunter insgesamt fragilen Sanierungssituation stehen sich die Interessen der verzichtenden Gläubiger, ebenso wie Arbeitnehmerinteressen, gesamtvolkswirtschaftliche Interessen und das berechtigte fiskalische Abgabeninteresse an der Versteuerung sanierungsbedingt erzeugter Gewinne gegenüber. Dieser Interessenwiderstreit muss aus sanierungssteuerrechtlicher Perspektive schonend abgewogen und interessengerecht aufgelöst werden, um betriebswirtschaftlich notwendige, vom Gesetzgeber erwünschte Sanierungsverfahren und deren erfolgreichen Abschluss zur Vermeidung unnötiger Liquidationen nicht durch Steuerbelastungen zu beeinträchtigen oder sogar zu verhindern.

Die sanierungssteuerrechtliche Unterstützung aussichtsreicher Sanierungen schafft nicht nur eine Anreizwirkung für Gläubiger, die Sanierung mitzutragen, sondern auch für Investoren, in das Sanierungsunternehmen trotz Krise zu investieren. Beides kommt dem gesamtvolkswirtschaftlichen Nutzen der Vermeidung unnötiger Liquidationen zugute. Die Schaffung gesetzlicher Grundlagen zur Erreichung dieser Ziele ist originäre Aufgabe des Sanierungssteuerrechts. Sie können aus sanierungssteuerrechtlicher Perspektive nur effektiv erreicht werden, wenn dem Sanierungsunternehmen im Sinne einer Zunahme von Entscheidungsfreiheit und Flexibilität die Möglichkeit eröffnet wird, eine Auswahl zwischen steuerrechtlich unterschiedlich wirkenden Gestaltungsoptionen zu treffen. Auch das Prärogativ einer am Gleichheitssatz orientierten gleichmäßigen und gerechten Besteuerung wird durch ein dual strukturiertes Wahlrecht nach dem in diesem Abschnitt vorgestellten Entwurf in einen interessengerechten Gleichklang mit dem volkswirtschaftlich berechtigten Desiderat nach einer sanierungssteuerrechtlichen Unterstützung wirtschaftlich sinnvoller, erwünschter Sanierungen zur Vermeidung unnötiger Liquidationen gebracht. Der vom Gesetzgeber identifizierte Zielkonflikt zwischen Steuer- und Insolvenzrecht kann auf diese Weise effektiver als bisher gelöst werden.

[1618] s.o. unter C. I. 8., C. II. 5., C. III., C. IV. 6., C. V.

# D. Zusammenfassung der Ergebnisse

Im nachfolgenden letzten Abschnitt werden die Ergebnisse dieser Untersuchung zusammengefasst. Die vorstehende Untersuchung hat gezeigt, dass die derzeitige Regelung zur Steuerbefreiung von Sanierungsgewinnen in ihrer aktuellen Fassung stellenweise unzulänglich, nicht hinreichend zielgenau ausgestaltet ist und dem Ziel einer Erleichterung und steuerlichen Nichtbehinderung betriebswirtschaftlich sinnvoller, erwünschter Sanierungen zwar teilweise, aber nicht vollumfänglich gerecht wird. Aus diesem Grund sollte die Vorschrift an wesentlichen Stellen verändert und um ein Wahlrecht mit zwei Auswahloptionen ergänzt werden.

## I. Ergebnisse der Untersuchung

**Ergebnis 1:**

Die Analyse der verfassungsrechtlichen Implikationen hat zwei wesentliche Befunde hervorgebracht. Die umstrittene Frage, ob Sanierungsgewinne Ausdruck einer Zunahme von Leistungsfähigkeit sind, ist nach der vorliegenden Analyse zu bejahen. Der Sanierungsgewinn ist nicht lediglich als Buch- oder Scheingewinn anzusehen und stellt auch keine bloß formelle Vermögensmehrung dar. Durch den Schuldenerlass verbessern sich die Eigenkapitalquote und der Verschuldungsgrad beim Sanierungsunternehmen. Der Verzicht auf wirksam gegenüber Sanierungsunternehmen begründete Forderungen ermöglicht eine wirtschaftliche Entschuldung und stärkt die Leistungsfähigkeit. Dabei kommt es weniger auf die subjektive Verzichtsmotivation der verzichtenden Gläubiger als vielmehr auf den objektiv herbeigeführten Effekt der Verbesserung der wirtschaftlichen Situation des Sanierungsunternehmens an. Die durch den Gläubigerforderungsverzicht ausbleibende Zunahme von Liquidität kann als Argument nicht wirksam gegen die Feststellung einer Leistungsfähigkeitszunahme angeführt werden, weil die Zunahme von Liquidität kein Wesensmerkmal von Leistungsfähigkeit ist. Auch der Umstand, dass der Sanierungsgewinn durch einen Vorgang entsteht, dessen Ursache keine eigene proaktive Tätigkeit darstellt, spricht nicht gegen die dadurch verursachte Zunahme von Leistungsfähigkeit. Vielmehr wohnt dem Empfang der Leistung gegen Begründung einer Schuld eine Zunahme von Leistungsfähigkeit inne, die sich durch den finalen unentgeltlichen Erhalt infolge Schuldenerlasses perpetuiert. Die Regelung zur steuerlichen Privilegierung von Sanierungsgewinnen ist eine Lenkungszwecknorm und basiert auf einem hinreichend konkretisierten Lenkungszweck. Der Gesetzgeber hat sich aus wirtschafts- und arbeitsmarktpolitischen Gründen für eine steuerliche Privilegierung von Sanierungsgewinnen entschieden, um die betriebswirtschaftlich notwendige, sinnvolle Sanierung von Unternehmen steuerlich nicht zu behindern. Dieser Lenkungszweck hält den Anforderungen an die zulässige Lenkungswirkung stand und kann die präsumtive Kollision mit dem Folgerichtigkeitsgebot rechtfertigen.


K.-E. Koke, *Der Sanierungsgewinn im Steuerrecht*,
https://doi.org/10.1007/978-3-658-53004-4_4

**Ergebnis 2:**

Die derzeitige gesetzliche Regelung, deren Wortlaut de lege lata nur den Schuldenerlass als zivilrechtlichen Auslöser eines Sanierungsgewinns erfasst und andere zivilrechtliche Entschuldungsmaßnahmen, die in gleicher Weise Sanierungsgewinne entstehen lassen, vom Anwendungsbereich ausnimmt, greift zu kurz. Die gesetzliche Gestaltung de lege lata erzeugt Rechtsunsicherheit und ist im Hinblick auf die Implementierung eines wirkungsvollen Sanierungssteuerrechts nicht zielführend. Sie bewirkt eine zweckinadäquate Ungleichbehandlung wirtschaftlich gleich wirkender Sanierungsinstrumente. Alle Sanierungsmaßnahmen, die die wirtschaftliche Entschuldung des Sanierungsunternehmens anstreben und Gewinne infolge der Ausbuchung von Verbindlichkeiten entstehen lassen, sollten zur Verbesserung der Sanierungsrahmenbedingungen und zur Gewährleistung einer effektiven Abstimmung von Sanierungs- und Steuerrecht von der Steuerverschonungsregelung de lege ferenda erfasst werden, um Rechtsunsicherheit im rechtssensiblen Sanierungsbereich zu vermeiden (vgl. § 3a Abs. 1 Sätze 1 und 2 EStG des Normvorschlags[1619]).

**Ergebnis 3:**

Die gesetzlichen Tatbestandsmerkmale der unternehmensbezogenen Sanierung sind zur Erreichung des gesetzgeberischen Ziels de lege lata nicht zweckangemessen. Die konkretisierenden Merkmale der Sanierungsbedürftigkeit knüpfen an verschiedene betriebswirtschaftliche Kennzahlen an, weisen Gegenwarts- und Vergangenheitsbezüge auf und inkorporieren prognostische Elemente. Dabei birgt die Anknüpfung an betriebswirtschaftliche Wertungen und Prognosen das Risiko unerwünschter Bewertungsspielräume, die zu Konflikt- und Streitpotenzial sowie zu Rechtsunsicherheit in der Sanierungssituation führen. Diese beeinträchtigen den Sanierungsprozess und führen zu einer Erschwerung, schlimmstenfalls Vereitelung des angestrebten Ziels einer steuerlichen Unterstützung von betriebswirtschaftlich sinnvollen Sanierungen und Vermeidung unnötiger Liquidationen. Das Tatbestandsmerkmal der Sanierungsbedürftigkeit als Voraussetzung für die steuerliche Begünstigung des Sanierungsgewinns stellt sich in seiner derzeitigen gesetzlichen Ausgestaltung als zweckunangemessen dar. Zu befürworten ist demgegenüber eine Vereinfachung des Nachweises und der Feststellung der Voraussetzungen der Sanierungsbedürftigkeit. Dafür eignet sich eine in der Vergangenheit bereits praktizierte typisierende Betrachtungsweise, die den Nachweis an die Vorlage eines Sanierungsplans geknüpft hat. Die Sanierungsbedürftigkeit sollte daher de lege ferenda durch Vorlage eines Sanierungsplans ohne weitere Prüfung einzelner Voraussetzungen nachgewiesen werden können (vgl. § 3a Abs. 1 Satz 3 EStG des Normvorschlags). Auch die

[1619] Vorschlag einer Neufassung am Ende dieser Untersuchung unter D. II.

problematische Frage nach dem Zeitpunkt des Eintritts der Sanierungsbedürftigkeit wird durch die Anknüpfung an die Vorlage eines Sanierungsplans auf typisierende Weise vereinfacht und kommt dem Ziel der Erleichterung und steuerlichen Nichtbehinderung von Sanierungen entgegen. Daneben sollte die Feststellung der Sanierungsbedürftigkeit auch an den Forderungserlass einer Gläubigermehrheit geknüpft werden können (vgl. § 3a Abs. 3 Sätze 4 und 5 EStG des Normvorschlags). Auf diese Weise können Fälle einbezogen werden, bei denen aus Zumutbarkeitsgründen kein Sanierungsplan vorgelegt werden kann.
Die Sanierungsfähigkeit als Merkmal der unternehmensbezogenen Sanierung ist ihrem materiellen Gehalt nach zu wenig konkretisiert und wird den praktischen Bedürfnissen in der Sanierungssituation daher nicht gerecht. Der Nachweis durch Vorlage eines Sanierungsplans macht die isolierte Feststellung der Sanierungsfähigkeit ebenfalls entbehrlich. Gleiches gilt für die isolierte Feststellung der Sanierungseignung des Schuldenerlasses bzw. anderer Entschuldungsmaßnahmen. Der Schuldenerlass und sämtliche auf Entschuldung ausgerichtete Maßnahmen stellen als gebräuchliche Sanierungsinstrumente geeignete Mittel zur Entschuldung und Verbesserung der Vermögenslage des Sanierungsunternehmens dar. Die Ausbuchung von Fremdkapital bewirkt die Stärkung des Eigenkapitals, die auch bilanziell abgebildet wird. Die dadurch verbesserte Eigenkapitalquote ist nicht nur bilanzielle Folge des Schuldenerlasses, sondern gewährleistet zudem eine Verbesserung der wirtschaftlichen Gesamtsituation des Sanierungsunternehmens. An der Eignung des Schuldenerlasses und der übrigen Entschuldungsmaßnahmen als taugliche Sanierungsmaßnahmen bestehen daher keine begründeten Zweifel. Danach ist die Feststellung der „Eignung der Sanierungsmaßnahme" für sich genommen obsolet. Die Sanierungsabsicht der verzichtenden Gläubiger ergibt sich als innere Tatsache schon aus dem durch den Verzicht offenbarten, insoweit objektiv feststellbaren Verzichtswillen. Bei Verzicht einer Gläubigermehrheit kann, wie schon in der Vergangenheit praktiziert, ohnehin von einer Sanierungsabsicht ausgegangen werden. Weiterhin wird die Sanierungsabsicht auch im Sanierungsplan positiv festgestellt. Das Erfordernis der Vorlage eines Sanierungsplans bestätigt also auch die Sanierungsabsicht der verzichtenden Gläubiger und macht eine darüberhinausgehende Feststellung entbehrlich. Dies gilt auch im bislang streitrelevanten Fall des Verzichts nur eines einzigen Gläubigers. Die Vorlage eines Sanierungsplans ist zur sachangemessenen Erfassung dieses Sonderfalls und zur Missbrauchsabwehr ebenfalls geeignet (vgl. § 3a Abs. 1 Sätze 3 und 5 EStG des Normvorschlags).

**Ergebnis 4:**

Bei Kapitalgesellschaften als Sanierungsunternehmen erscheint die Herausnahme des Gesellschafterforderungsverzichts aus dem Anwendungsbereich des § 3a EStG zweckunangemessen. Vielmehr ist der gemeinsame Verzicht von externen Gläubigern und Gesellschaftern ein wesentlicher Bestandteil erfolgreicher Sanierung. Eine überwiegend gesellschaftsrechtliche Veranlassung des Verzichts von Anteilseignern im Zusammenhang mit dem Verzicht einer Gläubigermehrheit lässt sich nicht stichhaltig begründen. Zum Ausschluss rein gesellschaftsrechtlich veranlasster Verzichtsfälle vom Anwendungsbereich der steuerlichen Privilegierung kann daher auch insoweit der Nachweis durch Vorlage eines Sanierungsplans oder der Verzicht durch eine Gläubigermehrheit dienen (vgl. Klarstellung in § 3a Abs. 1 Sätze 6 und 7 EStG des Normvorschlags). Anders als bei Kapitalgesellschaften, deren Besteuerungsregime dem Trennungsprinzip folgt und einen ertragsteuerlichen Zugriff auf zwei Ebenen – der Gesellschafts- und der Gesellschafterebene – erfordert, fällt die Beurteilung für Personengesellschaften anders aus. Bei Personengesellschaften ist dem besonderen Verbund von Gesellschaft und Gesellschafter Rechnung zu tragen. Dieser Verbund bewirkt die Besonderheit des ertragsteuerlichen Zugriffs bei den Gesellschaftern. Ihren Ausdruck findet diese im Transparenzprinzip, das gleichermaßen Ausgangs- und Kristallisationspunkt der Beurteilung von Verzichtskonstellationen in diesem Zusammenhang ist. Aus diesem Grund und angesichts der allgemeinen Steuerrechtssystematik ist eine Trennung der steuerlichen Sphären bei sämtlichen Leistungsbeziehungen zwischen Gesellschafter und Personengesellschaft (Mitunternehmer und Mitunternehmerschaft) nicht gerechtfertigt. Dies zeigt sich bilanziell besonders deutlich an der Qualifikation des Sonderbetriebsvermögens als dem Gesellschafter zurechenbares Vermögen der Mitunternehmerschaft. Ein Mitunternehmerforderungsverzicht kann daher keinen Sanierungsgewinn entstehen lassen. Die Überführung der Forderung in das Gesamthandsvermögen führt zum Erlöschen von Forderung und Verbindlichkeit durch Konfusion. Für einen Sanierungsgewinn verbleibt kein Raum. Auch bei einer ausschließlich betrieblichen Veranlassung verbleibt daher infolge der spezifischen Besonderheiten des Besteuerungsregimes bei Mitunternehmerschaften kein Raum für die Entstehung von Sanierungsgewinnen. Durch die fehlende Benennung dieser Verzichtskonstellation de lege ferenda wird der Ausschluss gesetzlich klargestellt (vgl. § 3a Abs. 1 Satz 6 EStG des Normvorschlags).

**Ergebnis 5:**

Die in § 3a Abs. 1 Satz 2 EStG geregelte Anordnung der gewinnmindernden Ausübung steuerlicher Wahlrechte wirkt unbestimmt und lässt Raum für Rechtsunsicherheit. Einem zu weit gefassten Wortlaut de lege lata steht ein teleologisch nur sehr kleiner Anwendungsbereich gegenüber. Für die subventiven steuerlichen Wahlrechte läuft die zur Verlustschaffung implementierte Erzwingung der Ausübung verlusterzeugender Abschreibungswahlrechte zudem ins Leere, weil ihr Anwendungsbereich in der Sanierungssituation regelmäßig nicht eröffnet ist. Die im Wortlaut „uferlos“ erscheinende Regelung wird von dem überschießend wirkenden, fiskalischen Interesse getragen, den Sanierungsgewinn so gering wie möglich zu halten. Die Sinnhaftigkeit des verlustschaffenden Wahlrechtsausübungszwangs für ein

wirkkräftiges Sanierungssteuerrecht ist zu bezweifeln und im Ergebnis abzulehnen. Im Sinne einer wünschenswerten gesetzlichen Klarheit, die für den Sanierungserfolg nicht nur erstrebenswert, sondern unentbehrlich ist, sollte die Norm gänzlich gestrichen werden (vgl. § 3a Abs. 3 Satz 1 EStG des Normvorschlags).
Die Regelung des § 3a Abs. 1 Satz 3 EStG sieht eine Abschreibungsverpflichtung auf den niedrigeren Teilwert vor, wodurch das Abschreibungswahlrecht bei dauerhafter Wertminderung gemäß § 6 Abs. 1 Nr. 1 Satz 2 und Nr. 2 Satz 2 EStG zu einem Abschreibungszwang modifiziert wird. Die insoweit einzigartige Verknüpfung von grundsätzlich als Wahlrecht angedachten Gestaltungsmitteln mit einem Ausübungszwang führt zu rechtssystematischen Friktionen mit den allgemeinen Grundsätzen des Ertragsteuerrechts. Das Postulat nach Aufdeckung stiller Lasten zur Erzeugung von Verlustvolumina und Vermeidung einer Doppelbegünstigung des Sanierungsunternehmens ist für sich genommen nicht zu beanstanden. Für die Abschreibung der im Betriebsvermögen vorhandenen Wirtschaftsgüter auf den niedrigeren Teilwert sprechen Hintergrund und Zweck der Teilwertbewertung, die auch im Sanierungskontext Bedeutung haben kann. Die Schwäche der Regelung liegt jedoch in der widersprüchlichen Verknüpfung eines grundsätzlich eingeräumten, an konkretisierte Nachweispflichten geknüpften Wahlrechts mit einem speziell auf die Sanierungssituation zugeschnittenen Ausübungszwang. Hierin zeigt sich die Unzulänglichkeit der Normgestaltung. Um diese zu beseitigen, wäre eine eindeutige Regelung wünschenswert, die eine Abschreibung auf einen niedrigeren Teilwert speziell in der Sanierungssituation anordnet (vgl. § 3a Abs. 3 Satz 1 EStG des Normvorschlags). Um eine Belastung bei späterer Zuschreibung nach Werterholung in den Folgejahren nach dem erfolgreichen Abschluss der Sanierung zu vermeiden, sollte die Möglichkeit der Bildung neutralisierender Rücklagen gesetzlich geregelt werden, die unverzinst und über einen Zeitraum von vier oder optional weniger als vier Jahren aufgelöst werden können (vgl. § 3a Abs. 3 Sätze 3 und 4 EStG des Normvorschlags). Darüber hinaus muss eine Klarstellung dahingehend erfolgen, dass die Teilwertabschreibung lediglich dann vorzunehmen ist, wenn dadurch ein steuerlicher Verlust erzeugt wird (vgl. § 3a Abs. 3 Satz 2 EStG des Normvorschlags). Auf diese Weise werden Teilwertabschreibungen ohne Gewinnminderungspotenzial vom Anwendungsbereich ausgenommen.

**Ergebnis 6:**

Die Anordnung der Verlustverrechnung und das Abzugsverbot von Sanierungskosten, die den Sanierungsgewinn im Sanierungsjahr übersteigen, sind in der gesetzlichen Form de lege lata verfassungsrechtlich bedenklich. Zwar ist eine Doppelbegünstigung des Sanierungsunternehmens durch Steuerbefreiung und ungekürzten Verlustabzug im Sinne des Verhältnismäßigkeitsgrundsatzes zu verhindern. Die derzeit normierte Verlustverrechnung greift aber zu weit. Das im Sanierungsjahr und Sanierungsvorjahr geltende Abzugsverbot für

Sanierungskosten, die den Sanierungsgewinn übersteigen, verstößt gegen das objektive Nettoprinzip. Die Ausweitung des Verlustuntergangs auf den Zins- und EBITDA-Vortrag und die Erstreckung des Verlustuntergangs auf nahestehende Personen verstoßen gegen das Übermaßverbot. Diese verfassungsrechtlichen Verstöße sollten durch eine Neuregelung behoben werden (vgl. Streichung des § 3a Abs. 3 Satz 2 Nr. 13 EStG und Streichung des § 3a Abs. 3a EStG im Normvorschlag). Weiterhin sollten die Sanierungskosten im Gesetz definiert, beispielhaft aufgeführt und ihre Verrechnung mit dem Sanierungsgewinn und auch ein darüber hinaus gehender Abzug zugelassen werden (vgl. § 3a Abs. 2a Sätze 1 und 2 EStG des Normvorschlags).

**Ergebnis 7:**

Durch Schuldenerlass erzeugte Sanierungsgewinne werden de lege lata nach § 3a EStG obligatorisch steuerfrei gestellt. Damit gehen der bis zur Höhe des Sanierungsgewinns reichende Untergang vorhandener Verluste, das Abzugsverbot von Sanierungskosten und die Anordnung der zwangsweisen Ausübung gewinnmindernder Wahlrechte zur Verlusterzeugung einher. Die obligatorische Steuerbefreiung ist angesichts der vielschichtigen, individuell unterschiedlichen Bedürfnisse des Sanierungssteuerrechts nicht sachangemessen und daher abzulehnen. Zur Effektuierung eines wirkungsvollen Sanierungssteuerrechts erscheint die Einräumung eines dual strukturierten Antragswahlrechts mit zwei unterschiedlichen Auswahloptionen vorzugswürdig. Die erste Option sollte weiterhin die Steuerbefreiung des Sanierungsgewinns nach Verlustverrechnung unter Einbeziehung der hier vorgeschlagenen Modifikationen beinhalten (vgl. § 3a Abs. 2 Sätze 1 und 3 und Abs. 3 EStG des Normvorschlags). Die Steuerbefreiung selbst ist als Lenkungszwecknorm gerechtfertigt. Sie ist geeignet, erforderlich und angemessen, um das gesetzgeberische Ziel der Nichtbehinderung betriebswirtschaftlich sinnvoller Sanierungen zu erreichen. Der Lenkungszweck und die Lenkungswirkung wurden vom Gesetzgeber in der vom BVerfG für erforderlich identifizierten Form klar und eindeutig zum Ausdruck gebracht. Eine Durchbrechung des Folgerichtigkeitsgebotes ist danach gerechtfertigt. Das vom Gesetzgeber gewählte, steuerliche Instrument der Steuerbefreiung als Verschonungsregelung ist danach im Grundsatz geboten.

Zusätzlich zu dieser ersten Option sollte das Gesetz jedoch im Sinne eines sinnhaft gewählten und zielgenau ausgestalteten Wahlrechts eine weitere, zweite Option enthalten. Die hier vorgeschlagene zweite Option sollte die Möglichkeit einer Rücklagenbildung in Höhe des durch die jeweilige Entschuldungsmaßnahme erzeugten Sanierungsgewinns beinhalten (vgl. § 3a Abs. 2 Sätze 1, 4, 5, 6, 7 und 8 EStG des Normvorschlags). Durch die Option zur Bildung einer Sanierungsgewinnrücklage soll die Verschonung der vorhandenen Verluste gewährleistet und deren Beibehaltung für spätere Gestaltungsentscheidungen ermöglicht werden. Dies kann Anreizwirkung für neue Investoren entfalten und wirkt sich daher als taugliches

Gestaltungsinstrument zugunsten der Sanierung aus. Im Zusammenhang mit dieser Option muss sichergestellt werden, dass die Sanierungsgewinnrücklage erst nach einem Zeitraum von weiteren drei Jahren nach dem erfolgreichen Abschluss der Sanierung über einen Zeitraum von optional vier Jahren gewinnerhöhend aufgelöst und erst ab dem Kalenderjahr, das auf die erfolgreiche Sanierung folgt, für den weiteren Zeitraum ihrer Beibehaltung zu verzinsen ist. Die Verzinsung sollte mit einem Zinssatz von 0,15 % pro Monat, mithin 1,8 % pro Jahr, erfolgen (vgl. § 3a Abs. 2 Sätze 4 und 5 EStG des Normvorschlags). Eine Verrechnung mit vorhandenen Verlusten ist bei Ausübung des Wahlrechts zugunsten der Sanierungsgewinnrücklage nicht erforderlich, weil die Versteuerung des Sanierungsgewinns vorbehalten bleibt und eine Doppelbegünstigung daher nicht abzuwehren ist (vgl. § 3a Abs. 2 Satz 6 EStG des Normvorschlags).

Bei Einräumung eines gesetzlichen Wahlrechts mit zwei unterschiedlich wirkenden steuerlichen Auswahloptionen bleibt dem Sanierungsunternehmen die Entscheidung darüber vorbehalten, welche Auswahloption in der jeweiligen Sanierungssituation individuell vorzugswürdig ist. Dafür spricht, dass in der Sanierungssituation eine Vielzahl von Interessen berücksichtigt werden müssen und sämtlichen Interessen und Bedürfnissen hinreichendes Gewicht beizumessen ist. Zu diesen widerstreitenden Interessen gehören Gläubiger- und Arbeitnehmerinteressen sowie gesamtvolkswirtschaftliche Interessen einerseits und das fiskalische Interesse an der Besteuerung von Sanierungsgewinnen andererseits. Durch die Möglichkeit, eine Auswahl aus verschiedenen steuerlich zulässigen und tauglichen Sanierungsinstrumenten treffen zu können, kann dieser Interessenwiderstreit in einen schonenden Ausgleich gebracht und dem Postulat nach einem wirkungsvollen Sanierungssteuerrecht Rechnung getragen werden. Die Einräumung von Gestaltungsfreiheit im vorgenannten Sinne ist sanierungsbegünstigender als die obligatorische Anordnung einer einzigen, zumal obligatorisch wirkenden Rechtsfolge, wie es gegenwärtig de lege lata der Fall ist. Die durch das Wahlrecht verbesserten steuerlichen Rahmenbedingungen unterstützen das Ziel der Effektuierung eines wirkungsvollen Sanierungssteuerrechts zur Unterstützung betriebswirtschaftlich sinnvoller Sanierungen, ermöglichen deren erfolgreichen Abschluss und beachten zugleich das Prärogativ einer am Gleichheitssatz orientierten gleichmäßigen und gerechten Besteuerung.

## II. Normvorschlag

**Vorschlag einer Neuformulierung des § 3a EStG und des § 3c EStG:**

§ 3a Abs. 1 EStG:

*Satz 1: „Betriebsvermögensmehrungen oder Betriebseinnahmen aus Sanierungsmaßnahmen, die zur wirtschaftlichen Entschuldung eines Sanierungsunternehmens zum Zwecke einer unternehmensbezogenen Sanierung im Sinne des Absatzes 2 zwischen den Beteiligten vereinbart werden, sind als Sanierungsgewinn zu qualifizieren und können auf Antrag nach Abs. 2 behandelt werden."*

*Satz 2: „Zu den Sanierungsmaßnahmen gehören insbesondere der Schuldenerlass durch Erlassvertrag oder negatives Schuldanerkenntnis, der Schuldbeitritt unter Regressverzicht, die befreiende Schuldübernahme, der Rückkauf von Forderungen, der Austausch von Fremd- in Eigenkapital und wirtschaftlich vergleichbar wirkende Sanierungsmaßnahmen, die zum Zwecke der Sanierung ergriffen werden."*

*Satz 3: „Durch die Vorlage eines Sanierungsplans werden die Sanierungsbedürftigkeit des Sanierungsunternehmens und die Sanierungsabsicht der verzichtenden Gläubiger nachgewiesen."*

*Satz 4: „Das Sanierungsunternehmen gilt darüber hinaus als sanierungsbedürftig, wenn ein oder mehrere Gläubiger auf ihre Forderungen mit einem Forderungsvolumen von 95 % der bestehenden Gesamtverbindlichkeiten gegenüber dem Sanierungsunternehmen mit Sanierungsabsicht verzichten."*

*Satz 5: „Die Sanierungsbedürftigkeit und Sanierungsabsicht nach Satz 4 können durch einen Sanierungsplan oder durch das Protokoll der Gläubigerversammlung nachgewiesen werden."*

*Satz 6: „Die durch Gesellschafter eines Sanierungsunternehmens in der Rechtsform einer Körperschaft im Sinne des § 1 Abs. 1 KStG ergriffene Sanierungsmaßnahme nach Satz 2 gilt als betrieblich veranlasst, wenn ein Sanierungsplan vorgelegt wird oder wenn eine Gläubigermehrheit im Sinne des Satzes 4 zusammen mit den Gesellschaftern auf ihre Forderungen verzichtet."*

*Satz 7: „Das Forderungsvolumen von 95 % nach Satz 4 gilt auch im Sinne des Satzes 6."*

§ 3a Abs. 2 EStG:

*Satz 1: „Der Sanierungsgewinn im Sinne des Abs. 1 Satz 1 kann auf Antrag des Steuerpflichtigen als steuerfrei behandelt oder in eine Rücklage (Sanierungsgewinnrücklage) eingestellt werden."*

*Satz 2: „Der Sanierungsgewinn ergibt sich in Höhe des Unterschiedsbetrags aus der Betriebsvermögensmehrung infolge der Sanierungsmaßnahme abzüglich der Sanierungskosten."*

*Satz 3: „Wird das Wahlrecht zugunsten der Steuerbefreiung ausgeübt, ist diese nur nach Verlustverrechnung im Sinne des Absatzes 3 zu gewähren."*

*Satz 4: „Wird das Wahlrecht zugunsten der Sanierungsgewinnrücklage ausgeübt, ist diese ab dem dritten, auf das Wirtschaftsjahr, in dem der Abschluss des Sanierungsverfahrens liegt, folgende, Wirtschaftsjahr über einen Zeitraum von bis zu vier Jahren gewinnerhöhend aufzulösen."*
*Satz 5: „Ab dem Folgejahr des Wirtschaftsjahres des Verfahrensabschlusses ist die Sanierungsgewinnrücklage mit einem Zinssatz von 0,15 % für jeden Monat zu verzinsen."*
*Satz 6: „Die Pflicht zur Verrechnung des Sanierungsgewinns nach Satz 2 mit vorhandenen Verlusten im Sinne des Absatzes 3 besteht nicht bei Ausübung des Wahlrechts zugunsten der Bildung der Sanierungsgewinnrücklage."*
*Satz 7: „Die Beibehaltung der Sanierungsgewinnrücklage und deren planmäßige Auflösung ist dem Finanzamt anzuzeigen."*
*Satz 8: „Die Anzeige ist formfrei möglich."*
§ 3a Abs. 2a EStG:
*Satz 1: „Die Sanierungskosten mindern den Sanierungsgewinn nach Maßgabe des Abs. 2 Satz 2."*
*Satz 2: „Sanierungskosten sind die durch die Sanierung entstandenen Kosten; dazu gehören die Kosten der Sanierungsberatung, Rechtsberatungskosten, Gerichtskosten, Gutachterkosten und andere vergleichbare Kosten."*
§ 3a Abs. 3 EStG:
*Satz 1: „Soweit das Wahlrecht im Sinne des Absatzes 2 zugunsten der Steuerbefreiung nach Absatz 2 Satz 3 ausgeübt wird, ist der niedrigere Teilwert, der nach § 6 Absatz 1 Nummer 1 Satz 2 und Nummer 2 Satz 2 angesetzt werden darf, für Wirtschaftsgüter des Betriebsvermögens des Sanierungsunternehmens anzusetzen, soweit sich dadurch eine steuerliche Gewinnminderung ergibt."*
*Satz 2: „Absetzungen auf den niedrigeren Teilwert im Sinne des Absatzes 3 Satz 1, die keine Minderung des steuerlichen Gewinns auslösen, müssen für Zwecke der Sanierung nicht vorgenommen werden."*
*Satz 3: „Für Gewinne aus Zuschreibungen, die sich nach Anwendung von § 6 Abs. 1 Nr. 1 Satz 4 und Nr. 2 Satz 3 EStG ergeben, darf eine gewinnmindernde Rücklage gebildet werden, die über einen Zeitraum von vier Jahren oder über einen kürzeren Zeitraum gewinnerhöhend ratierlich aufgelöst werden kann."*
*Satz 4: „Die Rücklage im Sinne des Satzes 3 darf auch sofort gewinnerhöhend aufgelöst oder für einen kürzeren Zeitraum beibehalten werden."*
*Satz 5: wie bisher § 3a Abs. 3 Satz 2 Nr. 1 bis 12.*
*13. wird ersatzlos gestrichen.*
*§ 3a Abs. 3a EStG: wird ersatzlos gestrichen.*
*§ 3c Abs. 4 EStG wird neu gefasst:*
*§ 3c Abs. 4 Satz 3 EStG wird zu Satz 1 EStG.*
*§ 3c Abs. 4 Sätze 1, 2 und 4 EStG werden ersatzlos gestrichen.*

## Literaturverzeichnis

*Aleth, Franz; Harlfinger, Wolf:*
Die Fortführungsprognose i. S. von § 19 II InsO – eine Handlungsanweisung für Geschäftsführer, NZI 2011, S. 166 – 173

*Ampferl, Hubert; Ballmann, Alexander; Depré, Peter; Dobler, Thomas; Exner, Joachim; Kilper, Raik; Liebthal, Mirko; Wittmann, Tobias:*
in: Praxis der Sanierung und Insolvenz, Ein Handbuch für die Beteiligten und ihre Berater, hrsg. v. Siegfried Beck, Peter Depré und Hubert Ampferl, 4. Auflage, München/Nördlingen 2023, Franz Vahlen Verlag (zit.: *Bearbeiter,* in: Beck/Depré, Praxis der Insolvenz, 4. Aufl. 2023, § Rn.)

*Andel, Norbert:*
Finanzwissenschaft, Tübingen 1983, J.C.B. Mohr (Paul Siebeck) Verlag

*Andrejewski, Kai C.; Baldamus, Ernst-August; Grottel, Bernd; Justenhoven, Petra; Schubert, Wolfgang J.; Usinger, Rainer:*
in: Beck'scher Bilanz-Kommentar, Handels- und Steuerbilanz, hrsg. v. Bernd Grottel, Petra Justenhoven, Wolfgang J. Schubert, Ulrich Störk,
13. Aufl., München 2022 (zit.: *Bearbeiter,* in: Beck Bil-Komm, 13. Aufl. 2022, HGB § Rn.)

*Andres, Dirk:*
In: Restrukturierung, Sanierung, Insolvenz, Handbuch, hrsg. v. Andrea Buth und Michael Hermanns, 5. Auflage, München 2022 (zit.: *Andres,* in: Buth/Hermanns, Restrukturierung, Sanierung, Insolvenz, 5. Aufl. 2022, § Rn.)

*Anzinger, Heribert M.:*
Anscheinsbeweis und tatsächliche Vermutung im Ertragsteuerrecht Anwendungsgrundsätze am Beispiel der Rechtsprechung des Bundesfinanzhofs zu Liebhaberei und gewerblichem Grundstückshandel (Diss.), Baden-Baden 2006, Nomos Verlag (zit.: *Anzinger,* Anscheinsbeweis und tatsächliche Vermutung im Ertragsteuerrecht, 2006, S.)

*Arndt, Hans-Wolfgang:*
Steuerliche Leistungsfähigkeit und Verfassungsrecht, in: Festschrift für Otto Mühl, hrsg. v. Jürgen Damrau/Alfons Kraft/Walther Fürst, Stuttgart u. a. 1981, S.17 ff.
(zit.: *Arndt,* in: Festschrift für Mühl, 1981, S.)

*Arndt, Hans-Wolfgang:*
Gleichheit im Steuerrecht, NVwZ 1988, 787 – 794

*Arnold, Arnd:*
§ 19 InsO, in: Gesellschaftsrecht, Kommentar, hrsg. von Martin Henssler und Lutz Strohn, 5. Auflage München 2021 C. H. Beck Verlag
(zit.: *Arnold,* in: Henssler/Strohn GesR/InsO, 5. Auflage 2021, § Rn.)

*Autenrieth, Karlheinz:*
Die Konkretisierung der Sanierungsbedürftigkeit im Steuerrecht, DStZ 1991, S. 491 ff.

*Bachem, Wilfried:*
Zur Steuerfreiheit von sogenannten Sanierungsgewinnen nach § 3 Nr. 66 EStG (Diss.), Bonn 1998 (zit.: *Bachem,* Zur Steuerfreiheit von sogenannten Sanierungsgewinnen, 1998, S.)


K.-E. Koke, *Der Sanierungsgewinn im Steuerrecht*,
https://doi.org/10.1007/978-3-658-53004-4

*Ballwieser, Wolfgang; Hachmeister, Dirk:*
Unternehmensbewertung Prozess, Methoden, Probleme, 6. Auflage, Stuttgart 2021, Schäffer-Poeschel Verlag (zit.: *Ballwieser/Hachmeister*, Unternehmensbewertung, 6. Aufl. 2021, S.)

*Ballwieser, Wolfgang:*
§ 252 HGB, in: Münch'ner Kommentar HGB, Band 4: §§ 238 – 342e HGB, hrsg. v. Karsten Schmidt und Werner F. Ebke, 4. Auflage, München 2020, C. H. Beck Verlag (zit.: *Ballwieser*, in: MüKoHGB, Band 4, 4. Aufl. 2020, § Rn.)

*Bareis, Peter; Kaiser, Andreas:*
Sanierung als Steuersparmodell? Subventionen im Verwaltungswege, DB 2004, S. 1841 – 1847

*Bauer, Andreas F.; Dimmling, Andreas:*
Endlich im Gesetz(entwurf): Der Debt-Equity-Swap, NZI 2011, S. 517 – 521

*Bäuerle, Elke:*
§ 39, in: Insolvenzordnung Kommentar, hrsg. v. Eberhard Braun, 9. Auflage München 2022, C.H. Beck Verlag (zit.: *Bäuerle,* in: Braun InsO, 9. Aufl. 2022, § Rn.)

*Baum, Michael:*
Vollverzinsung mit Zinssatz von 6 % verfassungswidrig
Konsequenzen für den Gesetzgeber und die Praxis, NWB 2021, S. 2580 – 2585

*Bauschatz, Peter:*
in: Körperschaftsteuergesetz, Kommentar, hrsg. von Dietmar Gosch, 4. Auflage 2020, C.H. Beck Verlag (zit: *Bauschatz,* in: Gosch, KStG, 4. Aufl. 2020 § Rn.)

*ders.:*
Steuerpflicht des Sanierungsgewinns im Spannungsfeld zwischen Mindestbesteuerung und Billigkeitsmaßnahmen, GmbHR 2008, 1204 – 1209

*Becker, Bernhard; Pape, Markus; Wobbe, Christian:*
Forderungsverzicht mit Besserungsschein – ein vermehrt genutztes Instrument zur Überwindung der Krise, DStR 2010, S. 506 – 510

*Beiser, Reinhold:*
Das Leistungsfähigkeitsprinzip – Irrweg oder Richtschnur, ÖStZ 2000, S. 413 – 423

*Beiser, Reinhold:* Gesellschaftereinlage oder Leistungsaustausch? StuW 1996, S. 62 – 66

*Belser, Karl-Heinz:*
Verfassungsrechtliche Zulässigkeit steuerlicher Wahlrechte, Einflußmöglichkeiten des Steuerpflichtigen auf die Einkommensteuerschuld nach abgeschlossenem Sachverhalt (Diss.), Frankfurt am Main, 1986, Peter Lang Verlag (zit.: *Belser,* Verfassungsrechtliche Zulässigkeit steuerlicher Wahlrechte, 1986, S.)

*Benzel, Ute; Linzbach, Meike:*
Auswirkungen des Forderungsverzichtes – Steuerliche Belastung und Beeinflussung der Steuerquote, DStR 2009, S. 1599 –1602

*Bergmann, Malte; Clemens, Philipp:* Bilanzierung von Verbindlichkeiten bei Rangrücktrittsvereinbarungen, Anwendung des § 5 Abs. 2a EStG bei Tilgung aus Bilanzgewinn und Liquidationsüberschuss, DB 2015, S. 1867 – 1869

*Beutel, David; Eilers, Stephan:* Das Ende des Sanierungserlasses – Zeitenwende für die deutsche Sanierungspraxis, FR 2017, S. 266 – 270

*Beutel, David; Schwahn, Alexander; Sistermann, Christian; Vogel, Max:*
in: Unternehmenssteuerrecht, hrsg. v. Jochen Lüdicke und Christian Sistermann, 2. Auflage, München 2018, C.H.Beck Verlag (zit.: *Bearbeiter* in: Lüdicke/Sistermann, Unternehmenssteuerrecht, 2. Aufl. 2018, § Rn.)

*Birk, Dieter; Desens, Marc; Tappe, Henning:*
in: Steuerrecht. Eine systematische Darstellung der wichtigsten Rechtsgebiete anhand von Fällen, 25. Auflage 2022, C.F. Müller Verlag (zit.: *Birk/Desens/Tappe*, in: Birk/Desens/Tappe, Steuerrecht, 25. Aufl. 2022, Rn.)

*Birk, Dieter:*
Das Leistungsfähigkeitsprinzip als Maßstab der Steuernormen (Habil.), Köln 1983 Deubner Verlag (zit.: *Birk,* Das Leistungsfähigkeitsprizip als Maßstab der Steuernormen, 1983, S.)

*ders.:*
„Besteuerung nach Wahl" als verfassungsrechtliches Problem, NJW 1984, S. 1325 – 1329

*ders.:*
Zum Stand der Theoriediskussion in der Steuerrechtswissenschaft - Erwiderung zu Walter Leisner, Von der Leistung zur Leistungsfähigkeit - die soziale Nivellierung (StuW 1983, 97), StuW 1983, S. 293 – 316

*ders.:*
Das Leistungsfähigkeitsprinzip in der Unternehmenssteuerreform, StuW 2000, S. 328 – 336

*ders.:*
Warum Steuerrecht? – Grundfragen und Grundstrukturen eines anspruchsvollen Rechtsgebiets, Ad Legendum IV/2015, S. 269 – 278

*Birkemeier, Karsten:*
§ 3, in: Umwandlungssteuergesetz, Kommentar, hrsg. von Thomas Rödder, Andreas Herlinghaus und Ingo van Lishaut, 3. Auflage, Köln 2019 (zit.: *Birkemeier*, in: Rödder/Herlinghaus/van Lishaut, UmwStG, 3. Aufl. 2019, § Rn.)

*Bitter, Georg:*
Wirksamkeit von Rangrücktritten und vorinsolvenzlichen Durchsetzungssperren. AGB-rechtliche Grenzen der Hybridisierung von Fremdkapitalinstrumenten, ZIP 2015, S. 345 – 356

*Blaas, Ulrich; Schwahn, Alexander:* Steueroptimierte Restrukturierung, DB 2013, S. 2350 – 2357

*Blischke, André; Desens, Marc:*
In: Einkommensteuergesetz, Kommentar, begr. von Hartmut Söhn, hrsg. von Paul Kirchhof, Rudolf Mellinghoff, Hanno Kube, Stand: 337. Lieferung, 8/2023 (zit.: *Desens/Blischke,* in Kirchhof/Söhn/Mellinghoff, EStG, 337. Lief., 8/2023 § Rn.)

*Böckenförde, Ernst-Wolfgang*
Grundrechtstheorie und Grundrechtsinterpretation, NJW 1974, S. 1529 – 1538

*Böcker, Philipp; Poertzgen, Christoph:*
Der insolvenzrechtliche Überschuldungsbegriff ab 2014 – Perpetuierung einer

Übergangsregelung statt Neuanfang, GmbHR 2013, S. 17 – 22

*Bodden, Guido:*
§ 3a EStG, in: Einkommensteuergesetz Kommentar, hrsg. v. Klaus Korn, Rudolf Stahl und Martin Strahl, 144. Aktualisierungslieferung, 2023, Bonn, Stollfuß Verlag (zit.: *Bodden*, in: Korn, EStG, 144. EL, Mai 2023, § Rn.)

*Bode, Walter:*
§ 4 EStG, in: Einkommensteuergesetz Kommentar, begr. v. Paul Kirchhof, forgef. v. Roman Seer, 22. Auflage 2023, Köln, Dr. Otto Schmidt Verlag (zit.: *Bode*, in: Kirchhof/Seer EStG, 22. Aufl. 2023, § Rn.)

*ders.:*
§ 15 EStG, in: Ertragsteuerrecht, Kommentar zum Einkommensteuergesetz, Körperschaftsteuergesetz, Gewerbesteuergesetz, Außensteuergesetz, Investmentsteuergesetz, Umwandlungssteuergesetz und Nebengesetze, Loseblattsammlung, hrsg. v. Peter Brandis und Bernd Heuermann, München, 167. EL Mai 2023, München, Verlag Franz Vahlen. (zit.: *Bode*, in: Brandis/Heuermann, 167. EL August 2023, EStG § Rn.)

*Bork, Reinhard:*
Wie erstellt man eine Fortbestehensprognose?, ZIP 2000, S. 1709 – 1713

*Brandis, Peter:*
§ 7g EStG, in: Ertragsteuerrecht, Kommentar zum Einkommensteuergesetz, Körperschaftsteuergesetz, Gewerbesteuergesetz, Außensteuergesetz, Investmentsteuergesetz, Umwandlungssteuergesetz und Nebengesetze, Loseblattsammlung, hrsg. v. Peter Brandis und Bernd Heuermann, München, 167. EL Mai 2023, München, Verlag Franz Vahlen. (zit.: *Brandis*, in: Brandis/Heuermann, 167. EL August 2023, EStG § Rn.)

*Braun, Andrea:*
Die vorinsolvenzliche Sanierung von Unternehmen, Baden-Baden, 2015, Nomos Verlag (zit.: *A. Braun*, Die vorinsolvenzliche Sanierung von Unternehmen, 2015, S.)

*Braun, Eckhardt; Geist, Andreas:*
Zur Steuerfreiheit von Sanierungsgewinnen – Bestandsaufnahme und Empfehlungen, BB 2009, S. 2508 – 2514

*Braun, Norbert:* Bilanzielle Behandlung von Gesellschafterdarlehen mit Rangrücktrittsklausel, DStR 2012, S. 1360 – 1362

*Breidert, Ulrike:*
Keine Teilwertabschreibung bei so genannten Verlustprodukten?, BB 2001, S. 979 – 984

*Bremen, Michael:*
Das Leitbild des sanierten Unternehmens im Schutzschirmverfahren, NZI 2014, S. 137 – 144

*ders.:*
In: Insolvenzordnung, Kommentar, hrsg. v. Marie Luise Graf-Schlicker, Köln, 6. Auflage 2022, RWS Verlag (zit.: *Bremen*, in: Graf-Schlicker, InsO, 6. Aufl. 2022, § InsO Rn.)

*Briese, André:*
Forderungsverzicht gegen Besserungsschein sowie qualifizierter -Rangrücktritt in Handels- und Steuerbilanz, DStR 2017, S. 799 – 804

*Brinkmann, Pia:*

Zur Rechtfertigung der Gewerbesteuer im aktuellen Steuersystem, DStR 2021, S. 579 – 587

*Britz, Gabriele:*
Der allgemeine Gleichheitssatz in der Rechtsprechung des BVerfG. Anforderungen an die Rechtfertigung von Ungleichbehandlungen durch Gesetz, NJW 2014, S. 346 – 351

*Brösel, Gerrit:*
Bilanzanalyse, 17. Auflage 2021, Berlin, Erich Schmidt Verlag (zit.: *Brösel*, Bilanzanalyse, 17. Aufl. 2021, S.)

*Buchmüller, Pia:*
Besteuerung und Unternehmenssanierung, Zur Bedeutung des Steuerrechts für die Sanierung von Unternehmen - Eine Untersuchung aus bettriebswirtschaftlicher Sicht (Diss.), 1991, Peter Lang Verlag (zit.: *Buchmüller,* Besteuerung und Unternehmenssanierung, 1991, S.)

*Bühler, Ottmar:*
Die Reichsverfassung vom 11. August 1919, 2. Auflage Leipzig 1927 (zit.: *Bühler,* Die Reichsverfassung vom 11. August 1919, 2. Aufl. 1927, Anmerkung zu Art. 134, S.)

*Bulgrin, Gerrit M.:*
Die strategische Insolvenz (Diss.), Tübingen, 2016, Mohr Siebeck Verlag (zit.: *Bulgrin*, Die strategische Insolvenz, 2016, S.)

*Bullinger, Michael:*
Steuerliche Fragen von Gesellschafterdarlehen an die GmbH, DStR 1993, S. 225 – 229

*Burkert, Michael:*
Der Debt-to-Equity Swap im Spannungsverhältnis von Gesellschafts- und Insolvenzrecht (Diss.), Baden-Baden 2014, Nomos Verlag (zit.: *Burkert*, Der Debt-to-Equity Swap im Spannungsverhältnis von Gesellschafts- und Insolvenzrecht, 2014, S.)

*Buschendorf, Johannes; Vogel, Max:*
Der Anspruch auf Billigkeitserlass bei Sanierungsgewinnen, DB 2016, S. 676 – 681

*Buth, Andrea; Hermanns, Michael:*
In: Restrukturierung, Sanierung, Insolvenz, Handbuch, hrsg. v. Andrea Buth und Michael Hermanns, 5. Auflage, München 2022 (zit.: *Buth/Hermanns,* in: Buth/Hermanns, Restrukturierung, Sanierung, Insolvenz, 5. Aufl. 2022, § Rn. )

*Canaris, Claus-Wilhelm:*
Systemdenken und Systembegriff in der Jurisprudenz – entwickelt am Beispiel des deutschen Privatrechts (Habil.), 2. Auflage, Berlin 1983, Duncker & Humblot (zit.: *Canaris,* Systemdenken und Systembegriff in der Jurisprudenz, S.)

*Carli, Winfried N.; Rieder, Markus S.; Mückl, Norbert:*
Debt-to-Equity-Swaps in der aktuellen Transaktionspraxis, ZIP 2010, S. 1737 – 1743

*Claußen, Lisa:*
Die Ertragsbesteuerung von Unternehmen in der Krise. Kritische Analyse aus betriebswirtschaftlicher Sicht, 2015 (zit.: *Claußen*, Die Ertragsbesteuerung von Unternehmen, 2015, S.)

*Commandeur, Anja; Römer, Alexander:*
Aktuelle Entwicklungen im Insolvenzrecht, NZG 2019, S. 532 – 534

*Conradi, Antje:*
Die Legitimation der Gewerbesteuer – eine wirtschaftspolitische, rechtshistorische und steuersystematische Analyse (Diss.), Weiden 2001, Eurotrans-Verlag (zit.: *Conradi,* Die Egitimation der Gewerbesteuer, 2001, S.)

*Cranshaw, Friedrich L.:*
Sanierungsunterstützende Maßnahmen des Kreditgebers außerhalb der klassischen Kreditgewährung, ZInsO 2008, S. 421 – 432

*Crezelius, Georg:*
Aktuelle Steuerrechtsfragen in Krise und Insolvenz, NZI 2019, S. 270 – 272

*ders.:*
Aktuelle Steuerrechtsfragen in Krise und Insolvenz, NZI 2007, S. 91 – 94

*D'Avoine, Marc:*
In: Restrukturierung, Sanierung, Insolvenz, Handbuch, hrsg. v. Andrea Buth und Michael Hermanns, 5. Auflage, München 2022 (zit.: *D'Avoine,* in: Buth/Hermanns, Restrukturierung, Sanierung, Insolvenz, 5. Aufl. 2022, § Rn. )

*Dahl, Michael:*
Die Änderung des Überschuldungsbegriffs durch Art. 5 des Finanzmarktstabilisierungsgesetzes (FMStG), NZI 2008, S. 719 – 721

*Deppenkemper, Gunter*
Ziel erreicht? Außergerichtliche Sanierung bereits ab 1. 1. 2021!, ZIP 2020, S. 2432 – 2442

*Derksen, Nils:*
Die Unternehmenssanierung innerhalb und außerhalb der Insolvenz (Diss.), Baden-Baden 2017, Nomos Verlag (zit.: *Derksen,* Die Unternehmenssanierung innerhalb und außerhalb der Insolvenz, 2017, S.)

*Desens, Marc:*
Die neue Besteuerung von Sanierungserträgen, FR 2017, S. 981 – 993

*Diemer, Stefan; Riewe, Anne:*
Anmerkung zu BFH, Urteil vom 19.8.2020 – XI R 32/18, NZI 2021, S. 53 – 56

*Diffring, Philipp; Schlotter:*
§ 249 HGB, in: beck-online.Großkommentar Handelsgesetzbuch, Gesamtherausgeber Martin Henssler, hrsg. von André Dicken, Oliver Fehrenbacher, Joachim Hennrichs, Detlef Kleindiek und Christoph Watrin, Stand: 01.03.2023
(zit.: *Diffring/Schlotter,* in: BeckOGK HGB, Stand: 1.3.2023, § Rn.)

*Djanani, Christiana; Pummerer, Erich:*
Auswirkungen der Verrechnungsbeschränkungen des Verlustvortrages auf die Risikoverteilung zwischen Steuerpflichtigen und Fiskus, StuW 2004, S. 158 – 166

*Döllerer, Georg:*
Verdeckte Gewinnausschüttungen und verdeckte Einlagen bei Kapitalgesellschaften, Heidelberg 1990, Verlagsgesellschaft Recht und Wirtschaft (zit.: Döllerer, Verdeckte Gewinnausschüttungen und verdeckte Einlagen bei Kapitalgesellschaften, 1990, S.)

*Döring, Steffen; Garz, Felix:*
Das Folgerichtigkeitsgebot im Lichte des Vorlagebeschlusses des BFH v. 17.11.2020 - VIII R 11/18 (FR 2021, 840), FR 2021, S. 834 – 839

*Dreier, Ralf:*
Der Begriff des Rechts, NJW 1986, S. 890 – 896

*Drews, Ernesto; Götze, Andreas:*
Der Gesellschafterverzicht in der Sanierung als Steuerfalle für Private Equity Investoren?, DStR 2009, S. 945 – 948

*Droege, Michael:*
Wie viel Verfassung braucht der Steuerstaat?, StuW 2011, S. 105 – 112

*Drüen, Klaus-Dieter:*
§ 1 GewStG, in: Ertragsteuerrecht, Kommentar zum Einkommensteuergesetz, Körperschaftsteuergesetz, Gewerbesteuergesetz, Außensteuergesetz, Investmentsteuergesetz, Umwandlungssteuergesetz und Nebengesetze, Loseblattsammlung, hrsg. v. Peter Brandis und Bernd Heuermann, München, 167. EL Mai 2023, München, Verlag Franz Vahlen. (zit.: *Drüen*, in: Brandis/Heuermann, 167. EL August 2023, GewStG § Rn.)

*ders.:*
§ 3 AO, in: Abgabenordnung, Finanzgerichtsordnung, Kommentar Loseblattsammlung, Köln, Dr. Otto Schmidt Verlag, Köln, 176. Ergänzungslieferung 2023 (zit.: *Drüen*, in: Tipke/Kruse, AO/FGO, 176. Lieferung 07.2023, AO § Rn.)

*ders.:*
Heinrich Wilhelm Kruse zum Gedenken: Über Folgerichtigkeit im Steuerrecht, StuW 2019, 205 – 211

*Drukarczyk, Jochen; Schöntag, Jürgen:*
in: Insolvenzrechts-Handbuch, hrsg. v. Peter Gottwald und Ulrich Haas, 6. Auflage, München 2020, C.H. Beck Verlag (zit.: *Drukarczyk/Schöntag,* in: Gottwald/Haas, Insolvenzrechtshandbuch, 6. Aufl. 2020, Kapitel § Rn.)

*Drukarczyk, Jochen; Schüler, Stefan:*
§ 19 InsO, in: Münchener Kommentar zur Insolvenzordnung, Band 1: §§ 1 – 79 InsO, hrsg. von Rolf Stürner, Horst Eidenmüller und Heinrich Schoppmeyer, 4. Auflage, München 2019, C.H. Beck Verlag (zit.: *Drukarczyk/Schüler*, in: MüKoInso, 4. Aufl. 2019, § Rn. )

*Dziadkowski, Dieter; Treisch, Corinna:*
Zur Steuerfreiheit des Sanierungsgewinns nach § 3 Nr. 66 EStG, FR 1995, S. 330 – 334

*Ebbinghaus, Mark; Neu, Peter; Hinz, Bogdan:*
Gewerbesteuer bei der Eigensanierung im Insolvenzplanverfahren - Empfehlungen zur Harmonisierung von Insolvenz- und Steuerrecht, FR 2015, S. 405 – 408

*Ebbinghaus, Mark; Osenroth, Marcel; Hinz, Bogdan:*
Schuldübernahme durch Gesellschafter als Sanierungsinstrument unter Berücksichtigung der Schenkungsteuer, BB 2013, S. 1374 – 1382

*Eberhard, Jochen:*
In: Beck'sches Handbuch der Personengesellschaften, hrsg. v. Ulrich Prinz und Holger Kahle, 5. Auflage 2020 (zit.: *Eberhard,* in: Beck'sches Handbuch der Personengesellschaften, Prinz/Kahle, 5. Aufl. 2020, § Rn.)

*Ebke, Werner F.; Piekenbrock, Andreas; Seagon, Christopher:*
Überschuldung: Quo vadis? 1. Auflage, Baden-Baden 2020, Nomos Verlag (zit.: *Ebke, Piekenbrock, Seagon et al.,* in: Überschuldung, quo vadis?, 2019, S.)

*Eckstein, Hans-Martin:*
§ 6 EStG, in: Einkommensteuer- und Körperschaftsteuergesetz, Kommentar, begr. von Alfons Mrozek und Albert Kennerknecht; fortgef. v. Carl Hermann und Gerhard Heuer und Arndt Raupach, hrsg. v. Johanna Hey, Martin Klein und Michael Wendt, Köln, 319. Lieferung, 7/2023, Verlag Dr. Otto Schmidt (zit.: *Eckstein,* in: Herrmann/Heuer/Raupach, EStG/KStG, 319. Lieferung 07/2023, § Rn. )

*Egner, Thomas; Stößel, Johannes:*
§ 7g EStG, in: Einkommensteuergesetz, Online Kommentar, hrsg. v. Hans-Joachim Kanzler, Gerhard Kraft, Swen Oliver Bäuml, Franz Jürgen Marx, Frank Hechtner, Stephan Geserich, 8. Auflage Oktober 2023 (zit.: *Egner/Stößel,* in: Kanzler/Kraft/Bäuml/Marx/Hechtner/Geserich, EStG § Rn, 8. Aufl., Stand: 01.01.2023).

*Ehricke, Ulrich; Behme, Caspar:*
§ 38 InsO, in: Münchener Kommentar zur Insolvenzordnung, Band 1: §§ 1 – 79 InsO, hrsg. von Rolf Stürner, Horst Eidenmüller und Heinrich Schoppmeyer, 4. Auflage, München 2019, C.H. Beck Verlag (zit.: *Ehricke/Behme,* in: MüKoInso, 4. Aufl. 2019, § Rn. )

*Eidenmüller, Horst*
Reformperspektiven im Restrukturierungsrecht, ZIP 2010, S. 649 – 660

*Eilers, Stephan; Tiemann, Annika:*
Alles geklärt bei der Steuerfreiheit von Sanierungsgewinnen? Warum der Gesetzgeber nachbessern muss, UbG 2020, S. 190 – 196

*Eilers, Stephan; Walter-Yadegardjam, Tanja:*
Die wirtschaftlichen Folgen der COVID-19 Pandemie: Eine Bewährungsprobe für das deutsche Sanierungssteuerrecht, FR 2020, S. 481 – 485

*Ekkenga Jens:*
Insolvenzvorbeugung durch Rangrücktritt – Die Vernachlässigung des Bilanz- und Kapitalschutzrechts und die Folgen nach BGHZ 204, 231 = ZIP 2015, 638 – eine Fundamentalkritik, ZIP 2017, S. 1493 – 1505

*ders.:*
§ 30 GmbHG, in: Münchener Kommentar zum GmbHG, hrsg. v. Holger Fleischer und Wulf Goette, 4. Auflage, München 2022, C.H. Beck Verlag (zit.: *Ekkenga,* in: MüKoGmbHG 4. Aufl. 2022, GmbHG, § Rn.)

*ders.:*
Neuerliche Vorschläge zur Nennwertanrechnung beim Debt-Equity-Swap –Erkenntnisfortschritt oder Wiederbelebungsversuche am untauglichen Objekt?, DB 2012, S. 331 – 337

*Englisch, Joachim:*
in: Festschrift für Joachim Lang zum 70. Geburtstag, Gestaltung der Steuerrechtsordnung, 2010,

(zit.: *Englisch*, in: Festschrift Lang, 2010, S.)

*Eppler, Gerold:*
Das Quasi-Eigenkapital bei der GmbH als steuerrechtliches Problem - Zugleich Besprechung des BFH-Urteils vom 30.5.1990 I R 41/87, DB 1991, S. 195 – 196

*Erhardt, Alexander; Zeller, Johannes:*
Steuerneutraler Forderungsverzicht durch Gesellschafter einer (Familien-) Personengesellschaft zur Abwendung einer bilanziellen Überschuldung, DStR 2012, S. 1636 – 1640

*Fischer, Gero:*
Fortbestehensprognose und Sanierung, NZI 2016, S. 665 – 674

*Förster, Guido; Hechtner, Frank:*
Steuerbefreiung von Sanierungsgewinnen gem. §§ 3a, 3c Abs. 4 EStG, DB 2017, S. 1536 – 1544

*Förster, Guido; Wendland, Jan:*
Steuerliche Folgen von Gesellschafterdarlehen in der Krise der GmbH, GmbHR 2006, S. 169 – 178

*Förster, Guido; Werthebach, Felix:*
Immer noch offene Fragen bei Verpflichtungsübernahmen, Schuldbeitritten und Erfüllungsübernahmen, BB 2019, S. 299 – 303

*Frey, Johannes; Mückl, Norbert:*
Sanierungen - steuerliche Fallstricke und Gestaltungsmöglichkeiten in der Praxis, GmbHR 2010, S. 1193 – 1200

*Fries, Martin; Schulze, Reiner:*
In: BGB Handkommentar, Nomos-Handkommentar, hrsg. v. Reiner Schulze, Heinrich Dörner, Ina Ebert und Martin Fries, 11. Auflage 2022, Nomos Verlag
(zit.: *Bearbeiter*, in: HK-BGB/Schulze, § Rn.)

*Frotscher, Gerrit; Schulze, Michael:*
in: Insolvenzrechts-Handbuch, hrsg. v. Peter Gottwald und Ulrich Haas, 6. Auflage, München 2020, C.H. Beck Verlag (zit.: *Frotscher/Schulze*, in: Gottwald/Haas, Insolvenzrechts-Handbuch, 6. Aufl. 2020, Kapitel III § Rn.)

*Frystatzki, Christian:*
Die steuerbilanzielle Behandlung von Rangrücktrittsvereinbarungen nach BGHZ 204, 231, DStR 2016, S. 2479 – 2487

*Gabert-Pipersberg, Isabel:*
§ 6 EStG, in: Einkommensteuer- und Körperschaftsteuergesetz, Kommentar, begr. von Alfons Mrozek und Albert Kennerknecht; fortgef. v. Carl Hermann und Gerhard Heuer und Arndt Raupach, hrsg. v. Johanna Hey, Martin Klein und Michael Wendt, Köln, 337. Lieferung, 8/2023, Verlag Dr. Otto Schmidt (zit.: *Gabert-Pipersberg*, in: Herrmann/Heuer/Raupach, EStG/KStG, 337. EL 08/2023, § Rn.)

*Gabler:*
Kompakt-Lexikon, Wirtschaft, 11. Auflage 2013, Lektorat und Korrektorat: Dr. Riccardo G. Mosena, Claudia Hasenbalg, Springer Verlag (zit.: *Gabler*, Kompakt-Lexikon, Wirtschaft: Stichwort: „Sanierung", S.)

*Gahlen, Dieter:*
Bilanzierung von Forderungsverzichten gegen Besserungsschein und von Verlustbeteiligungen aus Mezzanine-Kapital nach HGB und nach IFRS, BB 2009, S. 2079 – 2082

*Gassner, Wolfgang; Lang, Michael:*
Das Leistungsfähigkeitsprinzip im Einkommen- und Körperschaftsteuerrecht, Wien 2000 (zit.: *Gassner/Lang*, Das Leistungsfähigkeitsprinzip, 2000, S.)

*Geist, Andreas:*
Die Besteuerung von Sanierungsgewinnen - Zur Anwendbarkeit, Systematik und Auslegung des BMF-Schreibens vom 27.3.2003, BB 2008, S. 2658 – 2666

*Gersch, Eva-Maria:*
§ 3 AO, in: Klein, Abgabenordnung, Kommentar, begr. v. Franz Klein und Gerd Orlopp, 16. Auflage, München 2022 C.H. Beck Verlag (zit.: *Gersch* in: Klein AO, 16. Aufl. 2022, § Rn.)

*Geurts, Matthias:*
in: Körperschaftsteuergesetz Kommentar, hrsg. v. Harald Bott und Wolfgang Walter, 170. EL, Juni 2023, Stollfuß Verlag (zit.: *Geurts,* in: Bott/Walter, KStG 170. EL, Juni 2023, § Rn.)

*Glaser, Andreas:*
Verfassungs- und unionsrechtliche Grenzen steuerlicher Lenkung, StuW 2012, S. 168 – 181

*Gluth, Rüdiger:*
Der Einfluß von Wahlrechten auf die Entstehung des Steueranspruchs (Diss.), Frankfurt am Main 1997, Peter Lang Verlag (zit.: *Gluth,* Einfluß von Wahlrechten auf die Entstehung des Steueranspruchs, 1997, S.)

*Gondert, Heinz-Günter; Büttner, Benjamin:*
Replik auf FG München v. 12.12.2007, DStR 2008, S. 1676 – 1679

*Grabitz, Eberhard:*
Freiheit und Verfassungsrecht kritische Untersuchung zur Dogmatik und Theorie der Freiheitsrechte, Tübingen 1976 (zit.: *Grabitz,* Freiheit und Verfassungsrecht, 1976, S.)

*Graf Kerssenbrock, Otto-Ferdinand:*
Bilanzierungskonkurrenz: Sonderbetriebsvermögen infolge formwechselnder Umwandlung?, BB 2000, S. 763 – 770

*Gragert, Katja:*
Besteuerung von Sanierungsgewinnen. Durchführung der Verlustverrechnung und von Verlustvor- und Verlustrückträgen, NWB 2011, S. 1438 – 1445

*dies.:*
Steuerliche Behandlung von Sanierungsgewinnen. Fortentwicklung der Verwaltungsauffassung bei der Gewährung von Billigkeitsmaßnahmen, NWB 2013, S. 2141 – 2146

*Gras, Knut; Epler, Björn:*
in: Münchener Anwaltshandbuch Insolvenz und Sanierung, hrsg. v. Jörg Nerlich, Georg Kreplin und Holger Rhode, 4. Auflage, München 2023, C.H.Beck Verlag (zit.: *Gras/Epler,* in: Nerlich/ Kreplin/Rhode, Münchener Anwaltshandbuch, Insolvenz und Sanierung, 4. Aufl. 2023, § Rn.)

*Groh, Manfred:*
Eigenkapitalersatz in der Bilanz, BB 1993, S. 1882 – 1892

*Groß, Paul:*
in: Insolvenzplan, Sanierungsgewinn, Restschuldbefreiung und Verbraucherinsolvenz, hrsg. v. Harald Hess, Paul Groß, Nicole Reill-Ruppe, Thomas Roth, 4. Auflage, Heidelberg 2015, C.F. Müller Verlag (zit.: *Groß*, in: Hess/Groß/Reill-Ruppe/Roth, Insolvenzplan, 4. Aufl. 2015 VI. Rn.)

*Grotherr, Siegfried:*
Steht der Verlustvor- und -rücktrag steuerpolitisch zur Disposition? (Teil II), Kritische Beurteilung der Veränderungsvorschläge zu § 10 d EStG, BB 1998, S. 2392 – 2398

*Grunow, Stefan:*
Die verfassungsrechtliche Rechtfertigung der Steuerlast und Steuererhebung (Diss.), Baden-Baden 2018, Nomos Verlag (zit.: *Grunow,* Die verfassungsrechtliche Rechtfertigung der Steuerlast und Steuererhebung, 2018, S.)

*Grützner, Dieter:*
in: Personengesellschaften im Steuerrecht, begr. v. Joachim Lange, forgef. v. Andrea Bilitewski und Hellmut Götz, 10. Auflage, Herne 2017, NWB Verlag (zit.: *Grützner,* in: Lange/Bilitewski/Götz, Personengesellschaften im Steuerrecht, B V Rn.)

*Gunsenheimer, Gerhard:*
Die Einnahmenüberschussrechnung nach § 4 Abs. 3 EStG, 15. Auflage, Herne 2019, NWB Verlag (zit.: *Gunsenheimer*, Die Einnahmenüberschussrechnung, Rn.).

*Guserl, Richard; Pernsteiner, Helmut, Brunner-Kirchmair, Thomas M.:*
Finanzmanagement Grundlagen - Konzepte - Umsetzung, 3. Auflage 2022, Berlin, Springer Verlag (zit.: *Guserl/Pernsteiner/Brunner-Kirchmair*, Finanzmanagement, 3. Aufl. 2022, S.)

*Gutowski, Tobias:*
Der Debt-Equity-Swap als Sanierungsinstrument in der Insolvenzordnung nach dem ESUG (Diss.), Hamburg 2014, Verlag Dr. Kovac (zit.: *Gutowski,* Der Debt-Equity-Swap als Sanierungsinstrument in der Insolvenzordnung nach dem ESUG, 2014, S.)

*Haarmann, Wilhelm; Vorwerk, Sabine:*
Rechtliche Anforderungen an die Feststellung der positiven Fortführungsprognose - insbesondere im Hinblick auf Start-up-Unternehmen, BB 2015, S. 1603 – 1614

*Hageböke, Jens; Hasbach, Alexander:*
Nochmals: Zur gewerbesteuerlichen Zuständigkeit der Finanzbehörden beim Sanierungserlass, FR 2016, S. 1018 – 1031

*Hageböke, Jens; Hasbach, Alexander:*
Gewerbesteuerliche Kompetenzfragen beim Sanierungserlass Kritische Anmerkungen zur Kurzinformation GewSt Nr. 02/2015 der OFD NRW v. 6.2.2015, DStR 2015, S. 1712 – 1724

*Hagemann, Sebastian:*
Debt Equity Swaps nach englischem und deutschem Recht unter besonderer Berücksichtigung des ESUG (Diss.), Baden-Baden 2014, Nomos Verlag (zit.: *Hagemann,* Debt Equity Swaps nach englischem und deutschem Recht unter besonderer Berücksichtigung des ESUG, 2014, S.)

*Häller, Jan:*
Kapitalmarktrecht und Unternehmenssanierung in der Insolvenz (Diss.), Baden-Baden 2016, Nomos Verlag (zit.: Häller, Kapitalmarktrecht und Unternehmenssanierung in der Insolvenz, 2016, S.)

*Hallerbach, Dorothee*
§ 3a EStG, in: Einkommensteuer- und Körperschaftsteuergesetz, Kommentar, begr. von Alfons Mrozek, Albert Kennerknecht; fortgef. v. Carl Hermann, Gerhard Heuer, Arndt Raupach, hrsg. v. Johanna Hey, Martin Klein, Michael Wendt, Köln, 319. Lieferung, 7/2023, Dr. Otto Schmidt Verlag (zit.: *Hallerbach,* in: Herrmann/Heuer/Raupach, EStG/KStG, 319. Lieferung 07/2023, § Rn.)

*Hancioglu, Levent:*
Gesellschafterschutz beim Debt-Equity Swap mittels Insolvenzplan (Diss.), Baden-Baden 2018, Nomos Verlag (zit.: *Hancioglu*, Gesellschafterschutz beim Debt-Equity Swap mittels Insolvenzplan, 2018, S.)

*Happe, Rüdiger:*
Investitionsabzugsbetrag und Sonderabschreibung nach § 7g EStG, BBK 2017, S. 755 – 768

*Harle, Georg; Kulemann, Grit:*
Forderungsverzicht gegen Besserungsschein – ein Gestaltungsmodell wird eingeschränkt, GmbHR 2004, S. 733 – 735

*Häuselmann, Holger:*
Rangrücktritt versus Forderungsverzicht mit Besserungsabrede, BB 1993, S. 1552 – 1557

*Heerma, Jan Dirk:*
Passivierung bei Rangrücktritt: widersprüchliche Anforderungen an Überschuldungsbilanz und Steuerbilanz?, BB 2005, S. 537 – 544

*Heinemeyer, Susanne:*
in: Münchener Kommentar zum Bürgerlichen Gesetzbuch, hrsg. v. Franz Jürgen Säcker, Roland Rixecker, Hartmut Oetker, Bettina Limperg, Band 3: §§ 311 – 432, 9. Auflage, München 2022, C.H. Beck Verlag (zit.: *Heinemeyer,* in: MüKo BGB, Band 3, 9. Aufl. 2022, Vorbemerkung §§ 414–419 BGB Rn.)

*Heinen, Andreas:*
Ausübung von steuerlichen Wahl- und Antragsrechten (Diss.), Köln, 2019, Dr. Otto Schmidt Verlag (zit.: *Heinen,* Ausübung von steuerlichen Wahl- und Antragsrechten, 2019, S.)

*Heinicke, Wolfgang:*
§ 4 EStG, in: Einkommensteuergesetz, Kommentar, begr. v. Ludwig Schmidt, hrsg. v. Heinrich Weber-Grellet, 42. Auflage München 2023, C.H.Beck Verlag (zit.: *Bearbeiter,* in: Schmidt, 42. Aufl. 2023, EStG § Rn.)

*Heinig, Jens:*
§ 414, in: beck-online.Großkommentar, BGB, Gesamtherausgeber für das Zivilrecht: Beate Gsell, Wolfgang Krüger, Stephan Lorenz, Christoph Reymann, Stand: 1.3.2023, München, Verlag C.H. Beck (zit.: *Heinig,* in: BeckOGK BGB, Stand: 01.03.2023, § Rn.)

*Heintzen, Markus:*
in: Grundgesetz Kommentar, begr. v. Ingo von Münch und Philip Kunig, hrsg. v. Jörn-Axel Kämmerer und Markus Kotzur, Band 2: Art. 70 – 146 GG, 7. Auflage 2021, München, C.H. Beck Verlag (zit.: *Heintzen* in: v. Münch/Kunig GG, 7. Aufl. 2021, Art. Rn.)

*Heller, Boris:*
in: Unternehmenskauf bei der GmbH, hrsg. von Georg Rotthege und Bernd Wassermann, 2. Auflage 2020, C.F. Müller Verlag / Dr. Otto Schmidt Verlag (zit.: *Heller,* in: Rotthege/Wassermann, Unternehmenskauf bei der GmbH, 2. Aufl. 2020, Kapitel Rn.)

*Helm, Markus T.; Krinninger, Markus:*
Steuerrechtliche Folgen des Gesellschafterverzichts auf Forderungen gegenüber einer Kapitalgesellschaft, DB 2005, S. 1989 – 1994

*Hennrichs, Joachim:*
§ 249 HGB, in: Münchener Kommentar zum Bilanzrecht, hrsg. v. Joachim Hennrichs, Detlef Kleindiek und Christoph Watrin, 1. Auflage 2013, München, C.H. Beck Verlag (zit.: *Hennrichs,* in: MüKoBilanzR HGB § Rn.).

*Hentschel, Fabian; Paul, Stefan; Rätke, Bernd; Reddig, Jens; Schallmoser, Ulrich; Schober, Tibor Stapperfend, Thomas; Tiede, Kai:*
§ 4 EStG, in: Einkommensteuer- und Körperschaftsteuergesetz, Kommentar, begr. von Alfons Mrozek und Albert Kennerknecht; fortgef. v. Carl Hermann und Gerhard Heuer und Arndt Raupach, hrsg. v. Johanna Hey, Martin Klein und Michael Wendt, Köln, 319. Lieferung, 7/2023, Verlag Dr. Otto Schmidt (zit.: *Bearbeiter,* in: Herrmann/Heuer/Raupach, EStG/KStG, 319. Lieferung 07/2023, § Rn.)

*Herbst, Christian; Stegemann, Dieter:*
Neues zur korrespondierenden Bilanzierung, Gestaltungsmöglichkeiten und Fallstricke bei Erwerb von Mitunternehmeranteilen und Gesellschafterdarlehen, DStR 2017, S. 2081 – 2088

*Herbst, Christian; Stegemann, Dieter:*
Zur Reichweite der korrespondierenden Bilanzierung bei Mitunternehmerschaften, DStR 2013, S. 176 – 180

*Herlinghaus, Andreas:*
Forderungsverzichte und Besserungsvereinbarungen zur Sanierung von Kapitalgesellschaften: zivilrechtliche Grundlagen, Bilanz- und Steuerrecht (Diss.), Köln 1994, Verlag Dr. Otto Schmidt (zit.: *Herlinghaus,* Forderungsverzichte und Besserungsvereinbarungen zur Sanierung, 1994, S.)

*ders.:*
Besserungsvereinbarungen und § 8a KStG, DStR 1994, S. 1830 – 1836

*Herzig, Norbert; Liekenbrock, Bernhard:*
Überlegungen zur Beseitigung von steuerlichen Sanierungshindernissen – Ein Beitrag zur steuerlichen Flankierung der geplanten Insolvenzrechtsreform, UbG 2011, S. 313 – 327

*Herzog, Roman:*
Der Weg zum Bundesverfassungsgericht. Das Verhältnis zwischen Verfassungsgerichtsbarkeit und Steuergerichtsbarkeit, DStZ 1988, S. 287 – 295

*Hey, Johanna; Hermenns, Hanna:*
Prinzipien im Steuerrecht, Ad Legendum IV/2015, S. 278 – 283

*Hey, Johanna; Steffen, Sascha:*
Steuergesetzliche Zinstypisierungen und Niedrigzinsumfeld, - insbesondere zur Gleichheitssatzwidrigkeit der Abzinsung von Pensionsrückstellungen gemäß § 6a Abs. 3 Satz 3 EStG, Institut Finanzen und Steuern e.V., Köln 2016 (zit.: *Hey/Steffen,* Steuergesetzliche Zinstypisierungen und Niedrigzinsumfeld, 2016, S.)

*Hey, Johanna:*
Evaluierung von Normen – Möglichkeiten und Grenzen, FR 2021, S. 293 – 300

*dies.:*
Zur Geltung des Gebots der Folgerichtigkeit im Unternehmensteuerrecht. Zugleich Besprechung der Entscheidung des BVerfG zum Verbot von Jubiläumsrückstellungen vom 12. 5. 2009, DStR 2009, S. 2561 – 2568

*dies.:*
In: Tipke/Lang Steuerrecht, begründet von Klaus Tipke, fortgeführt von Joachim Lang, Roman Seer, Johanna Hey u.a., 24. Auflage Köln 2021, Verlag Dr. Otto Schmidt Köln (zit.: *Hey,* in Tipke/Lang, Steuerrecht, 24. Aufl. 2021, § Rn.)

*dies.:*
Steuerbefreiung für Sanierungsgewinne und EU-Beihilferecht – Zum Notifizierungsverfahren, FR 2017, S. 453 – 457

*Hierstetter, Felix:*
Steuerliche Risiken der Entschuldung einer Kapitalgesellschaft in der Krise, DStR 2010, S. 882 – 887

*Hiller, Matthias; Baschnagel, Matthias:*
Besteuerung von Sanierungsgewinnen nach dem höchstrichterlichen Stopp des Sanierungserlasses durch den Beschluss des Bundesfinanzhofs vom 28.11.2016 – GrS 1/15, DStZ 2017, S. 353 – 363

*Hiller, Matthias; Biebinger, Christian:*
Der Teilwert und seine Fiktionen, Historische Entstehung und Interpretation eines zentralen Bewertungsmaßstabs, DStZ 2017, S. 442 – 450

*Hillgruber, Christian:*
Art. 92 GG, in: Grundgesetz, Kommentar, begr. v. Theodor Maunz, Günter Dürig, hrsg. v. Mathias Herdegen, Hans H. Klein und Rupert Scholz, 100. EL Januar 2023, München, C.H. Beck Verlag (zit.: *Hillgruber,* in: Dürig/Herzog/Scholz GG 100. EL Januar 2023, Art. Rn.).

*Hirte, Heribert; Praß, Jan-Philipp:*
§ 35 InsO, in: Insolvenzordnung Kommentar, hrsg. v. Heribert Hirte und Heinz Vallender, Band 1: InsO, 15. Auflage 2019, München Franz Vahlen Verlag (zit.: *Hirte/Praß,* in: Uhlenbruck InsO, 15. Aufl. 2019, § Rn.)

*Hoffmann, Wolf-Dieter:*
Sonstiges freies Vermögen beim Rangrücktritt, StuB 2016, S. 405 – 406

*ders.:*
Kritische Anmerkungen zum sog. Einlagebeschluß des Großen BFH-Senats, DB 1998, S. 1983 – 1988

*ders.:*
Die Sanierung einer Kapitalgesellschaft durch Forderungsverzicht des Gesellschafters, BB 1991, S. 773 – 778

*ders:*
Verzicht und Einlage, BB 1995, S. 614 – 615

*ders:*
Der Verzicht des Gesellschafters auf Forderungen gegen die Kapitalgesellschaft, DStR 1995, S. 77 – 81

*Hölzle, Gerrit:*
Die Sanierung des Insolvenzsteuerrechts – oder: Die Besteuerung von Sanierungsgewinnen, ZIP 2020, S. 301 – 309

*ders.:*
Konkurrenz von Steuerrecht und Insolvenzrecht - oder: Ist Steuern zahlen sittenwidrig? Zum Versuch einer dogmatischen Grundlegung, BB 2012, S. 1571 – 1579

*Huber, Herwart:*
Erforderlichkeit einer Abschlussbestätigung für das Ende der Sanierung? NZI 2017, S. 913 – 918

*Hüttemann, Rainer:*
Börsenkurs und Unternehmensbewertung, ZGR 2001, S. 454 – 478

*Hüttinger, Johannes:*
Instrumente zur vorinsolvenzlichen Sanierung des Unternehmensträgers (Diss.), Baden-Baden 2015, Nomos Verlag (zit.: *Hüttinger*, Instrumente zur vorinsolvenzlichen Sanierung des Unternehmensträgers, 2015, S.)

*Ilberg, Philipp von; Tschesche, Frank:*
Rechtliche und steuerliche Betrachtung des Rückkaufs von Schulden (Debt-Buy-Back), BB 2010, S. 259 – 264

*Jachmann-Michel, Monika; Vogel, Max:*
Art. 105 GG, in: Grundgesetz, Kommentar, begr. v. Hermann v. Mangoldt, fortgef. v. Friedrich Klein, Christian Starck, hrsg. v. Peter Huber und Andreas Voßkuhle, Band III, 7. Auflage, München 2018, C.H.Beck Verlag (zit.: *Jachmann-Michel/Vogel*, in: von Mangoldt/Klein/Starck, Band III, 7. Aufl. 2018, GG Art. Rn.)

*Jachmann, Monika:*
Verfassungsrechtliche Grenzen der Besteuerung. Sozialstaatliche Steuergesetzgebung im Spannungsverhältnis zwischen Gleichheit und Freiheit (Diss.), 1996, Shaker Verlag, Aachen (zit.: *Jachmann*, Verfassungsrechtliche Grenzen der Besteuerung, 1996, S.)

*Jahndorf, Christian:*
Folgerichtigkeit im Steuerrecht als Verfassungsgebot, StuW 2016, S. 256 – 263

*Jossé, Germann:*
Krisenmanagement und Business Continuity, 1. Auflage, München 2020 (zit.: *Jossé*, Krisenmanagement und Business Continuity, 1. Aufl. 2020, S.).

*Junge, Bernd:*
Umwandlungssteuerrecht, 5. Auflage, Herne 2022, NWB Verlag (zit.: *Junge*, Umwandlungssteuerrecht, 2022, Rn.).

*Jüptner, Roland:*
Leistungsfähigkeit und Veranlassung ein ideen- und verfassungskritischer Beitrag zum Leistungsfähigkeitsprinzip und dessen Bedeutung für einen generalisierenden einkommensteuerlichen Verpflichtungsgrund, insbesondere am Beispiel der Veranlassung, Heidelberg 1989 (zit.: *Jüptner*, Leistungsfähigkeit und Veranlassung, 1989, S.)

*Kahle, Holger; Hiller, Matthias:*
In: Beck'sches Handbuch der Personengesellschaften, hrsg. v. Ulrich Prinz und Holger Kahle, 5. Auflage 2020 (zit.: *Kahle/Hiller*, in: Beck'sches Handbuch der Personengesellschaften,

Prinz/Kahle, 5. Auflage 2020, § Rn.)

*Kahle, Holger:*
Aktuelle Fragen zum Bilanzsteuerrecht bei Personengesellschaften, BB 2023, S. 1771 – 1775

*Kahlert, Günther:*
„Sanierungsabsicht der Gläubiger" bei einem Schuldenerlass in einem Insolvenz- oder Restrukturierungsplan – Unwiderlegliche Beweisanzeichen für die Erfüllung des Tatbestandsmerkmals in § 3a Abs. 2 EStG, NWB 2022, S. 3394 – 3406

*ders.:*
Ertragsbesteuerung in Krise und Insolvenz, FR 2014, S. 731 – 744

*ders.:*
Zum Steuererlass aus Billigkeitsgründen bei Sanierungsgewinnen Anmerkung zu BFH Beschluss v. 28.2.2012, DStR 2012, S. 944 – 945

*ders.:*
Der Sanierungserlass ist keine Beihilfe, ZIP 2016, S. 2107 – 2114

*ders.:*
Bilanzierung des qualifizierten Rangrücktritts – Erwiderung zu W. Müller (BB 2016, 491), BB 2016, S. 878 – 879

*Kahlert, Günter; Gehrke, Hans-Dieter:*
Der Rangrücktritt nach MoMiG im GmbH-Recht: Insolvenz- und steuerrechtliche Aspekte, DStR 2010, S. 227 – 233

*Kahlert, Günter; Schmidt, Arne:*
Die neue Steuerfreiheit des Sanierungsertrags – Fragen und Antworten, DStR 2017, S. 1897 – 1903

*Kaligin, Thomas; Dißars, Ulf-Christian:*
§ 15 EStG, in: Lademann Kommentar zum Einkommensteuergesetz, Loseblattsammlung, Stand: 1.3.2023, München, Boorbeck Verlag (zit.: *Kaligin/Dißars* in: Lademann, Kommentar EStG, Stand: 1.3.2023, § Rn.)

*Kammeter, Roland; Geißelmeier, Werner:*
Der Rangrücktritt - Bestandsaufnahme und Auswirkungen des MoMiG im Handelsbilanz- und Steuerrecht, NZI 2007, S. 214 – 220

*Kanzler, Hans Joachim:*
Der steuerfreie Sanierungsgewinn nach dem UstAVermG. Weg frei für rückwirkende Anwendung, NWB 2019, S. 626 – 651

*ders.:*
Tod auf Raten – Steht die Steuerbefreiung des Sanierungsgewinns vor dem endgültigen Ableben?, FR 2008, S. 1116 – 1117

*ders.:*
Steuerbefreiung von Sanierungsgewinnen. Überblick zu den gesetzlichen Neuregelungen in § 3a und § 3c Abs. 4 EStG, NWB 2017, S. 2260 – 2275

*ders.:*
Irritationen um das Wahlrecht auf Sofortabschreibung. Neuregelung des Abzugs durch das

Wachstumsbeschleunigungsgesetz, NWB 2010, S. 746 – 752

*ders.:*
Behandlung von Sanierungsgewinnen; Steuerstundung und Steuererlass aus sachlichen Billigkeitsgründen (§§ 163, 222, 227 AO), FR 2003, S. 478 – 481

*ders.:*
§ 3a EStG, in: Einkommensteuergesetz, Online Kommentar, hrsg. v. Hans-Joachim Kanzler, Gerhard Kraft, Swen Oliver Bäuml, Franz Jürgen Marx, Frank Hechtner, Stephan Geserich, 8. Auflage August 2023 (zit.: *Kanzler,* in: Kanzler/Kraft/Bäuml/Marx/Hechtner/Geserich, EStG § 3a Rn, 8. Aufl., Stand: 01.01.2023).

*Kautzmann, Frank:*
Ertragsteueroptimale Sanierungsstrategien für Kapitalgesellschaften (Diss.), Frankfurt am Main 2015 (zit.: Kautzmann, Ertragsteueroptimale Sanierungsstrategien für Kapitalgesellschaften, S.)

*Kellersmann, Dietrich; Pannewig, Yvonne:*
Darlehen im Konzern in Zeiten der Wirtschaftskrise aus steuerlicher Sicht, Ubg 2009, S. 848 – 862

*Kempny, Simon:*
Gedanken zum Leistungsfähigkeitsprinzip Rekonstruktion eines Schlüsselbegriffs als Beitrag zur Rationalisierung des Diskurses über Steuergerechtigkeit StuW 2021, S. 85 – 110

*Keuthen, Markus; Hübner, Rudolf:*
Vereinbarkeit des Sanierungserlasses mit dem Grundsatz der Gesetzmäßigkeit der Verwaltung; Anforderungen an einen Forderungsverzicht durch einen Gesellschafter. Aktuelle steuerliche Fragen bei Sanierungsgewinnen, FR 2015, S. 865 – 871

*Kirchhof, Ferdinand:*
Das Leistungsfähigkeitsprinzip nach dem Grundgesetz - Zustand und Zukunft, BB 2017, S. 662 – 667

*Kirchhof, Paul:*
Der verfassungsrechtliche Auftrag zur Besteuerung nach der finanziellen Leistungsfähigkeit, StuW 1985, S. 319 – 329

*ders.:*
Einleitung, in: Kirchhof/Seer Einkommensteuergesetz Kommentar, begr. von Paul Kirchhof, fortgef. v. Roman Seer, 22. Auflage 2023, Köln, Verlag Dr. Otto Schmidt (zit.: *Kirchhof,* in: Kirchhof/Seer EStG, 22. Aufl. 2023, Einleitung Rn.)

*ders.:*
Die Widerspruchsfreiheit im Steuerrecht als Verfassungspflicht, StuW 2000, S. 316 – 327

*Kischel, Uwe:*
Art. 3 GG, in: BeckOnline-Kommentar, Grundgesetz, hrsg. v. Volker Epping und Christian Hillgruber, 55. Edition, Stand: 15.05.2023, München 2023, C. H. BeckVerlag (zit.: *Kischel,* in: BeckOK-GG, 55. Ed. 15.5.2023, GG Art. Rn.)

*Kister, Jan-Hendrik:*
§ 11 EStG, in: Einkommensteuer- und Körperschaftsteuergesetz, Kommentar, begr. von Alfons Mrozek und Albert Kennerknecht; fortgef. v. Carl Hermann und Gerhard Heuer und Arndt Raupach, hrsg. v. Johanna Hey, Martin Klein und Michael Wendt, Köln, 319. Lieferung, 7/2023, Verlag Dr. Otto Schmidt (zit.: *Kister,* in: Herrmann/Heuer/Raupach, EStG/KStG, 319. Lieferung

07/2023, § Rn. )

*Klein, Martin:*
Rangrücktrittsvereinbarungen – als Sanierungsinstrument ein Auslaufmodell?, GmbHR 2005, S. 663 – 670

*Kleindiek, Detlef:*
§ 243 HGB, in: in: beck-online.Großkommentar Handelsgesetzbuch, Gesamtherausgeber Martin Henssler, hrsg. von André Dicken, Oliver Fehrenbacher, Joachim Hennrichs, Detlef Kleindiek und Christoph Watrin, Stand: 01.06.2022, München, C.H.Beck Verlag (zit.: *Kleindiek*, in: BeckOGK, 1.6.2022, HGB § Rn.).

*Kleine, Sebastian:*
Der Umtausch von Forderungen in Nennkapital (Diss.), Baden-Baden 2015, Nomos Verlag (zit.: *Kleine*, Debt-Equity-Swaps im Spiegel bilanzieller Sanierungsinstrumente, S.)

*Knebel, Andreas:*
Der Forderungsverzicht als Sanierungsmaßnahme, DB 2009, S. 1094 – 1097

*Knief, Peter:*
Die Voraussetzungen für den steuerfreien Sanierungsgewinn, DB 1986, S. 444 – 449

*Knobbe-Keuk, Brigitte:*
Rangrücktrittsvereinbarung und Forderungserlaß mit oder ohne Besserungsschein, StuW 1991, S. 306 – 323

*dies.:*
Bilanz- und Unternehmenssteuerrecht, Köln, 9. Aufl. 1993, Dr. Otto Schmidt Verlag (zit.: *Knobbe-Keuk*, Bilanz- und Unternehmenssteuerrecht, 9. Aufl. S.)

*dies.:*
in: 75 Jahre Reichsfinanzhof - Bundesfinanzhof Festschrift, Rechtsfortbildung als Aufgabe des obersten Steuergerichts; erlaubte und unerlaubte Rechtsfortbildung durch den Bundesfinanzhof, Bonn 1993, S. 303 – 324 (zit.: *Knobbe-Keuk*, in: Festschrift RFH BFH 1993, Rechtsfortbildung als Aufgabe des obersten Steuergerichts, S.)

*Kobor, Hagen:*
§ 3a EStG, in: Einkommensteuergesetz, Kommentar, begr. von Hartmut Söhn, hrsg. v. Paul Kirchhof, Rudolf Mellinghoff, Hanno Kube, Stand: 315. Aktualisierung, Juni 2021 (zit.: *Kobor*, in: Kirchhof/Söhn/Mellinghoff, EStG, 315. AL 6/2021, § 3a A 131 und A 132)

*Koch, Guido; De Bra, Peter:*
in: Insolvenzrechts-Handbuch, hrsg. v. Peter Gottwald und Ulrich Haas, 6. Auflage 2020, München, C.H. Beck Verlag (zit.: *Koch/de Bra*, in: Gottwald/Haas, Insolvenzrechts-Handbuch, 6. Aufl. 2020, Kapitel Abschnitt § Rn.)

*Koenig, Ulrich:*
§§ 3, 4 AO, in: AO Kommentar, hrsg. v. Ulrich Koenig, 4. Auflage, München 2021, C. H. Beck Verlag (zit.: *Koenig*, in Koenig AO, 4. Aufl. 2021, § Rn.)

*Korn, Christian B.:*
Steuerliche Charakterisierung von Rückflüssen aus Besserungsscheinen nach Übertragung der Geschäftsanteile, GmbHR 2007, 624 – 628

*Korn, Klaus; Strahl, Rudolf:*
§ 6 EStG, in: Einkommensteuergesetz Kommentar, hrsg. v. Klaus Korn, Rudolf Stahl und Martin Strahl, 145. Aktualisierungslieferung, Juni 2023, Bonn, Stollfuß Verlag (zit.: *Korn/Strahl*, in: Korn, EStG, 144. EL, Mai 2023, § Rn.)

*Kraft, Gerhard; Jochimsen, Claus:*
Normative Strukturen des internationalen gewerbesteuerlichen Schachtelprivilegs im tiefer gestuften Kapitalgesellschaftskonzern im einfachgesetzlichen, verfassungsrechtlichen und unionsrechtlichen Spiegel, IStR 2013, S. 334 – 338

*Kredig, Alexander:*
Das System der Besteuerung stiller Reserven bei Unternehmensumstrukturierungen (Diss.), Berlin 2013 (zit.: *Kredig,* Das System der Besteuerung stiller Reserven bei Unternehmensumstrukturierungen, 2013, S.)

*Kreplin, Georg:*
in: Münchener Anwaltshandbuch Insolvenz und Sanierung, hrsg. v. Jörg Nerlich, Georg Kreplin und Holger Rhode, 4. Auflage, München 2023 C. H. Beck Verlag (zit.: *Kreplin,* in: Nerlich/ Kreplin/Rhode, Münchener Anwaltshandbuch Insolvenz und Sanierung, 4. Aufl. 2023, § Rn.)

*Kroniger, Axel; Korb, Markus:*
Die Handhabung von Sanierungsgewinnen vor und nach dem Urteil des Finanzgerichts München vom 12.12.2007, BB 2008, S. 2656 – 2658

*Kroschel, Jörg:*
Rechtskritische Anmerkungen zur steuerlichen Behandlung von Sanierungsgewinnen, DStR 1999, S. 1383 – 1388

*Kroth, Harald:*
§ 88 InsO, in: Insolvenzordnung Kommentar, hrsg. v. Eberhard Braun, 9. Auflage, München 2022, C.H. Beck Verlag (zit.: *Kroth,* in: Braun InsO, 9. Aufl. 2022, § Rn.)

*Krüger, Christiane:*
Die Übertragung von Wirtschaftsgütern bei Personengesellschaften (Diss.), Baden-Baden, Berlin 2019, Nomos Verlag (zit.: *Chr. Krüger*, Die Übertragung von Wirtschaftsgütern bei Personengesellschaften, 2019, S.)

*Krüger, Elmar:*
Johannes von Miquel und seine Bedeutung für das geltende Einkommensteuerrecht, NJW 2015, S. 732 – 735

*Krumbholz, Marcus:*
in: Unternehmenssanierung, hrsg. von Michael Thierhoff und Renate Müller, 3. Aufl. 2022 (zit.: *Krumbholz*, in: Thierhoff/Müller, Unternehmenssanierung, 2. Aufl. 2022, 5. Kapitel, II, 6. Forderungsverzicht Rn.)

*Krumm, Marcel:*
Sanierungsgewinne und Gewerbesteuer - Kritische Anmerkungen zur kommunalen und verwaltungsgerichtlichen Praxis -, DB 2015, S. 2714 – 2719

*ders.:*
§ 3a EStG, in: Kirchhof/Seer Einkommensteuergesetz Kommentar, begr. von Paul Kirchhof, fortgef. v. Roman Seer, 22. Auflage 2023, Verlag Dr. Otto Schmidt (zit.: *Krumm*, in: Kirchhof/Seer EStG, 22. Auflage 2023, § Rn.)

*ders.:*
§ 3a, § 5, § 6 EStG, in: Ertragsteuerrecht, Kommentar zum Einkommensteuergesetz, Körperschaftsteuergesetz, Gewerbesteuergesetz, Umwandlungssteuergesetz und Nebengesetze, hrsg. v. Peter Brandis und Bernd Heuermann, Loseblattsammlung, München, 167. EL Mai 2023, Verlag Franz Vahlen. (zit.: *Krumm*, in: Brandis/Heuermann, EStG, 167. EL Mai 2023, EStG § Rn.)

*Kruse, Heinrich Wilhelm:*
Die Einkommensteuer und die Leistungsfähigkeit des Steuerpflichtigen, in Festschrift für Karl Heinrich Friauf zum 65. Geburtstag, 1996, S. 793 - 807
(zit.: *Kruse,* Festschrift für Friauf, 1996, S.)

*ders.:*
Über die Gleichmäßigkeit der Besteuerung, StuW 1990, S. 322 ff.

*Kube, Hanno:*
Art. 105 GG, in: BeckOnline-Kommentar, Grundgesetz, hrsg. v. Volker Epping und Christian Hillgruber, 55. Edition, Stand: 15.05.2023, München 2023, C. H. BeckVerlag (zit.: *Kube,* in: BeckOK-GG, 55. Ed. 15.5.2023, GG Art. Rn.)

*Kubik, Nikolaj; Münch, Christian:*
Bilanzielle Auswirkungen eines Forderungsverzichts auf Gesellschafterdarlehen bei Personengesellschaften nach Handels- und Steuerrecht, BB 2022, S. 555 – 559

*Kühneck, Andreas:*
Die steuerliche Behandlung der Sanierungsgewinne gemäß § 3 Nr. 66 EStG, (Diss.), 1998 (zit.: *Kühneck,* Die steuerliche Behandlung der Sanierungsgewinne gemäß § 3 Nr. 66 EStG, 1998, S.)

*Kulosa, Egmont:*
§ 6, § 7g EStG, in: Schmidt, Einkommensteuergesetz, Kommentar, begr. von Ludwig Schmidt, hrsg. von Heinrich Weber-Grellet, 42. Aufl. 2023 (zit.: *Kulosa,* in: Schmidt, 42. Aufl. 2023, EStG § Rn.)

*Kummer, Wolfgang:*
Steuerliche Wahlrechte (Diss.), Berlin 1986 (zit.: *Kummer,* Steuerliche Wahlrechte, 1966, S.)

*Kußmaul, Heinz; Weiler, Dennis:*
Bilanzsteuerliche Abschreibungswahlrechte für sog. „Geringwertige Wirtschaftsgüter", GmbHR 2011, S. 169 – 173

*Lachmann, Andreas:*
in: Münchener Anwaltshandbuch Insolvenz und Sanierung, hrsg. v. Jörg Nerlich, Georg Kreplin und Holger Rhode, München, 4. Auflage 2023, C.H. Beck Verlag *(zit.: Lachmann,* in: Nerlich/Kreplin/Rhode, Münchener Anwaltshandbuch Insolvenz und Sanierung, 4. Aufl. 2023, § Rn.)

*Lampe, Holger; Breuer, Clarissa; Hotze, Simon*
Erfahrungen mit § 3a EStG im Rahmen eines Insolvenzplanverfahrens -unter Einholung einer verbindlichen Auskunft, DStR 2018, S. 173 – 178

*Lampert, Steffen:*
in: Körperschaftsteuergesetz, Kommentar, hrsg. v. Dietmar Gosch, 4. Auflage 2020, C.H. Beck Verlag (zit: *Lampert,* in: Gosch, KStG, 4. Aufl. 2020 § Rn.)

*Lang, Joachim:*
Konkretisierungen und Restriktionen des Leistungsfähigkeitsprinzips, in: Festschrift für Heinrich Wilhelm Kruse, Köln 2001 (zit.: *Lang,* Konkretisierungen und Restriktionen, in FS für H.W. Kruse, 2001, S.)

*ders.:*
Systematisierung der Steuervergünstigungen, Berlin 1974 Duncker & Humblot Verlag (zit.: *Lang,* Systematisierung der Steuervergünstigungen, 1974, S.)

*ders.:*
Die Bemessungsgrundlage der Einkommensteuer (Habil.), 1988, Dr. Otto Schmidt Verlag (zit.: *Lang,* Die Bemessungsgrundlage der Einkommensteuer, 1988, S.)

*Lange, Christian:*
75 Jahre Teilwert. Gegenwart und Zukunft des Teilwertbegriffs vor dem Hintergrund seiner Geschichte (Diss.), Berlin 2011, Verlag Duncker & Humblot (zit.: *Lange,* Teilwert, 2011, S.)

*Lechthape, Heinrich:*
Die Frage der Steuergerechtigkeit, 1920, Herder Verlag (zit.: *H. Lechtape,* Die Frage der Steuergerechtigkeit, 1920, S.)

*Lehner, Moris:*
Einkommensteuerrecht und Sozialhilferecht. Bausteine zu einem Verfassungsrecht des sozialen Steuerstaates, 1993, Mohr Siebeck Verlag (zit.: *Lehner,* Einkommensteuerrecht und Sozialhilferecht, 1993, S.)

*Leisner-Egensperger, Anna:*
Die Folgerichtigkeit – Systemsuche als Problem für Verfassungsbegriff und Demokratiegebot, DöV 2013, S. 533 – 539

*Leisner, Walter:*
Von der Leistung zur Leistungsfähigkeit - die soziale Nivellierung. Ein Beitrag wider das Leistungsfähigkeitsprinzip, StuW 1983, S. 97 ff.

*ders.:*
Der Gleichheitsstaat Macht durch Nivellierung, Berlin 1980 (zit.: *Leisner,* Der Gleichheitsstaat, 1980, S.)

*Leithaus, Rolf; Schaefer, Thiemo:*
Rangrücktrittsvereinbarungen zur Vermeidung der Überschuldung anno 2010 – Unter welchen Voraussetzungen lässt sich eine Rangrücktrittsvereinbarung aufheben?, NZI 2010, S. 844 – 849

*Leithaus, Rolf:*
§ 19 InsO, in: Insolvenzordnung, Kommentar, hrsg. v. Dirk Andres, Rolf Leithaus, Michael Dahl, 4. Auflage, München 2018, C. H. Beck Verlag (zit.: *Leithaus,* in: Andres/Leithaus 4. Aufl. 2018, InsO § Rn.)

*Lenger-Bauchowitz, Norman:*
Anmerkung zu BFH, Beschluss vom 27.11.2020 – X B 63/20, NZI 2021, 591 – 593

*Levedag, Christian:*
§ 3a EStG, in: Schmidt, Einkommensteuergesetz, Kommentar, begr. von Ludwig Schmidt, hrsg. von Heinrich Weber-Grellet, 42. Aufl. 2023 (zit.: *Levedag,* in: Schmidt, 42. Aufl. 2023, EStG § Rn.)

*Ley, Ursula:*
in: Handbuch des Jahresabschlusses, Bilanzrecht nach HGB, EStG und IFRS, hrsg. v. Joachim Schulze-Osterloh, Joachim Hennrichs, Jens Wüstemann, 82. Lieferung 09.2022, Köln, Dr. Otto Schmidt Verlag (zit.: *Ley*, in: Schulze-Osterloh/Hennrichs/Wüstemann, Handbuch des Jahresabschlusses, 82. Lief. 09.2022, Abt. 4. Rn.)

*dies.:*
Ertragsbrennpunkte bei der Liquidation einer GmbH & Co. KG, KÖSDI 2005, 14815 - 14825

*Littmann, Konrad:*
Ein Valet dem Leistungsfähigkeitsprinzip. In: Theorie und Praxis des finanzpolitischen Interventionismus. Festschrift für Fritz Neumark zum 70. Geburtstag, hrsg. von Heinz Haller, Lore Kullmer, Carl S. Shoup, Herbert Timm, Tübingen, 1970, J.C.B. Mohr (Paul Siebeck), Tübingen, S. 113 - 134 (zit.: *Littmann*, Ein Valet dem Leistungsfähigkeitsprinzip, in Festschrift für Neumark, 1970, S.)

*Loose, Matthias:*
§ 233a AO, in: Abgabenordnung, Finanzgerichtsordnung, Kommentar Loseblattsammlung, Köln, Dr. Otto Schmidt Verlag, 176. Ergänzungslieferung 2023 (zit.: *Loose*, in: Tipke/Kruse, AO/FGO, 176. Lieferung 07.2023, AO § Rn.)

*ders.:*
Wegfall des Verschonungsabschlags bei der ErbSt im Fall der Insolvenz einer KG, DB 2021, S. 366 - 368

*Lorenz, Stephan:*
Grundwissen - Zivilrecht: Schuldübernahme, Erfüllungs- und Vertragsübernahme, Jus 2019, S. 424 - 426

*Loschelder, Friedrich:*
Zinslose Steuerstundung für Reinvestitionen in das Betriebsvermögen einer EU-/EWR-Betriebsstätte. Überlegungen zu § 6b Abs. 2a EStG (Steueränderungsgesetz 2015), DStR 2016, S. 9 - 13

*Ludwig, Stefan:*
§ 1, in: Insolvenzordnung Kommentar, hrsg. v. Eberhard Braun, 9. Auflage München 2022, C.H. Beck Verlag (zit.: *Ludwig*, in: Braun InsO, 9. Aufl. 2022, § Rn.)

*Lüdicke, Jürgen; Braunagel, Ralf U.; Brink, Thomas:*
In: Verluste im Steuerrecht, Baden-Baden, 2010, Nomos Verlag (zit.: *Lüdicke/Brink/Braunagel*, in: Verluste im Steuerrecht, 2010, S.)

*Lüer, Hans-Jochem; Streit, Georg:*
§ 220, in: Insolvenzordnung Kommentar, hrsg. v. Heribert Hirte und Heinz Vallender, Band 1: InsO, 15. Auflage 2019, München Franz Vahlen Verlag (zit.: *Lüer/Streit*, in: Uhlenbruck InsO, 15. Aufl. 2019, § Rn.)

*Maiterth, Ralf; Müller, Heiko:*
Abbau von Steuervergünstigungen durch Einschränkungen bei der Fortführung eines körperschaftsteuerlichen Verlustvortrags? StuB 2003, S. 254 - 261

*Marchal, Hendrik:*
§ 6b EStG, in: Einkommensteuer- und Körperschaftsteuergesetz, Kommentar, begr. von Alfons Mrozek und Albert Kennerknecht; fortgef. v. Carl Hermann und Gerhard Heuer und Arndt Raupach, hrsg. v. Johanna Hey, Martin Klein und Michael Wendt, Köln, 319. Lieferung, 7/2023, Verlag Dr. Otto Schmidt (zit.: *Marchal,* in: Herrmann/Heuer/Raupach, EStG/KStG, 319. Lieferung 07/2023, § Rn.)

*Marongiu, Gianni:*
Steuerzahlung und steuerliche Leistungsfähigkeit in Italien. Artikel 53 der italienischen Verfassung im Lichte der Rechtsprechung des italienischen Verfassungsgerichts, StuW 1984, S. 96 – 112

*Marx, Franz Jürgen:*
Verdeckte Einlagen als Problemfälle der Rechnungslegung und Besteuerung, FR 1995, S. 453 – 460

*Meilicke, Wienand; Pohl, Dirk:*
Die Forderungseinlage bei sanierungsbedürftigen Kapitalgesellschaften, FR 1995, S. 877 – 892

*Mertzbach, Markus:*
Die Behandlung der Sanierungskosten im Rahmen des sog. Sanierungserlasses. Ermessensgerechte Auslegung oder Ermessensfehlgebrauch der Finanzverwaltung?, DStR 2014, 172 – 179

*Meyer, André:*
Steuerliches Leistungsfähigkeitsprinzip und zivilrechtliches Ausgleichssystem zum zivilrechtlichen Ausgleich von Steuerfolgen (Habil.), Köln 2013, Verlag Dr. Otto Schmidt (zit.: *A. Meyer,* Steuerliches Leistungsfähigkeitsprinzip und zivilrechtliches Ausgleichssystem, 2013, S.)

*Meyering, Stephan; Brodersen, Jan; Gröne, Matthias:*
Außerplanmäßige Abschreibung im Steuerrecht: Alter Wein in neuen Schläuchen. Darstellung und Analyse des BMF-Schreibens v. 2.9.2016, DStR 2017, S. 1175 – 1181

*Michels, Rolf:*
Steuerliche Wahlrechte. Analyse der außerbilanziellen steuerlichen Wahlrechte (Rechtswahlmöglichkeiten), ihre Zuordnung zu Entscheidungsträgern und Entwicklung von Entscheidungshilfen (Diss.), Wiesbaden 1982, Gabler Verlag (zit.: *Michels,* Steuerliche Wahlrechte, 1982, S.)

*Mick, Marcus; Dyckmans, Jan; Klein, Christoph:*
Ertragsteuerliche Maßnahmen zur Bekämpfung der Corona-Pandemie, COVuR 2020, S. 235 – 245

*Mitschke, Wolfgang:*
Anmerkung zu FG Münster Abweichende Steuerfestsetzung aus Billigkeitsgründen wegen eines Sanierungsgewinns – rechtlicher Hinweis nach § 76 Abs. 2 FGO, FR 2014, S. 661 – 664

*Mock, Sebastian:*
§ 1 StaRUG: Beck'sche Online-Kommentare zum StaRUG, hrsg. v. Dominik Skauradszun und Alexander Fridgen, 9. Ed. 1.7.2023, StaRUG (zit.: *Mock,* in: BeckOK StaRUG, 9. Ed. 1.7.2023, § Rn.)

*ders.:*
§ 19, in: Insolvenzordnung Kommentar, hrsg. v. Heribert Hirte und Heinz Vallender, Band 1: InsO, 15. Auflage 2019, München (zit.: *Mock,* in: Uhlenbruck InsO, 15. Aufl. 2019, § Rn.)

*Möhlenbrock, Rolf; Gragert, Katja:*
Reform der Besteuerung von Sanierungsgewinnen/-erträgen, FR 2017, S. 994 – 997

*Mönning, Rolf-Dieter:*
§ 17, § 19 InsO, in: Insolvenzordnung (InsO), Kommentar, hrsg. v. Jörg Nerlich und Volker Römermann, 47. Ergänzungslieferung, März 2023, München, C.H. Beck Verlag (zit.: *Mönning*, in Nerlich/Römermann, InsO, 47. EL Mai 2023, § Rn.)

*Mückl, Norbert:*
Der Debt-Equity-Swap als Sanierungsinstrument im Steuerrecht, FR 2009, S. 497 – 506

*Mujkanovic, Robin:*
Going Concern durch nicht direkt das Eigenkapital verändernde Maßnahmen Bewertung vor dem Hintergrund der handelsrechtlichen Bilanzierung, StuB 2014, S. 373 – 379

*Müller-Franken, Sebastian:*
Das Verbot des Abzugs der Zuwendung von Vorteilen nach dem Jahressteuergesetz 1996. Verfassungsprobleme einer Durchbrechung des objektiven Nettoprinzips, StuW 1997, S. 3 – 23

*Müller, Welf:*
Bilanzierung des qualifizierten Rangrücktritts, BB 2016, S. 491 – 494

*Nagel, Florian:*
Die Sanierungsfeindlichkeit des deutschen Unternehmenssteuerrechts (Diss.), Baden-Baden 2015 Nomos Verlag (zit.: *Nagel,* Die Sanierungsfeindlichkeit, 2015, S.)

*Neu, Norbert:*
Der Forderungsverzicht durch den GmbH-Gesellschafter aus steuerlicher Sicht, GmbH-StB 1998, S. 131 – 138

*Neumann, Steffen:*
in: Abgabenordnung/Finanzgerichtsordnung, Kommentar, hrsg. v. Dietmar Gosch, Andreas Hoyer, Albert Beermann, Loseblattsammlung, 176. Ergänzungslieferung, August 2023, Stollfuß Verlag (zit.: *Neumann*, in: Gosch, AO/FGO, 176. EL, August 2023, § 3 AO Rn. 30)

*Neumark, Fritz:*
Grundsätze gerechter und ökonomisch rationaler Steuerpolitik, Tübingen 1970, Mohr Siebeck (zit.: *Neumark,* Grundsätze gerechter und ökonomisch rationaler Steuerpolitik, 1970, S.)

*Niehus, Ulrich; Wilke, Helmuth:*
§ 6 EStG: in: Einkommensteuer- und Körperschaftsteuergesetz, Kommentar, begr. von Alfons Mrozek und Albert Kennerknecht; fortgef. v. Carl Hermann und Gerhard Heuer und Arndt Raupach, hrsg. v. Johanna Hey, Martin Klein und Michael Wendt, Köln, 319. Lieferung, 7/2023, Verlag Dr. Otto Schmidt (zit.: *Niehus/Wilke,* in: Herrmann/Heuer/Raupach, EStG/KStG, 319. Lieferung 07/2023, § Rn.)

*Oellerich, Ingo:*
§ 27 KStG, in: Ertragsteuerrecht, Kommentar zum Einkommensteuergesetz, Körperschaftsteuergesetz, Gewerbesteuergesetz, Außensteuergesetz, Investmentsteuergesetz, Umwandlungssteuergesetz und Nebengesetze, hrsg. v. Peter Brandis und Bernd Heuermann, Loseblattsammlung, München, 167. EL Mai 2023, Verlag Franz Vahlen (zit.: *Oellerich,* in: Brandis/Heuermann, KStG, 167. EL Mai 2023, § Rn.)

*Orth, Manfred:*

Bewertung verdeckter Einlagen durch Verzicht auf nicht vollwertige Forderungen, FR 1994, S. 251 - 252

*Ortheil, Joachim:*
Rechtmäßigkeit eines typisierenden Zinssatzes, BB 2012, S. 1513 - 1518

*Oser, Peter:*
Auflösung von Verbindlichkeiten mit Rangrücktritt in Handels- und Steuerbilanz, Zugleich Anmerkungen zum BGH-Urteil v. 5.3.2015 - IX ZR 133/14, DStR 2017, S. 1889 - 1893

*Ott, Hans:*
Offene Fragen zur steuerlichen Behandlung des Forderungsverzichts mit Besserungsabrede, DStR 2023, S. 1569 - 1578

*Paus, Bernhard:*
Forderungsverzicht gegen Besserungsschein, insbesondere bei späterem Verkauf der GmbH-Anteile, GmbHR 2004, 1568 - 1572

*Payandeh, Mehrdad:*
Das Gebot der Folgerichtigkeit: Rationalitätsgewinn oder Irrweg der Grundrechtsdogmatik?, AöR 2011, S. 578 - 615

*Pelz, Christian:*
In: Corporate Compliance, Handbuch der Haftungsvermeidung im Unternehmen, hrsg. von Christoph E. Hauschka, Klaus Mossmayer, Thomas Lösler, 3. Aufl., München 2016, C.H. Beck Verlag (zit.: *Pelz*, in: Hauschka/Moosmayer/Lösler, Corporate Compliance, 3. Aufl. 2016, § Rn.)

*Pflugbeil, Antje:*
Steuerliche Auswirkungen von Sanierungsmaßnahmen bei Kapitalgesellschaften: Forderungsverzicht des Anteilseigners mit und ohne Besserungsschein, Rangrücktrittsvereinbarung und andere Gestaltungsmöglichkeiten (Diss.), Aachen 2006, Shaker Verlag (zit.: *Pflugbeil*, Steuerliche Auswirkungen von Sanierungsmaßnahmen, 2006, S.).

*Piekenbrock, Andreas:*
Die Überschuldung als Insolvenzeröffnungsgrund in Europa, KTS 2017, S. 333 - 363

*Pöschke, Moritz:*
Bilanzierung und Besteuerung von Forderungserlass und Rangrücktritt zur Sanierung von Kapitalgesellschaften, NZG 2017, S. 1408 - 1419

*Prinz, Markus:*
Die Besteuerung der Schuldbefreiung Schuldübernahme, Schuldbeitritt und Erfüllungsübernahme im steuerlichen Vergleich, FR 2011, S. 445 - 551

*Prinz, Ulrich:*
Steuerliche Grundlagen der Finanzierung von Personengesellschaften, FR 2019, S. 789 - 800

*ders.:*
Anwendungsfragen des Korrespondenzprinzips bei Mitunternehmerschaften, FR 2018, S. 493 - 498

*Pupeter, Alexander:*
§ 2 UmwSG, in: OK UmwStG - e Kommentar, hrsg. v. Siegfried Widmann und Peter Bauschatz, 2023, Stollfuß Verlag (zit.: *Pupeter*, in: UmwStG - eKommentar, § Rn.)

*Pyszka, Tillmann:*
Forderungsverzicht des Gesellschafters gegenüber seiner Personengesellschaft, BB 1998, S. 1557 – 1562

*Radbruch, Gustav:*
Rechtsphilosophie I, 1987, C.F. Müller Verlag (zit.: *Radbruch*, Rechtsphilosophie, S.)

*Ratschow, Eckart:*
§ 2 EStG, in: Ertragsteuerrecht, Kommentar zum Einkommensteuergesetz, Körperschaftsteuergesetz, Gewerbesteuergesetz, Außensteuergesetz, Investmentsteuergesetz, Umwandlungssteuergesetz und Nebengesetze, hrsg. v. Peter Brandis und Bernd Heuermann, Loseblattsammlung, München, 167. EL Mai 2023, Verlag Franz Vahlen. (zit.: *Ratschow*, in: Brandis/Heuermann, EStG, 167. EL Mai 2023, EStG § Rn. )

*Rautenberg, Hans Günter; Schaufenberg, Stefan:*
Die steuerliche Behandlung des Darlehenserlasses mit Besserungsvereinbarung, DB 1995, S. 1345 – 1353

*Reddig, Jens:*
BMF klärt Zweifelsfragen zum neuen Investitionsabzugsbetrag. Anmerkungen zum BMF-Schreiben vom 20.3.2017, NWB 2017, S. 2022 – 2030

*Reil, Stephanny:*
Leistungs- und Verlustfähigkeit das Leistungsfähigkeitsprinzip und das System des Verlustausgleichs im deutschen Einkommensteuerrecht (Diss.), Frankfurt am Main 2003, Peter Lang Verlag (zit.: *Reil*, Leistungs- und Verlustfähigkeit, 2003, S.)

*Rengers, Jutta:*
§ 8 KStG, in: Ertragsteuerrecht, Kommentar zum Einkommensteuergesetz, Körperschaftsteuergesetz, Gewerbesteuergesetz, Außensteuergesetz, Investmentsteuergesetz, Umwandlungssteuergesetz und Nebengesetze, hrsg. v. Peter Brandis und Bernd Heuermann, Loseblattsammlung, München, 167. EL Mai 2023, Verlag Franz Vahlen. (zit.: *Rengers*, in: Brandis/Heuermann, KStG, 167. EL Mai 2023, § Rn.)

*Rensmann, Thilo:*
Wertordnung und Verfassung das Grundgesetz im Kontext grenzüberschreitender Konstitutionalisierung, (Habil.), Tübingen 2007, Mohr Siebeck Verlag (zit.: *Rensmann*, Wertordnung und Verfassung, S.)

*Richter, Iris:*
Der Sanierungsgewinn im Steuerrecht (Diss.), Mainz 1967 (zit.: *Richter*, Der Sanierungsgewinn im Steuerrecht, 1967, S.)

*Rieble, Volker:*
§ 397 BGB, in: Julius von Staudinger, Kommentar zum Bürgerlichen Gesetzbuch mit Einführungsgesetz und Nebengesetzen, Neubearbeitung, Köln 2022, Band 2: Recht der Schuldverhältnisse, Dr. Otto Schmidt Verlag 2022 (zit.: *Rieble*, in: Staudinger (2022) BGB § Rn.)

*Riedmaier, Karl:*
Das Prinzip der Leistungsfähigkeit und der Einkommensteuertarif, DStR 1976, 359 ff.

*Riese, Kai-Uwe:*
§ 88 VWGO, in: Verwaltungsrecht, hrsg. v Friedrich Schoch, Jens-Peter Schneider, 43. EL, München 2022, C.H. Beck Verlag (zit.: *Riese*, in: Schoch/Schneider, VWGO, 43. EL 2022, § Rn.)

*Robbers, Gerhard:*
Gerechtigkeit als Rechtsprinzip. Über den Begriff der Gerechtigkeit in der Rechtsprechung des Bundesverfassungsgerichts (Diss.), Baden-Baden 1980, Nomos Verlag (zit.: *Robbers,* Gerechtigkeit als Rechtsprinzip, 1980, S.)

*Rodi, Michael:*
Die Rechtfertigung von Steuern als Verfassungsproblem. Dargestellt am Beispiel der Gewerbesteuer (Diss.), München 1994 (zit.: Rodi, Die Rechtfertigung von Steuern als Verfassungsproblem, 1994, S.)

*Rödder, Thomas:*
Einführung in das UmwStG, in: Umwandlungssteuerrecht, Kommentar, begr. und hrsg. von Thomas Rödder, Andreas Herlinghaus und Ingo van Lishaut UmwStG, 3. Auflage, Köln 2019, Verlag Dr. Otto Schmidt (zit.: *Rödder,* in: Rödder/Herlinghaus/van Lishaut, UmwStG, 2. Aufl., Einführung in das UmwStG, Rn.)

*Römermann, Volker:*
Neues Insolvenz- und Sanierungsrecht durch das ESUG, NJW 2012, S. 645 – 652

*Roser, Frank:*
Unzureichende Systematik bei Gesellschafterforderungen – Notwendigkeit des Umdenkens, Ubg 2011, S. 113 – 120

*ders.:*
Gesellschaftereinlagen im Lichte des Beschlusses des Großen Senats des BFH v. 9.6.1997 – 1 GrS 1/94, GmbHR 1998, S. 301 – 30

*ders.:*
in: Körperschaftsteuergesetz, Kommentar, hrsg. v. Dietmar Gosch, 4. Auflage 2020, C.H. Beck Verlag (zit: *Roser,* in: Gosch, KStG, 4. Aufl. 2020, KStG § Rn.)

*Roth, Jan:*
Notwendige steuerrechtliche Rahmenbedingungen für das vorinsolvenzliche Restrukturierungsverfahren. Zur Richtlinie (EU) 2019/1023 des Europäischen Parlaments und des Rates v. 20.6.2019, NZI-Beilage 2019, S. 51 – 53

*Salm-Hoogstraeten, Constantin:*
§ 19, in: Insolvenzordnung Kommentar, hrsg. v. Eberhard Braun, 9. Auflage München 2022, C.H. Beck Verlag (zit.: *Salm-Hoogstraeten,* in: Braun InsO, 9. Aufl. 2022, § Rn.)

*Schaden, Michael:*
Die Steuervergünstigung als staatliche Leistung – Finanzverfassung und Gleichheitssatz (Diss.), Sinzheim 1998 Pro Universitate Verlag (zit.: *Schaden,* Die Steuervergünstigung, 1998, S.)

*Schaumburg, Heike; Schaumburg, Harald:*
Steuergerechtigkeit in der Zeit, StuW 2013, S. 61 – 71

*Schießl, Harald:*
§ 6b EStG, in: Ertragsteuerrecht, Kommentar zum Einkommensteuergesetz, Körperschaftsteuergesetz, Gewerbesteuergesetz, Außensteuergesetz, Investmentsteuergesetz, Umwandlungssteuergesetz und Nebengesetze, hrsg. v. Peter Brandis und Bernd Heuermann, Loseblattsammlung, München, 167. EL Mai 2023, Verlag Franz Vahlen. (zit.: *Schießl,* in: Brandis/Heuermann, EStG, 167. EL Mai 2023, § Rn.)

*Schildknecht, Urs:*

Passivierungsverbote nach Rangrücktrittsvereinbarungen, DStR 2005, S. 181 – 184

*Schillerwein, Daniel:*
Debt-Equity-Swaps im Spiegel bilanzieller Sanierungsinstrumente, Berlin 2014, Duncker & Humblot (zit.: *Schillerwein*, Debt-Equity-Swaps im Spiegel bilanzieller Sanierungsinstrumente, 2014, S.)

*Schlagheck, Markus:*
Verzicht des Gesellschafters auf eine wertgeminderte Forderung gegen seine GmbH, GmbHR 2000, S. 363 – 371

*Schlotter, Carsten:*
Teilwertabschreibung und Wertaufholung zwischen Steuerbilanz und Verfassungsrecht (Diss.), Köln, 2005, Dr. Otto Schmidt Verlag (zit.: *Schlotter,* Teilwertabschreibung und Wertaufholung, 2005, S.)

*Schluck-Amend, Alexandra:*
in: Münchner Anwaltshandbuch GmbH-Recht, hrsg. von Volker Römermann, 4. Auflage, München 2018 (zit.: *Schluck-Amend,* in: Römermann, Münchener Anwaltshandbuch GmbH-Recht, 4. Aufl. 2018, § Rn.)

*Schlüter, Martin:*
§ 397 BGB, in: Münchener Kommentar zum BGB, Band III, hrsg. v. Franz Jürgen Säcker, Roland Rixecker, Hartmut Oetker, Bettina Limperg, 8. Auflage München 2019 (zit.: *Schlüter,* in: MüKoBGB, Band 3, 9. Aufl. 2022, § Rn.)

*Schmidt, Jens M.:*
Der Debt Equity Swab als Sanierungsinstrument im Fokus des Gesetzgebers, GWR 2010, S. 568 – 571

*Schmidt, Karsten; Herchen, Axel:*
§ 17, § 39 InsO, in: Insolvenzordnung, Kommentar, hrsg. v. Karsten Schmidt, 20. Auflage 2023 (zit.: *K Schmidt/Herchen,* in: K. Schmidt InsO, 20. Aufl. 2023, InsO § Rn.)

*Schmidt, Karsten:*
Der unspezifizierte Rangrücktritt: unerfüllte Bringschuld des Insolvenz- und des Steuerrechts, BB 2016, S. 2 – 5

*ders.:*
Eigenkapitalersatz und Überschuldungsfeststellung, Ein Diskussionsbeitrag gegen Fehlschlüsse aus der Insolvenzordnung, GmbHR 1999, S. 9 – 15

*Schmidt, Lutz; Hageböke, Jens:*
Schuldübernahmen als Sanierungsinstrument zur Nutzung von steuerlichen Verlustvorträgen im Konzern. Gestaltungsmöglichkeiten nach dem BFH-Beschluss vom 20. 12. 2001, I B 74/01, DStR 2002, S. 2150 – 2155

*Schmitt, Joachim:*
Der Grundsatz der Besteuerung nach der Leistungsfähigkeit bei der Umwandlung einer Kapital- in eine Personengesellschaft, StuW 2018, S. 147 – 156

*Schmittmann, Jens M.:*
Sanierung und Sanierungsmoderation, DZWIR 2021, S. 436 – 442

*Schmitz, Daniel; Bünemann, Jakob:*

Die Auswirkungen des SanInsKG auf die Fortbestehensprognose. Zum Sanierungs- und insolvenzrechtlichen Krisenfolgenabmilderungsgesetz – SanInsKG, NZI 2022, S. 969 – 970

*Schmitz, Michaela:*
Bilanzierungskonkurrenzen bei Sonderbetriebsvermögen. Grundprinzipien der Zuordnung, NWB 2010, S. 426 – 431

*Schneider, Dieter:*
Grundzüge der Unternehmensbesteuerung, Wiesbaden 1996 (zit.: *Schneider,* Grundzüge der Unternehmensbesteuerung, 1996, S.)

*Schön, Wolfgang:*
Die zivilrechtlichen Voraussetzungen steuerlicher Leistungsfähigkeit, StuW 2005, S. 247 – 255

*Schoor, Hans Walter:*
Unternehmensteuerreformgesetz 2008: Investitionsabzugsbeträge und Sonderabschreibungen zur Förderung kleiner und mittlerer Betriebe, StuB 2007, S. 301 – 307

*Schreiber, Horst:*
Sanierung, Sanierungsgewinn, Besserungsverpflichtung und – Leistungen im Steuerrecht (Diss.), Düsseldorf 1958 (zit.: *Schreiber,* Sanierungsgewinn, 1958, S.)

*Schubert, Daniela:*
Der Ansatz von gewissen und ungewissen Verbindlichkeiten in der HGB-Bilanz (Diss.), Düsseldorf 2007 (zit.: *D. Schubert,* Der Ansatz von gewissen und ungewissen Verbindlichkeiten in der HGB-Bilanz, 2007, S.)

*Schult, Eberhard; Richter, Heiner:*
Wider den Teilwert – eine Schimäre des Steuerrechts, DStR 1991, S. 1261 – 1265

*Schulz, Patrick:*
Der Debt Equity Swap in der Insolvenz (Diss.), Berlin 2015, Verlag Duncker & Humblot (zit.: *Schulz,* Der Debt Equity Swap in der Insolvenz, 2015, S.)

*Schulze-Osterloh, Joachim:*
Forderungsverzicht des Gesellschafters einer Kapitalgesellschaft in der Krise Ausweis in der Handelsbilanz und in der Steuerbilanz, NZG 2017, S. 641 – 645

*Schüppen, Matthias:*
Der Große Senat des BFH zum Sanierungserlass – Steuerrechtliche Systematik trifft auf erfolgreiche Interessenvertretung - Zugleich Besprechung BFH v. 28. 11. 2016 – GrS 1/15 (ZIP 2017, 338), ZIP 2017, S. 752 – 761

*Schwenker, Jörg; Fischer, Carola:*
Restrukturierungsmaßnahmen in der Krise der GmbH, DStR 2010, S. 1117 – 1121

*Seer, Roman:*
Neuregelung der Vollverzinsung – kritische Reflexion des 2. AOÄndG, DB 2022, S. 1795 – 1803

*ders.:*
Steuervereinfachung – Postulat des Rechts, BB 2021, S. 1433 – 1439

*ders.:*
Geldwert und Steuern, Inflation und Niedrigzins als Herausforderungen für den Steuergesetzgeber, StuW 2019, S. 212 – 224

*ders.:*
Gesetzliche Verankerung der ertragsteuerlichen Freistellung von sog. Sanierungsgewinnen, DB 2017, S. M5

*ders.:*
Insolvenz, Sanierung und Ertragsteuern - verfassungs- und europarechtliche Überlegungen, FR 2014, S. 721 – 731

*ders.:*
Der sog. Sanierungserlass vom 27.3.2003 als Rechtsgrundlage für Maßnahmen aus sachlichen Billigkeitsgründen, FR 2010, S. 306 – 311

*ders.:*
Abschlussbericht der Kommission zur Harmonisierung von Insolvenz- und Steuerrecht, DStR-Beihefter 2014, S. 117 – 136

*ders.:*
In: Gestaltungsmissbrauch und Gestaltungsfreiheit im Steuerrecht, hrsg. v. Rainer Hüttemann; Gestaltungsmissbrauch und Gestaltungsfreiheit im Steuerrecht – Einführung und Rechtfertigung des Themas, Köln, 2010, Dr. Otto Schmidt Verlag (zit.: *Seer,* Gestaltungsmissbrauch und Gestaltungsfreiheit im Steuerrecht, 2010, S.)

*ders.:*
In: Tipke/Lang Steuerrecht, begründet von Klaus Tipke, fortgeführt von Joachim Lang, Roman Seer, Johanna Hey u.a., 24. Auflage Köln 2021, Verlag Dr. Otto Schmidt Köln (zit.: *Seer,* in Tipke/Lang, Steuerrecht, 24. Aufl. 2021, Teil Kapitel Rn.)

*ders.:*
§ 3a EStG, in: Kirchhof/Seer Einkommensteuergesetz Kommentar, begr. von Paul Kirchhof, forgef. von Roman Seer, 22. Auflage 2023, Verlag Dr. Otto Schmidt (zit.: *Seer*, in: Kirchhof/Seer EStG, 22. Aufl. 2023, § Rn.)

*Segmüller, Alexander:*
Kapitalmaßnahmen im Insolvenzplan (Diss.), Baden-Baden, 2013, Nomos Verlag (zit.: *Segmüller,* Kapitalmaßnahmen im Insolvenzplan, 2013, S.)

*Seiler, Christian:*
Art. 105 GG, in: Grundgesetz, Kommentar, begr. v. Theodor Maunz, Günter Dürig, hrsg. v. Mathias Herdegen, Hans H. Klein und Rupert Scholz, 100. EL Januar 2023, München, C.H. Beck Verlag (zit.: *Seiler,* in: Dürig/Herzog/Scholz GG 100. EL Januar 2023, Art. Rn. )

*Selzner, Harald; Leuering, Dieter:*
In: Münchner Anwaltshandbuch GmbH-Recht, hrsg. von Volker Römermann, 4. Auflage, München 2018 (zit.: *Selzner/Leuering*, in: Römermann, Münchener Anwaltshandbuch GmbH-Recht, 4. Aufl. 2018, § Rn.)

*Sieker, Susanne:*
Die Feststellung subjektiver Tatbestandsmerkmale im Besteuerungsverfahren, Beihefter zu DStR 39 2007, S. 36 – 39

*Siekmann, Helmut:*
Vorbemerkungen zu Abschnitt X, in: GG Kommentar, hrsg. v. Michael Sachs, 9. Auflage 2021, München C. H. Beck Verlag (zit.: *Siekmann* in: Sachs, GG, 9. Aufl. 2021, Vorbemerkungen zu Abschnitt X, Rn.)

*Sinz, Ralf:*
§ 38, in: Insolvenzordnung Kommentar, hrsg. v. Heribert Hirte und Heinz Vallender, Band 1: InsO, 15. Auflage 2019, München Frank Vahlen Verlag (zit.: *Sinz*, in: Uhlenbruck InsO, 15. Aufl. 2019, § Rn.)

*Sistermann, Christian; Beutel, David:*
Unternehmenssanierungen nach der Grundsatzentscheidung des Großen Senats des BFH Erste Gedanken zur gesetzlichen Neuregelung und zur Übergangsregelung des BMF v. 27.4.2017, DStR 2017, S. 1065 – 1072

*Sistermann, Christian:*
Unternehmenssanierung nach dem Beschluss des Großen Senats des BFH v. 28.11.2016, DStR 2017, S. 689 – 695

*Skauradszun, Dominik; Kwauka, Philip Alexander:*
Anpassungsbedarf beim Abzugsverbot des § 3c Abs. 4 EStG aufgrund der EU-Restrukturierungsrichtlinie, DStR 2020, S. 953 – 958

*Skauradszun, Dominik:*
Die praktische Konkordanz bei der Steuerfreiheit von Sanierungserträgen anhand §§ 3a , 3c EStG, § 7b GewStG n. F. (§§ 3a, 3c EStG, § 7b GewStG), ZIP 2018, S. 1901 – 1907

*Söffing, Günter:*
Pensionsrückstellung für Personengesellschafter (Teil I), BB 1999, S. 40 – 45

*ders.:*
Für die Anwendung der Subsidiaritätsthese in Fällen der Bilanzierungskonkurrenz, DB 2007, S. 1994 – 1997

*Sonnleitner, Wolfgang; Strotkemper, Noemi*
Steuerfreiheit von Sanierungsgewinnen: Quo vadis? Zum Vorlagebeschluss des X. Senats des BFH vom 25.3.2015 - X R 23/13, BB 2015, S. 2395 – 2399

*Sonnleitner, Wolfgang; Witfeld, Alexander:*
In: Insolvenz- und Sanierungssteuerrecht, hrsg. v. Wolfgang Sonnleitner, 2. Auflage 2022 (zit.: *Sonnleitner/Witfeld,* in: Sonnleitner/Witfeld, Insolvenz- und Sanierungssteuerrecht, 2. Aufl. 2022, Kap. Rn.)

*Stadler, Markus:*
Übergangsregelungen und Gestaltungsmöglichkeiten für Insolvenzplanverfahren nach den Entscheidungen des BFH zum Sanierungserlass, NZI 2018, S. 49 – 55

*Steffan, Bernhard:*
In: Praxishandbuch der GmbH-Geschäftsführung, hrsg. von Frank Oppenländer und Thomas Trölitzsch, 3. Auflage, München 2020 (zit.: *Steffan,* in: Oppenländer/Trölitzsch, Praxishandbuch der GmbH-Geschäftsführung, 3. Aufl. 2020, § Rn.)

*Steffek, Felix:*
§ 19 InsO, in: PPK Kommentar zur Insolvenzordnung, hrsg. v. Bruno M. Kübler, Hanns Prütting, Reinhard Bork und Florian Jacoby, 96. Ergänzungslieferung, Köln, Juni 2023, RWS Verlag (zit.: *Steffek,* in: Kübler/Prütting/Bork/Jacoby, KPB InsO, 96. Lief. 06.2023, § InsO Rn.)

*Steger, Christian Philipp:*
Die außergewöhnliche Belastung im Steuerrecht verfassungsrechtliche Grundlagen und

Reformperspektiven (Diss.), Baden-Baden 2008, Nomos Verlag (zit.: *Steger,* Verfassungsrechtliche Grundlagen, 2008, S.)

*Stenert, Jens; Selle, Dominik:*
Insolvenzbedingter Ausfall einer privaten Darlehensforderung als Verlust bei den Einkünften aus Kapitalvermögen, Ubg 2018, 181 – 183

*Stöber, Michael:*
§ 247 HGB, in: beck-online.Großkommentar Handelsgesetzbuch, Gesamtherausgeber Martin Henssler, hrsg. von André Dicken, Oliver Fehrenbacher, Joachim Hennrichs, Detlef Kleindiek und Christoph Watrin, Stand: 01.11.2022 (zit.: *Stöber,* in: BeckOGK HGB, Stand: 1.11.2022, § Rn.)

*Streit, Pascal; Hoheisel, Michael:*
Der steuerfreie Sanierungsgewinn nach § 3a EStG, Voraussetzungen und Praxisprobleme StuB 2021, S. 797 – 803

*Stürner, Rolf:*
§ 397 BGB, in: Jauernig, BGB Kommentar, hrsg. v. Rolf Stürner, 18. Auflage 2021, München, C. H. Beck Verlag (zit.: *Stürner,* in Jauernig, BGB, 18. Aufl. 2021, § Rn.)

*Suchanek, Markus; Schaaf, Axel; Hannweber, Paul:*
Interpersoneller Verlustuntergang gemäß Neuregelung der Sanierungsgewinnbesteuerung, WPg 2017, S. 909 – 917

*Swierczok, Artur M.:*
Sanierungserlass des BMF verstößt gegen den Grundsatz der Gesetzmäßigkeit der Verwaltung" Anmerkung zu BFH GrS 1/15, BB 2017, S. 488

*Taplan, Matthias; Baumgartner, Gerald; Baumgartner, Egid:*
Die Rangrücktrittsvereinbarung im Insolvenz- und Steuerrecht, GmbHR 2015, S. 347 – 353

*Thiel, Jochen:*
Einlagen in Kapitalgesellschaften – Aktuelle Steuerfragen bei der Gesellschaft und beim Gesellschafter, DStR 1992, S. 1 – 6

*Thielemann, Michael:*
Die Legitimation von Gewinnermittlungswahlrechten im Einkommensteuerrecht (Diss.), Frankfurt am Main 2000, Peter Lang Verlag (zit.: *Thielemann,* Die Legitimation von Gewinnermittlungswahlrechten, 2000, S.)

*Thiemann, Christian:*
Verluste im Steuerrecht - Verfassungs- und unionsrechtliche Bedingungen legislativer Gestaltung, Tübingen 2020, Mohr Siebeck Verlag,
(zit.: *Thiemann,* Verluste im Steuerrecht, 2020, S.)

*Teschke, Manuel; Kraft, Cornelia:*
§ 6 EStG, in: Einkommensteuergesetz, Online Kommentar, hrsg. v. Hans-Joachim Kanzler, Gerhard Kraft, Swen Oliver Bäuml, Franz Jürgen Marx, Frank Hechtner, Stephan Geserich, 8. Auflage Oktober 2023 (zit.: *Teschke/Kraft,* in: Kanzler/Kraft/Bäuml/Marx/Hechtner/Geserich, EStG § Rn, 8. Aufl., Stand: 01.01.2023).

*Thouet, Philipp:*
Der Sanierungserlass des BMF - (k)eine Rechtswohltat contra legem. Zugleich Anmerkung zu FG München, Urt. v. 12.12.2007 - 1 K 4487/06, ZinsO 2008, S. 664 – 666

*Tipke, Klaus:*
In: Europäisches Steuerverfassungsrecht – Eine rechtsvergleichende Übersicht, in: Festschrift für Klaus Vogel, Heidelberg 2000, S. 561 – 578 (zit.: *Tipke*, Europäisches Steuerverfassungsrecht – Eine rechtsvergleichende Übersicht, in: Festschrift für Klaus Vogel, 2000, S.)

*ders.:*
Steuergerechtigkeit unter besonderer Berücksichtigung des Folgerichtigkeitsgebots, StuW 2007, S. 201 – 220

*ders.:*
Steuerrechtsordnung, Band I, Köln 1993 (zit.: *Tipke*, Steuerrechtsordnung, Bd. I, S.)

*ders.:*
Steuergerechtigkeit in Theorie und Praxis: Vom politischen Schlagwort zum Rechtsbegriff und zur praktischen Anwendung, Köln 1981 (zit.: *Tipke*, Steuergerechtigkeit in Theorie und Praxis, 1981, S.)

*ders.:*
Steuerrecht als Wissenschaft, in: Gestaltung der Steuerrechtsordnung Festschrift für Joachim Lang zum 70. Geburtstag, hrsg. v. Klaus Tipke, Roman Seer, Johanna Hey und Joachim Englisch, Köln 2011, S. 21 – 56 (zit.: *Tipke,* Steuerrecht als Wissenschaft, in: Festschrift für J. Lang, 2011, S.)

*Töben, Thomas; Lohbeck, Allit; Specker, Gerhard:*
Rettungsmaßnahmen auf der Schuldenseite zur Überwindung der Krise - Debt Restructuring, NWB 2009, S. 1484 – 1499

*Töben, Thomas:*
Eilvorlage: Praktikables Krisensteuerrecht dringender denn je - Ein Appell an Gesetzgeber und Verwaltung, FR 2010, S. 249 – 258

*Trompeter, Frank:*
Die Sanierungsbeihilfe als Alternative zur steuerlichen Sonderbehandlung von Sanierungsgewinnen, BB 2000, S. 433 – 438

*Tschersich, Stephanie:*
Ertragsbesteuerung der Unternehmenssanierung (Diss.), Wiesbaden 2014 Springer Verlag (zit.: *Tschersich*, Ertragsbesteuerung der Unternehmenssanierung, 2014, S.)

*Uhländer, Christoph:*
Die Krise des Insolvenzsteuerrechts - Aktuelle Baustellen im Verfahrens- und Ertragsteuerrecht, DB 2017, S. 923 – 934

*ders.:*
Die Besteuerung von Sanierungsgewinnen in laufenden Verfahren - Vertrauensschutz durch BT-Beschluss vom 27.04.2017 und BMF-Schreiben vom 27.04.2017, DB 2017, S. 1224 – 1233

*ders.:*
Die Besteuerung von Sanierungsgewinnen im Fokus der Gewaltenteilung - BFH verwirft auch BMF-Schreiben vom 27.04.2017 zum Vertrauensschutz für Altfälle, DB 2017, S. 2761 – 2768

*ders.:*
Eigenkapitalersetzende Darlehen im Steuer- und Gesellschaftsrecht - ein systematischer Überblick, BB 2005, S. 70 – 76

*ders.:*
In: Insolvenzen und Steuern, hrsg. v. Thomas Waza, Christoph Uhländer, Jens Schmittmann, 13. Auflage, Herne 2021 (zit.: *Uhländer,* in: Waza/Uhländer/Schmittmann, Insolvenzen und Steuern, Rn.)

*Ulbrich, Rudi:*
Das Leistungsfähigkeitsprinzip der Besteuerung, Eine kritische Würdigung seiner opfertheoretischen Grundlagen und Konsequenzen für die Steuerpolitik, Frankfurt am Main 1975, Peter Lang Verlag (zit.: *Ulbrich*, Das Leistungsfähigkeitsprinzip der Besteuerung, 1975, S.)

*Vallender, Heinz:*
Insolvenzkultur gestern, heute und morgen, NZI 2010, S. 838 – 844

*Valta, Matthias:*
In: Geprägte Freiheit in Forschung und Lehre. 50 Jahre Institut für Finanz- und Steuerrecht, hrsg. Hanno Kube, Ekkehart Reimer, Paul Kirchhof und Reinhard Mußgnug, Berlin 2016, Lehmans Media, S. 166 - 173 (zit.: *Valta,* Globaläquivalenz und Äquivalenzneutralität, 2016, S.)

*ders.:*
§ 3c EStG, in: Ertragsteuerrecht, Kommentar zum Einkommensteuergesetz, Körperschaftsteuergesetz, Gewerbesteuergesetz, Außensteuergesetz, Investmentsteuergesetz, Umwandlungssteuergesetz und Nebengesetze, hrsg. v. Peter Brandis und Bernd Heuermann, Loseblattsammlung, München, 167. EL Mai 2023, Verlag Franz Vahlen (zit.: *Valta*, in: Brandis/Heuermann, EStG, 167. EL Mai 2023, EStG § Rn.)

*Velte, Patrick:*
Perspektiven der Teilwertabschreibung bei voraussichtlich dauernder Wertminderung Kritische Betrachtungen vor dem Hintergrund des BMF-Schreibens vom 16.7.2014, StuW 2016, S. 33 – 49

*Vogel, Klaus; Waldhoff, Christian:*
In: Grundlagen des Finanzverfassungsrechts: Sonderausgabe des Bonner Kommentars zum Grundgesetz, 1999 (zit.: K. *Vogel/Chr. Waldhoff*, Grundlagen des Finanzverfassungsrechts: Sonderausgabe des Bonner Kommentars zum Grundgesetz, 1999, Rn.)

*Vogel, Klaus:*
Das ungeschriebene Finanzrecht des Grundgesetzes, in: Gedächtnisschrift für Wolfgang Martens, hrsg. v. Peter Selmer und Ingo von Münch, Berlin 1987 (zit.: Das ungeschriebene Finanzrecht des Grundgesetzes, in: GS für Wolfgang Martens, 1987, S.)

*von Cölln, Tobias:*
Ertragsteuerliche Implikationen der Unternehmenssanierung. Eine Analyse von Finanzierungs- und Sanierungshandlungen bei personenbezogenen Kapitalgesellschaften, 2021, Springer Verlag (zit.: *v. Cölln*, Ertragsteuerliche Implikationen der Unternehmenssanierung, 2021, S.)

*von Groll, Rüdiger:*
§ 227 AO, in: Abgabenordnung, Finanzgerichtsordnung, Kommentar, begr. v. Walter Hübschmann, Ernst Hepp und Armin Spitaler, 264. Lieferung, Dr. Otto Schmidt Verlag (zit.: *von Groll* in: Hübschmann/Hepp/Spitaler, AO/FGO, 274. Lieferung 07.2023, § AO Rn.)

*Voß, Oliver:*
Unternehmensteuerreform 2008: Neuregelung der Abschreibung für geringwertige Wirtschaftsgüter – Einstieg in eine einfache Abschreibungsverrechnung?, FR 2007, S. 1149 – 1156

*Wacker, Roland;*

§ 15 EStG, in: Schmidt, Einkommensteuergesetz, Kommentar, begr. von Ludwig Schmidt, hrsg. von Heinrich Weber-Grellet, 42. Aufl. 2023 (zit.: *Wacker,* in: Schmidt, 42. Aufl. 2023, EStG § Rn.)

*Wagner, Thomas:*
Sachliche Unbilligkeit der Besteuerung von Sanierungsgewinnen bei Nichtberücksichtigung korrespondierender Aufwandsposten, BB 2008, S. 2671 – 2672

*Wahlers, Alexander:*
Ausgestaltung und Erforderlichkeit eines vorinsolvenzlichen Sanierungsverfahrens (Diss.), Baden-Baden 2016, Nomos Verlag (zit.: *Wahlers,* Ausgestaltung und Erforderlichkeit eines vorinsolvenzlichen Sanierungsverfahrens, 2016, S.)

*Waldhoff, Christian:*
In: Handbuch des Staatsrechts, Band V, hrsg. v. Josef Isensee, Paul Kirchhof, 3. Aufl. 2007, C.F.Müller Verlag (zit.: *Waldhoff* in: Isensee/Kirchhof, Handbuch des Staatsrechts, Band V, 8. Teil, 3. Aufl. 2007, § 116 Rn.)

*ders.:*
Steuerverfassungsrecht als Instrument eines prinzipiengeleiteten Steuerrechts – dargestellt anhand des Leistungsfähigkeitsprinzips, DStR 2023, S. 381 – 386

*Walzer, Klaus:*
Steuergerechtigkeit. Eine entscheidungstheoretische Interpretation, Berlin 1987 (zit.: *Walzer,* Steuergerechtigkeit, 1987, S. )

*Wassermeyer, Franz:*
Einkünftekorrekturnormen im Steuersystem, IStR 2001, S. 633 – 638

*ders.:*
Die Übertragung von Wirtschaftsgütern unter Vermeidung der Aufdeckung stiller Reserven, BB 1994, S. 1 – 6

*ders.:*
Zur Einlage nicht mehr werthaltiger Gesellschafter-Forderungen in das Vermögen einer Kapitalgesellschaft, DB 1990, S. 2288 ff.

*Weber-Grellet, Heinrich:*
Die Ethik des Steuerrechts, DStR 2018, S. 1398 – 1402

*ders.:*
BB-Rechtsprechungsreport zu 2015 veröffentlichten bilanzsteuerrechtlichen BFH-Urteilen, BB 2016, S. 43 – 50

*ders.:*
Rangrücktritt im Bilanzsteuerrecht, BB 2015, S. 2667 – 2671

*ders.:*
Die Bedeutung der Rechtsnatur des Steuerrechts für dessen Anwendung und Auslegung, StuW 1993, S. 97 ff.

*ders.:*
Verzicht und Einlage, BB 1995, S. 243 – 246

*ders.:*
Feststellung subjektiver Tatbestandsmerkmale im Besteuerungsverfahren

Absichtsmerkmale als Aufforderung zum normativen Fremdvergleich, Beihefter zu DStR 39 2007, S. 40 – 48

*ders.:*
Steuern im modernen Verfassungsstaat Funktionen, Prinzipien und Strukturen des Steuerstaats und des Steuerrechts, Köln 2001, Dr. Otto Schmidt Verlag (zit.: *Weber-Grellet*, Steuern im modernen Verfassungsstaat, 2001, S.)

*Wehning, Thomas:*
Der Rangrücktritt – ein geeignetes Sanierungsmittel?, DStR 2017, S. 615 – 620

*Weiß, Martin:*
Die gesetzliche Neuregelung des Sanierungssteuerrechts. Einführung des § 3a EStG und § 7b GewStG sowie diverser flankierender Regelungen, StuB 2017, S. 581 – 587

*Wellisch, Dieter; Bleckmann, Martin:*
Schuldbeitritt und unmittelbare Pensionsverpflichtungen – Anmerkungen zum BMF-Schreiben vom 16.12.2005, DB 2006, S. 120 – 123

*Wengerofsky, Timmy:*
Neuregelung bei den geringwertigen Wirtschaftsgütern, Verbesserte Abschreibungsvorgaben in greifbarer Nähe, StuB 2017, S. 369 – 374

*ders.:*
Geringwertige Wirtschaftsgüter de lege ferenda – Erfordernis für eine umfassende Neuausrichtung, DStR 2015, S. 2744 – 2748

*Wenzel, Henning:*
Sonderbetriebsvermögen, Grundlagen des Rechtsinstituts NWB 2009, S. 1070 – 1078

*Werndl, Josef:*
§ 6 EStG, in: Einkommensteuergesetz, Kommentar, begr. von Hartmut Söhn, hrsg. v. Paul Kirchhof, Rudolf Mellinghoff und Hanno Kube, Stand: 337. Aktualisierung, 8/2023 (zit.: *Werndl*, in: Kirchhof/Söhn/Mellinghoff, EStG, 337. EL 8/2023, § Abschnitt Rn.)

*Wernsmann, Rainer:*
Verhaltenslenkung in einem rationalen Steuersystem (Habil.), Tübingen 2005, Mohr Siebeck Verlag (zit.: *Wernsmann*, Verhaltenslenkung in einem rationalen Steuersystem, 2005, S.)

*ders.:*
Steuerbegünstigungen und Steuerbefreiungen, DStR 2023, S. 386 – 389

*ders.:*
§ 3 AO, in: Abgabenordnung, Finanzgerichtsordnung, Kommentar, begr. v. Walter Hübschmann, Ernst Hepp und Achim Spitaler, 264. Lieferung, Dr. Otto Schmidt Verlag (zit.: *Wernsmann* in: Hübschmann/Hepp/Spitaler, AO/FGO, 274. Lieferung 07.2023, § AO Rn.)

*ders.:*
Einkommensteuer und objektives Nettoprinzip, Beihefter zu DStR 34 2009, 101 – 106

*Wiese, Götz T.; Lukas, Philipp:*
Sanierungsgewinne und Gewerbesteuer – Zuständigkeit der Finanzämter für Billigkeitsmaßnahmen nach § 184 AO idF ZKAnpG, DStR 2015, S. 1222 – 1226

*Wildermuth, Marcel Hiller, Matthias:*

In: Beck'sches Handbuch der Personengesellschaften, hrsg. v. Ulrich Prinz und Holger Kahle, 5. Auflage 2020 (zit.: *Wildermuth/Hiller*, in: Beck'sches Handbuch der Personengesellschaften, Prinz/Kahle, 5. Aufl. 2020, § Rn.)

*Willemsen, Reinhard:*
Anmerkung zu BFH GrS 1/15 NZI 2017, S. 167

*Winnefeld, Robert:*
Bilanz-Handbuch, 5. Auflage München 2015 C.H. Beck Verlag (zit.: *Winnefeld,* Bilanz-Handbuch, 5. Aufl. 2015, Kapitel C: Zwecke und Struktur der Handels- und Steuerbilanz sowie der IAS/IFRS-Rechnungslegung, Abschnitt XI Rn.)

*Wittig, Arne:*
Rangrücktritt - Antworten und offene Fragen nach dem Urteil des BGH vom 8.1.2001, NZI 2001, S. 169 – 176

*Wolber, Johannes:*
§ 397, in: beck-online.Großkommentar, BGB, Gesamtherausgeber für das Zivilrecht: Beate Gsell, Wolfgang Krüger, Stephan Lorenz, Christoph Reymann, Stand: 1.3.2023, München, Verlag C.H. Beck (zit.: *Wolber,* in: BeckOGK BGB, Stand: 01.03.2023, § Rn.)

*Wolfer, Hendrik:*
§ 17, § 19 InsO, in: Beck'scher Online-Kommentar, Insolvenzordnung, hrsg. v. Alexander Fridgen, Arnd Geiwitz und Burkard Göpfert, Stand: 15.07.2023, München, C.H. Beck Verlag (zit.: *Wolfer,* in: BeckOK InsO, 32. Ed. 15.07.2023, § Rn.)

*Zippelius, Reinhold:*
Wertungsprobleme im System der Grundrechte, 1962 (zit.: *Zippelius,* Wertungsprobleme im System der Grundrechte, 1962, S.)

*Zwirner, Christian Boecker, Corinna:*
Forderungsverzichte durch Gesellschafter Varianten der Bilanzierung nach HGB und IFRS, IRZ 2018, S. 417 – 419

GPSR Compliance

*The European Union's (EU) General Product Safety Regulation (GPSR) is a set of rules that requires consumer products to be safe and our obligations to ensure this.*

*If you have any concerns about our products, you can contact us on ProductSafety@springernature.com*

In case Publisher is established outside the EU, the EU authorized representative is:

Springer Nature Customer Service Center GmbH
Europaplatz 3
69115 Heidelberg, Germany

**Batch number: 10564452**

Printed by Printforce, the Netherlands